Trin Haland-Wirth, Norbert Spangenberg, Hans-Jürgen Wirth (Hrsg.)

# Unbequem und engagiert

»Der Arzt, Psychologe, Psychoanalytiker und Psychosomatik-Mediziner Horst-Eberhard Richter geht mit dem Rüstzeug der Psychoanalyse an die großen Probleme der Völker und der Menschheit heran. (...) Von seinen Forschungen, seinen Schriften, Vorträgen, von seinen ungezählten persönlichen Auftritten und Diskussionen gehen höchst lebendige Anstöße aus. ... es ist sein Engagement, sein Einsatz, sein illusionsloser Blick und seine nie verzagende Hoffnung, zusammen mit seiner gewinnenden Art, mit Menschen umzugehen. Dieser Forscher hat schon immer unkonventionelle Wege beschritten und Gebiete außerhalb des Mainstream der Psychoanalyse aufgeklärt, ohne das grundlegende emanzipatorische Potential seiner Wissenschaft zu verlassen.«

*Paul Parin*

In der Reihe »edition psychosozial« legt der Psychosozial-Verlag Richters vergriffene Bücher aus dem Rowohlt Verlag neu auf. Bereits erschienen sind: *Die Gruppe, Zur Psychologie des Friedens, Engagierte Analysen, Flüchten oder Standhalten, Lernziel Solidarität.* In Vorbereitung sind: *Sich der Krise stellen* und *Alle redeten vom Frieden.*

Trin Haland-Wirth,
Norbert Spangenberg,
Hans-Jürgen Wirth (Hrsg.)

# Unbequem und engagiert

Horst-Eberhard Richter zum 75. Geburtstag

Psychosozial-Verlag

Die Deutsche Bibliothek - CIP-Einheitsaufnahme

**Unbequem und engagiert :** [Horst-Eberhard Richter zum 75. Geburtstag] / Trin Haland-Wirth ... (Hrsg.). - Gießen : Psychosozial-Verl., 1998
ISBN 3-932133-39-0


Friedrichstraße 35, 35392 Gießen,
Tel.: 0641 / 77819, Fax: 0641 / 77742
Photo Umschlag vorne: Paul Swiridoff
Photo Umschlag hinten: Erika Sulzer-Kleinemeier
Umschlaggestaltung: Atelier Warminski, Büdingen


ISBN 3-932133-39-0

# Inhaltsverzeichnis

Seite

Abbildungen: *Elena Strahlendorf, Sonja Strahlendorf, Maja Strahlendorf, Susan Richter, Eugen Mahler, Marina Gambaroff, Hannelore Korn, Emil Schumacher, Paul Swiridoff (Titelphoto)*

# Vorwort

Vielleicht ist dies eine ungewöhnliche Festschrift – jedenfalls ist sie einem ungewöhnlichen Menschen gewidmet: Horst-Eberhard Richter. Die Herausgeber sind sich bewußt, daß dieses Buch den Rahmen einer akademischen Festschrift sprengt. Die Autorenschaft mag bunt zusammengewürfelt erscheinen, und doch erfolgte die Zusammenstellung der Beiträge nicht wahllos: Allen beteiligten Autorinnen und Autoren ist gemeinsam, daß sie in einer emotional und persönlich bedeutsamen Beziehung zu Horst-Eberhard Richter stehen. Sie haben jahrelang – oft jahrzehntelang – mit ihm gemeinsam wissenschaftlich gearbeitet, haben sich mit ihm in Bürger-Bewegungen und Basis-Initiativen politisch engagiert, suchen als politische Verantwortungsträger seinen Rat oder sind freundschaftlich mit ihm verbunden. So ist ein Kaleidoskop aus anspruchsvollen wissenschaftlichen Artikeln, politischen Betrachtungen, psychoanalytischen und kulturkritischen Essays, Erfahrungsberichten, persönlichen Auseinandersetzungen und Portraits, Briefen und nicht zuletzt künstlerischen Werken entstanden, das in seiner Vielfalt etwas von der Spannweite und auch dem Spannungsfeld widerspiegelt, in dem sich das wissenschaftliche Werk, das öffentliche Engagement und die kulturellen Interessen von Horst-Eberhard Richter bewegen.

Der Anlaß dieser Festschrift hat Autorinnen und Autoren in einem Buch versammelt – und so in einen Diskussionszusammenhang geführt –, von denen man teilweise nicht vermutet hätte, daß sie eine gemeinsame Sprache, einen gemeinsamen Bezugspunkt finden könnten. Da ist beispielsweise auf der einen Seite die Präsidentin des Deutschen Bundestages, Repräsentantin eines der höchsten Ämter in unserem Staat, Rita Süssmuth, die auf Richters Randgruppenarbeit Bezug nimmt, um die Idee einer „aktiven Gesellschaft", in der jeder einzelne Bürger für das Gemeinwohl Sorge trägt, zu untermauern. Und da ist auf der anderen Seite das ehemalige Mitglied der „Rote Armee Fraktion", Birgit Hogefeld, die aus dem Gefängnis heraus, in dem sie eine lebenslange Haftstrafe verbüßt, mit demselben Horst-Eberhard Richter in Kontakt steht, weil sie sich von ihm verstanden und angenommen fühlt und den Eindruck hat, er sei „einer der wenigen Menschen", der sie „immer wieder ermutigt hat, meinen Weg zu gehen, Fragen zu stellen und die Suche nach Antworten nicht aufzugeben". Horst-Eberhard Richter besitzt offenbar die seltene Fähigkeit, grundlegende Werte glaubhaft zu vertreten, so daß sich Menschen mit ganz unterschiedlichen, ja entgegengesetzten politischen Überzeugungen und Lebensanschauungen auf ihn beziehen können – eine Fähigkeit, die dazu beigetragen haben mag, daß er im deutschsprachigen Raum zum Pionier der psychoanalytischen Paar-, Familien- und Sozialtherapie wurde.

Ein weiteres Spannungsfeld, in dem sich die Beiträge dieses Buches befinden, besteht zwischen der Sachlichkeit der wissenschaftlichen Artikel und der Intimität vieler Briefe und Erzählungen. Auch dieser Gegensatz ist ein Spiegelbild von Horst-Eberhard Richters eigener Grundhaltung. Ob in seinen Büchern und wissenschaftlichen Artikeln oder in seinen zahlreichen Vorträgen und politischen Reden, fast immer knüpft Horst-Eberhard Richter an seinen eigenen Erfahrungen an. Und wenn er allgemeine Aussagen macht, versucht er, die Ergebnisse seiner Analysen in persönliches Handeln umzusetzen. Daß sich so viele Autorinnen und Autoren motiviert gefühlt haben, in sehr persönlicher Weise von sich selbst, von Horst-Eberhard Richter und von ihrer Beziehung zu ihm zu berichten, ist vermutlich darauf zurückzuführen, daß man im Kontakt mit ihm immer das Gefühl hat, daß er sich als Person mehr öffnet, mehr von sich zu erkennen gibt, als das sonst in unserer Gesellschaft üblich ist. Dies mag auch die Schreiberinnen und Schreiber ermutigt haben, mehr von sich preiszugeben, als sie dies bei anderer Gelegenheit getan hätten.

Schließlich ist noch der (scheinbare) Gegensatz zwischen Politik und Wissenschaft zu nennen, den zu überbrücken für Horst-Eberhard Richter ein so zentrales Anliegen ist. In diesem Buch stehen nicht nur politische Aufsätze neben psychoanalytischen Abhandlungen und persönlichen Bekenntnissen, sondern die Politiker haben sich wissenschaftlich und persönlich geäußert, und die Wissenschaftler haben ihre Analysen mit politischen Überlegungen und persönlichen Reflexionen verknüpft. So haben alle Beteiligten versucht, eingefahrene Wege zu verlassen und die Begrenzungen ihrer angestammten Bereiche zu überschreiten.

Dieses Buch ist Horst-Eberhard Richter gewidmet, aber die Herausgeber und etliche der Autorinnen und Autoren widmen es ausdrücklich auch seiner Frau, Bergrun Richter, die wenige Tage vor ihrem Mann ebenfalls 75 Jahre alt wurde. In eigenen Initiativen politisch und sozial engagiert, hat sie längst nicht nur durch ihr Wirken im Hintergrund vieles von dem ermöglicht, was ihr Mann in der Öffentlichkeit erreichen konnte.

Wir hätten leicht noch einmal so viele Beiträge für diese Festschrift sammeln können, doch einige der Autorinnen und Autoren mußten wegen der Kürze der Vorbereitungszeit absagen, und andere, die sicher gerne einen Beitrag geschrieben hätten, konnten wir nicht einladen, um den Umfang nicht ausufern zu lassen.

Wir sind sicher, daß uns Horst-Eberhard Richter auch in Zukunft mit seinen kritischen Fragen aufrütteln und mit seinem beharrlichen Engagement zeigen wird, wie sinnvoll und notwendig es ist, sich in die gesellschaftlichen Konflikte einzumischen. Diese Festschrift ist kein Abgesang, mit dem der Jubilar auf's Altenteil geschickt wird, sondern sie ist im Gegenteil eine Aufforderung an Horst-Eberhard Richter, auch zukünftig unbequem und engagiert zu sein.

*Trin Haland-Wirth, Norbert Spangenberg, Hans-Jürgen Wirth*

# „Es bildet ein Talent sich in der Stille, sich ein Charakter in dem Strom der Welt"

Egon Bahr

Horst-Eberhard Richter schriftlich porträtieren zu wollen, verlangt mehr, als ich kann. Nicht nur, weil er mir dazu vertrauter sein müßte, als das Gefühl der Sympathie und Verbundenheit es hergibt, gewachsen aus wiederholt gemeinsamem Nachdenken darüber, welche Menschen sinnvoll über welche Themen sprechen könnten, über die das Land sich größere Klarheit verschaffen sollte. Ohne ihn würden jedenfalls nicht jene Gespräche am Müggelsee zustande gekommen sein, für die Menschen, die wenig Zeit haben, sich gern Zeit nehmen, weil sie Bekanntes anders sehen lernen, sogar von Gegnern im Alltag, und sicher sind, daß offene Worte nicht auf die Goldwaage des taktischen Selbstschutzes gelegt werden müssen, sondern nicht gedruckt werden, auch wenn anwesende Zeitungsschreiber sie hören. Im sicheren Raum der Freiheit findet sich der Mut wieder, Panzer abzulegen, gehärtete Ergebnisse von Erfahrungen und Niederlagen, wie auf den Leib gewachsen; und Menschen treten hervor, die die ungeschützte Naivität des Fragens wiedergewonnen haben, und sei es auch nur für kurze Zeit.

Da sind solche darunter, die aus Überschriften auf den ersten Seiten bekannt sind, wie andere, deren Namen aus dem Literatur- oder Wirtschaftsteil der Blätter geläufig sind, wie Menschen, die darüber geschrieben, oder Jüngere, die davon nur gelesen haben. Sogar ein Bundespräsident, amtierend wie danach, zählt dazu. Und Horst-Eberhard Richter bändigt diese Farm großer und kleinerer Tiere, die entscheidungs- und weisungsgewohnt sind, über ein ausgeprägtes Ego verfügen und das sogar genießen, und von denen jeder auf seinem Gebiet mehr weiß und kann als der, um den und mit dem sie sich versammeln.

Was befähigt diesen Mann, der sich des eigenen Wertes wohl bewußt ist, Autorität unter Autoritäten auszuüben? Die leichte Hand gehört gewiß dazu, mit der er scheinbar mühelos ganz verschiedene und gegensätzliche Individuen zu gemeinsamem Nachdenken bringt; die sokratische List macht es auch nicht, simple Fragen zu stellen, deren Antworten er zuweilen schon weiß, doch bereit, sich überraschen zu lassen von unerwartetem Ergebnis; ohne die freundlich-zähe Hartnäckigkeit ginge es auch nicht, mit der er zu weite Abschweifungen beendet und zu dem ihm Wesentlichen zurückkehrt. Solche Eigenschaften – ein wenig

Dompteur, der ohne Peitsche auskommt – brauchte auch der Namensvetter Hans-Werner Richter, ohne den es die Gruppe 47 nicht gegeben hätte.

Beim Nachdenken, was die Wirkung Horst-Eberhard Richters ausmacht, kamen mir die Zeilen aus Goethes Tasso in den Sinn: „Es bildet ein Talent sich in der Stille, sich ein Charakter in dem Strom der Welt." Bei der reizvollen Vorstellung, Goethe könnte, zum Leben erweckt, mit den technischen Wundern vertraut gemacht werden, die seit seinem Tod, in nur 160 Jahren, für die heutige Welt teils schon selbstverständlich geworden sind, teils die Zeitgenossen noch verwundern, würde wohl sein kopfschüttelndes Staunen über die phantastischen Fortschritte von Technik und Zivilisation, die nicht zuletzt räumliche Entfernungen relativiert haben, weit überboten werden durch Schrecken, vielleicht sogar Entsetzen über den Lärm, der diese Welt erfüllt. Wo ist die Stille geblieben, diese unentbehrliche Quelle geistiger Fruchtbarkeit?

Wie immer man unsere Gesellschaft mit ihren Problemen der schmerzhaften Wandlungen, Verwerfungen, Mängeln und Chancen, es ist eine laute Gesellschaft beschreibt, überflutet von Geräuschen, Dissonanzen, dröhnenden Rhythmen, grellen Tönen wie permanent gleichförmigem Summen, seien sie nun technischer oder künstlerischer Art. Besinnung braucht Ruhe. Horst-Eberhard Richter entspricht dem Bedürfnis von Termin-Gejagten nach einer Oase ungestörter Sammlung, und sei es auch nur für kurze Zeit.

Gleichzeitig ist er einer, der weiß, wo Barthel den Most holt, daß also im Strom der Welt nur mit und durch Menschen, die darin schwimmen und dabei ihre unverwechselbaren Charaktere entwickelt haben, Wirkung erzielt werden kann. Und das möchte er natürlich.

Auf der einen Seite Seelenarzt, der dem einzelnen nur in der Stille absolut verläßlicher Vertraulichkeit helfen kann und dabei – wie ein Kammerdiener, für den es keinen Helden gibt – Menschen kennengelernt hat, auf der anderen Seite der Welt und der Gesellschaft zugewandt; der Wissenschaftler und der Bürger Horst-Eberhard Richter ist zu beglückwünschen, daß ihm in der Verbindung beider Elemente gelungen ist, seine Fähigkeiten voll zu entfalten. Es gibt nur wenige in unserer Republik, von denen man dies sagen kann.

# Entropie oder Syntropie?

## oder: Die Psychoanalyse lebt nicht im luftleeren Raum

Thea Bauriedl

Dem Lebenswerk von Horst-Eberhard Richter verdankt die Psychoanalyse, ja verdankt unsere Gesellschaft so viele Anregungen, daß es schwer fällt, sie alle in ihrer Vielfalt zu beschreiben. Ich möchte deshalb zu dieser Festschrift einen kleinen Beitrag beisteuern, der einem großen Vorbild und geschätzten Kollegen meine Dankbarkeit für das ausdrückt, was er gedacht und getan hat – und immer noch tut. Ich möchte auf die für mich neben der Etablierung der Familientherapie innerhalb der Psychoanalyse wichtigste Leistung von Horst-Eberhard Richter hinweisen, auf die von ihm gegen alle Widerstände aufrechterhaltene Verbindung zwischen Psychoanalyse und gesellschaftlichem Geschehen. Das beharrliche und persönliche Engagement von Horst-Eberhard Richter in fast allen Lebensfragen unserer Gesellschaft hat ihm immer wieder Kritik eingetragen, von seiten der Psychoanalytiker ebenso wie von seiten derer, die in Politik und Gesellschaft einfach immer „weiter so" machen wollen. Dies um der Sorge um unsere Zukunft und um die Zukunft unserer Nachkommen willen auszuhalten, ist nicht leicht, gerät man dabei doch immer wieder in Situationen der Vereinzelung und der Entwertung. Aber es macht auch zufrieden, weil man sich eingebettet in eine Gruppe von Menschen erleben kann, die sich um der Sache willen, nicht – oder nicht vorrangig – um ihrer Karriere willen engagieren.

Eine Überlegung, die sich mir in letzter Zeit immer wieder aufdrängte, möchte ich in diesem Rahmen einbringen. Sie bezieht sich auf Befürchtungen, die derzeit in ökologischen Zusammenhängen von besorgten Fachleuten, zumeist von Biologen, diskutiert wird. Aus meiner Sicht ist sie auch ein wichtiger Bestandteil einer „Psycho-Ökologie"[1], die das Zusammenleben der Menschen mit der übrigen sie umgebenden Natur ebenso untersucht wie das Zusammenleben der Menschen untereinander, und die beides in Beziehung zueinander setzt. Vor dem Hintergrund der Frage nach der Qualität des Zusammenlebens der Menschen untereinander müssen auch Theorie und Praxis der Psychoanalyse immer neu

[1] vgl. Thea Bauriedl: Zur Psycho-Ökologie der Gewalt. In: Ch. Rohde-Dachser (Hg.): Beschädigungen – Psychoanalytische Zeitdiagnosen. Göttingen (Vandenhoeck & Ruprecht) 1992, S. 165-189. Und Thea Bauriedl: Wann ändern Menschen ihr Verhalten? In: Jahrbuch Ökologie 1996. München (C. H. Beck, S. 11-17).

selbstkritisch reflektiert werden. Welche Aussagen macht die Psychoanalyse in ihren klinischen wie auch in ihren kulturkritischen Positionen in einer Welt, die sich mehr und mehr dem Prinzip der Entropie zuneigt, einem Prinzip, das in allen Bezügen die Selbstzerstörung der Menschheit und ihrer Lebensgrundlagen voranbringt?

Entropie ist das Maß der thermodynamischen Unordnung in einem geschlossenen System. Dieses Maß bestimmt den Anteil an nicht verfügbarer, nicht mehr nutzbarer Energie. Ein geschlossenes System strebt bei jeder Energieumwandlung (zum Beispiel Kohle in Wärme oder elektrischen Strom) mangels Energiezufuhr von außen einem Zustand gleicher Energieverteilung entgegen. Der Endzustand einer solchen Entwicklung ist der des Stillstandes, biologisch gesehen der des Todes. Die Vielfalt wird abgebaut, die Entwicklung geht in Richtung Gleichheit und folgt damit dem „Gesetz des Niedergangs". Der Begriff Syntropie bezeichnet die umgekehrte Entwicklung: Im offenen System der Erde wurde die Sonnenergie zu einer immer komplexer werdenden Selbstorganisation genutzt. Diese Entwicklung verringert die Entropie bei Zunahme an Information (= Ordnung) und wachsender Stabilität des Ökosystems, Störungen zu überstehen. Die Folgen sind eine immer effizientere biologische Verwertung von Energie und Nährstoffen und eine lebensfreundliche Atmosphäre.[2] Die hier gemeinte Ordnung ist also nicht („aufgeräumte") Gleichheit, sondern lebendige Vielfalt.

Seit der Welt-Klima-Konferenz in Rio ist der Begriff der Nachhaltigkeit weltweit mit der Frage des Überlebens der Menschheit verbunden. Es geht in allen Bereichen darum, aktiv die Syntropie zu fördern, also im Bereich der Umwelttechnik die Sonnenenergie zu nutzen anstatt die in Jahrmillionen aufgebauten fossilen Brennstoffe in Wärme und andere Energieformen umzuwandeln. Prinzipiell aber geht es darum, die Komplexität und Vielfalt aller Lebensgemeinschaften zu erhalten und die Dezentralisierung zu fördern. Das bedeutet *nicht*, die Symptome der zunehmenden Entropie zu bekämpfen, sondern ihre *Ursachen* zu vermindern, indem man ihr durch Unterstützung der Syntropie entgegenwirkt.

Was soll das alles mit Psychoanalyse zu tun haben? Ich meine, daß wir Psychoanalytiker/innen einerseits als verantwortliche Mitglieder unserer Gesellschaft nicht nur betroffen, sondern auch beteiligt sind an allem, was geschieht und was nicht geschieht. Insofern könnte und müßte auch uns die Sorge um die Zukunft der Lebensbedingungen auf dieser Erde durchaus in Bewegung bringen. Andererseits ist auch die Psychoanalyse Produkt und Produzent der „Psycho-Ökologie", also der Art des Zusammenlebens von Menschen untereinander und des Verhaltens der Menschen als Teil der Natur. In berufspolitischen wie in beruf-

[2] Nach Wilhelm Bode: Entropie oder Biologie: Der Wald braucht Kalk! Was denn sonst? In: AgrarBündnis (Hg.): Kritischer Agrarbericht 1997, Rheda-Wiedenbrück (Verlag ABL), S. 209-219.

sethischen Fragen befinden wir Psychoanalytiker/innen uns derzeit in einer Umbruchsituation, in der es um das Weiterbestehen oder das Verschwinden des grundsätzlich kritischen Ansatzes der Psychoanalyse geht. Bemühen wir uns um Bewältigungswissen oder um Erhaltungswissen?[3] Versuchen wir nur kurzfristig die Folgen der Zerstörung zwischenmenschlicher Beziehungen zu beseitigen – und das möglichst effizient –, oder versuchen wir die Beziehungsstörungen selbst aufzudecken und ihnen entgegenzuwirken? Versuchen wir in der Konkurrenz mit anderen Psychotherapieformen ebenfalls „schneller" zu werden und dabei die grundsätzliche Schädigung unserer Patienten (und unsere eigene) zu wiederholen? Oder bleiben wir an unserem Platz in der Gesellschaft diejenigen, die nicht aufhören darauf hinzuweisen, daß menschliche Entwicklung und Gesundheit Zeit und Raum brauchen, geschützte, dem menschlichen Maß angemessene Beziehungsräume, in denen sich die Menschen immer wieder psychisch erholen können, sei es mit oder ohne die Unterstützung von Psychotherapeuten? Gehen wir in unserem Menschenbild von der Lebendigkeit und den Lebenswünschen des Menschen aus, oder sehen wir den Menschen als eine „amorphe Masse", die in die „richtige Form" gebracht werden muß?

Meine langjährige Bemühung um die Frage, unter welchen Bedingungen sich zwischenmenschliche – und ganz allgemein ökologische – Beziehungen in Richtung der Erhaltung oder Verbesserung des Lebens und der Lebendigkeit verändern können, hat mich zu der grundsätzlichen Antwort gebracht, daß man ein System nicht dadurch verändern kann, daß man das Gegenteil von dem tut, was man bisher getan hat.[4] Im Sinne des „Gegensinns der Urworte"[5] korrespondieren die Gegensätze miteinander, weshalb eine prinzipielle Systemveränderung nur durch aktive Einführung *alternativer* Beziehungsstrukturen möglich ist.

Ich glaube, daß wir Psychoanalytiker derzeit in Gefahr sind, angesteckt durch die allgemeine Resignation kurzfristig nur noch die jeweils aktuellen Zustände und Symptome verändern zu wollen. Die Frage der Nachhaltigkeit, gedacht als katamnestisch langfristig nachweisbares Wohlbefinden des einzelnen Patienten, aber auch als Sorge um die langfristig sich verändernden sozialen, ökologischen und ökonomischen Lebensbedingungen in unseren Familien, in unserer Gesellschaft und auf dieser Erde, blenden wir lieber aus. Wir müßten uns sonst auf grundsätzliche Überlegungen, wie zum Beispiel auf die Unterschiede zwischen Entropie und Syntropie, zwischen Erstarren in Gleichheit oder Lebendigkeit durch Pflege der Vielfalt in dem Menschen angemessenen kleinen Räumen einlas-

[3] Zu dieser Unterscheidung und ihrer Anwendung auf die Psychotherapie vgl. Thea Bauriedl: Leben in Beziehungen. Von der Notwendigkeit Grenzen zu finden. Freiburg i. Br. (Herder) 1996.

[4] Zum Beispiel Thea Bauriedl: Leben in Beziehungen. Von der Notwendigkeit Grenzen zu finden. Freiburg i. Br. (Herder) 1996.

[5] Sigmund Freud: Über den Gegensinn der Urworte. 1910. GW, Bd. 8, S. 214-221.

sen. Wir müßten uns fragen, wie sich die psychoanalytische Theorie und Praxis verändern müssen, um ihren Grundprinzipien auch im zweiten Jahrhundert ihres Bestehens treu zu bleiben.

Es gibt unzählige Stellen, an denen wir uns für die Erhaltung des Lebens und der Lebendigkeit einsetzen können, jeder und jede auf seine oder ihre Weise. Psychoanalyse ist eine zutiefst ökologisch denkende Wissenschaft, auch wenn das von mir hier gewählte Beispiel nur eine kleine Anregung zum Nachdenken über Grundprinzipien des Lebens und der Veränderung sein kann. Die Schwelle zum politischen Engagement im engeren Sinn, die Horst-Eberhard Richter so grundsätzlich überschritten hat, erscheint vielen Kollegen und Kolleginnen aus unterschiedlichen Gründen sehr hoch zu sein. Das ist zu respektieren. Ich denke, daß wir nicht nur in der Politik im engeren Sinn, sondern auch innerhalb des psychotherapeutischen Raumes darauf achten können und müssen, wo und wie Beschädigungen menschlicher und zwischenmenschlicher Lebens- und Beziehungsräume stattfinden, nicht zuletzt durch psychotherapeutische Tätigkeit innerhalb und außerhalb der Psychoanalyse. Die Zukunft der Psychoanalyse wird existentiell damit zusammenhängen, wie wir die therapeutische Abstinenz definieren und wie wir mit ihr umgehen. Definieren wir sie weiterhin in dem Sinne, daß man „nichts" bzw. „alles" tun darf, also vom Über-Ich oder von der „Befreiung vom Über-Ich" her, oder definieren wir sie im Sinne der Syntropie als aktive Unterstützung von psychischen Differenzierungs- und Trennungsprozessen? Eine wichtige Phase der Selbstfindung steht vor uns, wenn wir nicht im großen Ozean der „allgemeinen Psychotherapie" und in der allgemeinen Gleichgültigkeit unserer Gesellschaft untergehen wollen.

# Die Gießener Schule

Dieter Beckmann

Als Horst-Eberhard Richter 1962 nach Gießen berufen wurde, war die Dignität der naturwissenschaftlichen Medizin noch ungebrochen, auch die machtvolle Würde alter Fakultäten. Er stand einer herrschaftlichen Fakultät gegenüber, die mit seiner Berufung allenfalls so etwas wie ein philosophisches Schmuckstück haben wollte, nicht aber eine Einmischung in medizinische Angelegenheiten. A. Mitscherlich hatte im Prinzip die Rolle des Sozialphilosophen seit 1952 in Heidelberg wahrgenommen, hatte sich dann aber schließlich ganz aus der Medizin nach Frankfurt zurückgezogen, wo er das Sigmund-Freud-Institut (SFI) von 1960 bis 1976 leitete. Für H.-E. Richter war von Anfang an mit seiner Berufung 1962 als Professor der Medizin klar, daß er sich nicht wie A. Mitscherlich in den Elfenbeinturm der klassischen Psychoanalyse zurückziehen wollte.

Doch war der Druck der naturwissenschaftlichen Medizin enorm, weil die damalige Zeit in einem ungebrochenen Fortschrittsglauben lebte. Hieraus resultierte eine ängstlich-defensive Grundstimmung, mit der sein Team sich anfangs in einer konservativen Fakultät zu behaupten versuchte. Ein Blick auf die damals rasante Entwicklung der Biochemie macht deutlich, daß der naturwissenschaftliche Fortschrittsglaube durchaus begründet war. Er verband sich mit dem Prunk der Roben, mit denen sich die damaligen Ordinarien bei akademischen Feiern behängten, auch H.-E. Richter, jedoch sehr widerwillig.

Der Genetische Code wurde 1961 entdeckt, die DNA-Doppelhelix-Struktur 1953, die Primärstruktur der tRNA 1965. Ab 1953 konnten die Biochemiker Oxytocin synthetisch herstellen, seit 1963 das Insulin. Die Ionenbewegung bei der Erregungsleitung der Nerven war 1955 aufgeklärt. Der Optimismus der Naturwissenschaftler war in dieser Zeit ungebrochen. So glaubte man, daß durch die Nutzung der Atomenergie die gesamte Menschheit bald frei von Hunger und Not sein würde. Zu diesen Utopien gehörte auch die Vorstellung, daß die Bildung für alle ein praktisch unausschöpfbares Potential an Wissen und (Natur-)Wissenschaften hervorbringen werde.

1961 wurde auch die Mauer gebaut. Man mußte vor einem neuen Weltkrieg Angst haben. Der Einfluß der Amerikaner war enorm gewachsen, so daß Befürchtungen aufkamen, sie könnten Europa als Feld für atomare Auseinandersetzungen mißbrauchen. Auch folgte die Kohlenkrise, weil die amerikanische Kohle den Markt überschwemmte. Es entstand 1966 die Große Koalition, die die Notstandsgesetze brachte, aber auch als Gegenbewegung die APO. Seit dieser Zeit wurden Bürgerbewegungen üblich. Die Gebildeten diskutierten über den gewaltfreien Staat (Frankfurter Schule u.a.), und Brandt begann mit seiner Ostpolitik. Die Universitäten kamen in eine heilsame Krise, die ein Ende der Ordinarienherrschaft bedeutete. Die Gesellschaft diskutierte breit den Sinn tradierter Herrschaftsformen, die sich z.B. in der herrschenden Doppelmoral, im Verbot der Homosexualität, der Abtreibung und Geburtenplanung niedergeschlagen hatten. Uneheliche Gemeinschaften, Wohngemeinschaften und Tagesmütter setzten sich gegen das Entsetzen der Konservativen durch. Die Sozialdemokraten entwickelten eine Vorliebe für die Intellektuellen. Hierdurch erfuhren die Universitäten einen enormen Aufschwung an kritischer Sozialwissenschaft. H.-E. Richter wurde zu einer Leitfigur dieser Szene, die mit einer allgemeinen Aufbruchstimmung verbunden war.

Anfang der 60er Jahre bestand die Gießener Universität aus vier Fakultäten, neben der Landwirtschaftlichen, Veterinärmedizinischen und Medizinischen hatte sich auch eine Naturwissenschaftlich-Philosophische entwickelt. Die Justus-Liebig-Universität war eifrig bemüht, ihr Image zu ändern, daß sich alles nur um Kunstdünger, Viehmast und Tierseuchen drehen würde. Jede Fakultät hatte 10 bis 20 Ordinarien. Es gab nun auch einen Professor für Psychologie (K.-H. Wewetzer). Die Vorklinik der Medizin kam mit 3 Ordinarien aus, die Klinik mit 20. Unter diesen waren für die Gießener Schule bedeutsam: Th. v. Uexküll (Medizinische Poliklinik) und W. Pia (Neurochirurgie), F. Erbslöh (Neurologie) und A. Derwort (Psychiatrie). – Ende der 60er Jahre gab es sechs Fakultäten und eine Abteilung für Erziehungswissenschaften. Die Philosophen und Naturwissenschaftler gründeten getrennte Fakultäten. Außerdem kam eine Rechts- und Wirtschaftliche Fakultät hinzu. Zu ihr gehörten die Ordinarien H.K.J. Ridder, S. Simitis, H. Pross, A.-E. Brauneck und H.J. Varain, die mit H.-E. Richter enger verbunden waren als die genannten medizinischen Kollegen des Nervenzentrums. H. Pross (Soziologie) und H.J. Varain (Politologie) waren gleichzeitig auch Mitglieder der Philosophischen Fakultät.

Anfang der 70er Jahre entwickelte sich die Universität zu 23 Fachbereichen. Die Fakultäten und Ordinarien gab es nicht mehr, jedoch eine Unzahl von Professoren. Damals wurde mindestens jeder Habilitierte zum Professor ernannt. Statt weniger Großfürsten gab es nun viele Gutsherren, allein in der Medizin bald über 100. Das Zentrum für Psychosomatische Medizin hatte ab 1972 3 Professoren (H.-E. Richter, D. Beckmann, P. Fürstenau) und eine Dozentin (D. Röhr), wenige Jahre später dann 10 Professoren (Klinik: H.-E. Richter, G. Heising, M.L. Moeller, H. Müller-Braunschweig, M. Wirsching, S. Stephanos/Psychologie: D. Beckmann, S. Davies-Osterkamp, J.W. Scheer/Soziologie: U. Gerhardt, W. Fischer-Rosenthal). Das Zentrum hatte sich, gemessen am Medizinischen

Fachbereich, etwa doppelt so kräftig entwickelt. Eine vergleichbare personelle Ausstattung einer Psychosomatik gab es nirgendwo.

Das erste Thema der Gießener Psychosomatiker war die Herzneurose. 1964 erschien von H.-E. Richter, P. Fürstenau, E. Mahler, H. Morgenstern, H. Müller-Braunschweig und R. Staewen eine gemeinsam verfaßte Arbeit. 1964 erschien auch eine Publikation von Th. v. Uexküll zu Psychosomatischen Modellen der Herz- und Kreislaufregulation, jedoch schon 1960 eine Arbeit zu Funktionellen Syndromen aus psychosomatischer Sicht. Mit der Prognose funktioneller Syndrome habilitierte sich aus der Gießener Schule als erster J. Cremerius, der damals als Mitglied der Richter-Klinik auch Mitarbeiter der v. Uexküllschen Poliklinik war. 1967 stellten H.-E. Richter und D. Beckmann die Herzneurose-Forschungen auf dem Deutschen Internistenkongreß vor. 1969 erschien die Monographie, die bis heute noch aktuell geblieben ist.

Typisch für H.-E. Richter war hierbei die Integration dreier Fachgebiete: Psychoanalyse, Innere Medizin und Empirische Psychologie; D. Beckmann kam als empirischer Psychologe aus der Hamburger Schule (A.-E. Meyer, G.A. Lienert, R. Cohen). In diesem Sinne war die Herzneurose wegweisend. Sie kam einem Wissenschaftsideal nahe, das 1962 von A.-E. Meyer (Hamburg) so formuliert wurde: Verifizierung und Validierung psychoanalytischer Thesen auch außerhalb des psychoanalytischen Dialogs. Grundlage der Herzneurose-Typologie war eine Q-Faktorenanalyse, die damals per Hand berechnet wurde: Das Erstellen einer invertierten Matrix erforderte allein eine Woche Rechenarbeit. 1968 schaffte sich das Team dann für 500.000,- DM einen eigenen Rechner an, für den aber Jahre an Software-Arbeit aufgebracht werden mußten. Diese Pionierleistungen waren für ein psychoanalytisches Team mehr als bemerkenswert, da sonst bei Psychoanalytikern gegenüber den Methoden empirischer Sozialwissenschaft extreme Ablehnung herrschte.

Das Kernthema der Herzneurose ist die Frage nach der Bedeutung von Trennungsängsten, deren Paradigma die Todesangst ist. Im Gießener Team enthielt die Hinwendung zu psychosomatischen Krankheiten auch die therapeutische Frage, ob die Psychoanalyse in ihrer Technik erweitert werden müsse (Ehe-, Familien- und Gruppentherapien).

Die Beschäftigung mit Psychosomatischen Krankheiten ergab die Qualifikationen von G. Overbeck, S. Stephanos und mit der Expansion des Alexithymie-Konzeptes auch die M. v. Rads (Heidelberg), der damals häufiger in Gießen war.

Wichtiger wurde das Thema der Angst. So beschäftigten sich mit dem Thema der Prüfungsangst von Studenten insbesondere M.L. Moeller, H. Zenz und J.W. Scheer. H. Müller-Braunschweig habilitierte sich mit der Trennungsangst bei Säuglingen (Hospitalismus), wodurch auch das Thema von Bindungsqualitäten aufkam. Das Forschungsprojekt entstand aus der Notlage einer Sekretärin. Sie mußte nach der Geburt arbeiten und auch ihren Säugling versorgen. Das geschah dann im Fernsehlabor, wobei die Gelegenheit zu einer intensiven Fallstudie ausgeweitet wurde. In Zusammenarbeit mit dem Neuropädiater G. Neuhäuser arbeitet ein Team um D. Beckmann und U. Pauli-Pott bis heute in diesem Forschungsgebiet.

Bei der Herzneurose bilden die iatrogenen Fixierungen das Krankheitsbild ganz entscheidend mit. Ein Untertyp somatisiert stark, wodurch die Angst primär körperlich erlebt wird. In Zusammenhang mit dem Studentenprojekt kam deshalb die Frage auf, wodurch Mediziner so leicht in einen objektivierenden Zynismus abgleiten, indem sie die Ängstlichkeit von Patienten nicht mehr wahrnehmen können. Damit rückte die Frage nach der Abwehr von Angst in das Forschungsinteresse, denn Internisten gehen mit Herzneurotikern oft so um, als ob die Patienten ihre zur Abwehr aufgebaute naturwissenschaftliche Technik absolet machen würden. Das führt dann zu machtvollen Gegenreaktionen.

Dies führte weiterhin zu einem kritischen Blick auf die Geschichte der deutschen Medizin, mit der sich H.-E. Richter streitbar auseinandersetzte. Dient die Macht der naturwissenschaftlichen Medizin primär der Abwehr eigener Todesängste? Im Rahmen der Kritik der Ordinarien-Universität hatte Ende der 60er Jahre ein Student es gewagt, die Beteiligung Gießener Medizinprofessoren an den Verbrechen des Faschismus in der Fakultät anzusprechen. Damals verließen bis auf 5 alle Professoren den Saal, H.-E. Richter natürlich nicht. Jahre später setzten sich der Gießener Internist H. G. Lasch und H.-E. Richter unter großer Anteilnahme aller Studenten über dieses Thema öffentlich auseinander. Es folgte eine Reihe von Kolloquien einer Studenteninitiative über die Erforschung der Geschichte von Hadamar, an denen auch K. Dörner teilnahm.

Der Widerstand gegen die eingangs dargestellte technologische Entwicklung der Medizin scheint heute noch wichtiger geworden zu sein, denn Genmanipulationen waren damals noch nicht üblich.

In diesem Klima entstand die typisch psychoanalytische Frage nach der Aufklärung eigener Abwehrhaltungen. Nach psychoanalytischer Lehrmeinung hatte ein Psychoanalytiker nach seiner Ausbildung keine unkontrollierten Gegenübertragungen, was H.-E. Richter bezweifelte. So entstand das wohl wichtigste Forschungsprojekt der Gießener Schule. Über fernsehaufgezeichnete Interviews wurden Patientenbeurteilungen vergleichend erhoben. Hierdurch konnten die persönlichen Gegenübertragungshaltungen mit den Selbstbildern der Analytiker verglichen werden (1. Stichprobe 8, 2. Stichprobe 12 Analytiker).

H.-E. Richter litt nach eigener Darstellung anfangs unter einem „Beförderungs-Syndrom". Er leugnete seine Führungsverantwortung, arbeitete hektisch gegen die Angst, von allen im Stich gelassen zu sein, und übte eine erdrückende Überkontrolle aus. Das Team bewältigte diese Stimmung mit Humor. Ein beliebter Spaß war die Vorstellung, daß der Dekan oder ein Patient sich der Klinik nähere, worauf sich jeder ganz schnell hinter seiner Couch zu verstecken versuchte. H.-E. Richter zeichnete damals gern Karikaturen, diese Szene wohl auch.

Andererseits gab es neben der Heidelberger Psychosomatik (A. Mitscherlich) damals tatsächlich nur die Gießener. A. Mitscherlich erlebte offenbar die Ansprüche einer neuen kritischen Zeit nicht. H.-E. Richter löste das Problem seiner starken Beanspruchung ab 1969 durch eine Aufteilung der Psychosomatik in drei Abteilungen: Klinik (H.-E. Richter), Klinische Psychologie, ab 1973: Medizinische Psychologie (D. Beckmann) und Klinische Sozialpsychologie, ab 1972: Medizinische Soziologie und Psychoanalyse (P. Fürstenau). Mit der Unterstützung von Th. v. Uexküll wurde dieses Gießener Modell dann Teil der Approbationsordnung für Mediziner von 1972, wofür H.-E. Richter und D. Beckmann endlose Auseinandersetzungen, auch mit Vertretern der Psychiatrie, hinter sich bringen mußten. Insbesondere W. Bräutigam und A.-E. Meyer halfen bei der Durchsetzung der neuen Approbationsordnung mit, später auch der Medizinsoziologe J. Siegrist und der Medizinpsychologe L.R. Schmidt.

Die Forschungen zur Gegenübertragung setzten gute mathematische Kenntnisse der empirischen Psychologie voraus. Hierdurch entstand in der Klinik eine Hauptgruppe von Analytikern und eine Nebengruppe von empirischen Psychologen (anfangs: D. Beckmann, J.W. Scheer, H. Zenz), während die Medizinsoziologen unter P. Fürstenaus Einfluß Psychoanalytiker wurden (S. Goeppert, E. Wolff, D. Eckensberger, D. Röhr, A. Köhl).

Mit der wesentlichen empirischen Hilfe der Psychologen wurde 1968 der Sonderforschungsbereich 32 (SFB 32) gegründet, zusammen mit den Ordinarien des Nervenzentrums W. Pia, F. Erbslöh und A. Derwort.

Zur Gruppe von Th. v. Uexküll gehörte auch eine sozialmedizinische Abteilung, die epidemiologisch arbeitete (M. Pflanz). Nachdem Th. v. Uexküll nach Ulm und M. Pflanz nach Hannover gegangen waren, vertrat H.-E. Richter den Lehrstuhl für Sozialmedizin und D. Beckmann den für Biomathematik. Die Sozialmedizin konnte wegen unterschiedlicher Auffasssungen von H.G. Lasch und H.-E. Richter viele Jahre nicht besetzt werden, zu different waren die Grundhaltungen und -erwartungen an dieses Fach. Die Stelle wurde dann später als Medizinische Soziologie ausgeschrieben, weil man hoffte, H. Friedrich (Göttingen) berufen zu können. Für die Biomathematik hatte die Fakultät D. Beckmann vorgesehen, der aber ablehnte.

Statt dessen wurden dem Fachbereich Dissertationen und Habilitationen präsentiert, die methodologisch meist ein höheres Niveau hatten als viele naturwissenschaftliche Arbeiten. Ab dieser Zeit entstand eine enge Verbindung mit der Anatomie (A. Oksche, H.-R. Duncker), z.T. auch mit der Neurophysiologie (P. Hinckel). Im Hintergrund wirkte das Interesse an einer Psychobiologie, die

Psychoanalyse, Ethologie und moderne Techniken der Verhaltensbeobachtung verbindet. Diese Anerkennung von traditionell naturwissenschaftlicher Seite half enorm bei den dauernden Rivalitäten um Stellen und Forschungsmittel. Einige Projekte liefen auch ohne H.-E. Richters Teilnahme, wie z. B. die Forschungen zu Herzoperationen, zusammen mit F. W. Hehrlein, S. Davies-Osterkamp, A. Salm und K. Möhlen. Auf weitere Beispiele soll hier verzichtet werden, weil sie eher zu einer Geschichte der Medizinischen Psychologie gehören, deren erster Lehrstuhl allerdings auch durch H.-E. Richters Einsatz in Gießen etabliert wurde. Erwähnt werden soll hier noch das Projekt zur Intensivmedizin (H. G. Lasch, B. F. Klapp, J. W. Scheer, W. Laubach, C. E. M. Brown), das mit Forschungen zur Rolle des Pflegepersonals verbunden war. Über die vielen Jahre gab es nahezu mit allen Fachrichtungen der Medizin gemeinsame Projekte, wodurch die Psychosomatik in Gießen weit in die Organmedizin vordringen konnte. Diese breiten Facherfahrungen hatten auch Folgen im Unterricht. Im Vergleich zu allen anderen Fächern in Gießen schnitten die Psychologie und Soziologie bei den bundesweiten schriftlichen Prüfungen über viele Jahre im Mittel mit dem Spitzenplatz ab, ganz abgeschlagen waren die Chemie und Biochemie. Dieses Klima einer ganzheitlichen Medizin fand auch darin seinen Ausdruck, daß die Vorlesungen in den psychosozialen Fächern voll in das Curriculum der naturwissenschaftlichen Unterrichtsangebote integriert wurden. Dieser Stellenwert der psychosozialen Medizin, der insbesondere auch durch die Initiative von H.-R. Duncker erreicht werden konnte, wurde sonst nirgendwo bisher in Deutschland realisiert. Hierzu gehört auch, daß über die vielen Jahre mehrere Hundert Dissertationen betreut wurden, die in der Regel in Kooperation mit anderen Kliniken konzipiert und durchgeführt wurden, jedoch auch in Kooperation mit anderen Fachbereichen der Universität.

Das Leitthema der Psychosomatiker im SFB 32 war die Gegenübertragung bzw. die Arzt-Patient-Beziehung. Im Rahmen dieser Projekte entstanden der Gießen-Test, der Gießener Beschwerdebogen und andere Tests. Die letzte der Habilitationen, die sich dem Thema der Gegenübertragung widmete, war die von W. Milch. Zur Selbstkonzeptforschung gehörte auch die Entwicklung der Grid-Technik (I. Gerlach, J. W. Scheer, N. Spangenberg u. a.). Auch entstanden Projekte zusammen mit dem Fachbereich Soziologie (H. Pross, H. J. Krüger) und Kriminologie (A.-E. Brauneck). D. Beckmann betreute in dieser Zeit viele Projekte der Organmedizin, wodurch die Gießener Psychosomatik insbesondere nicht in die Rolle einer allein philosophischen Medizin zu drängen war.

Die SFB-Sitzungen hatten meist einen merkwürdigen stereotypen Verlauf: Der Chirurg W. Pia polterte, daß man nun Nägel mit Köpfen machen müsse, der Neurologe F. Erbslöh beklagte den Mangel an unternehmerischer Initiative, und der Psychiater A. Derwort grübelte still vor sich hin, ob das Foucaultsche Pendel

Horst-Eberhard Richter und Gerd Heising: Wer fährt mit wem Schlitten?

doch magische Kräfte habe. H.-E. Richter schickte seine Mitarbeiter vor und zeichnete derweil Karikaturen. Meist gab dann P. Fürstenau noch eine Gruppendeutung oder G. Heising fragte irgend etwas ganz Tiefsinniges, worauf Unruhe entstand und die Sitzung vertagt wurde. In wenigen Jahren hatte die Psychosomatik die Hälfte der Sach- und Personalmittel des SFB für sich, weil H.-E. Richter sein Team machen ließ. Ordinarien waren damals üblicherweise Herrscher, deren Mitarbeiter allein folgsam zu sein hatten, was sich offenbar nicht auszahlte. Der SFB wurde mit der Zeit immer mehr ein Teil der Gießener Schule, zumal zeitweise über 30 Mitarbeiter der Psychosomatik aus diesen Geldern bezahlt werden konnten. Der Erfolg beruhte auf einer einfachen Strategie: Man beantragte möglichst etwas, das man schon erforscht hatte. Dann konnte man später leicht nachweisen, daß die Hypothesen verifiziert werden konnten. Hierauf wurde der Erfolg durch das Weiterfließen der Gelder belohnt. Die Kooperationen mit den anderen Projekten des Nervenzentrums waren zunächst spärlich, was sich erst mit den Berufungen der Psychiatern W. Bister, H. Busch, H. Lammers und W. Schumacher änderte. Es entwickelte sich in Gießen eine im Grundtenor psychotherapeutisch bis psychoanalytisch orientierte Psychiatrie.

Als H.-E. Richter 1962 nach Gießen kam, brachte er die Erfahrung mit, daß seine Studien zur Eltern-Kind-Beziehung bei Psychoanalytikern wenig Resonanz fanden. Man hielt damals nur etwas von der Kinderanalyse (A. Freud), nicht aber von der Analyse von Familien. Da H.-E. Richter sich als Außenseiter erlebte, zumal auch A. Mitscherlich ihn nicht in dieser Richtung stützte, kamen als Reaktion Verbindungen nach Wien (H. Strotzka) und Zürich (J. Willi) zustande. Vorher fand noch ein Besuch bei A. Mitscherlich mit dem gesamten Team statt. Es ging u.a. darum, die „Psyche“ für die neuen Themengebiete zu öffnen, was jedoch völlig mißlang. Das Frankfurter Sigmund-Freud-Institut blieb bis heute relativ konservativ, obwohl H.-E. Richter nach seiner Emeritierung dort die Leitung übernahm und einiges bewegen konnte. Eine Kommission, der u.a. J. Cremerius, A.-E. Meyer, H.-E. Richter und D. Beckmann angehörten, forderte eine Hinwendung des SFI zu empirischer Sozialforschung. Noch stehen die Berufungen aus.

Die Gießener Schule hatte schon bald nach ihrer Etablierung H.-E. Richters Angebot übernommen, sich als Direktor durch einen Anstaltsrat entlasten zu lassen. Hier wurde beraten und beschlossen wie in einer Familie, die keine patriarchalischen Traditionen mag. Dieser Teamgeist äußerte sich zunächst in vielen Arbeitstagungen, wovon die aufwendigsten auf Mallorca stattfanden. Auch fuhr eine Gruppe einmal nach New York, um dort verschiedene psychoanalytische Institute zu erkunden. Als H.-E. Richter einen Ruf nach Heidelberg bekam, fuhr das gesamte Team mit, um sich die Sache anzusehen und abzuwägen. Die Heidelberger fielen durch, wodurch die Gießener Schule sich weiter ausbilden konnte.

Es wurde im Strang dieser Entwicklungen die Arbeitsgemeinschaft für Familienforschung und Familientherapie gegründet, deren Projekte Anfang der 70er Jahre in Gang kamen. Aus Österreich stießen neben H. Strotzka und L. Reiter noch H. Gastager und W. Schindler hinzu, aus der Schweiz neben J. Willi noch L. Kaufmann und A. Uchtenhagen. Als Deutsche nahmen insbesondere auch die Sperlings teil, später auch H. Stierlin. Zur Gießener Gruppe zählten insbesondere D. Beckmann, A. Güttges (Plaß), T. Neraal, A. Overbeck, I. Rücker-Emden und U. Wegener. Getagt wurde an wechselnden Orten, ganz ähnlich wie oben dargestellt. H.-E. Richter interessierte sich in dieser Zeit insbesondere für neue Lebensstilformen, für Wohngemeinschaften und Kinderläden. Hieraus entwickelte sich in Gießen ein Zentrum für Selbsthilfegruppen, das bis heute lebendig blieb (M.L. Moeller, K.-W. Daum, J. Matzat). Aus der Arbeit mit Obdachlosen entstanden die Themen der Studien von W. Dierking, N. Spangenberg und H.-J. Wirth.

Diese Forschungen gruppierten sich zunehmend mehr um das Geschlechterverhältnis, um die Grunddynamik des narzißtischen Mannes und der depressiven Frau, d.h. der projektiven Abwehr von Schwäche und Stärke. Dieses Thema der typischen Ehebeziehung wurde auch empirisch weiterentwickelt (D. Beckmann). Durch die Zusammenarbeit mit den Wienern habilitierte sich L. Reiter in diesem Themengebiet. Eine Habilitation von H. Böker (Zürich) steht kurz bevor. Insbesondere gynäkologische und andrologische Forschungen zu somatischen Folgen der Geschlechterrollen sind bis heute im Zentrum vertreten (E. Brähler, H. Felder, J. Kupfer). Die Fülle der Themen kann hier nicht dargestellt werden. Für H.-E. Richter schloß sich mit dieser Thematik der Kreis zur Herzneurose bzw. Angstneurose. Warum kann der typische Mann bei sich keine Angst zulassen?

Die projektive Abwehr von Angst und Depression enthält die Identifikation mit den Normen und Idealen einer Kultur (Narzißmus). Da sich Normen und Ideale ändern können, entsteht die Frage nach dem Anker persönlicher Identität, die Widerstand leisten kann. Dieser Kampf um eine moralische Identität wurde zu H.-E. Richters Kernthema, bei dem ihm sein Team nur teilweise folgen konnte („Hocker" und „Rocker"). Wahrscheinlich ist dieses Grundproblem, daß man sich vorbildlich verhalten soll (kategorischer Imperativ) auch nur persönlich zu lösen. H.-E. Richter hatte einen ungeheuren Einfluß auf die Friedensbewegung, primär aber durch sein persönliches Engagement.

Andererseits enthält dieses ethische Grundprinzip der Aufklärung auch die Toleranz gegenüber unterschiedlichen Persönlichkeiten. Unter H.-E. Richters Einfluß konnte sich jeder frei entwickeln, ganz ohne autoritären Druck. Diese Freiheit brachte nach dem Ende des SFB 32 eine große Zahl von Forschungsprojekten auf, die in psychosozial 49/50 zu H.-E. Richters Emeritierung ausschnittsweise dargestellt wurden. Wie sie fortwirken werden, ist heute nicht abzusehen. Ethik zeigt sich im Handeln, nicht in Worten. Insofern war für die Gießener Schule das Prinzip der Aktionsforschung vorherrschend. Es wurde in sozialen Feldern etwas bewegt, um das Bewegte mit teilnehmender Beobachtung aufzuklären. Die erste Aktionsforschung war die Untersuchung zu Gegenübertragungen. Die Reaktionen wurden teilweise während der Fallkonferenzen in die Gruppe zurückgespielt, wobei der oben erwähnte Rechner half. Aktionsforschungen enthalten die Chance, daß die eigene Persönlichkeit sich mit der thematischen Auseinandersetzung bilden kann.

Ende der 70er Jahre gründete H.-E. Richter die Zeitschrift „psychosozial". Sie nahm viele der Themen auf, die nun aufgekommen waren. Durch die Initiative von H.-J. Wirth blieb die Zeitschrift trotz der Rezession erhalten. Sie eröffnete den Raum für einen Verlag, der sich primär kritischer Psychoanalyse in der Tradition H.-E. Richters gewidmet hat.

Stellvertretend für die große Zahl an Mitarbeitern, die durch die Gießener Schule geprägt wurden, sollen auch die genannt werden, die das „psychosozial"-Heft (1992) zu seiner Emeritierung gestalteten: M. Jarka, W. Fischer-Rosenthal, A. Overbeck, M. Reimitz, M. Bock, G. Heising, A. Plaß, N. Spangenberg, M. Breuer, W. Dierking, H.-J. Wirth, J. Matzat, A. Altevogt-Brauns, T. Neraal, R. Woidera, B. Brosig, W. Schwerd, H. Felder, W. Laubach, P. Möhring, D. Beckmann.

Nach P. Fürstenaus Weggang blieb die Medizinische Soziologie für Jahre verwaist. Als schließlich Frau U. Gerhardt und dann W. Fischer-Rosenthal kamen, fand eine fruchtbare Eingliederung in das Zentrum kaum statt. Auch wurden beide Professuren nach dem Ausscheiden der Soziologen aus dem Fachbereich wieder gestrichen, womit die alte Dynamik zwischen Psychoanalyse und empirischer Psychologie indirekt bestätigt wurde. Es gab inzwischen nur eine Themenerweiterung. Die jetzige Psychosomatik schließt im Sinne der Psychoneuroimmunologie die Erhebung biochemischer Parameter ein, was für empirische Psychologen ein Feld von mathematischen Modellen erweitert (Zeitreihenanalysen), das seit den Forschungen an der Herzneurose im Ansatz entwickelt war. Die Position gegenüber den Organmedizinern blieb gleich. Sie haben es nach wie vor sehr schwer einzusehen, daß Wut, Trauer oder Angst den Körper erheblich beeinflussen. Insbesondere B. Brosig, U. Gieler und J. Kupfer arbeiten heute in diesem schwierigen Feld der Aufklärung von Ärzten und der Therapie von Patienten.

Wie sich die Gießener Schule unter Ch. Reimer weiterentwickeln wird, ist nach den wenigen Jahren seit H.-E. Richters Emeritierung nicht zu beurteilen. Andererseits brachten die letzten Jahre viel Gegenwind für kritische Geister, auch Resignation. Zwischendurch mußte immerhin verhindert werden, daß die Psychosomatik eine unselbständige Abteilung der Inneren Medizin werden sollte. Auch sollte die Medizinische Psychologie nach Marburg verlagert werden, was zumindest momentan nicht mehr aktuell ist. Irgendwie wirkt die Szene nach so etwas wie viel Feind, viel Ehr. Ein wesentliches Merkmal von H.-E Richter war, daß er an Widerständen wuchs.

Hierzu noch eine Geschichte, die ein langjähriger Prodekan erzählt hat: Der Dekan und die zwei Prodekane machten sich auf, um H.-E. Richter mitzuteilen, daß er eine Sekretärinnenstelle abgezogen bekäme. Nachdem sie zu dritt eine Stunde bei H.-E. Richter waren, standen sie dann draußen vor dem Haus in der Winterkälte. Sie dachten betroffen darüber nach, wie es denn im Gespräch dazu kommen konnte, daß sie H.-E. Richter eine weitere Sekretärinnenstelle bewilligt hatten, obwohl sie zu dritt das Umgekehrte eigentlich durchsetzen wollten.

Gießen mag eine kleine Provinzstadt sein, aber wohl nicht zuletzt durch H.-E. Richters Einfluß blieb die Universität lebendig, wie die neuesten Studentenbewegungen zeigen, die von Gießen ausgingen. Auch war der langjährige Präsident der Universität, H. Bauer, ein kritischer Mediziner und ein Kämpfer für die Friedensbewegung, der mit Mitgliedern des Zentrums viele Aktionen durchgeführt hat (A. Salm, M. Jäger u. a.). Obwohl H.-E. Richter häufig im Frankfurter Sigmund-Freud-Institut weilt, ist er fast täglich in seinem Gießener Arbeitszimmer zu erreichen. Der Autor wünscht ihm als langjährigen Mitstreiter weiterhin soviel Schaffenskraft, wie er sie bei ihm immer bewundern durfte.

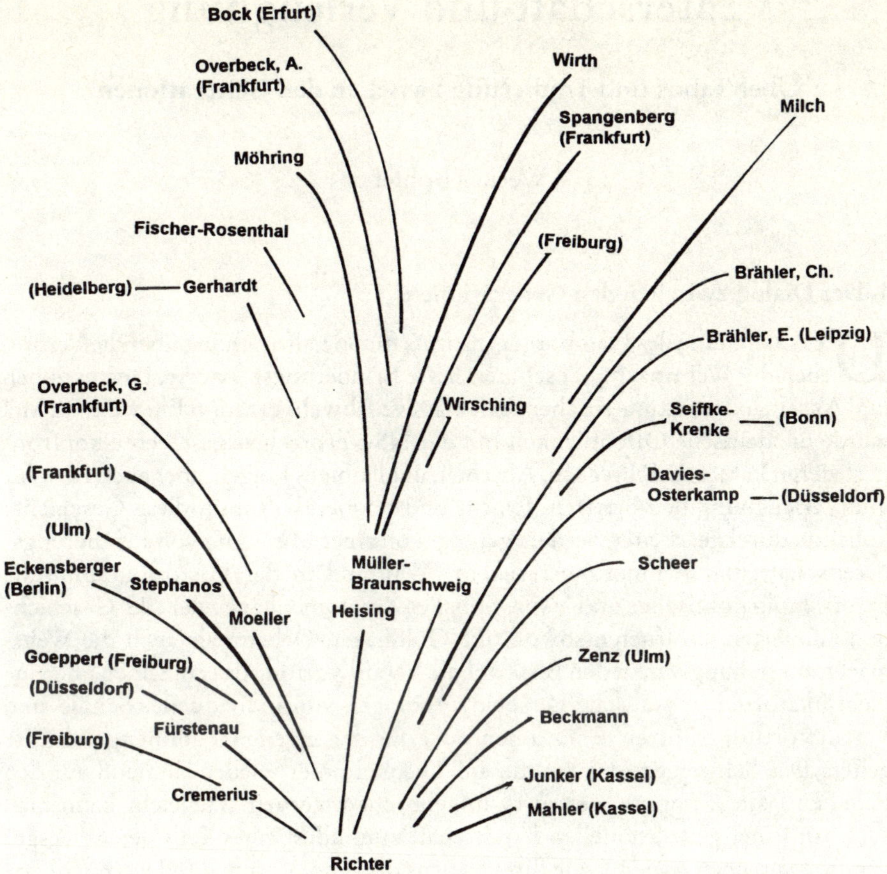


Die Professoren und Privatdozenten der Ära Richter in Gießen

# Täterschaft und Verleugnung

## Über Tabus und Tradierung zwischen den Generationen[1]

Werner Bohleber

### 1. Der Dialog zwischen den Generationen

Die Ausstellung des Hamburger Instituts für Sozialforschung über die Verbrechen der Wehrmacht hat schmerzhafte Erinnerungsprozesse, Diskussionen und Auseinandersetzungen, aber auch massive Abwehr erzeugt. Ein weiteres Mal wurde die deutsche Öffentlichkeit mit der NS-Verbrechensgeschichte konfrontiert, deren Fakten Erschrecken, Abscheu, ungläubiges Fragen, aber auch Abwehr und Verleugnung hervorriefen. Erneut und schmerzhaft muß diese Geschichte kollektiv durchgearbeitet werden, geprägt von einer Mischung von Erinnerungsbereitschaft und Erinnerungsresistenz. Während in der Historiographie die Erforschung politischer und institutioneller Zusammenhänge der NS-Geschichte dominierten, eröffneten sowohl die Goldhagen-Debatte als auch die Wehrmachtsausstellung erneut den Blick auf die Verantwortung des einzelnen und eine identifikatorisch-moralische Perspektive. Fragen von individueller Schuld und Verantwortung rührten Emotionen auf, die der eigenen Familiengeschichte gelten. Das Schweigen, das bei diesem Thema immer wieder lähmend auf den Familien lastete, konnte vielerorts aufgebrochen werden. Vielleicht kann man auch von einer generationellen Bereitschaft zumindest eines Teils der Kriegsgeneration sprechen, gegen Ende ihres Lebens doch noch einmal reden zu wollen.

Auffällig ist aber auch das Interesse bei der jungen Generation. Anders als vor 30 Jahren sind es nun nicht mehr die Söhne und Töchter, die das Gespräch suchen, sondern die Enkel, die fragen und wissen wollen. Sie wollen mehr über den Vernichtungsprozeß und die Mitwirkung der betroffenen Familienmitglieder erfahren. Die Dialoge scheinen unbefangener von seiten der Enkelgeneration geführt werden zu können, als dies in den Diskussionen der zweiten Generation mit ihren Eltern der Fall war. Mit dem Heranwachsen dieser neuen Generation eröffnen sich auch neue Möglichkeiten, miteinander zu sprechen. Ihre Fragen nach der familiären und nationalen Vergangenheit schaffen die Chance, ohne allzu große Einschränkungen, Abwehrhaltungen und Entwirklichungsstrategien

[1] Überarbeitete Fassung eines Vortrags im Rahmen der Ausstellung „Vernichtungskrieg. Verbrechen der Wehrmacht 1941 bis 1944" des Hamburger Instituts für Sozialforschung in Marburg am 1. Oktober 1997.

gegenüber der geschichtlichen Realität auszukommen, denn die intergenerationelle Dynamik, die noch die Auseinandersetzung zwischen der ersten und zweiten Generation durch heftige Anklagen, durch Fragen nach Schuld und durch Verleugnung geprägt hat, ist nun nicht mehr in dieser existentiellen Weise wirksam.

Aber vor allzu großem Optimismus muß gewarnt werden. Oft kann man bei Gesprächen mit Angehörigen der dritten Generation als einleitende Bemerkung Distanzierungen zu hören bekommen: „Ich habe mit meinem Großvater zunächst einmal nichts zu tun." Die unbefangen erscheinende Aufforderung an den Großvater: „Erzähl mal" steht auf dem Boden einer Generationengeschichte mit heftigen affektiven Konflikten, die die Beziehung der vorausgegangenen Generationen prägten. Die Unbefangenheit kann sich deshalb bei genauerem Hinsehen als eine defensiv zur Schau gestellte Diskontinuität entpuppen. Empirsche Untersuchungen über die dritte Generation (Brendler, 1997; Hardtmann, 1997; Rosenthal, 1997; Schneider, Stillke, Leineweber, 1996) zeigen bei eingehender Betrachtung immer wieder eine Spaltung zwischen öffentlicher und privat-familiärer Auseinandersetzung in der eigenen Familie. In Interviews gaben Schüler und Studenten an, sie seien überwiegend gut durch die Schule über das Thema informiert worden. Die eigentliche emotionale Schwierigkeit bestand in dem Umgang mit diesem Thema und mit dem Wissen über die NS-Vergangenheit in der eigenen Familie. Die gefühlsmäßige Betroffenheit, ausgelöst durch die Darstellung in der Schule und in den Medien, wurde in vielen Fällen nachträglich wieder durch Überlegungen in Frage gestellt, ob die eigene Familie damit zu tun gehabt hat. Dadurch traten plötzlich emotionale Konflikte in den Vordergrund, die durch die affektiven Bindungen an die Eltern und Großeltern konstelliert waren.

Wird diese familiäre Ebene im Untersuchungsansatz unberührt gelassen, können sozialwissenschaftliche Untersuchungen die These bestätigen, daß die dritte Generation in einem qualitativ neuen Verhältnis zum Nationalsozialismus stehe und daß aus ihrer Perpektive der NS zur Geschichte gehöre und nicht mehr zur eigenen Biographie, wie es noch bei der ersten und zweiten Generation der Fall war (Kohlstruck, 1997). Solche Hypothesen reproduzieren aber nur die Spaltung zwischen öffentlicher und familiär-biographischer Verarbeitung des Themas. Die Formulierung wissenschaftlicher Fragestellungen ist in diesem Fall unerkannt einer distanzierenden Abwehr aufgesessen.

In einer Untersuchung (Hardtmann, 1997), die diese Gefahr zu vermeiden suchte, führte die Frage „Welches Verhalten Deiner Großeltern hat den Nationalsozialisten bei der Durchführung des Holocaust geschadet oder genützt?" zu heftigen Reaktionen. Die Frage wurde von den Jugendlichen häufig als „gemein" empfunden, weil sie an der irrational-emotionalen Grundüberzeugung rüttelte, die eigene Familie habe damit nichts zu tun gehabt. In anderen Fällen beendete diese Frage jedoch auch „die Lähmung und Resignation, einem übergroßen Verbrechen gegenüberzustehen und keinen greifbaren Schuldigen zu finden und führte zu heftigen Auseinandersetzungen mit dem politischen Verhalten der vorangegangenen Generationen und schließlich auch mit dem eigenen" (a.a.O., S. 125). Auf der anderen Seite fühlten sich Eltern und Großeltern ihrerseits herausgefordert. Ihre Abwehrstrategien wurden von den Enkeln in Frage gestellt. Gesprächsbereitschaft und Verweigerung konnten sich vermischen und zu verschiedenartigen Blockierungen führen: So sind auf seiten der Großelterngeneration neben offener Gesprächsbereitschaft totale Abwehr und Schweigen zu finden, oder Anfragen wurden abgewiesen, weil sie als unzumutbare Belästigung empfunden wurden. Wenn die Älteren Auskunft gaben, konnte es passieren, daß sie sich wieder selbst relativierten, indem sie mit einer gewissen Hilflosigkeit zum Ausdruck brachten, sie könnten auch nicht verstehen, wie es damals dazu kommen konnte. Für die Enkelgeneration behält dann der Nationalsozialismus etwas Rätselhaftes. Auf seiten der Enkel unterdrückten viele Nachgeborene ihrerseits das Fragebedürfnis, weil die Angehörigen offen oder verdeckt vermittelten, daß ihnen das Erinnern unangenehm sei. Die Jüngeren waren öfters geneigt, auf die Erkundung biographischer Details zu verzichten, weil sie die Großeltern nicht verletzen wollten. Mit dieser schützenden Einstellung sollte auch vermieden werden, im Falle einer Schuldverstrickung der älteren Generation eine Selbstentwertung zu erleben.

Ich habe versucht, die seelische Befindlichkeit der Generationen im Dialog über die NS-Vergangenheit zu umreißen, und bin dabei bewußt an der seelischen Oberfläche geblieben. Ich möchte nun im folgenden zeigen, wie die Verwicklung in den Nationalsozialismus, die Beteiligung am Krieg, die Mitwirkung an Verbrechen und die eigenen Traumatisierungen, die von der Kriegsgeneration nicht erinnert und verantwortet, sondern verleugnet oder verschwiegen werden, in das Leben der nächsten Generation eindringen. Zunächst befasse ich mich mit der ersten Generation und ihrem Umgang mit der Geschichte und ihren Erinnerungen.

## 2. Trauma, Erinnerung und Verleugnung

Alexander und Margarete Mitscherlich (1967) haben in ihrer berühmten Untersuchung „Die Unfähigkeit zu trauern" die Form einer Erinnerungsarbeit beschrieben, die notwendig ist, um eine emotionale Abkapselung von der Vergangenheit zu überwinden. Sie haben ursprünglich klinische Konzepte des Traumas und des Erinnerns, Wiederholens und Durcharbeitens in den gesellschaftlichen Diskurs eingeführt. Robert Lifton hat diesen Ansatz über die deutschen Verhältnisse hinaus verallgemeinert: „Das von Mitscherlichs aufgeworfene Grundproblem hat mit der Fähigkeit von Überlebenden zu tun – besonders von solchen, die von ferne mittöteten –, sich mit ihrem psychischen Erleben und seinen moralischen Konsequenzen auseinanderzusetzen. Wo die Konfrontation ausbleibt, geraten Überlebende in einen Zustand der Gefühllosigkeit oder der psychischen Abstumpfung, wobei ein potentiell explosiver innerer Konflikt stillgestellt und eingekapselt bleibt"(1987, S. 124). An den Folgen dieses stillgestellten inneren Konfliktes laborieren wir noch heute.

Die großen Katastrophen dieses Jahrhunderts haben in ihren Auswirkungen und Folgen für Betroffene und ihre Kinder die Trauma-Forschung mit neuen Phänomenen konfrontiert. Vor allem der Holocaust mit seinen Folgen für die Überlebenden führte zu neuen Einsichten über diese Extremtraumatisierung. Gleichzeitig ermöglichten diese Erkenntnisse eine Anwendung auf andere gesellschaftliche und politische massive Traumata.

Krieg, Terror und Verfolgung haben dem Schocktrauma einen neuen Stellenwert verliehen. Beim Schocktrauma wird der seelische Schutzschild des einzelnen durchbrochen, der Organismus durch eine nicht bewältigbare Quantität von Erregung überflutet, wodurch das Ich in einen Zustand völliger Hilflosigkeit gerät. Das grausame Faktum bricht in das Leben des Menschen ein, die extreme Erregung und Angst überwältigt die seelische Bedeutungsstruktur und erzeugt eine namenlose automatische Angst. Später hat das Trauma die Tendenz, wiederaufzuleben und sich in Flashbacks, in Alpträumen und in Symptomen zu wiederholen. Die Wiederholung trägt den Charakter des Unbegriffenen und Einbrechenden, aber sie ist auch der Versuch des Ichs, das Unbegreifliche in den Griff zu bekommen und zu bewältigen. Für Freud lag der eigentümliche Charakter des Traumas in seiner verspäteten Wirkung. Die Folgen zeigen sich erst nach einer Phase der Latenz. Ein Trauma zu verstehen, konfrontiert mit einem Paradox (Caruth, 1995): Das Trauma stellt die größte Konfrontation mit der Realität dar, aber es ereignet sich als ein absolutes Betäubtsein gegenüber dieser Realität. Es ist die plötzliche unkontrollierbare Unterbrechung aller affektiven Bindungen und der Zusammenbruch der inneren Repräsentanz eines bedeutsamen Anderen. Deshalb ist die traumatische Erfahrung zunächst nicht mitteilbar, weder sich selbst noch einem anderen. Erst durch die nachträgliche Bedeutungsfindung versucht der einzelne, ihm einen Sinn abzuringen und es in seine individuelle Geschichte sinnhaft einzugliedern. Bei massiven Traumatisierungen ist dies häufig nicht möglich, die traumatische Erfahrung bleibt abgekapselt, hat einen zeitlosen Charakter und bricht immer wieder in das bewußte Erleben überwältigend ein.

Dies weist darauf hin, daß Erinnerung alleine nicht ausreicht bei der Bewältigung des Traumas, reine Katharsis kann zur Retraumatisierung und Verschlimmerung führen. Der Traumatisierte bedarf eines Sicherheit gebenden Bezugsrahmens, eines empathischen und bei politisch-gesellschaftlichen Katastrophen auch eines historisch informierten Zuhörers. Das ist ein überaus wichtiger Sachverhalt:

Durch den Zuhörer wird das Trauma wieder in eine kommunikative Gemeinschaft eingebunden. Die individuelle traumatische Geschichte wird Teil einer öffentlichen Kommunikation und hat insofern therapeutischen Charakter nicht nur für den Traumatisierten, sondern auch für die Gesellschaft im Sinne der Aufklärung über die Wahrheit. Der Traumatisierte wird zum Zeugen.

Hier stellt sich nun die Frage nach der Authentizität des Zeugnisses. Ist es aufrichtig? Ist der Betreffende um Wahrheit bemüht? Versucht er, Verschüttetes und Verdrängtes wieder zur Sprache zu bringen, oder ist alles bestimmt von Verschweigen, Verleugnen und Ausblenden von Taten und Erlebnissen sowie von Rechtfertigungsstrategien?

Mit diesen Fragen stoßen wir auf die komplexe Beziehung zwischen traumatischem Erleben und Wissen (vgl. Laub u. Auerhahn, 1993). Gegen das Wissen um das Trauma richtet der Traumatisierte eine Abwehr auf, weil es die wieder etablierte, wenn auch fragile eigene psychische Integrität bedroht. Die nachträgliche Konfrontation mit dem Trauma erzeugt in allen heftige Gefühle von Schmerz, Wut, Scham, Schuld, Zynismus u. a. Um mit ihnen nicht in Berührung zu kommen und uns vor der Konfrontation mit diesen Affekten zu schützen, vermeiden wir daran zu denken und wollen es nicht wissen. Das trifft nicht nur auf direkt Traumatisierte zu, sondern auf alle, die am Trauma irgendwie teilhaben als Täter, Zuschauer oder eher entferntere historische Zeugen, wie etwa die Kinder der Betroffenen. Wobei der Nicht-Betroffene, der durch Berichte und Zeugnisse die Traumatisierung in seiner Vorstellung zu repräsentieren sucht, sich intrapsychisch die Realität einer grausamen Vernichtungswelt nicht imaginativ angemessen vergegenwärtigen kann.

Nicht-wissen-wollen ist nicht ein passives Verschließen gegenüber der Wahrnehmung, sondern ein aktives Zurückweisen und Auslöschen. Die Erinnerung von bestimmten Ereignissen kann instrumentalisiert werden, um andere Aspekte der Realität zurückzudrängen. So entstehen vielfältige Mischungen von Abwehr und Erinnerung, die von aktiver Unterdrückung und vollständigem Vergessen bis zum verschobenen Wissen, zu Deckerinnerungen und zur Wiederinszenierung reichen. Es sind Formen der Abwehr, die grob und gewaltsam, aber auch sehr subtil durchgesetzt werden können.

Auf diese Weise erzeugt die Beschäftigung mit Traumatisierungen eine kognitive und affektive Abwehr, die häufig in Ignoranz resultiert. Diese Abwehr findet man nicht nur bei Tätern, die noch ein besonderes Motiv haben, es nicht wissen zu wollen, sondern auch auf seiten der Opfer. Das Wissen und Vergegenwärtigen beinhaltet ein Wiedererleben, das ängstigend und verheerend sein kann. Nicht nur für den, der sich erinnert, sondern auch für den, der es hört. Ein Beispiel: In einem Videointerview berichtete ein ehemaliger Ostfrontsoldat über seine Kriegserlebnisse. Er kam als 18jähriger nach Rußland, wurde dort noch als Rekrut ausgebildet und mußte mit seiner Einheit auf der Suche nach Partisanen Ortschaften durchkämmen. Er erzählte dann, wie sich der Unteroffizier, der sie ausbildete, vor den Rekruten damit brüstete, daß unter diesem Acker, auf dem sie stünden, 10.000 Juden lägen. In diesem Augenblick erlitt der Interviewer einen Hustenanfall, wirkte schockiert und in der Folge distanziert. Es wurde deutlich sichtbar, daß er mit seinem Interviewpartner emotional nicht weiter in Berührung kommen wollte. Die Chance, über das Erlebte zu sprechen, war vertan. Das Interview ging weiter, aber auffällig war, daß nur noch allgemein vom Kriegsgeschehen die Rede war; bis der Interviewer sein Gegenüber verwundert fragte, ob er denn irgendwann einmal einem Russen begegnet sei?

Das Ausblenden und Verleugnen der Realität in den Erinnerungen kann verschiedene Formen annehmen, von denen ich hier nur kurz einige erwähnen kann. In Erzählungen von Ostfrontsoldaten, die sich nicht an Verbrechen oder Grausamkeiten erinnern konnten, ergab es sich oft an einer Stelle des Interviews, daß ein Kamerad oder Nachbar erwähnt wurde, der Erschießungen gesehen habe. Aus dem eigenen Gedächtnis ist es getilgt, wird aber, verschoben auf einen anderen, festgehalten. In einem Interview erzählt der ehemalige Soldat mit viel Affekt, wie seine Einheit eine Herde von Kühen und Schweinen niedergemäht habe, um den Russen nichts zurückzulassen. Weshalb hat er gerade das im Gedächtnis behalten? Solche Erzählungen können den Charakter von Deckerinnerungen haben. Das eigentliche belastende Ereignis ist verdrängt und durch ein weniger grausames und weniger Schuldgefühle hervorrufendes ersetzt worden.

Eine weit verbreitete Abwehrstrategie besteht in der Kreation eines persönlichen Mythos, einer Geschichte mit Rechtfertigungen, mit Kameradschaft, Heldentaten und einem Pathos, mit dem die Grausamkeiten des Krieges als schlimm, aber unvermeidlich hingestellt werden. Ein wiederkehrender Topos ist der vergebungsbereite und sich menschlich verhaltende Feind. Ein Soldat berichtet im Interview, wie ein Kamerad kaltblütig Gefangene erschoß, anstatt sie ins Gefangenenlager zu bringen, wie er den Auftrag hatte. Dann erzählt er, wie er kurz danach bei einem Angriff verwundet und gefangengenommen wurde. Durch die Verwundung hatte er das Bewußtsein verloren, als er aufwachte, sah er sich einer russischen Ärztin gegenüber. Er hatte Angst davor, gefoltert zu werden, und war dann emotional überwältigt, daß sie ihn statt dessen verband. Auch im Interview übermannte ihn die Rührung, ebenso wie bei einer weiteren Schilderung, in der ein russisches Mütterchen ihm regelmäßig einen Teller Suppe zuschob, als er als Gefangener in einer zerstörten Ortschaft Wiederaufbauarbeit leisten mußte. Dieser Topos des vergebungsbereiten Feindes dient u. a. dazu, sich zu versichern, daß die Verbrechen doch nicht so schlimm gewesen seien. Gleichzeitig aber hätte dieses Erlebnis mit der kritischen Frage nach der eigenen Menschlichkeit verbunden sein müssen, die zu stellen er aber unterläßt.

Was wir häufig erleben und wofür auch diese Beispiele stehen, ist eine gespaltene Erinnerung: Die eigenen Erlebnisse und Leiden werden festgehalten, die der Opfer dagegen ausgeblendet.

Diese Spaltung der Erinnerung, die Mischung zwischen Erinnerungsbereitschaft und Erinnerungsresistenz finden wir auch auf der gesellschaftlichen Ebene. Gesellschaftlich besteht ein komplexes Beziehungsgefüge zwischen individuellen und kollektiven, oft miteinander konkurrierenden Erinnerungen unterschiedlicher gesellschaftlicher Gruppen sowie staatlich sanktionierten Erinnerungen. „Kollektive und individuelle Erinnerung können einander gegenseitig verstärken, kollektive und staatliche Erinnerung können aber auch das Erinnerungsvermögen von Individuen oder gesellschaftlichen Minderheiten oder oppositionellen Gruppen behindern, entstellen oder gar zerstören" (Domansky, 1993, S. 189). Die Generation von 1968 – und ihr folgend weite Teile der deutschen Gesellschaft – hatte zwar einen entscheidenden Schritt getan, sich mit der Vergangenheit zu konfrontieren und sich damit auseinanderzusetzen, daß eine Mehrheit der Bevölkerung von der Verfolgung und Ausgrenzung der Juden gewußt hatte, doch beide haben damals vor einer entscheidenden Barriere Halt gemacht. Die Frage nach einer aktiven Beteiligung an Verfolgung, an Ausgrenzung und am Massenmord blieb mehr oder weniger tabu. „Sich die eigenen Eltern, Großeltern, Lehrer und Ärzte als Nazis und ‚Mitläufer' statt als Widerstandskämpfer vorstellen zu müssen, war schwierig genug. Darüber hinaus vielleicht herausfinden zu müssen, daß sie möglicherweise aktiv an Massenvernichtung von Juden beteiligt gewesen waren, wenn man zuviel Fragen stellte, war unerträglich. Die Angriffe auf die ‚Generation der Eltern', zumeist zudem charakteristischerweise lediglich auf die ‚Generation der Väter', blieben, wie im nachhinein sehr deutlich wird, bis auf ganz wenige Ausnahmen im Bereich summarischer Anklagen stecken" (Domansky, 1993, S. 188). Als Kompromiß zwischen den Generationen diente die Erinnerung an den Holocaust, über die sich ein Grundkonsens der Gesellschaft wiederherstellte. „Solange man die Frage nach den Tätern vermied, konnten sich alle Gruppen in der Erinnerung an den Holocaust zusammenfinden" (ebd., S. 190).

Dieser Konsens der Gesellschaft trennte den Holocaust mehr oder weniger von der Geschichte des Zweiten Weltkriegs ab und trat im kollektiven Gedächtnis an dessen Stelle. Mit dieser Abwehr und Abspaltung konnte auch die Wehrmacht aus dem Vernichtungsprogramm und der Täterschaft herausgelöst werden und die Phantasie von der sauberen Wehrmacht, die nichts mit der Judenvernichtung zu tun hatte, weiterbestehen. Diese Phantasie ist spätestens durch die Goldhagen-Debatte und durch die Wehrmachtsausstellung zerbrochen worden.

Die individuelle und gesellschaftliche Anerkennung der Realität der verbrecherischen NS-Vergangenheit bleibt eine schmerzhafte und fortwährende Aufgabe. Bei der Lektüre von Erzählungen von ehemaligen Soldaten über ihre Kriegserlebnisse, die im Verlauf der letzten 10 Jahre aufgezeichnet worden sind, fällt immer wieder auf, wie verständnislos sie den Reaktionen der Gegner gegenüberstanden.[2] Daß ein jüdischer russischer Leutnant einen Moment lang einem Haßausbruch gegenüber dem gefangenen deutschen Soldaten nachgab, kann dieser nicht mit den an den Juden verübten Verbrechen in Verbindung bringen. Auf die Idee, daß diesem Leutnant vielleicht seine ganze Familie von den Deutschen ermordet worden war, kommt er auch noch 40 Jahre nach dem Kriegsende nicht. Ein anderer Soldat berichtet, wie ein Russe ihm, dem abgemagerten Deutschen, im Gefangenenlager mit der einen Hand einen Laib Brot gab und ihn gleichzeitig mit der anderen Hand ohrfeigte, als er danach griff. Der russische Soldat ließ ihm dann aber das Brot. Der erzählende Soldat kann sich das nur mit dem Volkscharakter der Russen erklären, nicht aber mit den Gefühlen und Affekten, die der Vernichtungsfeldzug der Wehrmacht gegen die Russen bei diesen hervorgerufen hat.

Diese Beispiele zeigen, wie die emotionale Betäubung und Gefühllosigkeit sowie die Entwirklichung der verbrecherischen NS-Vergangenheit immer noch fortwirken. Sie können nur weichen, wenn die eigenen Abwehrstrategien selbstreflexiv durchgearbeitet werden, so daß Gewalt, Grausamkeit, Tötung und Mord in ihrem ganzen Ausmaß wahrgenommen werden können. Dann kann das Entsetzen darüber affektiv präsent sein, und die Leiden der Opfer können einfühlend zugänglich werden. Nur auf diese Weise kann die verlorene Menschlichkeit zurückgewonnen werden. Diese Art einfühlender Erinnerung verkürzt nicht und ist nicht der Gefahr ausgesetzt, beide Seiten auseinanderzureißen, den Tätern Entlastung durch den Blick auf die eigenen Leiden und Verluste zu ermöglichen und die Opfer darüber zu vergessen.

### 3. Besonderheiten transgenerationeller Identifizierungen in der zweiten Generation

Ich möchte nun einen Sprung machen und mich mit der zweiten Generation beschäftigen, insbesondere mit den Folgen des Schweigens der Eltern über die eigene NS-Vergangenheit und der Verschleierung bzw. Verleugnung ihrer eigenen Verantwortlichkeit, und wie dieses in das Leben der nächsten Generation eindrang.

Ganz allgemein gesprochen, wird in der Verklammerung der Generationen das Erbe der vorausgehenden von der folgenden aufgenommen und bearbeitet. Was in der ersten Generation konkrete Erfahrung war, beschäftigt die nachfolgende

[2] Die folgenden zwei Beispiele stammen aus einer Sammlung von Erzählungen von Carl Schüddekopf (1997).

Generation in ihrer Bilder- und Symbolwelt. Der Holocaust und das Schicksal der Überlebenden und ihrer Kinder vermittelten die Erkenntnis, daß politische und soziale Katastrophen, sogenannte „man-made-disasters", eine Gesellschaft so nachhaltig und langanhaltend erschüttern, daß wir gezwungen sind, uns noch in den Generationen danach mit den traumatischen Auswirkungen auseinanderzusetzen.

Die Konfrontation mit einem verbrecherischen Regime und dessen Führer, dem man angehangen, dessen Ideale man vertreten und dessen Befehle man ausgeführt oder gebilligt hat, mit der Vernichtung der Juden, mit Scham und Schuld und deren Abwehr und mit den eigenen Traumatisierungen, all das bestimmte nach dem Krieg die Familien, die Beziehung der Partner und der Eltern zu ihren Kindern. Durch den Zweiten Weltkrieg, vor allem im Osten, sind viele Millionen von Soldaten selbst traumatischen Situationen ausgesetzt gewesen und haben das erlitten, dessen Folgen später in der Behandlung von Vietnam-Veteranen mit einer eigenen diagnostischen Kategorie beschrieben wurde: „posttraumatic stress disorder"(PTSD). Dazu kam die Verstrickung in Verbrechen durch eine Wehrmacht, die sich zum Vollstrecker eines Rassenwahns und der Unmenschlichkeit gemacht hat. Die Zivilbevölkerung erlebte Bombardierungen, Verlust von Angehörigen, verwundete oder gefallene Männer, Väter, Söhne, Verlust der Heimat, Flucht und den Zusammenbruch der bisherigen NS-Welt. Auch Angehörige des Täter-Volkes haben Traumatisierungen erlitten. Dies anzuerkennen, heißt nicht Leiden zu nivellieren bzw. Schuld und Verantwortung zu relativieren. So wie es gravierende Unterschiede in der Massivität des Traumas gibt, so ist auch die Extremtraumatisierung durch den Holocaust ohne Beispiel. Aber die moralisch notwendige Unterscheidung zwischen Täter und Opfer sollte nicht am Trauma-Begriff festgemacht werden, der einer empirisch-klinischen Definition bedarf.

Ein massives und massenhaft erlebtes Trauma hat eine amorphe Präsenz, die alles durchdringt und die innere Repräsentanz der Realität über mehrere Generationen hinweg prägt. Das Trauma wird ein unbewußtes Organisationsprinzip, übermittelt durch die Eltern und internalisiert von den Kindern. Historische Katastrophen und Traumatisierungen, Krieg und Gewalt erzeugen besondere Generationskonflikte und Identifizierungsprobleme in der Aufeinanderfolge der Generationen. Diese Mechanismen sind zuerst durch die psychoanalytische Behandlung von Angehörigen der zweiten Generation von Holocaust-Überlebenden erforscht und beschrieben worden. Die psychoanalytische Untersuchung von Kindern der Täter-Generation ergab, daß die seelischen Mechanismen der transgenerationalen Weitergabe historischer Traumatisierungen strukturell denen der Opfer-Generation ähnlich sind. Auch die Kinder der Täter werden zu Trägern eines Geheimnisses, das dem Pakt des Schweigens entstammt. Sie ahnen es und identifizieren sich unbewußt damit. Aber es sind andere Geheimnisse als bei den Opfern, und es ist die andere Seite der Geschichte, die hier durch Beschweigen sprachlos, aber tyrannisch in die psychische Realität der Kinder eindringt. Für die Traumatisierung der Opfer gibt es auf seiten der Täter nichts Vergleichbares.

Eine transgenerationelle Studie von Dan Bar On und Gilad (1992) hat gezeigt, wie die nicht-erzählten, verschwiegenen Geschichten, die im sonstigen familiären Diskurs verborgen sind, die stärkste intergenerationelle Wirkung ausüben. Auch die psychoanalytisch ausgerichtete Untersuchung von Nadine Hauer (1994) über Kinder von Mitläufern wies ähnliche Ergebnisse auf. Wurde die Verwicklung der Eltern in die NS-Zeit tabuisiert, führte dies dazu, daß die Kinder nicht offen fragen und sich nicht mit den Eltern auseinandersetzen konnten. Ihre Bindung an die Eltern ließ sie, auch wenn sie mehr oder weniger heftige Angriffe führten, die Tabus der Eltern respektieren. Diese Unfähigkeit zu fragen beschädigte die Fähigkeit der zweiten Generation, Wertsetzungen kritisch zu verinnerlichen und nun ihrerseits mit ihren Kindern, der dritten Generation, über die NS-Zeit und über Werte und Ideale offen und kritisch zu sprechen.

Jenseits des familiären Zusammenhangs gibt es außerdem eine Identifizierung mit einem Schuldgefühl, das über eine Übermittlung durch die individuelle Generationenfolge hinausgeht (vgl. Heenen-Wolf, 1989). Die Ungeheuerlichkeit und das monströse Ausmaß der NS-Verbrechen führten zu einem „kollektiv sich ausweitenden, frei flottierenden Schuldgefühl", das vor allem die Nachgeborenen ergriffen hat (H. Arendt, zit. bei Diner, 1987, S. 187). Dan Diner führt es auf die „abstrakte, entpersönlichende und kollektive Arbeitsteiligkeit der Durchführung des Judenmordes" zurück (ebd., S. 188). Die Identifizierung mit diesem Schuldgefühl konnte bewußt akzeptiert oder aggressiv abgewehrt werden und durch eine Komplizenschaft mit den Eltern der Sprachlosigkeit verfallen. Zwischenzeitlich ist eine Anzahl von psychoanalytischen Fallberichten über Angehörige der zweiten Generation mit Nazi-Eltern publiziert worden (vgl. dazu Bohleber, 1997). Sie liefern Aufschlüsse über die transgenerationellen Mechanismen und die Struktur und Inhalte unbewußter Identifizierungen. In ihren bewußten Einstellungen hatten sich die Angehörigen der zweiten Generation oft weit von den Eltern entfernt und sich durch berufliche und geistige Gegenidentifizierungen von ihnen distanziert. Die Analyse deckte dann aber auf, wie hartnäckig die unbewußten Bindungen an die Eltern und deren Identifizierungen mit Nazi-Ideen waren. Psychoanalytisch-klinisches Material, das solche transgenerationellen Identifizierungen und ihre Inhalte beschreibt, ist ein wichtiger Beitrag, den die Psychoanalyse zur Erkenntnis und Aufklärung aktueller Mentalitäten in Deutschland liefern kann. Wenn sozialwissenschaftliche Forscher behaupten, keine Kontinuitäten zwischen rechtsradikalen Enkeln und der NS-Welt der Großväter erkennen zu können (so z. B. Heitmeyer, 1992), so machen sie es sich zu einfach, nur weil sie mit ihren Forschungsinstrumenten bewußte und unbewußte Identifizierungen, über die Vergangenheiten vermittelt werden, nicht erkennen können. Was die Psychoanalyse mit unbewußter Identifizierung meint, will ich anhand einer Fallvignette beschreiben.

Herr B., ein Wirtschaftswissenschaftler, geboren Mitte der fünfziger Jahre, suchte eine Behandlung wegen seiner massiven Arbeitsstörungen, die nach dem Tod des Vaters aufgetreten waren. Er saß wie gelähmt vor seinem Schreibtisch und konnte nichts tun. Seither sei die Zeit irgendwie stehen geblieben. Er besaß kein Gefühl für seine Lebenszeit. Das Leben hatte für ihn keine Entwicklung, und er klagte über ein mangelhaftes Gefühl der Kontinuität. Eigentlich bestehe er nur aus Bruchstücken. Er fühlte sich als Versager, der weder im Beruf noch in seinen Beziehungen erfolgreich war. Der Vater war als SS-Offizier an Verbrechen beteiligt gewesen. Herr B. gab dies erst im Laufe der Analyse preis, nachdem ich ihn damit konfrontiert hatte, daß es in der Familie ein Geheimnis um die Verwicklung des Vaters in den Nationalsozialismus gegeben haben müsse. Er selbst wollte es nicht genauer wissen. Er wollte sich damit zufrieden geben, was die Eltern ihm darüber erzählt hatten, wie ein gehorsames Kind, das nicht selbst weiterdenken darf. Eine Auseinandersetzung mit der Schuld des Vaters gab es nicht. Er hielt an einem phantasierten und idealisierten Vater der Kindheit fest, der fast immer abwesend war und den er so sehr vermißte. So warf er auch sich selbst vor, versäumt zu haben, mit dem Vater vor dessen Tod über sein Leben ins Gespräch zu kommen. Für das Schweigen des Vaters und dessen Versagen, über sein Leben wahrheitsgetreu zu erzählen, übernahm der Sohn die Verantwortung und fühlte sich dafür schuldig.

Diese Identifizierung mit der Schuld des Vaters möchte ich noch durch zwei andere Aspekte ergänzen. Im Verlauf der Behandlung versuchte Herr B., mit der Mutter zu reden und Fragen zu stellen über die Vergangenheit. Aber diese fühlte sich beschuldigt, sie machte ihrerseits ihm Vorwürfe: Er habe alle Möglichkeiten gehabt, aus seinem Leben etwas zu machen, aber er habe sie nicht ergriffen. Er habe eben einen schlechten Charakter. Die Mutter machte getreu ihrer NS-Ideologie seine schlechten Erbanlagen verantwortlich. Herr B. versuchte schon als Jugendlicher, dagegen zu argumentieren. Aber gleichzeitig wollte er seine Mutter schützen, damit sie sich nicht schlecht fühlen mußte. Deshalb verheimlichte er ihr auch, daß er eine psychotherapeutische Behandlung machte, denn dann hätte sie sich Vorwürfe machen müssen, daß sie als Mutter versagt und keinen besseren Sohn zur Welt gebracht habe. Herr B. erzählte dies alles ohne Affekte. Im Grunde rechtfertigte er seine Mutter, verbuchte seine Schwierigkeiten als sein Versagen, damit die Mutter sich keine Vorwürfe machen mußte und nicht mit ihrer Lebenslüge konfrontiert wurde. Herr B. hatte keine adäquate entwicklungsfördernde Aggression zur Verfügung, um sich zu befreien. Statt dessen identifizierte er sich unbewußt mit den Zuschreibungen der Mutter. Ihm blieb kein adäquater psychischer Raum, um eine eigenständige Identität zu entwickeln.

Solche Identifizierungen stellen eine besondere „Bindung zwischen den Generationen" (Faimberg, 1987, S. 133) dar. Sie treten auf, wenn Eltern durch traumatische Ereignisse mit ihrer eigenen Geschichte nicht zurechtkommen oder sie wegen Schuld- und Strafängsten nicht verantworten wollen und zu verschweigen suchen. Das Kind phantasiert sich in die Geheimnisse der Eltern hinein. Es füllt sozusagen die Leerstelle mit eigenen kindlichen Vorstellungen. Ein unbewußtes Phantasma über die Geschichte der Eltern entsteht, das in die Psyche der Kinder eindringt und um Tod und Leben und um die Rollen von „Mörder" und „Opfer" kreist. Abgesehen davon benutzten die Eltern, die an alten NS-Idealen festhielten, häufig ihre Kinder, um ihre Weltsicht zu rechtfertigen. Das, was zu ihnen selbst gehörte, was sie aber nicht haben und womit sie sich nicht auseinandersetzen wollten, deponierten sie projektiv im Kind, das sie dadurch in seiner Identität negativ definierten. Das kindliche Selbst von Herrn B. wurde auf diese Weise von den Eltern seelisch mißbraucht. Er konnte sich nicht dagegen wehren und Geheimnisse, Täuschung und Verrat nicht entwirren. Indem er sich selbst zum Versager machte, identifizierte er sich mit den Zuschreibungen der Eltern. Sein Versagen erinnerte sie an ihre Schuld, die sie nicht eingestehen wollten und die sie bekämpften, indem sie ihn für sein Scheitern selbst verantwortlich machten und ihn beschämten. Um die Beziehung zu den Eltern nicht zu gefährden, ging Herr B. eine „beschützende Beziehung zur Geschichte der vorhergehenden Generation" ein (Faimberg, 1987, S. 136) und verbot sich selbst, die Versionen der Eltern über ihre Lebensgeschichte zu hinterfragen.

Ich möchte nun noch einige Bemerkungen zu einer besonderen Art von Loyalitätskonflikten machen, die zu einer Spaltung des Vaterbildes führen. Nachdem in der analytischen Behandlung von Herrn B. die von ihm verschwiegene NS-Vergangenheit des Vaters zur Sprache kam, ging er wie ein Detektiv vor, um die Geschichte des Vaters im einzelnen zu erforschen. Aber gleichzeitig verschloß er sich emotional der Erkenntnis, daß der Vater an Verbrechen mitgewirkt hatte. Als ich dies ansprach, entgegnete er: „Auf mich wirkt das alles so unwirklich, als erforschte ich die Geschichte eines Nachbarn. Ich bringe nicht in mir zusammen, daß dies mein Vater sein soll, der das früher getan hat. Es ist, als wenn es dabei um zwei verschiedene Menschen ginge." Die Wahrheit über den Vater hatte er einerseits zur Kenntnis genommen, aber gleichzeitig doch von sich getrennt gehalten.

Für Herrn B. war es nicht möglich, sich altersgemäß von seinen Eltern loszulösen. Er hielt ihnen die Treue. In der Behandlung erwies sich die frühe Bindung an ein idealisiertes Vaterbild als der Fels, an dem alle Bemühungen um Auseinandersetzung mit der (Verbrechens-)Geschichte des Vaters zu scheitern drohten. Er schützte die Beziehung zum Vater, indem er das Bild aufspaltete. Einen Anteil bildete der idealisierte Vater der frühen Kindheit, real erlebt oder nur ersehnt, den anderen Teil der schlimme und verbrecherische Vater, mit dem er aber nichts zu tun haben wollte.

Ich möchte noch ein anderes Beispiel vorstellen. In einem Interview, das letztes Jahr in der Frankfurter Rundschau (FR, Nr. 127 vom 3. Juni 1996) erschien, äußerte sich der älteste Sohn von Martin Bormann über die Beziehung zu seinem Vater. Die Journalistin spricht ihn auf ein Foto seines Vaters an, das in seinem Arbeitszimmer steht. Er antwortet, daß er auf dem Foto seinen Vater sehe, aber nicht den Sekretär Hitlers: „Es berührt mich nicht unmittelbar als Sohn, was mein Vater in seiner Rolle als Leiter der Parteikanzlei und Sekretär des Führers an politischen Irrtümern und vielleicht sogar an politischen Verbrechen begangen hat." Der Sohn besteht darauf, daß man unterscheiden müsse zwischen der Privatperson „Vater" und diesem als öffentlicher Person. Seine innere Bindung läßt ihn sich als Sohn verantwortlich fühlen für den Vater, auch wenn er nicht weiter spezifizieren kann, wie. Gleichzeitig aber scheinen für den Sohn die Verbrechen des Vaters nicht ganz real zu sein: „Vielleicht hat er sogar politische Verbrechen begangen." Er nimmt den Vater in Schutz und muß deshalb die schmerzliche und grausame Realität eines verbrecherischen Vaters innerlich in Frage stellen.

Auch in anderen psychoanalytischen Behandlungsberichten von Täter-Kindern, die in der wissenschaftlichen Literatur veröffentlicht sind, wird deren Schwierigkeit geschildert, die Taten des Vaters wirklich anzuerkennen und sie nicht zu bagatellisieren oder abzuspalten. Angehörige dieser zweiten Generation entdecken in sich eine stete Tendenz, den Vater irgendwie doch noch zu entschuldigen. Mit dem Vater verbinden solche Patienten zumeist sehr frühe und schöne Kindheitserinnerungen, die sich als eine unbewußte, positiv libidinöse Bindung im Ich-Ideal niederschlagen. Diese frühkindliche, unbewußt gewordene Bindung an eine geliebte Autorität, der man die Treue halten muß, machte in vielen Fällen die Loslösung von diesen Eltern äußerst schwierig bis unmöglich. Die Spaltung zwischen dem guten Vater der frühen Kindheit und dem bösen Täter-Vater war auch in einigen therapeutischen Behandlungen letztlich nicht aufzuheben, obwohl diese Patienten sich in ihren Ich-Identifizierungen und in der bewußten Einstellung weit von der Welt der Väter entfernt hatten. Aber die ursprünglich positive Identifizierung mit dem wirklichen Vater oder dem phantasierten Vaterbild blieb eine bestimmende Kraft, die die dynamischen Prozesse in der Psychopathologie dieser Patienten formte.

Die Folge des daraus entstandenen Loyalitätskonflikts war eine Kompromittierung des Ich-Ideals und des Über-Ichs. Das Ich dieser Patienten war unbewußt immer wieder der Gefahr ausgesetzt, zum Komplizen der Eltern und ihrer Einstellungen zu werden. Damit ist auch eine Spaltung der Erinnerung an die Zeit des NS und die Rolle der Eltern verbunden. Durch sie wird versucht, ein gutes, nicht kompromittiertes Bild der eigenen Familienangehörigen, aber auch des eigenen kollektiven Selbstbildes zu retten. Die Folge ist eine Störung der Realitätswahrnehmung, ein Verlust der lebendigen, schmerzhaften Erinnerung und eine Entwirklichung der Vergangenheit. Das Ausmaß der Beteiligung der Elterngeneration bleibt verschwommen und die konkrete Vorstellung über Leben und Handlungen in der NS-Zeit unscharf. Die Verwicklung einer ganzen Gesellschaft und der eigenen Familie in den NS und seine Verbrechen in direkter Form durch Beteiligung oder in indirekter Form durch Wegsehen, Gleichgültigkeit, Unbarmherzigkeit gegenüber den Verfolgten wird verschleiert.

Wie die anfangs zitierten empirischen Untersuchungen der dritten Generation ergaben, finden sich diese Spaltungs- und Idealisierungstendenzen gegenüber den eigenen Familienmitgliedern und ihrer Vergangenheit auch noch bei den Angehörigen der Enkelgeneration. Neben anderen Faktoren erweist sich der unbewußte Wunsch, ein gutes Bild der eigenen Großeltern aufrechtzuerhalten als wirksames Motiv, die eigene familiäre Geschichte auszuklammern und die Großeltern vor Verdacht zu schützen, wodurch die Auseinandersetzung mit der Vergangenheit in unterschiedlichem Ausmaß einen abstrakt-politischen Charakter erhalten kann. Erst wenn diese Spaltungstendenz aufgehoben und die schmerzliche Erinnerung ertragen werden kann, daß und inwieweit die eigenen Eltern oder Großeltern verwickelt waren, kann die Entwirklichung der Vergangenheit weichen.

## Literatur

Bar-On, D. u. Gilad, N. (1992): Auswirkungen des Holocaust auf drei Generationen. Psychosozial, 15.Jg. (Nr. 51), S. 7-21.

Bohleber, W. (1997): Trauma, Identifizierung und historischer Kontext. Über die Notwendigkeit, die NS-Vergangenheit in den psychoanalytischen Deutungsprozeß einzubeziehen. Psyche 51, S. 958-995.

Brendler, K. (1997): Die Geschichte als Sozialisationsfaktor und Identitätsballast der Enkelgeneration. In: Bar-On, D.; Brendler, K.; Hare,P.(Hg.): „Da ist etwas kaputtgegangen an den Wurzeln..." Identitätsformationen deutscher und israelischer Jugendlicher im Schatten des Holocaust. Frankfurt a.M. (Campus), S. 53-104.

Caruth, C. (1995a): Trauma and experience. Introduction. In: C. Caruth (ed.): Trauma. Explorations in memory. Baltimore (John Hopkins Univ. Press), S. 3-12.

Diner, D. (1987): Negative Symbiose. Deutsche und Juden nach Auschwitz. In: Ders.(Hg.): Ist der Nationalsozialismus Geschichte? Zu Historisierung und Historikerstreit. Frankfurt a.M. (Fischer), S. 185-197.

Domansky, E.(1993): Die gespaltene Erinnerung. In: M.Koeppen (Hg.): Kunst und Literatur nach Auschwitz. Berlin, S. 178-196.

Faimberg, H. (1987): Die Ineinanderrückung (Telescoping) der Generationen. Jahrbuch der Psychoanalyse, 20, S. 114-142.

Hardtmann, G. (1997): Auf der Suche nach einer unbeschädigten Identität. Die Dritte Generation in Deutschland. In: Bar-On, D.; Brendler, K.; Hare, P.(Hg.): „Da ist etwas kaputtgegangen an den Wurzeln..." Identitätsformationen deutscher und israelischer Jugendlicher im Schatten des Holocaust. Frankfurt a.M:(Campus), S. 105-136.

Hauer, N. (1994): Die Mitläufer. Oder die Unfähigkeit zu fragen. Opladen (Leske u. Budrich).

Heenen-Wolf, S. (1989): Offene Fragen zur Psychoanalyse des Nationalsozialismus und seiner Nachwirkungen. Psychosozial, 12.Jg., 38, S. 81-89.

Heitmeyer, W., u.a.(1992): Die Bielefelder Rechtsextremismus-Studie. Weinheim (Juventa).

Kohlstruck, M. (1997): Zwischen Erinnerung und Geschichte. Der Nationalsozialismus und die jungen Deutschen. Berlin (Metropol).

Laub, D. u. Auerhahn, N. (1993): Knowing and not knowing massive psychic trauma: forms of traumatic memory. Int. J. Psycho-Anal., 74, S. 287-302.

Lifton, R. (1987): Das Ende der Welt. Über das Selbst, den Tod und die Unsterblichkeit. Stuttgart (Klett-Cotta) 1994.

Mitscherlich, A.u. M. (1967): Die Unfähigkeit zu trauern. München (Piper) 1977.

Rosenthal, G. (Hg.) (1997): Der Holocaust im Leben von drei Generationen. Gießen (Psychosozial Verlag).

Schneider, C; Stillke, C.; Leineweber, B. (1996): Das Erbe der Napola. Versuch einer Generationengeschichte des Nationalsozialismus. Hamburg (Hamburger Edition).

Schüddekopf, C. (1997): Krieg. Erzählungen aus dem Schweigen. Deutsche Soldaten über den Zweiten Weltkrieg. Reinbek (Rowohlt).

# Sozialtherapeutische Aspekte der Selbsterfahrung

Monika Breuer-Zimmer

Das Gießener Konzept der „analytischen Familien- und Sozialtherapie" weist schon in seiner Namensgebung auf die unlösbare Verknüpfung von innerer Welt, sozialen Beziehungen und sozialen wie ökonomischen Lebensbedingungen hin, wie Horst-Eberhard Richter sie in seinen vielen Schriften verdeutlicht hat. In der Verpflichtung auf dieses psychosoziale Denken unterscheidet sich das Gießener Konzept von anderen familientherapeutischen Schulen (auch den psychoanalytischen) dadurch, daß seine Vertreter Sozialtherapie zum Bestandteil einer psychotherapeutischen Fort- und Weiterbildung gemacht haben. Die sozialtherapeutische Perspektive beinhaltet zum einen die besondere Berücksichtigung der Probleme und der Versorgung spezieller, benachteiligter Bevölkerungsgruppen, schwer gestörter Patienten und ihrer Familien. Bei diesen Klienten kommt es regelmäßig zu einer Verstrickung von seelischen, beziehungsdynamischen und sozialen Schwierigkeiten, allein psychotherapeutische und beziehungsanalytische Hilfen sind für sie meist nicht ausreichend. Zum anderen zielt Sozialtherapie ab auf eine ganzheitliche Sichtweise der psychosozialen Versorgungssituation: Da die Institutionen arbeitsteilig organisiert sind, d.h. in ihrem Versorgungsauftrag in der Regel nur für Teilaspekte von Problemen zuständig sind, müssen die Mitarbeiter sozialer Institutionen spezialisierte Aufgaben erfüllen, die ihre Sichtweise und Interpretation von Problemsituationen prägen. Sozialtherapie erfordert hier einerseits die Analyse der Aufgaben und der Möglichkeiten von Mitarbeitern, im Rahmen ihrer jeweiligen psychosozialen Einrichtungen ganzheitlich zu denken und zu arbeiten; andererseits ist die Untersuchung der interinstitutionellen Beziehungen eine Voraussetzung für die Veränderung der Versorgungssituation. Psychosoziale Therapie und die damit verbundene ganzheitliche Sichtweise kann aber nicht als Aufgabe eines einzelnen Therapeuten, sondern muß als interdisziplinäre und interinstitutionelle Aufgabe verstanden werden (Richter, 1978, S. 145). Nimmt man diesen Anspruch ernst, ist für die Mitarbeiter in psychosozialen Einrichtungen über ihre Berufsausbildung und psychotherapeutische Weiterbildung hinaus eine Kompetenzerweiterung notwendig: Die Kenntnis der Arbeit anderer Dienste und Berufsgruppen ist eine Voraussetzung für die Zusammenarbeit mit ihnen.

„Die Besinnung auf die sozialen Voraussetzungen von Therapie führt auch dazu, daß man diese Voraussetzungen nicht nur bei den Betroffenen, sondern zu Recht auch auf der Seite der versorgenden Dienste und Personen kritisch überprüft" (ebd., S. 148).

Im Rahmen einer Fortbildung in Familien- und Sozialtherapie ist es dann für die psychosozial Tätigen besonders wichtig, über die im engeren Sinne beziehungsanalytische Arbeit hinaus die soziale Umwelt der Klienten zu berücksichtigen und die eigene soziale Umwelt zu reflektieren. Die eigene Stellung in der Institution, die Interaktion mit Kollegen der eigenen und anderer Institutionen, anderer Berufsgruppen und Hierarchien sind Bedingungsfaktoren für das Gelingen von therapeutischer Arbeit, für die Haltung Klienten gegenüber und für die Veränderungsbereitschaft der eigenen Rolle. Dazu reicht eine intellektuelle, soziologische Analyse nicht aus, denn das Handeln im beruflichen Rahmen unterliegt wie das Handeln in allen anderen Beziehungen genauso auch unbewußten Motiven und Abwehrmechanismen. Da sich institutionelle Strukturen aber nicht direkt vermitteln, sondern erst in der eigenen Befindlichkeit und in der konkreten Interaktion spürbar werden, erfordert es auch eine Selbsterfahrung bezüglich des beruflichen Standortes, um Hindernisse in der Arbeit zu durchschauen, die eigene Rolle und institutionelle Zwänge zu hinterfragen und damit der Veränderung zugänglich zu machen. Geht man davon aus, daß sich gesellschaftliche wie institutionelle Strukturen in den subjektiven Empfindungen niederschlagen und damit als gesellschaftlich verursachte unbewußt werden, können sie auch mit Hilfe einer psychoanalytischen Selbsterfahrung wieder bewußtgemacht werden ( vgl. Parin, 1983). Als eine solche Selbsterfahrungsmöglichkeit sieht die Gießener Fortbildung in analytischer Familien- und Sozialtherapie das Modell der *berufsbezogenen Selbsterfahrung* vor, das auch als eine spezielle Variante des von Richter entwickelten „introspektiven Konzeptes" (Richter, 1978) gelten kann.

Konkret handelt es sich um ein verbindliches Gruppenangebot von 15 Doppelstunden, das sich auf die berufliche Situation der Teilnehmer in Verbindung mit der jeweils persönlichen Biographie konzentriert. Dieses Angebot besteht parallel neben der ebenfalls verbindlichen Teilnahme an einer psychotherapeutischen Selbsterfahrung einerseits und einer familientherapeutischen Supervision andererseits. Es zielt darauf ab, unbewußte Interaktionsprozesse im Arbeitsfeld, also mit Klienten, Kollegen, Vorgesetzten, anderen Einrichtungen und ihren Mitarbeitern etc. darzustellen und zu verstehen. So wie die Durchführung von Psychotherapie voraussetzt, daß der Therapeut über die eigene Innenwelt so weit wie möglich verfügen kann, setzt familien- und sozialtherapeutisches Handeln die Kenntnis der eigenen Eingebundenheit in soziale Beziehungen und in Institutionen voraus. Dazu gehören beispielsweise unbewußte Motive der Berufswahl, unbewußte Erwartungen an die Klienten und Kollegen,

s. Lehrer



die Identifizierung mit der Rolle des Helfers und Rollenzuschreibungen von seiten der Institutionen, denn diese können entscheidende Hemmnisse darstellen, die die Arbeit belasten und oft zu scheinbar unlösbaren Verstrickungen führen. Um aber angemessen, d.h. unabhängiger von der eigenen unbewußten Problematik, auf die Realität der Klienten, des Arbeitsplatzes oder der Institution reagieren zu können, ist die Unterscheidung der eigenen unbewußten Anteile und Abwehrmechanismen von denen der Klienten und der aus dem formellen institutionellen Kontext stammenden unbewußten Anteile erforderlich.

Ein Zugang zu der emotionalen Beteiligung des Therapeuten in Beziehung zu seinen Klienten ist in der Fortbildung wie der Praxis der Familientherapie die Analyse der Gegenübertragung, die Thema der Supervision sein sollte. Die berufsbezogene Selbsterfahrung thematisiert darüber hinaus schwerpunktmäßig die Übertragung des Therapeuten auf die Klientenfamilie wie auf die Arbeitsgruppe. Unter Familientherapeuten finden sich besonders häufig Menschen, die schon in ihren Herkunftsfamilien mit schweren/chronischen körperlichen oder auch psychischen Erkrankungen eines Familienmitglieds, mit vorzeitigem Verlust eines Elternteils oder eines Geschwisters konfrontiert waren. Viele der späteren Familientherapeuten wurden schon als Kinder beauftragt, für die Kranken zu sorgen oder diese in ihren Funktionen zu ersetzen. Damit mußten sie die kindlichen Bedürfnisse hintanstellen, mußten vorzeitig Verantwortung übernehmen, fürsorglich und einfühlsam werden, sie wurden oft parentifiziert und damit pseudo-selbständig. Eine familiäre „Fehlbesetzung" aufgrund des unerfüllbaren Auftrags der Familie findet sich bei den Familientherapeuten überdurchschnittlich oft – z.B. verbunden mit der Rollenübernahme des Partnersubstituts, des Vermittlers zwischen streitenden Eltern oder des Verbündeten mit dem einen gegen den anderen. Kinder mit diesen Erfahrungen leiden an ihren Familien und bringen später große Wünsche nach Wiedergutmachung und Selbstheilung in den Beruf ein. G. Reich (1984, S. 63) spricht sogar von der Berufswahl von Beratern und Therapeuten als „Symptom" für die Dynamik der Herkunftsfamilie. Dermaßen disponiert wird sich der Familientherapeut, wenn er es wieder mit einer Familie, jetzt der Klientenfamilie, zu tun hat, schnell in einer ähnlichen Beziehungskonstellation erkennen und ähnliche Rollen wie in der eigenen Familie einnehmen, es lauert die Gefahr der „Wiederansteckung" (ebd., S. 62). Die Übertragungsbereitschaft des Familientherapeuten, die aus der Vertrautheit mit schwierigen Familiensituationen in der eigenen Biographie herrührt, verführt zu Identifikationen, Parteinahmen, Koalitionsbildungen usw., also zu Verwicklungen, die die Dynamik der Klientenbeziehungen auf einmal wie die der eigenen Familie erscheinen lassen. Typische Gegenübertragungsreaktionen (wie z.B. wiederholte Identifikation mit dem Kranken und Schuldzuschreibung gegen die Gesunden; Identifikation mit den Kindern gegen die Eltern etc.) verhindern aber die dialektische Sicht von Beziehungen, lassen wechselnde Perspektivübernahme und Einfühlung in den einzelnen nicht zu. Häufig hat der Therapeut hier genau das interpersonale Abwehrarrangement der Familie wiederholt, wobei nun in gemeinsamer Abwehr gegen die Veränderung von Beziehungen die Familientherapie stagniert oder scheitert. In einer berufsbezogenen Selbsterfahrungsgruppe können im Gegensatz zur Supervision durch die Einbeziehung der Biographie des Therapeuten beide Seiten der Übertragungsvorgänge zwischen Klientenfamilie und Therapeut aufgeklärt werden.

Die Göttinger familientherapeutische Schule hat aus diesem Grund die Arbeit mit der Herkunftsfamilie der Therapeuten zu einem Kernbestandteil ihrer Fortbildung gemacht. Im Gießener Konzept der berufsbezogenen Selbsterfahrung soll über die Analyse solcher typischer Gegenübertragungsreaktionen auf Klientenfamilien hinaus die Stellung des Therapeuten in seiner Einrichtung sowie seine Übertragungsbereitschaft auf die institutionellen Beziehungen herausgearbeitet werden. Dies ist insofern von besonderer Bedeutung, als zermürbende Kämpfe und Auseinandersetzungen in psychosozialen Teams nicht die Ausnahme, sondern eher die Regel sind. Und obwohl Teamsupervision sehr häufig nachgefragt wird, unterliegen Teamkonflikte eher einem Tabu. Wer diese öffentlich bespricht, gilt genauso als Nestbeschmutzer wie jemand, der über seine Familie schlecht redet. Immer wieder ist zu beobachten, wie Teams heftig zerstritten sind, sich in Machtkämpfen und Flügelbildungen (Richter, 1974) polarisieren, sich in gute und böse Untergruppen spalten, also Auseinandersetzungen mit erheblichem Kraftaufwand führen, die mit dem Arbeitsauftrag nichts zu tun haben, ja der eigentlichen Arbeit die Energie und die Reflexionsfähigkeit entziehen.

Solchen negativen Verstrickungen in den Teams psychosozialer Einrichtungen können unterschiedliche Ursachen zugrunde liegen, die im folgenden kurz dargestellt werden sollen: unbewußte Übertragungsprozesse von seiten der Mitarbeiter, Abbildung pathologischer Beziehungs- und Abwehrstrukturen des Klientels in den Gruppenbeziehungen sowie gemeinsame Abwehrstrategien der Mitarbeiter auf die Rollenidentität und -konflikte des Helfers.

Dabei wird zunächst davon ausgegangen, daß die Beziehungen zu Kollegen in Teams und in der institutionellen Hierarchie oft genau entsprechend der Dynamik und Rollenverteilung der Herkunftsfamilie erlebt oder sogar konstelliert werden. Beispielsweise kann der Arbeitgeber oder der Träger einer Einrichtung dann als mütterlich gut und versorgend oder – besonders in Zeiten von Mittelkürzungen und Arbeitsplatzabbau – als versagend und böse erlebt werden; der/die Vorgesetzte kann – unabhängig von seinem/ihrem realen Verhalten – wie ein leistungsfixierter oder entmündigender Vater oder wie eine schwache, hilfsbedürftige Mutter erscheinen, für deren Arbeit und Stellung mit Verantwortung übernommen werden muß; Kollegen können durch die Brille der ganz persönlichen Konkurrenzerfahrung im Kampf um die elterlichen Zuwendungen mißtrauisch wie bevorzugte oder neidische Geschwister gesehen und entsprechend behandelt werden. Konflikthaftes Erleben der Beziehungen am Arbeitsplatz nach diesen oder ähnlichen Mustern ist sehr häufig zu finden. Der Mitarbeiter, der sich derart mit den Kollegen und Vorgesetzten verstrickt, hat wenig Chancen, eine reale Verbesserung seiner Arbeitssituation herzustellen, sondern fühlt sich zusätzlich zu den meist erheblichen Anforderungen durch die psychosozialen Aufgaben noch stark emotional belastet. Mitarbeiter psychosozialer Einrichtungen jammern und klagen häufig über ihre extremen Belastungen, über Überforderung und Auseinandersetzungen, reagieren depressiv oder psychosomatisch auf Konflikte am Arbeitsplatz, wobei als eine Ursache die unbewußten Übertragungsmuster angesehen werden können, die die Interaktionsmuster in den Arbeitsbeziehungen prägen.

Erst wenn solche Interaktion in einer Analyse, die auf die eigenen familiären Erfahrungen zurückgreift, verstanden werden kann als Re-Inszenierung der neurotischer Beziehungserfahrungen, als unbewußte Wiederholung familiärer Erfahrungen, kann eine Differenzierung zwischen den Objekten der Vergangenheit und denen der Gegenwart erfolgen und den Weg für die Klärung realer Probleme (wie z. B. der Aufgabenverteilung, Zuständigkeiten o. ä.) ebnen. Berufsbezogene Selbsterfahrung soll hier Handlungsfähigkeit auf der institutionellen Ebene gewährleisten oder wiederherstellen.

Andererseits haben machtvolle Auseinandersetzungen oft auch mit realer alltäglicher Ohnmacht zu tun: Die Realität in der psychosozialen Arbeit ist häufig weder auf seiten der Klienten noch der Institution entscheidend veränderbar. In Zeiten rigider Einsparungen ist die Einflußlosigkeit sogar eine existentielle Erfahrung. Machtkämpfe können hier die Funktion der gemeinsamen Abwehr der Ohnmacht haben. Die meist verleugnete Ohnmacht gegenüber dem formellen Kontext motiviert die internen Machtauseinandersetzungen mit: „Soziale Systeme, die sich nach außen einflußlos erleben, haben eine Tendenz, sich intern machtvoll zu differenzieren" (Buchholz, 1988, S. 282). Zum Verständnis von hemmenden Einflüssen in den Arbeitsbeziehungen psychosozialer Teams müssen von den hier erwähnten Gegenübertragungsreaktionen der Therapeuten aus der eigenen Biographie die Gegenübertragungsreaktionen auf die Interaktionsangebote der Klienten unterschieden werden. Im Sinne von Spiegelungsphänomenen bilden sich in der Teamdynamik die schweren Beziehungskonflikte der Patienten ab, die häufig in ihrer Abwehrkonstellation interpersonal aufgespalten sind. Was dann als Streit, als Spaltung von Gruppen erscheint, ist die Widerspiegelung von interpersonal aufgeteilten Konflikten der Klienten und deren Abwehr. In der Begegnung mit schwer gestörten Patienten und ihren Familien hat dieser Prozeß eine heftige Sogwirkung, wie sie Kernberg (1988, S. 269) als die Regression in der Organisation analysiert, nämlich als die „Reproduktion der pathologischen Innenwelt von Objektbeziehungen in den Gruppenprozessen".

Diese Zusammenhänge sind sehr vielschichtig und verlangen von den Mitarbeitern psychosozialer Einrichtungen eine ständige Reflexionsbereitschaft und die Fähigkeit, sich selbst immer wieder kritisch zu hinterfragen. Doch gerade das ist schwierig für Menschen, die sich sehr hohen beruflichen Idealen verschrieben haben und gleichzeitig, wie oben angedeutet, aufgrund ihrer persönlichen Biographie eigene Versorgungswünsche und Schwächegefühle unterdrücken müssen. Das altruistische Ideal des Helfers ist mit dem Wunsch nach Macht gepaart, zumindest nach der Macht, auch tatsächlich in der Lage zu sein, anderen in schwierigen Lebenssituationen, Krankheiten und sozialen Krisen helfen zu können; und gerade dies ist oft nur sehr begrenzt möglich. Der Helfer ist durch die seelische und soziale Realität der Klienten und seiner eigenen institutionellen Möglichkeiten ständig mit seinen Grenzen, mit Gefühlen von Hilflosigkeit, Überforderung und Angst vor Versagen konfrontiert, was ihn in seinem Selbstverständnis zunächst einmal kränkt. Häufig werden die mit dem beruflichen Rollenideal unvereinbar erscheinenden Gefühle von Ohnmacht, Kompetenzzweifeln und damit verbundener Wut abgewehrt, indem sie verleugnet, abgespalten und auf andere projiziert werden, sei es auf die „hilflosen" Klienten oder auf die „unfähigen" Kollegen (vgl. Breuer, 1991). Damit finden die unerwünschten Affekte aber auch wieder Eingang in die Interaktion, die Abwehr ist nun interpersonal verankert und damit auch besonders stabil (vgl. Mentzos, 1977): Die Beziehung zu den Klienten wie den Kollegen wird nämlich zum Zweck der eigenen Stabilisierung dahingehend beeinflußt, daß die anderen nur in der ihnen zugedachten Rolle erscheinen können, und es wird vieles unternommen, daß sie möglichst darin verbleiben. Diese projektive Abwehr hat einerseits also große Entlastungsfunktion, da man sich beispielsweise seiner beruflichen Fähigkeiten sicherer fühlt, wenn man die Inkompetenz von anderen vor Augen hat; andererseits lassen solche Zuschreibungen aber viel weniger Spielraum in den Beziehungen zu oder führen zu ihrer Erstarrung. Ganz besonders im Kontakt mit Kollegen anderer Berufsgruppen oder Einrichtungen finden wechselseitig projektive Zuschreibungen statt, die aus den abgewehrten Gefühlen in der täglichen Arbeit entstehen, und nehmen einen breiten Raum ein.

Sozialtherapie, so wie Horst-Eberhard Richter (1978) sie versteht, hat jedoch gerade ihren Standort zwischen den Institutionen bzw. in der Überwindung der Grenzen von Fachdisziplinen, Hierarchien und Institutionen, sie muß zur gemeinsamen Arbeitsaufgabe aller in einem Versorgungsbereich Tätigen werden.

So wird Kooperation ein sehr großer Stellenwert zugeschrieben, gleichzeitig aber ist sie besonders schwer zu verwirklichen. Mißglückte Beziehungen zwischen Helfern und Klienten einerseits sowie mit Kollegen andererseits sind Faktoren, die Kooperation erschweren oder verhindern. Gleichermaßen müssen den sozialen Institutionen aber auch gesellschaftliche Hemmfaktoren zugerechnet werden, da sie ein eigenes ökonomisches und Machterhaltungsinteresse an der gegebenen Struktur des Sozial- und Gesundheitswesens haben. Soziale Institutionen verteidigen beispielsweise auch ihre ideologiebildenden Positionen in der Gesellschaft. Kooperation und Koordination psychosozialer Dienste funktionieren nicht ohne Öffnung der institutionellen Grenzen und Mauern – genausowenig wie Mitarbeiter verschiedener Einrichtungen ernsthaft zusammenarbeiten können, ohne ihre Arbeitsweise zu erklären und sich den Blicken anderer preiszugeben. Während die Helfer von anderen wahrscheinlich eher Kritik bzw. soziale Kränkung befürchten, erwarten die Einrichtungen und Träger psychosozialer Arbeit möglicherweise die Einbuße von Macht und gesellschaftlicher Einflußnahme. Prestige- oder Einkommenssicherung einzelner Berufsgruppen, Abschöpfung von Sozialgeldern etc. motivieren Interessen auf seiten der Institutionen und Träger, an einer Trennung ihrer Arbeitsaufträge festzuhalten und die sozial stabilisierende „Verzettelung der Verantwortung" (Scheer-Wiedmann, Wirth, 1978) sozialer und medizinischer Dienste aufrechtzuerhalten. Richter (1991) weist in diesem Zusammenhang darauf hin, daß Kooperation nicht allein vom guten Willen der Mitarbeiter in Einrichtungen abhängt, und benennt eine Reihe von notwendigen Veränderungen der Institutionen, die ganzheitliche Arbeit erst ermöglichen. Eine Voraussetzung zur ganzheitlichen Versorgung wurde mit dem Konzept der Psychosozialen Arbeitsgemeinschaften geschaffen, wie sie in Gießen unter der Mitarbeit von Richter in den 70er Jahren entwickelt wurden (vgl. Richter 1978). Die Verpflichtung auf die gemeinsame Verantwortung für die psychosoziale Versorgung in einer Region konnte entstehen über das Kennenlernen der Mitarbeiter der verschiedenen Dienste in regelmäßigen Treffen sowie über die Bereitschaft, die eigenen Arbeitskonzepte und -probleme vorzustellen; schon diese Öffnung der Dienste füreinander hatte beziehungsverändernde Wirkung, Mißtrauen konnte abgebaut, wechselseitige Zuschreibungen hinterfragt werden. In dem Aufbau der Psychosozialen Kontakt- und Beratungsstelle Laubach wurde darüber hinaus ein psychosozialer Dienst realisiert, der aus der Kooperation unter Einbeziehung der vorhandenen Dienste und der verantwortlichen Personen der Gemeinde entstanden ist und für die speziellen Bedürfnisse der Gemeinde entwickelt wurde.

Die Gießener Fortbildung in analytischer Familien- und Sozialtherapie wurde diesem Anspruch nach ganzheitlicher interdisziplinärer und interinstitutioneller Zusammenarbeit z.B. dadurch gerecht, daß sie sich nicht als exklusive psychotherapeutische Fortbildung verstand, sondern den Zugang für alle Berufsgruppen der in der psychosozialen Arbeit Tätigen öffnete: für das Pflegepersonal der psychiatrischen Kliniken wie von Alten- und Pflegeheimen genauso wie für niedergelassene Psychotherapeuten und Psychiater oder für Sozialarbeiter der Jugendämter usw. Als sozialtherapeutisches Instrument ist in diesem Rahmen das erwähnte Angebot der berufsbezogenen Selbsterfahrung zu sehen. Hier können die Mitarbeiter verschiedenster Einrichtungen ihren jeweiligen beruflichen Standort reflektieren und verstehen, um so ihre berufliche Praxis aktiv zu gestalten. Berufliche Praxis zu verändern, setzt sozialpolitisches Handeln voraus. In gleichem Maße ist es aber auch erforderlich, die persönliche, innere Realität im Zusammenhang mit der Anpassung an die berufliche Rolle, der dazugehörigen Rollen-Ideologie und der Rollenrepräsentanz als Abwehr gegen die Einflußnahme der sozialen Umwelt (vgl. Parin, 1983) zu analysieren.

Horst-Eberhard Richter hat es vermocht, uns immer wieder zu verdeutlichen und erfahrbar zu machen, daß gesellschaftliches, politisches Handeln und das Nachdenken und Einfühlen in die innere Welt sowie die zwischenmenschlichen Beziehungen unlösbar miteinander verbunden sind. Dies auch zu einem selbstverständlichen Teil des Berufsalltags zu machen, ist ein Ansatz zur Veränderung der psychosozialen Realität.

## Literatur

Breuer, M. (1991): Eine gespaltene Szene. Paar- und Familientherapie in der ambulanten Sozialpsychiatrie. In: Möhring, P., Neraal, T. (Hg.): Psychoanalytisch orientierte Familien- und Sozialtherapie, Gießen 1996 (Psychosozial-Verlag).

Buchholz, M. B. (1988): Macht im Team – intim. In: Praxis der Kinderpsychologie u. Kinderpsychiatrie, 37, S. 281-290, Göttingen u. Zürich ( Vandenhoek u. Ruprecht).

Kernberg, O.F. (1988): Innere Welt und äußere Realität. München,Wien (Verlag Internationale Psychoanalyse).

Mentzos, S. (1977): Interpersonale und institutionalisierte Abwehr. Frankfurt a. M. (Suhrkamp).

Parin, P. (1983): Der Widerspruch im Subjekt. Frankfurt a. M. (Syndikat Verlag).

Reich, G. (1984): Der Einfluß der Herkunftsfamilie auf die Tätigkeit von Therapeuten und Beratern. In: Praxis der Kinderpsychologie u. Kinderpsychiatrie, 33, S. 61-69, Göttingen und Zürich (Vandenhoek u. Ruprecht).

Richter, H.-E. (1974): Lernziel Solidarität. Mit einem Vorwort des Autors zur Neuausgabe 1998. Gießen 1998 (Psychosozial-Verlag).

Richter, H.-E. (1978): Engagierte Analysen. Über den Umgang des Menschen mit dem Menschen. Neuausgabe Gießen 1995 (Psychosozial-Verlag).

Richter, H.-E. (1991): Sozialtherapie. In: Möhring, P.; Neraal, T. (Hg.): Psychoanalytisch orientierte Familien- und Sozialtherapie, Gießen 1996 (Psychosozial-Verlag).

Scheer-Wiedmann, G.; Wirth, H.-J. (1978): Kooperation statt Verzettelung der Verantwortung. Psychosozial 2/81, 1. Jhg., S. 114-129.

# Der Krieg und das Paar

## Der Ausbruch des Golfkrieges aus der Sicht einer psychosomatischen Paartherapie

Burkhard Brosig

### Einleitung

Es gehörte zu den faszinierenden Erfahrungen mitzuerleben, wie die Konferenzen der Gießener Klinik für Psychosomatik und Psychotherapie unter Leitung von H.-E. Richter, bei Beteiligung aller damaliger Mitglieder, „Zeitgeist" im Prozeß der inneren Auseinandersetzung mit politischer Psychoanalyse fokussierten. Das „Psychische" wurde dabei dezentriert, neben die präödipale Dimension der Kinderstube trat, gleichberechtigt, die historisch-politische ödipale Auseinandersetzung mit Herrschaft, Krieg und Ansätzen friedvoller Versöhnung. Es sollte betont werden, daß die deutsche Psychosomatik, die ursprünglich als politische, emanzipatorische Kraft gegen korrumpierte Strukturen innerhalb der deutschen Medizin in den Fächern Innere Medizin und Psychiatrie angetreten war, diese psychosomatische Medizin an anderen Hochschulen sich medizinalisierend zurückzog, ihre emanzipatorische Brisanz verlor und durch Pseudoempirie à la ICD-10-Diagnostik und operationale psychodynamische Konzepte „drainiert" wurde. Glasnost und Perestroika, Barschels Ehrenwort und die Wende 1989 wurden somit zu Themen einer Klinik, die sich neben der inneren Auseinandersetzung mit ihren Patienten die ödipale Dimension des historisch-politischen Bewußtseins bewahrt hatte bzw. dieses, unter der Maßgabe, psychische Störungen würden immer „präödipaler" und „früher", nicht verleugnen mußte.

Erst jetzt, nach dem „Pyrrhus-Sieg" der „Pseudoempiriker" wird deutlich, wie sehr Psychosomatik als psychotherapeutische Medizin in Gefahr steht, zwischen Psychiatrie und Klinischer Psychologie aufgerieben zu werden, und dies insbesondere immer dann, wenn sie sich dieser historisch-politischen Wurzeln zu entledigen versucht.

### Das Projekt

Ich gestehe: Ich bin Kind meiner Zeit. Lassen Sie uns also Veränderungen des politischen Klimas unter der Perspektive des psychosomatischen Empirikers untersuchen.

Den Gegenstand der Beobachtungs-, Verlaufs- und Auswertungsreihe bildete ein Paar, bei dem beide Partner psychosomatische Krankheitsbilder unserer Zeit aufwiesen.

Die 26jährige Frau zeigte das einer Bulimie. Sie litt seit ca. einem Jahr unter „Freßattacken" mit anschließendem Erbrechen und hatte sich entschlossen, eine stationäre Therapie in der Psychosomatischen Klinik in Gießen zu machen, die dann aber, nachdem die Patientin schwanger wurde, in eine ambulante Paartherapie umgewandelt wurde. Ihr 22jähriger Ehemann hatte große Sorge um sie und bemühte sich, am Behandlungsverlauf teilzuhaben, so daß genügend Motivation für diese Paarbehandlung bestand. Er war seit seiner Kindheit an Neurodermitis, einer weiteren „typischen" Krankheit unserer Kultur, erkrankt.

Im ambulanten Erstinterview wirkten beide ausgesprochen jugendlich, wobei der Patient als narzißtisch-bisexuell, mit schulterlangem Haar und legerer Kleidung imponierte. Es fanden Paartherapie-Sitzungen im niederfrequenten, vierwöchentlichen Abstand über zwei Jahre hinweg, in Co-Therapie mit Frau M. Kuttner, statt.

## Zur Vorgeschichte

Das Krankheitsbild des Mannes hatte sich seit ca. zwei Jahren vor Beginn der Behandlung stark verschlimmert. Er nahm an, daß dies mit der Ernährung (viel Eier, Milch und Schweinefleisch) während eines Aufenthaltes auf einem Lehrhof, wo er im Rahmen seiner Ausbildung zum Landwirt tätig war, zu tun hatte. Während dieser Zeit lernte sich auch das Paar kennen. Ihre Beziehung wurde gleich zu Beginn sehr eng, und sie bezogen alsbald eine gemeinsame Wohnung auf dem elterlichen Hof, der auch das Arbeitsfeld des Patienten war. Sie bekam, wenn sie allein war, Heißhungerattacken und verschlang dann hauptsächlich Schokolade, Pudding und Knäckebrot, fingerdick mit Butter bestrichen. Sie beschrieb ihre Eßattacken folgendermaßen: „Ich esse Gift, und wenn es dann zuviel ist, habe ich das Gefühl der Vergiftung und muß erbrechen." Wir hatten damals den Eindruck, daß beide die forcierte Nähe, die durch ihre rasche, enge Bindung entstanden war, nicht verkrafteten und durch Symptome beantworteten.

## Therapieverlauf

Innerhalb der Behandlung, die zwischen 1990 und 1991 stattfand und in einem Nachgespräch 1995 auf ihr Ergebnis kontrolliert wurde, vollzogen sich sehr große Veränderungen für beide Beziehungspartner: Nach der Geburt des ersten Kindes und schwerwiegenden Auseinandersetzungen mit den Herkunftsfamilien heirateten die Patienten und gaben so ihrer Beziehung eine nach außen hin sanktionierte Struktur. Sie fühlten sich vor Geburt des Kindes „bedrängt", heiraten „zu müssen", und widersetzten sich diesem elterlichen Druck. Als dann das Kind zur Welt gekommen war, hatten sie das Gefühl, die Eheschließung freiwillig vollziehen zu können. Kurz vor der Hochzeit verschlimmerte sich seine Neurodermitis, und sie bekam nochmals starke Heißhungeranfälle mit „Fressen" und „Erbrechen". Nach der Geburt des Kindes begann er eine weiterführende qualifizierende Ausbildung, die ihn über die Woche hinweg von daheim fortführte, so daß sie auf dem schwiegerelterlichen Hof mit dem Säugling verblieb.

Zur Zeit des Ausbruches des Golfkrieges war sie also alleine und voller Angst. Sie beschrieb die Tage vor Beginn des Krieges als belastend, ängstigend, und sie vermißte die Präsenz des Ehemannes. Auch ihr Mann führte Tagebuch (s. u.), beschrieb aber den Prozeß vor Beginn des Krieges und dessen Ausbruch weniger in Form einer freien Mitteilung, sondern durch die Veränderung seines Ankreuzverhaltens auf den mitgegebenen Fragebögen.

## Katamnese

Fünf Jahre nach Beendigung der Behandlung waren beide Beziehungspartner vom Bauernhof der Eltern des Ehemannes fortgezogen. Er hatte eine Stelle in einem Beratungsunternehmen gefunden und arbeitete somit nicht mehr als Landwirt. Sie war ebenfalls wieder berufstätig geworden. Seine Neurodermitis war vollständig abgeklungen, desgleichen ihre Bulimie. Beide hatten noch ein weiteres Kind bekommen und erinnerten die Paartherapie als entlastende, positive Begleitung in dieser Zeit der signifikanten Veränderungen.

## Die Datenerhebung

Die Datenerhebung für die empirische Analyse erstreckte sich von Oktober 1990 bis Februar 1991 und umfaßte somit 144 Tage. In den Erhebungszeitraum fielen am 19. Erhebungstag die Geburt des gemeinsamen Kindes sowie am 100. Erhebungstag der Ausbruch des Golfkrieges am 16. Januar 1991. Die Affekte wurden mit dem mehrdimensionalen Stimmungsfragebogen (Hecheltjen und Mertesdorf 1973) erfaßt. Dazu dienten 58 Adjektive, die das tägliche Stimmungsbild wiedergaben. Der sog. Gießener Beschwerdebogen (Brähler 1978) wurde eingesetzt, um mit seinen 57 Items Körperbeschwerden zu registrieren. Die Einzelbeschwerden wurden in Skalen zusammengefaßt. Zum weiteren statistischen Vorgehen verweise ich auf Rehm (1993). Betrachtet werden soll also, durch die Brille des Zeitreihenforschers, der Einbruch eines äußeren, traumatisch erlebten politischen Ereignisses auf Stimmungen und Körperbeschwerden des oben skizzierten Paares, welches sich gleichzeitig zum Ausbruch dieses Krieges in einer prekären, von Umbruch bestimmten familiären Situation befand und dabei in Paartherapie stand.

## Optische Analyse des Therapieverlaufes

Wie zuvor bereits angedeutet, reagierte insbesondere der Ehemann auf den Ausbruch des Golfkrieges durch Veränderungen seiner Stimmungen und Körperbeschwerden. In den folgenden Abbildungen 1-4 wird ein Ausschnitt aus der Paartherapie dargestellt. Der Golfkrieg begann am 51. Tag dieses Ausschnittes aus dem Gesamt der 144 Erhebungszeitpunkte.

*Psychische Reaktionen und Kriegsausbruch*

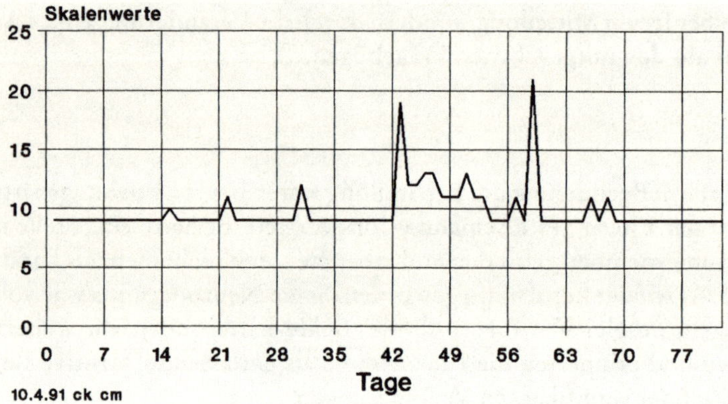


Abb. 1: Angst

*Psychische Reaktionen und Kriegsausbruch*

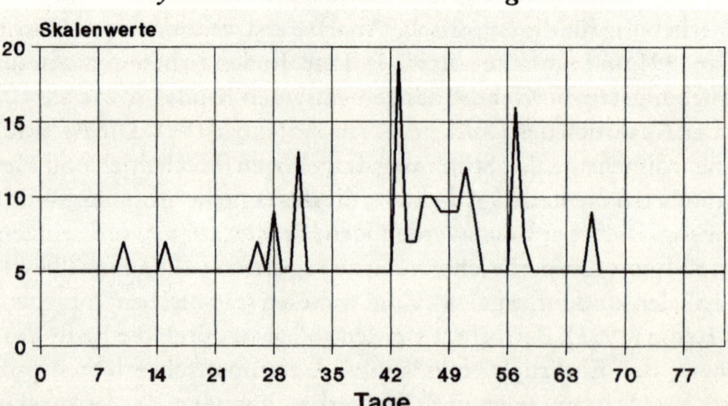


Abb. 2: Depressivität

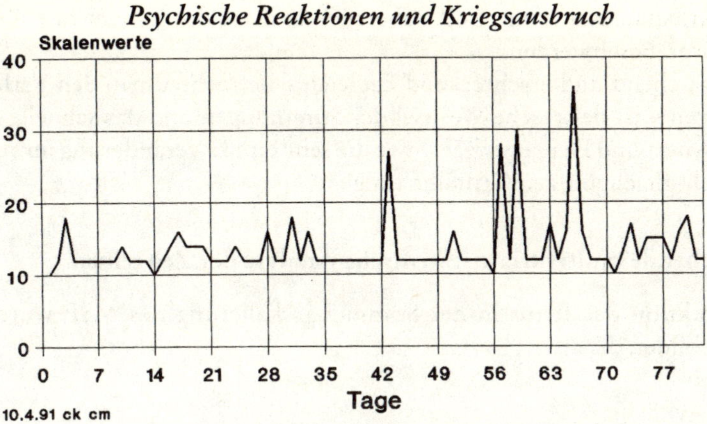


Abb. 3: Passivität

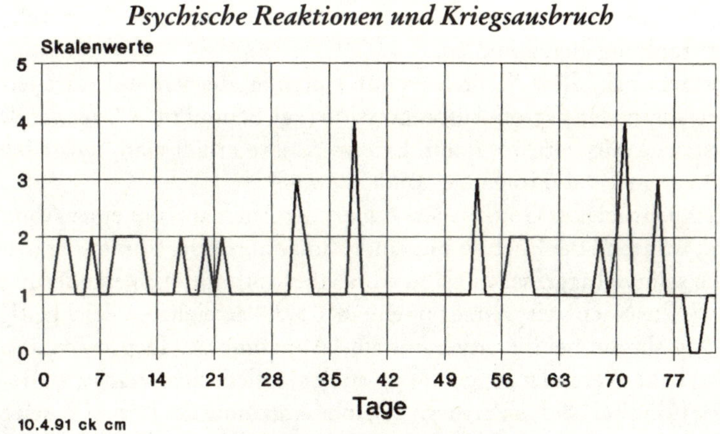


Abb. 4: Beschwerdedruck

Paradoxerweise, dies veranschaulicht Abb. 1, war die maximale Angst vor dem Krieg zum eigentlichen Zeitpunkt des Ausbruches bereits abgeklungen. Das Ultimatum wenige Tage zuvor löste eine viel stärkere Angstreaktion aus, die innerhalb weniger Tage gemildert wurde. Vielmehr zeigte sich zum Zeitpunkt des eigentlichen Ausbruches des Krieges bereits ein Plateau von Depressivität (vgl. Abb. 2). Sehr schnell nach Ausbruch des Krieges war eine weitere psychische Veränderung, so wie sie durch Ankreuzverhalten dargelegt wurde, im männlichen Patienten erkennbar: Er gewann zunehmend passive, fatalistische Grundeinstellungen (Abb. 3). Gleichzeitig nahmen die durch Juckreiz gekennzeichneten psychosomatisch-neurodermitischen Beschwerden ab (Abb. 4). Zum Zeitpunkt, als der Kriegsausbruch am Golf näherrückte, hatte der Patient fast überhaupt keine Körperbeschwerden.

Überraschend und erschreckend zugleich – betrachtet man den Verlauf aller vier Kurven – ist der rasche Wechsel der Stimmungen und das schnelle Abklingen von Angst und Depressivität sowie die sehr rapide Veränderung im Sinne von fatalistisch-gleichgültigen Grundhaltungen.

## Weitergehende multivariate statistische Analyse der Zeitreihen

Zur Reduktion der Items in der Stimmungsskalierung des MSF wurden drei Skalen gebildet, die als
- Aktivität
- Aggressivität
- Depressivität

bezeichnet wurden. Im Bereich der Körperbeschwerden wurden beim Mann der Juckreiz, bei der Frau Magenbeschwerden als Leitsymptome der psychosomatischen Erkrankung angenommen.

Unterzieht man diese Meßreihen nun einem modernen multivariaten statistischen Verfahren, der Vector-Autoregression (vgl. Schmitz 1987, verwendet wurde das statistische Auswertprogramm Eviews 2.0), so erhält man, statistisch signifikant, mit einem T > 2,0 folgendes Bild:

Nach Ausbruch des Golfkrieges reagiert der Ehemann mit einer Abnahme der Aktivität, während die Ehefrau mit einer Zunahme dieser Stimmung reagiert. Sie wird auch sehr viel aggressiver als er, wobei diese Stimmungsveränderungen nicht die statistische Nachweisgrenze mit einem T > 2,0 erreichen. Gleichzeitig wird er depressiv, während bei ihr insgesamt eine Abnahme der Depressivität zu beobachten ist, beide Veränderungen knapp an der statistischen Nachweisgrenze. Der Golfkrieg führt bei beiden Partnern zu einer Abnahme der körperlichen Symptomatik, die bei der Ehefrau ausgeprägter und statistisch signifikant nachweisbar ist.

Bei ihm zeigt sich zunächst eine Zunahme, später eine leichte Abnahme der Körperbeschwerden. Abb. 5 faßt die Ergebnisse in Form der Impulse-Var-Decomposition zusammen.

Wir untersuchten in der gleichen Art und Weise multivariat den Einfluß der Geburt des Kindes auf den Stimmungsverlauf. Hier ist es die Ehefrau, die mit einer deutlichen Zunahme ihrer Aktivität antwortet, während der Ehemann (statistisch nicht signifikant) mit einer Abnahme reagiert. Umgekehrt ist die Reaktion im Feld der aggressiven Stimmungen. Hier ist es der Ehemann, der aggressiv reagiert, während bei der Ehefrau eine Abnahme aggressiver Stimmungen festzustellen ist. Beim Ehemann ist diese Zunahme aggressiver Stimmungen signifikant und unterscheidet sich ebenfalls von seiner Reaktion in bezug auf den

## *Psychische Reaktionen des Paares auf den Beginn des Golfkriegs*

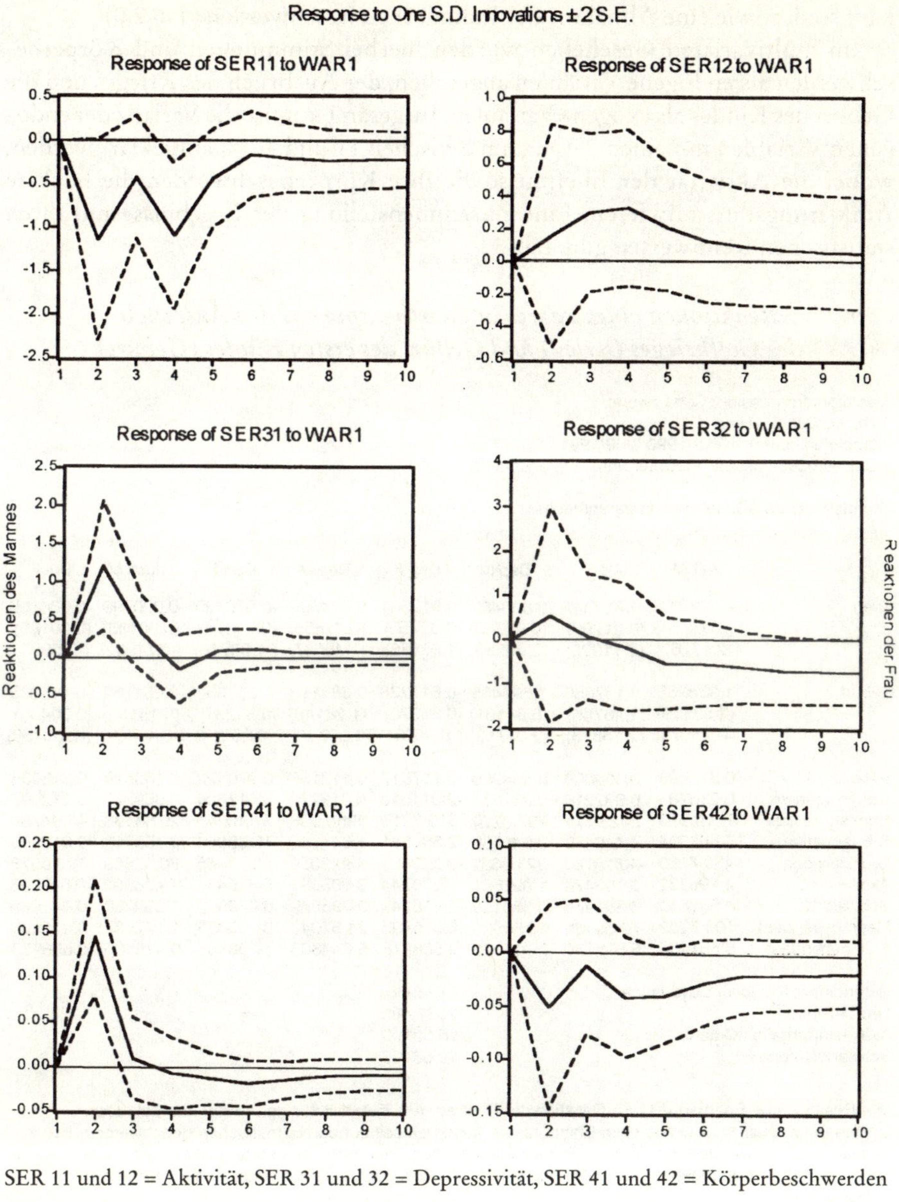


SER 11 und 12 = Aktivität, SER 31 und 32 = Depressivität, SER 41 und 42 = Körperbeschwerden

Abb. 5

Ausbruch des Golfkrieges, die nicht aggressiv war. Die Geburt des Kindes löst bei ihr depressive Stimmungen aus (Postpartum-Blues?), die statistisch nicht signifikant sind, sowie eine Abnahme der bulimischen Beschwerden (T > 2,0).

Im multivariaten Geschehen wurden hierbei Stimmungen und Körperbeschwerden als endogene Variablen angesehen, der Ausbruch des Krieges und die Geburt des Kindes als exogene Variablen. Insgesamt konnte die Varianz der endogenen Variablen mit einem r-Quadrat zwischen 11 und 46 % aufgeklärt werden, wobei die Aktivität der Ehefrau sowie ihre Körperbeschwerden die höchste Aufklärungsrate aufwiesen. Eine Zusammenstellung der Ergebnisse mit ihren statistischen Kennwerten gibt Tab. 1.

### *Reaktionen eines Paares in Paartherapie auf den Ausbruch des Golfkrieges (Krieg) und Geburt des ersten Kindes (Geburt)*

Vectorautoregression. Schätzwerte
Date: 03/09/98 Time: 18:01
Sample(adjusted): 10/19/1990 3/09/1991
Included observations: 142 after adjusting endpoints

Standard errors & t-statistics in parentheses

| | Akt M | Akt F | Dep M | Dep F | Dep M | Dep F | Juck M | Bul F |
|---|---|---|---|---|---|---|---|---|
| Krieg | -0.048371 | 0.027347 | 0.000483 | 0.012501 | 0.024599 | -0.076129 | -0.000999 | -0.004656 |
| | (0.02226) | (0.01290) | (0.00740) | (0.00750) | (0.01655) | (0.04664) | (0.00133) | (0.00180) |
| | (-2.17262) | (2.11926) | (0.06535) | (1.66636) | (1.48647) | (-1.63216) | (-0.74942) | (-2.59083) |
| Geburt | -1.938255 | 3.137650 | 1.696485 | -0.812228 | 0.684118 | 1.337082 | -0.061762 | -0.416285 |
| | (2.53118) | (1.46706) | (0.84101) | (0.85290) | (1.88146) | (5.30287) | (0.15155) | (0.20433) |
| | (-0.76575) | (2.13873) | (2.01719) | (-0.95231) | (0.36361) | (0.25214) | (-0.40753) | (-2.03730) |
| R-squared | 0.315898 | 0.469806 | 0.334960 | 0.117617 | 0.112155 | 0.230422 | 0.188529 | 0.313033 |
| Adj. R-squared | 0.215786 | 0.392216 | 0.237637 | -0.011513 | -0.017773 | 0.117800 | 0.069777 | 0.212502 |
| Sum sq. resids | 7219.593 | 2425.274 | 797.0224 | 819.7217 | 3988.906 | 31687.45 | 25.88136 | 47.04754 |
| S.E. equation | 7.661324 | 4.440459 | 2.545556 | 2.581551 | 5.694746 | 16.05059 | 0.458713 | 0.618466 |
| Log likelihood | -480.4289 | -402.9782 | -323.9682 | -325.9621 | -438.3059 | -585.4465 | -80.62569 | -123.0578 |
| Akaike AIC | 4.196332 | 3.105478 | 1.992661 | 2.020744 | 3.603051 | 5.675454 | -1.434698 | -0.837063 |
| Schwarz SC | 4.591830 | 3.500976 | 2.388159 | 2.416241 | 3.998549 | 6.070952 | -1.039200 | -0.441565 |
| Mean dependent | 103.5282 | 70.59155 | 10.86620 | 6.915493 | 24.57042 | 81.20423 | 1.147887 | 0.415493 |
| S.D. dependent | 8.651400 | 5.695780 | 2.915425 | 2.566818 | 5.644803 | 17.08865 | 0.475606 | 0.696933 |

| | |
|---|---|
| Determinant Residual Covariance | 1723988. |
| Log Likelihood | -2631.485 |
| Akaike Information Criteria | 16.50100 |
| Schwarz Criteria | 19.66498 |

M = Reaktion des Ehemannes, F= Reaktion der Ehefrau; Akt. = Aktivität, Agg. = Aggressivität , Dep. = Depressivität. Juck. = Juckreiz beim Ehemann als Ausdruck seiner neurodermitischen Beschwerden, Bul = Bulimische Beschwerden der Ehefrau. Für die Statistischen Kennwerte siehe Standardwerke der Ökonometrie Die Interaktion der endogenen Variablen wurde aus Gründen der Übersichtlichkeit in die Tabelle nicht aufgenommen.

Tab. 1

## Zusammenfassung der empirischen Ergebnisse

Es zeigt sich also anhand der statistischen multivariaten Zeitreihenanalyse mit der Methode der Vector-Autoregression eine eindeutige, statistisch signifikante Veränderung durch das äußere Kriegstrauma bei beiden Beziehungspartnern. Gleichzeitig ist eine geschlechtsspezifische Reaktion auf dieses äußere Trauma nachzuzeichnen, wobei in diesem Fall jeweils nur ein Mann und eine Frau untersucht worden sind. Es gelang der Ehefrau besser als dem Ehemann, aggressive, aktivierende Stimmungen zu mobilisieren, als der Krieg ausbrach. Er schien sehr schnell von Angst und Depressivität überrollt und reagierte mit einer Abnahme seiner Aktivität.

Offenbar war der Stimulus Geburt für ihn eher ein aggressionsauslösender Faktor (weil es ein Sohn war?) als der Ausbruch des Krieges.

Tritt man etwas vom klinischen Material zurück, so zeigt sich, daß äußere politische Ereignisse durchaus zu einer sehr deutlichen Veränderung im Seelenleben von Menschen führen können und daß, dies lehrt die exemplarische Studie, Katastrophen offenbar sehr rasch mit einer passiven, fatalistischen Einstellung beantwortet werden können. Der Thrill des Krieges verliert hier für den Mann rasch seine stimulierende Brisanz.

## Ausblick

Vielleicht mag der Golfkrieg bereits „Schnee von gestern" sein. Jedoch erleben wir momentan (März 1998) wieder ein Interesse an dieser Region der Erde, da ein erneuter Golfkrieg nur vorläufig und halbherzig abgewendet scheint. Der erste Golfkrieg war für uns ein Krieg des Fernsehens und der medialen Inszenierung. So hautnah wurden wir schon lange nicht mehr mit technisch hochgerüsteten Kriegsgeräten und deren Wirkung auf Menschen und Städte konfrontiert.

Abschließen möchte ich mit einem Zitat von Robert Jungk, der in einem Vortrag (Der Golfkrieg - am Beginn eines hundertjährigen Konflikts) sehr passend zum hier vorgelegten klinischen Material schreibt:

*„Es hat mir ein Kollege kürzlich am Telefon gesagt: ‚Weißt Du, ich komme mir vor wie einer dieser Vögel, die ich im Schlick der großen Ölflut sehe, und ich kann mich nicht mehr bewegen.' Ich habe ihm gesagt, der Unterschied zwischen Mensch und Tier ist, daß der Mensch, selbst wenn er in die Falle gerät, selbst wenn er in eine schwierige Situation gerät, die Fähigkeit der kritischen Auseinandersetzung damit hat und daß er Phantasie entwickeln kann, um Probleme zu lösen. Diese Kritikfähigkeit und die Fähigkeit, Probleme zu lösen, müssen bestärkt werden. Sie machen mich nicht optimistisch, aber sie geben mir die Hoffnung, daß wir mit solchen Krisen fertig werden, wenn wir nur eine solidarische, brüderliche, echt freundschaftliche Haltung gegenüber den Menschen der dritten Welt einnehmen*

*und ihnen nicht lediglich etwas beibringen, sondern auch von ihnen lernen wollen."*

Lassen wir uns also nicht im Schlick der Passivität allzu schnell entmutigen. Verlieren wir nicht zu rasch unseren Blick für die politischen Realitäten, auch wenn wir vor allem mit der „Innenwelt", seien es nun die Organwelten oder der innerpsychische Kosmos, beschäftigt sind. Diese Aufgabe, so scheint mir, wird nur die Psychosomatik und nicht ihre entpolitisierte Schwester, die psychotherapeutische Medizin, bewältigen können. Hier liegt ihre Chance, jenseits der Psychiatrie und der Klinischen Psychologie.

## Literatur

Brähler, E. (1978): Der Gießener Beschwerdebogen. Unveröff. Habilitationsschrift, Gießen.

Hecheltjen, K. G., Mertesdorf, F. (1973): Entwicklung eines mehrdimensionalen Stimmungsfragebogens. Z. f. Gruppendynamik 4, 110-112.

Rehm, I. G. A. (1993): Empirische Überprüfung einer psychosomatischen Paarkollusion. Eine quantitative Zeitreihenanalyse. Unveröff. Dissertation, Gießen.

Schmitz, B. (1987): Zeitreihenanalyse in der Psychologie: Verfahren zur Veränderungsmessung und Prozeßdiagnostik. Beltz, Basel, Weinheim.

# Rüsten für den „Gerechten Krieg"?

## Ein Geburtstagsbrief an Horst-Eberhard Richter

Andreas Buro

Lieber Horst, wie nur wenige hast Du in der Diskussion zwischen „Bellizisten und Pazifisten" über eine militärische Intervention in Bosnien an gewaltfreien, zivilen Optionen zur Überwindung des Krieges festgehalten und bist dafür öffentlich eingetreten. Ich erinnere mich, wie Du mich Anfang Februar 1993 anriefst, um über „richtige und falsche Thesen über internationale Aufgaben deutscher Sicherheitspolitik" zu sprechen. Dazu motivierten Dich „die Sorge über immer lauter geäußerte Forderungen, die militärische Zurückhaltung der Bundesrepublik aufzugeben". In den Thesen, die wir zusammen mit Inge Aicher-Scholl, Heinrich Albertz, Stefan Heym, Margarete Mitscherlich, Friedrich Schorlemmer und Dorothee Sölle veröffentlichten[1], hieß es an einer Stelle: „Wir leben in einer Zeit fundamentaler Weichenstellung. Das Drängen nach deutscher Beteiligung an Kriegsaktionen (...) verrät den Wunsch, unsere erweiterte internationale Verantwortung, vorrangig militärisch zu definieren, anstatt die gewaltigen internationalen Aufgaben der Überwindung von Armut, des Umweltschutzes und der nichtmilitärischen Krisenbewältigung voranzustellen." In den Jahren bis 1995 flammte immer wieder die Diskussion um die Möglichkeiten einer militärischen Intervention zur Rettung von Menschenleben in diesem barbarischen Krieg in Bosnien und zur Herstellung von Frieden auf. Sie wurde mit Vehemenz auch innerhalb der Friedensbewegung geführt.[2] Viele von uns fühlten sich innerlich gespalten zwischen dem Wunsch, schnell die Schrecken des Bosnien-Krieges zu beenden, und der Einsicht, daß Frieden ziviler und gewaltfreier Mittel bedürfe.

### I.

Die Diskussion dieser Jahre, einschließlich der über den Einsatz von Blauhelmen, hatte zumindest zwei weitreichende Auswirkungen: Zum einen hat sie bei uns,

[1] „Statt Waffen zu liefern, sollten wir Flüchtlingen die Grenze öffnen" von Horst-Eberhard Richter und Andreas Buro, FR vom 15.2.93.

[2] Hierzu ausführlicher siehe den Brief von Joseph Fischer vom 30.7.95 an Partei und Bundestagsfraktion von Bündnis 90/Die Grünen – FR vom 2.8.95 – und die Antwort des Komitees für Grundrechte und Demokratie vom 6.8.95).

den pazifistischen Kräften, die sich gegen eine Militärintervention wendeten, zu großen Anstrengungen geführt, die Alternativen ziviler Konfliktbearbeitung auszuarbeiten und Elemente davon bereits in der Praxis zu erproben. Zum anderen ging es um die wachsende Wahrnehmung einer neuen Legitimierung des deutschen Militärs, das mit dem Ende des Ost-West-Konfliktes und der Abschreckungspolitik, die verteidigungspolitische Rechtfertigung seiner Existenz verloren hatte. Diese Problematik treibt uns auch heute noch um, denn einerseits ist so furchtbar viel zu tun, um eine „zivile Konfliktbearbeitung auf breiter Basis" glaubwürdig zu entwickeln. Andererseits wird die Legitimierung von Hochrüstung und grausamsten Kriegen mit einer geradezu global-imperialen Frechheit gegen alle Wahrheit betrieben, der wir oft ebenso hilflos wie voller Empörung gegenüberstehen.

Ich schreibe diesen Brief zu einem Zeitpunkt, an dem die Vorbereitungen zum erneuten Militärschlag gegen den Irak auf vollen Touren laufen, so daß ich vor lauter Schreiben über Irak, Kosovo und den türkisch-kurdischen Krieg den Termin verpaßt habe, den mir Hans-Jürgen Wirth für die Abgabe des Textes gesetzt hat. Ich werde deshalb in meinem Brief zu Deinem 75. Geburtstag denn auch einfach nur erzählen, wie mich die politisch-militärischen Ereignisse seit Bosnien bedrängt haben, die uns fast alle als „gerechte Kriege" verkauft wurden, obwohl das Herrschaftsinteresse der Globalisierung unter kapitalistischen Vorzeichen an allen Ecken und Enden blutig hervorquoll. Ich schreibe Dir nicht wissenschaftlich mit vielen Belegen, sondern lasse einfach meinen Einschätzungen und Gefühlen freien Lauf. Vielleicht geht es Dir und Bergrun manchmal auch so, daß Ihr dem Aufruhr der Gefühle einfach eine Gasse freigeben müßt.

In nachträglichem Bedenken war der Bellizisten-Pazifistenstreit in der Bosnienfrage eine notwendige Auseinandersetzung, die wahrscheinlich noch lange nicht beendet sein wird. Natürlich wollten wir alle den Schutz der so fürchterlich Bedrohten und taten dafür, was uns möglich war. Aber durfte man dafür nach dem Militär rufen, das an so vielen Orten der Welt gerade diese Grausamkeiten an Menschen verübte? Algerien, Vietnam, Afghanistan, die Golf-Kriege und viele andere Kriege standen vor unseren Augen und die vielfältigen Auswirkungen für immer neue Rüstung und Kriege, die ich hier nicht aufzuzählen brauche. Dies war eine Spannungssituation, der alle ausgesetzt waren. Die Vorwürfe, die Friedensbewegung habe sich nicht engagiert und nur ihrem Dogmatismus gefrönt, haben mich damals sehr erstaunt, zumal wir ja in vielen Zusammenhängen im Rahmen unserer Möglicheiten eine Fülle von Initiativen für die Menschen und gegen den Krieg ergriffen haben. Aber weil wir nicht bereit waren, das Militär zur Hilfe zu rufen, hat man uns für die fürchterlichen Morde des Krieges mitverantwortlich gemacht. Geschenkt, daß die, die da sprachen, selbst überhaupt nicht engagiert waren, sondern nur einen guten Zugang zu den Medien hatten. Später erfuhren wir, daß selbst die Militärs in dieser Zeit von einer Intervention abrieten, weil sie unkontrollierbare militärische Verstrickungen befürchteten; daß die Politiker bei der Vorbereitung von Dayton die schlimmsten Menschenrechtsverletzungen auf ethnischer Grundlage wie z.B. die Vertreibung der Serben aus der Krajina und die militärische Übernahme der Enklaven durch die serbische Seite, mit der Folge tausendfachen Mordes an bosnischen Männern, mit einkalkuliert hatten; daß sie das UN-verhängte Waffenembargo selbst systematisch durchbrachen und die NATO schließlich doch noch bombardieren ließen, um sie von dem Papiertiger-Image zu befreien. Der UNO hat man stets Versagen vorgeworfen, aber es waren die westlichen Kommandeure der Blauhelm-Truppen, die sich weigerten, oft anscheinend nach Rücksprache mit ihren Regierungen, lokale Anforderungen nach NATO-Entlastungsangriffen weiterzugeben. Wie müssen die Machtpolitiker und Generäle über den Streit innerhalb der Friedensbewegung gefeixt haben!

Ungeachtet aller nach und nach bekannt gewordenen Tatsachen hat diese Auseinandersetzung bei vielen sozialdemokratischen und nicht wenigen grünen PolitkerInnen einen bis heute wirkenden Schub der Zuwendung zu dem Ideengebäude des „Gerechten Krieges" bewirkt, wobei zweifellos die Perspektive einer zukünftigen Regierungsübernahme und der dann erforderlichen Anpassung an bestehende Verhältnisse kräftig mitgeschoben haben. Gegenwärtige Äußerungen von Spitzenpolitikern zur Golfkrise lassen mich erschauern. Wie von ihnen die Chance zum Wechsel ihrer sicherheitspolitischen Positionen ergriffen worden ist! Vom Tod bedrohte Menschen in Bagdad spielen kaum noch eine Rolle.

Seit dieser Zeit geht mir die Legitmationsfigur des „Gerechten Krieges" nicht mehr aus dem Kopf. Ich habe immer wieder die Behauptung aufgestellt, der „Gerechte Krieg" sei der Vater aller Kriege. Ich glaube, es ist den meisten gar nicht bewußt, daß dieser Begriff geprägt worden ist, um die Abwendung der christlichen Kirche von dem ursprünglichen Pazifismus der frühen Christen, die sich weigerten, Soldaten zu werden, zu rechtfertigen und um den christlichen Militärdienst zu legitimieren. Die Synode von Arles schloß schon 314 n.C. Fahnenflüchtige von den Sakramenten aus. Wolfgang Huber[3] kommentiert dies: *„In dem Maß, in dem der Kaiser der Kirche Anteil an der politischen Macht vermittelt, mit deren Hilfe sie ihren Monopolanspruch durchsetzen und die Häretiker zurückdrängen kann, erwartet er auch von der Kirche die Legitimation und Unterstützung seiner Machtausübung."*

Zwar nannte die Kirche seinerzeit noch respektable Bedingungen zur Begrenzung und Einhegung des Krieges. Sie wurden aber im Laufe der Zeit, wie die Machtverhältnisse es so mit sich brachten, immer weiter abgeschliffen, bis bei den

---

[3] Huber,Wolfgang: Krieg, Kriegsdienst, Kriegsdienstverweigerung. In: Evang. Staatslexikon, Stuttgart, 3.Aufl. 1987, 1872-1879.

Spätscholastikern nur noch die Frage nach der realen Souveränität des Fürsten zur Anerkennung der „Kriegsberechtigung" übrig blieb.

## II.

In dem Bemühen, lieber Horst, meine eigenen Vorstellungen zu klären, verlasse ich vorübergehend die Ereignisse der jüngsten Jahre und bemühe mich um Abstraktion: Soweit ich die Legitimationen von Kriegen überschaue, handelt es sich immer wieder um den Versuch, jede Rüstung und jeden Krieg aus der Position der jeweiligen Staatsherrschaft als gerecht darzustellen. Wenn ich von militärischen Potentialen und ihrer Legitimation spreche, beziehe ich nicht jene Gruppen und Banden ein, die allein zur Bereicherung ihres Zusammenhanges Gewalt anwenden. Bei ihnen ist es die erhoffte Beute, welche ihre Gewaltausübung vor sich selbst rechtfertigt. Sie übernehmen keine Verantwortung für Zusammenhänge und Ziele, die über ihr unmittelbares Interesse der Bereicherung hinausgehen. Dort jedoch, wo militärische Gewalt im Rahmen gesellschaftlicher und/oder religiöser Ordnungssysteme bereit gehalten und ausgeübt wird, muß sich diese vor dem Ordnungssystem und seinen Trägern legitimieren.

Die Legitimierung militärischer Gewalt ist deshalb unabdingbar, weil im Krieg Handlungen erlaubt, ja geradezu gefordert werden, die im zivilen Leben der Gesellschaften streng verboten sind: das Töten und Vertreiben von Menschen und die Zerstörung von Infrastrukturen und Wohnstätten. Diese Aufgaben des Militärs werden vor Ausbruch von Kriegen systematisch eingeübt und verlangen damit von den Soldaten eine doppelte Moral, nämlich als Bürger des Ordnungssystems und als Krieger, der dem Sieg der eigenen Seite verpflichtet ist, auf die er geschworen hat. Wen wundern da heute die inneren Probleme der Bundeswehr?

Bei der Legitimierung militärischer Gewalt tritt nämlich notwendig ein weiterer Widerspruch zwischen den Interessen der Träger des Herrschaftssystems und großen Teilen der Gesellschaft auf. Militär und Krieg läuft ihren objektiven materiellen Interessen zuwider: Ihre Väter und Söhne fallen im Krieg, ihre Häuser werden zerschossen, sie haben letztlich die Last des Krieges durch Zerstörung und Geldentwertung zu tragen usw. Die Interessen der Herrschenden sind jedoch überwiegend darauf gerichtet, die zu ihren Gunsten asymmetrischen, also „ungerechten" Strukturen der jeweiligen Gesellschaft notfalls mit Gewalt aufrecht zu erhalten („Gegen Demokraten helfen nur Soldaten") und ihre nach außen gerichteten Interessen auch mit Militär durchzusetzen (Annektion fremder Gebiete zum Zwecke der Tributzahlung, Eroberung von Kolonien, Sicherung von Märkten und Rohstoffen usw.) Die Legitimierung des Militärischen hat nun die Aufgabe, diesen Widerspruch im Bewußtsein der Menschen zu verhüllen, so daß sie bereit sind, Kriegsvorbereitung durch Aufrüstung und Krieg letztlich als gerechtfertigt zu akzeptieren und diejenigen zu verdammen, die sich dem widersetzen. Legitimierung steht also grundsätzlich unter Ideologie-Verdacht, unter dem Verdacht, falsches Bewußtsein in der Gesellschaft zugunsten der Akzeptanz von Aufrüstung und Krieg zu fördern.

In dem ständigen Prozeß der Legitimierung spielt die Tatsache eine Rolle, daß Militär einen doppelten Charakter aufweist, gleichsam ein Janusgesicht hat. Es soll der Verteidigung, also dem Schutz gegen Angreifer dienen, ist aber gleichzeitig nützlich, um selbst angreifen zu können. Die militärische Devise, Angriff sei die beste Verteidigung, bringt diese Ambivalenz auf den Punkt. Selbstverständlich ließe sich eine rein defensive Orientierung des Militärs vorstellen.[4] Diese wird aber stets zurückgewiesen, da das Militär sonst nicht seine Funktion für das jeweilige Herrschaftssystem erfüllen könnte, dessen Teil es in aller Regel selbst ist.

Menschen wollen sich vor Angriffen schützen. Doch viele der alten Schutzburgen waren gleichzeitig auch Zwingburgen gegenüber der Bevölkerung, die sie angeblich schützen sollten. Nicht selten waren solche Burgen auch Stützpunkte vordringender Völker, die andere durch Angriff verdrängt und die nun mit Gegenangriffen zu rechnen hatten. Große Burgkomplexe waren gleichzeitig Arsenale für die Streitkräfte, die selbst offensiv gegen andere vorgingen. Schaut man zurück in die deutsche Geschichte, so findet man kaum einen Fall militärischer Verteidigung, der nicht in enger Verbindung zu vorhergehenden oder beabsichtigten Angriffen steht. Die Legitimierung des deutschen Militärs unter dem Aspekt der Verteidigung ist also höchst fraglich. Dies gilt nicht nur für die beiden Weltkriege. Trotzdem wird die Legitimierung mit dem Argument der notwendigen Verteidigung in aktuellen Situationen immer wieder wirksam sein. Dann nämlich gerät der geschichtliche Zusammenhang aus dem Blickfeld, die eigene offensive Haltung wird verdrängt und der aktuelle Schutz steht im Vordergrund. Ich erinnere mich noch an die Haltung vieler Menschen im sturmreifen Berlin 1945. Daß Deutschland diesen grauenhaften Eroberungskrieg begonnen hatte und nun die Früchte dieser Saat erntete, war gänzlich aus ihrem Bewußtsein verschwunden.

Eine glaubhaftere Legitimation gewinnt militärische Verteidigung dort, wo Länder ihre Neutralität erklärt haben, also nur defensiv gegenüber Angriffen agieren wollen. Allerdings haben auch solche Länder sehr zum Rüstungsexport und damit zur Aufrüstung anderer beigetragen. Sie sind einer ständigen Aufrüstung verpflichtet und müssen ihre Neutralitätsposition, die immer mit der Verteidigung ihres Gebietes als Aufmarsch-Areal für andere verbunden war, angesichts der modernen Waffenentwicklung Schritt für Schritt aufgeben. Bei kleineren Ländern ist zu fragen, ob sie überhaupt noch Verteidigungsoptionen haben oder ob ihr

[4] Böge, Volker/Wilke, Peter: Sicherheitspolitische Alternativen, Baden-Baden, 1984.

Militär nicht nur die Zerstörung des Landes im Kriegsfall vergrößern würde. Offensichtlich wird auch bei Neutralität die Legitimierung von Militär immer schwieriger.

Die Wiederherstellung und/oder Aufrechterhaltung von „Frieden und Ordnung" als Motiv für Rüstung und Kriegseinsatz bezieht sich in erster Linie auf einen Machtbereich, in dem sich bestimmte Herrschaftsstrukturen durchgesetzt haben. Der Krieg in der Türkei gegen die eigene kurdische Bevölkerung, die ihre Entrechtung nicht hinnehmen will, wird von türkischer Seite unter dem Vorzeichen der Aufrechterhaltung der nationalstaatlichen Ordnung geführt. Die dafür notwendige nationalistische Mobilisierung darf der kurdischen Gegenseite keinen berechtigten Grund für ihren Aufstand zugestehen, da sonst die Legitimation für den auch für die türkische Seite höchst opferreichen Krieg zusammenbrechen müßte. In der Geschichte gibt es viele Beispiele solcher Situationen. An ihnen wird ein Grundmuster erkennbar, ob es sich um Nationalstaaten, Großreiche von der Pax Romana bis zum Osmanischen Reich oder um die „Ordnung" wie im Kolonialismus handelte: Das Aufbegehren gegen die oft ungerechten und bedrückenden Ordnungen wurde mit der Legitimation der Wiederherstellung des Friedens und der Ordnung militärisch bekämpft. Dabei wurde die bestehende Ordnung, die verteidigt werden sollte, als gottgewollt, national geheiligt, als natürlich usw. deklariert.

Geht es um die Durchsetzung von Interessen, so ist die ideologische Legitimierung des Militärs und seines Einsatzes meist besonders erforderlich, handelt es sich doch vorwiegend um Angriffskriege, Erpressungen durch Kriegsandrohungen, um die Gewinnung vonTerritorien, die Öffnung von Märkten, die Sicherung billiger Rohstoffe, die Kontrolle wichtiger Verkehrswege, die Erzwingung gesellschaftlich-systemarer Umstellungen usw. Viele dieser Ziele stehen übrigens in den Verteidigungspolitischen Richtlinien des Bundesministers der Verteidigung. Sie sind normalerweise Ziele der herrschenden Teile der Gesellschaft, während die anderen Gesellschaftsschichten vor allem die Lasten für die Rüstung und die Verluste durch die Kriegführung zu tragen haben. Allenfalls ziehen sie Nutzen aus Spill-off Effekten siegreicher Eroberungskriege, während sie bei nicht siegreichen Kriegen die ganze Zeche zu zahlen haben.

In der Zeit der Entwicklung der Nationalstaaten dienten (und dienen auch noch) nationalistische und rassistische Ideologien der Rüstungs- und Kriegslegitimierung. Diese wurden mit Feindbildern derjenigen Völker verknüpft, die gerade bekämpft („das falsche Albion") oder die als internationale Minderheiten zum Sündenbock für eigene interne Probleme gemacht werden sollten („das internationale Judentum"). In den bürgerlichen Gesellschaften und dem Übergang zu Volkskriegen bis hin zum „totalen Krieg" gewann die Legitimierung von Militär und Krieg verstärkt an Bedeutung. Zunehmend größere Teile der Gesellschaften wurden politisch einbezogen, und es entstand eine Öffentlichkeit, vor der militante Politik sich zu legitimieren hatte. Selbstverständlich wurde diese auch herrschaftlich zur Verbreitung der Rechtfertigungen für Kriegsvorbreitungen und Krieg genutzt. Der Haß auf Intellektuelle und auf Mitglieder der Arbeiter- und Friedensbewegungen, den Du, Horst, wie viele von uns, erfahren hast, die Kriegsrechtfertigung zu durchkreuzen suchten, ist aus herrschaftlicher Sicht nur allzu verständlich. Volksheere sind nun einmal nur mobilisierbar, wenn möglichst alle Teile der Bevölkerung von dem „heiligen nationalen Anliegen" des Kampfes durchdrungen sind. Freilich mußten Kriegsgerichte und Militärpolizei immer nachhelfen, wo die ideologische Indoktrinierung nicht gefruchtet hatte. Die nationalistische Kriegsmobilisierung im ehemaligen Jugoslawien lieferte geradezu Lehrstücke für diesen Zusammenhang.

Wie sehr Ideologien auch im militärischen und politischen Kampf der sozialrevolutionären Befreiungsbewegungen dieses Jahrhunderts eine enorme und tragische Rolle gespielt haben – wie sehr hat mich und viele von uns das Schicksal Vietnams umgetrieben, und mit welchem Schrecken erfahren wir jetzt eines der Ergebnisse solcher Kämpfe in Algerien! – kann ich hier nur erwähnen.

In den Kämpfen um die Legitimierung von Kriegsgewalt und ihrer Vorbereitung geht es um Hirne und Herzen der Bevölkerung. Hoffnungen und Ängste mischen sich mit Argumenten. Die Zuordnung des Einzelnen zu Gruppierungen, das Verständnis von der eigenen sinnstiftenden Rolle, der Wunsch nach Anerkennung und die Abwehr von Mißachtung durch die Gesellschaft, die Glaubwürdigkeit von Interpreten und ihren Alternativen, aber auch tief verwurzelte Feindbilder, Bedrohungsängste, wie Hoffnungen auf Aufwertung und vieles mehr spielen wichtige Rollen.

Oben hatte ich darauf hingewiesen, daß Krieg alle Normen des gesellschaftlichen Zusammenlebens durchbricht und den Kriegern eine doppelte Moral aufzwingt. Diese Sondersituation, die ja auch als Sondersituation erhalten bleiben muß, um trotz Militär und Krieg die gesellschaftliche Ordnung nicht zu zerstören, bedarf einer moralisch oder religiös überhöhenden Legitimation. Die Gesellschaft muß die Sondersituation des Verstoßes gegen alle normal gültigen Werte der Gesellschaft als etwas besonders Gutes, Gerechtes und Ehrenvolles akzeptieren. Im Grunde geht es um eine paradoxe Figur, denn der Verstoß gegen die Werte der Gesellschaft soll diese gerade aufrechterhalten und sichern. Deshalb muß ein Kult geschaffen werden: der Heldentod fürs Vaterland auf dem Felde der Ehre, der „Heilige Krieg" mit dem Versprechen, nach dem Tode im Jenseits glorreich empfangen und geehrt zu werden, oder eben der „gerechte Krieg", der den Werteverstoß adeln soll. Dieser Kult ist durch Zeremonien und Sanktionen zu ritualisieren und zu tabuisieren, so daß er jeglicher Diskussion entzogen wird.

Unter diesem Aspekt wird verständlich, warum die Bundesregierung und die Militärführung so hartnäckig und neuerdings verstärkt an den öffentlichen Gelöbnissen festhält. Übrigens kann sich auch die These von der Unvereinbarkeit von Militär und Demokratie nicht allein auf die autoritären, nichtdemokratischen Strukturen der militärischen Hierarchie, sondern gerade auch auf diese Legitimationskulte beziehen. Letztlich charakterisiert der Begriff des „Bürgers in Uniform" nicht die Vereinbarkeit von Demokratie und Militär, sondern das gespaltene Bewußtsein der Soldaten. Wenn man doch nur die Erfahrungen aus dem Zweiten Weltkrieg begreifen und berücksichtigen würde!

## III.

Aber ich schweife zu weit ab, denn ich wollte noch von meinen eigenen Erfahrungen mit „gerechten Kriegen" nach Bosnien sprechen. Im Frühjahr 1994 bin ich mit anderen zusammen nach Diyarbakir im Südosten der Türkei, ins kurdische Siedlungsgebiet dieses Staates gefahren. Bei den Newroz-Feiern der Kurden hatte es im Vorjahr schlimme Massaker durch türkische Polizei und durch Militär gegeben. Wir wollten durch internationale Präsenz eine Wiederholung solcher Greuel verhindern. Von NVA-Schützenpanzerwagen eskortiert fuhren wir durch die Kampfgebiete. Aufgewühlt kam ich zurück. Wie war es möglich, daß ein so großes Volk wie die Kurden so entrechtet und so fürchterlich behandelt wurde? Ja, die Wirklichkeit ist noch fürchterlicher und ungerechter, als wir sie in unseren Studierstuben der Universität analysiert hatten – eine Konfrontation von abstraktem Wissen und der schlimmen Wirklichkeit!

Da werden 3 Millionen KurdInnen vertrieben – mehr Menschen als in Bosnien – und dreitausend Dörfer und Weiher zerstört – und fast alle, die in Bosnien aufgeschrien haben und nach dem „humanitären Militäreinsatz" riefen, verhalten sich gleichgültig. Die Kurden, die in Verzweiflung versuchen, mit Waffen ihre Identität zu verteidigen, werden gegen nur geringen Protest bei uns und in anderen Ländern als Terroristen bezeichnet, gegen die es selbstverständlich berechtigt sei, Bomben und Mordkommandos in der Türkei einzusetzen. Viele der mörderischen Waffen liefern die „Wahrer der Menschenrechte", die NATO-Staaten, USA und Deutschland vorne dran. Menschliches Leid, internationale Verpflichtungen zum Schutz von Minderheiten und alle die heiligen Werte unserer „Wertegemeinschaft" gelten auf einmal nicht mehr. Ist die Türkei doch ein NATO-Partner, eine wichtige strategische Säule im Südosten und Bollwerk gegen die „Fundamentalisten" im weiten Asien! Das war fast wie der Vietnam-Schock, als die USA ihre Demokratie-und-Freiheit-Legende zerstörten.

Später, als ich mich mit dem Ziel einer politischen Lösung in diesem Konflikt engagierte, Du warst wieder hilfreich mit dabei, wurde alles noch schlimmer. Die türkische Armee drang nach Nord-Irak ein. Bei diesem völkerrechtswidrigen Akt führten die USA nicht etwa einen analogen Krieg wie gegen den Irak, um den Aggressor zurückzuwerfen, sondern sie unterstützten sogar den Angriff durch AWACS-Aufklärer. Auch die anderen Mitglieder der „Wertegemeinschaft" forderten allenfalls „Mäßigung" bei der Invasion. Die aus Nord-Irak fliehenden Kurden wurden dann von Kanther als illegale Einwanderer diffamiert, als sie im Januar dieses Jahres an der italienischen Küste auf Seelenverkäufern anlandeten. Man organisierte sogleich eine internationale Polizeikonferenz zur Verbesserung der Abwehr von Flüchtlingen von der Festung Europa. Die Türkei vertrat übrigens ein ehemaliger Gouverneur von Diyarbakir, der in seiner Amtszeit dort die Kurdenunterdrückung organisiert hatte. „Gerechter Krieg"?

Zur Zeit, möglicherweise nur wenige Tage vor einem neuen Golfkrieg, schreibe ich fast pausenlos an Texten gegen die Kriegsdrohung am Golf, verfasse Bürgerinformationen und Presseerklärungen. Dabei erinnere ich mich an das von Dir angeregte Projekt eines Appells von Professoren und Professorinnen an den Präsidenten und den Kongreß der Vereinigten Staaten zur Kriegsgefahr am Golf, das wir mit Karl Bonhoeffer, Andreas Flitner und Martin Stöhr gemeinsam im Dezember 1990 verwirklicht haben. Statt der erwarteten 100 Professoren unterzeichneten sehr zu unserer Überraschung 500. Du und Andreas Flitner habt die Botschaft dann persönlich nach Washington gebracht und dort erläutert, während ich in Deutschland gemeinsam mit vielen anderen am Zustandekommen der großen Demonstration im Hofgarten arbeitete und zusammen mit Brigitte Erler als deren Sprecher fungierte. Damals empörten sich gerade auch viele junge Menschen gegen diesen ersten Kriegspaukenschlag am Golf nach dem Ende des Ost-West-Konfliktes.

Bisher nehmen diesmal die Medien unsere Warnungen und Argumente kaum auf, werden aber wieder später fragen, wo denn die Friedensbewegung gewesen sei. Selbstverständlich kennen wir alle dieses Muster, deprimierend ist es trotzdem immer wieder. Daß in der Zeit zwischen 1991 und jetzt ein UN-Embargo-Genozid im Irak stattgefunden hat, scheint niemanden wirklich zu beeindrucken, auch nicht die Forderung, die Notsituation der irakischen Bevölkerung zu lindern. Die USA als nunmehr einzige Weltmacht haben den Vereinten Nationen das Heft aus der Hand genommen und kümmern sich nicht um Völkerrecht und UN-Satzung. Nicht nur ihre Kriegspotentiale sind in Stellung gebracht, sondern auch ihre CNN-Propaganda-Stationen, mit Hilfe derer sie die ganze Welt schon 1991 belügen konnten. Inzwischen hat selbst der ehemalige Sicherheitsberater von Präsident Bush der BBC über den Golf-Krieg 1991 gesagt, „daß der wahre Grund für den Krieg natürlich das Öl gewesen sei"[5]. Könnte diesmal nicht die Türkei die

[5] FR vom 18.1.1996

„günstige Situation eines neuen Golfkrieges" nutzen, um Nord-Irak zu einem de facto Protektorat mit Nähe zum Öl von Mossul zu machen und für die USA dadurch Pipelines vom Kaspischen Meer abzusichern? Was ich mehr und mehr lerne: Die Planungen und Aktivitäten der Geheimdienste und der Militärs eilen den Phantasien von Verschwörungstheoretikern, geschweige denn denen in der Friedensbewegung weit voraus.

## IV.

Sicher wird man uns einen möglichen neuen Golfkrieg als einen gerechten Krieg darzustellen versuchen. Nach den frühen Interpretationen der Kirchen muß ein „gerechter Krieg" auf die Wiederherstellung des Friedens und die Eingliederung des Gegners in die Rechtsordnung gerichtet sein. Die Übel des Krieges dürfen nicht größer sein als das Unrecht, das er beseitigen soll. War zwischen 1991 und jetzt Frieden am Golf, während aufgrund des Embargos nach UN-Schätzungen bis zu 800000 Menschen starben? Oder war es ein Frieden der Globalisierung und der „Neuen Weltordnung"? Sein hervorstechendes Merkmal wird strukturelle Gewalt gegenüber ganzen Völkern sein, die ihr Schicksal aufgrund militärisch abgesicherter ökonomischer Zwänge nicht mehr werden selbst bestimmen können. Von der Rechtsordnung hören wir gegenwärtig Umstürzlerisches von Verhandlungen hinter geschlossenen Türen. Durch die MAI-Verträge (Multilateral Agreement on Investment) sollen die Großkonzerne bis tief in alle Gesellschaften hineinregieren können, ohne auf nationale, soziale und ökologische Interessen Rücksicht nehmen zu müssen.[6] Soll ein besiegter Irak dort eingegliedert werden? Zu der Bedingung der Verhältnismäßigkeit zwischen dem angedrohten Übel und dem zu beseitigenden Unrecht habe ich einen Alptraum: Stell Dir vor, die US-Raketen treffen tatsächlich Giftlager und dieses verbreitet sich. Millionenfacher Mord mit Gas – welch fürchterliche Erinnerung und Vorstellung.

## V.

In EU-Europa begegnen wir derzeit einer absurden Situation. Die Regierungen sagen uns, wir seien von Freunden umgeben und von feindlichen, militärischen Kräften nicht bedroht. Trotzdem findet eine ständige qualitative Aufrüstung und Modernisierung besonders von schnellen Eingreiftruppen (Krisenreaktionskräfte) mit Interventionsfähigkeit statt. EU-Europa soll sogar über eine weitge-

[6] Clarke, Tony: MAI. Der Vertrag zur Herrschaft der Konzerne. Eine erste Analyse, Canadian Centre for Policy Alternatives, Ontario 1997.

hend eigenständige Rüstungindustrie verfügen, um nicht von außen, nicht zuletzt von den USA, in bezug auf Rüstungsgüter abhängig zu sein. Das Ziel, EU-Europa zu einer eigenständigen Militärmacht auszubauen, wird offen erörtert. Die Entscheidung für den Bau des Eurofighters steht damit in engem Zusammenhang.

Die bipolare Welt des Ost-West-Konflikts ist seit dem Zusammenbruch des sowjetischen Imperiums zu einer unipolaren Welt mit den USA als globaler militärischer Hegemonialmacht geworden. Die Umgestaltung der alten zur „neuen NATO", wie sie neuerdings offiziell genannt wird, die außerhalb des Verteidigungsauftrages und des NATO-Vertragsgebietes, also out-of-area, tätig wird, zeigt eindeutig: Die reichen Industriestaaten der Triade (EU-Europa, Nordamerika, pazifischer Raum) organisieren unter Führung der USA ein weltweites militärisches Eingreifsystem. Darin übernimmt die NATO die Zuständigkeit vom Atlantik bis weit nach Afrika, Nahost und Asien. Der pazifische und südasiatische Bereich sollen von den USA in Kooperation vor allem mit Japan und regionalen Vereinbarungen kontrolliert werden. In dieser Makrostruktur spielen die USA mit ihren militärischen Potentialen eine eindeutig führende Rolle.Während die ökonomische Position der USA sich mit der japanischen und der EU-europäischen Konkurrenz zu messen hat, ist die globale Hegemonie der USA im militärischen Bereich unbestreitbar und nicht schnell zu verändern.

Die Implikationen der militärischen Hierarchisierung in der Triade sind gewichtiger Art:

- Erstens ist diese Art der Verbindung der Interessensgemeinschaft der kapitalistischen Industriestaaten fern von allen demokratischen Prinzipien. Das Recht des Stärkeren, eingebunden in Paktvereinbarungen, die kaum eingeklagt werden können, ist hier als Regulativ festgeschrieben.
- Zweitens wird die Rivalität unter den Paktmitgliedern um den jeweiligen Status ganz wesentlich durch seine Rüstungspotentiale bestimmt. Das bedeutet aber einen immanenten Antrieb zu ständiger Aufrüstung.
- Drittens gewinnen jene Staaten einen höheren Status, die einen großen militärischen Beitrag leisten. Wie anders kann man sonst die noch immer bevorzugte Behandlung der Türkei begreifen, obwohl sie die deklarierte Wertewelt der führenden Staaten so gröblich diskreditiert ? Wie anders aber auch die Out-of-area-Politik der Bundesregierung, die dadurch ihre hegemoniale Rolle in EU-Europa erheblich verstärkte?

Ich sprach von einer absurden Situation. Sie ist dies nicht nur, weil wir aufrüsten, ohne bedroht zu sein, sondern weil die sogenannte westliche demokratische Welt ein globales Herrschaftssystem errichtet, das sich auf militärisch-autoritären, nichtdemokratischen Strukturen gründet.

## VI.

Die Zähmung des in seiner Grundkonstellation noch immer wölfischen Systems der internationalen Staatenwelt ist bislang nicht grundsätzlich gelungen. Die starken Staaten und diejenigen, die in ihrer Gunst stehen, können Verstöße begehen, ohne daß diese wirklich geahndet werden. Die USA selbst sind hier zu nennen und beispielsweise Marokko, Israel, die Türkei oder Indonesien. Solange sich die globale Machtstruktur vornehmlich auf militärische Faktoren stützt, ist nicht zu erwarten, daß die gänzlich anders konstruierten Vereinten Nationen gegenüber der unipolaren Struktur dominierend werden könnten. Damit will ich sagen, daß die häufig geäußerte Hoffnung, die UN könnten eine Verrechtlichung dem internationalen Beziehungen bis zu einem Zustand erreichen, in der internationale Beziehungen zu Weltinnenpolitik würden, gegenwärtig wenig fundiert ist.

Zu erwarten ist eher das Gegenteil. Die unipolare Machtstruktur erhebt sich über die Weltinstitutionen, also auch über die Vereinten Nationen, und instrumentalisiert diese im Sinne ihrer Ziele und nutzt die UN nur als Legitimationsbasis. Vorgänge dieser Art sind bereits zu beobachten. Symptomatisch ist auch die Situation in Europa. Die OSZE wurde 1990 durch die Pariser Erklärung – damals noch als KSZE – feierlich eingeführt und wurde später als eine Regionalorganisation der UN etabliert. Heute jedoch ist sie durch die NATO ins Abseits gedrängt und zur politischen Hilfskraft degradiert worden. Damit wurde gleichzeitig ein Politikwechsel verbunden. Der Bau des gemeinsamen gesamteuropäischen Hauses, über das Du noch mit Gorbatschow gesprochen hast, wurde aufgegeben, während die NATO zum dominanten europäischen Ordnungsinstrument aufstieg. Kritiker sprechen also nicht zu Unrecht von einer „Militarisierung der Außenpolitik". Die ängstliche Frage, die anzuschließen ist, lautet: Wird die neue unipolare Machtstruktur zu einer de facto Zerstörung des wichtigen Verständigungselementes UN führen, so wie einst der Völkerbund durch Machtpolitik funktionsunfähig wurde?

Ist meine Einschätzung der globalen und regionalen Militärstrukturen und ihrer Auswirkungen einigermaßen zutreffend, so stellen sich für die Vertreter von „Sicherheitspolitik" objektiv enorme Probleme der Legitimierung. Weder die Hoffnung auf Abrüstung, Entmilitarisierung und auf Friedensdividende zur Bewältigung grundsätzlicher Probleme, noch die Erwartung einer stabilen gesamteuropäischen Friedensordnung werden erfüllt. Trotzdem erleben wir eine relativ hohe Zustimmung und nur einen geringen Protest gegen diese neue militär- und (un)sicherheitspolitische Entwicklung. Wie konnte es dazu kommen?

## VII.

In meinem jüngst erschienenen Buch über die Friedensbewegung nach dem Ende des Ost-West-Konfliktes „Totgesagte leben länger" habe ich drei aktuelle Legitimierungsmuster für die neue Militärorientierung Deutschlands skizziert. Ich will sie hier noch einmal nennen, weil ich mir Hilfe von Menschen wie Dir erhoffe, welche die ideologisch-psychischen Legitimierungs- und Verführungsmuster, die mir sehr viel Angst machen, genauer als ich analysieren können. Ich schrieb damals:

*„1. Die im Ost-West-Konflikt siegreiche Gesellschaftsformation, die mit ihrer strukturellen Gewalt die Lebensverhältnisse der Menschen bis in die letzten Winkel des Globus mehr und mehr bestimmt, wird als die natürliche und alternativlose Ordnung deklariert. Die militärische Gewalt der G7-Triade erscheint darin als eine Polizei, die Weltinnenpolitik zu sichern habe. Wer von den Opfern und Ausgegrenzten dagegen rebelliert, wird zum Terroristen deklariert und zur Verfolgung und damit für die zumindest psychische Verfeindung freigegeben. Mit dieser Feststellung bestreite ich selbstverständlich überhaupt nicht die Existenz von Terrorismus, der jedoch auf vielen Seiten und häufig in viel furchtbarerer Weise von der Triade und ihrer Klientel mit regulären und speziellen militärischen und polizeilichen Kräften exekutiert wird.*

*2. Die G7 werden als Vertreter der Menschenrechte dargestellt. Deren nach wie vor im internationalen Bereich umstrittene, universale Gültigkeit gewinnt dadurch den unangenehmen Beigeschmack, daß damit die G7 nun auch berechtigt, nein, sogar verpflichtet seien, global zugunsten der Menschenrechte, notfalls auch militärisch, einzugreifen. Daß sie beim Erkennen der Menschenrechte blind bis einäugig sind, wird geflissentlich überdeckt. Auf dieser Grundlage kann der ‚Mythos von der humanitären, militärischen Intervention' vortrefflich gedeihen. In Deutschland diente der Mythos der Schaffung von Akzeptanz bei der Bevölkerung, als die Bundeswehr zur Out-of-area-Armee transformiert wurde. Das Ziel dieses ideologischen Instruments besteht darin, den BürgerInnen das Gefühl zu vermitteln, die eigenen Streitkräfte würden nur in ‚gerechten Kriegen' eingesetzt werden.*

*3. Der Fortführung der Aufrüstung fehlte nach dem Zusammenbruch der Sowjetunion das legitimierende Feindbild. (....) Neuerdings wird nun der Öffentlichkeit mit erstaunlichem Nachdruck das Bild eines fast naturgegebenen Kampfes der Kulturen angeboten, der rational nicht aufgelöst werden könne. Da muß es jedem einleuchten, daß das letzte Mittel, welches über den Aufstieg bzw. Untergang der Kulturen zu entscheiden vermag, nur die militärische Gewalt sein kann. Waren und sind es bislang immer wieder die Nationen, die ihre mystische Überhöhung bei gleichzeitiger Entmündigung der Menschen im nationalistischen Rausch erfuhren, so frage ich mich, ob hier nicht die Grundlagen für Kulturgemeinschaften mit Kreuzzugscharakter gelegt werden? Der ‚fundamentalistische Islam' steigt sogleich pauschaliert zum neuen Feind der ‚guten Christenheit' auf. Gelingt es dieser Ideologie, die Hirne der Menschen zu erobern – mit CNN und vielen anderen Medienmitteln sind hierfür gute Voraussetzungen gegeben –, so wird es auch überflüssig, noch die tatsächlichen Hintergründe sozialer, wirtschaftlicher, entwicklungspolitischer und kultureller Art zu untersuchen, denn die Verfeindung ist ja angeblich naturwüchsig."*

Selbstverständlich werden alle drei Komponenten zusammenwirken. Kann man sie nicht in der Öffentlichkeit und im Bewußtsein der Menschen durchbrechen? Es gerinnt mir zu einem Alptraum, daß die Bundesdeutschen von den Wohlstandszinnen ihrer Festung Europa mit gutem Gewissen zusehen, wie die „Ungerechten" außerhalb, die sich gegen die strukturelle Gewalt und Ungerechtigkeit des Globalisierungsmodelles auflehnen, umgebracht werden, wie es in den nächsten Tagen und Wochen möglicher- und fürchterlicherweise Menschen im Irak ergehen wird. Dazu wird man die ökonomisch „überflüssigen Menschen" – wie Kraut zu Unkraut und Insekten zu Schadinsekten – zu Unmenschen umdeklarieren, vielleicht sogar noch mit modernsten biologischen Erkenntnissen zu „Untermenschen" stempeln. Ich fühle mich erinnert an die Nazi-Propaganda im Zweiten Weltkrieg und was sie bedeutete.

## VIII.

Oberstleutnant Reinhard Herden schrieb einen zweiteiligen Aufsatz in der Bundeswehrzeitschrift „Truppenpraxis/Wehrausbildung"[7] über „Die neue Herausforderung". Herden ist nicht irgendwer, sondern Bereichsleiter für Analysen und Risikoprognosen beim Amt für Nachrichtenwesen der Bundeswehr. Neben anderen höchst problematischen Aussagen stellt er fest: *„Im nächsten Jahrhundert werden die jetzt in Frieden miteinander lebenden wohlhabenden Staaten gegen die Völker der armen Staaten und Regionen ihren Wohlstand verteidigen müssen."* Im zweiten Teil schildert er unter der Überschrift „Was den Soldaten und den Krieger voneinander unterscheidet und was sie charakterisiert":

*„Der Soldat bringt Opfer, ist diszipliniert, ist Teil einer Gliederung, ist fähig, andere Soldaten zu schlagen, ist loyal dem Staat gegenüber, hat einen anerkannten rechtlichen Status, ist Wiederhersteller der Ordnung."*

*„Der Krieger macht Beute, ist undiszipliniert, ist Individualist, ist nur fähig, Gewalt auszuüben, ist loyal einer charismatischen Persönlichkeit, einer Sache oder demjenigen gegenüber, der ihn bezahlt, ist nicht auf dem Boden des Gesetzes, ist ‚Zerstörer der Ordnung'."*

*Unter Fotos aus dem Krieg in Ruanda heißt es: „Für den Krieger ist der Frieden der am wenigsten erstrebenswerte Zustand. Solange er glaubt, daß er ohne Frieden überleben kann, wird er die Fortsetzung des Kampfes mit kriminellen*

---

7 Herden, Reinhard: Die neue Herausforderung (1) Das Wesen künftiger Konflikte; (2) Die Wandlung des Gegners vom Soldaten zum Krieger, in: Truppenpraxis/Wehrausbildung Heft 2 und 3, 1996.

*Mitteln als attraktivste Alternative ansehen." Und eine Seite weiter: „Immer wieder sind es Frauen und Kinder, Alte und Gebrechliche, die unter den von rivalisierenden Clans und Banden angezettelten Bürgerkriegen besonders zu leiden haben. Den unschuldigen Opfern zu helfen, sie vor den verwilderten Haufen zu schützen, die sich Soldaten nennen und nichts als Mörder sind – dies erst verleiht der Bundeswehr out of area die eigentlich Legitimation."*

Herden beendet seinen Zweiteiler mit einem Blick auf die Aufgaben der Bundeswehr, deren Mitglieder selbstverständlich zur Kategorie der Soldaten gerechnet werden:

*„Meistens ist ein zweifacher Ansatz notwendig – man muß versuchen, die betroffene Bevölkerung auf die eigene Seite zu bringen, und man muß Warlords und ihre Söldner erbarmungslos bekämpfen. Man kann nicht mit ihnen verhandeln oder Kompromisse schließen. Man kann ihnen auch keine ‚Lektion erteilen' (es sei denn, man glaubt, daß Saddam Hussein oder General Aidid lernfähig wären). Auf dieser Ebene des Krieges geht es nur um Sieg oder Niederlage. Man braucht Mut und Entschlossenheit, das Spiel zu spielen."*

Gerade habe ich bei Kissinger[8] gelesen: „Zwar wird Saddam Hussein oft als Verrückter beschrieben. Aber seine Strategie zur Lockerung und schließlichen Aufhebung jener Einschränkungen, die ihm durch die UNO-Inspektionen auferlegt werden, ist bemerkenswert rational."

Stell' Dir vor, Herdens Bilder werden aufgenommen: Der Soldat gegenüber dem Krieger erbarmungslos gerecht! Selbstverständlich wären wir Wohlhabenden, die diese Weltordnung mitbestimmen, die Soldaten und die Gerechten.

Bei Vorträgen habe ich früher oftmals nur zwei zentrale Aufgaben der Friedensbewegung genannt: Die Kritik an Rüstung und Militär und die Arbeit an unserer Alternative der zivilen Konfliktbearbeitung zum friedlichen vorbeugenden, deeskalierenden und nachsorgenden Umgang mit Konflikten. Heute füge ich eine dritte Aufgabe hinzu. Wir müssen die neuen Legitimationsideologien vom „gerechten Krieg" mit ihren Feindbildern, die parallel zum militärischen Aufbau der Interventionsstreitkräfte beginnen, die Gesellschaft zu durchdringen, abwehren und dagegen Leitbilder zwischenmenschlicher Solidarität setzen. Und selbstverständlich rechne ich besonders bei dieser dritten Aufgabe wieder auf Dich, auf Deine großen Kenntnisse und Deine herrliche Phantasie, mit der Du uns wichtige Weisheiten durch Gespräche im Olymp vermittelst. Du hast nun mal diesen direkten Draht zu Einstein und seinen Freunden.

Meinen Geburtstagsbitten und -wünschen für Gesundheit und den Fund vieler seltener Steine schließt sich Gabriele an.

Herzlichst grüßend,

Dein Andreas Buro

[8] Kissinger, Henry: Die Wiederherstellung der Entschlossenheit der USA, Los Angeles Times, Nov. 97, Übersetzung in Kurdistan aktuell, Nr. 59/60, 1997-98, S. 47-48.

# Das Laster des Prothesengottes

## Sozialpsychologische Bemerkungen zum spätmodernen Automobilismus

Hans-Joachim Busch

### 1. Nutzen, Risiken und Faszination des Automobils

Das Automobil begleitet den Alltag der spätmodernen Gesellschaft wie selbstverständlich. Es trägt uns zu Schule und Arbeitsplatz, zum Kino, Sport, ins Wochenende, in den Urlaub; mit ihm kutschieren wir die Kinder zum Kindergarten, zu Freund und Freundin, Tante und Oma; es transportiert unsere Einkäufe und Abfälle. Es sichert Arbeitsplätze und ist verantwortlich für den Lauf unserer Wirtschaft, verhilft uns zu hohen Steuereinnahmen – kurz, es scheint die zauberische Qualität universaler Nützlichkeit zu besitzen. Getrübt wird diese Bilanz jedoch – spätestens seit der Ölkrise – von einer Reihe nunmehr offenbar gewordener Nachteile und Risiken des automobilen Individualverkehrs. Sein Energieverbrauch ist immens; sein enormer Anstieg führt zum Infarkt und wirkt damit den Mobilitätsvorteilen entgegen; sein Ausstoß von Abgasen ist ein Hauptgrund für die brisante Zunahme ökologischer Gefährdungen (Klima, Waldschäden, Smog usw.); nicht zuletzt beschert uns sein riskanter Gebrauch alljährlich hohe Zahlen von Unfallopfern, von Toten sowie dauerhaft körperlich und psychisch Geschädigten.

Dennoch scheinen die Vorteile gegenüber anderen Verkehrsmitteln nach wie vor zu überwiegen. Dennoch fahren wir ungebremst (oder kaum gebremst) und in ständig wachsender Zahl weiter und weiter. Gleichwohl bringt uns das Autofahren zunehmend in ein Dilemma. Wir meinen, auf es nicht verzichten zu können, um unsere Geschäfte zu verrichten und unser Privatleben zu organisieren. Andererseits sitzt uns das Wissen um die ökologischen Risiken des Automobils als schlechtes Gewissen zunehmend im Nacken und bereitet uns moralische Kopfschmerzen. Immer mehr erkennen – oder wenigstens fühlen – wir, daß die Moderne, unsere Moderne, ihre scheinbar so glatt aufgehende Rechnung von Gemeinwohl und Eigennutz hinsichtlich des Automobils ohne die Schadensrisiken aufgemacht hat. Rein der Markt- oder Fortschrittslogik verpflichtete Pläne und Modelle des Wirtschaftens ziehen zunehmend Mißtrauen auf sich und begegnen der Sorge um die ökologischen Implikationen und Folgen ihrer Durchführung. Bloß individualistisches Interessenkalkül sieht sich mit Erwägungen im

Dienste des Gemeinwohls konfrontiert. Das heißt, es entsteht ein Bewußtsein dafür, daß mit jeder eigenen Tat (Licht einschalten, Wasser laufen lassen usw.) etwas Allgemeines verknüpft ist, um das man sich sorgen muß, mit jedem Schritt oder gefahrenen Kilometer eine Umweltwirkung verbunden ist und kalkuliert werden muß.

Aber die motivbildende Kraft dieser Einsichten ist offenbar nicht ausreichend, um sich gegen die nach wie vor hoch im Kurs stehenden automobilistischen Interessen durchzusetzen. Das vorhandene automobilkritische Bewußtsein breitet sich nur ungenügend aus, zeitigt keine massenhaften Wirkungen, keine nachdrückliche Umkehr zum Besseren. Warum ist dies so?

Neben verkehrspolitischen bzw. -strukturellen sehe ich vor allem zwei sozialwissenschaftlich-sozialpsychologische Gründe:

Zum einen hat das Automobil nach wie vor einige Vorteile für sich, die auch heute kein anderes Verkehrsmittel bieten kann. Es repräsentiert als Verkehrsmittel am meisten die gegenwärtige gesellschaftliche Tendenz zur Individualisierung (wie auch das Risiko, das diese Form der Vergesellschaftung birgt, die Verantwortung, die sie dem einzelnen auflädt). Das heißt, es macht unabhängig und fördert die Freiheit des einzelnen, ja wird als Vehikel der Demokratisierung bezeichnet. Dabei kommt seinem Benutzer der – bei gleichzeitiger Teilnahme am öffentlichen Verkehr – hohe Grad an Intimität, an bürgerlicher Privatheit aufgrund der zimmerartigen Abgeschlossenheit des PKW zugute und zupaß. Man kann mit sich oder als Paar allein sein. Man kann innerhalb der „Wände" des Automobils seine Meinung äußern, laut oder leise, deftig oder obszön, und hat doch keine Sanktionen zu befürchten. Man bewegt sich in einer Halb-Öffentlichkeit oder Voyeurs-Öffentlichkeit. Wie kein anderes Verkehrsmittel vereinigt das Auto die Aspekte von „In-der-Öffentlichkeit-Sein", Sehen oder Gesehen werden, zu Hause bzw. „In-den-eigenen-vier-Wänden-Sein", in sich. Darin liegt ein Großteil seiner auch heute noch weitgehend ungebrochenen Faszination für breite Bevölkerungskreise.

Zum zweiten ist diese Faszination, und damit komme ich zu meinem Hauptpunkt, nurmehr psychologisch zu begreifen. Das Auto ist eines der am stärksten psychologisierten Konsumgüter. Es ist für seinen Besitzer so etwas wie ein Aushängeschild. Auch wenn ihm dies selbst völlig egal sein sollte, wird ihm eine Identität zugeschrieben: Mercedes-Typ, Manta-Fahrer, Trabi-Fahrer, das sind soziale Etikette, die sich ans Auto offenbar wie an kein anderes Konsumgut knüpfen, die Kleidung vielleicht ausgenommen („Lacoste-Typ", „Lederjacken-Typ" etc.). Das Auto ist ähnlich wie die Kleidung eine Art zweiter Haut, ein fahrbares, den Besitzer ausstellendes Blechgehäuse. Die affektive Bindung reicht aber noch tiefer. Das verraten uns eine Reihe bekannter Phänomene. Da ist zum einen die sprichwörtliche Liebe vor allem von Männern, die ihrem Automobil ein Maß an Zuwendung, Pflege und Identität zuteil werden lassen, welches in ihrem Umgang mit Menschen oft keine Wiederholung findet. Da tritt zum anderen dessen aggressionsabführende Funktion, sei es in Drohgebärden und Protzgehabe, oder sei es in Raserei und riskantem Überholstil, zutage.

Wir erkennen also, daß der Automobilismus offensichtlich tiefliegende Motive des spätmodernen Menschen aufgreift (oder sogar weckt) und sich augenscheinlich dazu eignet, ihnen auf sehr vielfältige Weise zu entsprechen. Wie dieser (für unseren heutigen Lebensstil überhaupt brisante) Zusammenhang begriffen werden kann, wollen wir nun mit Hilfe psychoanalytischer Überlegungen herauszufinden versuchen.

## 2. Die Automobiltechnik im Dienste des Allmachtswahns des Prothesengottes

Freud hat zwischen zwei menschlichen Trieben, Eros auf der einen, Aggressions- bzw. Destruktionstrieb auf der anderen Seite, unterschieden. Und er hat das Schicksal dieser Triebe im Zusammenhang mit der Entwicklung der menschlichen Kultur betrachtet. „Kultur bedeutet Triebverzicht", ist eine der zentralen Folgerungen, die er dabei zieht. Die Triebe wirken aber weiter, werden verdrängt oder sublimiert. Sofern sie sich intrapsychisch melden oder sich in Handeln umsetzen, bereitet uns das neben Lust immer auch Schuldgefühle. Eine wichtige, von dieser Einwärtswendung des Aggressionstriebs bewirkte Errungenschaft des Kulturmenschen ist sein Gewissen.

Richten wir von hier wieder den Blick auf den Automobilisten. Dessen im Trend der Individualisierung und Vereinzelung liegendes Verhalten entspricht offenbar zunehmend weniger der Haupteigenschaft des erotischen Triebes, der Besetzung von Objekten, der sinnlichen und affektiven Zuwendung zu anderen Menschen. Ganz offensichtlich zieht das Auto Besetzungsenergie von sozialen Objekten ab. Dies entspricht auch dem immer mehr um sich greifenden narzißtischen Zug, der im individualisiert-konsumistischen Lebensstil unserer Kultur sich zeigt. Ein über das normale, gesunde Maß hinausgehender Narzißmus zeichnet sich dadurch aus, daß das in sozialen Bindungen sich einstellende seelische Gleichgewicht gestört ist. Das führt leicht zu einer „asozialen" Entgrenzung des eigenen Selbst, die sich z.B. in „Größenphantasien" ausdrücken kann. In solchen Fällen geht es, wie Wolfgang Schmidbauer (1987, S. 189) schreibt, *„um die Verschmelzung mit einem umfassenden Medium (...), nicht um die Möglichkeit einer Triebbefriedigung durch Beziehungen zu abgrenzbaren, vollständigen Personen. Dabei tritt der typische Rauschzustand dann auf, wenn die Bewegung als solche passiv ist, ihr Verlauf jedoch aktiv bestimmt wird. (...) Der Flieger, der Autorennfahrer, der Segler bewegen sich nur wenig, doch steuern sie durch ihre*

*Bewegungen mächtige Apparate, die sie mütterlich umschließen wie früher der Uterus. Sie sind Lenker und Opfer dieser Apparate zugleich, sie können bei glatter Fortbewegung die Illusion genießen, ihre Kräfte zu vervielfachen und die dem gewöhnlichen Gang gesetzten Grenzen mühelos zu überschreiten. Überschätzen sie ihre Macht, fallen sie dem Rausch der Geschwindigkeit (...) zum Opfer (...) Die fließende, grenzenlose Verschmelzung mit der Geschwindigkeit endet in einem Aufprall, der die Maschine als todbringenden Apparat entlarvt. Im Geschwindigkeitsbedürfnis und in der mit ihm verbundenen Angstlust (...) werden zwei Grundbedürfnisse erfüllt, die in Objektbeziehungen unvereinbar sind: die passive Befriedigung (die in einer Objektbeziehung wegen der durch sie drohenden Abhängigkeit gefürchtet wird) einerseits, die aktive Kontrolle über die befriedigende Situation andererseits. Maschinen sind für eine Person, die andere Menschen häufig als enttäuschend erlebt hat, vertrauenswürdiger als Menschen. Sie sind rational aufgebaut und gehorchen vollständig berechenbaren Gesetzen."*

Diese Hinweise auf die Tiefendimension von Geschwindigkeits- und Technikverliebtheit lassen sich noch vermehren. Zum einen ist der Aspekt der mütterlichen Umschlossenheit im Uterus zu erweitern. Das Auto erfüllt diese Funktion auch deshalb, weil es teilweise an die Stelle untergegangener und zerstörter Refugien und Asyle tritt.

*„Wo kein Rückzug in die Wälder, keine Flucht in die Einöde mehr Auswege weist, wird im zwanghaft gesuchten Ortswechsel das Instrument der Bewegung selber zum vergötterten Objekt libidinöser Bindung, zum verehrten und umhegten Ort des erhofften Abstandes von der Gesellschaft und ihren Normen und Pflichten. In permanenter Flucht vor den anderen und sich selbst erwählt der Rastlose das Fahrzeug zum Flucht- und Ruhepunkt"* (Bastian, 1989, S. 63).

Zum anderen erheischt der Begriff der „Angstlust" noch weitere Aufklärung. Dieser von Balint zuerst gebrauchte Begriff charakterisiert den von ihm beschriebenen Typ des „Philobaten". Ein Philobat ist ein Mensch, der die menschliche Nähe eher meidet und „das Weite sucht", sich in der Fortbewegung (von zu Hause) verwirklicht, wobei er Gefahren und dem gewissen Kitzel, der damit verbunden ist, gerade nicht aus dem Wege gehen will, sondern sie um des Erlebens von Angstlust willen entschieden sucht. Ich denke, es dürfte uns nicht schwerfallen, in diesem philobatischen Lebensmuster einen beherrschenden Zug der Gefühlswelt des spätmodernen Automobilisten wiederzuerkennen.

Wir haben also davon auszugehen, daß im Selbstbild von uns Autofahrern ein soziale Beziehungen abwertender, narzißtischer Umgang mit Technik sowie eine dadurch ermöglichte risikoreiche Beherrschung von Raum und Zeit eine wichtige Rolle spielen. Wir sind Angehörige des technischen Zeitalters, und das Auto ist darin ein wesentlicher Bestandteil. Der Homo faber ist uns bekannt als ein Wesen, welches auf Rationalität setzt und sich von Glaubenstraditionen gelöst hat. Horst-Eberhard Richter hat nun die These aufgestellt, daß mit dem Zusammenbruch religiöser Systeme im Zuge von Aufklärung, Wissenschaft und Technik der moderne Mensch einen „Gotteskomplex" ausgeprägt habe. Die bisherige Praxis der Moderne lasse den Schluß zu, daß das Streben der Menschen tief durchzogen sei von dem Wunsch, Gott zu ersetzen und göttliche Allmacht über sich und die Welt zu gewinnen. Diese Selbstüberheblichkeit gegenüber der eigenen Endlichkeit, Fehlbarkeit und Kleinheit sieht Richter – wie ich denke, zu Recht – als die entscheidende motivationale Gefahr, die den Zukunftshorizont unserer spätmodernen Kultur verdunkele. Sie einzudämmen, ist in unser aller Interesse wichtig. Wie es in Wahrheit um das Verhältnis dieser zentralen Allmachtsphantasie mit der Realität bestellt ist, ist ja von der psychologischen Zeitkritik bereits hinreichend verdeutlicht worden. Freud hat den modernen Menschen in treffender Selbstironie als „Prothesengott" bezeichnet. Günter Anders hat die wichtige Überlegung hinzugefügt, daß Prometheus sich vom vermeintlichen Schöpfer der technischen Apparaturen und Systeme immer mehr in deren bloßes Anhängsel verwandle. Wie kein anderer hat er das merkwürdig devote Gebaren der modernen Menschen im Umgang mit ihren technischen Erzeugnissen durchleuchtet. „Prometheische Scham" nennt er das Minderwertigkeitsgefühl, das sich im dummen Bestaunen von Waffen, Maschinen und Automobilen manifestiert. Das deckt sich mit dem vielfach erhobenen Befund, das Auto werde zum Götzen gemacht, und wir wären Zeugen, nein Teilnehmer eines Autokultes (dessen Höhepunkt können wir z. B. alljährlich auf Automobilmessen erleben).

Ich ziehe eine kurze Zwischenbilanz: Das Innenleben des spätmodernen Automobilisten ist von der Entfernung zu sozialen Objekten und von Narzißmus gekennzeichnet. Die Technik wird als Teil und als Medium individueller Allmacht und Größe erlebt. Der aus der Gottesherrschaft herausgetretene moderne Mensch hat ein entgrenztes Verhältnis zur Welt – er weiß nicht um seine Grenzen –, seine Selbstverkennung erlaubt es ihm nicht zu erkennen, wie sehr er zum hilflosen Anhängsel der von ihm erzeugten Technik wird, einer Technokratie, deren wichtiger Bestandteil das Automobil ist, wie sehr die Anbetung des Automobils seine eigene Autonomie aushöhlt und zur Groteske werden läßt.

## 3. Zum Zusammenhang von Schuldgefühl und Aggression beim spätmodernen Automobilisten

Woher stammen aber jene inneren Motive, die uns dazu bewegen, das Dilemma des individualisierten automobilen Massenverkehrs wahrnehmen zu können? Offenbar ist es so, daß den Prothesengott die Verkehrsopfer, die Beeinträchtigungen des öffentlichen Raums und die ökologischen Schäden oberflächlich zwar kaum berühren, unterschwellig aber doch an seinem Selbst- und Allmachtsbewußtsein kratzen. Oder genauer gesagt: es wird weiter gefahren, und die Zuwachsraten der Automobilisierung sind stabil. Gleichzeitig ist Kritik am Automobilverkehr mehr und mehr gesellschaftsfähig – auch wenn sie mitunter eher einer Bußpflicht gleicht, nach deren Erledigung man sich, wie nach der Entrichtung eines Bußgeldes, erleichtert und entschuldigt ans Steuer setzt. Wie auch immer – Gewissen und Schuldgefühl sind im Spiel. Ich habe diesen letzten Aspekt der Psychologie des modernen Automobilisten bislang nur gestreift und will mich ihm nunmehr eingehender widmen.

Schuld empfinden wir, wenn sich unser Triebleben gegen die kulturellen Konventionen selbständig macht und unserer Kontrolle entgleitet bzw. innerlich gegen sie und die von ihr repräsentierten sozialen Regeln aufbegehrt. Der Akzent der Rede vom „Unbehagen in der Kultur" (Freud) liegt darauf, daß wir aggressive Gefühle gegen unsere soziale Umwelt verspüren, die wir aber unterdrücken müssen. Freud (1930, S. 209) gibt nun die aus heutiger Sicht leichtsinnige Empfehlung, den aufgestauten Aggressionen durch eine Umleitung auf die äußere Natur – und mit Hilfe der Technik – freien Lauf zu lassen. Hier ist das nach der Veröffentlichung dieser Überlegungen erst richtig ausgebrochene technische Zeitalter dabei, uns heutige Zeitgenossen eines Besseren zu belehren. Und es sind gerade auch die ökologischen Folgen eines hemmungslos forcierten Massen-Automobilismus, aus denen die Ansätze eines reflexiven Modernitätsbewußtseins ihren Stoff beziehen. Ganz offensichtlich kann – diese Folgerung läßt sich immer weniger abweisen – die Kanalisierung sozialer Aggressionen auf die Natur nicht die Lösung sein. Daher ist der sich heute regende Zweifel an unserer Wirtschafts- und Lebensweise, unserem Umgang mit Natur, einem „Unbehagen zweiten Grades" – wie ich es nennen würde – entsprungen. Dieses Unbehagen problematisiert den von Freud gewiesenen Aggressions-Ausweg. An ihm wird die Verschärfung erkennbar, die die Situation der spätmodernen Gesellschaft am Ausgang des 20. Jahrhunderts kennzeichnet. Die kulturell notwendigen Aggressionsventile werden immer rarer. Wir stehen vor der Alternative, entweder neue Möglichkeiten der Aggressionsentladung aufzutun oder die sozialen und kulturellen Bedingungen aggressionsmindernd zu verändern. Beides ist gleich wichtig – und gleich schwer!

In diesem Zusammenhang scheint der Automobilismus eine fatale Doppelfunktion auszuüben. In ihm vereinigen sich nämlich beide Aggressionsformen. Er fügt nicht nur der Umwelt (etwa durch Bodenverbrauch oder in Form klimatischer Auswirkungen) Schaden zu, wofür man ihm vielleicht die Ersparnis der Kosten innersozialer Entladung aufgestauter Aggression zugute halten könnte – nein: Er bedient sich dabei, wie wir schon gesehen haben, auch noch einer in sich hochgradig aggressiven und riskanten sozialen Verkehrsform. Wir gelangen also zu der Feststellung, daß der heute alltägliche massenhafte Automobilismus, da er sowohl sozialen als auch ökologischen Aggressionen den Weg ebnet, in besonderem Maße die Gefahren der technisch-industriellen, individualisierten Lebensform in sich verkörpert. Es ist daher wichtig, einen Blick darauf zu werfen, wie die Automobilisten mit dem Aggressions-Schuld-Dilemma umgehen. Hierzu hat Michael Buchholz interessante Überlegungen beigesteuert. Auf der Rückseite des Gotteskomplexes, so kann man seine Hypothese zusammenfassen, auf der Rückseite rationaler Weltbeherrschung, meldet sich unauffällig ein irrationales, quasireligiöses „mythologisches Denken" zurück. Hierzu ist für unseren Zusammenhang besonders das folgende von Buchholz gewählte Beispiel aufschlußreich: Willi ist einer der Jugendlichen, die auf dem Lande leben und großen Gefallen daran finden, die Grenzen ihres Motorrads bzw. ihrer Kunst, damit umzugehen, bei gefährlichen Fahrten herauszufinden versuchen. Diese Jugendlichen „scheinen", schreibt Buchholz (1991, S. 59/60),

*„– möglicherweise angesichts des Fehlens anderer attraktiver Angebote – kein anderes Ziel zu kennen, als zu arbeiten, um sich immer schnellere und teurere Maschinen leisten zu können. Willi gehört zu diesen; seine nächtlichen Eskapaden machen seinen Eltern beträchtliche Sorgen. Er erleidet einen schweren Motorradunfall, mehrmonatiger Krankenhausaufenthalt folgt – und kaum, daß er wieder halbwegs gehen kann, geht er vor die Kliniktüren, um sich dort die geparkten Maschinen mit einer gewissen Erregung anzusehen. Ihm ist der ‚Un-Sinn' dieses Verhaltens voll bewußt, es ihm aufklärend vorzuhalten, wäre therapeutisch vollkommen unfruchtbar. Im Gespräch mit ihm und einer Familie stellt sich heraus, daß er eine bestimmte, eben zyklische Vorstellung im Kopf hat. Er sagt etwa, selbstverständlich werde er wieder Motorrad fahren, und dabei habe er zwei Alternativen, falls es zu einem Unfall kommt: Wenn er überlebt, habe er eine Art Pause, sozusagen ein Moratorium, wo er zur Besinnung kommen könne, und das lasse auch seine Freunde nicht kalt, im Gegenteil. In der Zeit nach dem Unfall fahren alle vorsichtiger, sozusagen gewarnt. Sein Unfall ist eine Warnung, doch nicht nur für ihn, sondern für das Kollektiv seiner Freunde. Wenn er nicht überlebt – das ist die andere Alternative –, sei auch das eine Warnung für die Freunde, doch könne man dann ja damit rechnen, daß so schnell sich ein weiterer Unfall nicht ereignen werde."*

Ich denke – und damit gehe ich über Buchholzens Erörterungen, sie verallgemeinernd, hinaus – , hier kommt eine den heutigen Motorradfahrer und Automobilisten generell kennzeichnende Einstellung zum Ausdruck. Als individualisierte Verkehrsteilnehmer sind wir nämlich nicht nur selbstbewußte, eigenständige und aufgeklärte Bürger; sondern wir sind in einem unbewußt zu nennenden, mythologischen Sinn Teile eines Kollektivs, und zwar, wie Buchholz weiter folgert, eines Kollektivs, welches wie in primitiven bzw. vorhochkulturellen Gesellschaften organisiert ist. Ähnlich wie dort der Glaube an Götter herrscht, die die Menschen für ihre Taten verfolgen und vernichten, so daß man, um dies zu verhindern und sich zu entlasten, individuelle Opfer zu erbringen hat, erlebt sich Willi als mögliches Opfer, dessen Sinn in der Hingabe für sein dadurch gewarntes und bewahrtes Kollektiv liegt. Zwar legen Jugendliche wie Willi eine extreme Haltung an den Tag, doch einen Teil der dort zu beobachtenden motorisierten Unvernunft finden wir wohl bei fast allen Verkehrsteilnehmern. Man denke an die über alle Ratschläge und Warnungen sich immer wieder hinwegsetzende „unangepaßte Fahrweise" bei Nebel und Nässe, in verkehrsberuhigten Zonen, im Stadtverkehr generell. Man nehme die anders denn als Opfergabe gar nicht mehr zu erklärende starrsinnige Unbelehrbarkeit, mit der die Automobilisten sich immer aufs neue ins regelmäßig zum Stau gerinnende Getümmel des Berufsverkehrs stürzen, mit der sie alljährlich mehrmals – ob als Single, zu zweit oder im Familienverband, ob am Lenker von Krad, Limousine, Geländewagen oder Wohnmobil – die manchmal bis zu 100 km langen Urlaubsreisestaus auf den Autobahnen nicht etwa meiden, sondern zielsicher aufsuchen. Das ist sicher Götzendienst am Automobil, das ist aber vor allem Abtragen von unbewußt empfundener Schuld durch Opfergaben. Die Autobahnen (auch schließlich in ihrer anderen Funktion als Rennstrecke) sowie die Einfallstraßen in die Städte und nicht zuletzt die kurvenreichen, baumgesäumten Landstraßen sind moderne Opferstätten, auf denen wir unsere Schuld verbüßen, um uns dann geläutert weiter unserer destruktiven Sucht hinzugeben.

## 4. Sozialpsychologische Auswege

Wie kommen wir aber nun aus dieser psychologischen Falle, in der wir uns gefangen haben, wieder heraus? Wir müssen uns ganz klar machen, daß alle Aufklärung, alles Predigen der Risiken des Automobilismus bislang wenig auszurichten vermochte. Denn auch der sich des Dilemmas wohl bewußte Bürger läßt sich immer wieder aufs Automobil ein, findet nicht aus seiner Abhängigkeit von ihm heraus, läßt sein unzweifelhaft vorhandenes Potential zur Verwirklichung von Mobilitätsalternativen bzw. -einschränkungen ungenutzt. Wir alle sind demnach – an dieser Einsicht führt kein Weg vorbei – befallen von dieser Lemming-Mentalität, bereit, uns auf dem Altar massenhafter Motorisierung selbst zu opfern. Wollen wir diese automobilistische „Alltagsreligion" (Claussen) bekämpfen, ihr etwas entgegensetzen, muß der Hebel sehr tief angesetzt werden. Die Tatsache von Unbehagen in der Kultur, die unserem Lebensstil zugrunde liegt, läßt sich jedoch nicht einfach aus der Welt schaffen. Auch wenn man nicht, wie Kurt R. Eissler, die Menschheit unter dem Diktat des Todestriebs auf dem Weg kulturellen Fortschritts zielsicher und nahezu unausweichlich der eigenen Auslöschung zustreben sieht (ein sicherlich nicht grundloser Pessimismus), kann man sich doch nicht dem Eindruck entziehen, der Einfluß von Aggression und Narzißmus in der Kultur sei nur äußerst schwer zurückzudrängen. Aber nur wenn er wirksam eingedämmt würde, könnte auch der Automobilismus seine Faszination einbüßen. So schwer dies Ziel auch erreichbar scheint – der Weg dahin ist klar: Er kann nur über die Einsicht der Individuen der Spätmoderne in die eigene riskante, narzißtisch getönte Aggressivität führen. Ebenso sicher ist, daß diese Einsicht nicht ohne das intelligente Weisen von harmloseren Alternativen der Aggressionsabfuhr zu haben ist. Oberstes Lernziel wäre die von Mitscherlich aufgebrachte „gekonnte" Aggression. Sie brächte Milderung von Unbehagen in der Kultur ohne bedrohliche Nebenfolgen. Im Gegenteil: Die Aggressionen, die die moderne Gesellschaft nach wie vor entfacht (und entfachen wird), werden, wenn wir sie vom Automobilverkehr weglenken, für bessere Zwecke nutzbar. Die ganze technische Klugheit und Tatkraft, die der ökologische Umbau unserer Industriegesellschaft (dessen Bestandteil natürlich alternative Verkehrsmittel und -konzepte wären) erfordert, kann eine Menge davon brauchen und auch binden.

Diese Wegbestimmung ist jedoch keineswegs ausreichend; ohne die Orientierung an den gesellschaftlichen Bedingungen, die unser Unbehagen hervorrufen, wäre sie untauglich. Ich beziehe mich hier nur auf einen Gesichtspunkt. Die Betrachtung der Entwicklung der Beziehung von Individuum und Gesellschaft in der Moderne bringt uns zu dem illusionslosen Eingeständnis, daß jede noch so egoistische Selbst-„Politik" ohne geeignete gesellschaftliche Grundlage in sich zusammenfallen würde. Die fortschreitende Individualisierung wird dann sichtbar als das, was sie im Grunde immer auch ist, als eine besonders entwickelte, differenzierte Form von Vergesellschaftung. Je individualisierter wir sind, desto abhängiger sind wird auch „von der Wiege bis zur Bahre" von der arbeitsteiligen Wirtschaft, von sozialen Diensten und Bürokratien, von Technik und Technokratien. Wir sind von allem mehr und mehr abhängig, und alles ist mehr und mehr von uns abhängig – das ist die eigentümliche Verschränkung von Einzelnem und Welt, von Eigennutz und kollektiver Verantwortung, die unsere Situation charakterisiert. Sozialpsychologisch ist es diese spätmoderne Konstellation – nicht ein primär familial einsozialisierter Narzißmus –, die dazu führt, daß wir uns gleichzeitig groß und doch wieder klein fühlen; und in diesem Wechselbad der Gefühle erscheint uns unsere Lage als Dilemma. Die Kleinheitsgefühle, das Alleinsein, die uns die gesellschaftlichen Strukturen aufnötigen, münden in Ohnmachtsgefühle, die uns apathisch machen und uns kollektiv infantilisieren (Horn), zum Rückgriff auf rituelle Muster aus der Kindheitsgeschichte der Menschheit bewegen. Gesellschaftlich ginge es also – verkürzt gesagt – darum, die Menschen mehr mit ihrem Gemeinwesen, ihrer Arbeit zu versöhnen, damit sie nicht die automobile Flucht vor ihr antreten oder sich aus uneingestandenem Haß an ihr, der Umwelt, und an sich selbst rächen für die tägliche Schmach. Ich denke, der Automobilismus in seiner heutigen Form ist Teil einer blinden Destruktion, mit der wir auf die unbefriedigenden, desorientierenden Verhältnisse reagieren.

Unsere Überlegungen führen auch zu dem Schluß, daß es mit einer nachhaltig wirksamen Reflexion und Revision menschlicher Aggressivität ohne Berücksichtigung der beteiligten narzißtischen Komponente nicht weit her ist. Im Rahmen der unumgänglichen Eigentherapie des herrschenden Massenbewußtseins muß auch die Selbstüberheblichkeit einer fortschrittstrunkenen Moderne, die der Gotteskomplex benennt, Gegenstand sozio-psychischer Bearbeitung sein. Hierzu an dieser Stelle nicht mehr als ein kurzer, im Sinne einer allgemeinen Zielbestimmung gedachter Hinweis: Richard Rorty hat uns jüngst gelehrt, in Freud einen prototypischen Ironiker zu sehen, insofern dieser eine intellektuelle Haltung verkörpere, die auf Letztbegründungsansprüche verzichte. Genau dies mache seine modernitätskritische Aktualität aus. In Freuds Haltung kommt, denke ich, eine Moral zum Ausdruck, die – verkürzt gesagt – den Menschen von religiösen, technischen Höhenflügen zurück auf den Boden holt. Würde sie von uns Besitz ergreifen, dann fiele es uns leichter, unsere eigene Kleinheit, Begrenztheit, Vergänglichkeit, Fehlbarkeit anzuerkennen, „in Ergebung hinzunehmen" (Freud, 1927, S. 187), mithin den Gotteskomplex zu überwinden.

Nachdem wir versucht haben, zum massenhaften Automobilismus alternative Wege der kollektiven Bearbeitung von Unbehagen in der Kultur (unter den Aspekten Aggression und Narzißmus) grob zu skizzieren, bliebe dies im Hinblick auf den heute verbreiteten philobatischen Zug noch zu tun. In einem in der „Zeit" erschienenen Aufsatz zweier Berliner Verkehrspsychologen (Kremers/Kutscher, 1991), wird das Problem der heutigen Verkehrssituation im zu hohen Mobilitätsbedürfnis der Menschen gesehen. Dem kann man – wenn man ehrlich ist, auch in bezug auf sich selbst – nur zustimmen. Gewiß kann nun die Konsequenz nicht einfach heißen, das Recht auf Fortbewegung, auf Reisen, einzuschränken. Aber wir können mit einer bedürfnisgerechteren Umorientierung unserer sozialen und ökologischen Praxis mehr gegen den Wunsch, weg zu sein, unternehmen. Unsere Anstrengungen müßten sich dann darauf richten, die Attraktivität unserer Nahwelt für libidinöse Besetzungen zu erhöhen – und auch nicht so sehr vor uns selbst zu flüchten. In der Einschränkung der Mobilität reicher werden, hieße das Motto, das uns die nötige Umstellung schmackhaft machen könnte. (Zum Beispiel, wie der Philosoph Peter Sloterdijk in der Frankfurter Rundschau zitiert wird, indem wir uns „wieder die Schönheit und tiefe Erfüllung der Bewegung auf den eigenen Beinen, ersatzweise auf dem Zweirad" nahebringen.) Politische (und wirtschaftliche, pädagogische usw.) Maßnahmen hätten in diesem Sinne der Akzeptanz nicht-automobiler Fortbewegung und der Aufwertung der in geringer (oder mittlerer) Reichweite liegenden Umgebung zum lohnenden Ausflugsziel zu dienen; und sie hätten darüber hinaus einer Schwächung des Mobilitätsbedürfnisses Vorschub zu leisten. Das Autofahren wäre in der Öffentlichkeit zumindest wie das Rauchen zu behandeln, müßte ein ähnlich negatives Image bekommen. Es ist ja eine Art „Prothesen-Rauchen", eine mobile Zigarette, die wir konsumieren. „Der Bundesumweltminister warnt ...", müßte die entsprechende, den Automobilisten vor Augen gestellte Mahnung lauten. Zufußgehen, Radfahren wären mehr und mehr zu ermöglichen, zu prämieren, statt aufs massenhafte und auch teure Elektro- und Solarauto zu warten. (Das Solarmobil entwächst zu einem Teil, würde ich meinen, einer Art Sonnengott-Phantasie, der die Illusion zugrunde liegt, es gäbe eine wirklich billige und schadlose Energie; vgl. dazu Kremers/Kutscher, a.a.O.) Freie Bürger – dies darf nicht mehr in einem Atemzug mit „freie Fahrt" gedacht werden. Der Blick muß sich vielmehr auf die Beschränkungen richten, die diesem automobilen Freiheitskonzept innewohnen. Es verschafft sich sein Recht allzusehr auf Kosten anderer Bewegungsfreiheiten (des Gehens, Radfahrens, aber auch öffentlicher Verkehrsmittel), es nimmt uns Luft zum Atmen, greift in die Lebensräume der Tier- und Pflanzenwelt ein. Mit einem Wort: Der von ihm erhoffte Freiheitsgewinn entpuppt sich als Illusion.

Die diskutierten Vorschläge politischer und persönlichkeitsstruktureller Veränderungen, die die Voraussetzung für einen Ausstieg aus dem Automobilismus schaffen, bedürfen abschließend aber noch wenigstens einer wichtigen Ergänzung. Die nötigen motivationalen Umstellungen blieben letztlich unsicher, würden sie nicht durch die Klammer einer entsprechenden stabilen moralischen Neuorientierung der Individuen und ihrer Gesellschaft zusammengehalten. Worin könnte diese heute bestehen? Jürgen Habermas (1995, S. 24) macht darauf aufmerksam, daß moderne Demokratien ihren Bürgern nichts weniger als die Ausprägung einer postkonventionellen Moral zumuten. Diese zustimmungswürdige Feststellung (vgl. dazu Busch, 1998a) könnten wir in einer zu unseren Überlegungen passenden Weise abwandeln. Der Erhalt solcher ökologischen Bedingungen, die den Menschen überleben lassen, mutet uns unweigerlich die Ausbildung eines Welt-Gewissens, eines Welt-Über-Ichs (Simmel, 1946, S. 526) zu, welches zur Richtschnur unseres Handelns werden müßte. Es wäre Teil eines anzustrebenden „Gattungsbewußtseins" (Lifton u. Markusen, 1990), das wirklich anzuerkennen bereit ist, daß unsere Selbstverwirklichungsmöglichkeiten nicht grenzenlos sind, sondern vom Lauf der ganzen Welt abhängen und ihn – mit Folgen für uns selbst – beeinflussen. Unsere Automobile sind, diese Einsicht kann uns nicht erspart bleiben, nichts weiter als Prothesen, die uns eine gewisse räumliche und zeitliche Unabhängigkeit vorspiegeln, in Wahrheit aber unsanft mit unserer Abhängigkeit von den Belastbarkeitsgrenzen unserer natürlichen Umgebung und der Eingebundenheit in die Masse der Verkehrsteilnehmer, welcher Fortbewegungsart auch immer, konfrontieren. Die Überwindung unseres automobilen Egoismus zugunsten einer verträglicheren Mobilitätsform erscheint aussichtsreich nur dann, wenn der moralische Fortschritt des spätmodernen

Bewußtseins dazu führt, Selbsterhaltung stets in enger Verflechtung mit Welterhaltung zu sehen (vgl. auch Buchholz, a.a.O., S. 69), seinen Handlungen das „Prinzip Verantwortung" (Jonas) zugrunde zu legen.

## Literatur

Anders, Günther (1961): Die Antiquiertheit des Menschen, Bd. I, Über die Seele im Zeitalter der zweiten industriellen Revolution, München 1983 (Beck).

Bastian, Till (1989): Die Mobilmachung. In: Psychologie heute, Februar 1989, S. 58-63.

ders., Theml, Harald (1990): Unsere wahnsinnige Liebe zum Auto. Weinheim-Basel.

Beck, Ulrich (1986): Risikogesellschaft. Frankfurt/Main (Suhrkamp).

Buchholz, Michael B. (1991): Endzeitängste – Endzeitsehnsüchte. In: In schwarzen Spiegeln Regenbögen. Verarbeitungsformen von Endzeitangst und Krisenbewußtsein – Literarische, psychologische, theologische Reflexionen. Hofgeismarer Protokolle 272, hg. von Evelyne Valtink, S. 51-69.

Busch, Hans-Joachim (1993): Was heißt Unbehagen in der Kultur heute bzw. was kann es im Rahmen einer kritischen politischen Psychologie heißen? In: Psyche, 47. Jg., Heft 4, S. 303-324.

Ders. (1998 a): Spätmoderne Gesellschaft und libidinöse, postkonventionelle Moral (in: Ebrecht-Laermann, Angelika und Wöll, Andreas, Hg., Zur politischen Psychologie der Moral, Tübingen, (Edition Diskord, in Druck).

Ders. (1998 b): Subjektivität in der spätmodernen Gesellschaft. Konzeptionelle Fragen und Möglichkeiten psychoanalytisch-sozialpsychologischer Zeitdiagnose (unveröffentlichtes Manuskript).

Claussen, Detlev (1993): Die mißglückte Säkularisierung. Über Xenophobie, Antisemitismus und Nationalismus als Bestandteile einer modernen Alltagsreligion In: Widerspruch. Beiträge zur sozialistischen Politik, 13. Jg., Heft 26, S. 5-14.

Eissler, Kurt R. (1975): Der Sündenfall des Menschen. In: Ders., Todestrieb, Ambivalenz, Narzißmus, München 1980 (Kinder), S. 64-134.

Fallensteiner, Sepp (1991): Kaum ein Mittel gegen die Verkehrslawine ... In: Frankfurter Rundschau vom 16.11.

Freud, Sigmund (1927) : Die Zukunft einer Illusion (in: Ders., Studienausgabe, Bd. IX, Frankfurt /Main, S. Fischer 1974), S. 135-189. Ders. (1930): Das Unbehagen in der Kultur (a.a.O.), S. 191-270.

Horn, Klaus (1990): Subjektivität, Demokratie und Gesellschaft. Schriften zur kritischen Theorie des Subjekts, Bd. II, hg. von Hans-Joachim Busch, Neuausgabe 1997, Gießen (Psychosozial).

Kremers, Johannes, Kutscher, Jan (1991): Fahren bis zum Infarkt. Über Kollektivneurosen, reale Schäden und scheinbare Lösungen In: Die Zeit, Nr. 46, 8.11., S. 54/55.

Lifton, Robert J., Markusen, Eric, (1990): Die Psychologie des Völkermordes. Atomkrieg und Holocaust, Stuttgart 1992 (Klett-Cotta).

Mitscherlich, Alexander (1968): Aggression und Anpassung In: Marcuse, H. u.a., Aggression und Anpassung in der Industriegesellschaft, Frankfurt/Main (Suhrkamp), S. 80-127.

Reese-Schäfer, Walter (1991): Richard Rorty. Frankfurt/New York (Campus).

Richter, Horst-Eberhard (1979): Der Gotteskomplex. Reinbek bei Hamburg (Rowohlt).

Rorty, Richard (1986): Freud and Moral Reflection. In: Pragmatism's Freud. The Moral Dispositon of Psychoanalysis. Ed. by Smith, Joseph H. and Kerrigan, William, Baltimore and London (The John Hopkins University Press), S. 1-27.

Schmidbauer, Wolfgang (1987): Alles oder nichts. Über die Destruktivität von Idealen. Reinbek b. Hamburg (Rowohlt).

Simmel, Ernst (1946): Antisemitismus und Massen-Psychopathologie (in: Psyche, 32. Jg., 1978, Heft 5/6, Mai/Juni), S. 492–527.

Wille, Joachim (1988): Die Tempomacher. München.

# Rocker oder Hocker oder beides?

## Über meine berufliche Sozialisation unter Horst-Eberhard Richter

Wolfgang Dierking

### Ein Traum

Bei den vorbereitenden Gedanken zu diesem Beitrag in den Weihnachtsferien hatte ich einen Traum:
Ich bin mit dem Fahrrad auf dem üblichen Weg in die Klinik, den ich viele Jahre lang genommen habe, weiß aber im Traum, daß dies nicht mehr mein alltäglicher Weg zur Arbeit ist, sondern eine Erinnerungsfahrt. Ich treffe unterwegs all die Leute, die zu dieser Tageszeit die Straße entlangzukommen pflegten. An der Klinik angekommen, stelle ich mein Fahrrad auf den früheren Parkplatz von Horst-Eberhard Richter und schließe es ab. Ich kriege aber doch Skrupel und schiebe es in den Vorgarten, der in der Realität immer durch eine hohe Mauer abgetrennt gewesen war, jetzt jedoch ganz leicht durch einen Zaun mit einem Törchen erreichbar ist. Es ist, als ob Richter jeden Moment doch noch zum Parken kommen könnte, die gleiche alte Unberechenbarkeit, und dann empört sein würde ob des Sakrilegs, daß sein Parkplatz besetzt wäre.

Im Vorgarten sitzt eine Bekannte, die als Analysandin auf Prof. Heising wartet. Es gibt offenbar neuerdings einen Eingang an der Vorderseite des Hauses, und Prof. Heising praktiziert im Kellergeschoß (statt wie real im 1. Stock). Bei einem Blick um das Haus herum stelle ich fest, daß Herr Heising nunmehr seine Analysen in einem Zimmer im Kellergeschoß mit Blick auf den Garten und sie neuerdings sogar seinerseits im Liegen durchführt. Er schaut aus seinem Fenster und grüßt freundlich, als er mich sieht: „Ach, Herr Dierking, wie geht's Ihnen denn?" Ich registriere, daß ich diese neue liegende Arbeitsform als eine konsequente Weiterentwicklung seines Stils empfinde und wundere mich nicht darüber.

Ich gehe in das Haus hinein, schaue in der Küche vorbei, die immer ein beliebter und wichtiger Treffpunkt gewesen war, finde außer demselben Geruch nichts Bekanntes vor, gehe weiter in den 1. Stock in das mir bekannte Schreibbüro, in dem viele Leute versammelt sind, von denen ich niemand kenne. Ein älterer Herr und eine ältere Dame, die wie Sachbearbeiter wirken, beherrschen die Szene, und ich wende mich an sie: Ich hätte hier 14 Jahre lang gearbeitet, wolle nun einen Aufsatz über Horst-Eberhard Richter schreiben und hätte die Bitte, daß ich mich eine oder zwei Stunden in einen Raum setzen und etwas schreiben dürfe. Sie reagieren skeptisch, sie hätten keine Zeit, kennten mich ja auch nicht, und außerdem seien alle Räume belegt.

Ich werde dennoch zu einer Therapeutin in einen anderen Raum geleitet (die ich nicht kenne), die in Richters früherem Zimmer residiert. Ich betrete nach Anklopfen das Zimmer dieser Therapeutin, Frau König – einen Moment hatte ich gehofft, es sei eine mir bekannte Frau König, doch vergebens; sie stellt sich als eine freundliche und kompetent wirkende Mittdreißigerin heraus, die in mir einen Patienten zu einem Erstgespräch erwartet hat: „Sie müssen Herr X. sein!"

Ich sei der nicht, wolle sie auch nur kurz etwas fragen: Ich sei W. D. und habe in diesem Hause 14 Jahre lang gearbeitet, wolle nun einen Aufsatz über Herrn Richter schreiben und habe die Idee, daß mir der Geruch des Hauses (den ich übrigens im Traum die ganze Zeit wahrgenommen habe, das Treppenhaus, die Küche, das Büro, die typischen Geräusche der Treppe und der Läuferbefestigungen auf ihr) dabei helfen könne. Nun suche ich ein Plätzchen, an dem ich eine oder zwei Stunden schreiben könne. Sie lächelt verständnisvoll und wohlwollend, und ich merke, daß sie mir gern entgegenkommen wird – hier endet der Traum.

Ich habe diesen Traum vier Tage vor dem zwanzigjährigen Jahrestag des Antritts meiner ersten ganzen Stelle in der Psychosomatischen Universitätsklinik geträumt, und die Hauptperson, um die es in diesem Beitrag und in diesem Buch geht, kommt darin nicht persönlich vor. Und doch ist mir das Gefühl in dem Traum, diese eigentümliche Mischung aus: „Er ist weg und nicht da" und: „Er kann jederzeit kommen", nach wie vor sehr vertraut und über die ganzen Jahre der Zusammenarbeit ein wichtiger Aspekt meiner Realität gewesen – ein Mischung aus Neugierde, Freude und potentiell schlechtem Gewissen, weil man nie weiß, ob man alles erledigt hat, was besprochen war.

Es ist leicht zu merken, daß hier von dem Vater-Aspekt einer Person, von einer Vater-Übertragung meinerseits auf diese Person die Rede ist, die wie bei normalen Vätern sowohl die freudige wie die leicht unruhige Tönung immer enthalten hat. Und dennoch schildert der Traum auch einen für mich wichtigen Aspekt der Person und des Klinikchefs Horst-Eberhard Richter: seine Unberechenbarkeit hinsichtlich seiner physischen Präsenz und auch hinsichtlich dessen, was als nächstes Projekt, als nächstes Vorhaben an die Reihe kommt.

Der Traum bringt diese mehr atmosphärische Spur des „Chefs" in einen deutlichen Gegensatz zu der (liegenden) Gestalt des Prof. Heising, der als eine Art Präsenz-Vater gezeichnet wird: Nicht nur, daß er stets hinter seiner Couch zu finden ist, sondern in einer Art stilisierender Verdichtung führt er jetzt seine Analysen liegend im Erdgeschoß bzw. Untergeschoß durch und nimmt, durch das Fenster blickend, neugierig Anteil an den Geschehnissen im Hause.

Ich war sehr froh über diesen Traum, weil er mir in Gestalt der beiden Vater-Aspekte einen konkreten Vorschlag für diesen Beitrag gemacht hat, während ich mich bereits einige Zeit davor mit den mir eigenen neurotischen Schreibhemmungen herumgeplagt hatte. Plötzlich hatte mein Unbewußtes mir in Form der Väter-Polarität das Thema vorgegeben.

## Die Polarität zwischen „Rocker-" und „Hocker-Vater"

Diese beiden Vater-Bilder (der eine ist nie da, der andere ist immer da) und auch Vater-Figuren haben über Jahrzehnte eine fruchtbare Polarität im Zentrum für Psychosomatische Medizin begründet und aufrechterhalten, die eine Entsprechung in dem Gegensatz zwischen der Fraktion der „Rocker" und der Fraktion der „Hocker" hatte: Auf diese (selbst-)ironisierende Formel wurde von uns oftmals die Tatsache gebracht, daß es an der Klinik augenscheinlich eine Gruppe von Kolleginnen und Kollegen gab, die ständig im Feld herumsprangen, am Umfeld der Menschen herumdoktern wollten und in einer Verbindung von Sozialtherapie und Politik die Veränderbarkeit von Bedingungen im Auge hatten; und eine zweite Gruppe, die sich auf die innerpsychischen Wirklichkeiten von Patienten beschränkte, die sie mit den ordentlichen Mitteln der Psychoanalyse und der klinischen Arbeit aufzudecken trachtete.

So gegensätzlich und widersprüchlich die beiden Temperamente und Arbeitsweisen sich auch geben mochten, haben sie doch über viele Jahre hinweg ein außerordentlich kreatives und produktives Klima geschaffen und aufrechterhalten, in dem sowohl Neues wie Bewährtes einen anerkannten Platz hatte; im besten Sinne stellten so die Gegensätze zwei Extreme einer Polarität dar, die ihre positive Wirkung aus der unterschwelligen wechselseitigen Befruchtung und Legitimierung bezogen hat. Während die Rocker-Fraktion, allen voran der Rocker-Vater Richter, ständig Neues, neue soziale Felder, neue Anwendungsmöglichkeiten für psychoanalytisch-sozialtherapeutische Verstehens- und Interventionsmöglichkeiten, neue Herausforderungen gesucht und gefunden hat, die gleichzeitig nach dem Motto „Tue Gutes und schreib' drüber" für Aufmerksamkeit und Erschließung von Finanzierungsmöglichkeiten gesorgt haben, kam dem Hocker-Part Heising die Aufgabe zu, das Bewahren, die Kontinuität, die gründliche klinische Arbeit hochzuhalten und damit eine Legitimierung des Ganzen möglich zu machen.

Die wechselseitigen Stereotype in den unvermeidlichen Auseinandersetzungen sind in den Bildern von Rockern und Hockern bereits enthalten: Naturgemäß wurde immer wieder der Versuch unternommen, einer der beiden Auffassungen als der richtigeren oder der wertvolleren ein Übergewicht zu verschaffen, aber im Grunde genommen war immer klar, daß die beiden Fraktionen einander gebraucht und sinnvoll ergänzt, und zudem aus dem Streit eine Schärfung ihrer Position und Energie bezogen haben.

## Sozialisation in der Rocker-Fraktion

Schon vor meiner ersten Anstellung in der Klinik war klar, daß ich nur als Lehrling in die Rocker-Fraktion eintreten konnte: Sieben Jahre Erfahrung in gemeinsamer Obdachlosenarbeit mit Horst-Eberhard Richter sowie bei der Entwicklung der Gießener Psychosozialen Arbeitsgemeinschaft hatten mich bereits für eine wissenschaftliche oder psychoanalytische Laufbahn verdorben – auch wenn ich das damals noch nicht wußte und mir als oberstes Berufsziel „Psychoanalytiker mit sozialem Engagement" nach Richters Vorbild vorschwebte. Immer wieder hatte er mich – damals war ich noch Student und Praktikant – an seiner Klinik eingeladen, mit ihm zusammen die Initiativgruppenarbeit im Obdachlosenbereich bei Tagungen und Workshops vorzustellen, konnte ich gemeinsam mit anderen den Umgang mit Groß- und Kleingruppen, mit Vertretern von Politik und Medien beobachten und üben, profitierte ich von seinem Wissen, seiner Welterfahrung und seinem Charme.

Vor allem hat mich geprägt, daß er mir immer eine Vielzahl von Dingen zugetraut hat, die ich noch nie gemacht hatte und von denen ich keine Ahnung hatte. So bestand Anfang 1978 beim Antritt meiner ganzen Stelle als frisch diplomierter Psychologe meine Aufgabe darin, eine große Fachtagung für Familientherapie zu organisieren, an der schließlich 1.100 Fachleute aus Deutschland, Österreich und der Schweiz teilnahmen – und bei deren Vorbereitung ich vor jedem Telefonat mit Geldgebern oder einem auswärtigen Professor erstmal vor Aufregung auf die Toilette mußte. Noch während meines Examens drohte mir die Möglichkeit, in einem Forschungsprogramm zur Humanisierung des Arbeitslebens in eine Waschmaschinenfabrik nach Berlin zu gehen und dort Arbeiter zu befragen und mit ihnen und leitenden Kräften gemeinsam nach menschlicheren Arbeitsformen zu suchen. Und schließlich haben wir von 1981 bis 1985 gemeinsam mit Fachleuten der Deutschen Gesellschaft für Soziale Psychiatrie aufgrund von Richters politischen und fachlichen Verbindungen die einmalige Chance erhalten und genutzt, in das bundesweite Modellprogramm Psychiatrie als überregionale „Arbeitsgemeinschaft Fortbildung" Möglichkeiten zum Erfahrungsaustausch, zur Nutzung von Selbsthilfepotentialen bei Betroffenen und Helfern einzubringen – und auch hier wieder selber Erfahrungen zu sammeln, die für meinen weiteren beruflichen Weg von unschätzbarem Wert waren.

Trotz aller Aufregung und sicher auch Überforderung hatte ich auf diese Weise in den langen Jahren der Zusammenarbeit mit Horst-Eberhard Richter ein intensives Training darin und eine wohltuende Ermutigung dazu, neugierig in neue Felder der sozialen Arbeit, der Politik, des Zusammenlebens von Menschen hineinzuschauen und hineinzugehen, und das, was ich an Erfahrungen mitgebracht und in diesem neuen sozialen Zusammenhang gesammelt habe, mit dem Mut, notfalls zu dilettieren, zur Verfügung zu stellen.

Für ihn und mich war es sicher auf unterschiedliche Weise und doch in gleichem Ausmaß ein soziales Experiment und eine Herausforderung, als wir bereits Anfang der 70er Jahre per Du miteinander umgingen – der Student und der bekannte Hochschullehrer und Autor. Und mit Schmunzeln erinnere ich mich daran, wie ich ihm bei einer Heimfahrt von der Obdachlosengruppensitzung in seinem Alfa im Jahr 1973, an seinem 50. Geburtstag (als er fast genauso alt war wie ich jetzt), voller Besorgnis mitgeteilt habe, daß ich mir Sorgen um seine Gesundheit machen würde, wenn er sich weiter, trotz seines Alters, so vielen stressigen Aktivitäten aussetzen würde.

## Sozialisation in der Hocker-Fraktion

Im Gegensatz zu dem häufig abwesenden Horst-Eberhard Richter als dem Direktor des Zentrums für Psychosomatische Medizin ist der Leiter der Psychosomatischen Klinik (einer von 3 Abteilungen dieses Zentrums), Prof. Dr. Gerd Heising, ein ausgesprochen seßhafter Chef gewesen. Abgesehen von vorhersehbaren Ereignissen wie der Tagung der Deutschen Psychoanalytischen Gesellschaft und dem Urlaub war der Tages- und Wochenablauf, der Rhythmus der Analysestunden und der Pausen dazwischen eine berechenbare und damit verläßliche Größe. Insofern übertreibt der Traum nur mäßig, wenn er Herrn Heising als liegenden Analytiker darstellt.

Ich hatte bereits während meines ersten Praktikums in der Klinik im Jahr 1973 mit ihm zu tun, weil ich freundlicherweise bei ihm eine Zweitsicht für meine Erstgespräche erhielt, die ich in der Klinik durchführen durfte. Er hatte mich mehrfach zu ermahnen, weil ich in echter Rocker-Manier zu wenig präsent war; aber diese „erzieherischen" Bemühungen hat er dann irgendwann aufgegeben, denn später, als ich als Therapeut seiner freitäglichen Ambulanzgruppe zugeordnet war, ermahnte er einen jungen Medizinstudenten im Praktischen Jahr, der mit einer an den Beinen mit einem bunten Bündchen verlängerten Hose zum Dienst erschienen war, daß diese Hose nicht der Kleiderordnung im Umgang mit den Patienten entspreche; so dürfe lediglich der Herr Dierking erscheinen, bei dem alle Bemühungen gescheitert seien.

Und so blieb ich bei Herrn Heising der Paraderocker, der Schimanski der Psychosomatik, jemand, über den er immer wieder den Kopf schütteln mußte, weil er so gar keine rechten Anstrengungen unternehmen wollte, sich einer formalen Ausbildung zu unterwerfen, um später den Zugang zu den Pfründen der Krankenkassen und damit eine Absicherung zu erhalten.

Gleichwohl durfte ich auch bei Herrn Heising viel lernen: 14 Jahre lang freitags Besprechung der an diesem Ambulanzvormittag erschienenen und untersuchten Patienten mit unzähligen kontroversen Diskussionen über divergierende Krankheitskonzepte und Behandlungsmethoden, viele Jahre Supervision meiner Behandlungen, wohlwollende Unterstützung in technischen und konzeptuellen Fragen haben meine Sozialisation auf dem Hocker-Pol sichergestellt und mir bei aller „Flippigkeit" und allem psychosozialen Engagement auch ein Stück gründlicher, fundierter Bodenhaftung mitgegeben.

Auch hier gab es spezifische Überforderungen: Ich erinnere mich an mindestens zwei Behandlungen, die – obwohl von Herrn Heising an mich vermittelt und mit seiner supervisorischen Unterstützung durchgeführt – für mich als jungen Therapeuten eindeutig zu schwierig waren und mich zeitweilig sehr gebeutelt haben.

## Die Rolle von Fußball und Bergsteigen

Eine Veranstaltung pro Woche konnte selbst in den wildesten Rocker-Zeiten nicht ausfallen: der Fußballtreff am Mittwoch mittag. Konferenzen mit Kooperationspartnern, Ministeriumstermine – was auch immer in der Welt der Erwachsenen wichtig sein mochte, hatte zu warten, wenn mittwochs um 13 Uhr Fußball angesagt war. Und natürlich war in der Regel der Chef-Rocker Richter mit von der Partie. Unabhängig von Wind und Wetter, Jahreszeit, Bodenverhältnissen, Krankenstand, spielten viele Männer des Zentrums (und nicht nur die Rocker) sowie einige unerschrockene Frauen auf einem kleinen Bolzplatz und hatten anschließend Stoff, die jeweils aktuellen Kombinationen der Teams zu diskutieren. Es wurde stets Wert auf eine ausgeglichene Aufteilung gelegt, um die Spiele so spannend wie möglich zu gestalten.

Es scheint, als ob diese Veranstaltung stärker als z. B. Konferenzen den Zusammenhalt, den Austausch, die Kommunikation und damit einen Teil der Gesamt-Kreativität gefördert hat. Auch der Unterschied zwischen Rockern und Hockern sowie mögliche hierarchische Unterschiede waren hier aufgehoben. So mußte ich mir verschiedentlich vom „Chef" sagen lasse, daß ich spiele wie ein Bauer – womit eine gewisse, alles überrollende Durchschlagskraft gemeint war, die den nötigen Respekt vor den Mitspielern ab und an vermissen ließ.

Trotz dieser eindeutigen terminlichen und gruppendynamischen Priorität der Veranstaltung Fußball haben die dienstlichen und fachlichen Belange, hat unsere Zuverlässigkeit nie wirklich unter diesem Ausflug in jugendliche Aktivitäten gelitten – im Gegenteil: Wenn ich heute daran denke, wie wir uns völlig ausgepumpt auf dem Bolzplatz verabschiedet haben, ich mit dem Fahrrad nach Hause gesaust, unter die Dusche gesprungen und nach einem Glas Wasser wieder mit dem Fahrrad in die Klinik gesaust bin, um eine halbe Stunde nach Fußballende mit den andern zur Sozialtherapie-Konferenz zusammenzusitzen, in der es um die Begleitung und Weiterentwicklung von Rocker-Projekten wie unserer ländlichen

Kontakt- und Beratungsstelle, die Begleitforschung zur Psychosozialen Arbeitsgemeinschaft, die Beratung von räumungsklagebedrohten Randschichtfamilien etc. ging, muß ich mich über die Ernsthaftigkeit und Einsatzbereitschaft wundern sowie über die Kreativität, Beweglichkeit und Freude, mit der wir gemeinsam mit Horst-Eberhard Richter soziale und politische Themen über viele Jahre hinweg in Angriff genommen und ebenfalls über viele Jahre hinweg beibehalten und weiterentwickelt haben.

Einige Kollegen und mich hat ebenfalls über viele Jahre hinweg mit Horst-Eberhard Richter und seiner Frau Bergrun zusätzlich eine andere sportliche Aktivität verbunden, in der ich eine sonst nirgendwo erlebte körperliche und geistig-seelische Verbindung mit diesen meinen Partnern am Seil erfahren habe: das Bergsteigen. Sei es für eine Wochenendtour in den Stubaier Alpen in Tirol, sei es für einen Urlaub mit mehreren Viertausenderbesteigungen im Wallis – diese Einführung in eine mir zunächst fremde Welt hat mein Leben bereichert, indem sie alte Perspektiven relativieren und neue sich entwickeln lassen half. Und natürlich hat die Geherei am gemeinsamen Seil, das Teilen der Eindrücke und verschiedentlichen Abenteuer die Freundschaft mit den beiden und das Zusammenarbeiten reicher gemacht.

## Die Spannung von Rocker- und Hocker-Anteilen in mir

Mit dem Ende der Ära Richter an der Psychosomatik in Gießen habe ich mich selbständig gemacht und beiden Polen, dem Rocker- und dem Hocker-Pol, einen Platz und entsprechende Aktivitäten zugewiesen: Der Rocker-Teil geht hinaus ins Feld, in die Institutionen, sucht neue Aufgaben und unbekanntes Gelände; er stützt meine Neugierde und den Mut zu dilettieren. Er stellt mir die Erfahrung aus vielen sozialtherapeutischen und -psychiatrischen Projekten zur Verfügung: daß es gut ist, anzufangen und nicht von vornherein zuviel zu wissen. Oftmals fühlt sich das an wie: Ich weiß eigentlich gar nichts, aber laßt uns mal schauen, was die Menschen in ihren Zusammenhängen so beschäftigt – dann wird sich schon etwas zeigen, und auch die nötigen Einfälle werden zur Verfügung stehen und etwas Nützliches hervorzubringen helfen. Das heißt, dieser Teil kann sich auch darauf verlassen, daß er bei Bedarf auf das Wissen und die Kategorien aus der klinischen Erfahrung des Hocker-Anteils zurückgreifen kann.

Der Hocker-Teil stellt mir das klinische Wissen, die therapeutischen Kategorien und Techniken zur Verfügung, die sowohl in der „hockenden" therapeutischen Praxis als auch in Supervisionen und Organisationsberatungen gebraucht werden. Er läßt mich genießen, daß es zwischendurch ruhige Phasen gibt mit Aktivitäten, bei denen ich mich sicher und kompetent fühlen kann. Er hält mich geerdet und läßt meine Analysen und Interventionen immer mal wieder stimmig sein und kompetent aussehen. Er profitiert von dem zupackenden Temperament des Rocker-Anteils und füllt die Räume, die dieser erobert und bereitstellt.

## Danksagung

So fühle ich mich reich beschenkt durch die Möglichkeiten, die Horst-Eberhard Richter mir eröffnet hat, die Felder, auf denen ich gemeinsam mit ihm und andern ausprobieren, lernen und wirken konnte, seine Erfahrung, seine Offenheit und Kreativität, die er bereitgestellt hat. Und nicht zuletzt konnte ich daran wachsen, daß ich immer auch meinen Interessen entlang mich entwickeln konnte und Vertrauen und Freundschaft geschenkt bekam. Vertrauen auch, daß ich die mir innerlich entsprechende Mischung aus Rocker- und Hocker-Anteilen schon selbst herausfinden würde.

Ich bin mir sicher, daß es in seinem Sinne ist, wenn ich in diese Danksagung auch einen innigen Dank an seine Frau Bergrun mit einschließe, von der ich im Hinblick auf Wachheit gegenüber politischen Vorgängen und Leiden an gesellschaftlichen Ungerechtigkeiten ebensoviel verdanke wie ihm selbst.

# Die Zukunft des Liberalismus

Marion Gräfin Dönhoff

Es hatte alles so schön begonnen: Durch die Aufklärung waren die Voraussetzungen für den Liberalismus geschaffen worden Dem Wirken des Liberalismus wiederum verdanken wir den Rechtsstaat (the rule of law), also die Bürgerrechte, sowie die Befreiung von der Vormundschaft der Kirche und der absoluten Herrschaft staatlicher Obrigkeit.

Wie ist es möglich, daß nun ausgerechnet der Liberalismus die Solidarität in der Gesellschaft gefährdet? Die Antwort lautet: Weil die Menschen der Verlockung von Wohlstand und Macht nicht zu widerstehen vermögen. Die meisten begreifen nicht, daß zur wirklichen Freiheit Selbstbeschränkung gehört, denn die entfesselte Freiheit führt zwangsläufig zu deren Antithese, einem autoritären Staat.

Doch zunächst ein paar Gedanken zum Wesen des Liberalismus und der Liberalen. Den Liberalen geht es darum, Herrschaft erträglich zu machen, nicht den Ideologen zu glauben, die ihr System als Schlüssel zu Glück und Gerechtigkeit anpreisen. Ich meine, die Liberalen müssen ihre Aufgabe darin sehen, im politischen Raum stets kontrapunktisch zu wirken: Wenn die Atmosphäre emotional aufgeheizt ist, dann dämpfen. Wenn dagegen die Leute zu resignieren drohen, dann Argumente finden, die sie inspirieren.

Für den Liberalen gibt es kein System, das einen befriedigenden Endzustand garantiert. Er glaubt nicht an Heilsbotschaften irgendwelcher Art, auch die eigene Position muß er immer wieder in Frage stellen, um die Gesellschaft für Veränderungen offen zu halten, denn erstarrte Macht- und Besitzverhältnisse blockieren die Freiheit.

Die liberale Zeitung „Die Zeit" hat da Erfahrungen sammeln können: Als wir seinerzeit versuchten, bei den Professoren Verständnis für die revolutionären 68er Studenten zu wecken, wurden wir von den Rechten als Anarchisten beschimpft, und als wir später gegen die Anwendung von Gewalt durch die Studenten auftraten, nannten uns die Linken reaktionär. Ich habe daraus gelernt, daß der legitime Platz des Liberalen zwischen allen Stühlen ist.

Was ist das wichtigste Ziel des Liberalismus?

Sein wichtigstes Ziel ist, für Toleranz zu sorgen, und dies bedeutet:

1. Abweichende Ideen dürfen nicht als Häresie abgestempelt, Kritik am Bestehenden nicht als Ketzerei verfolgt werden.

2. Über dem Recht der Mehrheit darf der Schutz der Minderheit nicht vergessen werden.

3. Die Behauptung, angesichts von hohen Zielen spiele die Wahl der Mittel keine Rolle, muß immer wieder als sträflicher Irrtum entlarvt werden.

Anfang der 90er Jahre hörte ich, daß der Harvard-Professor Jeffrey Sachs - ein uneingeschränkt begeisterter Verkünder der freien Marktwirtschaft - nach Polen gehen werde, um dort die Wirtschaftsreform durchzuführen.

Ich hatte ernsthafte Befürchtungen, denn ich konnte mir vorstellen, daß er als Amerikaner keine Ahnung von Osteuropa hat. Darum schlug ich der „Zeit" vor, Jeffrey Sachs zu einem Gespräch nach Hamburg einzuladen. Er kam, wir waren etwa zehn Leute, darunter Helmut Schmidt und Kollegen aus der Wirtschaftsredaktion. Da der Vorschlag von mir stammte, sollte ich die Diskussion einleiten.

Ich sagte, ich könne mir nicht vorstellen, daß man, ohne zuvor gewisse Strukturen gesetzt zu haben, im Kopfsprung aus einer gelenkten Wirtschaft in die Marktwirtschaft und aus einer autoritären Gesellschaft in eine „permissive society" springen könne. Darauf Jeffrey Sachs: „Was Sie da sagen, ist absolut falsch. Es kommt nur auf zwei Voraussetzungen an: Privateigentum zu schaffen und die Preise freizugeben – alles andere macht der Markt." Nun, die Polen sind schlaue Leute, sie machten ihre eigene Wirtschaftsreform und empfahlen Jeffrey Sachs, nach Rußland zu gehen, wo er dann mit seinen Theorien der Mafia ungeahnten Auftrieb gegeben hat.

Kann man wirklich dem Markt alles überlassen? Kann der Markt soziale Gerechtigkeit schaffen und Chancengleichheit? Kann er ein Gleichgewicht herstellen zwischen der Leistung des Bürgers einerseits und seinen Bedürfnissen andererseits? Der Staat ist in gewissen Bereichen unentbehrlich: Bildung, Forschung, Arbeitslosigkeit, Obdachlose ...

Die Marktwirtschaft, die im wirtschaftlichen Bereich den politischen Maximen des demokratischen Systems entspricht, ist sicher das denkbar effizienteste Wirtschaftssystem. Wenn man aber nicht versucht, sie in bestimmte Rahmenbedingungen einzupassen – Ludwig Erhards soziale Marktwirtschaft –, dann entsteht eine Gesellschaft, bei der die Reichen immer reicher, die Armen immer ärmer werden.

Wir verdanken dem Liberalismus den Rechtsstaat, also die Bürgerrechte, aber seinem Wesen entsprechend betont der Liberalismus den Individualismus sehr viel stärker als die Gemeinschaft und die Rechte sehr viel mehr als die Pflichten. Eben darum müssen Strukturen gesetzt werden, mit denen der fehlende Gemeinsinn institutionalisiert wird.

Bei der Marktwirtschaft, die ja auf dem System des Wettbewerbs beruht, kommt alles darauf an, besser zu sein, mehr zu verdienen als die Konkurrenten. Mit anderen Worten: Der Motor dieses Systems ist der Eigennutz. Ein Eigennutz, der vor Brutalität nicht zurückschreckt und der Korruption bedenkenlos in Kauf nimmt, auch wenn sie mancherwärts bis hinauf in die Kabinette reicht. Keiner fühlt sich verantwortlich, jeder denkt zuerst an sich, für das Allgemeinwohl soll gefälligst der Staat sorgen.

Eine Ethik der Verantwortung ist heute noch viel notwendiger als früher. Der Philosoph Hans Jonas sagte einmal: „Früher mögen die Zehn Gebote als Orientierungshilfe ausgereicht haben, aber im Zeitalter des Globalismus und in Anbetracht des Zerstörungspotentials, über das der Mensch verfügt, sowie angesichts des technischen Fortschritts, der es möglich macht, Gene zu verändern, vielleicht einen neuen Menschen zu kreieren, müssen wir eine Ethik entwickeln, die uns bewußt werden läßt, wie groß unsere Verantwortung ist."

Jede Gesellschaft braucht Bindungen, ohne Spielregeln, ohne Traditionen, ohne einen Konsens für Verhaltensnormen kann kein Gemeinwesen bestehen. Eine Gesellschaft, die nicht über einen ethischen Minimalkonsens einig ist, wird auf die Dauer keinen Bestand haben. Und eine Marktwirtschaft, die nicht ganz bestimmte moralische Maximen anerkennt, wird zwangsläufig zu einem Catch-as-catch-can entarten und vielleicht eines Tages so zusammenbrechen wie vor kurzem das sozialistische System.

Die Lösung kann nicht sein, die Säkularisierung zurückzudrehen - das ist nicht möglich. Es muß aber möglich sein, sich

1. auf einen ethischen Minimalkonsens zu verständigen und
2. die Bürger dazu zu bringen, mehr Verantwortung zu übernehmen.

Nur wenn diese beiden Prämissen erfüllt sind, hat der Liberalismus die Perspektive, nicht nur zu überleben, sondern die Gesellschaft humaner zu gestalten, als sie heute ist, wo sich alles nur auf Geldverdienen konzentriert und alles Geistige, Künstlerische an den Rand gedrängt wird.

# Religiosität und Gesellschaft

## Einleitung in ein Gespräch

Heino Falcke

Religiosität ist eine psychologische Kategorie. Religion umfaßt über individuelle religiöse Erfahrung und Bindung hinaus auch religiöse Gemeinschaften, Institutionen, Religion als Trägerin und Prägerin einer Kultur und schließlich die intellektuelle Gestalt einer Lehre oder Theologie. Ich will mich an das Thema halten. Also rede ich nicht im eigentlichen Sinne theologisch und auch nicht primär von den Kirchen. Ich versuche, einen Überblick über die religiös-areligiöse Landschaft zu geben, und reflektiere dann zwei Phänomene dieser Landschaft etwas intensiver. Die Kirche werde ich nur streifen und erst am Schluß thematisieren.

### 1. Zur Deutung der religiös-areligiösen Landschaft

Ich stoße da auf Unübersichtliches, das durch ein Theorem kaum zu deuten ist. Lange Zeit herrschte das Theorem der Säkularisierung. Die Modernisierungsprozesse brächten unweigerlich ein Schwinden, ja Verschwinden von Kirche und Religiosität überhaupt mit sich: das Ende des metaphysischen Theismus, Rationalisierung und Industrialisierung, Urbanisierung, Auflösung traditionaler Bindungen, Individualisierung werden als Ursache genannt. Der Mitgliederschwund und die Marginalisierung der Kirchen wurden von daher gedeutet. In der DDR sei dieser Prozeß durch den repressiven atheistischen Weltanschauungsstaat lediglich forciert worden.

Inzwischen haben sich die Sozialwissenschaften von der Säkularisierungsthese fast vollständig verabschiedet. Zwar schwindet die Bedeutung der institutionalisierten Religion, der Kirchen, aber Religiosität boomt. New-Age-Bewegungen, hinduistische Gurugemeinden, Yoga und buddhistische Meditation, Esoterik, Okkultismus, Selbsterfahrungs- und Therapiegruppen blühen. Der Pluralismus hat den Bereich des Religiösen ergriffen und einen Markt der Sinn- und Heilsangebote eröffnet. Nach dem Desaster gesellschaftlicher Selbsterlösungsutopien blühen individuelle Selbsterlösungsangebote.

Jüngst hat der Kultursoziologe Detlev Pollack etwas Wasser in den gärenden Wein der Religionssoziologie gegossen (Frankfurter Rundschau, 10.6. 97). Die religiösen Aufschwungsprozesse würden überschätzt. Sie seien Minderheitsphänomene. Nur knapp 2 % derer, welche die Kirchen verlassen, wechseln zu neuen Religionen. Die meisten bezeichnen sich als nicht mehr religiös. Für die Mehrheit stellen Religion und Kirche eine Art Lebenshintergrund dar, der das Leben nicht prägt, sondern allenfalls in biographischen Wenden reaktualisiert wird.

Wir stehen also vor einer sehr facettenreichen Situation. Es gibt eine weitverbreitete Säkularität, der man auch nicht künstlich Religiosität aninterpretieren sollte. Freilich ist hier noch einmal zu differenzieren. Wir haben es mit einer banalen, trivialen Diesseitigkeit zu tun, die religiöses Fragen meidet. Krisen, Leiden, Ängste, in denen religiöses Fragen aufbricht, werden möglichst verdrängt oder vordergründig gemanagt. Gerade hier gibt es allerdings eine verdeckte, trivialisierte Säkularreligion, die Religion des Marktes, auf die ich noch komme.

Wir haben aber auch eine echte, hochreflektierte Säkularität. Sie stellt sich den offenen Fragen von Mensch und Gesellschaft und hält die Widersprüche und Abgründe aus. Religion versteht sie als Selbstauslegung menschlichen Daseins und sucht ein humanes Ethos. Überhaupt wird man sagen können: Religion wird heute im Zusammenhang des Humanen thematisiert, nicht metaphysisch als Gottesfrage.

Hier ein Wort zur ostdeutschen Situation: Für die große Mehrheit ist ein Leben ohne Religion, Gott und Kirche zur selbstverständlichen Gewohnheit geworden, ohne dabei einen Mangel zu empfinden. Der „wissenschaftliche Atheismus" hat darin Breitenwirkung gehabt, daß Religion und Kirche als obsolet, von vorgestern, allenfalls denkmalswert erscheinen. Das Ergebnis ist ein „Gewohnheitsatheismus" (Wolf Krötke), also ein religiöser Indifferentismus. Das ist etwas völlig anderes als der emanzipatorische Atheismus-Humanismus von Karl Marx, der sich ja selbst als Befreiungsbewegung und als sinnstiftend verstand. Dieser Atheismus wurde in der DDR-Ideologie zwar ständig zitiert, diese war aber zur ideologischen Selbstlegitimation von Herrschaft verkehrt und wurde von vielen auch als solche durchschaut. So ist sie auch zugleich mit der politischen Herrschaft zusammengebrochen und hinterläßt eben nicht einen engagierten, emanzipatorischen Humanismus, sondern schlicht Sinnlosigkeit ohne Orientierung und Halt. Der emanzipatorische sozialistische Humanismus hatte seine Anwälte und Gemeinden bei DDR-Schriftstellern und in Gruppen der Evangelischen Kirche. Wie wirkt das nach – trotz der Diffamierungskampagnen, die sich nach der Wende gegen beide richteten? Eine Vermutung über eine Folgewirkung der DDR-Ideologie will ich zur Diskussion stellen: Hat die Geschichtsmetaphysik des Marxismus-Leninismus, also die Lehre von den Gesetzmäßigkeiten der Geschichte, das Verständnis der Freiheit als Einsicht in die Notwendigkeit, vielleicht eine innere Bereitschaft hinterlassen, übergeordnete geschichtliche Notwendigkeiten, gegen die man nichts machen kann, zu akzeptieren? Das sind heute die undurchschaubaren Wirtschaftsprozesse, Globalisierung als Schicksal. Deren Sinn ist zwar jetzt vollends nicht auszumachen, aber man hat das Gefühl, sie akzeptieren zu müssen, und man findet sich mit der eigenen Ohnmacht ab. So gesehen stiftet der Neoliberalismus gerade nicht Freiheitsbewußtsein, sondern setzt die sozialpsychologische Wirkung des Marxismus-Leninismus als Ideolologie fort.

Zurück zum Säkularisierungstheorem: Generell wird man sagen können, daß aufklärerische Säkularität die Kraft und das Pathos einer kulturtragenden Botschaft verloren hat. Das „Unbehagen in der Moderne" hat sich breit gemacht. Adornos Satz aus der Dialektik der Aufklärung hat nach wie vor hohe Evidenz: „Die vollends aufgeklärte Erde strahlt im Zeichen triumphalen Unheils."

## 2. Die Neureligionen

Von hier aus wende ich mich den schon erwähnten neuen religiösen Gruppen und Bewegungen zu. Mögen sie auch fluktuierende Minderheitsphänomene sein, so haben sie doch eine hohe symptomatische Bedeutung. Sie zeigen in unserer Willens- und Verstandeskultur seelische und emotionale Defizite an. Sie reagieren auf die Individualisierungsschübe unserer Gesellschaft. Da von der Gesellschaft kaum noch ein das Ganze umfassendes Sinnangebot ausgeht, in das sich der einzelne einbringen könnte, ist er auf sich selbst gestellt, auf individuelle Glückssuche und das Basteln der eigenen Biographie (vgl. Ulrich Beck: Die Risikogesellschaft). Wir haben eine Individualisierung, aber ohne die Grundlage einer starken Persönlichkeitskultur. Wie wenig der einzelne dieser Individualisierung gewachsen ist, zeigen autoritäre und fundamentalistische Bewegungen, in denen individualistische Vereinzelung in Kollektivismen und Autoritätshörigkeit umschlägt.

Die Neureligionen weisen den Weg nach innen und versprechen Füllung des seelischen Vakuums, Ich-Stabilisierung, religiöses Erlebnis, in dem persönlicher Lebenssinn erfahren wird. Die Suche danach aber ist viel weiter verbreitet als die faßbaren neuen religiösen Gruppen. Kirchliche Veranstaltungen, die individuelle Lebensprobleme, persönliche Lebensgestaltung, Meditation thematisieren, sind gut besucht. Kirchliche Beratungsstellen sind über ihre Kapazität hinaus gefragt. Seelsorge und Beratung haben häufig mit Menschen zu tun, die an Selbstunwertgefühlen und Ohnmachtsgefühlen leiden, wobei sich beide wechselseitig verstärken. Auch dies ist eine Ursache politischer Passivität. Die Kirchen müssen stärker darauf eingehen. Sie sind in ihrer spirituellen Kompetenz gefragt. Sie dürfen freilich nicht in einen religiösen Subjektivismus und Individualismus verfallen.

Die besten christlichen Traditionen verbinden ja gerade beides: persönliche Spiritualität und gesellschaftliche Verantwortung, Gottesliebe und Nächstenliebe, Mystik und Gesellschaftsveränderung, persönliche Heilsgewißheit und den

Gottesdienst im Alltag der Welt. Dorothee Sölle hat gerade ein wichtiges Buch „Mystik und Widerstand" geschrieben, in dem sie die Mystik aus der Engführung des Elitären herausführen, „demokratisieren" will. Sie will mystische und politische Theologien in ihrer Zusammengehörigkeit zeigen. Um es schlicht zu sagen: Die Kirchen müssen zugleich frömmer und weltlicher werden.

So könnte auch dem Eskapismus in den Neureligionen begegnet werden. Sie fliehen aus der Rationalität in die Irrationalität. Wir brauchen aber eine Religiosität, die Rationalität und Technik in humane Vernunft einbindet. Die zivilisatorischen und politischen Krisen, in denen wir stehen, brauchen die Kräfte, die aus der Religiosität erwachsen. Das Bündnis zwischen Protestantismus und Aufklärung – gewiß ein konfliktreiches Bündnis – darf nicht aufgekündigt, es muß erneuert werden.

Noch ein letzter Gesichtspunkt hierzu: Man spricht von „vagabundierender Religiosität". Das trifft zu – denke ich – vor allem auf das Experimentieren mit fernöstlicher Religiosität. Ohne Frage ist von Yoga manches und von buddhistischer Meditation viel zu lernen. Der offene interreligiöse Dialog ist ein Gebot der Zeit. Weithin aber geraten Guru-Anhänger aus dem Westen in ein religiöses Niemandsland. Sie können sich nicht wirklich im Hinduismus beheimaten, sie vagabundieren religiös. Man kann nicht Westlern im Schnellverfahren einen meditativen Habitus antrainieren, um damit die Probleme der westlichen Welt zu sanieren. Zur Hilfe kann uns fernöstliche Spiritualität nur werden, wenn es gelingt, sie in unsere religiöse und kulturelle Tradition zu integrieren. Dazu aber müssen wir die eigenen christlichen spirituellen Ressourcen neu erschließen.

### 3. Die Religion des Marktes

Hier begegnet Religiosität im Modus der Trivialisierung und Instrumentalisierung. Darum wird dieses Phänomen von der Religionssoziologie auch weithin übergangen. Es ist aber ein Massenphänomen. Vor zwei Jahren haben zwei Marketingfachleute ein Fachbuch mit dem Titel geschrieben „Kult-Marketing, die neuen Götter des Marktes" (Norbert Bolz, David Bosshart, 1995). Die Verfasser sind nicht Theologen oder linke Kulturkritiker, sondern Marketingforscher und -fachleute. Sie vertreten die These, daß Marketing bei gesättigten Märkten nur als Kult-Marketing erfolgreich sein könne, weil der kapitalistische Markt ein religiöses Phänomen sei. Wir erinnern uns: In den 50er Jahren haben die Marketingfachleute die Tiefenpsychlogie entdeckt und seither genutzt. Vance Packard hat das in „Die geheimen Verführer" (deutsch, 1973) beschrieben. Jetzt entdeckt die Marketingforschung die Religion.

*„Werbung und Marketing ernähren sich ‚parasitär' von der amerikanischen Popkultur und plazieren sich an der vakant gewordenen Funktionsstelle der Reli-*

*gion... Gegen die Entzauberung der Welt durch Wissenschaft setzt das Kult-Marketing heute auf Strategien der ästhetischen Wiederverzauberung. Die Wissenschaften können uns ja schon lange keine Antwort auf unsere Lebensfragen mehr geben. Und das gerade deshalb angewachsene religiöse Bedürfnis nach Bindung und Verbindlichkeit können die großen Religionen des Westens offenbar auch nicht mehr befriedigen. Nun tauchen die Götter, die aus dem Himmel der Religion verschwunden sind, als Idole des Marktes wieder auf. Werbung und Marketing besetzen die vakant gewordenen Stellen des Ideenhimmels."*

Besonders interessant und pikant wirkt, daß die Autoren auf Karl Marx' Analyse des Fetisch-Charakters der Ware zurückgreifen. Aber gegen die kritische Intention von Marx nutzen sie seine Analyse als Erfolgskonzept für das Marketing. Sie fordern eine „Entübelung" des Warenfetischismus. Marketing muß das gute Gewissen zum Konsum schaffen und stärken. Die Autoren entfalten den Kapitalismus als „ultimative Religion" mit ihren Mythen, Tempeln, Symbolen und Ritualen, sogar eine „Spiritualität des Konsums" gehört dazu.

Wir lesen und hören dies amüsiert, distanziert und ironisch. Aber gerade in seiner Verdecktheit ist dieses religiöse Phänomen massenwirksam. Massenwirksam und gesellschaftsrelevant ist es wohl am stärksten in dem Menschenbild, das hier unterschwellig zugleich vorausgesetzt und ständig reproduziert wird.

Dem Kult-Marketing liegt die reduktionistische Anthroplogie des Homo oeconomicus zugrunde. Ausgeblendet wird der Homo politicus, der Mensch als soziales Beziehungswesen, wie ihn die Tiefen- und Enwicklungspsychologie zeigt, und der Mensch als Mitgeschöpf im ökologischen Beziehungsgeflecht. Der Mensch, zu dessen Wesen es gehört, sich selbst und die vorfindliche Welt auf offene Zukunft hin zu transzendieren, verkümmert durch die Ersatzbefriedigung mit Konsumfetischen. Die Seinsbedürfnisse werden in Habensbedürfnisse umgetauscht.

Die Marktreligion ist nicht unmoralisch, sie ist amoralisch, eine Religion ohne Ethik. Was bedeutet das für die vielbeschworene Wertorientierung der Gesellschaft? Werte ziehen ihre Kraft aus Überlieferungen und aus der Sozialisation in diesen Überlieferungen. Die ethischen Ressourcen einer Gesellschaft verbrauchen sich, wenn die wertebildenden Überlieferungen wegbrechen, wie das gegenwärtig der Fall ist. Ich denke an die biblischen Überlieferungen von der rettenden Gerechtigkeit Gottes, die die Armen und Unterdrückten befreit, von Jesus, der mit den Armen lebte, vom barmherzigen Samariter. Ich denke auch an die sozialistischen Traditionen vom Kampf um soziale Gerechtigkeit. Es versteht sich dann nicht mehr von selbst, daß eine Gesellschaft sich für die Schwachen und Benachteiligten einzusetzen hat. Mit dem „Ende der Utopie", das nach dem Zusammenbruch des Sozialismus proklamiert wurde, droht auch die christliche Hoffnungstradition wegzubrechen. Bleibt aber das „Prinzip Verantwortung", das

Hans Jonas an die Stelle des „Prinzips Hoffnung" setzen wollte, ohne letzteres lebensfähig? Breitet sich anstelle der Hoffnung nicht ein Zynismus aus, der die bessere Welt den „Gutmenschen" überläßt und nur Pragmatismus gelten läßt? Der Klügste und Weltkundigste ist, wer am wenigsten glaubt und hofft.

### 4. Eine dreifache Herausforderung an die Kirchen

Die Kirchen müßten die zugleich spirituellen und ethischen Kräfte der christlichen Überlieferung in diese Situation übersetzen. Es genügt nicht, auf diese Situation mit christlicher Sozialethik oder Soziallehre zu reagieren. Das haben die beiden großen Kirchen kürzlich mit ihrem Wort „für eine Zukunft in Solidarität und Gerechtigkeit" durchaus eindrucksvoll getan. Sie haben jedoch nicht die religiöse Tiefendimension dieser Fragen angesprochen und nicht die prophetische und spirituelle Tradition der christlichen Kirchen mobilisiert. Auf der theologischen Ebene haben wir gegenwärtig zwei neue Zugänge zur biblischen Tradition. Die sozialgeschichtliche Bibelauslegung, welche die gesellschaftspolitische Dimension der Texte freilegt, und eine tiefenpsychologisch geschulte Auslegung biblischer Texte. Sie erschließt die Texte in ihrer Bedeutung für die seelischen Probleme von Mensch und Gesellschaft heute und für die Suche nach neuer Spiritualität. Beides miteinander brauchen wir.

Um ihre spirituelle Kompetenz in die religiös und kulturell plurale Gesellschaft einbringen zu können, braucht die Kirche eine dialogische Öffnung. In diesem Dialog wäre nicht nur die theologische Auseinandersetzung mit anderen Denkentwürfen von Menschsein und Welt fortzusetzen, es wäre die Frage nach den religiösen Quellen der seelischen Kräfte zu stellen, die unsere Gesellschaft braucht, um die heutigen Krisen zu bewältigen. Dazu muß sich die Kirche auf tiefenpsychologische und sozialpsychologische Fragestellungen und Sichtweisen einlassen. Ein anregendes und eindrucksvolles Beispiel für solch einen Dialog hat Horst-Eberhard Richter in seinem neuesten Buch „Als Einstein nicht mehr weiter wußte, ein himmlischer Krisengipfel" (1997) geboten. Er bringt die Hauptrepräsentanten unserer kulturellen Traditionen untereinander und mit Kofuzius und Buddha in einen fiktiven Dialog. Dieser aber folgt dem Konzept einer therapeutischen Selbsthilfegruppe. Sie diagnostiziert das seelische Krankheitsbild unserer Gesellschaft und sucht nach Heilungskräften, die eine Kultur der Solidarität, Selbstbegrenzung und Ehrfurcht vor dem Leben entwickeln könnten.

Ich wünschte mir zu diesem Buch ein theologisches Seitenstück, das die Traditionen und Neuaufbrüche christlicher Spiritualität in ihrer ökumenischen Weite und Vielfalt in solch einen Dialog bringt. Er könnte dazu helfen, die Herausforderungen der Neureligionen nicht defensiv, sondern produktiv aufzunehmen und Widerstandskräfte gegen die Trivialreligion des Marktes zu wecken.

Die tiefgreifenden gesellschaftlichen Transformationsprozesse brauchen religiöse Gemeinschaften, um für die Gesellschaft als Ganze wirksam zu werden. Wie aber kann das in der pluralistischen Gesellschaft aussehen? Die Zeit der traditionellen Volkskirche, die Trägerin der Civil religion war, geht zu Ende und ist in Ostdeutschland längst zu Ende. Die Konstruktion der Partnerschaft zwischen Staat und Kirche – das bundesrepublikanische Nachkriegsmodell – wird zwar aufrechterhalten, faktisch aber werden die Kirchen zu Verbänden in der Zivilgesellschaft neben dem wachsenden Islam und anderen Religionsgemeinschaften, freilich mit besonderer und gestützter Öffentlichkeitsveranwortung. Der Kruzifixstreit, der Streit um den Religionsunterricht und den Bußtag signalisieren die verunsicherte öffentliche Rolle der Kirchen.

Wie kann die Kirche ihre öffentliche Rolle in der pluralistischen Gesellschaft wahrnehmen? Sie muß die Entwicklung bejahen und bewußt gestalten, daß sie immer weniger ein einheitliches Handlungssubjekt, ein Handlungsträger ist. Sie pluralisiert sich selber in verschiedene Sozialgestalten. Wir haben die Ebene der Kirchenleitungen und Synoden. Sie agieren in öffentlichen Worten und Denkschriften. Das ist nach wie vor für das Ganze der Gesellschaft bedeutsam. Besonders positiv ist, daß die beiden großen Kirchen ein gemeinsames ökumenisches Reden herausbilden und daß dem Sozialwort der Kirchen ein Diskussions- und Konsultationsprozeß in den Kirchen voranging. Der Pluralismus kann für die Kirchen eine Chance sein, mehr Profil zu wagen. Sie müssen nicht mehr wie die traditionelle Volkskirche den religiös moralischen Konsens der Gesellschaft darstellen. Sie können profiliertere Positionen beziehen und ihre Integrationsaufgabe so wahrnehmen, daß sie den gesellschaftlichen Konsens nach vorn zu integrieren versuchen auf den Konsens hin, der Zukunft eröffnet. Das hat vorbildlich die vielgenannte Ostdenkschrift der Evangelischen Kirche in Deutschland in der 60er Jahren getan. Ich denke, die Protestanten müßten protestantischer werden, nicht konfessioneller, aber konfessorischer.

Eine andere Handlungsebene sind die vielgestaltigen Sozialformen der Gemeinden, Kommunitäten, sozialethisch engagierten Gruppen und kirchlichen Verbände. Das Beispiel des Kirchenasyls hat gezeigt, daß diese Gruppen profilierter und entschiedener handeln können als die Kirchenleitungen, die auf den Konsens in der Kirche bedacht sein müssen. In den 80er Jahren gewann die konziliare Bewegung für Gerechtigkeit, Frieden und Bewahrung der Schöpfung auf der Ebene der Ökumene aber auch in der evangelischen Christenheit in Deutschland an Bedeutung. Ihr Spezifikum war, daß sie die theologische, spirituelle und ethische Dimension des Engagements für eine zukunftsfähige Gesellschaft miteinander verband. Sie wurde vor allem von christlichen Gruppen und Netzwerken getragen. In der Endphase der DDR hat sie in der Ökumenischen Versammlung der Kirchen und Gruppen für Gerechtigkeit, Frieden und Schöpfungsbewahrung eine große, auch politische Bedeutung gewonnen. Für die gesellschaftliche Relevanz der Kirchen wird viel davon abhängen, ob es gelingt, das konfliktreiche Miteinander verschiedener Handlungsebenen zu einem konstruktiven Zusammenwirken zu bringen.

Wird es gelingen, daß die christlichen Kirchen, die unsere Kultur nachhaltig geprägt haben, auch heute dieser Kultur in ihren Transformationsprozessen Prägekräfte zuführen? Ich denke, das wird wesentlich davon bestimmt, ob in der Zivilgesellschaft lebendige, offene, ausstrahlungs- und anziehungskräftige christliche Gemeinden und christliche Gruppen und Netzwerke als „Sauerteig" wirken.

# Sind alle Soldaten Mörder?

Iring Fetscher

Das – aus dem Mund von Pazifisten verständliche – Urteil „Soldaten sind Mörder" ist mir zum ersten Mal 1946 im Kreis britischer Quäker begegnet. So sympathisch deren Bereitschaft zur „Versöhnung" mit den Menschen in Deutschland war, die eben erst – durch die militärischen Anstrengungen der Aliierten, nicht durch eigne Kraft – den Nationalsozialismus hinter sich gelassen hatten, so skeptisch war ich, ob nicht eine pazifistische Haltung bei den Gegnern der Nazis Europa deren Gewaltherrschaft schutzlos preisgegeben hätte. Auf meinen Einwand: „Wenn nun alle Engländer – wie die radikalsten Pazifisten – nicht nur den Kriegsdienst, sondern jede kriegswichtige Tätigkeit verweigert hätten, wären sie dann nicht schuld am Sieg der Nazis gewesen?" erhielt ich zur Antwort: „Wir wußten, daß wir eine kleine Minderheit waren, die dem Vorbild Gandhis zu folgen versuchte!" Das konnte mich nicht befriedigen. Aber auch die etwas elaboriertere Argumentation, die von der These ausging, daß „langfristig" nur das – bis zum Martyrium gehende – „Nichtwiderstehen dem Bösen" die Welt verbessern könne, überzeugte mich – so eindrucksvoll sie auch war – nicht. Die Soldaten der Kriegsgegner des nationalsozialistischen Deutschland wie des imperialistischen Japan kämpften für eine legitime Sache. Ich konnte sie jedenfalls pauschal nicht als „Mörder" disqualifizieren. Davon konnte man durchaus die Frage abtrennen, ob das Flächenbombardement deutscher Großstädte, dem Zehntausende von unbewaffneten, wehrlosen Zivilisten zum Opfer fielen, nicht Mord war. Erst einige Zeit nach dem Kriege hörte ich die militärstrategische Rechtfertigung dieser Angriffe: Sie hätten dazu gedient, die zur Abwehr von Panzern verwendbaren 8,8-cm-Flakgeschütze von der Front abzuziehen und damit den aliierten Vormarsch zu erleichtern. Im übrigen hatte ja die Luftwaffe des Deutschen Reiches mit der Bombardierung von Guernica im spanischen Bürgerkrieg und von Coventry am 20. November 1940 – durch die die gesamte alte Innenstadt zerstört wurde – mit dieser Art der „totalen Kriegsführung" begonnen.

Ich halte es noch immer für legitim, zwischen einem Angriffskrieg und einem Verteidigungskrieg zu unterscheiden. Die unprovozierten Überfälle deutscher Truppen auf Polen im Sommer 1939 und auf die Sowjetunion im Sommer 1941 waren – wie es in Nürnberg formuliert wurde – „Verbrechen gegen den Frieden". Daß sich die Überfallenen verteidigten, machte sie nicht zu Mördern.

Da der Satz „Soldaten sind Mörder" von Kurt Tucholsky stammt, liegt es nahe, sich genauer anzusehen, in welchem Zusammenhang er ihn formuliert hat. Aktueller Anlaß für seinen Aufschrei waren die zahlreichen Morde an unbewaffneten, friedlichen Bürgerinnen und Bürgern Deutschlands, die von Soldaten der nationalistischen Kampfverbände und Freikorps – nach Kriegsende – begangen wurden. Karl Liebknecht, Rosa Luxemburg, Kurt Eisner, Mathias Erzberger, Gustav Landauer, Walther Rathenau, Hans Paasche – die Liste der Verbrechen ist unvollständig, genügt aber, um klar zu machen, daß politische und rassistische Motive hinter den Morden standen. Unter fadenscheinigen Vorwänden und auf Grund fiktiver „Standgerichtsurteile" wurden die meisten willkürlich erschossen. Angesichts dieser zahlreichen politischen Morde, die von einer durch den Krieg verrohten Soldateska begangen wurden, fühlte sich Kurt Tucholsky mit seiner Trauer und seiner Empörung einsam. Nun hatte man die lang erhoffte Republik, aber brutale Reaktionäre wüteten und gingen zumeist völlig straflos aus. Am meisten bedrückte Tucholsky der „Korpsgeist" zahlreicher Offiziere und höherer Beamter, die mit jenen Mördern offen sympathisierten.

Die „Mörderliste", die E. J. Gumbel damals aufgestellt hatte, „wimmelt von Offizierschargen, es gibt kaum einen politischen Mord, begangen von rechts, in dem nicht Offiziere ihre Hände gehabt hätten. Sie „sind von Offizieren oder auf deren Geheiß ermordet, zerstampft, gelyncht, zerprügelt und erschlagen worden. Alles, was nach dem Zusammenbruch ins Land zurückströmte, ließ die strategisch leicht angebuffte Tapferkeit *an den wehrlosen Landsleuten* aus. Jedes Wort unserer aufklärenden Aufsätze ist von diesen Menschen mit Blut unterschrieben worden. Und im Verhalten der Kaste zu den Untaten der einzelnen liegt unser Hauptargument."[1]

Deutsche Soldaten waren in der Zeit nach der Niederlage im Ersten Weltkrieg zu Mördern geworden, deutsche Offiziere hatten skrupellos Mordbefehle erteilt. „Kein Einwand", betont Tucholsky, „daß es eine Anzahl menschlich anständiger Offiziere gegeben hat, die das Kunststück fertigbrachten, die Anforderungen der Humanität und ihrer Kaste wenigstens einigermaßen in Einklang zu bringen." An der mehrheitlichen Haltung der „Offizierskaste" ändere das nichts. Zwar könne „einer Kaste die Verantwortung für die Untaten ihrer Angehörigen nicht ohne

[1] Zitat nach Kurt Tucholsky, „Die Erdolchten" (1922), in: Derselbe, „Unser Militär! Schriften gegen Krieg und Militarismus". Reinbek, 1960, S. 206 f. Tucholskys Quelle war das Buch von E. J. Gumbel, „Zwei Jahre Mord", 4. Auflage. Gumbel, der Professor für Mathematik war, wies in seinem erstmals 1921 erschienenen Buch nach, daß 314 von Rechten begangene Morde mit insgesamt 31 Jahren, 3 Monaten Freiheitsentzug und einer lebenslänglichen Festungshaft geahndet wurden, während 13 von Linken begangene Morde 8 Todesurteile und 176 Jahre, 10 Monate Freiheitsstrafen zur Folge hatten. Seiner Schriften wegen mußte Gumbel nach Frankreich und später in die USA emigrieren.

weiteres aufgebürdet werden. In dem Augenblick aber, wo die Kaste stillschweigend oder laut diese Untaten billigt, erklärt sie sich mit den Verbrechern solidarisch und darf nunmehr angefaßt werden, als habe sie selbst gesündigt. Der General, der an dem Tag der Ermordung Erzbergers telefonisch in Berlin erklärt hat: ‚Gott sei Dank, daß das Schwein tot ist! Da hol' ich mir eine ordentliche Pulle Wein aus dem Keller!' hat nur zum Ausdruck gebracht, was die überwiegende Mehrheit dieser gewalttätigen, im Lande herumlungernden, stets auf Hochverrat sinnenden Landsknechtsnaturen darüber denkt. In unzähligen Zeitungsartikeln, in Reden und Kundgebungen einer gewissen Schicht Offiziere ist der politische Mord als erstes und letztes Mittel verherrlicht worden – ein Beweis für die sittliche Verrohung dieser Kreise und für ihre geistige Ohnmacht."[2]

Wenn Tucholskys Formulierung „Soldaten sind Mörder" zitiert wird, ohne auf den Zusammenhang zu verweisen, in dem sie gebraucht wurde, wird seine Kritik an den Mordtaten von Freikorps-Angehörigen in ihrer Tendenz verfälscht. Gewiß erkannte Tucholsky in den Verbrechen dieser ehemaligen Weltkriegsteilnehmer auch eine Folge der Verrohung, die der Krieg mit sich gebracht hatte, und gewiß suchte Tucholsky damals – wie viele Menschen nach dem Zweiten Weltkrieg – im entschiedenen Pazifismus einen Ausweg aus der verhängnisvollen Entwicklung, die schon der „normale" Krieg mit seinen modernen Waffen mit sich gebracht hatte. Dennoch bleibt es wohl legitim, wenn im Interesse einer differenzierten Beurteilung Unterschiede gemacht werden. Soldaten, die zum Beispiel im Zweiten Weltkrieg von der Wehrmacht überfallene Staaten und deren Bevölkerung mit Waffengewalt verteidigten und im Verlauf des Krieges den Aggressor offensiv überwanden, waren keine Mörder. Die Unterscheidung wird aber – das soll nicht unterschlagen werden – durch die schon erwähnte Flächenbombardierung von Städten und seit Hiroshima auch durch die mörderischen Kernwaffen (ebenso wie chemische und bakteriologische Waffen, die samt und sonders als völkerrechtswidrig zu verurteilen sind) erschwert. Im Interesse historischer Gerechtigkeit soll aber an die – ältere – zum Beispiel auch von dem führenden Kriegstheoretiker Clausewitz stammende Auffassung von Krieg erinnert werden, die Soldaten von Mördern zu unterscheiden erlaubt. Gäbe es diese Unterscheidung nicht, wäre beispielsweise auch die Ausstellung über „Verbrechen der Wehrmacht"[3] überflüssig, weil das Verbrechen des Mordes ohnehin zum „Wesen des Soldaten" gehören würde.

Clausewitz unterscheidet im ersten Kapitel seines Buches „Vom Kriege" das Töten in der Schlacht eindeutig von Mord und Totschlag. Er rekurriert dabei auf

[2] a.a.O., S. 207

[3] Vgl. hierzu das Buch von Hannes Heer und Klaus Nahmann (Hg.), „Vernichtungskrieg. Verbrechen der Wehrmacht 1941-1944". Hamburg, 1995.

eine im Mittelalter und in der frühen Neuzeit weit verbreitete Analogie zwischen Krieg und Zweikampf[4]: „Der Krieg ist nichts als *ein erweiterter Zweikampf*. Wollen wir uns die Unzahl der einzelnen Zweikämpfe, aus denen er besteht, als Einheit denken, so tun wir besser, uns zwei Ringende vorzustellen. Jeder sucht den anderen durch physische Gewalt zur Erfüllung seines Willens zu zwingen; sein nächster Zweck ist, den Gegner niederzuwerfen und dadurch zu jedem ferneren Widerstand unfähig zu machen. Der Krieg ist also ein Akt der Gewalt, um den Gegner zur Erfüllung unseres Willens zu zwingen."[5] Der Wille, dessen Erfüllung erzwungen werden soll, ist von der Politik zu bestimmen. Handelt es sich um eine mäßige Forderung, so sind auch nur entsprechend mäßige Druckmittel einzusetzen. In vielen Fällen kann die Androhung von Gewalt schon ausreichen. Clausewitz ist keineswegs ein Anhänger des „Vernichtungskrieges", als welchen man ihn – insbesondere in der deutschen militärwissenschaftlichen Tradition – zu Unrecht

---

[4] Carl von Clausewitz, „Vom Kriege", zit. nach der fünften durchgesehenen Auflage, Berlin 1905, S. 3 f.

[5] a.a.O., S. 3 f. *Quincy Wright* hat in „A Study of War" (erstmals Toronto 1942), zit. nach der gekürzten Ausgabe, Chicago 1965, die Geschichte der Analogie zwischen Duell und Krieg kurz zusammengefaßt: „At different times and places juristes and philosophers have likened war to an act of self-defense, to the execution of a judgment, to a political measure, to a crime, and *to a duel* or *judicial combat*. Many Renaissance writers discussed the legal propriety of war and all these analogies were used. It appears however that the *dominant idea of war at that time was that of a duel between princes*. The words bellum and duellum have the same origin ... and in the Middle Ages the two were often treated together, as by Lagnano." Während des Mittelalters sei diese Auffassung jedoch durch die Theorie zurückgedrängt worden, daß Krieg gerechterweise nur unter einer höheren Autorität – d.h. der Gottes und in seinem Namen des Papstes oder des Kaisers – geführt werden dürfe. Mit der Durchsetzung des Konzepts souveräner und (im Prinzip wenigstens) gleichberechtigter Staaten wurden Kriege zwischen absolutistischen Herrschern selbst von kirchlichen Theoretikern wie Vittoria und Molina nicht mehr als nur von einer Seite gerecht angesehen. Die beiden Autoren unterstellten bei der *objektiv* im Unrecht befindlichen Seite eine „unüberwindliche Unwissenheit", so daß der Krieg als „just on both sides" angesehen werden müsse. Gentili und Grotius hielten diese Hilfskonstruktion (der unüberwindlichen Ignoranz) für unnötig und optierten im Zweifelsfall dafür, keine Seite als ungerecht anzusehen. „Consistent with the analogy of war to the duel ... lay writers like Machiavelli and Hobbes as well as reformers like Luther, perceived war as the natural consequence of controversy between equals, subject to no common authority and so in a state of nature" (S. 174 f.). Historiker unterscheiden drei Formen des Duells: „Das Staats-Duell, das gerichtliche Duell und das Ehren-Duell. Im ersten Fall kämpft ein stellvertretender Kämpfer im Namen des Staates, das ist dann ein Miniaturkrieg. Das gerichtliche Duell ist ein durch Kampf ermitteltes Urteil, eine durch staatliche Autorität vorgeschriebene Prozedur, um Schuld oder Unschuld zu beweisen. Im Ehrenduell verteidigen Gentlemen ihre Ehre im Kampf, der durch bestimmte Konventionen geregelt ist ... Alle drei Formen sind miteinander verwandt und überschneiden sich. Der Krieg war ein Staats-Duell, in dem die Armee als Repräsentantin des Fürsten kämpfte. Er war ein Prozeß in Kampfform, durch den die Gerechtigkeit einer umstrittenen Sache erwiesen wurde. Er war ein Ehrenduell, bei dem die „nationale Ehre" zur Hauptursache wurde und noch immer ist" (S. 176). Clausewitz reiht sich in diese Tradition ein, berührt die Analogie aber nur flüchtig.

oft hingestellt hat. Raymond Aron hat – meines Erachtens überzeugend – nachgewiesen, daß sich Clausewitz mit seiner These vom unaufhebbaren Primat der Politik gegenüber der Kriegführung der Entwicklung zum „totalen Krieg", wie ihn z.B. Ludendorff gefordert hat, energisch widersetzt haben würde.[6] Zum bewaffneten Kampf kommt es im übrigen erst dann, wenn der bedrohte Gegner sich dem Willen des Angreifers widersetzt. „Ein absolutes Dulden würde keine Kriegsführung sein." So „ist er immer der Stoß zweier lebendiger Kräfte gegeneinander, und was wir von dem letzten Ziel der kriegerischen Handlung gesagt haben, muß von beiden Teilen gedacht werden. Hier ist also Wechselwirkung."[7]

Diese Beschreibung erklärt die Analogie zwischen Krieg und Duell, von der Clausewitz ausgegangen war. Wenn der zum Duell Herausgeforderte den Kampf ablehnt, kommt er nicht zustande. Was immer das Motiv für die Duellforderung gewesen sein mag, dem Herausgeforderten steht das Recht zu, den Kampf zu verweigern. Feudale Begriffe von Ehre und sozialem Prestige mögen ihn daran hindern, aber das Duell unterscheidet sich durch die Freiwilligkeit und die Waffengleichheit doch noch immer vom Mord. Zu seinen Regeln gehörte es ja seit jeher, daß zwischen den Duellanten Waffengleichheit herrschen muß. Eine gewisse Ähnlichkeit zwischen dem „ius in bello" und den Regeln des Duells ist nicht zu verkennen. Ein ungewöhnliches Beispiel für dieses Analogdenken war der Einwand eines US-amerikanischen Admirals gegen den Abwurf der Atombombe auf Japan. Er meinte, man dürfe den Feind nicht mit einer Waffe bekämpfen, die er selbst nicht besitzt. Sein Einwand wurde bekanntlich beiseite geschoben. In der Marine mögen traditionelle Völkerrechtsnormen noch eher erinnert worden sein als in der Air-Force.

Die Analogie von Duell und Krieg wird freilich durch die Tatsache erschwert, daß – jedenfalls in modernen Kriegen – nicht mehr die Souveräne in Gestalt einer Person miteinander kämpfen, wie das in der Antike vorgekommen ist, sondern die bewaffneten Streitkräfte von Staaten. Clausewitz nimmt an, daß man die einzelnen Soldaten als integrierte Teile eines kriegführenden „Ganzen" ansehen könne, dessen Verhalten vom Völkerrecht normiert wird. Dennoch gilt auch für jeden einzelnen Soldaten, daß er sich an die verbindlichen Regeln der Haager Landkriegsordnung, der Genfer Konvention und anderer völkerrechtlichen Normen zu halten hat. Zwar wurden auch die Angehörigen der Wehrmacht während der Nazizeit – soweit sie Offiziersbewerber und Offiziere waren – über diese Normen informiert, sie wurden aber nicht nur in der Praxis, sondern schon in der Theorie – auf dem Befehlswege – im Ostfeldzug wie auf dem Balkan weit-

[6] Vgl. General Ludendorff, „Der totale Krieg". München, 1936, 2. Auflage. Dagegen Raymond Aron, „Frieden und Krieg". Frankfurt, 1986, Kapitel 4, „Strategie und Diplomatie oder von der Einheit der Außenpolitik." S. 33-62.

[7] Clausewitz, a.a.O., S. 5

gehend aufgehoben. Dadurch wurden Offiziere wie einfache Soldaten, soweit sie entsprechende Befehle befolgten (wie den „Kommissarbefehl" oder die wahllose Erschießung von Zivilisten unter dem Vorwand, sie könnten „Partisanen" sein), zu Verbrechern. Durch die bloße Teilnahme an einem Krieg, der – wie in Nürnberg festgestellt wurde – ein „Verbrechen gegen den Frieden" darstellte, waren sie aber noch keine Mörder.

In den Jahren nach dem Ersten Weltkrieg, der auf beiden Seiten wiederholt völkerrechtswidrige Kampfmittel zum Einsatz brachte, haben Politiker der demokratischen Staaten versucht, den Krieg als Mittel zur „Lösung von Konflikten zwischen Staaten" durch internationale Vereinbarungen (wie den Briand-Kellog-Pakt) und das Eingreifen des Völkerbunds (Sanktionen z. B. gegen Italien während des Abessinienkrieges) auszuschalten oder wenigstens zurückzudrängen. Am bekanntesten wurde der „Briand-Kellog-Pakt", der am 27. August 1928 in Paris, zwischen dem Deutschen Reich, USA, Belgien, Frankreich, Großbritannien, Italien, Japan, Polen und der Tschechoslowakei abgeschlossen wurde und dem allmählich insgesamt 63 Staaten beitraten. Dieser Pakt verpflichtete die Unterzeichner – mit Ausnahme der Selbstverteidigung gegen einen Aggressor oder zur Durchführung vom Völkerbund beschlossener Sanktionen – auf Krieg zu verzichten. Bekanntlich haben sich weder das Deutsche Reich noch Japan an diesen Pakt gehalten.

Im „Nürnberger Prozeß" gegen die Naziführung wurde unter anderem „die planmäßige Vorbereitung und Durchführung eines Angriffskrieges als Verbrechen gegen den Frieden" definiert. Die dafür verantwortlichen militärischen Führer wurden verurteilt. Die Bereitschaft angegriffener oder militärisch bedrohter Staaten, sich mit Waffengewalt zu verteidigen, blieb dagegen weiterhin völkerrechtlich zulässig. Wenn ein kleines Land wie Dänemark darauf verzichtet, sich gegen die angedrohte Besetzung militärisch zu wehren, kommt es nicht zum Krieg, aber die dänische Regierung war durch keine Völkerrechtsnorm – sondern allein durch die Einsicht in die eigne hoffnungslose Unterlegenheit – zu diesem Schritt motiviert worden.

Im Prinzip wird durch das Völkerrecht und die Haager Landkriegsordnung sowie andere international verbindliche Normen die Tötung des bewaffneten Angreifers durch den Verteidiger legalisiert. Sobald aber ein Soldat seine Waffen niederlegt und sich ergibt, ist sein Leben zu schützen. Jeder Soldat weiß oder sollte wissen, daß die Tötung von Unbewaffneten oder die Waffen niederlegenden Personen ein Verbrechen ist. Normalerweise müßte es kriegsgerichtlich von der eignen Gerichtsbarkeit geahndet werden. Im Zweiten Weltkrieg wurden diese Normen vor allem im Ostfeldzug auf deutscher Seite nicht mehr beachtet. Hinsichtlich der Behandlung von Kriegsgefangenen hielt sich die Sowjetunion noch eher an die Haager Landkriegsordnung als das Deutsche Reich. Problematisch war vermutlich allerdings eine Anzahl von Prozessen, die deutschen Soldaten – namentlich verantwortlichen militärischen Führern – in der Sowjetunion gemacht wurde. Das Elend, unter dem deutsche Kriegsgefangene in Lagern der Sowjetunion generell zu leiden hatten, war in erster Linie der Schwierigkeit der Lebensmittelversorgung und den vergleichbar schlechten Lebensbedingungen der eigenen Bevölkerung geschuldet. Das Völkerrecht schreibt aber lediglich vor, daß Kriegsgefangene etwa so zu versorgen sind wie die gleichrangigen Soldaten der eignen Armee. Im Fall der sowjetischen Kriegsgefangenen in deutschen Lagern konnte davon keine Rede sein. Die Todesrate war hier vielfach höher als die deutscher „Plennis" in der Sowjetunion.

Offiziere, Unteroffiziere und Mannschaften der deutschen Wehrmacht haben – in der Sowjetunion, in Polen und auf dem Balkan vor allem – zahlreiche Verbrechen an der Zivilbevölkerung wie an Angehörigen der gegnerischen Armeen begangen. Oft haben sie auch von den Verbrechen der „Einsatzkommandos" und der SS gewußt, sie geduldet oder sogar unterstützt. Dennoch will auch die Ausstellung „Verbrechen der Wehrmacht" nicht jeden deutschen Soldaten gleich welchen Ranges als Verbrecher oder Mörder verurteilen. Sie waren alle willige (bewußte oder unbewußte) Instrumente einer verbrecherischen Politik und eines verbrecherischen Krieges. Nur viel zu wenige Angehörige der höheren Heeresleitung haben – wie Generaloberst Ludwig Beck – rechtzeitig vor dieser Entwicklung gewarnt und sich wenigstens der Mitwirkung entzogen. Je niedriger der Dienstgrad, je geringer der Überblick über Politik und Kriegsführung, um so geringer die Mitschuld und desto größer oft auch das blinde Vertrauen in die propagandistischen Behauptungen der Führung, es gehe um die Verteidigung der Lebensrechte des deutschen Volkes oder – im Osten – um den Schutz der „europäischen Zivilisation vor dem Angriff aus der asiatischen Steppe" (Originalton Goebbels).

Als einzelne aber waren diese Soldaten nur dann Mörder, wenn sie an der Tötung unbewaffneter Soldaten oder von Zivilpersonen teilgenommen haben. Gerade weil es zur völkerrechtlichen bzw. kriegsrechtlichen Verhaltensnorm von kämpfenden Truppen gehört, wehrlose Personen zu schonen und sich ihnen gegenüber an zivile Verhaltensnormen zu halten, kann in diesen Fällen von Verbrechen gesprochen werden. Zumindest bei höherrangigen Soldaten muß ein entsprechendes Unrechtsbewußtsein vorausgesetzt werden. Ein von Haus aus eher unpolitischer, konservativer Offizier wie Axel von dem Bussche-Streithorst war von dem Augenblick an entschlossen, sich mit allen Mitteln gegen die oberste Reichsführung zu wenden, als er – ungewollt – Zeuge von Massenerschießungen jüdischer Zivilpersonen in der Ukraine geworden war.

Dennoch kämpfte er als „normaler Soldat" im Krieg gegen die Sowjetunion weiterhin tapfer und unerschrocken, obgleich ihm wohl bewußt war, daß der unprovozierte Überfall auf die Sowjetunion ein Verstoß gegen das Völkerrecht war.

Es handelt sich nicht darum, ob dieses Verhalten konsistent war oder nicht, sondern nur um die Unterscheidung zwischen dem Verhalten des „normalen" Soldaten als Bataillonsführer und dem entschlossenen Kämpfer gegen den Hauptverantwortlichen für die Verbrechen an jüdischen und polnischen sowie russischen Zivilpersonen.

Für das Selbstverständnis der meisten Soldaten der Wehrmacht dürfte die Tatsache, daß sie – in der Regel – selbst ebenso der Todesgefahr ausgesetzt waren, wie sie ihre Gegner mit Tod bedrohten, zur Überzeugung beigetragen haben, daß sie zwar Töter, aber nicht Mörder waren. In diesem Bewußtsein der eignen Lebensgefahr liegt noch immer das anfangs erwähnte Analogon zum Duell.

Die Bundeswehr soll – ihrer Ausbildung, ihrem Auftrag und ihrer Definition nach – als Organisation von „Bürgern in Uniform" oder friedenssichernden Maßnahmen allein der Verteidigung gegen potentielle Angreifer dienen. Allenfalls kann sie noch Instrument von Sanktionen sein, die von den „Vereinten Nationen" angeordnet worden sind. Damit ist zunächst schon ausgeschlossen, daß die Bundeswehr ein Verbrechen „gegen den Frieden" begeht, vorausgesetzt, die politische Führung hält sich an verbindliche Verträge. Für jeden einzelnen Soldaten sind darüber hinaus die Bestimmungen der Haager Landkriegsordnung und weiterer internationaler Normierungen bindend, die ausschließen, daß er im Sinne des Verdikts von Tucholsky zum Mörder werden kann. Als Mitglied der Vereinten Nationen und Partner zahlreicher Verträge zur Hegung des Krieges ist die Bundesrepublik – jedenfalls im Prinzip – vor Verbrechen, wie sie nach dem Ersten Weltkrieg und im Zweiten Weltkrieg begangen wurden, bewahrt. Solange sich die Angehörigen der Bundeswehr und ihre Führung an sie halten, besteht daher auch keine Notwendigkeit für einen zusätzlichen Ehrenschutz. Es ist völlig hinreichend, wenn gegenüber jedem Bürger und jeder Bürgerin unseres Staates – und damit auch jedem Angehörigen der Bundeswehr – immer wieder an die erwähnten Normen erinnert wird. Wenn Soldaten sie verletzen, werden sie zu Mördern. Solange sie sich an sie halten, sind sie es nicht.

## Postskriptum

Die Artilleriebeschießung von Wohnorten, die Flächenbombardierung von Städten und erst recht der Einsatz der sogenannten „ABC-Waffen" macht allerdings die hier vorgenommene Unterscheidung von „normalen" Soldaten und Mördern hinfällig. Die Tatsache, daß bei den Kriegen dieses Jahrhunderts von Fall zu Fall der Anteil an „zivilen Toten" gegenüber dem an „militärischen" stieg und den letzteren mehr und mehr übertroffen hat, spricht eine genügend deutliche Sprache.

# Spaziergang mit meinem Vater

Jutta Forchmann

*Trin hat mich angesprochen, ob ich zu der Festschrift aus Anlaß Deines 75. Geburtstages etwas schreiben möchte. Zunächst war ich unschlüssig, doch dann reizte mich diese Idee.*

Was schreibt frau einem Vater, der selbst schreibt, psychosozial engagiert und weltweit bekannt ist? Was gibt es Mitteilenswertes, das auf diesem Weg veröffentlicht wird, das interessant genug ist, von ihm gelesen zu werden?

Tochter eines bekannten Vaters zu sein, ist eine Hypothek. Frau sieht sich mit den eigenen Versagensängsten konfrontiert und muß sich mit den Erwartungen der anderen auseinandersetzen. Dieses Dilemma scheint zunächst unlösbar.

Dann stellt frau fest, daß sie eigene Kreativität entwickelt, etwas zuwege bringt, sogar Karriere macht, und sie beginnt sich abzugrenzen.

*Erinnerst Du Dich? Im Sommer 1995 unternahmen wir einen gemeinsamen Spaziergang an Deinem Lieblingsort. Ich hatte mir vorgenommen, mit Dir über unsere Beziehung zu reden. Dabei haben wir Brombeeren gepflückt, wie ich es aus meiner Kindheit von unseren Spanien-Urlauben her kenne. Ich habe Deine ungeteilte Aufmerksamkeit genossen. Die Gesprächsthemen sind mir im einzelnen nicht mehr gegenwärtig. Wichtig ist allein, daß es für mich der schönste Spaziergang mit Dir gewesen ist. Ich fühlte mich Dir sehr nahe und unbeschwert in der Vertrautheit mit Dir und erinnere mich, daß ich dies als Schlüsselerlebnis empfand.*

Plötzlich eröffnen sich neue Sichtweisen, und die Chancen einer neuen Beziehungsgestaltung werden erkannt und ergriffen. Die Erkenntnis, daß „der Apfel nicht weit vom Stamm fällt", ermutigt und erleichtert.

Die „Kopfarbeit" und die „Emotionalität" gehören zusammen. Denn was wäre der Kopf ohne das Gefühl? Bliebe die Kopfarbeit nicht wirkungslos, wenn die Emotionalität ihr nicht zur Seite stünde? Und würde sich das Gefühl nicht verlieren, wenn der Kopf nicht klar bliebe?

*Das ist das Bild, das ich von meiner Familie in mir habe. Untrennbar ist auch damit Mutter verbunden, die gleichermaßen beides in sich trägt.*

*Heute, aus der Sicht der Tochter eines berühmten Vaters, sehe ich meine Töchter: engagiert, kreativ und emanzipiert, mit Kopf und Herz und beiden Beinen fest im Leben stehend.*

*Lieber Vater, von Deinen 75 Lebensjahren haben wir bis heute 51 Jahre miteinander erlebt. Ich gratuliere Dir von ganzem Herzen und wünsche mir noch viele Spaziergänge mit Dir!*

In Liebe, Deine Jutta

# Geburtstagsbrief

Peter Fürstenau

Lieber Horst!

Anläßlich Deines 75. Geburtstags, zu dem ich Dir herzlich gratuliere, gehen meine Gedanken zurück in die 60er Jahre, als ich mit Dir von Berlin nach Gießen übersiedelte, um dort im Verein mit einigen weiteren Mitarbeiterinnen und Mitarbeitern die Psychosomatische Klinik aufzubauen. Ich gab damals meine Hochschuldozentur für Philosophie auf, weil ich eine handfestere Praxis suchte, als Philosophie in Lehre und Forschung zu bieten vermag. Du dachtest damals, ich würde nur einige Jahre an der Klinik bleiben und mich im wesentlichen medizinsoziologisch betätigen. Ich dagegen ahnte damals schon, daß mich die therapeutischen und nichttherapeutischen „Anwendungen" der Psychoanalyse voll in ihren Bann ziehen und ich in diesem Bereich unter Einbeziehung meiner philosophisch-sozialwissenschaftlichen Interessen länger tätig sein würde. Freudig ergriff ich die Chance, als Sozialwissenschaftler innerhalb einer Psychosomatischen Universitätsklinik frei und unbehindert in mannigfaltigen Formen ambulanter wie stationärer psychoanalytischer Therapie Erfahrung sammeln und meine psychoanalytisch-therapeutische Kompetenz vielseitig entwickeln zu können. Solche Liberalität und Großzügigkeit gegenüber Soziologen mit psychotherapeutischen Ambitionen waren damals und sind bis heute in Medizinischen Universitätskliniken selten anzutreffen. Als Klinikchef hast Du von Anfang an darauf gedrungen, daß therapeutisch und wissenschaftlich gearbeitet wird, Du hast aber erwartet und Zutrauen gehabt, daß die Mitarbeiterinnen und Mitarbeiter ihre eigenen therapeutischen und Forschungsinteressen entwickeln und verfolgen. Damit hast Du schon vor Jahrzehnten einen Führungsstil realisiert, der heute vielerorts noch auf der Liste unerfüllter Programme und Forderungen steht. Beispielhaft war für mich Dein Vertrauen in eine kleine Mitarbeitergruppe, die die Station der Psychosomatischen Klinik aufzubauen übernommen hatte. Wir hatten vereinbart, daß Du Dich nicht direkt persönlich einmischst, wir Dich über alle wichtigen Ereignisse von uns aus informieren würden. Das haben beide Seiten durchgehalten, und die Station der Klinik entwickelte sich zu einem zumindest für mich faszinierenden therapeutischen Unternehmen.

Was mich (und sicher auch viele andere Mitarbeiterinnen und Mitarbeiter) tief beeindruckte und bis heute prägte, war Dein Umgang mit Patienten, wie er uns besonders aus Berichten, der gemeinsamen Erörterung von aufgezeichneten Erstgesprächen, Konferenzen und Supervisionen erkennbar wurde. Die Psychoanalyse ist bis heute - leider - sehr in Gefahr, methodenzentriert statt patientenzentriert praktiziert zu werden - mit dem Risiko zwanghafter Regularien und Umgangsformen sowie verpaßter therapeutischer Chancen. Wir konnten Dich als jemanden erleben, der über die Fähigkeit verfügt, sich auf unterschiedliche Menschen – einzelne, Paare, Familien und Gruppen – einzustellen, mit ihnen in Kontakt zu kommen und sie so zu verstehen, daß hilfreiche Umgangsformen, Settingentscheidungen und Interventionen möglich wurden - eine gegenüber der geistigen und emotionalen Enge psychoanalytischer Ausbildungsinstitute einzigartig anregende Erfahrung. In dieser Atmosphäre konnten psychoanalytische Praxis und daraus gewonnene theoretische Orientierung produktiv entwickelt werden, begleitet von einer für klinische Eigenheiten sensiblen Forschung.

Während wir anfangs als kleine Gruppe die meisten Aufgaben gemeinsam in engem Kontakt bewältigten, differenzierten sich die Aktivitäten je nach den Interessen der Mitarbeiter und den sich ausweitenden Strukturen der Klinik bald beträchtlich. Daß Du uns Mitarbeiter in unserer wissenschaftlichen und beruflichen Autonomie weiter gefördert hast – durch Habilitation, Beförderungsstellen, Forschungsmittel –, ist keineswegs selbstverständlich, haben es doch manche Lehrstuhlinhaber und Klinikchefs nach wie vor schwer, die Entfaltung von Mitarbeitern wirklich zuzulassen.

Meine persönliche Entwicklung hat mich schließlich von Dir und dem Zentrum für Psychosomatische Medizin in Gießen zu einer freiberuflichen Tätigkeit als Therapeut, Unternehmensberater und in der Fortbildung Engagiertem weggeführt. Ohne die Chance, die mir die Zusammenarbeit mit Dir bot, mich vielseitig als Therapeut und Supervisor auszubilden und zu bewähren, ohne die Chance der kritischen Auseinandersetzung mit Dir und Deinem Vorgehen wäre dieser Verselbständigungsschritt nicht möglich gewesen.

Für all dies möchte ich Dir anläßlich Deines 75. Geburtstags herzlich danken.

# Spiegel des Subjekts

Hanna Gekle

## I.

„Am farbigen Abglanz haben wir das Leben."[1] Wer kennt ihn nicht, diesen Satz Fausts, der die Allpräsenz des Platonismus in der Geschichte des Abendlandes belegt. Erkenntnis, Moral und Selbsterkenntnis gehen hierbei eine ganz besondere Verbindung ein. „Schauen wir also auf Gott und unter den menschlichen Dingen auf die Tugend der Seele, so bedienen wir uns jenes vortrefflichsten Spiegels. Und so würden wir uns selbst am besten sehen und erkennen."[2] Am besten – das ist aus menschlicher Perspektive gesprochen und meint zugleich: immer noch unvollkommen. Der Spiegel belegt, daß wir uns des Absoluten immer nur über einen uneinholbaren Abstand vergewissern können, und die durch ihn gewonnene Erkenntnis erweist sich schon dadurch als eine spezifisch menschliche: Wenn der Spiegel den Verweisungscharakter alles sinnlich Sichtbaren erschließt, zielt er zwar auf das Absolute und nimmt den sinnlichen Abglanz als Spiegel Gottes, aber er bleibt von ihm getrennt. Dies die Grundfigur, die sich erhält.

In der christlichen Tradition, die Paulus einführte, findet sich – gegenüber dem Primat des Raumes in der griechischen Antike – der zeitliche Aspekt pointiert: „Wir sehen nämlich jetzt durch einen Spiegel rätselhaft, dann aber von Angesicht zu Angesicht. Jetzt ist mein Erkennen Stückwerk, dann aber werde ich ganz erkennen, wie ich auch ganz erkannt worden bin."[3] Wenn Hans Blumenberg den Spiegel als absolute Metapher bezeichnet hat, dann läßt sich dies nicht zuletzt an der beschworenen Rätselhaftigkeit des Paulinischen Satzes semantisch wiederholen wie zugleich performativ aufweisen: „Der änigmatische Spiegel ist die Metapher, die metaphorisches Sprechen zwingend macht."[4]

Dem Paradigmenwechsel von Raum zu Zeit folgt derjenige von passiv zu aktiv. War es die Ehre des traditionellen Spiegels, möglichst passiv und unverzerrt wiederzugeben, was vor ihm ist, so bricht die Neuzeit mit dieser Vorstellung: Das Aktive, Fortbildende, Konstruktive gewinnt Vorrang gegenüber dem passivisch Kontemplativen der Tradition. Formuliert hat diese Kehrtwendung bereits Cusa-

---

[1] Goethe, Faust II, 1, Vers 4727, Hamb. Ausg., 3, S. 149

[2] Platon Alc I, 133c

[3] 1 Kor. 13, 12

[4] Diese philosophiegeschichtlichen Ausführungen orientieren sich an: Historisches Wörterbuch der Philosophie, hg. von F. J. Ritter und K. Gründer, Bd 9, Darmstadt1995, S. 1380

nus, zwar noch im Kontext der Visio Dei, aber mit eindeutigem Vorrang des aktiv erschaffenden Blickes. „Lebendigmachen" – „vivificare"- nennt Cusanus die Gewahrung des absoluten Blickes, in dessen Spiegel der Sehende nicht nur die Darstellung seiner eigenen Gestalt erblicke, „sondern die Wahrheit, deren Darstellung er, der Sehende, selbst ist."[5]

Mit Leibniz vermehrt sich die Begrifflichkeit des Spiegels um zwei wesentliche Motive: Erstens konzentriert er diese Metapher im Bild des „lebendigen Spiegels" auf das Subjekt und zweitens löst er – im Unterschied zu Descartes – die feststellende Eindeutigkeit der Perspektive in die Vielheit ihrer Brechungen auf. Die Monaden, von denen keine ist wie die andere und als Entelechie jede ihren eigenen Appetitus hat, wirken so wie „ein dauernder lebendiger Spiegel des Universums – un miroir vivant perpetuel de l'univers".[6] Sie fangen das Universum gemäß der Besonderheit ihrer Stellungen und Gesichtspunkte auf, brechen dessen Einheitlichkeit an ihrer jeweiligen Individualität und vervielfältigen dessen Einheit durch ihre je individuelle Perspektive: „Et c'est le moyen d'obtenir autant de varieté qu'il est possible, mais avec le plus grand ordre qui se puisse, c'est à dire c'est le moyen d'obtenir autant de perfection qu'il se peut."[7] Größtmögliche Vielfalt bei größtmöglicher Ordnung zugleich – das zusammen schafft die größtmögliche Vollkommenheit – und offenbart damit zugleich „la grandeur de Dieu".[8] Indem er die perspektivische Vielfalt noch von der Einheitlichkeit des Universums überwölbt und umfaßt sieht, gelingt es Leibniz, das Aktive und Inviduierte der Monaden mit der vorgängigen Ordnung des göttlichen Kosmos zusammenzubringen und in der Idee der Vollkommenheit zu verherrlichen. So war es nur konsequent, wenn ihm die Theodizee ein besonderes theoretisches Anliegen sein mußte. Aber genau diese Verbindung von perspektivischer Freiheit des Subjekts und Einheitlichkeit des Universums sollte mit der Abschaffung Gottes und der Metaphysik künftig aufgebrochen werden – und ein selber höchst zerbrechliches Subjekt ohne festen Stand auf einem es sichernden Fundament zurücklassen.

Nicht nur, daß die Kritik des Sensualismus am Spiegelbild dessen Veränderndes attackiert[9], gegen die klassischen Positionen Goethes und Hegels, die den Spiegel im Rahmen einer Erkenntnis von Welt noch einmal produktiv zu nutzen suchen, eröffnet Heinrich von Kleist in seinem Aufsatz „Über das Marionet-

[5] zitiert nach: Historisches Wörterbuch der Philosophie, a.a.O., S. 1380

[6] G. W. Leibniz, Monadologie, § 56, in: Ders. Kleine Schriften, hg. von Hans Heinz Holz, Frankfurt 1965, S. 464 und 465

[7] ders.: a.a.O., § 56, S. 464

[8] ders.: a.a.O., § 59, S. 464

[9] So Francis Bacon in seinem Novum Organum, wenn er den Verstand kritisch mit einem Spiegel vergleicht, der die Dinge nicht zurückspiegel,t wie sie sind, „sondern seine Natur mit der der Dinge vermischt, sie entstellt und schändet". Zitiert nach Historisches Wörterbuch, a.a.O., S. 1381.

tentheater" von 1810 eine neue Dimension: Er sieht im Spiegel nicht nur eine Metapher der Selbstvergewisserung, sondern dieser über den Spiegel hergestellte Versuch des Subjekts, sich seiner Identitität zu versichern, endet in Verlust und Destabilisierung des Selbst. Dessen metaphysische Voraussetzung: „Das Paradies ist verschlossen und der Cherub hinter uns; wir müssen die Reise um die Welt machen und sehen, ob es vielleicht von hinten irgendwo wieder offen ist."[10] Kleist verkehrt die Optik der Neuzeit: Im Spiegel des Selbstbewußtsein verliert das Subjekt seine natürliche Grazie, denn „die Seele sitzt ih(r)m in den Wirbeln des Kreuzes;"[11] – und verdirbt die Anmut der Bewegung. Das Bewußtsein hat den Menschen nicht nur aus dem Paradies vertrieben, der Geist raubt ihm auch noch den Körper. Daher legt Kleist in raffinierter Kehrtwendung die verlorene Unschuld der Natur in die Tatzen eines Bären, der sich nicht nur als unbesiegbar eleganter Fechter erweist, sondern auch als bester Kenner der menschlichen Seele, die sich im Bewußtsein verloren hat. So Kleists Fazit, das er im Zwiegespräch zugleich wieder zur Debatte stellt:

„Wir sehen, daß in dem Maße, als, in der organischen Welt, die Reflexion dunkler und schwächer wird, die Grazie darin immer strahlender und herrschender hervortritt. – Doch so, wie sich der Durchschnitt zweier Linien, auf der einen Seite eines Punkts, nach dem Durchgang durch das Unendliche, plötzlich wieder auf der andern Seite einfindet, oder das Bild des Hohlspiegels, nachdem es sich in das Unendliche entfernt hat, plötzlich wieder dicht vor uns tritt: so findet sich auch, wenn die Erkenntnis gleichsam durch ein Unendliches gegangen ist, die Grazie wieder ein, so, daß sie zu gleicher Zeit, in demjenigen menschlichen Körperbau am reinsten erscheint, der entweder gar keins oder ein unendliches Bewußtsein hat, d.h. in dem Gliedermann, oder in dem Gott.

Mithin, sagte ich ein wenig zerstreut, müßten wir wieder von dem Baum der Erkenntnis essen, um in den Stand der Unschuld zurückzufallen?

Allerdings, antwortete er; das ist das letzte Kapitel von der Geschichte der Welt."[12]

Das war in jeder Hinsicht kühn, und man versteht im nachhinein, warum die beiden großen Idealisten, Hegel wie Goethe, der Romantik wenig abgewinnen konnten: Im Spiegel verliert der Mensch seine Anmut, gewinnt sie jedoch durch den Hohlspiegel wieder zurück; irdischer Repräsentant Gottes und der Wahrheit ist nicht mehr der Mensch, sondern Kleist verhöhnt die bisher verbindliche These von der Ebenbildlichkeit des Menschen mit seinem Gott: In den ansonsten als ungeschlachte Naturgewalt interpretierten Bären bzw. in die als rein mechanisch und damit gänzlich geistlosen Marionetten hat sich die Wahrheit des Menschen

[10] H. v. Kleist, Über das Marionettentheater, in: Ders. Werke, München 1966, S. 804

[11] ders. a.a.O., S. 804.

[12] ders. a.a.O., S. 807

verirrt und wartet dort auf ihre Erlösung durch eine zweite Bewußtwerdung. Noch hält sich diese Theorie im Rahmen der Geschichtsphilosophie; sie auf Psychologie zurückführen zu wollen, würde ihr nicht gerecht. Aber bei Kleist tauchen bereits Motive auf, die, losgelöst aus diesem immer noch beibehaltenen Rahmen, für die Moderne von zentraler Bedeutung werden sollten: die Vernichtung der Grazie in der Eitelkeit des Spiegels, den Untergang der Wahrheit im menschlichen Bewußstein, den Verlust der Seele im Wissen sowie deren – sozusagen manieristische – Wiederkehr aus der Unendlichkeit des Hohlspiegels oder aus der mechanischen Regelmäßigkeit eines Gliedermannes oder Automaten, der sich ausschließlich dem Gesetz der Gravität unterstellt. Sie werden bis zur Wiederkehr Gottes dessen Repäsentanten auf Erden.

All diese Motive werden zur konstitutiven Momenten in Lacans Spiegelstadium. Um sie jedoch für die Psychologie im allgemeinen und die Psychoanalyse im besonderen zu gewinnen, brauchte es zuvor die durch Nietzsche geleistete Kritik an der Metaphysik, der sich vom Bedürfnis der Vernunft, sich die Welt als „Spiegel und Widerbild"[13] einzurichten, abgrenzt.

Trotz dieser direkten Anschlußmöglichkeit aus der Geschichte der Philosophie an Lacan, möchte ich nicht auf dessen Spiegelstadium eingehen, sondern mich vielmehr auf jene wenigen, aber um so wirkmächtigeren Theoriestücke konzentrieren, die als das psychoanalytische Urbild Lacans Spiegelstadium zugrunde liegen: Freuds Beobachtung seines Enkels, den er in „Jenseits des Lustprinzips" so anrührend porträtierte.

## II.

Kaum ein Text, der so häufig und so unterschiedlich reinterpretiert wurde wie das in „Jenseits des Lustprinzips" von Freud beschriebene Spiel seines Enkels mit der Holzspule. Es wäre eine ebenso reizvolle wie lehrreiche Aufgabe, diesen Text Freuds mitsamt seinen Reformulierungen darzustellen und selber wieder als ein Stück Theoriegeschichte zu interpretieren, doch konzentriere ich mich im folgenden nur auf diejenigen Momente innerhalb dieses Geschehens, die mir für die theoretischen Aporien in Freuds Werk von besonderer Aussagekraft zu sein scheinen. Daher lasse ich jene gängigen, phänomenologischen Interpretationen, die „Fort – Da" als Theorie einer Genesis der Sprache und des Spracherwerbs lesen, beiseite. Im Hinblick auf die Aporien der Freudschen Theorie konzentriere ich mich auf folgende drei Aspekte: erstens die psychische Bedeutung der Identifikation und das Motiv des Spiegels, zweitens die Verbindung von kreatürlichem Tod, Todestrieb und der Unsterblichkeit des Unbewußten, sowie drittens jene andere – in diesem

[13] H. v. Kleist, Über das Marionettentheater, in: Ders. Werke, München 1966, S. 804

Text gleichwohl unterschwellig vorhandene – Theorie der Kulturwerdung, die Freud neben, jenseits, auf jeden Fall zeitlich lange vor dem Ödipuskomplex situiert.

Nicht umsonst gilt „Jenseits des Lustprinzips" als ein theoretischer Wendepunkt im Werk Freuds.[14] Hatte er zuvor geradezu verbissen um die Existenz eines letztbegründenden Lustprinzipis gekämpft und weder Aufwand noch Mühe gescheut, auch manifest schmerzhafte Erfahrungen theoretisch darauf zurückzuführen, so gerät ihm nun dieses Fundament seiner bisherigen Theorie, das ihn immerhin mehr als ein Vierteljahrhundert getragen hatte, ins Schwanken. In diesem Kontext wagt Freud, wohl wissend, was er tut, eine Höhe der Spekulation und der Entfernung von seiner psychologischen alltäglichen Praxis, wie er sich das früher nie erlaubt hätte. Die theoretische Notwendigkeit dieser tiefgreifenden Korrektur ist bis heute umstritten. So war es kein Wunder, daß man immer wieder auf biographische Gründe auswich, um diesen Kurswechsel Freuds zu erklären: Der plötzliche Tod seiner Lieblingstochter Sophie, die, eine blühende junge Frau und Mutter eben jenes Enkels, den Freud in diesem Text beschreibt, 1920 – also kurz vor der Veröffentlichung dieses Textes – einer heimtückischen grippalen Lungenentzündung zum Opfer gefallen war; Freuds Todesverfallenheit selber, zunehmend drohender werdend in jenem bösartigen Kehlkopfkrebs, der sich, wie er einmal schrieb, an seine Stelle setzen wolle – als der große Andere seines Ich.

Freud selber leugnete expressis verbis einen Zusammenhang zwischen dem Tod der Tochter und seiner Konzeption des Todestriebes. Aber was lag näher, als ihm mit seinen eigenen Arbeit über „Die Verneinung" (1995) zu widersprechen?[15] Dies umso mehr, als er selber mit rührender Offenheit schrieb:

„In der analytischen Studie jedes anderen hätte ich gewiß auf den Zusammenhang zwischen dem Tod der Tochter und den Auffassungen über das ‚Jenseits' nachdrücklich hingewiesen. Das Jenseits wurde 1919 geschrieben, als meine Tochter jung und blühend war, sie starb 1920. Im September 1919 ließ ich das Manuskript des Büchleins bei Freunden in Berlin zur Durchsicht. Damals fehlte nur der Teil über die Sterblichkeit oder Unsterblichkeit des Keimplasma. Die Wahrscheinlichkeit ist nicht immer die Wahrheit."[16]

---

[14] Die Abhandlungen im Umkreis von „Jenseits des Lustprinzips" sind nahezu zahllos. So erlaube ich mir, nur auf wenige, mir besonders prägnant scheinende Interpretationen aus jüngerer Zeit aufmerksam zu machen. Theoretisch umfassend: Gerd Kimmerle: Verneinung und Wiederkehr, Tübingen 1988; Elisabeth Bronfen: Eine Frau verschwindet in: Psyche, Heft 6, Stuttgart 1993, S. 574-606.

[15] So Jacques Derrida, Coming into One's Own, in: G. Hartman (Hg.): Psychoanalysis and the Question of the Text. Baltimore, 140. Außerdem: P. Gay: Freud. Eine Biographie für unsere Zeit, Frankfurt 1989, S. 445.

[16] S. Freud an F. Wittels, zitiert nach: Ernest Jones: Sigmund Freud – Leben und Werk, Bd. III, 1957 (dt. 1962), München 1984, S. 58.

Auffällig das Bemühte von Freuds Widerlegung. Aber mit seinem letzten Satz hat er auf jeden Fall recht, und man müßte ihn noch schärfer formulieren: Die psychologische Motivierung sagt nichts, aber auch gar nichts über die innere Stimmigkeit einer Theorie aus; biographische Genesis und theoretische Geltung fallen niemals in eins – allenfalls mag die Biographie für die Mängel der Theorie einen deskriptiven Erklärungsansatz bieten, die immanent theoretische Widerlegung jedoch kann er nicht ersetzen.

Versetzen wir uns an den theoretischen Ort Freuds: Jenseits des Lustprinzips. Der Titel ist Programm; aber geschrieben in der Absicht, die Universalität des Lustprinzips durch die Einführung eines Todestriebkonzeptes zu korrigieren, führt Freud seine Argumentation keineswegs zielstrebig voran, sondern läßt seinen Text sich wie in Mäandern drehen, als nähme er selber nur schweren Herzens Abschied von seinen früheren Überzeugungen. So beginnt Kapitel I mit einer Wiedereinführung des Lustprinzips, eines Lustprinzips allerdings, das Freud – wie immer, so auch hier erneut – mit der Bindung von Erregung gleichsetzt. Und damit ist die Aporie dieser Abhandlung bereits gesetzt: Das Lustprinzip verfolgt nicht eine vitale Dimension von Lust, es erscheint primär im Status der Negation, als Prinzip der Unlustvermeidung und schließlich als Konstanzprinzip, das manifeste, gar überschießende Lust im Dienste eben jener Konstanthaltung des psychischen Apprates zu beschwichtigen sucht. Es ist das ökonomische Prinzip, das die psychischen Qualitäten regeln soll: Lust und Bindung von Erregung fallen demnach zusammen. Nicht die Erfahrung der Entgrenzung ist es demnach, was den Menschen die Lust suchen läßt, im Gegenteil, gerade sie werde als gefährlich und bedrohlich empfunden – und das Ich verfällt der Angst.

In Freuds Begriff des Lustprinzips ist demnach die Unlust von Anfang an konstitutiv enthalten, indem er das Lustprinzip mit der Bindung von Erregung gleichsetzt, während Unlust und Zunahme der Erregung in eins gesetzt werden – eine Gleichung, die Freud selber wenige Jahre später ausführlich kritisieren wird, ohne jedoch je wirklich verbindliche Schlüsse daraus zu ziehen.[17] Kapitel I endet mit einem „Unentschieden", was die Beantwortung von Freuds eingangs aufgeworfener Frage nach der Herkunft der Unlust betrifft, wenn er sich selber die Antwort gibt, „daß es auch unter der Herrschaft des Lustprinzips Mittel und Wege genug gibt, um das an sich Unlustvolle zum Gegenstand der Erinnerung und seelischen Bearbeitung zu machen."[18] Erster Etappensieg: erneuter Sieg des Lustprinzips – in einer Arbeit, die dessen „Jenseits" zum Ziel hat.

Kapitel II beginnt mit einem scharfen Auftakt und fernen Grüßen der alten Traumatheorie, wenn Freud fragt, ob auch das Wiederholungsgeschehen bei den trau-

[17] ders.: Das ökonomische Problem des Masochismus (1924), SA III, S. 343 f.

[18] ders.: Jenseits des Lustprinzips (1920); SA III, S. 227

matischen Neurosen auf das Lustprinzip zurückgeführt werden könne. Er beschließt diese Frage mit einem offenen Schluß, gleichwohl eingeschränkt auf zwei letztlich unvermittelbare Alternativen: Entweder die traumatischen Neurosen erklären sich durch eine – letztlich hirnorganische – Schädigung der Traumfunktion und fallen damit aus dem Gegenstandsbereich der Psychoanalyse heraus, oder aber „wir müßten der rätselhaften masochistischen Tendenzen des Ichs gedenken".[19]

Und in der Tat, genau hier ginge es weiter. Aber Freud scheut (noch) davor zurück. Stattdessen plädiert er ganz offen dafür, dieses „dunkle und düstere Thema der traumatischen Neurose zu verlassen".[20] – Mit einer Kehrtwendung bahnt er sich einen neuen theoretischen Zugang: Nicht über die Extremsituation eines realen Traumas, das den Erwachsenen traf, erhofft er sich Auskunft, nunmehr orientiert er sich an der Normalität, aber an der Normalität der Kindheit, also letztlich am Trauma der Frühzeitigkeit. Zwei methodische Zugänge kann sich Freud demnach vorstellen, um das gleichermaßen Unlustvolle wie Zwanghafte der Wiederholung zu erklären: entweder äußeres Trauma trifft auf erwachsenes Ich oder früher psychischer Sinn trifft auf noch unentwickeltes Ich.

Und nun, endlich, das Kinderspiel selbst. Immerhin macht Freud – zwar ex negativo, aber dennoch unmißverständlich klar, daß es der „ökonomische Gesichtspunkt, die Rücksicht auf Lustgewinn"[21] sein wird, was sein theoretisches Interesse motiviert. Das hat im Endeffekt geradezu etwas Imperatives, doch schickt Freud einige mildernde Einschränkungen voranschickt: Nicht, daß er sich anheischig mache, „das Ganze dieser Erscheinungen umfassen zu wollen", nein, es war eine „Gelegenheit", die er nutzte, allerdings „mehr als eine flüchtige Beobachtung", denn er lebte – immerhin – „durch einige Wochen mit dem Kinde und dessen Eltern unter einem Dach, und es dauerte ziemlich lange, bis das rätselhafte und andauernd wiederholte Tun mir seinen Sinn verriet".[22] Gründliche Beobachtung und Ratesinn, das sind die methodischen Voraussetzungen, die Freud als seine Voraussetzungen hier preisgibt; auf der Ebene seines Gegenübers ist es dagegen ein rätselhaftes, aber andauernd wiederholtes Tun, das in den Augen eines auf Einheitlichkeit von Sinn und Zusammenhang drängenden Theoretikers vom Schlage Freuds geradezu nach Interpretation schrie. Empirisch bleibt das Ganze eingebettet in einen – weichen – lebensweltlichen Zusammenhang, der eine strenge Kausalität von vornherein unterläuft.

Auf dieser Linie liegt auch die Charakterisierung des wissenschaftlichen „Objekts", an dem die theoretische Neugier des Wissenschaftlers sich entzündet: Ein Kind, gerade eben eineinhalb Jahre, intellektuell „keineswegs voreilig", noch nicht eingefügt ins Universum der Sprache: „Es sprach (...) nur einige wenige verständliche Worte und verfügte außerdem über mehrere bedeutungsvolle

[19-22] ders.: a.a.O., S. 224.

Worte, die von der Umgebung verstanden wurden".[23] Die kulturstiftende Allgemeinheit hat sich demnach noch kaum in dieses Menschenkind eingeschrieben; mit wenigen verständlichen Worten nur nimmt es bisher daran teil. Dies jedenfalls gilt für das Intellektuelle.

Daneben jedoch muß es eine nicht weniger interessante Dimension für Freud geben, fährt er doch fort – buchstäblich und in übertragenem Sinne – mit einem großen „Aber": „Es war in gutem Rapport mit seinen Eltern und dem einzigen Dienstmädchen und wurde wegen seines ‚anständigen' Charakters gelobt."[24] Was aber bedeutet ein anständiger Charakter bei einem Kind? Man ahnt es: Es befolgt bereits in diesem zarten Alter die Einschränkungen, die ihm von seiten der Erwachsenen auferlegt werden. Und in der Tat, Freuds lobende Aufzählung hagelt Verbote: „Es störte die Eltern nicht zur Nachtzeit, befolgte gewissenhaft die Verbote, manche Gegenstände zu berühren und in gewisse Räume zu gehen, und vor allem anderen, es weinte nie, wenn die Mutter es für Stunden verließ, obwohl es dieser Mutter zärtlich anhing."[25] In der Tat, ein wirklich ‚anständiges' Kind – und bereits in diesem Alter! Respektiert es nicht bereits das sexuelle Vorrecht der Erwachsenen, indem es die Eltern nachts nicht stört? Es übernimmt die erlassenen Berührungstabus; und vor allem es entsagt seinem Anspruch auf die Mutter, indem es diese – scheinbar – klaglos gehen läßt. Letzteres muß umso mehr auffallen, als der Text Freuds suggeriert, daß dieses Kind nicht nur an der Mutter hing, sondern daß sie sein ein und alles war, hatte sie doch „das Kind nicht nur selbst genährt, sondern auch ohne jede fremde Beihilfe gepflegt und betreut ..."[26] Viel Anstand also, in der Tat, bei einem solch kleinen Kind.

Nur: Darf denn das sein? Woher so viel Moral in diesem Alter? Widerspricht dieses Kind nicht allen Thesen seines Großvaters? Noch müßte es doch ein kleiner Wilder sein, bar allen Anstands, fern von allem Triebverzicht, unberührt von Inzest und Tötungstabu, im Urzustand aller ungezügelten Triebe und vor dem Fallbeil jenes väterlichen Nein im Zusammenhang mit dem Ödipuskomplex, das den Knaben mit fünf Jahren erst treffen soll und jene Schranke beschreibt, die die triebhaften, amoralischen und aggressiven Kinderjahre ohne Scheu und Scham von denen des in die Latenz geratenen Schulkindes trennen. So, in der Tat, würde es Freuds ausformulierte Theorie des Ödipuskomplexes verlangen. Aber Freud setzt sich – Gott sei Dank – über die Begrenzungen durch seine eigene Theorie hinweg und beschreibt seinen Enkel als frühen Kulturträger.

Nach dieser ebenso gelungenen wie harmonischen frühen Einführung in die Erfordernisse rücksichtsvoll kultivierten, wenngleich noch nicht sprachlich vermittelten Umgangs miteinander folgt – endlich – der Einbruch: Denn dieses „brave Kind zeigte nun die gelegentlich störende Eigenheit, alle kleinen Gegen-

[23-26] ders.: a.a.O., S. 224

stände von sich weg in eine Zimmerecke, unter ein Bett usw. zu schleudern (...) und dabei „mit dem Ausdruck von Interesse und Befriedigung ein lautes, langgezogenes o-o-o-o"[27] hervorzubringen. Im Einverständnis mit der Mutter, die diesen Laut als sinnvolles Wort dechiffriert, das „fort" bedeute, vervollständigt auch Freud in seinen Interpretationsbemühungen dieses Tun: „Ich merkte endlich, daß das ein Spiel sei ..."[28] Bereits hier also gibt es zwei wesentliche Übersetzungen, die das Spiel als Spiel konstituieren: die semantische Kodierung von „o-o-o-o" als „fort" und die Übersetzung jenes Wegwerfens in den sinnvollen Kontext einer als Spiel interpretierten Handlung. Vorläufiger Schluß demnach: Das Kind benütze alle seine Spielsachen „nur" dazu, um „mit ihnen ‚Fortsein' zu spielen".[29] Wie in seiner Beobachtung, so schiebt Freud auch im Text den Grund für diesen Schluß hinterher – und enthüllt seine Beobachtungen bereits hier als – notwendige – Konstruktion, die das rein Empirische transzendieren muß, wenn sie die Handlung des Wegwerfens mit dem wiederholten Vokal des „o-o-o-o" in einen sinnvollen Kontext bringen will.

Aber das war noch nicht alles. Das Spiel ist damit noch nicht erschöpft, es lebt vielmehr von einer – manifest merkwürdigerweise jedoch meist unterdrückten – Fortsetzung. Das Tun des Kindes, das sich dem Großvater so lange als rätselhaft verbarg, gewann für ihn seinen vollen Sinn erst in jenem bedeutungsvollen Moment, da der Kleine eine mit einem Bindfaden umwickelte Holzspule mit seinem „bedeutungsvollen -o-o-o-o"[30] über den Rand seines Gitterbettchen warf, „so daß sie darin verschwand".[31] Soweit bleibt es bei der Wiederholung: Das Kind spielt Fortsein. Diesmal jedoch zog es die Spule wieder heraus und begrüßte sie mit einem „freudigen Da"[32]. Und hiermit fällt der Groschen auch beim Großvater, dessen schriftstellerische Fähigkeiten sich nicht zuletzt darin bewähren, daß er denselben Akt noch einmal auf der Ebene des Textes sich vollziehen läßt, wenn er fortfährt: „Das war also das komplette Spiel, Verschwinden und Wiederkommen, wovon man zumeist nur den ersten Akt zu sehen bekam, und dieser wurde für sich allein unermüdlich als Spiel wiederholt, obwohl die größere Lust unzweifelhaft dem zweiten Akt anhing."[33] Die Synthese, so überzeugend sie auch erscheint, war indes die Leistung Freuds. Er erkannte – wenn auch mit Mühe – das Spiel als Spiel erst in dem Moment, da er den ersten, sozusagen manifesten Teil, der häufig wiederholt wurde und Fortsein bedeuten sollte, mit einem – zumeist ausgelassenen – zweiten Teil zusammenfügte. Dieser Teil machte offensichtlich weniger Übersetzungsschwierigkeiten, denn das freudige „Da" des Wiederkommens scheint dem Kind schon in allgemeinverbindlicher Sprache zugänglich gewesen zu sein; trotzdem widersetzte er sich Freuds Wunsch nach Verständnis weit erfolgreicher – durch Auslassung.

[27] ders.: a.a.O., S. 224
[28-33] ders.: a.a.O., S. 225

Warum aber, so mußte doch die Frage sofort lauten, spielte das Kind das weniger lustbetonte, vielleicht sogar schmerzliche „Fort" weit häufiger als das Wiederkommen? Auf der Ebene der Erscheinung jedenfalls fällt bereits hier auf, daß es einen manifesten und einen verborgenen Teil gibt, in den das Spiel zerfällt. Als hätte bereits das Spiel den Charakter eines Symptoms? Dann aber müßte man auch – zumindest von einer Vorform – von Verdrängung bei diesem noch so kleinen Kind sprechen. Jedenfalls scheint das, was Freud mit „Verwerfung" bezeichnete und was Lacan als „forclusion" übersetzte, jener gravierende Unterschied zwischen Verwerfung und Verdrängung, der die Neurose, bei der das einheitliche Ich erhalten bleibt, von jenem archaischen Vorgang in der Psychose unterscheidet, die als Fragmentierungen und Zerstückelungen des Ich ihr grausames Zerstörungswerk vollzieht – diese „Verwerfung" scheint das Spiel des Kindes wörtlich zu vollziehen: „Fort – Da": Verwerfen und Wiederkehr aus der Situation der Verwerfung. Dem entspräche auch die psychische Situation des Kindes, das sich noch in einer Welt an der Grenze der Sprache ansiedelt. Aber warum sollte die größere Schwierigkeit auf dem lustbetonten Wiederkommen liegen anstatt auf dem teils schmerzlichen, teils aggressiv motivierten Wegwerfen?

## III.

Freud jedenfalls verfolgt keine dieser Fragestellungen, statt dessen verbannt er das, was er für eine „völlig gesicherte" Bestätigung dieses Kontextes hält – es aber nicht ist, sondern das Thema in entscheidender Variation weiterführt –, diesen ‚empirischen Beweis' also verbannt Freud merkwürdig genug in den Untergrund der Anmerkung:

„Diese Deutung wurde dann durch eine weitere Beobachtung völlig gesichert. Als eines Tages die Mutter über viele Stunden abwesend gewesen war, wurde sie beim Wiederkommen mit der Mitteilung begrüßt: ‚Bebi o-o-o-o!', die zunächst unverständlich blieb. Es ergab sich aber bald, daß das Kind während dieses langen Alleinseins ein Mittel gefunden hatte, sich selbst verschwinden zu lassen. Es hatte sein Bild in dem fast bis zum Boden reichenden Standspiegel entdeckt und sich dann niedergekauert, so daß das Spiegelbild ‚fort' war."[34]

Kehrt noch hier die Struktur des Spieles wieder, indem es einen manifesten Haupttext und einen – theoretisch verworfenen, jedenfalls in die Latenz der Anmerkung geschobenen – zweiten Text gibt?

Eines jedenfalls scheint gewiß: Die Spiegelsituation sprengt die Dimension einer einfachen Verifizierung. Sie bringt vielmehr eine entscheidende Variation ins Spiel, indem das Kind sich an die Stelle der Spule setzt. Nun steht es selbst für die

[34] ders.: a.a.O., S. 225, Anm. 1

fortgeschleuderten, weggeworfenen Gegenstände, und diese Rollenübernahme zeugt von einer gravierenden Veränderung, die in diesem Kind vorgefallen sein muß, seitdem es anfing, die Spielsachen wegzuwerfen: Aus dem selbstherrlichen Subjekt des anfänglichen Tuns ist ein identifikatorisch mitleidendes geworden, das die Gewalt, die es an den Dingen austobt, rückwirkend nicht weniger an sich selber erfährt. Der manifeste Kampf gegen die Dinge hat sich gegen sich selber gewendet, und das Tun des Einen ist das Tun des Anderen geworden. Was Hegel in der Phänomenologie des Geistes als den Kampf auf Leben und Tod zwischen Herr und Knecht schildert, das findet sich der Sache nach auf diesen wenigen Seiten von „Jenseits des Lustprinzips"; Freud setzt diese Dialektik bei seiner Interpretation des Kinderspiels implizit ebensosehr voraus, wie er sie de facto ins Spiel bringt. Daß sich jedenfalls das Ich des Kindes in der Spiegelsituation über die Identifikation mit dem weggeschleuderten Gegenstand verändert und in eine mißliche Position gebracht hatte, daß es selber bereits als Spiegelrelation nur noch vorhanden war – das konnte dem Autor von „Zur Einführung des Narzißmus" und von „Trauer und Melancholie" eigentlich nicht entgehen. So muß man den Eindruck gewinnen, daß Freud sich zumindest im manifesten Text selber zum theoretischen Opfer seiner Vorgaben macht, indem er erklärtermaßen der „rätselhaften masochistischen Tendenzen des Ichs" nicht gedenken will: Nun vollzieht der Text, was das Bewußtseins des Autors von sich weist.[35]

Diesen Aspekt des Masochismus für die Konstitution des Ich dagegen hat Lacan von Anfang an in seiner Analyse des Spiegelstadiums betont. Und in der Tat, es wäre ein leichtes, in diesem Sich-Verschwinden-Lassen des Enkels im eigenen Spiegelbild jene Suizidalität zu sehen, die Lacan im Spiegelstadium so sehr herausstreicht und ohne zu zögern, ja, ohne dies in jenem frühen Text eigens zu thematisieren, als eine Manifestation des Todestriebs sieht. Aber nicht nur, daß Freud in seiner hier entfalteten Theorie des Kinderspiels diese theoretische Spur nicht verfolgt, er verwirft sie sogar. Das ist doppelt verwunderlich: Erstens theoretisch, weil es ihm doch erklärtermaßen um die Einführung des Todestriebs geht und zweitens auf der Ebene des Textes; auf diesen wenigen Seiten, die Freud dem Kinderspiel widmet, spielt der Tod eine ungeheure Rolle – wenn auch vorzugsweise im Untergrund der Anmerkungen, die aus der Zukunft des spielenden Kindes stammen und von einem Schrecken künden, der die spielende Gegenwart des Kindes, die noch dem Lustprinzip unterliegen soll, bereits hier unterhöhlt. Dieser gerade eben eineinhalb Jahre alte Knabe ist vom Tod geradezu umstellt, symbolisch wie – vor allem – real: Wenig später wird sein Vater in den Krieg eingezogen. Und in diesem Kontext wird Freud nicht nur Zeuge des „erste(n ), selbstgeschaffene(n) Spiels(s),[36] sondern – Freud gibt das Alter von 20 Monaten an –

[35-36] ders.: a.a.O., S. 224

Zeuge seines ersten Traumes: „Das Kind ruft in der Nacht vor dem Tage, an dem sein Vater ins Feld abrücken soll, heftig schluchzend: Papa, Papa – Bebi. Das kann nur heißen: Papa und Bebi bleiben zusammen, während das Weinen den bevorstehenden Abschied anerkennt."[37] Auch hier begegneten wir demnach einer frühen psychischen Leistung: der wunscherfüllenden Verkennung im Traum bei Anerkennung der Realität auf der Ebene des Affektes. Also eine Verdrängungsleistung bei einem solch kleinen Kind? Ein weiteres Jahr später zeigt das Kind – nunmehr zweieinhalb Jahre alt – eine erste Form aggressiver Verarbeitung dieser frühen Trennung, indem es das Spielzeug, über das es sich geärgert hatte, mit dem Schlachtruf: „Geh in K(r)ieg" auf den Boden warf: Und schließlich, Klimax des Schreckens: „Als das Kind fünfdreiviertel Jahre alt war, starb die Mutter. Jetzt, da sie wirklich ‚fort' (o-o-o) war, zeigte der Knabe keine Trauer um sie." Dies könnte den Theoretiker in Verlegenheit bringen und ihn eventuell mit der alten Traumatheorie konfrontieren, wonach es das Trauma der Todes wäre, was die psychischen Errungenschaften des Knaben wieder außer Kraft zu setzen scheint und die Trauerreaktion unterdrückt. Aber Freud beeilt sich, eine Erklärung zu liefern, die die Macht des äußeren Traumas zugunsten einer innerpsychischen Entwicklung bricht. „Allerdings war inzwischen ein zweites Kind geboren worden, das seine stärkste Eifersucht erweckt hatte."[38] Nicht der Tod, die Eifersucht ist es, was demnach die Trauer unmöglich machen soll. Die Konflikte des Ödipuskomplexes besiegen, so scheint es, den Schrecken des Todes.

Dreierlei ist in diesem Kontext von Bedeutung: Erstens spielt der Tod für „Jenseits des Lustprinzips" nicht nur als – psychischer – Todestrieb, sondern in der schlichten, alle Interpretationen hinwegraffenden Realität eines Factum brutum, eine ungeheure, wenn auch in die Exterritorialität der Anmerkung verbannte Rolle. So stark Freud am Beispiel der Traumdeutung den biographischen Zusammenhang vom Tod seines Vaters, jenem, wie Freud meint, „einschneidensten Verlust im Leben eines Mannes"[39] und diesem Werk betont, so sehr leugnet er einen Zusammenhang zwischen dem Tod der Tochter und diesem zweiten kanonischen Text, der das Fundament der Traumdeutung unterminiert. Zweitens jedoch bleibt der Tod als realer noch auf der symbolischen Ebene des Textes permanent präsent – allerdings in die Anmerkungen oder gar fragmentiert und in den Verweisungszusammenhang anderer Werke geschoben. Drittens jedoch geht es im theoretischen Teil um ein Jenseits des Lustprinzips bzw. um die Einführung des Todestriebs. Nun sollte es ein psychisches Streben nach dem je individuellen Tod geben, so daß jeder Organismus aus seinen eigenen inneren Gründen starb. Das korrigierte nicht nur das herkömmliche Lustprinzip, sondern

[37] ders.: Die Traumdeutung, SA II, S. 444 f., Anm. 1, (Zusatz 1919).

[38] ders.: a.a.O., S. 226, Anm. 1

[39] ders.: Die Traumdeutung, Vorwort zur 2. Auflage, SA II, a.a.O., S. 24.

unterlief auch den bisher von Freud behaupteten Zusammenhang von Unbewußtem und Tod. Das Unbewußte kenne keinen Tod, keine Zeit, keine Vergänglichkeit – das gehörte doch nicht zuletzt zu den „besonderen Eigenschaften" dieses psychischen Systems. In der Gestalt des Todestriebes dagegen sucht es ihn geradezu; allerdings als den eigenen, individuellen Tod. So entkommt er dem Tod als dem Hieb von außen, der ohne zu fragen zerstört, auf doppelte Weise: erstens als dem, dem alles organische Leben untersteht, und zweitens als einem dem Individuum auferlegten Schicksalsschlag, der alle psychischen Zweckreihen durchschneidet und sowohl den Phantasmen der Unsterblichkeit wie der bewußten Einsicht in die Notwendigkeit des Todes am Ende gleich fremd gegenübersteht. Kreatürlicher Tod und der Todestrieb als eine Art Metabiologie fallen nicht zusammen. Aber daß Freud zwischen Tod und Todestrieb wirklich getrennt hätte, ist zumindest in der biologischen Interpretation des Todestriebes völlig eingeebnet. Phantasma und phantasmatische Todestriebkonzeption lassen sich nicht mehr unterscheiden. Gewiß, Freud mag irritiert gewesen sein, als er "Jenseits des Lustpirnzips" zu Ende brachte, aber die seltsamen Sprünge in seinem Text verdanken sich letztlich der Tatsache, daß er an eine Grenze seines Denkens stößt, die ihm nicht erlaubt, zwischen biologischem Tod, metapsychologischem Todestrieb und der Unsterblichkeit des Unbewußten zu unterscheiden. Das Wissen um den Tod und die psychische Todesangst lag im früheren Modell Freuds auf der Ebene der Selbsterhaltungstriebe; das Unbewußte mit seiner phantasmatischen Leugnung des Todes und seinen Unsterblichkeitsphantasien wäre in diesem Modell zumindest der Möglichkeit nach als frühe Form psychischer Verarbeitung und Reaktion auf diese Drohung zu interpretieren, während das von Freud immer wieder – bedeutsam veränderte – Shakespeare-Zitat, wonach wir nicht Gott, sondern der Natur einen Tod schuldig seien, der späten Resignation des Realitätprinzips zukäme. Mit dem Todestrieb jedoch, als dem Prinzip alles Organischen, fällt die Unterscheidungsmöglichkeit zwischen organischem und spezifisch menschlichem Sein dahin und mit ihr zugleich innerpsychisch die mögliche Differenz zwischen kreatürlichem und psychischem Tod – einschließlich beider Verleugnung im Unbewußten. Statt dessen siegt – so meine These – im Konzept des Todestriebes am Ende doch das Phantasma der Unsterblichkeit: Aus inneren Gründen nur stirbt er, der Organismus, seinen eigenen individuellen Weg findet er im Umweg zum Tod über das Leben; damit entzieht er sich dem Tod als auferlegtem Schicksal, als Schnitter Tod. Ist dies das stoisch großartige Gegenbild zum Schicksal einer jungen Frau, die bei blühender Gesundheit innerhalb zweier Wochen von der Banalität eines grippalen Infektes in ihrem Lebenswillen überrollt wurde und zwei kleine Kinder hinterlassen mußte?

Ohne dem eigenen Verdikt biographischen Argumentierens zu verfallen, gibt es in der Theorie Freuds von Anfang an eine innere aporetische Vorgabe: Freuds

Theorie des Todestriebes verfolgt jene Linie, in der er paradoxerweise im Begriff eines Lustprinzips, das als Konstanzprinzip auf die Minimierung von Erregung zielt, immer schon den Tod mitgedacht hatte.

Um so auffälliger der Text Freuds am Beispiel des spielenden Enkels. Obwohl das Kind nicht nur in Wirklichkeit, sondern allein auf der Ebene des Textes vom Tod geradezu umstellt ist: nichts von Todestrieb bei Freud im Zusammenhang mit dem Spiel des Knaben. Verschwinden und Wiederkommen heißt das Spiel in der Interpretation Freuds, und das Unlustvolle daran erscheint ihm genügend gut erklärt, wenn man dahinter einen Bemächtigungstrieb vermutet, der im Wechsel von passiv erlittenem Verlust zum aktiven Wegwerfen und „in der Befriedigung eines im Leben unterdrückten Racheimpulses gegen die Mutter"[40] das Schmerzliche der Situation übertönt. Ein unterdrückter Racheimpuls gegen die Mutter – das ist nur denkbar, wenn man eine Art Verdrängung voraussetzt, die dieser eineinhalb Jahre alte Knabe bereits geleistet haben müßte, um sein Spiel zur Darstellung seines inneren Konflikts gestalten zu können.

Aber zurück zum Freudschen Text: Nichts von Todestrieb, sondern das Spiel des Kindes, wiewohl in diesem Kontext ein- und aufgeführt, belegt für Freud eher das Gegenteil, nämlich, „daß es auch unter der Herrschaft des Lustprinzips Mittel und Wege genug gibt, um das an sich Unlustvolle zum Gegenstand der Erinnerung und seelischen Bearbeitung zu machen".[41] Das Spiel mit der Spule wie das Verschwindenlassen des eigenen Selbst im Spiegel, das sei hier hervorgehoben, belegt für Freud im Gegensatz zu Lacan, in dessen Text er von vornherein die entscheidende theoretische Größe spielt, nicht – noch nicht – die Notwendigkeit eines Todestriebes. Wie er das Sich-Verschwinden-Lassen im Spiegel interpretiert, bleibt offen; es dient lediglich als Beweis für die antagonistische Struktur des Spieles, das Verschwinden und Wiederkommen bedeutet. Die Einführung des Todestriebs ist erneut storniert; die Erklärung des Spiels durch Bemächtigungstrieb und Feindseligkeit verbleibt im Rahmen des Lustprinzips. Aber, weit wichtiger: Der Tod ist verschwunden.

## IV.

Noch gibt es eine fröhlichere Spur zu verfolgen: die Spur der Liebe als Identifikation mit der wiederkehrenden Mutter. Dem Großvater enthüllt sich der Sinn des gesamten Spieles zum erstenmal dann, als das Kind seine Spule „mit großem Geschick über den Rand seines verhängten Bettchens"[42] warf, so daß sie darin verschwand. Aber erst in der Rückkehr dieser Bewegung aus dem eigenen Bett,

[40] ders.: a.a.O., S. 226
[41] ders.: a.a.O., S. 227
[42] ders.: a.a.O., S. 225

aus dem der Knabe das Verlorene wieder hervorzieht, vervollständigt er zum ersten Mal das Spiel, indem er es mit einem freudigen „Da" begrüßt. Die Choreographie scheint eindeutig: Der Knabe steht vor dem Bett, in dem er so viele Stunden als Baby verbrachte, in dem er schläft und dem er womöglich auch noch zum damaligen Zeitpunkt – das Kind hatte mit seinen achtzehn Monaten genau jenes Alter, das Lacan in seinem Text zum Spiegelstadium als die obere Zeitspanne der Jubelreaktion angibt – nicht ohne fremde Hilfe entkommen kann. Dorthin also, wo das Kind selber die meiste Zeit noch immer verbringt, wirft es die Spule, diese dürfte demnach nicht weniger für die Mutter als für es selber stehen. Wenn Freud schreibt, das ganze Spiel sei Verschwinden und Wiederkommen, so verlangt anscheinend die Wiederbegegnung als eine freudige noch eine zusätzliche Bedingung: Die Spule verschwindet und kehrt wieder aus dem eigenen Bettchen, als demjenigen Ort, der ihm nach dem verlorenen Mutterschoß der vertrauteste äußere Ort seines bisherigen Lebens geworden sein dürfte. Die Spule erscheint demnach nicht nur als Repräsentant der abwesenden Mutter, sondern als Spiegel des eigenen Selbst – und wäre ganz analog zum Verschwinden und Wiederkommen im Spiegel zu interpretieren: Wie er das Verschwinden und Wiederkommen der Mutter in der Spule damit darstellen soll, so identifiziert er sich auch damit. Das Glück des wiederkehrenden „Da!" speiste sich demnach nicht nur aus den beiden Quellen, die Freud angibt: dem Wechsel aus der passiven in die aktive Position sowie der Befriedigung von Racheimpulsen gegenüber der Mutter, nein, auf der Ebene des Textes zumindest gibt es die Verbindung von Glück und Wiederkehr der Spule aus dem eigenen Bettchen – nicht von irgendeinem anderen Ort des Kinderzimmers, wohin das Kind auch sonst seine Spielsachen verstreute, so daß, wie Freud klagt, „das Zusammensuchen seines Spielzeuges oft keine leichte Arbeit war".[43] Soweit es um die Genese des Ich geht, ist die Interpretation naheliegend: die zusätzliche Bedingung für das freudige „Da!" ist erst dann gegeben, wenn das Kind den Verlust der Mutter so weit ertragen kann, daß es sie nicht nur im deprimierenden Wiederholungsgeschehen rächend wegschleudert, sondern in der Gewißheit ihrer Wiederkehr sich mit ihr identifiziert und sich in ihr begrüßt in jenem Akt der selbsterzeugten zweiten Geburt, in dem die Liebe über den Schmerz des Verlustes siegt und ein neues Ich gebiert. Das Glück des „Da" bezeugt nicht nur die Versöhnung mit der abwesenden Mutter, nicht nur die Überwindung von Haß und Rache, es verbindet drei Momente aufs Innigste: die Liebeserklärung an die Wiederkehrende, die Geburt des eigenen Selbst aus dem Verschwundensein im Spiegel ebenso wie den ersten Sieg der Sublimierung über den psychischen Zwang der Triebe.

[43] ders.: a.a.O., 224.

„Da" – im Klang dieses kleinen Tons überreicht der Knabe seine erste große Gabe an die menschliche Kultur. Wenn dieses Ich auch zunächst ein Narziß sein mag, dann läßt sich doch ein freundlicherer Blick auf diese Gestalt werfen: sie gelingt nur da, wo die (positive) Identifizierung mit der Mutter über den wiederholten Verlust stark und innerlich tragfähig bleibt. So bezeugt die Gestalt des Narziß nicht nur die Verwerfung der Mutter, nicht nur den Wahn der Identität; sondern in der Erhaltung jener synthetisierenden Funktion, die Kant als transzendentale Einheit der Apperzeption unverzichtbar war, verbirgt sich immer noch die Genese dieses Ich aus einer Liebesbeziehung, deren fraglos Unerschütterliches Wut und Haß über den Verlust trägt. Der Schmerz der Differenz wird zum Motor der Entwicklung, vorausgesetzt, jene Identifikation des Kindes mit der Mutter bleibt auch unter der Bedingung der Abwesenheit immer noch so positiv, daß beide, das Bild der Mutter wie das Spiegelbild des Kindes, an der freigesetzten Aggression nicht zerbrechen. Bedingung für die Einsetzung des Ich, sei es – so Freud –, daß Objekte verlorengegangen sind, die einst reale Befriedigung gebracht haben. Aber wichtig ist dabei beides: die – ehemalige – Befriedigung wie die Anerkennung des Verlusts. „O-o- da da" werden zu Signifikanten der abwesenden Mutter erst dann, wenn das in die Verdrängung geschobene Signifikat als Basis ebenso verläßlich war – wie es noch lange Zeit verläßlich bleiben muß.

Anwesenheit einer Abwesenheit – das ist das durchgängige Thema der Psychoanalyse überhaupt: Immer hat sie es mit den verlorenen, gleichwohl aber noch bestimmend wirkenden Objekten der Kindheit zu tun. Auf der Ebene des Unbewußten jedoch wird der Verlust verleugnet und in eine imaginäre Gegenwart gezwängt. Erst durch die Verwandlung der unbewußten Inhalte in bewußte durch das Medium der Sprache – sei es als Erzählung des Analysanden oder sei es als Deutung des Analytikers – wird das Verlorene nicht nur beschworen, sondern als Verlorenes anerkannt und schließlich durch seine Wiederkehr als Symbol von der stummen Gewalttätigkeit seiner früheren Macht befreit. An die Sprachwerdung knüpft sich die Möglichkeit der Verwandlung von Unbewußtem in Bewußtes. Sie bildet daher ein Zentrum der Analyse, ihrer Theorie wie ihrer Praxis.

Explizit ist Freud dem Thema des Verlusts in seinem Essay über „Trauer und Melancholie" von 1915[44] nachgegangen. Vorzug der Trauer vor der Melancholie ist demnach ihre Fähigkeit, sich von der Bindung an verlorene Objekte lösen zu können, während die Melancholie das real verlorene Objekt in ihrem wütenden Schmerz regelrecht einschreint, ohne sich von diesem ebenso toten wie getöteten Anteil seiner selbst trennen zu können. Der Melancholiker wäre demnach genauso wie Hegel die ägyptische Pyramide definiert: ein Schrein, darin ein Toter haust. Die Trauer hingegen bringt eine Loslösung von den untergegangenen Objekten

[44] SA, Bd III, S. 193-212

zustande und weist der Liebesfähigkeit des Subjekts den Weg aus dem Labyrinth des Wiederholungszwanges und seinen inzestuösen Objekten.

Am schönsten hat Freud die Wiederkehr eines verlorenen Spiegelbildes in seinem Essay „Eine Kindheitserinnerung des Leonardo da Vinci" (1910)[45] dargestellt. Er beschreibt den Künstler als in eine psychische Krise geraten, einsam, verdüstert und geplagt von einer Arbeitsstörung, die sein Schaffen empfindlich beeinträchtigte. Doch habe die Begegnung mit der Gioconda ihn aus seiner Lethargie herausgerissen. Der im Unbewußten bleibend an seine Mutter gebundene Leonardo entdeckt in den Zügen dieser jungen Frau das in seiner Erinnerung gelöschte Lächeln seiner Mutter wieder, deren verführerische Küsse ihm einst ein Stück seiner Männlichkeit geraubt und ihn in die Homosexualität getrieben haben sollen. Verführung wie Verbot verbanden sich im Symptom der Arbeitshemmung. In ihr hatte sich die untergegangene Vergangenheit Anwesenheit erzwungen. Das Lächeln der Gioconda rührte an den alten, unüberwundenen Konflikt, aber nun, selber sich bereits dem Alter nähernd, erwacht seine Liebe zur Mutter aufs neue und gibt ihm die Kraft, in der malerischen Verherrlichung ihres geheimnisvollen Lächelns das Geheimnis seiner eigenen Liebesregungen einzutragen – und es dadurch im gleichen Akt zu überwinden. „Mit Hilfe seiner urältesten erotischen Regungen feiert er den Triumph, die Hemmung in seiner Kunst noch einmal zu überwinden."[46] Die Mutter war nicht einfach wiedergekehrt, geschaffen im Bild war ihre unbewußte Anwesenheit nun eine symbolische geworden, die den realen Verlust für immer besiegelte[47] – und sich als sublimierte aus dem Zorn psychischer Verwerfung im Rätsel ihres Lächelns bleibende Anwesenheit sichern konnte. Aus der Vergänglichkeit, der Vernichtung und der Todesverfallenheit im Spiegel des Unbewußten konnte sich der geschundene Eros in die Wahrheit des Bildes retten und verspricht dort bis heute im Lächeln der Mona Lisa eine Versöhnung, dessen Rätselhaftes sich seiner Vereinnahmung widersetzt.

[45] ders.: SA, Bd. X, S. 87-159, zur methodischen Problematisierung vgl.: Freuds Leonardo-Studie – Eine Auseinandersetzung. In: Luzifer-Amor, Zeitschrift zur Geschichte der Psychoanalyse, Bd. 10, Tübingen 1992.

[46] ders.: a.a.O., S. 156

[47] Genauer bin ich dem nachgegangen in: Wunsch und Wirklichkeit – Blochs Philosophie des Noch-Nicht-Bewußten und Freuds Theorie des Unbewußten. Frankfurt, 1986, bes. S. 303-310.

# UN-Sanktionspolitik am Fallbeispiel Irak

## Die Folgen aus der Sicht der IPPNW*

Ulrich Gottstein

Vom Dezember 1990, also vor Ausbruch des Golfkriegs, aber nach dem Einfall irakischer Truppen in Kuweit, bis zum Dezember 1995 bin ich sieben Mal im Irak gewesen. Daneben sind IPPNW-Kollegen irakischer Geburt, aber in Deutschland als Ärzte ansässig, jedes Jahr, auch 1996 und 1997, in den Irak mit Medikamentenspenden gefahren.

Daher kann im nachfolgenden Beitrag über umfangreiche eigene Erfahrungen sowie die der Kollegen, ferner von internationalen Studiengruppen berichtet werden.

Zunächst seien einige Fakten aus der Vor- und Nachkriegsgeschichte des Irak in Erinnerung gebracht, weil sie für das Verständnis der Geschehnisse im Land wichtig sind:

Seit den sechziger Jahren entwickelte sich der *Staat Irak kontinuierlich zu einem reichen Land*, da er durch seine gesteigerten Ölexporte große Einnahmen hatte. Irak konnte sich nun den Kauf und Import von allem leisten, dessen es bedurfte. Die meisten Lebensmittel (70 %) und etwa 85 % aller Medikamente und ärztlicher Hilfsmittel wurden eingeführt, die Klinikseinrichtungen mit allen notwendigen Geräten stammten fast ausschließlich aus dem Ausland. Irak baute 131 moderne und schöne Krankenhäuser sowie Universitätskliniken, daneben 850 Gesundheitszentren, in denen die Impfkampagnen, Vorsorgeuntersuchungen sowie einfache Diagnostik und Behandlungen stattfanden. Alle Menschen hatten kostenlosen Zugang. Pro Jahr wurden 500 Millionen US-Dollar allein für Importe im Gesundheitssektor ausgegeben. Die modernsten Diagnose- und Therapieverfahren an den Universitätskliniken kamen zur Anwendung, wie Herzklappen- und Coronararterienoperationen, Nierentransplantationen, Haemodialyse etc. Alle Antibiotika und Krebsmittel standen zur Verfügung. Der Durchimpfungsgrad gegen Masern, Diphtherie, Kinderlähmung lag bei über 80 %, Epidemien

* Nach einem Referat auf der Konferenz der „Stiftung Entwicklung und Frieden" am 15. Januar 1998 in Bonn

traten nicht mehr auf. Die im Irak stets vorhanden gewesenen Durchfallerkrankungen sowie Bronchitiden, besonders im Sommer, konnten mit Infusionen, Elektrolytlösungen, Antibiotika, Kortison und Sauerstoff gut behandelt werden. Die Schwangerenvorsorge funktionierte, die Säuglingssterblichkeit war im Vergleich mit den anderen arabischen Ländern am niedrigsten. Gesundheitsschädigende Unterernährung gab es fast nicht. Schulen und Universitäten wurden gebaut, über 85 % der Kinder lernten lesen und schreiben, es entwickelte sich eine gebildete und wohlhabende Miltel- und Oberschicht. Die Verwaltung funktionierte sehr gut, es gab nahezu keine Korruption, man sprach vom Irak als dem „Preussen Arabiens".

An diesen positiven Befunden änderte sich erstaunlicherweise nichts während des *achtjährigen Krieges zwischen Irak und Iran 1980 bis 1988,* den Saddam Hussein begonnen hatte. Hunderttausende von Soldaten fielen auf beiden Seiten. Der Krieg endete mit einem Patt, die Grenzen blieben unverändert. Wie konnten Irak und Iran einen achtjährigen Krieg überstehen, zumal ja die Waffen ausländischer Produktion waren? Die Antwort ist einfach: Die Waffenindustrien des Auslands, natürlich mit Zustimmung der Regierungen, lieferten während der acht Jahre ständig den Nachschub, und die USA, wie wir heute wissen, versorgten außerdem den Irak mit logistischen Nachrichten. Der zivile Sektor Iraks erfuhr durch den Krieg keine nennenswerten Einschränkungen.

Der Irak aber hatte nach Kriegsende fast 90 Milliarden Dollar Schulden, eine riesige Summe gemessen am Bruttosozialprodukt. Wie General Colin Powell in seinem Buch „Mein Weg" beschreibt, habe Saddam nach 1988 die Vereinigten Arabischen Emirate und besonders Kuweit dafür verantwortlich gemacht, daß es dem Irak nicht gelang, seinen Schuldenberg abzutragen. Sie hätten dem lrak einen „vergifteten Dolch" in den Rücken gestoßen, indem sie die von der OPEC festgesetzten Förderquoten für Öl überschritten und dadurch einen Preisverfall herbeigeführt und die Einkünfte des Iraks vermindert hätten. Außerdem habe Kuweit Öl im Wert von 2,5 Milliarden Dollar aus dem Ölfeld von Rumaila gestohlen, das sich beide Länder teilten. Saddam war außerdem auf Kuweit wütend, weil die Inseln Warba und Bubiyan ihm den Zugang zum Golf versperrten.

*Im Juli 1990* besuchte General Powell die arabischen Länder, man sei der Auffassung gewesen, daß sich eine friedliche „arabische Lösung" finden lassen werde. In der dritten Juliwoche zeigten US-Satellitenfotos den Aufmarsch von drei irakischen Divisionen nahe der kuweitischen Grenze, mit hunderten moderner sowjetischer Panzer. Arabische Politiker beteuerten, man könne unbesorgt sein, denn „arabische Brüder führten keinen Krieg gegeneinander". Während der US-Generalstab sich auf einen möglichen Kriegsausbruch in der Golfregion vorbereitete, wollte sich die US-Administration aus einem möglichen Konflikt heraushalten. Die US-Botschafterin im Irak, Frau April Glaspie, hatte zu Saddam

Hussein gesagt „wir haben keine Meinung zu innerarabischen Konflikten, wie Ihrem Grenzstreit mit Kuweit", und der Regierung Bush geraten, sich aus den innerarabischen Streitigkeiten herauszuhalten. Präsident Bush hatte daraufhin gegenüber Saddam telegraphisch betont, daß die US-Regierung „nach wie vor bessere Reziehungen zum Irak" wünsche. Powell fügt an, das sei die Lage gewesen: Die arabischen Staaten sagten, es werde nichts passieren, und die Vereinigten Staaten sagten, es gehe sie nichts an, wenn etwas passiere. Wenige Tage später, am *2. August 1990*, überfiel die irakische Armee Kuweit, Saddam hatte sich auf die US-Äußerungen verlassen.

Am 3. August 1990 stellten die Vereinten Nationen mit der Resolution 660 das Ultimatum an Irak, Kuweit sofort wieder zu verlassen. Saddam reagierte nicht, und *am 6. August wurde die Resolution 661, ein totales Wirtschaftsembargo*, beschlossen, d. h. ein Verbot jeglichen Ex- und Imports. Der Irak zeigte sich unbeeindruckt und erklärte am 8. August das besetzte Kuweit zur 19. irakischen Provinz. Um etwaigen Bombenangriffen wichtiger irakischer Zentren durch US-Bomber vorzubeugen, hielt der Irak Ausländer als Geiseln fest.

Mehrere ausländische Diplomaten und bekannte Politiker, unter ihnen Willy Brandt, reisten in den Irak und bewirkten, daß die Geiseln freigelassen wurden. Trotz der Sanktionen hielt jedoch Saddam am Besitz Kuweits fest.

*Am 29. November 1990 beschloß der Sicherheitsrat die Anwendung von Gewalt gegen den Irak*, falls Kuweit nicht bis zum 15. Januar 1991 geräumt sei. Bagdad wies am folgenden Tag das Ultimatum zurück.

Im Dezember 1990 bemühten sich Gorbatschow, Mitterand, König Hussein von Jordanien sowie Präsident Mubarak und andere um ein Einlenken von Saddam Hussein und wiederholten bis zum Ausbruch des Krieges, unter ihnen besonders König Hussein, Gorbatschow und Mitterrand, aber auch Bundesaußenminister Genscher, „daß das Fenster zu Verhandlungen noch nicht geschlossen sei" und der Krieg zwischen den UN, d. h. aber vorwiegend den USA, und dem Irak noch abgewendet werden könne.

*Am 15. Dezember 1990 flog ich mit dem amerikanischen Co-Präsidenten der IPPNW, Prof. Bernard Lown*, sowie vier weiteren Mitgliedern des Direktoriums (aus USA, Sowjetunion, Spanien und Jordanien) via Kairo *nach Amman und dann nach Bagdad*, um mit Kronprinz Hassan, dem Bruder König Husseins von Jordanien, und mit maßgeblichen Politikern, Wissenschaftlern und Ärzten Iraks zu sprechen und uns über die politische und gesundheitliche Situation im Irak, nach vier Monaten Embargo, zu erkundigen, dann unsere Regierungen zu informieren und für eine Lösung des Kuweitkonflikts, ohne die zu erwartenden schrecklichen Folgen eines Krieges, zu werben.

In Amman sprachen wir über eine Stunde mit Kronprinz Hassan, der uns die Auffassungen von *König Hussein* erläuterte, der am Tag nach dem Einfall in

Kuweit nach Bagdad geflogen war, um Saddam zum Rückzug zu bewegen, und der weiterhin Verhandlungen forderte, um einen Kriegsausbruch zu verhindern. König Hussein vertrete die Meinung, daß es mit Hilfe innerarabischer Gespräche und kleiner Zugeständnisse möglich gewesen wäre, Saddam zum Verlassen Kuweits ohne „Gesichtsverlust" zu überreden. Durch die starre Haltung der USA, die erst nach bedingungsloser Räumung Kuweits Verhandlungen zulassen wollte, seien alle Hoffnungen auf eine Kriegsverhütung zerstört.

*In Jordanien* erlebten wir bereits die *Auswirkungen der Sanktionen* gegen den Irak, da der Irak der Haupthandelspartner Jordaniens war und die reichen arabischen Nationen Jordanien isolierten, weil sie den Alleingang von König Hussein verurteilten. Nun litt auch Jordanien unter Sanktionen, die nicht etwa eine Politikänderung bewirken sollten, sondern eine Strafmaßnahme darstellten: Man half Jordanien nicht bei der Versorgung der 1 Million Flüchtlinge aus Kuweit und Irak, darunter 700.000 Jordanier und Palästinenser, also Menschen mit Anspruch auf Aufnahme. Hinzu kamen etwa 100.000 Jordanier und Palästinenser, die aus Ägypten und Saudiarabien ausgewiesen und nun alle arbeitslos wurden. Jordaniens Handel fiel auf nahezu null, das Bruttosozialprodukt auf 40 %. Der Flughafen in Amman und der Hafen in Akaba waren leer. Entsprechend der großen Arbeitslosigkeit herrschten Hunger bei der armen Bevölkerung. Die Krankenhäuser und Ambulanzen hatten Mangel an allen wichtigen Medikamenten, da die harte Währung zum Einkauf im Ausland fehlte. Die sanktionsbedingte Not wurde uns auch vom Außenminister und Gesundheitsminister sowie dem amerikanischen Direktor von UNICEF in Jordanien bestätigt.

Wir flogen weiter nach *Bagdad*, was im Dezember von Jordanien aus noch gestattet war. In unseren Gesprächen mit dem direkten Stellvertreter von Präsident Saddam Hussein, dem *1. Stellvertretenden Ministerpräsidenten Ramadan,* sowie mit dem Parlamentspräsidenten, erfuhren wir, daß der Irak auf gar keinen Fall auf die Ultimaten der UN und der USA eingehen werde, ohne Verhandlungen aus Kuweit abzuziehen, und daß man weder Sanktionen noch Krieg fürchte. Wir wiesen darauf hin, daß bereits jetzt, nach nur vier Monaten Sanktionen, eine große Not im Gesundheitswesen bestehe und alles viel schlimmer werden würde bei und nach einem Krieg, aber die Reaktion der Politiker war nur, man wolle ja keinen Krieg, sondern Verhandlungen. Wir als leitende Mitglieder einer mit dem Friedensnobelpreis ausgezeichneten Ärzteorganisation sollten entsprechenden Einfluß auf die UNO und USA nehmen.

Die *Präsidenten der Irakischen Ärztekammer sowie des Roten Halbmonds* und dann die *leitenden ärztlichen Direktoren* der Universitätsklinik in Bagdad klagten über die gravierenden *Auswirkungen des totalen Embargos:* Entgegen den UN-Resolutionen und den Genfer Konventionen würden auch sämtliche Arzneimittel, Infusionslösungen, Röntgenfilme, Injektionsnadeln, Infusionsbestecke,

Labortests, Insulin u.a., aber auch Babynahrung und Milchpulver nicht mehr geliefert. Tausende von bereits bezahlten Milchbüchsen lägen in türkischen Häfen und dürften nicht nach Irak gebracht werden, da ja auch Lebensmittel unter das Embargo fielen, solange die UN nicht einen gefährlichen Notstand erklärt hätten. Der Gesundheitsminister zeigte Statistiken, denen zufolge bereits über 2.000 Kinder unter 5 Jahren infolge des Fehlens von Insulin, lebenswichtigen Medikamenten und Babymilchpulver gestorben waren. Infolge von fehlenden Impfungen seien vermehrt Masern, Diphtherie und Tetanus sowie Keuchhusten aufgetreten, die ja bei Kleinkindern gefährliche Krankheiten darstellen. Wir sahen in der Kinderklinik Röntgenbilder von Kleinkindern mit Lungenentzündung, denen nur für drei Tage ein Antibiotikum gegeben werden konnte. Es wurde die Frage gestellt, ob die Vereinbarungen der Vereinten Nationen, nach denen auch in Kriegszeiten Kinder nicht leiden dürfen, jetzt für die UN unter dem Einfluß der USA keine Gültigkeit besäßen.

Schon jetzt wirkte sich außerdem das Fehlen von Ersatzteilen aus, z. B. für den nicht mehr funktionierenden Patientenaufzug, so daß die Patienten die Treppen hochgetragen werden mußten. Ekg- und Röntgengeräte wurden nicht mehr von den ausländischen Technikern gewartet und waren daher z. T. ausgefallen.

Von den leitenden Ärzten bekamen wir Listen mit, auf denen alle dringend benötigten Medikamente verzeichnet waren, insbesondere Insulin, Antibiotika, Herz- und Krebsmittel, immunsupprimierende Substanzen zur Verhinderung der Abstoßung transplantierter Nieren, Antikoagulantien, Impfungen und vieles andere.

Es rächte sich jetzt im Irak, daß man zu den Zeiten des Reichtums keine eigenen Industrien aufgebaute hatte, sondern damit zufrieden war, alles und jegliches zu bester Qualität im Ausland einkaufen zu können. Die UN-Sanktionen hatten also bereits nach 4 Monaten und ohne Krieg stärkste Auswirkungen auf alle kranken Kinder und Erwachsenen; arme Menschen begannen auch schon unter dem Lebensmittelmangel und den entsprechend steigenden Preisen zu leiden, aber auf die Regierenden und die Regierungspolitik machten die Sanktionen keinerlei Eindruck.

Als wir Ende Dezember 1990 Bagdad verließen, wurde uns vom Präsidenten des Roten Halbmonds, einem feinen und gebildeten Arzt, befreundet mit dem Präsidenten des Deutschen Roten Kreuzes, Prinz zu Sayn-Wittgenstein, eine mehrseitige Liste von dringend benötigten Medikamenten, Operationsbedarf, Infusionen, Labortests und Impfungen mitgegeben, mit der dringenden Bitte um Hilfe. Denn schon jetzt müßten Krankenhausstationen geschlossen werden, nur lebensrettende Operationen könnten noch durchgeführt werden, Insulin könne nur ausgewählten Diabetikern gegeben werden, viele müßten sterben. Das treffe auch jetzt für die Nierenkranken zu, die nicht mehr 1-2 mal wöchentlich zur

Haemodialyse kommen könnten, sondern nur noch einmal alle 2 Wochen (!), so daß die meisten sterben müßten. In weiteren 3 Monaten würden alle Medikamentenvorräte verbraucht sein: „*Also bitte helfen Sie uns!*"

*Das war die Situation vor Ausbruch des Krieges. Und wie ging es weiter?* Am 9. Januar 1991 trafen sich US-Außenminister Baker und der irakische Außenminister Tariq Aziz in Genf. Der Iraker forderte Verhandlungen mit den arabischen Staaten und den UN, um Lösungen des Konflikts zu finden. Doch Baker lehnte ab und forderte zunächst den bedingungslosen Rückzug aus Kuweit. Drei Tage später, am 12. Januar, billigte der amerikanische Kongreß einen Krieg gegen Irak nach Ablauf des Ultimatums am 15. Januar. Der UN-Generalsekretär Perez de Cuellar versuchte noch im letzten Augenblick, am 13. Januar, in Bagdad Saddam Hussein zum bedingungslosen Rückzug zu bewegen – vergeblich.

*Am 17. Januar 1991 begann* dann 40 Minuten nach Mitternacht *der Krieg mit massiven Bombenangriffen auf die irakischen Streitkräfte in Kuweit sowie im Irak auf die Städte, Elektrizitäts- und Wasseranlagen,* Telefonzentralen, die wenigen Industrieanlagen sowie Lagerhäuser und nahezu alle irakischen Brücken. Es handelte sich also wieder, wie im letzten Weltkrieg, um einen Krieg, der gegen die Genfer Konventionen verstieß, nach denen zivile Einrichtungen nicht zerstört werden dürfen und unnötiges Leid von Zivilisten nicht bewirkt werden dürfe.

Saddam ließ sich dadurch nicht einschüchtern, sondern häufte noch mehr Zorn und Verachtung auf sein Land durch das Abfeuern von Scud-Raketen auf Israel und Saudi-Arabien sowie mit der Androhung des Einsatzes von B- und C-Waffen am 28. Januar. Die US-Bomben- und Raketenangriffe wurden fortgesetzt, in Bagdad wurden weitere Gebäude, aber auch ein Luftschutzbunker zielgenau getroffen, in dem mehrere hundert Menschen, vorwiegend Frauen und Kinder, getötet wurden. Am 15. Februar bot Saddam den Rückzug aus Kuweit an, unter der Bedingung von Verhandlungen. Neun Tage später begann der *Bodenkrieg* mit Panzern, Artillerie und Infanterie, und innerhalb von drei Tagen war der Krieg praktisch gewonnen: Am 27. Februar 1991 geriet nach einem Zangenangriff ein großer Teil der irakischen Armee in Gefangenschaft oder befand sich auf der Flucht; Zehntausende wurden von der Luftwaffe oder den Panzern in der Wüste abgeschossen oder von großen Bulldozern in ihren Schützengräben zugeschüttet. In Basra erfolgten Bombardierungen und eine finale Panzerschlacht. General Schwarzkopf gab an, daß von den 42 irakischen Divisionen 29 aufgerieben worden seien. Am gleichen Abend verkündete Präsident Bush die Befreiung Kuweits und den Sieg über die irakische Armee. Bush bot dem Irak einen Waffenstillstand an unter der Bedingung der Einhaltung aller bisherigen UN-Resolutionen sowie des Rechts der UN, die Zerstörung aller ABC-Waffen und schwerer Waffen im Irak zu überwachen. Der Irak verpflichtete sich, alle notwendigen Auskünfte etc. zu geben. Saddam Hussein akzeptierte alle diese Forderungen, und am *7. März unterzeichnete der Irak das Waffenstillstandsabkommen.*

Die UN-Truppen zogen sich dann aus dem Irak zurück, für die Kurden im Norden und die Schiiten im Süden wurden sog. Schutzzonen eingerichtet, über die irakische Flugzeuge nicht fliegen dürften, andernfalls abgeschossen werden würden (was im März auch zweimal geschah). Der Irak wurde also frei von Besatzungstruppen und war weiterhin souverän; das Land wurde nicht geteilt. Damit konnte Saddam erklären, der Irak habe den Krieg gegen eine Übermacht gewonnen und begann die riesige Propaganda von dem Sieg der „Mutter aller Schlachten".

Da wir seit unserem Besuch in Bagdad im Dezember 1990 schon von der großen Not im Gesundheitswesen wußten und von unseren jordanischen IPPNW-Freunden sowie aus der Berichterstattung in Presse und Fernsehen über die nun weit größere Not informiert worden waren, *reisten im Mai 1991 vier deutsche IPPNW-Kollegen mit mir zwei Monate nach Inkrafttreten des Waffenstillstands wieder in den Irak.* Wir brachten Medikamente im Wert von einer Million DM (aus Spenden der Mitglieder, von Kirchen und aus der Bevölkerung) sowie vier Apparate zur Wasserreinigung und Sterilisierungsmittel für 500.000 Liter Trinkwasser, ferner 6.000 Infusionslösungen und mehrere Tonnen Babymilchpulver mit. Alles mußte aus Frankfurt nach Amman geflogen werden, dort in große LKW umgeladen werden und dann die 1000 km durch die Wüste nach Bagdad gefahren werden. Alles kostete viel Geld und viel Zeit. Um die Hilfsgüter in den mit Sanktionen bestraften Irak bringen zu dürfen, mußten zuvor Genehmigungen vom Sanktionsausschuß der Vereinten Nationen eingeholt werden. Das für Deutschland zuständige Büro befand sich in Eschborn bei Frankfurt im Bundesausfuhramt.Von Amman aus fuhren wir zusammen mit 12 US-Ärzten irakischer Abstammung, die nach ihren Familien sehen wollten, was eigentlich nicht erlaubt war. Die Amerikaner hatten daher nur ein US-Visum für Jordanien und fuhren mit einem Einlegvisablatt Iraks nach Irak.

In Bagdad, das wir nach einer 14stündigen Autofahrt erreichten, packten wir unsere Pakete von den LKW auf Kleintransporter und fuhren in insgesamt 12 Städte zu den jeweiligen Krankenhäusern, vom hohen Norden (Kirkuk, Mosul, Arbil und Sulaymania im Kurdengebiet) über Zentralirak und die schiitischen Städte Kerlela, Hella, Nadjef und andere bis in den tiefsten Süden, nach Basrah. Für diese Fahrten hatten wir die Genehmigung des irakischen Gesundheitsministers und des irakischen Roten Halbmonds erhalten, die eigentlich gewollt hatten, daß wir unsere Hilfsgüter zentral in Bagdad lassen sollten. Wir hatten aber in Deutschland allen Spendern zugesichert, daß wir die Medikamente etc. direkt in die Kliniken bringen würden.Wir wurden von den irakischen Ärzten mit großer Freude und Dankbarkeit empfangen. Sie hatten schlimme Monate hinter sich durch die Bombardierungen sowie die Kämpfe zwischen den von Präsident Bush zum Aufstand aufgerufenen Kurden im Norden und Schiiten im Süden gegen die irakische Republikanische Garde, die mit ihren übriggebliebenen Panzern, Kampfhubschraubern und Artillerie die Aufstände blutig und zerstörerisch niederschlug. Zu all den Tausenden von Toten und Verletzten kam nun das Leid, wegen der Sanktionen nicht helfen zu können.

Wir sahen die schrecklichen Zerstörungen der Brücken, der Häuser, der Kliniken und anderen Großgebäude und die tragische Not in den Krankenstationen, die Verzweiflung der Kinder und Mütter und der einfachen irakischen Menschen.

Infolge der Zerstörung der Elektrizitätswerke und der Überlandleitungen war in ganz Irak die Elektrizitätsversorgung zusammengebrochen. Damit fielen nicht nur Beleuchtung und Klimaanlagen sowie Ventilatoren aus, sondern auch alle Kühlschränke, wodurch Blutkonserven, Impfstoffe und empfindliche Medikamente unbrauchbar wurden. Für die Trinkwasserbereitung waren im Irak elektrisch getriebene Pumpen erforderlich, desgleichen für die Abwässerreinigung. Die Folgen der Zerstörung von Wasserwerken und des Ausfalls der Reinigung waren, daß die Bevölkerung das unreine Wasser aus den Flüssen nehmen mußte. Zehntausende erkrankten an Brechdurchfall sowie an Typhus und auch an Cholera. Da Infusionslösungen und Elektrolyte infolge der Sanktionen fehlten, sind viele tausend Kleinkinder gestorben. Auch bei unseren Visiten in den Kinderkrankenhausabteilungen sahen wir viele ausgetrocknete, also dehydrierte, apathische Kleinkinder, sowohl im Universitätsklinikum Bagdad als auch in den Kliniken des Südens.

*Im Verlauf des Jahres 1991* sind wir von der deutschen IPPNW weitere vier Mal mit Medikamenten und Babynahrung in den Irak gefahren, alles zusammen im Wert von 2 Millionen DM. Damit haben wir jeweils für einige Tage oder Wochen Menschenleben retten helfen können, aber bei einer Bevölkerungszahl von 16 Millionen und nur sehr wenigen NGOs und weiter bestehendem totalem Embargo war natürlich auch unsere Hilfe viel zu gering. Dennoch *freuten sich die Ärzte über den Beweis unserer Mitmenschlichkeit und ärztlichen Solidarität.* Für alle Menschen im Irak, Ärzte, Schwestern, für Professoren auch anderer Fakultäten und für alle einfachen Menschen bedeuteten die Sanktionen nicht den Versuch der Einflußnahme auf die Regierungspolitik, sondern ausschließlich eine herzlose amerikanische Rache am irakischen Volk dafür, daß es den USA nicht gelungen war, Saddam zu stürzen.

*Im Verlauf des Jahres 1991* bereisten im März der stellvertretende UN-Generalsekretär Martti Ahtisaari den Irak, im Juli der Sondergesandte des UN-Generalsekretärs Sadruddin Aga Khan, im April ein Ärzteteam unter Leitung des kanadischen Arztes Dr. Eric Hoskins, im Mai eine Wissenschaftlergruppe der Harvard Universität, im September ein „International Study Team" aus 87 Wissenschaftlern vorwiegend westlicher Länder, finanziert von der MacArthur

Foundation, dem John Merck Fund, von Oxfam und UNICEF. Daneben sandte das „Internationale Kommittee vom Roten Kreuz (ICRC)" schweizer Ärzte, und auch wir gaben nach jeder Irakreise genaue Berichte an die deutsche Regierung und an den Präsidenten des Deutschen Roten Kreuzes.

*Die Befunde aller Studiengruppen* kamen zu fast identischen Ergebnissen, Mitteilungen und Eindrücken: Der Irak brauchte dringend Lebensmittel, Medikarmente und Ersatzteile. Die Mortalität der Kinder unter 5 Jahren ist 1991 von 2,8 % auf 10,4 % angestiegen, bei den unter ljährigen von 2 % auf 8 %, also um das vierfache. 29 % aller Kinder unter 5 Jahren zeigten ein bedrohliches Untergewicht. Zwischen 60 und 70 % der Babies, die zur klinischen Aufnahme kamen, waren lebensbedrohlich unterernährt. Die Anzahl kindlicher Infektionskrankheiten, insbesondere Darm- und Bronchialinfekte, war etwa um ein Vierfaches angestiegen, die Mortalität in den Kliniken lag zwischen 20 und 70 %, da Infusionen, Elektrolytlösungen, Antibiotika, Kortison und Sauerstoff fehlten. Die genaue Zahl der an Hunger gestorbenen Säuglinge und Kleinkinder konnte nicht angegeben werden. Insgesamt wurde mit 170.000 toten Kindern allein im Jahr 1991 gerechnet, wobei Tote durch direkte Waffeneinwirkungen nicht mitgezählt sind.

Besonders ist zu erwähnen, daß die Kliniken nicht in der Lage waren, ihre Patienten ausreichend zu ernähren; das betraf insbesondere auch die Säuglings- und Kinderstationen. Die Mütter der Babys wurden aufgefordert, auf dem schwarzen Markt Babymilchpulver zu kaufen: Eine 450g-Büchse kostete damals 25 Dinar, 6 solcher Büchsen waren für einen Monat erforderlich, das waren 150 Dinar. Soviel betrug das durchschnittliche Monatseinkommen eines arbeitenden Irakers. Deswegen versuchten die Mütter, mit Mehl- oder Zuckerwasser die Milch zu verdünnen, was natürlich zu Verdauungs-und Ernährungsstörungen führte. Viele Mütter konnten wegen der eigenen Unterernährung nicht stillen. Die Lebensmittelpreise waren in diesem Jahr im Mittel um das 2000fache angestiegen, abgesehen von den rationierten staatlichen Zuteilungen, die jedoch nur etwa 30 % des Energiebedarfs deckten und keine Eier, kein Fleisch und keine Milch für Erwachsene enthielten. Wer jedoch Geld hatte, und das traf für das Regime, für alle dem Regime nahestehenden Funktionäre sowie noch für Reiche aus der Vorkriegszeit zu, konnte sich weiterhin in den Läden und Restaurants alles kaufen und leisten.

*Allen Irakreisenden wurde ganz klar, daß die Sanktionen nur die Kranken, die Armen und Alten, die Arbeitslosen und insbesondere die Kinder trafen,* die alle die wahren Geiseln der Sanktionen geworden waren. Ein Aufstand des Volkes gegen das Regime erschien allen von uns, die wir mehrfach in den Irak reisten und mit Irakern vertrauensvolle Gespräche hatten führen können, ganz ausgeschlossen, und das Regime selber litt unter den Sanktionen nicht.

Die Vereinten Nationen kamen durch die Berichte der Kommissionen und Studiengruppen unter moralischen Druck und beschlossen Erleichterungen für das irakische Volk. Es sollten zwar alle irakischen Auslandskonten weiterhin eingefroren bleiben und die Sanktionsbestimmungen, denen zufolge kein Export und Import erlaubt sei, abgesehen von Schenkungen durch Hilfsorganisationen, weiter strengstens eingehalten werden, aber man beschloß *im August 1991 die Resolution 706,* derzufolge einmalig für 1,6 Milliarden Dollar Öl verkauft werden dürfe, wovon für ein Drittel Entschädigungszahlungen an Kuweit und die Türkei, ein Drittel an die UN für ihre eigenen Unkosten bei der Überwachung des Embargos und der Zerstörung von Waffen im Irak und dem Aufsuchen von Lagerplätzen sowie ein Drittel für den Kauf von Medikamenten und Kinder- und Erwachsenennahrung für die irakische Bevölkerung zur Verfügung stehen sollten. Allerdings sollte nicht die irakische Führung den Einkauf und die Verteilung im Lande durchführen dürfen, sondern das sollte durch die UN geschehen. Die irakische Regierung lehnte diese Resolution strikt ab, da sie beleidigend und die irakische Souveränität nicht respektierend sei, und außerdem der verbleibende Rest aus dem Ölverkauf von nur etwa 550 Millionen Dollar viel zu gering sei. Vor dem Krieg gab der Irak diese Summe allein für Medikamente, zusätzliche Milliarden für Lebensmittel etc. jedes Jahr aus.

Im September des gleichen Jahres 1991 verabschiedete der UN-Sicherheitsrat die *Resolution 712,* „in Bekräftigung seiner Besorgnis über die Ernährungs- und Gesundheitssituation der irakischen Zivilbevölkerung und die Gefahr einer weiteren Verschlechterung". Die Ausführungsbestimmungen waren jedoch nicht anders, so daß der Irak auch auf diese Resolution nicht einging, sondern nur weiterhin eine erlaubte geringe Menge Öl an Jordanien lieferte, zu billigem Preis, wofür Jordanien, das selber arm war und unter den Sanktionen litt, etwas Lebensmittel und Medikamente lieferte.

*In einem demokratischen europäischen Land* würde die Bevölkerung ihre Regierung auffordern, alles nur Erdenkliche zu tun, um Hunger, Armut und Krankheiten zu minimieren, wie das auch die Deutschen nach 1945 taten. Sie wären bereit zur hundertprozentigen Zusammenarbeit mit den Siegermächten und zur Annahme aller Erleichterungen, auch wenn diese nur gering wären. *Aber ein arabischer Staat und arabische Staatsmänner reagieren anders,* zumal es in Arabien keine wahren Demokratien gibt. Ein Herrscher dort kann nicht vom Volk abgewählt werden, und er kann es sich leisten, sein Volk darben zu lassen, besonders wenn er an den arabischen Stolz appelliert.

So blieb die *Lebenssituation* für den irakischen Mittelstand und besonders für die arme Bevölkerung trostlos und die Lage im Gesundheitssektor verzweifelt. Ich war zuletzt vor zwei Jahren wegen humanitärer Hilfe im Irak, meine Kollegen auch 1996 und 1997. Im März 1998 werden wieder IPPNW-Ärzte mit Medikamenten in den Irak fahren. Nach wie vor hungert die Mehrheit der Bevölkerung, insbesondere die Armen. Die Lebensmittelrationen sind infolge der Sanktionen so unzureichend, daß es nötig ist, auf dem legalen Straßenmarkt zu hohen Preisen einzukaufen, massiv abzumagern und Krankheiten zum Opfer zu fallen. Nur Regierungsmitglieder oder andere Protegierte können sich alles Lebensnotwendige kaufen. Bei einem monatlichen Gehalt z. B. eines Arztes von jetzt 4000 Dinar kann man für 3000 Dinar 30 Eier oder 1 kg Fleisch oder 1 kg Milchpulver oder zwei Liter Öl kaufen.

In den *Kliniken und Ambulanzen* fehlen alle wichtigen Medikamente, Operationsbedarf, Ersatzteile für medizinische Geräte, Röntgenfilme, Ekg-Papier, Labortests etc. Jährlich sterben 50.000 Kleinkinder nur wegen des Embargos. Wir sahen auf den Kinderstationen die nach Luft ringenden Babies mit Bronchiolitis, denen nicht genügend Sauerstoff, Broncholytika, Cortison u. a. gegeben werden konnte. Für die Mütter und Väter war es eine Höllenqual, ansehen zu müssen, wie die geliebten Kinder nach Luft ringen. 20 % aller Lebendgeburten sterben, da sie massiv untergewichtig sind, weil die Mütter hungerten. Während einer Masernepidemie starben 30 % aller erkrankten Kinder; in den Chirurgischen Kliniken konnten nur einfache Operationen durchgeführt werden, und auch die nur als absoluter Notfall.

Trotz dieser verzweifelten Lage *konnte es sich Saddam leisten, seit 1991 immer wieder die Erfüllung der UN-Resolutionen abzulehnen oder zu erschweren.* Er provozierte sogar die USA mit Reden und Taten, wofür die irakische Bevölkerung erneut unter Bomben- und Raketenangriffen zu leiden hatte (am 13., 17. und 19. Januar sowie am 9. und 18. April, am 27. Juni und 19. August 1993). Total unbeeindruckt von der militärischen Macht der USA verkündete Saddam Hussein am 25. September 1994 hochmütig, Irak werde Kuweit wieder annektieren, falls die Sanktionen nicht baldigst aufgehoben würden. Die irakischen Truppen wurden in langsamem Marsch in Richtung Kuweit geschickt, doch unter der Drohung weiterer Militärschläge und Warnungen der UN anerkannte Irak die Grenzen Kuweits am 11. November 1994.

Ende August 1996 fiel die irakische Armee „auf Bitten" des Kurdenführers Barzani in die kurdische „Verbots-und Schutzzone" im Norden Iraks ein, zog sich dann aber wieder zurück, nachdem US-Kriegsschiffe am 4. September 1996 44 Marschflugkörper auf irakische Ziele abgeschossen hatten. Am 11. September schoß die irakische Flugabwehr in der nördlichen Flugverbotszone eine Rakete auf amerikanische Flugzeuge ab, und zwei Tage später verkündete die irakische Regierung, daß derlei nicht wieder geschehen werde.

Am 25. November 1996 stimmte die irakische Regierung überraschend der UN-Resolution zu, derzufolge für eine Milliarde Dollar pro Vierteljahr, also vier Milliarden pro Jahr, Öl verkauft werden solle, um für ein Drittel des Erlöses Medikamente und Lebensmittel für den Irak einzukaufen.

Das irakische Volk war über diese Nachricht hochbeglückt, aber im *Juni 1997* kündigte Saddam Hussein an, daß er *den UN-Inspekteuren nicht mehr zu sämt-*

*lichen Gebäuden Zutritt gewähren* werde, da man lediglich Spionage betreibe und keine Zusage über die Aufhebung der Sanktionen vorläge. *Am 2. November* kündigte Irak an, die *US-Inspekteure auszuweisen,* was trotz Verurteilung durch den UN-Sicherheitsrat am 13. November 1997 geschah, wohingegen andere Inspektionsteams ihre Arbeit fortsetzen durften.

*Die USA-Administration rüstete sich nun zum gewaltigen Militärschlag gegen den irakischen Staat,* mit voller Unterstützung durch Großbritannien, wohingegen die Mehrheit der UN-Mitglieder, darunter vor allem Rußland, Frankreich und China Verhandlungen forderten. Es gelang dem Generalsekretär der Vereinten Nationen, *Kofi Annan,* mit Saddam Hussein Vereinbarungen zu unterzeichnen, die nun (März 1998) den Kriegsausbruch und damit erneutes schreckliches Leid für die unschuldige Bevölkerung zunächst – und hoffentlich endgültig – verhindern. *Was europäischen und US-Diplomaten nicht gelungen war, erreichte der Schwarzafrikaner Kofi Annan, der es verstand, den arabischen Stolz nicht zu verletzen und Lösungen zu finden, die das in Arabien so wichtige „Gesichtwahren" ermöglichten.*

Diplomatisches Geschick, sicher auch bei gleichzeitiger militärischer Machtdemonstration, bewahrte das irakische Volk vor neuem Vernichtungskrieg, wohingegen die Sanktionen weder einen Regierungswechsel im Irak noch eine vollständige Erfüllung der UN-Resolutionen durch das Regime erreicht hatten.

Es ist die einhellige Meinung aller irakischen Gebildeten, so auch der Ärzteschaft im Irak, dazu des einfachen, manipulierten Volkes: Das Embargo schwächt und bestraft nicht die Regierenden; im Gegenteil, sie profitieren von der Not des Volkes, das sich zu Wucherpreisen Lebensmittel beschaffen muß. Die einfachen Menschen, besonders die Kinder, die Alten, die Armen und die Kranken, sind die Geiseln des Westens. Spricht man vertrauensvoll mit Irakern, so sind sehr viele keine Saddam-Anhänger, aber sie verstehen den Westen nicht. Die USA und England, die doch für Demokratie und persönliche Freiheit stehen, sind bei den irakischen Menschen verhaßt, weil sie seit über 7 Jahren, ohne Hoffnung und Perspektiven, unter dem Embargo zu leiden haben. „Wann werden endlich die Sanktionen aufgehoben?", ist die ständige Frage. Niemand hätte etwas dagegen, daß weiterhin keine Militärausrüstung eingeführt werden dürfte, im Gegenteil. Aber die Freiheit der Bewegung, der Berufswahl, des Handels, das Ende des Hungerns und Leidens sowie des unnötigen Sterbens von kranken Kindern und Erwachsenen sollte endlich Wirklichkeit werden. Gegen das Regime kann sich das irakische Volk nicht erheben, das Leid hat die Menschen apathisch gemacht.

*Sanktionen gegen diktatorisch geführte Regime schaden nicht den Regierenden, sonder nur den unschuldigen Menschen.* Auch im Irak brachten die Sanktionen weder Freiheit, Demokratie noch Frieden. *Sanktionen schaffen keinen Frieden. Es war das sensible und diplomatische Geschick des afrikanischen UN-Gene-*

*ralsekretärs Kofi Annan, der für das irakische Volk Frieden und die berechtigte Hoffnung auf baldige Aufhebung der Sanktionen erzielte.*

# Versöhnung über Auschwitz?*

Kurt Grünberg

Schon seit dem – nicht von den Deutschen herbeigeführten – Ende des Nationalsozialismus gibt es hierzulande Bestrebungen, sich mit den jeweils aktuell „brennnenden" Fragen bundesdeutschen Alltags zu befassen, statt die Auseinandersetzung „mit der Vergangenheit" zu suchen. Daß dabei sowohl die Folgen der nationalsozialistischen Judenvernichtung bei den Überlebenden und ihren Nachkommen als auch die Folgen des Nazi-Erbes auf seiten der Deutschen „übersehen" werden, wird dabei nur allzu gern in Kauf genommen. Eine weit verbreitete Tendenz besteht darin, die NS-Geschichte zu ver-schweigen und zu verleugnen (vgl. Grünberg, 1997). Hier verschafft sich die Forderung Gehör, „endlich Ruhe zu geben", einmal müsse doch „Schluß" sein. Dies geht bis zu Äußerungen von Neonazis, die Gaskammern seien lediglich eine Erfindung der Juden, damit das „Internationale Judentum" vor dem Hintergrund eines solchen Ablenkmanövers weiterhin ungestört über die anderen Völker herrschen kann.

Allerdings gibt es auch klügere – und friedlicher scheinende – Versuche, der so unerträglichen Konfrontation mit der Wahrheit des „tausendjährigen Reiches" zu entkommen. Hier wird die Judenverfolgung nicht geleugnet, bisweilen ist sie sogar ein Feld intensiver Bearbeitung und ehrlichen Bedauerns. Im gleichen Atemzug jedoch kommt es zu einer „sanften" Relativierung der Shoah, wenn etwa die Forderung erhoben wird, man solle die universelle Bedeutung von Verfolgung begreifen, es habe doch auf „allen Seiten" eine unermeßliche Anzahl von Toten gegeben. Es gelte fürderhin jedwede kriegerische Auseinandersetzung zu vermeiden, denn alle Kriege seien ungerecht. Auch heute noch würden Menschen verfolgt und bedrängt. Mitunter wird christlich-jüdische „Begegnung" gesucht, die die durch die nationalsozialistische Judenverfolgung geschaffene Kluft zwischen Juden und Deutschen überwinden helfen soll. Spätestens jedoch, wenn die Hand zur Versöhnung gereicht oder zuweilen gar verlangt wird, spätestens dann wird auf jüdischer Seite häufig ein gewisses Unbehagen spürbar; der Gedanke kommt auf, vielleicht doch „im falschen Zug" zu

* Die vorliegende Arbeit stellt eine Überarbeitung eines Vortrages dar, der auf der DPV-Frühjahrstagung „Vom Gebrauch der Psychoanalyse heute und morgen" im Jahre 1995 in Heidelberg gehalten wurde (Grünberg 1995).

sitzen. Dann erkennen Juden, daß sie „eingebunden" werden sollen, daß sie sich als Teil eines „Gedächtnistheaters" (Bodemann, 1996) zur Verfügung stellen sollen, um den Deutschen zu helfen, mit der „Last, Deutscher zu sein" (Giordano, 1987) besser fertig zu werden. Juden erkennen, daß sie letzten Endes mißbraucht werden sollen.

Die vorliegende Arbeit will einen solchen Fall subtiler Art bundesdeutscher Vergangenheitsbewältigung schildern, der sich im Jahre 1990 in Stadtallendorf bei Marburg an der Lahn zutrug, ein Einzelfall gewiß, der jedoch durchaus typische Züge des deutschen Umgangs mit der Geschichte des Nationalsozialismus enthält. Ein Phänomen tritt dabei schon bei oberflächlicher Betrachtung in Erscheinung. Das Leitmotto der Allendorfer „Tage der Begegnung", um die es nachfolgend geht, ist der – vermeintliche – Wahlspruch eines Juden. Gibt es einen besseren Beweis der eigenen Unschuld, als sich auf die Juden selbst zu berufen, sich mit den klugen Worten eines Juden zu schmücken, der sich noch dazu mit dem Erinnern und Gedenken befaßt?

Dem Gedenken und Erinnern im Judentum wird daher der erste Abschnitt gewidmet sein, bevor auf diesem Hintergrund die „Internationalen Tage der Begegnung" in Stadtallendorf selbst einer genaueren Betrachtung unterzogen werden können.

## Paradoxes Erinnern und Gedenken im Judentum

Erinnern und Gedenken spielen im Judentum seit jeher eine wesentliche Rolle. Der Judaistik-Professor Karl Erich Grözinger, auf dessen Ausführungen im folgenden des öfteren Bezug genommen wird, spricht vom biblischen Gebot, das an mehreren Stellen ein Erinnern oder Gedenken fordert. Das Erinnern etwa an den Auszug der Juden aus Ägypten oder an die Thoraoffenbarung vom Berge Sinai und nicht zuletzt auch an den Überfall der Amalekiter auf das in der Wüste wandernde Israel gelte als „positives Gebot" (Grözinger, o. J., S. 20). „Das Erinnern dient zum Erweis der Göttlichkeit Gottes und dafür, daß er berechtigt ist, den menschlichen Gehorsam zu fordern" (ebd., S. 21), das Erinnern sei „das Fundament und die Quelle des Glaubens" (ebd., S. 22).

Die geforderte Erinnerung an die Feindschaft zwischen Israel und dem Beduinenstamm Amaleks erweist sich freilich als paradox. Einerseits werde – so heißt es im Targum Jeruschalmi – der Gottesthron nie wieder in seinem herrlichen Glanz erscheinen, solange die Nachkommenschaft Amaleks nicht vollständig ausgerottet und das Gedächtnis an ihn ausgelöscht ist (vgl. Jüdisches Lexikon, 1982, S. 259; Grözinger, a. a.O., S. 24); auf der anderen Seite findet sich in der talmudischen Literatur die Drohung, Israel werde wieder in die Knechtschaft Ägyptens zurückgeführt, wenn das Gebot der Erinnerung an die Schandtaten Amaleks nicht erfüllt wird (Grözinger, a. a. O., S. 25). In einem alten homiletischen Text spricht Gott: „Ihr nennt den Namen Amaleks von unten und ich tilge sein Gedächtnis von oben" (zitiert nach Grözinger, a. a. O., S. 24).[1]

Dieses Paradoxon, daß Erinnerung erfolgen und zugleich auch getilgt werden soll, erscheint nicht zuletzt auch deshalb aufschlußreich, weil es in einem „positiven Gebot" gleichermaßen um Verfolgung, um die Anwendung von Macht und Gewalt gehen kann. Wie der Begründer und geistige Führer der jüdischen Neuorthodoxie, der Rabbiner Samson Raphael Hirsch,[2] in seiner Übersetzung und Kommentierung des Pentateuch anmerkt, ging es in dem unprovozierten Angriff der Amalekiter gegen das Volk Israel – Israel hatte Amalek nicht bedroht – nicht um das Erkämpfen irdischer Güter, sondern es war Amaleks einziges Anliegen, „das Ruhmeswagnis [...] zu bestehen" (Hirsch, 1994, S. 181). So sei „nicht Amalek [...] das Verderbliche, [sondern] das Andenken, das Ruhmesgedächtnis Amaleks ist das Verderbliche für die sittliche Zukunft der Menschheit" (ebd., S. 182). Daher geht es hier nicht um das Bestreben, an den Feinden Israels Rache zu nehmen. Es geht vielmehr um das Bekämpfen eines Prinzips, des Prinzips nämlich, um des Ruhmes willen Menschen zu verfolgen. Die hier geforderte Erinnerung – dies ist besonders wichtig – erhält die durch die Verfolgungstaten geschaffene Spannung aufrecht, sie ist nicht „versöhnlerisch", es geht weder um Aussöhnung noch um die harmonische Auflösung eines Widerspruchs. Es geht darum, ein Prinzip der Unmenschlichkeit auszulöschen, doch dabei zugleich die Erinnerung an die Schandtat aufrechtzuerhalten.

In der Kabbala, in der eine personhafte Gottesvorstellung aufgegeben wird, ist Erinnern eine „heil- und segenspendende Gotteskraft" (ebd., S. 26). „Erinnern gehört zum Reich des Guten, Vergessen zum Reich des Bösen" (ebd., S. 26 f.). Während das Erinnern zunächst „ein theurgisch[3]-sakramentales Handeln – weniger ein psychomentales menschliches Sich-Erinnern" (ebd., S. 27) ist, handelt es sich in der späteren lurianischen Kabbala auch um „eine psychische Befindlichkeit, ein[en] Zustand der menschlichen Seelen" (ebd., S. 28). Es geht hier um die Wiederherstellung der Individualseele, um eine Teilwiederherstellung der Makroseele Adams, und all dies sei letztlich die Voraussetzung für die kosmische Erlösung. Dabei sei, so betont Grözinger, die lurianische Erlösung „eine Seelenerlösung unterhalb der Oberfläche der realen Wirklichkeit, ein kosmisch mystischer Seelenläuterungsprozeß" (ebd., S. 29), eine Erlösung, die

[1] Im Pentateuch, Exodus, Kap. 17, 14 heißt es: „Gott sprach zu Mosche: Schreibe dies zum Gedächtnis in das Buch, und gieb es auch in Jehoschuas Ohren, daß ich Amaleks Gedächtnis gänzlich unter dem Himmel forttilgen werde" (Hirsch, 1994, S. 182).

[2] Samson Raphael Hirsch (1808-1888) übersetzte und kommentierte u. a. den Pentateuch; er war ein Schüler von Isaac Bernays, dem Großvater von Martha Bernays, der Ehefrau Sigmund Freuds.

[3] Die Theurgie ist die vermeintliche Fähigkeit und Kraft, durch Zauber Götter zu beschwören.

im Zusammenhang mit der kabbalistischen Vorstellung der Seelenwanderung verstanden werden muß.

Erst im osteuropäischen Chassidismus gilt das Interesse mehr dem einzelnen Individuum. Hier herrscht die Vorstellung, daß „alles, wovon die Bibel spricht, [...] in jedem einzelnen Menschen – aber auch in der Geschichte" (ebd., S. 31) geschieht. „In jedem einzelnen Menschen gibt es demnach eine ägyptische Knechtschaft und einen Exodus. In jedem Menschen gibt es den Typus des Moses und des David, aber auch des Pharao usw." (a. a. O., S. 30 f.). So wird auch zwischen einem materiellen und einem geistigen Exil unterschieden. Das physische sei die Folge des geistigen Exils. Dementsprechend sei die Ursache der physischen Erlösung die geistige Erlösung des Menschen. „Erst als die Israeliten in Ägypten sich erinnerten und als sie dadurch ihren eigenen Mangel erkannten und Buße taten, erst infolge dessen kam für sie die physische Erlösung" (ebd., S. 31). Das Moses-Werden des Einzelmenschen sei im Chassidismus das Erinnern als individuelle geistige Erlösung. Der vollkommene Mensch, der Zaddik, dem dieses Moses-Werden gelungen ist, kann geistlicher Führer einer chassidischen Gemeinde sein. Durch ihn wiederum werde auch den anderen „die mystische Einung mit Gott, die Gegenwart Gottes, zuteil, und das ist die Erlösung des Erinnerns. Diese Erlösung aus dem geistigen Exil des Vergessens ist die Erlösung aus der Gottesvergessenheit" (ebd., S. 32 f.).

In diesen nunmehr aufgezeigten Zusammenhang gehört die vielzitierte Aussage des Ba'al Schem Tov, des Begründers des Chassidismus:
*„Das Exil wird länger und länger des Vergessens wegen, aber vom Erinnern kommt die Erlösung"* [4]
Ob es nun berechtigt oder klug ist, diese Aussage des Ba'al Schem Tov auf die Auseinandersetzung mit der nationalsozialistischen Judenvernichtung zu beziehen, möge dahingestellt bleiben. Der Satz des Ba'al Schem Tov ist etwa in Yad Vashem, der Jerusalemer Gedenkstätte für die Opfer der Shoah, zu finden. Desgleichen traf Anita Eckstaedt die Entscheidung, ihrem „Nationalsozialismus der ‚zweiten Generation'" (1989) die – wie sie formuliert – „Jüdische Weisheit" (S. 9) voranzustellen:
*„Das Vergessenwollen verlängert das Exil, und das Geheimnis der Erlösung heißt Erinnerung."*

## Versöhnung als Ziel der „Internationalen Tage der Begegnung"

Wenn sich der Umgang mit „jüdischen Weisheiten" ungezwungener geriert, ist es zuweilen leichter, sich anhand von Fehlleistungen dem abgewehrten

[4] Sefer Ba'al Schem Tov, II, 190 § 8; zitiert nach Grözinger, o. J., S. 32).

Verdrängten anzunähern. Zu einer solchen Situation kam es im Jahre 1990, während der „Internationalen Tage der Begegnung in Stadtallendorf". Die an sich sehr zu begrüßende und wahrscheinlich gegen den Widerstand konservativer Politiker durchgesetzte Veranstaltung widmete sich der Erinnerung an das Lager Münchmühle, ein Außenkommando des Konzentrationslagers Buchenwald, in das 1944 eintausend in Auschwitz selektierte ungarische Jüdinnen transportiert wurden, um für die Allendorfer Munitionsfabrik Dynamit-Nobel unter unmenschlichen Bedingungen Zwangsarbeit zu leisten. Die Überlebenden wurden 1990 nach Stadtallendorf eingeladen. Das jahrzehntelange Schweigen über das KZ-Außenlager sollte endlich gebrochen werden.

Um der großen Veranstaltung auch ein ansprechendes Äußeres zu geben, war vermutlich ein Graphiker engagiert worden. Dieser entwarf ein Logo, das fortan jedes Namenskärtchen, jede Broschüre und später auch eine auf hochwertigem Papier gedruckte und in Leinen gebundene Buchdokumentation (Magistrat der Stadt Stadtallendorf u. a., 1991) zierte. Unter einem bunten Regenbogen – die Heinrich-Böll-Stiftung war einer der Förderer der Begegnungswoche – stand ein in Anführungszeichen gesetztes Zitat im Zentrum des Logos:
*„Das Geheimnis der Versöhnung heißt Erinnerung."*

Das Zitat war von den Veranstaltern als Leitwort für die Tage der Begegnung in Stadtallendorf ausgewählt worden und schmückte auch in großen Lettern den Veranstaltungssaal.

Die Sache mit dem Zitat hat allerdings einen nicht unbedeutenden „Haken": Das genannte Zitat ist nämlich verfälscht! Das Wort „Erlösung" im ursprünglichen Text wurde durch den Begriff „Versöhnung" ersetzt. Wenngleich man hinterfragen kann, ob selbst ein auf jüdischer Tradition fußendes Verständnis von „Erlösung" mit der nationalsozialistischen Judenvernichtung in Zusammenhang gebracht werden sollte, so scheint es erst recht erklärungsbedürftig, wie ein Konzept von „Versöhnung" in diesen Kontext gelangen kann. Eine Recherche bei den damaligen Veranstaltern der Tagung erbrachte keine Aufklärung über die Fehlleistung. Schon die erstmalige Protokoll-Eintragung trägt den oben genannten, verfälschten Wortlaut.

Auf den ersten Blick fällt die Anwendung eines Begriffes auf, der eher für einen Konflikt zwischen zwei Individuen geeignet wäre. Im Kontext von Klein- oder Großgruppen müßte zumindest davon ausgegangen werden können, daß die betreffenden Kontrahenten, die ihre Kräfte zu messen suchen, tendenziell gleichberechtigt sind. Beispielsweise könnten zwei Kinder beim Streit um ein Spielzeug in einen Kampf geraten und beide sich hinterher „versöhnen". Eines verzeiht dem anderen vielleicht gar die Zuhilfenahme unlauterer Mittel und umgekehrt. Man verzeiht und versöhnt sich. Auch wenn zwei „Fan"-Gruppen während eines sportlichen Wettbewerbs tätlich aneinandergeraten, wäre es denkbar, sich im nachhinein zu versöhnen. In solchen Fällen könnte ein Versöhnungskonzept zu Recht in Anspruch genommen werden. Im Kontext eines Völkermordes jedoch ist diese Bezugnahme gänzlich inadäquat. Es bliebe völlig unberücksichtigt, daß die nationalsozialistische Verfolgung der Juden keine Auseinandersetzung zweier Gegner war, die ihre möglicherweise unterschiedlichen oder gegensätzlichen Interessen mit zumindest vergleichbaren Mitteln durchzusetzen versuchten. Ebensowenig befanden sich zwei gegnerische Armeen in einem Zustand des Krieges.[5] Und gleichermaßen ging es nicht um phantasierte Kontroversen, sondern es ging im Nationalsozialismus vielmehr um ein reales gesellschaftliches Gewalt-verhältnis, für das sich individualspezifische Erklärungsansätze als völlig unzureichend erweisen. Bei der Beschäftigung mit dem Genozid eines Volkes steht die Anwendung des Versöhnungskonzeptes für die Individualisierung eines gesellschaftlichen Massenphänomens. Es geht also bei dieser Begriffsverwendung um ein Abwehrphänomen.

Weitere Klärung erbringt der Blick in das Herkunftswörterbuch des „Großen Duden". Unter dem Stichwort „Sühne" finden sich Aussagen zum Versöhnen: „Die Wortgruppe [...] geht vielleicht von einer Grundbedeutung ‚still machen, beschwichtigen; Beschwichtigung, Beruhigung' aus" (Der Große Duden, 1963, S. 695). Psychoanalytisch gesehen geht es um einen Abwehrvorgang, in dem zum Zwecke der Über-Ich-Entlastung Schuld, möglicherweise auch ein Schuldgefühl, abgewehrt wird. Bezogen auf Menschen, die erst nach dem Nationalsozialismus geboren wurden, mag es sich um ein „entlehntes unbewußtes Schuldgefühl" (vgl. Freud, 1923, S. 279) handeln. Weiterhin kann das „Stillmachen" im Kontext des mütterlichen Stillens verstanden werden. Zwischen Mutter und Kind soll ein Zustand der Harmonie und Symbiose wiederhergestellt werden. Der Milchstrom soll fließen, um in der Regression die Getrenntheit und Differenz der Beteiligten nicht mehr als solche erkennen zu lassen.

---

[5] Vor dem Hintergrund der wachsenden wirtschaftlichen und politischen Bedeutung der Bundesrepublik war es dem deutschen Bundeskanzler gelungen, den amerikanischen Präsidenten trotz internationaler Kritik dazu zu bewegen, am 5. Mai 1985 an einem Akt der Versöhnung zwischen den ehemaligen deutschen und US-amerikanischen Kriegsgegnern teilzuhaben (vgl. Levkov, 1987). Zwar kam es nicht zu einem Handschlag zwischen Reagan und Kohl selbst (ähnlich dem Handschlag der Versöhnung von Kohl mit dem französischen Präsidenten Mitterand in Verdun) – die Hände reichten sich der ehemalige US-General Mathew B. Ridgeway und Bundeswehr-General Johannes Steinhoff. Dennoch sorgte nicht zuletzt der für die Versöhnungszeremonie auserkorene Ort – insbesondere bei Juden – für Empörung: Es handelte sich um den Soldatenfriedhof von Bitburg, auf dem auch Männer der Waffen-SS begraben sind. Für Juden vollzog sich hier eine Wende von herausragender Bedeutung, eine Wende, die den nationalsozialistischen Völkermord einem gewöhnlichen Krieg „opfern" sollte. Beide Handreichungen insinuierten nämlich, der geschlossene Frieden bezöge sich nicht nur auf „den Krieg" im engeren Sinne, sondern auf den Nationalsozialismus insgesamt.

Das in der Fehlleistung wiedererscheinende Verdrängte scheint nunmehr greifbarer. Ein weiterer Blick zurück zu den „Tagen der Begegnung" bestätigt dies.

Der – verfälschte – Versöhnungsspruch fiel in Stadtallendorf nämlich auf fruchtbaren Boden. Es gab fast keinen der zahlreichen Redner, der nicht auf den Leitspruch der Begegnungstage eingegangen wäre. Niemandem schien aufzufallen, daß das Zitat nicht korrekt wiedergegeben war. Besonders eindrücklich hatte der damalige hessische Ministerpräsident Walter Wallmann formuliert, was ihm offenbar sehr auf dem Herzen lag. In seinem „Grußwort" hieß es, an die Überlebenden gewandt: „Ihr Kommen bezeugt die Bereitschaft zur Versöhnung. [...] ‚Das Geheimnis der Versöhnung heißt Erinnerung'" (Wallmann, o. J., S. 11). Die Opfer der nationalsozialistischen Judenverfolgung sollten nicht reich bewirtet werden, ohne einen gewissen eigenen Beitrag zu entrichten. Die Gastfreundschaft der Stadtallendorfer sollte auch für die Opfer ihren Preis haben. Die Überlebenden sollten zum „still machen, beschwichtigen", zur „Beschwichtigung, Beruhigung" beitragen; sie sollten der erwünschten Entlastung von Schuld dienlich sein. Sie sollten sich versöhnen.

Ein gutes Jahr reichte, damit der Stadtallendorfer Bürgermeister und der Vorsitzende des Fördervereins noch deutlicher werden konnten, welche Wünsche sie mit den Tagen der Begegnung verbinden. Zusammen mit der bereits erwähnten Buchdokumentation (Magistrat der Stadt Stadtallendorf u. a., 1991) wird ein Dankesbrief verschickt, in dem es heißt, die Erstellung der Dokumentation „war uns Verpflichtung und Bedürfnis zugleich. Nicht zuletzt auch durch Ihr Engagement konnte dieses einmalige Ereignis in einer solchen Größenordnung durchgeführt werden. [...] Wir hoffen, daß Sie Gefallen an dem Buch finden, und sich mit Hilfe der Dokumentation gerne zurückerinnern [...] und wir hoffen, Sie finden genügend Muße bei der Lektüre" (Schreiben vom 13.Dezember 1991; Hervorhebungen, K. G.).

Diese Sätze sprechen fast für sich. Die anklingenden Konnotationen erinnern an die im Historikerstreit ausgetragene Kontroverse um die Einzigartigkeit der nationalsozialistischen Judenvernichtung. Es klingt eine unbewußte Identifizierung mit der Macht und Größe der Nazis an. Und zugleich wird ein Schuldgefühl abgewehrt und es wird die politische Sprengkraft des Konfliktes um die Erfahrung der Naziverfolgung verleugnet, wenn der Hoffnung Ausdruck verliehen wird, man möge sich „gerne zurückerinnern" und genügend „Muße" finden bei der Lektüre. Mit der „guten" Erinnerung an die Tage der Begegnung in Stadtallendorf soll die „schlechte" und „böse" Erinnerung an die Allendorfer Tage im nationalsozialistischen Deutschland gewissermaßen ausgelöscht werden. Dennoch mag eingewandt werden, es handele sich doch lediglich um einen Einzelfall oder – so hatte ein bayerischer Journalist verharmlosend formuliert – um einen „zugegeben dümmlich-taktlos-gutgemeinte[n] Begleitbrief [...], der reichlich deplaziert – mit Wünschen für ein gesegnetes Weihnachtsfest schließt" (Chaussy, 1992). Es könnte auch entgegenhalten werden, es gebe sicherlich Schlimmeres.

An weiteren Beispielen herrscht kein Mangel. Und erst recht gibt es Schlimmeres. Es scheint jedoch vielmehr von Bedeutung, daß in Stadtallendorf gerade keine Menschen „am Werk" waren, die schlicht Auschwitz leugnen, die von einer „Gnade der späten Geburt" sprechen oder meinen, man könnte sich mit einem Friedensschluß über SS-Gräbern in Bitburg der Last der deutschen Geschichte entledigen. Es handelt sich gerade nicht um Menschen, die davon ausgehen, das Verschwinden eines Judenghettos im Beton könne für Ruhe sorgen (vgl. Best, 1988), oder um Menschen, die Auschwitz durch den vermeintlichen Nachweis relativieren wollen, Hitler sei mit der Judenverfolgung einer „asiatischen Tat" Stalins gefolgt...

Es geht im Gegensatz dazu um eine Position, die statt des Schlußstrichs – zumindest auf bewußter Ebene – die Auseinandersetzung mit der nationalsozialistischen Verfolgung geradezu einfordert. Um so bedeutungsvoller und zugleich enttäuschender ist dann allerdings die Erkenntnis, daß sich – durch Fehlleistungen sichtbar geworden – ein Bestreben durchsetzt, das eine ursprüngliche Bedeutung von Versöhnung zum Ausdruck bringt: die Beschwichtigung, das Still-Machen. Mit der im Judentum geforderten Erinnerung – exemplarisch ausgeführt an der Auseinandersetzung mit den Schandtaten Amaleks – ist dies freilich auf gar keinen Fall in Einklang zu bringen. Die hier geäußerte Forderung nach Versöhnung dagegen ist ein friedvoll verpackter gewaltsamer destruktiver Akt, ein Akt der Zerstörung von Erinnerung.

Die von Edgar Hilsenrath (1990) in seinem Roman „Der Nazi & der Friseur" geschaffene Figur des Massenmörders Max Schulz spricht es aus: „Es gibt keine Strafe für mich, die meine Opfer versöhnen könnte" (S. 313). Hiervon ließe sich natürlich keineswegs ableiten, daß die Verbrechen der Deutschen nicht hätten geahndet werden müssen. Die historische Wahrheit besteht leider darin, daß die meisten Nazitäter hierzulande straffrei blieben.

So erweist sich sehr deutlich: Über Auschwitz gibt es keine Versöhnung. Eine industriell betriebene, juristisch vorbereitete und unter massenhafter Duldung systematisch durchgeführte Ausrottung eines Volkes mit einem Blausäurepräparat zur Schädlingsbekämpfung kann nicht „versöhnt" werden. Durch Versöhnung soll die durch die nationalsozialistische Judenvernichtung entstandene und tatsächlich schwer aushaltbare Kluft zwischen Deutschen und Juden vernebelt werden. Versöhnung soll im Sinne des mütterlichen Stillens eine gesellschaftliche Regression auf einen harmonischen, symbiotischen Zustand herbeiführen, der die unharmonische Differenz überdeckt. Versöhnung soll die Juden beschwichtigen und letztlich mundtot machen.

Um eine wahrhaftige „Begegnung" zu ermöglichen, wäre es hingegen notwendig, die durch den Nationalsozialismus gerissene Kluft als eine Kluft anzuerkennen, die das Verhältnis von Deutschen und Juden selbst nach dem unfreiwilligen Ende der Naziverfolgung noch prägt und auch zukünftig weiterhin prägen wird. Erst die Anerkennung dieser Kluft könnte Grundlage für eine – diesmal allerdings authentische und womöglich von Mißbrauch freiere – Begegnung sein. Dies sollte im persönlichen Umgang nicht als „unversöhnliche" Haltung mißverstanden und angeprangert werden, als sei damit ausgesagt, man dürfe nicht aufeinander zugehen, es dürfe keine Versuche von Verständigung geben, man dürfe sich nicht freundschaftlich verbunden sein oder sich lieben. Es geht um die Klärung eines sehr schwierigen gesellschaftlichen Verhältnisses, um das Durchschauen kollektiver Prozesse. Es geht nicht zuletzt um eine gesellschaftspolitische Orientierung.

Die massenpsychologisch bedeutsamen Komponenten des nationalsozialistischen Systems müssen tiefgehender begriffen werden. In seiner „Psychoanalyse der deutschen Seele [...]" (Psyche-Umschlagtitel 4/1995) unternimmt Rolf Vogt (1995) einen Versuch in diese Richtung, wenn er sich auf Georges Devereux' Ausführungen über das „ethnische Unbewußte" und „ethnische Störungen" (Vogt, 1995, S. 321) bezieht. Vogts Hypothese, „daß die Deutschen auch noch aktuell in unterschiedlichem Ausmaß mit einer ‚ethnischen Störung' behaftet sind, vor allem was die Abwehr von unbewußten Schuldgefühlen und wohl auch einer besonderen Form von Destruktivität" (Vogt, 1995, S. 322) betrifft, dies scheint sich auch im vorliegenden Fall zu bestätigen.

Dabei sind die aufgeführten Fehlleistungen eben nicht als individuelle Handlungen von Bedeutung. Sie sind vielmehr von Interesse, weil es sich um eine Form von „Ansteckung" handelt. Es geht um eine konsensuelle Entstellung, um einen kollektiven Prozeß im Sinne einer ethnischen Störung, der dem Wiederholungszwang unterliegt. Die von Deutschen vielfach ersehnte „Normalität" – die in Deutschland immer eine „Normalität" des Antisemitismus war (vgl. Claussen, 1986, S. 232) – findet endgültige Erfüllung, wenn, so hatte Brumlik (1985, S. 75) formuliert, Versöhnung exekutiert wird, wenn lebendige Juden nicht mehr an Auschwitz erinnern. Das Stillschweigen soll erzwungen werden.

Eine latente Drohung in diese Richtung, nämlich – wie es heißt – „vergleichbare Katastrophen künftig nicht ausschließen" zu können, falls es den Deutschen verwehrt werde, eine „selbstbewußte Nation" zu sein, war in der Anzeige einer neuen deutschen großen Koalition, die in der Frankfurter Allgemeinen Zeitung zum Abdruck gelangte, zu lesen, einer Koalition, die von Repräsentanten der Friedensbewegung, Politikern fast aller Parteien, dem Ex-konkret-Herausgeber, dem Ehrenvorsitzenden der CDU/CSU-Bundestagsfraktion über den früheren Generalbundesanwalt bis zum Chefredakteur der rechtsextremen

„Jungen Freiheit" reicht. In der Anzeige war perfiderweise vom Verschweigen, Verdrängen und Relativieren, aber auch – eben in Relativierung des Nationalsozialismus – von der „neuen Unterdrückung im Osten" und gar von der Vernichtung der Deutschen die Rede. Die Anzeige von besonderer Größe erschien am 7. April 1995. Sie trug den Titel: „8. Mai 1945 – Gegen das Vergessen".

## Literatur

Best, M. (1988) (Hrsg.): Der Frankfurter Börneplatz. Zur Archäologie eines politischen Konflikts. Frankfurt/Main: Fischer.

Bodemann, Y. M. (1996): Gedächtnistheater. Die jüdische Gemeinschaft und ihre deutsche Erfindung. Hamburg: Rotbuch.

Brumlik, M. (1985): Warum ich mit Ignatz Bubis solidarisch bin. Ein Bekenntnis. In: E. Kiderlen (Hrsg): Pflasterstrand Flugschrift – I. Deutsch-jüdische Normalität ... Fassbinders Sprengsätze. Frankfurt/Main: Pflasterstrand, 74-80.

Chaussy, U. (1992): Ritual oder Erinnerung? Sendung Kultur aktuell am Morgen, 16. Januar 1992, 8.35 Uhr, Bayern 2 Wort.

Claussen, D. (1986): Ein neuer kategorischer Imperativ. Die politische Linke und ihr Verhältnis zum Staat Israel. In: M. Brumlik, D. Kiesel, C. Kugelmann, J. H. Schoeps (Hrsg.), Jüdisches Leben in Deutschland seit 1945. Frankfurt/Main: Athenäum, 230-242.

Der große Duden (1963): Herkunftswörterbuch. Die Ethymologie der deutschen Sprache. Mannheim: Bibliographisches Institut.

Eckstaedt, A. (1989): Nationalsozialismus in der „zweiten Generation". Psychoanalyse von Hörigkeitsverhältnissen. Frankfurt/Main: Suhrkamp.

Freud, S. (1923): Das Ich und das Es. In: Gesammelte Werke, Bd. XIII, 235-289.

Giordano, R. (1987): Die zweite Schuld oder Von der Last, Deutscher zu sein. Hamburg/Zürich: Rasch und Röhring.

Grözinger, K. E. (o. J.): Gedenken, Erinnern und Fest als Wege zur Erlösung des Menschen und zur Transzendenzerfahrung im Judentum. In: B. Casper und W. Sparn (Hrsg.): Alltag und Transzendenz. Studien zur religiösen Erfahrung in der gegenwärtigen Gesellschaft. Freiburg/München: Karl Alber, Sonderdruck, 19-49.

Grünberg, K. (1995): Versöhnung über Auschwitz? Deutsche und Juden in der Bundesrepublik Deutschland. In: R. Holm-Hadulla (Hrsg.): Vom Gebrauch der Psychoanalyse heute und morgen. Frühjahrstagung der Deutschen Psychoanalytischen Vereinigung, Heidelberg, 24. – 27. Mai 1995, Frankfurt/Main: Geber und Reusch, 97-106.

ders. (1997): Schweigen und Ver-Schweigen. NS-Vergangenheit in Familien von Opfern und von Tätern oder Mitläufern. Psychosozial 20, Heft II, Nr. 68, 9-22.

Hilsenrath, E. (1990): Der Nazi & der Friseur. Roman. München: Piper, 2. Auflage (1991).

Hirsch, S. R. (1994): Der Pentateuch. Übersetzt und erläutert von Samson Raphael Hirsch. Zweiter Teil: Exodus. Zweite Neuauflage. Frankfurt/Main: Ernst Rosenzweig.

Jüdisches Lexikon (1982): Ein enzyklopädisches Handbuch des jüdischen Wissens in vier Bänden, begründet von G. Herlitz und B. Kirschner. Königstein/Ts.: Jüdischer Verlag im Athenäum Verlag.

Levkov, I. (1987) (Hrsg.): Bitburg and Beyond. Encounters In American, German and Jewish History. New York: Shapolsky.

Magistrat der Stadt Stadtallendorf und Förderverein für Stadt- und Regionalgeschichte Stadtallendorfs 1933–1945 e. V. (Hrsg.) (1991): Dokumentation der Internationalen Tage der Begegnung in Stadtallendorf, KZ-Außenlager Münchmühle/Nobel vom 21. bis 26. Oktober 1990. „Das Geheimnis der Versöhnung heißt Erinnerung". Fuldaer Verlagsanstalt.

Vogt, R. (1995): Rainer Werner Fassbinders „Der Müll, die Stadt und der Tod" – eine deutsche Seelenlandschaft. In: Psyche 49, 309-372.

Wallmann, W. (o. J.): Grußwort. In: Magistrat der Stadt Stadtallendorf und Förderverein für Stadt- und Regionalgeschichte Stadtallendorfs 1933 – 1945 e.V. (Hrsg.): Internationale Tage der Begegnung in Stadtallendorf, KZ-Außenlager Münchmühle 21. bis 26.Oktober 1990. „Das Geheimnis der Versöhnung heißt Erinnerung", Marburg: Alp-Druck, 9-11

# Besuch am „Eulenkopf"

Trin Haland-Wirth

Ich bin aufgeregt. Nach langer Zeit fahre ich wieder zum Eulenkopf, der Gießener Randsiedlung, in der ich so viele Jahre in einer Initiativgruppe gearbeitet habe. Mit einigen Bewohnern will ich ein Interview für die Festschrift zum 75. Geburtstag von Horst-Eberhard Richter machen. Wir sind verabredet im Vereinslokal des Athletikclubs Eulenkopf (ACE) der Siedlung. Das Interview soll in einem ruhigen Nebenraum stattfinden.

Ob die Bewohner sich noch an mich erinnern? Ob alles klappt?

Mir fällt mein „Einstieg" am Eulenkopf ein. Mit großer Neugierde, aber mit noch größerer Angst kam ich damals in die Siedlung und wußte nicht, wie ich mit den mir so fremden Menschen Kontakt aufnehmen könnte. Die Bewohner erlebte ich mir gegenüber genauso unsicher und mißtrauisch. Erst langsam lernten wir die Umgangsformen und Wertmaßstäbe der jeweils anderen Welt zu verstehen, uns gegenseitig zu akzeptieren und zu mögen.

Jetzt weiß ich nicht, wie ich empfangen werde, ob mir alles wieder so fremd ist wie am Anfang. Es ist ein ähnliches Gefühl wie damals.

Was will ich eigentlich wissen, was soll ich die Bewohner fragen?

„Wie war das eigentlich damals?" „Wie habt ihr Horst-Eberhard Richter erlebt?" „Wie wurde der Film *Siedlung Eulenkopf** aufgenommen oder Richters Buch *Die Gruppe*? ...

In den letzten Wochen hatte ich immer neue Fragen gesammelt, dann alle wieder verworfen. Mal dachte ich, die Fragen sind zu schwierig, weil sie zu allgemein sind, dann kamen sie mir wieder viel zu eng gefaßt vor. Zum Schluß wollte ich einfach mit ihnen reden über die Zeit damals, dann würde schon das Richtige kommen. Jetzt bin ich wieder so unschlüssig wie am Anfang.

Das Vereinslokal ist gerammelt voll. Ich habe vergessen, daß Faschingssamstag ist.

Da sitzen sie, Louis Hampel, Manni Schenk, Theo Strippel – meine Interviewpartner – und all die anderen „Eulis", mit denen ich so viel zu tun hatte, als ich noch hier arbeitete.

---

* Hier geht es um den Fernsehfilm „Siedlung Eulenkopf – Gruppenarbeit mit Obdachlosen" von Horst-Eberhard Richter und Manfred Lisson, 1972

Die „Eulis" freuen sich, mich wiederzusehen.
„Ei, Kerle Mensch Trin, was machst dann du hier?" ... „weißte noch damals?.." Der Kontakt ist sofort wieder da. Und er ist auch genauso wie früher, alle reden gleichzeitig auf mich ein. Sie erzählen von sich und wollen wissen, ob ich auch alle wiedererkenne, die Namen noch weiß und mich an jeden erinnere. Trotz ihrer Verkleidung gelingt es mir, manche haben sich allerdings sehr verändert. Meine Anspannung läßt allmählich nach.

Die Atmosphäre im Lokal ist fröhlich und gemütlich. Unsere Feste im Gemeinschaftszentrum früher waren viel hektischer, es gab mehr Betrunkene, und die Feiern endeten oft mit Schlägereien. Mir kommt die Stimmung hier, im eigenen Vereinslokal, trotz Fasching ausgeglichener vor.

Den ACE gibt es jetzt schon lange. Er wurde 1974 gegründet, hat eine Athletik- und eine Fußballabteilung. Die Bewohner haben sehr für die Gründung dieses Vereins gekämpft. Einer in der Initiativgruppe war von Anfang an ganz besonders engagiert: Horst-Eberhard Richter.

Bei den Spielen des Fußballclubs ist er auch heute noch als Zuschauer zu sehen. Nicht immer, aber relativ regelmäßig.

Im vorigen Jahr konnte der ACE mit einem ganz besonderen Erfolg auftrumpfen. Der querschnittsgelähmte Theo Strippel wurde Weltmeister im Bankdrücken. Der ganze Stolz der „Eulis".

Heute abend sitzt er hinter einem riesigen Mischpult und macht die Musik für diese ausgelassene Faschingsgesellschaft.

Das Interview machen wir in seinem Trainingsraum. Der Raum steht voll mit Trainingsgeräten. An den Wänden stehen Pokale auf Regalen, hängen Medaillen und Bilder von Theo beim Training, bei Wettkämpfen und zusammen mit Prominenten wie Michael Schumacher, Henry Maske und natürlich Horst-Eberhard Richter. Theo Strippel zeigt alles sehr stolz. Er ist ruhig und ausgeglichen. Nicht mehr der zappelige, unstete Jüngling aus meiner Erinnerung, der damals vom Baum fiel, als er vor der Polizei flüchtete, und seitdem im Rollstuhl sitzt.

Die Stimmung ändert sich. Alle werden unsicher. Meine ersten Fragen beantwortet Louis Hampel sorgfältig bemüht in meinem Sprachstil. Den kennt er noch gut aus all den Plenumssitzungen der Initiativgruppe, an denen er lange regelmäßig teilgenommen hat. Er spricht ausführlich von Kleingruppen, Supervision, davon, daß Richter der „agilste" gewesen sei.

Die anderen greifen immer häufiger Stichworte auf und erzählen Geschichten von sich, schweifen ab. Alle reden durcheinander. Ich kriege das Gefühl, ich komme mit meinen Fragen nicht weiter. Ist dies mal wieder der falsche Ansatz, in Kontakt zu treten?

Beim Zuhören sortiert sich langsam das Chaos. Es gibt viele Erinnerungen an die „gute alte Zeit": Ausflüge der Kinder mit den Studenten, Hausaufgabenhilfe,

Bewohnerversammlungen, Mieterratssitzungen, Fußballspiele der „Eulis" gegen die „Filzer" (Studenten), Hausfrauenclub ...

Der Film und das Buch machen noch heute unterschiedliche Gefühle: „Positiv, hat viel in Gang gebracht hier oben", „da sind die Leute erstmal aufmerksam geworden, daß es die Siedlung überhaupt gibt", „die Obdachlosen, die Obdachlosen, als ob wir obdachlos wären, sogar der Richter hat's gesagt."

Vom ACE reden alle begeistert; von guter Kameradschaft im Verein, von Zusammenhalt, von vielen schönen Feiern, „egal ob wir verloren haben oder gewonnen". Die Gründung habe sich lange hingezogen von einer Kneipenmannschaft zum Verein mit eigenem Sportplatz. „Da waren wir froh, daß wir den Richter gehabt haben. Ohne ihn wär' die Gründung nicht möglich gewesen. Deshalb war er auch im ersten Jahr der erste Vorsitzende. Danach haben wir den Vorstand ohne Richter und Studenten gemacht." „Manchmal haben wir ihn auch mitspielen lassen, ohne Spielerpaß, das ging damals noch."

Louis erinnert sich mit Schmunzeln an das erste Punktspiel in Burkhardsfelden: „Wir haben 1:0 geführt. Der Horst hat wie immer von draußen reingerufen. Ein Spieler von der Gegenmannschaft hat ihn plötzlich angeschrien: Und du Messerstecher hälst jetzt mal dein Maul. Deswegen hätt's beinahe 'ne Schlägerei zwischen den Mannschaften gegeben. Der Spieler ist dann ausgewechselt worden. Da hat der Horst mal am eigenen Leib gespürt, wie das mit den Vorurteilen gegen uns ist."

Mit dem ACE habe es auch eine schwierige Zeit gegeben, berichten die drei. „Da war so'n richtiges Loch." Richter sei nicht mehr gekommen, der Vorstand habe sich nicht gekümmert. Beide Seiten fühlten sich fallengelassen. Heute komme er wieder zu Spielen. Neulich habe er sogar die Schirmherrschaft für ein Jugendturnier übernommen.

Zwischendurch kommen immer wieder Leute aus dem Lokal, bringen uns Bier und fragen, wann wir denn endlich fertig seien. Die Musik von draußen wird immer lauter. Die Kinder gucken und rufen durchs Fenster. Wie früher!

Louis, Manni und Theo sind zufrieden mit ihrem ACE. Die Räume des Vereins seien für alle Bewohner da, und viele würden auch kommen.

Mit der Initiativgruppe gäbe es allerdings keine enge Zusammenarbeit mehr, seitdem der Caritasverband die Arbeit übernommen habe. Die Bewohner hätten keinen Einblick mehr in die Arbeit und auch nichts mehr mitzubestimmen. „Wir haben neulich selber ein Sommerfest gemacht für die Kinder. Wie früher, aber ohne Initiativgruppe. Es war Klasse!"

Jetzt geht nichts mehr. Die Kneipe ruft. Bei Bier und Musik geht's drüben weiter mit persönlichen Erzählungen, Geschichten von damals, dem Wunsch, alle die „Alten" aus der Initiativgruppe mal wiederzusehen. Das Verabschieden, auch das kenne ich noch gut, dauert lange. „Gell, da haste doch mal wieder 'nen schönen Abend gehabt", verabschiedet mich Bobbel Becker, meine alte „Mitstreiterin" aus dem Frauenclub.

So sind sie, die „Eulis".

Mit etwas Wehmut steige ich in mein Auto. Die Bewohner sind mir schnell wieder vertraut geworden, vieles ist mir aber auch fremd geblieben. Wir unterscheiden uns nach wie vor in Lebensweise und Umgangsstil. Die kulturellen und sozialen Unterschiede sind groß. So ist es. Wir, die Bewohner und ich, müssen daran nichts verändern.

Mir gehen gleichzeitig noch viele offene Fragen durch den Kopf, was die Arbeit in der Siedlung den Bewohnern und mir gebracht hat.

Für heute abend ist mir wichtig, trotz unserer Unterschiedlichkeit mit ihnen „'nen schönen Abend" gehabt zu haben.

# Ein Brief an Horst-Eberhard Richter

Ingo Hasselbach

Lieber Horst,
eines vielleicht vorneweg. Das ist auch für mich neu einen Beitrag zu einer Festschrift beizusteuern. Aber es ist für mich endlich einmal die Möglichkeit, Dir einige Sachen zu sagen, die mir schon lange auf dem Herzen lagen. Dieser Text ist natürlich in erster Linie an Dich gerichtet. Aber er soll genauso auch Bergrun ansprechen.

Schon unser Kennenlernen war symptomatisch für die Beziehung, die wir über die Jahre haben sollten. Ende 1993 sollte ich an einer Talkshow des MDR teilnehmen. Genau zu jener Zeit, als auf die Wohnung meiner Mutter ein Sprengstoffanschlag verübt wurde (der zum Glück fehlschlug). Ich konnte deshalb jedoch nicht erscheinen. Vielleicht war das der Grund, weswegen der Moderator kein gutes Haar an mir ließ. Ohne mich zu kennen, bezeichnete er mich als „Scharlatan" und zweifelte an meiner Integrität. Ebenfalls ohne mich zu kennen, hast Du, Horst, mich verteidigt. Dies war etwas vollkommen Neues für mich. Einige Monate später lud mich die Jüdische Gemeinde Düsseldorf zu einer Diskussionsveranstaltung zum Thema Rechtsextremismus ein. Kurz vorher erfuhr ich vom Veranstalter, daß Du mein Gesprächspartner sein würdest. Nach der Veranstaltung ludest Du mich zu Dir nach Gießen ein. Wie ich später in dem Vorwort zu meinem Buch „Die Abrechnung" lesen konnte, suchtest Du nicht nur als Mensch, sondern auch als Psychoanalytiker das Gespräch mit mir. Und wir haben lange und viel gesprochen. Auch das war neu für mich, daß ich mich jemandem, den ich erst so kurz kenne, so öffnen konnte. Ich sprach mit Dir über Ereignisse in meinem Leben, die bis dahin kein Thema waren; die schmerzliche Abwesenheit meines Vaters, das unerträgliche Verhältnis zu meinem Stiefvater, die nie gestillte Sehnsucht nach Liebe und Geborgenheit, die traumatischen Erlebnisse in den DDR-Gefängnissen. Du hast etwas in mir berührt, was mir mein Leben lang verschlossen war. Mit Deiner Hilfe lernte ich, mich mit meiner Kindheit, Jugend und – daraus resultierend – der jüngeren Vergangenheit auseinanderzusetzen. Im Frühjahr 1994 gab die Bundesanwaltschaft bekannt, daß auf Grund meiner Lebensbeichte, die ich vor dem Bundeskriminalamt abgelegt hatte, gegen mich ein Ermittlungsverfahren nach § 1 29a (Gründung und Mitgliedschaft in einer terroristischen Vereinigung) läuft. Auch hier hast Du sofort meine Partei ergriffen und mir geholfen. Erwähnt sei hier der Artikel, den Du für die Süddeutsche Zeitung geschrieben hast, und die Petition, die mit Deiner Hilfe zustande kam und letztlich zur Einstellung der Verfahrens führte. Ich denke, Du wußtest, daß Du Dir damit keine Freunde auf seiten der Bundesanwaltschaft und des BKA gemacht hast.

Mit Deiner Arbeit hast Du stets versucht, herauszufinden und aufzuzeigen, warum Menschen bestimmte Dinge tun. Auch mir hast Du mein Handeln und dessen Ursprünge verständlicher gemacht. Dafür und für Deine Wärme und Freundschaft danke ich Dir. Ich bin froh, Dich als Freund zu haben, und wünsche Dir weiterhin alles, was man jemandem an so einem Tag wünschen kann: Liebe, Gesundheit, Kraft.

Ingo Hasselbach

# Horst-Eberhard Richter: Weltgeist und Hertha-Fan

Gerd Heising

Ich beginne mit unserer ersten Begegnung. 1963 stand ich vor einem Erstinterview zur organisierten psychoanalytischen Ausbildung, nachdem ich 15 Jahre lang eine wilde Analyse in Basel, Straßburg und Freiburg gemacht hatte, und fuhr über Butzbach, Dorf-Güll, Klein-Linden, die damals noch häßlichere Frankfurter Straße runter in die Ludwigstraße, wo in einem relativ kleinen Haus die ganze Psychosomatik untergebracht war.

Horst kannte ich schon von seinem Buch „Eltern, Kind und Neurose" und einem „Zeit"-Artikel, mit dem Thema „Eichmann in uns". Beide Ansätze waren für die damalige Zeit absolut revolutionär, und ich war begeistert. Bei der herzlichen Begegnung verwies er auf meinen Forschungsbericht über Psychoanalyse in psychiatrischen Kliniken, der auf seinem Tisch lag, und nach kurzem Fachgespräch, ohne priesterlich elitäre Hürden und Abstinenzgebaren, fragte er mich, was ich außer meinem Fachgebiet noch für Interessen habe, und ich antwortete etwas provokativ: „Fußball". Ich wäre Fan von Saarbrücken und dann vom FC Kaiserlautern, aber auch von Freiburg und Emmendingen. Daraufhin sagte er, ach ja, das sei ja sehr interessant, in Emmendingen hätte ja gerade Lehmann gewechselt, und das wäre sicher eine Verstärkung für die Freiburger, aber es wäre schade, daß dieser jugoslawischen Trainer entlassen worden wäre. Und mit dem FC Saarbrücken, das sei so 'ne Sache. Er glaube nicht, daß er sich in der oberen Spielklasse halten würde. Kaiserslautern wäre eine sehr gute Mannschaft, aber man hätte eine merkwürdige Art und Weise, wie auswärtige Fans behandelt würden. Er wäre erst kürzlich auf dem „Betze" mit seinem Sohn gewesen, das Stadion sei ausverkauft gewesen. Er hätte über den Zaun klettern müssen und sich notgedrungen zu den Fans gestellt und dort nach kurzer Zeit wegen Kritik einiger unmöglicher Fouls der Kaiserslauterner Spieler eine Schlägerei mit den Kaiserslauterner Fans abbekommen und wäre mit ziemlichen Blessuren von dannen gezogen. Ich erwiderte, daß die Hertha-Frösche auch keine Kinder von Traurigkeit seien, und daraufhin entstand eine etwas gespannte Atmosphäre, bis wir uns auf gemeinsame Haßgegner übermächtiger Vereine mit der Differenz zur Unterdrückungskultur der starken Reizfiguren der Spitzenclubs einigten, und wir waren wieder ein Herz und eine Seele. Über seine Detailkenntnisse in bezug auf jeden Fußballverein der 1. Ligen, aber auch der oberen Amateurklassen, war ich verblüfft.

Wir verabschiedeten uns herzlich, und ich fragte, ob ich eine Stelle bei ihm haben könne, obwohl ich vorher bereits mit Heidelberg oder Frankfurt geliebäugelt und dort auch schon Zusagen hatte.

Zum Abschluß erzählte er mir noch von seiner Liebe zum Boxen, und bekannte, daß er sich mit Bubi Scholz identifiziere, weil er auch immer etwas kleiner sei als seine Gegner, und führte mir pantomimisch einen Kampf vor, in dem Bubi Scholz Karl Mildenberger zu „Karl dem Flachen" machte.

Die Fußballfreundschaft hielt an. Wir spielten zunächst zusammen in einer Uni-Mannschaft, wo er die meisten Tore schoß und als einziger von uns allen nie verletzt war. Hierin hatte er Ähnlichkeit mit Franz Beckenbauer, der von Heidegger deshalb so bewundert wurde. Später besuchten wir gemeinsam die Fußballplätze in Steinbach, beim MTV Gießen am Heegstrauchweg, in Klein-Linden, und er selbst wurde aktiv in der Mannschaft des Obdachlosenviertels AC Eulenkopf, wo er auf eine sehr gekonnte Weise Fußballeidenschaft mit sozialem Engagement verband.

Ich weiß, daß wir uns immer über Fußball unterhalten konnten. Er las regelmäßig den Sportteil von „Bild" und „Welt am Sonntag", zwei ihm sonst eher verhaßte Zeitungen, und er blieb vor allen Dingen eines: ein treuer Hertha-Fan. Er war auch einer der wenigen Berliner, die Hertha die Treue hielten, als sie wirklich bittere Zeiten in der Amateurliga verbrachten. Nur einmal gesellte er auch noch Tasmania Berlin dazu, die nur 5 Punkte und nur 15 Tore in einer einzigen Saison zustande brachte, und er erzählte stolz von dem Verteidiger Finken und seinem Spruch. „Ich heiße Finken, gleich wirst du hinken." Aber sonst immer wieder Hertha. In seinem Geburtsjahr bezwang Hertha BSC Frankfurt 3:2. Als Horst 10 Jahre alt war, wurde Hertha Deutscher Meister, und die Elf, die damals am Gesundbrunnen war, war tief in seinem Herzen verankert. Als wir im vorletzten Heimspiel von Lützellinden gegen Mainzlar zusammen auf der Bank saßen, stand er auf und sagte, er müsse jetzt gehen. Ich dachte, er ginge zu seinem Schreibtisch, aber er sagte: „Nein, ich muß heim, sehen, wie Hertha gespielt hat."

Natürlich ging Horst auch zu seinem Schreibtisch. Er hat in den spielfreien Zeiten unser Fach Psychoanalyse, Psychotherapie, Psychosomatik in Forschung und Lehre bundesweit an den Universitäten etabliert. Er hat an der Spitze unserer berufspolitischen Verbände und Wissenschaftsorganisationen Psychosomatik und Psychotherapie in die Krankenversorgung integriert. Er hat – und das sollte man dem Propheten auch im eigenen Land zubilligen – wie kein anderer lebender Vertreter unseres umfassenden Fachgebietes, Psychoanalyse, national und international die größte Resonanz gefunden, das breiteste Echo, die größte Wirksamkeit. Er war der am meisten wissenschaftlich zitierte Forscher unseres Fachgebietes, wie eine Studie von Brähler bewies. Aber er konnte auch Kongresse vorzeitig beenden, weil er ein wichtiges Fußballspiel sehen wollte oder als aktiver Teilnehmer ein Tennisspiel für seinen Verein zu absolvieren hatte. Wenn ich ihm dann als Tennisspieler von oben zuschaute, fragte er immer mal wieder von unten nach oben, „Gerd, sag mal, weißt Du, wie Hertha gespielt hat?"

Horst-Eberhard Richter ist wohl der einzige Analytiker und Philosoph, der mit dieser jugendlichen Begeisterung und lebenslangen Treue immer ein Fußballfan geblieben ist.

# Über Horst-Eberhard Richter

Stefan Heym

Für mich ist der Mann so etwas wie ein ruhender Pol in der Erscheinungen Flucht – zu ihm kann man kommen, wenn man von Zweifeln geplagt ist oder den Weg nicht mehr sieht, den man gehen müßte, oder befürchtet, die Zuneigung von Menschen zu verlieren, die einen bisher geliebt und gestützt haben. Er ist mehr als ein Psychiater, auf dessen Rat Verlaß ist; er ist ein Freund; er strahlt Wärme aus und Humor, und sein Lachen, ein leises Lachen, vom Herzen her, läßt seine Augen erstrahlen.

Als wir einander zum ersten Mal begegneten, das ist nun gute fünfzehn Jahre her, stellten wir gewisse Parallelen in unsern Lebensläufen fest: beide waren wir Soldaten gewesen, er auf der deutschen, ich auf der amerikanischen Seite, beide hatte uns der Krieg umgeformt, so daß wir am Ende mehr Gemeinsamkeiten empfanden als Trennendes; er sprach davon, daß er von mir gelernt habe, und umgekehrt ich, daß ich von seinen Erfahrungen viel Nützliches entnommen, und kamen bald zu dem Schluß, daß unsere Hoffnungen für die Zukunft – Zukunft Deutschlands, Zukunft der Welt - einander sehr ähnelten: kurz, alle Vorbedingungen waren da für eine Freundschaft, die seither gehalten hat und befruchtend wirkte für sein Denken und meines und für unser beider Werk.

Was nicht heißt, daß ich alles was er schreibt und denkt und tut in Bausch und Bogen billige und für mich akzeptiere, wie ich auch zu wissen glaube, daß er an manchem von mir das und jenes auszusetzen findet; aber in den Hauptsachen sind unsre Ideen und Ziele die gleichen.

Wobei mir erst jetzt, da ich dies schreibe, so richtig bewußt wird, daß ich ja noch mehr Jahre auf dem Puckel habe als er. Oft genug ist mir's gewesen als wäre er der Senior von uns beiden, besonders wenn es um Fragen ging, die mit seinem Fachgebiet, der menschlichen Psyche, zu tun haben. Die wahre Seniorität liegt ja sowieso in dem Lehrer-Schüler-Verhältnis: Wer lernt mehr von dem andern. Ich habe viel von ihm gelernt, und nicht nur aus seinen Büchern, auch aus seinen Haltungen, seinem Wesen, und dafür bin ich ihm dankbar.

Ich hoffe, er bleibt uns noch lange gesund. Bis hundertundzehn, wie die alten Juden sagen.

# Leitbilder der Wissensgesellschaft

Hilmar Hoffmann

## 1. Die instrumentalisierte Kultur

In sein satirisches Buch „Die hohe Kunst der Korruption" (1989) hat Horst-Eberhard Richter einige Passagen über Wissenschaft, Kulturbetrieb und Medien einfließen lassen. Der Protagonist des romanähnlichen Buches, von Beruf „Consultant", plädiert für die Trennung „der zwei Reiche", für das „Herausoperieren der Ethik [...] aus Politik und Wirtschaft". Die innere Welt soll nach guter deutscher Denktradition fein säuberlich getrennt bleiben von der äußeren Welt. Die „Sensibelchen" finden sich von der Macht ausgesperrt und in die humanistischen Fächer geleitet, wo sie „sich zum großen Teil zufrieden in ihren Reservaten eingerichtet haben. Hier organisieren sie ihre Buchmessen, Film- und Musikfestivals, Kulturwochen, Kirchentage, Kongresse der Friedensbewegung und träumen davon, mit ihren gedichteten, gesungenen, gebeteten Sehnsüchten die Menschheit auf ein höheres sittliches Niveau zu heben" (Richter, 1989, S. 149). So brauchen sich die Manager, die für diese Trennung zu sorgen haben, nicht allzu gründlich auf die Eigensphäre der Kultur einzulassen. „Lediglich eine gewisse Einfühlung in die neurotischen Verschrobenheiten und Empfindlichkeiten der schöpferischen Schreiber, Denker und Künstler ist mit Hilfe von Rollenspielen zu trainieren" (Richter, 1989, S. 155).

Heute scheint das Schnee von gestern, denn Kultur und Kunst werden jetzt wesentlich stärker direkt in die Pflicht genommen, während die Leitbilder der bisherigen Moderne, die eine solche Trennung noch zuließen, durch neue Leitbilder radikal in Frage gestellt werden. Das neoliberale Denken begnügt sich nicht mehr mit der Hegemonie im wirtschaftlichen Bereich, es will auch im Alltag herrschen. So wenigstens lassen sich einige Trends der neueren Diskussion deuten. Zum einen läßt sich in vielen Bereichen die Neigung beobachten, daß Kunst und Kultur allein an ihrem Beitrag zu Wirtschaftserfolg, Wachstum, Innovation und Konkurrenzfähigkeit gemessen werden. Zum anderen reklamieren neue, auf die neoliberale Wirtschaftstheorie zugeschnittene Leitbilder uneingeschränkte Geltung für das Alltagsleben.

Die Instrumentalisierung der Kultur wird erkennbar z. B. im Bericht der Kommission für Zukunftsfragen der Freistaaten Bayern und Sachsen. Der dritte und letzte Teilbericht dieser Kommission reagiert auf die Impulse des Wandels, wie sie sich aus der Globalisierung und Liberalisierung der Märkte ergeben, schlicht passiv. In diesem Bericht (vgl. den Auszug „Maßnahmen zur Verbesserung der Beschäftigungslage ...", 1998) wird eine Strategie für die „Entfaltung von Wachstums- und damit Wohlstandspotentialen" (als ob das linear gekoppelt wäre) „und der Erhöhung der internationalen Wettbewerbsfähigkeit der deutschen Wirtschaft" entwickelt. Dabei wird nicht im mindesten der Versuch unternommen, gestaltenden Einfluß auf diese Trends zu gewinnen; diese Strategie prüft auch nicht die in ihr enthaltenen sozialen oder ökologischen Risiken für die Zukunftsfähigkeit. Sie zielt allein darauf, „Wirtschaft und Gesellschaft an die Veränderungen anzupassen, die vor allem aus der sich verschlechternden Position von Erwerbsarbeit im Wertschöpfungsprozeß erwachsen". Kreativität wird allein aktiviert zur Entwicklung „unternehmerisch handelnde[r], schöpferische[r] Menschen, die willens und in der Lage sind, in höherem Maße als bisher auch in den Bereichen Erwerbsarbeit und Daseinsvorsorge für sich und andere Verantwortung zu übernehmen". Innovation ist nur interessant, insofern sie im ökonomischen Wettbewerb verwertbar ist. Wissen wird allein in seinem Beitrag zum Wertschöpfungsprozeß gewertet.

Der Bericht nennt zwar auch Kunst und Kultur, subsumiert sie aber völlig unter die vorgenannten Ziele. Daher lesen wir: „Für den Übergang zur unternehmerischen Wissensgesellschaft" (also *nur* oder *speziell* dafür!) „ist schließlich die Pflege von Kunst und Kultur von herausragender Bedeutung. Kunst und Kultur erschließen Kreativität in einer Bevölkerung. Sie sind keineswegs nur dekorative Elemente. Daher sind Aufwendungen für sie auch kein bloßer Konsum, sondern unverzichtbare Investitionen in die Entwicklung einer Gesellschaft."

Beispielhaft wird in der aktuellen Diskussion auf ähnliche Weise immer wieder hervorgehoben, welche Bedeutung Kunst und Kultur der italienischen Reinassance für die Entwicklung wirtschaftlich nutzbarer technischer Neuerungen besaßen. So wird beispielsweise darauf verwiesen, daß die Zentralperspektive in der Malerei den Weg geebnet habe für die technische und architektonische Konstruktionszeichnung, die ihrerseits Voraussetzung für die moderne Technik ist.

Es ließe sich die Renaissance auch als Wegbereiter globalisierter Produktion werten. Leo Baptista Alberti, der Theoretiker der neuen Kunst der Renaissance, macht uns auf ein entsprechendes Beispiel aufmerksam: Die Kenntnis der Proportionen des menschlichen Körpers oder eines beliebigen Objektes macht es möglich, diese Gestalt oder diesen Gegenstand in beliebiger Größe zu reproduzieren. „Was aber noch wunderbarer ist: du wirst imstande sein, die eine Hälfte des Werkes – wenn es dir beliebt – zu Paros, die andere aber bei den Lunensern aushauen und in der Weise vollenden zu können, daß alle Teile sich miteinander so verbinden und vereinigen, daß sie mit der Gesamterscheinung des Abbildes stimmen und dem Vorbilde (Modell) entsprechen" (Allesch, 1912, S. 148).[1] So wird in der Renaissance die globale Zerlegung der Produktion ermöglicht. Modulare Unternehmen, Unternehmens-Netzwerke, flexible Fertigungsinseln, fraktale Fabrik und maßgeschneiderte Massenproduktion: alles in der Renaissance vorbereitet.

Die Repräsentanten der Renaissance wußten sich bei ihren Fürsten auch mit ihrer militärischen Nützlichkeit einzuschmeicheln. So preist Leonardo da Vinci in einem Brief an Lodovico Sforza um 1480 seine Fähigkeiten, leichte Brücken zur Verfolgung des Feindes zu bauen sowie Belagerungstechniken ebenso wie „sichere und unverletzliche bedeckte Wagen", Steinwurfmaschinen, Bombarden und leichte Feldgeschütze und andere Angriffswaffen zu konstruieren.

## 2. Eine starke Kultur ohne Wachtumszwang

Wer aber möchte die Bedeutung der Renaissance auf Krieg und Konstruktion reduzieren? Viel komplexer ist das Bild, das wir heute von dieser Renaissance reflektieren, samt der mehrdimensionalen Wirkung, die sie auf ihre Nachwelt ausübte. Einer ihrer zentralen Beiträge liegt in der Betonung der Würde des Individuums. Die Dignitas-Literatur der Renaissance, das sind jene Schriften, die sich nach dem Vorbild von Pico della Mirandola mit der Würde des Menschen beschäftigen und ohne die unsere moderne Gewichtung der Menschenwürde nicht denkbar ist, setzt (übrigens bei Pico unter Berufung auf die Bibel und den Koran) einen überzeugenden Maßstab von Lebensqualität, von dem niemand sich leichtfertig verabschieden möchte.

Vasari, der zeitgenössische Künstlerbiograph der italienische Renaissance, nennt in seiner Würdigung Pietro Peruginos drei Dinge, von denen die Menschen in der Stadt Florenz einst zu besonderen Leistungen angetrieben wurden: „[...] zuerst vom Tadel, der in vielfacher Weise von einer großen Zahl von Menschen vorgebracht wird, weil die Luft hier freie Geister erzeugt, die sich nicht an mittelmäßigen Werken genügen ... Das zweite ist, daß, um in Florenz zu leben, es not tut, betriebsam zu sein; dies aber heißt nichts anderes, als seinen Geist und Verstand immerdar anstrengen, in seinem Tun achtsam und schnell sein und wissen, wie man Geld gewinne; denn diese Stadt hat kein weites und reiches Gebiet, daher kann sie denen, welche dort leben, nicht für geringen Preis ihren Unterhalt bieten ... Das dritte, was vielleicht nicht geringere Macht ausübt als die beiden anderen, ist das Verlangen nach Ruhm und Ehre, welches jene Luft in hohem Maße bei denen erzeugt, die irgend Vollkommenes leisten ..." (Allesch, S. 278).

---

[1] Ich danke Dieter Kramer für wertvolle Hilfen bei diesem Artikel.

Gewiß, Voraussetzung auch der Kultur dieser Gesellschaft war Reichtum, wer möchte das leugnen; die Autoren der zitierten Zukunftskommission werden sich im zweiten der drei Argumente Vasaris bestätigt sehen. Aber sie dürfen die beiden anderen nicht unterschlagen, die ganz anders gewichten. Prosperitätsgesellschaften disponieren ihre materiellen Chancen höchst unterschiedlich. In der Renaissance war nicht einmal für die Zugehörigkeit zur Elite der Humanisten Reichtum allein wichtig. Nur Vortrefflichkeit war ausschlaggebend; Freunde der Bücher, egal welchen Standes, wurden als gleichberechtigte Partner im Kreis der Elite akzeptiert (zu der zählen zu können sich auch die Herrscher als Ehre anrechneten). Tugend und Ehre wurden programmatisch höher gewertet als Geld. Es herrschte die Überzeugung vor, daß Nachruhm und Lebenswerk nicht ohne die Leitbilder des guten und richtigen Lebens gedeihen, und für dieses lebenswerte Leben waren andere Maßstäbe verantwortlich als materieller Reichtum.

Gewiß, auch diese Gesellschaft kannte Konkurrenz, Intrigen und Gewalt, und auch damals war die Armut keineswegs gebannt. Zwischen Leitbild und Wirklichkeit klaffte eine beträchtliche Lücke – aber wo wäre das nicht so? Auch Macchiavell prägte die Renaissance, jedoch gerade beim ihm läßt sich zwischen der *Beschreibung* der Praktiken der Macht und dem Leitbild des richtigen *Gebrauchs* dieser Macht deutlich unterscheiden. Leitbilder bleiben auch mit solchen Relativierungen noch sozial wirksame handlungslenkende Motive.

Zu den Besonderheiten dieser Gesellschaft gehörte, daß sie zwar Reichtum und Konkurrenz zur Voraussetzung hatte, aber nicht permanentes Wachstum – und das unterscheidet sie von der unsrigen. Die Städte und Fürstentümer Italiens lebten in einem relativen Gleichgewicht, in dem Hegemonie nicht ernsthaft angestrebt wurde.

### 3. Die unternehmerische Wissensgesellschaft

Somit unterscheidet sich das Renaissance-Leitbild radikal von dem der „unternehmerischen Wissensgesellschaft", die uns heute die sächsisch-bayerische Zukunftskommission empfiehlt. Diese Kommission reduziert ihr Leitbild auf einen einzigen Aspekt jener in Punkt zwei von Vasari genannten Eigenschaften: Sie fordert als mentale Innovation „ein gesellschaftliches Klima, das unternehmerisches Handeln anerkennt, ermutigt und fördert". Sie reduziert den Menschen in ihrem Leitbild auf seine Fähigkeiten „als Unternehmer seiner Arbeitskraft und Daseinsvorsorge". Und dies gilt ausdrücklich ebenso für die Bereiche von Wissenschaft, Bildung und Kultur – auch die Diskussion um die Reform der Hochschulen folgt dieser Maxime.

Aber das können nicht die zentralen Leitbilder für die Individuen sein – damit würde das Fundament von Solidarität und Mitverantwortung für die gleichzeitig heute immer wieder eingeforderte „Bürgergesellschaft" untergraben. Die Argumentation der Zukunftskommission folgt kompromißlos der Leitlinie einer deregulierten Moderne, so wie in der oben zitierten Passage Kunst und Kultur allein an den Resultaten gemessen werden, die sie für Innovationen erbringen.

Das mag einer bedauernd akzeptieren – weil nun einmal heute die Bedingungen so sind, und dies sei halt der Preis des Fortschritts. Dieses Leitbild der Gegenwart läßt sich freilich auch auf seine Funktionalität im erweiterten Sinne prüfen: Ist eine Gesellschaft, die sich so ausrichtet, wirklich zukunftsfähig?

Horst-Eberhard Richter ermutigt uns, darüber nachzudenken. Für ihn wurde im Laufe seiner Entwicklung als Wissenschaftler und Lehrer mehr und mehr zur Kernfrage, „daß vom gesellschaftlichen Standpunkt aus nicht die üblicherweise verklärte Robustheit, sondern eher eine hohe Sensibilität – trotz der damit verknüpften psychosomatischen Störbarkeit – als höherwertige Gesundheit anerkannt werden sollte" (Richter, 1986).

## 4. Die unterbewertete Kultur

Kultur ist Teil jenes Prozesses, in dem in Gesellschaften über Sinn und Zweck des Wachstums und über die notwendigen und wünschenswerten Bestimmungen des „guten und richtigen Lebens" entschieden wird – von jedem einzelnen aufgrund seiner Prägungen und Traditionen, aber auch von allen gemeinsam in den Optionen für den Alltag von Politik und Lebenspraxis. Wer nicht weiß, wohin er will, kommt auch nicht ans Ziel, selbst wenn er immer schneller wird (Hoffmann, 1990).

Als Kulturpolitiker gehe ich davon aus, daß Kultur nicht nur auf Trends reagiert, sondern selber Trends setzt: Geist und Welt stehen in einem dialektischen Verhältnis zueinander, und es würde die Lektionen der Kulturgeschichte falsch verstehen, wer in ihr nur die Reaktion auf Anforderungen anderer Bereiche sähe. Kultur will selbst Maßstäbe setzen können, mindestens aber dabei mitwirken.

So argumentierend, möchte ich nun nicht in den Verdacht geraten, von *Consultants* – wie den von Horst Eberhard Richter eingangs zitierten – in die Kategorie der „Sensibelchen" abgelegt zu werden. Ich bin mir der Komplexität bewußt, möchte deshalb nicht auf umgekehrte Weise einseitig urteilen wie die von mir kritisierten Positionen.

Wohin wollen wir – kurz-, mittel- und langfristig? Ich bin mir bewußt, mich hier auf ein glattes Eis zu begeben, auf widerspruchsreiches Terrain. Immerhin empfiehlt das Sprichwort, den Tiger zu reiten; schließlich geht es um die Vereinigung von Feuer und Wasser: um soziale Sicherheit *und* Freiheit, um ein angenehmes Leben *und* die Klima-Ziele der Konferenzen von Rio, Berlin und Kyoto. Es geht um nichts Geringeres als um mehr Arbeitsplätze *und* den Abschied vom Wachstumszwang gleichzeitig.

Aber gerade wegen dieser widerspruchsreichen Ziele geht es nicht nur um technische und technologische Innovationen, auch nicht nur um sozialtechnische, sondern um soziale und kulturelle: Die *selbstbegrenzungsfähige Zivilgesellschaft* ist keine Frage der Technik, sondern eine von Technik und Kultur mit ihren handlungsleitenden Wertsetzungen. „Mentale Innovationen" und nicht nur sozialtechnische Neuerungen sind notwendig.

Auch der längst überfällige Umbau des Sozialsystems kann nicht beliebig gestaltet werden. Wenn uns die zitierte Zukunftskommission empfiehlt, Eigenverantwortung und Wahlmöglichkeiten stärker wahrzunehmen, dann möchte ich auf die einschlägigen Grenzen hinweisen: Nur wer nicht ins Bodenlose fällt, kann es noch wagen, seine Chancen auch unter Risiken wahrzunehmen. Nur mit einer angemessenen Grundsicherung ist der soziale Zusammenbruch, ist die Desintegration der Gesellschaft nach dem Vorbild der USA oder der armen Staaten vermeidbar.

Nicht nur der Rückgriff auf die Erfahrungen der Renaissance, auch der Rekurs auf die deutsche Klassik ist sinnvoll, wenn es darum geht, den Anspruch der Kultur zu begründen, über Würde und Akzentuierung der Qualitäten des Menschen mitzureden und die ethischen Maßstäbe zu entwerfen für die Art, wie wir leben wollen.

Friedrich Schillers Briefe „Über die ästhetische Erziehung des Menschen" (1793/94) sind in diesem Zusammenhang höchst aktuell. Sie sind für den modernen Leser schon vom Stil her keine einfache Kost – die Internet-Schnellschreibe war schließlich noch nicht erfunden. Erst recht sind Schillers Gedanken eine Herausforderung, wenn es um Inhalte und Ziele der heute gern propagierten Wissensgesellschaft geht. Schiller fordert vehement die humane Sinngebung dieses Prozesses ein.

Er berücksichtigt 1794 in diesem Gedanken die Erfahrungen der Französischen Revolution. Er antizipiert nicht nur die Kritik an der „verwalteten Welt", sondern auch die Grundlinien der Widersprüche der Moderne, indem er die Grenzen der instrumentellen Vernunft in den Worten des späten 18. Jahrhunderts benennt: Die Vernunft allein schafft noch nicht die Menschwerdung, sondern sie macht als Forderung nach dem Absoluten erst die „sinnliche Abhängigkeit grenzenlos" (Schiller, Nr. 24, S. 555) und stürzt den Menschen damit in neue Knechtschaft – nicht die seiner Natur, sondern des Materiellen. Die „Einseitigkeit in der Übung der Kräfte" führe nur für die Gattung zur Wahrheit, für das Individuum aber zum Irrtum. „Kann aber wohl der Mensch dazu bestimmt sein, über irgendeinem Zwecke sich selbst zu versäumen?"

Darüber nachzudenken, fordert Schiller uns auf, wenn er betont: „Wenn das gemeine Wesen das Amt zum Maßstab des Mannes macht, wenn es an dem einen seiner Bürger nur die Memorie, an einem andern den tabellarischen Verstand, an einem dritten nur die mechanische Fertigkeit ehrt [...] – darf es uns da wundern, daß die übrigen Anlagen des Gemüts vernachlässigt werden [...]?" So fragt er im sechsten Brief. „Einheit fordert zwar die Vernunft, die Natur aber Mannigfaltigkeit, und von beiden Legislationen wird der Mensch in Anspruch genommen" (Schiller, Nr. 4, S. 490). Das bedeutet leidenschaftliche Kritik an denen, „die keinen andern Maßstab des Wertes kennen als die Mühe der Erwerbung und den handgreiflichen Ertrag ... " (Schiller, Nr. 10, S. 509). Dem Terror der Vernunft zu entrinnen, der uns heute in Gestalt des allein seligmachenden ökonomischen Nutzenkalküls begegnet, bedarf es der starken Gegengewichte: „Die mannigfaltigen Anlagen im Menschen zu entwickeln, war kein anderes Mittel, als sie einander entgegenzusetzen. Dieser Antagonismus der Kräfte ist das große Instrument der Kultur ..." (Schiller, Nr. 6, S. 499). Aus der Dialektik resultiert Freiheit: „Sobald nämlich zwei entgegengesetzte Grundtriebe in ihm [dem Menschen] tätig sind, so verlieren beide ihre Nötigung, und die Entgegensetzung zweier Notwendigkeiten gibt der Freiheit den Ursprung" (Schiller, Nr. 19, S. 541).

Mit solchen Reflexionen bekommt Zukunft die Chance, ein kulturelles *Programm* zu werden. Die notwendig werdenden „mentalen Innovationen" sind nicht mehr nur solche der *unternehmerischen Wissensgesellschaft,* auch nicht nur sozialtechnische, sie beziehen sich vielmehr auf die Frage nach dem humanen Sinn, nach den Leitbildern des lebenswerten Lebens.

Heute handelt es sich noch nicht einmal mehr um den Terror der *Vernunft,* sondern nur um den des *Marktes.* Es kann dabei gewiß nicht um die Ersetzung der ökonomischen Vernunft durch eine kulturelle oder andere gehen, sondern allein um das *gleiche Recht* für die Kultur. Und zwar nicht um der schönen Augen der Kunst willen, sondern der Zukunftsfähigkeit wegen: Die Gesellschaft, so scheint es, wird eher an den ökologischen und sozialen Folgen des schrankenlosen wirtschaftlichen Wachstums zugrundegehen als an den Leitbildern der humanistischen Klassik. Immerhin geht es nach Meinung vieler heute um eine „Erneuerung unserer westlichen Industriegesellschaft" (Toblacher Thesen, 1997), um eine „zweite Moderne" (Giddens, 1997). Die Diskussion um „Neue Wohlstandsmodelle" und um ein „Zukunftsfähiges Deutschland" ist in vollem Gange.

Ohne den Einklang von Sozialem, Umwelt, Wirtschaft und Kultur gibt es heute keine Chance für eine selbstbegrenzungsfähige Zivilgesellschaft. Die Toblacher Thesen von 1997 formulieren daher in solchem Sinne dezidiert anders als die sächsisch-bayrische Zukunftskommission: „Das Leitbild ist die lernende Gesellschaft mit der Vision Nachhaltigkeit, ist das Bestreben, ökologische, soziale und demokratische Werte und Ziele zu verknüpfen. Das Handeln aller ist ein Suchprozeß mit offenem Ausgang. Der neue Weg heißt ökologische Innovation als umfassende Strategie für Arbeit, Umwelt und Wohlstand: nicht nur technische Innovationen, sondern auch politische, gesellschaftliche und kulturelle Innovationen und ein fruchtbares Zusammenspiel von Innovationen auf all diesen Ebenen" (Toblacher Thesen, 1997).

Ich plädiere für nicht mehr und nicht weniger, als in den Auseinandersetzungen der Gegenwart um die Zukunft die Einwände und Argumente von Künsten und Kultur ernst zu nehmen.

Um Art und Charakter der Herausforderungen bestimmen zu können und Perspektiven zu suchen, sollte in unserem Land einmal der Versuch gemacht werden, in einer Art Zukunftskartell nach dem Muster des Club of Rome einen neuen Prospekt Zukunft zu diskutieren; ein Brainstorming mit Philosophen, Politikern, Künstlern, Wissenschaftlern, das Horizonte denkbarer und wünschbarer Zukunft abschreitet und heute stattfindende oder notwendige Weichenstellungen eruiert: Wo ist heute und wo ist morgen der Platz Deutschlands und Europas in der Welt? Wo liegen für die Zukunft seine Stärken, seine Schwächen? Wo liegen Möglichkeiten und Bedrohungen? Wo wollen wir hin, wie möchten wir Europa selbst in der Zukunft sehen? Was können, was wollen wir von anderen neuen Wettbewerbern lernen? Und in diesem Prozeß möchte ich die Einwände der Kultur, die Argumente der Geistes- und Kulturwissenschaften, der Psychologie genauso ernst genommen sehen wie die der Ökonomen.

Es gab Zeiten, da mußten sich die Linken von den Konservativen vorwerfen lassen, sie wüßten nicht, was wichtig ist im menschlichen Leben. Aber Horst-Eberhard Richter hat uns diesbezüglich schon seit seinem ersten Buch nachdenklich gemacht.

## Literatur


Allesch, G. v. (1912): Die Renaissance in Italien. Weimar.

Giddens, A. (1997): Jenseits von Links und Rechts. Frankfurt am Main.

Hoffmann, H. (1990): Kultur als Lebensform. Frankfurt am Main.

Maßnahmen zur Verbesserung der Beschäftigungslage. Dritter und letzter Teilbericht der Kommission für Zukunftsfragen der Freistaaten Bayern und Sachsen. Auszug, in: Blätter für deutsche und internationale Politik 1998, H. 2, S. 247-256.

Richter, H.-E. (1986): Die Chance des Gewissens. Erinnerungen und Assoziationen. Hamburg.

Richter, H.-E. (1989): Die hohe Kunst der Korruption. Hamburg.

Schiller, F. (1793/94): Über die ästhetische Erziehung des Menschen. In: Friedrich Schiller: Gedichte, Prosa, hg. v. Benno v. Wiese, Frankfurt am Main 1961, S. 481-576.

Toblacher Thesen (1997), zit. nach: „Wachstum wie bisher bedeutet den Öko-Kollaps." In: Frankfurter Rundschau, 29. Oktober 1997, Dok.

# Wir waren schon einmal weiter

Gunter Hofmann

Erst in der Bundesrepublik hat sich eine Intellektuellenschicht gebildet, „die sich selbst als solche akzeptiert". Einen gradlinigen Verlauf nehme die „Institutionalisierung der Rolle des Intellektuellen" in der Bundesrepublik allerdings nicht, argumentierte Jürgen Habermas in einem der schönsten Aufsätze über „Heinrich Heine und die Rolle des Intellektuellen in Deutschland" (Merkur Heft 6. Juni 1986). Offenbar, so bilanzierte er damals, hätten sich die Intellektuellen in der Republik inzwischen so fest etabliert, „daß die Gegenintellektuellen den Vorgang der Normalisierung nicht mehr aufhalten konnten". Gegenintellektuelle? Deren Rolle beschrieb Habermas seinerzeit so: Sie arbeiteten mit den Mitteln des Intellektuellen, um zu zeigen, daß es ihn gar nicht geben dürfte. Kurzum, er stelle eine gesellschaftliche Pathologie dar. Je wacher und selbstbewußter, je kompetenter und neugieriger die Bürger bereit seien, sich einzumischen, um so eher lasse sich auf das Institut des Intellektuellen verzichten, der besondere Aufmerksamkeit beanspruche. Dann müßte nicht mehr, wie in der Dreyfus Affäre, ein einzelner, Emile Zola, „j'accuse", Partei ergreifen, die Parteinahme wäre dann die Sache von allen. Sicher, das ist der Traum einer engagierten Diskurswelt, ein schöner Traum. Es ist aber nicht der Traum von einer Gelehrtenrepublik oder einer Elite der Vernünftigen, die sich jenseits der Gesellschaft stellt und ihr moralische Maßstäbe beibringt. Im Grunde ist es eine moderne, demokratische Welt, über die Habermas nachdenkt, die sich ihren Widersprüchen offen stellt. Wäre es so, wäre Heine angekommen und die Wunde wirklich geschlossen.

Es ist mir lästig, mich an dem alten Indianerspiel, wie Hans Magnus Enzensberger es einmal genannt hat, über Geist und Macht sowie ihr Mißverhältnis zu beteiligen. Es läßt sich auch gut verstehen, daß Wolf Lepenies das Dauergerede der Intellektuellen über die Intellektuellen ironisiert, obgleich man ja hinzufügen muß, daß kaum einer so neugierig und gewissenhaft wie er die geistigen Auseinandersetzungen der Zeit zur Gesellschaftsanalyse heranzieht. Immerhin, das weiß auch Lepenies, gibt die Debatte der Intellektuellen unter- und übereinander recht genau Auskunft über das Selbstverständnis, das jeweils herrscht.

Heutzutage darf man kaum feststellen, Intellektuelle mischten sich in die großen Fragen der Zeit nicht ein, ohne sofort von anderen Intellektuellen genau deswegen befehdet zu werden: nostalgisch trauere man damit ja nur einem Verlust der Rolle hinterher, heißt es dann gern, die man verloren habe, weil man sich auf die neuen Realitäten – gemeint ist damit vor allem die Wiedervereinigung samt Folgen – nicht wirklich eingelassen habe. Es brauche ein „neues Ja" der kritischen Geister, sie müßten ihre Rolle verändern und für das „Gemeinwohl" Opfer bringen, sie sollten zur Identität und zum nationalen Zusammenhalt beitragen, wenn sie überhaupt wieder einmal ihre Rolle zurückerobern möchten.

Thomas Assheuer hat für dieses Denkmuster das Wort des Konsensintellektuellen gefunden, also Habermas' „Gegenintellektueller" im zeitgemäßen Gewand, und das beschreibt die Sache doch sehr genau. Es wird eine Art patriotischer, nationaler Pflicht, sich der Kritik zu enthalten. Erst einmal, so lautet der Topos dieser Konsensintellektuellen nun schon seit Jahren, ihre Litanei kommt bereits zu den Ohren heraus, müsse man sich „in Augenhöhe" die Wirklichkeit betrachten, bevor man sie kritisch kommentiert. Im Grunde ist man da sehr schnell bei einer modischen Rollenzuweisung: Die kritischen Geister von gestern spielen zu den herrschenden Verhältnissen lediglich die Begleitmusik, wenn sie nicht als Sinnstifter auftreten, die sich nicht etwa dem „Projekt der Moderne", nein, dem Projekt der Nation widmen. Wobei „Projekt der Moderne" gerade nicht eine vermessene Gesellschaftsutopie meint, sondern einen Selbstverständigungsprozeß, das Ziel also vergleichsweise stark abgeschleift ist. Die Klage über das Schweigen der Intellektuellen von dieser Seite meint letztlich das Desinteresse an Deutschland, also fehlenden Patriotimus, ein Hauch von Vaterlandsverrat liegt dabei in der Luft. Ausgesprochen wird das so direkt natürlich nicht.

Auch diese Wendung von Intellektuellen gegen Intellektuelle in Deutschland ist nicht neu. In der Weimarer Republik tobten viele solcher Kontroversen, und den „Verrat", nämlich die Verbeugung vor den Totalitarismen der Zeit, haben nicht nur diejenigen begangen, die sich dem Stalinismus verschrieben, sondern auch das Heer der intellektuellen Mitläufer und Mittäter im Dritten Reich, die sich zu jeder Schandtat hergaben. Die Soziologie beispielsweise war eine angepaßte Wissenschaft, anders als vergleichsweise in Frankreich, und es wäre schon einmal interessant zu erkunden, weshalb es solche Unterschiede in den „einfachen" Fragen von Moral, Anstand, Haltung gab. Der Fall Martin Heideggers unter den Philosophen der frühen Hitlerjahre, die damalige Rolle des Rechtsgelehrten Carl Schmitt, das alles ist ja nur die Spitze des Eisbergs. Mit all dem soll nur daran erinnert werden, daß die Sehnsucht nach dem Arrangement mit den Mächtigen und der Zusammenbruch der moralischen Maßstäbe ein allseits verbreitetes Phänomen war. Da kann nicht nur eine Seite der anderen Schuld vorwerfen.

1998: Mit dem „neuen Ja" dürfte das Hoffen auf Anerkennung bloß kaschiert werden, scheint mir, um das es in Wahrheit geht. Wenigstens einmal möchte man das Gefühl haben, man selber gebe der Entwicklung die Richtung vor, und sei es nur dadurch, daß man sich als besonders realitätsoffen und pragmatisch bezeichnet. Insgeheim steckt aber auch darin wieder der verborgene Glaube an eine

Avantgarde-Rolle, die man für dieses eine Mal gewinnen könne und die sich besonders dadurch betonen läßt, daß man die „Linksintellektuellen" pauschal attackiert.

Wenn man Ja sagt, an das „Gemeinwohl" denkt, auch das Wort wird in dem Zusammenhang gern benutzt, und sich auf die eigene Unsicherheit einläßt, wie es gern heißt, dann sind die anderen schnell die ewigen Neinsager, die unverantwortlich denken und auf eine orthodoxe Weise ihrer Sache immer so schrecklich sicher sind. Seltsam nur, daß die Propheten dieses Umdenkens oft gar nicht unsicher wirken, schon gar nicht bei ihren Anklagen, ja, es sieht so aus, als wollten sie allen anderen nur ihre eigene Unsicherheit verordnen. Gerade in diesem scheinbaren intellektuellen Einzelgängertum, das sich von allen Fesseln gelöst haben will, steckt nicht selten ein heimlicher autoritärer Anspruch. Oft hat man den Eindruck, mancher arbeite damit nur seine eigene Biographie auf. Früher Intellektuelle auf der Linken, die Avantgarde sein wollten, heute Intellektuelle, die sich als Kritiker dieser Linken hervortun, um damit wieder an der Spitze des Fortschritts zu stehen.

Die Sache hat Methode. Wie oft hat der „Spiegel" die politischen „Gutmenschen" angeprangert, die in der alten Republik – übrigens auch gerade in dem Hamburger Magazin – den Ton angegeben haben und denen man nun endlich auf die Schliche gekommen sei. Diese ganze Moralistenbande und die selbsternannten Autoritäten! Diese dauerhaft politisch Korrekten, die immer ihre Betroffenheit vorspielen und sich schuldig für andere fühlen! Für manche Autoren und Medien sind solche Stereotypen schon fast zur Leitmelodie geworden. Je forscher der Tabubruch, je unbefangener die Lust am Neudenken, je größer und bedeutsamer die Angegriffenen, je namhafter diese „Gutmenschen", um so besser für den Ankläger. Er ist es ja dann, der in der Gesellschaft Maßstäbe setzt. Ein Name für viele, die gern so auftreten: Henrik M. Broder.

Es geht hier nicht darum, die vielen verkürzten Reflexe und standardisierten Reaktionen von Journalisten, Autoren oder freischwebenden Geistern aller Art zu verteidigen; nicht jede Parallele zwischen dem Abschieben von Kriegsflüchtlingen heute und der Barbarei früherer Jahre ist erlaubt. Schon gar nicht kann sich derjenige, der sich öffentlich einmischt, auf eine Art Freibrief als Generalist berufen – in der Annahme, er müsse sich nicht zunächst wirklich sachkundig machen. Emile Zola wußte exakt, wovon er sprach, als er in Sachen Dreyfus zur Feder griff. Enzensberger weiß es auch, wenn er schreibt. Es läßt sich auch nicht leugnen, daß es in manchen Kontroversen, die moralisch besetzt sind, oft zu viel Überzeugung und zu wenig Argumente gibt. Wenn Wilhelm Heitmeyer vor der Selbstausgrenzung von immer mehr jungen türkischen Islamisten in deutschen Großstädten und dem sozialen Sprengstoff in der dritten Ausländergeneration warnt, empören sich reflexhaft nicht nur die türkischen Fundamentalisten; er wird dann eben auch als „ausländerfeindlich" und „Verräter" von denen bezeichnet, die die Moral auf ihrer Seite sehen und die sich für der Lage in den Großstädten herzlich wenig interessieren.

Aber noch reflexhafter tritt häufig der Kritiker im Gewande des Konsensintellektuellen selber auf – Beispiel Günter Grass und die Auseinandersetzung über ihn. „Es ist wohl so, daß wir alle untätige Zeugen einer abermaligen, diesmal demokratisch abgesicherten Barbarei sind." „Ich schäme mich meines zum bloßen Wirtschaftsstandort verkommenen Landes." Das sind die beiden Grass-Sätze aus seiner Friedenspreis-Laudatio (1997), die eine der lärmenden Kontroversen darüber ausgelöst haben, was Intellektuelle dürfen. Und wieder waren es Intellektuelle, die besonders aggressiv reagierten, weil der Schriftsteller sich pharisäerhaft zu dem „einen Gerechten unter uns" aufspiele, weil er einen „ranzigen Moralismus" predige, sich wieder einmal zum „Praeceptor Germaniae" ernenne, weil er alle Andersdenkenden des Mitläufertums bezichtige und weil er sich nostalgisch zurückträume in die „schlimmen Zeiten", die bekanntlich „moralisch gute Zeiten waren" (Kurt Scheel).

Es ist nicht einmal ärgerlich, dieses Bild, nur voller Schablonen. Ihre Kritiklust heute beweisen manche „kritischen Geister" vor allem dadurch, daß sie sich an anderen kritischen Geistern reiben, was ihnen erspart, sich mit der eigenen Gesellschaft wirklich neugierig zu befassen und Defizite im Zweifel Defizite zu nennen. Mag ja sein, daß Grass' Wort über die „diesmal demokratisch abgesicherte Barbarei" zugespitzt oder überspitzt war, möglich auch, daß die Republik soviel dichterische Scham nicht verdient, weil sie nur noch ökonomischen Gesetzen folgt, aber bedeutsamer erscheint dann doch die Frage, wer sich überhaupt Sorgen macht über den Umgang mit Flüchtlingen und Asylsuchenden oder über die Mühlen der deutschen Demokratie, die zu neuem Leben erblüht, wenn „Ausländer" anklopfen. Wer von den Intellektuellen beispielsweise engagiert sich ähnlich leidenschaftlich wie Günter Grass (oder Günther Wallraff) für das Schicksal kurdischer Autoren und Journalisten? Ob Grass mit seiner Kritik in der Paulskirche in der Sache recht hatte, ist leider nicht lange verhandelt worden, nur, woher er das moralische Recht nehme, so harte Worte zu wählen. Es ist aber keineswegs politische Korrektheit und Tugendwächterei, wenn man sagt, daß die Unterdrückung der Kurden in der Türkei hierzulande von der politschen Klasse weitgehend ignoriert und von der Öffentlichkeit zu wenig beachtet wird. Auch, daß sich deutsche Journalisten über die Verfolgung kurdischer Kollegen besonders den Kopf zerbrechen, ist nicht gerade bekannt geworden. Von den algerischen Kolleginnen und Kollegen, die mit wirklichem Todesmut der Bedrohung von vielen Seiten widerstehen, könnte man ähnliches sagen. Wenn Grass das Schweigen für einen Moment durchbricht, und er weiß tatsächlich, wie man das macht, erscheint das als so schrecklich falsch nicht. Im übrigen, auch das muß man hinzufügen, ist in solchen Fragen auf die Graswurzeln der Gesellschaft schon einigermaßen Verlaß, so daß es der Stimmen von Autoritäten zum Glück gar nicht immer bedarf. Im Ohr hat man als Journalist, wie junge Gewerkschaftsfrauen gerade wieder im niedersächsischen Wahlkampf in aller Schärfe gegen Gerhard Schröders Parolen protestierten, mit straffälligen Ausländern kurzen Prozeß zu machen. Ähnliche Beispiele gibt es viele aus dem Alltag der Republik.

Aber der herrschende Zeitgeist hat sich verändert. Wie erklärt sich denn, daß derzeit so vehement darauf reagiert wird, wenn man nach mehr Einmischung der kritischen Stimmen ruft? Sie haben ihre Rolle eingebüßt, die Autoritäten von gestern, wird einem entgegengehalten, es sei denn, sie wären bereit, sich eine neue Rolle als Zustimmungsintellektuelle zu suchen, ohne, daß sie den Begriff für sich gelten lassen würden. Viele haben sich offensichtlich von der Dauerberieselung mürbe machen lassen, sie möchten das Publikum doch gefälligst mit ihrer politischen Korrektheit in Ruhe lassen. Das kommt zu dem Rollenverlust noch hinzu, den die Medien- und Talkshow-Demokratie zwangsläufig beschert. Und nur wenige antworten darauf so unverdrossen wie Walter Jens, der einem Frager des „Spiegel" erwiderte: Moralist sei für ihn ein Ehrenbegriff. Und dann: „Heute wird so leichtfertig und abfällig von Gutmenschen geredet. Was soll das? Soll ich ein Schlechtmensch werden? Mir ist es immer verächtlich gewesen, das Mäntelchen nach dem Wind zu hängen. Vielleicht ein Erbe der humanistischen Bildung."

Das komplementäre Bild zu diesen Konsensintellektuellen, die sich ihrer freien Suchbewegungen rühmen, liefert derzeit die Politik. Zuerst war es Heinrich Heine, den der Bundespräsident anläßlich seines 200. Geburtstages für sich und den Staat entdeckte, ein Datum, das er – sicher gut gemeint – zu der Aufforderung nutzte, die Intellektuellen sollten sich gefälligst im Zweifel auch mit „ätzender" Kritik einmischen. Schön, schön. Aber ein bißchen verwundert rieb man sich bei der Lektüre dennoch die Augen, wie nun endlich Heine, nach dem nicht einmal die Düsseldorfer Universität hatte benannt werden sollen, und der wahrlich ein unabhängiger Geist war, ins Präsidialamt heimgeholt wird und die streitbaren Geister um möglichst viel leidenschaftliche Mitsprache gebeten wurden. Freilich, auch das ging aus dem Loblied des Präsidenten auf den Pariser Emigranten Heine hervor, solche Einmischungen dürfen nicht übertreiben und müssen die Zwänge der Politik schon einsehen, mit anderen Worten, sie müssen richtig passend „ätzend" sein. Anklagereden wie die von Grass über die deutsche Türkeipolitik und die geduldeten Waffenexporte waren damit nicht gemeint.

Die gleiche Geschichte in ihrer süddeutschen Variante: „Deutlich zu machen, daß Bayern diesen Beitrag Berthold Brechts anerkennt und würdigt: darum bin ich hier." Es war Bayerns Ministerpräsident Edmund Stoiber, der in der Augsburger Festversammlung zum 100. Geburtstag des großen B. B. als toleranter Landesvater auftrat, der zumindest das regionale kulturelle Erbe wie seinen

Augapfel hütet. Man wünschte, Karl Kraus hätte Sätze gehört wie diesen: „Brechts Werk gehört zum Bedeutendsten, was Bayern zur Literatur des 20. Jahrhunderts beigetragen hat." Den Denkern und Dichtern im Lande Bayern sind keinerlei ideologische Schranken mehr gesetzt, der Regierungschef schließt sie großmütig alle in sein Herz. Ist ja auch gut so. Aber es handelt sich nicht um Sehnsucht nach den guten schlimmen Zeiten, in denen die linken Vögel dem größten aller Bayern, Strauß, noch als unangenehmes Getier galten, wenn man sagt: Nicht ohne Grund werden die Intellektuellen derzeit in den Staatsdienst hineingelobt und um „Ätzendes" gebeten. Es scheint in die Zeit zu passen und die Politik ungemein zu schmücken, wenn man sich mit den erbetenen hochgefährlichen Harmlosigkeiten illuminiert.

Wolf Biermann bei der CSU in Kreuth im trauten Kamingespräch, zu später Abendstunde mit Liedern auf den Lippen und der Gitarre unter dem Arm – auch das gehört in diese neudeutsche Pastorale, in das: „nationale Projekt". Wer nicht mitmacht, gehört zu den hoffnungslos Vorgestrigen. Daß Biermann als Bürgerrechtler von gestern die „Linke" pauschal rüffelt, weil sie Freiheit im Grunde noch nie ernst genug genommen und die Dissidenten zu Lebzeiten der DDR auch nicht hinreichend unterstützt habe, das hat die CSU schon im vorhinein wissen können. Gemeinsam gegen die Feinde der Freiheit und die lernunfähigen Sozialisten allüberall und zu jeder Zeit, hatte man damit nicht einen wunderbaren gemeinsamen Nenner? Auch das ist erlaubt und kein Grund zum Lamento. Was sollte man, bitte, gegen Biermanns Lieder für Theo Waigel und Edmund Stoiber in Wildbad Kreuth haben? In Erinnerung bleibt von diesem Auftritt allerdings auch, wie der Dichter darüber in einem „Spiegel"-Aufsatz höhnte, Linke hätten ihn des Verrats bezichtigt, weil er ja nun nachweislich mit dem Klassenfeind paktiere. Nun steckt man in Biermanns Kreisen nicht drin, vielleicht hat ihm das wirklich so jemand an den Kopf geworfen. Aber öffentlich registriert hat man solche Vorwürfe nirgendwo. Im Gegenteil: Wenig Aufhebens ist in ideologischer Hinsicht von dem Treffen gemacht worden, das als gelungener CSU-Gag galt, so daß man fast den Verdacht gewann, die Schilderung über die beleidigte Linke sei irgendwie schon vorprogrammiert gewesen. Sie war beleidigt, weil sie beleidigt gewesen sein mußte. Kurzum, er hat eine Schablone von der Linken benutzt, von den ewig politisch Korrekten, die es nie mehr erlernen, daß auch Bayerns CSU-Politiker ganz normale Menschen sind. Biermann hingegen, gottlob, ist nach Jahrzehnten noch gerade beizeiten ein Licht aufgegangen. Irgendwann mußte es ja sein. Fazit: Er hat in einer lustigen Story seine eigenen Vorurteile anderen in den Mund gelegt. Während die Politik also die Intellektuellen zum Plaudern einlädt, machen diese sich untereinander die Rechnung auf. Es ist dieses Muster, das so irritiert. Profil gewinnt man dadurch, daß man sich von dem abhebt, was man selbst einmal war. Wer in Klassenfeind-Kategorien gedacht hat oder der Tugendwächterei zuneigte, dem Moralisieren, muß nur behaupten, die anderen hätten sich von solchen Feindbildern heute noch nicht befreit, um sich selbst als Held des neuen Denkens auszuweisen. Schon dem „anschwellenden Bocksgesang" von Botho Strauss lag diese Projektion, in subtiler Form, als Arbeitshypothese zugrunde. Der Dichter entfernt sich mit höheren Einsichten von der Truppe, die antireligiös, antiamerikanisch, antimilitaristisch und antiindividualistisch ist. Sie ist überhaupt anti.. Und sie bildet darin ein Anti--Kollektiv. Er hingegen kann damit als der einzelne Seher, als der Einzige auftreten, der solche Moden nicht mitmacht. Er tanzt aus der Reihe. Aber tanzt nicht auch er in Wahrheit mit vielen anderen mit?

Beim Aufarbeiten der eigenen Biographien – das bezieht sich nun nicht mehr auf Botho Strauss – kommen manche der revisionistischen Köpfe von dem nicht los, wovon sie sich befreien möchten und was sie doch in Bann hält: von der Linken. Die Politologin Gesine Schwan hat in einem Aufsatz über „1968" diesen Topos mancher 68er aufgespießt und sie schlicht „Renegaten" genannt. Ihr Urteil ist darum bedeutsam, weil sie in den fraglichen Jahren jedenfalls nicht zur Protestgeneration selbst zählte, eher stand sie stets auf Distanz. Nur über die Linke können sich diese Neudenker die Welt erklären, noch im Prozeß des ständigen Sich-Ablösens verhält sich das so. Nur wenn sie endlich alle anderen auch dazu gebracht haben – darauf ist die ganze Überzeugungsarbeit fixiert, – endlich, „ja" zu sagen, ist das Ziel erreicht, die Gesellschaft angeblich mit sich versöhnt. So erklärt sich die seltsame Verzerrung, wonach die Linke, die es ja eigentlich kaum noch gibt, im Schrifttum solcher Kritiker als permanente Weltmacht erscheint.

Einige der gescholtenen Linksintellektuellen haben sich aber längst derart reflektiert mit den eigenen Überzeugungen und Irrtümern auseinandergesetzt, daß die Aufforderung, sie mögen abschwören und sich zu den Realitäten bekennen, einfach überholt und moralisch überheblich klingt. Die Welt, von der dieser Streit handelt, ist vergangen. Intakt ist eigentlich nur noch das platte Bild von einer einigermaßen geschlossenen Intellektuellenfront, die eine homogene Weltsicht habe. Lebendig wird diese Welt aber allenfalls im Zitat. Sie zu berufen, das ist die letzte Chance der Selbstvergewisserung für diejenigen geblieben, die ihrer eigenen Vergangenheit abschwören wollen, um eine neue Rolle zu gewinnen. Einmal Avantgarde, immer Avantgarde. Die Pointe und der Jammer daran ist nur, sonst müßte man die lange Geschichte gar nicht notieren, daß darüber so viel versäumt wird: vor allem eine inhaltliche Neudefinition der Fragen der Moderne, also beispielsweise der Zukunft der Arbeitsgesellschaft, der Folgen der Globalisierung oder des Bindemittels für Gesellschaften, die sich aufzulösen drohen. Nationale Sinnstiftungsprojekte geben darauf keine Antwort. Sie sind einfach unmodern.

Bleibt die Frage nach der Einmischung. Oft wird sie ja nur vermißt, wenn es darum geht, daß für die eigene Seite Partei ergriffen wird. Noch war die Diskussion über einen Luftangriff auf den Irak im Februar 1998 voll im Gange, als schon wieder Intellektuelle darüber klagten, „die" Intellektuellen mischten sich nicht ein. Gewünscht war in Wahrheit natürlich nur, daß sie einen Angriff auf die Festung Sadam Hussein unterstützen sollten. Als wäre das eine eindeutig zu beantwortende politische Frage. Ich glaube nicht, daß die sogenannten Großintellektuellen, die Großautoren oder Großjournalisten, ihre frühere Rolle beim Definieren dessen zurückgewinnen können, was richtig und wichtig, falsch und belanglos in politischen Fragen ist. Es hilft auch nicht weiter, die Einmischung immer nur dann zu verlangen, wenn es gerade gelegen kommt, oder zu ignorieren, daß auch das Schweigen schließlich eine Intervention sein kann. Vor allem aber: Die Demokratien sind viel zu liberal geworden, und sie werden auch zu sehr von den Medien geprägt, um den Intellektuellen darin weiterhin eine ganz herausgehobene Rolle zuzugestehen. In der nivellierenden Talkshow-Welt zählt jede Stimme gleich viel, und kein junger Heinrich Böll hätte heute die Autorität, die Böll früher in der Republik hatte. Darüber muß man auch gar nicht kulturpessimistisch klagen. Die Demokratie geht nicht wegen des Fernsehens unter.

Gleichwohl fehlt etwas. Es läßt sich ja schwer bestreiten, daß Europa, und zwar Ost- und Westeuropa, nicht wirklich erstritten wird und gedanklich keine Kontur erhält. Es wäre schön, wenn diesen Streit Wissenschaftler, Autoren, Journalisten und nicht nur die Manager der Großindustrie oder Bundeswehrgenerale austrügen. Eine Diskussion der Eliten im Lande gibt es ja. Sie diskutieren unter sich oft sogar auf hohem Niveau. Aber die Systeme funktionieren als geschlossener Kreislauf, man diskutiert im eigenen Kreis, zu dem Gespräch zwischen den Eliten hingegen kommt es nicht. Ohne diesen Austausch aber läßt sich schwer vorstellen, wie es zu einer Neuorientierung der Politik kommen soll. Aus sich selbst heraus hat sie kaum die Kraft dazu, überfordert, wie sie ist, schließlich bildet auch sie ein geschlossenes System für sich. Die Frage aber beispielsweise, ob den westlichen Gesellschaften dauerhaft die Arbeit ausgeht und welche Folgen daraus zu ziehen wären, geht nicht nur ein paar Fachleute an. Dazu braucht es kompetente Generalisten, die solche Debatten wieder aus dem Expertenkreis in die politische Arena zurückholen.

Kurzum: Die Gesellschaft braucht eine funktionierende politische Öffentlichkeit, auf dieses Argument kommt es mir an, und an einer solchen Öffentlichkeit fehlt es zunehmend. Dazu gehören nicht nur Intellektuelle, aber man kann sich auch nicht vorstellen, wie sie ohne solche Einmischungen funktionieren soll. Man kann das auch anders sagen: Voraussetzung für eine funktionierende Öffentlichkeit ist Kritik. In der Republik weht kein wirklich kritisches Lüftchen. Insofern geht der Bundespräsident sogar von einer richtigen Beobachtung aus. Aber er fahndet nicht nach den Ursachen, er wünscht lediglich einen Ruck, auch bei den Intellektuellen. Gemeint ist eine Kritik, der Maßstäbe zugrunde liegen und die wiederum für eine gewisse Maßstäblichkeit in der öffentlichen Debatte sorgt. Der permanente Abschied vom Prinzipiellen reicht nicht aus, in Wahrheit verabschieden sich die ernstzunehmenden Urheber dieser Idee keineswegs von vernünftigen Prinzipien.

Gleichwohl: Ein bißchen rätselhaft erscheint es schon, wie bei der Ursachenforschung immer noch die alte Platte geleiert werden kann, das politische Engagement der Intellektuellen sei „schmächtiger entwickelt als etwa in Ländern wie England, Frankreich, Italien, Spanien und Lateinamerika", weil sie Politik immer noch für ein schmutziges Geschäft hielten. Sie wollten sich die Hände doch lieber sauber halten. Diesen Uraltvorwurf hat neulich Hans Maier (Süddeutsche Zeitung vom 3. Januar 1998) wiederholt. Das ist das Klischee, das sich auf den Zustand der politischen Öffentlichkeit und die Ursachen für die herrschende Kritikunlust nicht wirklich einläßt. Maier fuhr fort, die Intellektuellen fühlten sich, wenn sie denn doch einmal in der Politik mitmachten, zu groß für die Kleinarbeit und sie verstünden auch nicht, daß sich von der Intelligenz nichts Besseres sagen ließe als dies, in der Politik sei sie „nicht schädlich" – was im Umkehrschluß heißen soll, sie sei auch nicht gerade sonderlich wichtig. Er stellte Intellektuelle als eine Art tölpelhafte Esoteriker vor, die mit dem Alltag des Parlamentarismus im Ernstfall nichts anfangen können. Ein Problem hielten sie für gelöst, sobald es erkannt und formuliert sei. Sie verstünden den Unterschied nicht, der darin besteht, ob man „Entscheidungen bedenken kann oder treffen muß". Aus dieser Sicht des klagenden Intellektuellen Hans Maier sind die Intellektuellen, die die Welt nicht sehen wie er, weltferne Geister, die sich auf dem „Luftkissen der Seele" vergnügen. Sie pflegen einen „Diskurs ohne Ende" und träumen von einem „herrschaftsfreien Dialog". Wenn sie die Hand heben, dann „zur Enthaltung". Das ist nichts als der banale Vorwurf, es habe sich im Lande nichts geändert, die moralisch überheblichen Eliten im Lande gingen schlicht davon aus, Politik verderbe den Charakter. So wie einst der junge Thomas Mann.

Dieses gänzlich unhistorische Bild vermag überhaupt nicht zu erklären, wie es kommt, daß es solche Einmischungen in öffentliche Angelegenheiten in der Bundesrepublik, damals war sie noch nicht vereinigt, durchaus gab, und weshalb es heute so sehr daran fehlt. In den sechziger und siebziger Jahren sind Ostpolitik, Justizreform, Schul- und Hochschulpolitik, alle Fragen einer modernen Gesellschaft, in Akademien, Medien, Universitäten, gelegentlich sogar von Autoren miterstritten worden. Lange bevor daraus dann praktische Politik wurde. Wer heute eine Entfremdung beklagt, wird schon genauer hinsehen müssen, um den Rückzug deuten zu können. Eine Ursache beispielsweise, die mindestens bedenkenswert ist, hat Wolf Lepenies benannt. Er fürchtet, daß die Intellektuellen in Westeuropa mehrheitlich zu Experten geworden sind, die sich aus politisch-moralischen Fragen heraushalten, während die Intellektuellen in Osteuropa sich ganz auf solche moralischen Fragen konzentrieren, aber nicht über genug Fachkompetenz verfügen. So würden sie beide ihrer Rolle als Zeitgenossen nicht gerecht, die auch untereinander, zwischen Ost und West, eine gemeinsame Sprache suchen müssen. Eine andere Ursache für die Entfremdung liegt sicher in der Revolution der Kommunikationsverhältnisse moderner Gesellschaften. Meinungsbildend sind heute mehr als früher Entertainer wie Harald Schmidt, Alfred Biolek oder Pastor Fliege sowie allenfalls einige Femsehintellektuelle, die sich auf dem Grat zwischen Unterhaltungsindustrie und Nachdenklichkeit geschickt bewegen. Im politischen Diskurs haben Parteien viel von ihrem Stellenwert verloren. Das gilt auch für das Parlament, das von Parteien beherrscht ist. Es gilt zum Großteil ähnlich für die Medien, die mehr und mehr Teil der Unterhaltungsindustrie werden. Der Ort der Politik ist also schwerer auszumachen, die Frage, wo Öffentlichkeit entsteht, nicht mehr so leicht zu beantworten, da man sich geradezu in einem Spiegelkabinett zu bewegen scheint. Zu einer wirklich kritischen Diskussion über herrschende Verhältnisse, aus der heraus sich eine politische Neuorientierung ergibt, kommt man auf diese Weise kaum noch. Wo denn auch? Sobald kritische Stimmen sich zu Wort melden, und zwar laut, damit sie in dem Medienlärm überhaupt gehört werden, und auch, weil es an einem Ort für solche Auseinandersetzungen fehlt, werden sie abgemahnt – nicht zuletzt von ihresgleichen. Die liberale Bundesrepublik ist dabei zu verlernen, daß Kritik etwas Konstitutives ist, etwas, das am Ende sogar dazu beiträgt, daß man den Widersprüchen der Moderne besser standzuhalten vermag. Wir waren, so besehen, schon einmal weiter.

# Horst-Eberhard Richters Ermutigung zum Nachdenken

Birgit Hogefeld

Soeben haben wir das Jahr 1997 abgeschlossen. Für einen Menschen mit meiner Biographie war dieses Jahr stark geprägt durch ein Datum: 20 Jahre „deutscher Herbst".

Seit dem Frühsommer überboten sich die verschiedensten Medien gegenseitig mit immer neuen Berichten, Interviews, Filmen usw. Nur weniges stellte tatsächlich den Versuch dar, sich mit den Hintergründen der eskalierenden Gewalt dieses Jahres auseinanderzusetzen und die Rolle beider Seiten, sowohl die der RAF als auch die der Staatsseite, genauer zu beleuchten. Das allermeiste blieb in oberflächlichen Beschreibungen und einseitigen Schuldzuweisungen an die Adresse der RAF stecken. Selbst eine Zeitung wie die „Frankfurter Rundschau" machte in einem Kommentar die Gründe für diese Entwicklung im „sichtbaren Potential an Kriminalität bei einigen Bürgerskindern" aus.

Ich hatte den Eindruck, bei vielem ging es vor allem darum, aufgehängt an diesem Datum, die staatsoffizielle Geschichtsschreibung über die RAF und andere bewaffnete Gruppen, die aus der 68erBewegung kamen, festzuschreiben. Das ist um so einfacher, als es von unserer Seite bisher keine tiefgehende Analyse der eigenen Geschichte und Fehler gibt, dem Auseinanderklaffen zwischen Utopien, die unseren Aufbruch bestimmten, und unserem zunehmend militärischeskalierenden Handeln.

1977 ist allein mit dem Blick auf die Ereignisse dieses Jahres nicht zu begreifen. Schon die erste Aktion der RAF hatte einen konkreten Bezugspunkt, der zugleich auf die vorherigen Jahre zurückweist. In der Erklärung zur Erschießung des damaligen Generalbundesanwalts Buback schrieb die RAF, sie wolle verhindern, daß „die Bundesanwaltschaft den vierten Hungerstreik der Gefangenen um minimale Menschenrechte benutzt", um weitere Gefangene zu „ermorden". In dem Text wird zuvor auf die Verantwortung Bubacks am Tod von Holger Meins, Siegfried Hausner und Ulrike Meinhof verwiesen.

Mag sein, daß manches seitens der RAF falsch oder überzogen interpretiert worden ist, aber es war auch nicht alles aus der Luft gegriffen.

Es gab seit Beginn der 70er Jahre spezielle, auf Zerstörung zielende Haftbedingungen (manche von uns waren über viele Jahre scharfer Einzelisolation ausgesetzt); es gab den ‚Toten Trakt' in Köln-Ossendorf und den Plan, Ulrike Meinhof gegen ihren Willen und unter Zwang einem operativen Eingriff in ihr Hirn zu unterziehen. Holger Meins wurden während eines Hungerstreiks bei menschenunwürdiger und brutaler Zwangsernährung so wenige Kalorien zugeführt, daß er starb. Siegfried Hausner wurde schwerverletzt von Stockholm nach Stammheim transportiert – zuvor hatten schwedische Ärzte den zuständigen deutschen Behörden gesagt, er würde diesen Transport nicht überleben, sie behielten recht.

Wenn aufgrund dieser Tatsachen und Erfahrungen die RAF 1977 von "staatlichem Vernichtungswillen gegen diese Gefangenen" spricht, dann finde ich das, auf diese Zeit bezogen, auch aus heutiger Sicht nicht übertrieben.

Hätte es die toten Gefangenen nicht gegeben und die permanenten Angriffe auf die, die in den Gefängnissen saßen, dann wäre es doch überhaupt nicht zur Erschießung Bubacks gekommen. Dann hätte das, was als „deutscher Herbst" in die Geschichte eingegangen ist, nicht stattgefunden, und schon die Botschaftsbesetzung in Stockholm hätte es nicht gegeben.

Zur Erinnerung: die Besetzer nannten sich „Kommando Holger Meins".

Es gab Gewalt und Eskalation nicht nur von seiten der RAF, da waren zwei Parteien, die sich im Krieg gegeneinander wähnten und entsprechend bekämpften. Wer sich da gegenüberstand, tritt am augenfälligsten während der Schleyer-Entführung zutage – auf seiten der RAF: junge Militante, hervorgegangen aus der 68er Revolte, ihr Gegenpart: der Bonner Krisenstab, in dem kriegserfahrene Wehrmachtsoffiziere das Sagen hatten.

Für mein Leben war 1977 ein entscheidendes Jahr. Anfangs: politisch engagierte, 20jährige Jurastudentin, die sich über die Haftbedingungen der RAF-Gefangenen empört, einige von ihnen besucht, ihnen schreibt und Angst um deren Leben hat.

Später, nach unzähligen Observationen, Kontrollen und Hausdurchsuchungen infolge der RAF-Aktionen, nach dem Aufmarsch des Polizeistaats, nach öffentlichen Politiker-Aufrufen zur standrechtlichen Erschießung von Gefangenen, nach kurzem Exil (die gesamte Situation erschien nur noch bedrohlich), schließlich den toten Gefangenen in Stammheim, war nichts mehr so wie vorher, dieses Land nicht und ich selber auch nicht.

Alles, was mir vorher aus linken Diskussionen über „neuen Faschismus" als Analyse abstrakt nachvollziehbar war, wurde für mich in der Entwicklung dieses Jahres konkret, bekam ein Gesicht. Für nicht wenige Linke war damals die Frage der Einschätzung der Stammheimer Todesnacht zu einer Art Glaubens-, aber auch Grundsatzfrage geworden. Waren diese Gefangenen ermordet worden, so mußte das für einen selber Konsequenzen haben, dann konnte das eigene Leben nicht einfach weitergehen wie bisher. (Bezeichnenderweise gibt es dazu bis zum heutigen Tag keine Untersuchung, bei der staatlicherseits alle Fakten offengelegt worden sind.) Damals war ich mir sicher, die Gefangenen hatten sich nicht selbst umgebracht, sondern waren ermordet worden.

Ende 1977 – mein Jurastudium hatte ich im Laufe dieses Jahres aufgegeben – habe ich mich erstmals mit der Frage beschäftigt, ob es konsequent und für mich richtig ist, mich einer bewaffneten Gruppe anzuschließen. Daß ich nicht schon damals zur RAF gegangen bin, sondern erst viele Jahre später, hatte ausschließlich mit eigenen Ängsten zu tun und nicht damit, daß ich es für falsch gehalten hätte. In dieser Zeit habe ich mir „meine Unentschlossenheit" häufig als Inkonsequenz vorgeworfen. Und ich habe mich gefragt, ob mein Verhalten dem von Teilen der Generation meiner Eltern entspricht, das ich immer verurteilt hatte. So wie sie wollte ich nie werden: unbeteiligt-ignorant und in Zuschauerposition gegenüber faschistischen Entwicklungen und Verbrechen.

Im Rückblick kann ich sagen, daß, bezogen auf meinen Lebensweg, das Jahr 1977 dazu geführt hat, mich gegen „dieses System" zu stellen und auch mit weiten Teilen der Gesellschaft zu brechen. Wenn nun 20 Jahre später der damalige Regierungssprecher Bölling schreibt, die Bundesregierung sei 1977 davon ausgegangen, daß bei einem Austausch die freigelassenen Gefangenen nicht in die Bundesrepublik und zum bewaffneten Kampf zurückkehren würden, daß es dann aber ja trotzdem die „Nachfolgegenerationen" gegeben hätte, dann würde ich ihm schon gern die von mir beschriebenen Erfahrungen entgegenhalten. Ich bin mir sicher: Ohne die Ereignisse und die Entwicklung von 77 wäre mein Leben anders verlaufen.

Nicht erst seit der aktuellen Rückschau auf die Zeit vor 20 Jahren, den Erinnerungen und Bildern, die dabei in mir hochkamen und lebendig wurden, weiß ich, wie wenig auch für mich selber die Auseinandersetzung mit meiner/der RAF-Geschichte fertig ist, sowohl in bezug auf historisch-gesellschaftliche Zusammenhänge als auch meinen persönlichen Anteil. Seit einigen Jahren nun versuche ich, mich dem zu nähern. Dabei taste ich mich mitunter quälend langsam vor, manche wichtigen Fragen stelle ich allenfalls vorsichtig, nicht selten unvollständig, andere gar nicht. Einer der wenigen Menschen, der – nicht aus linksradikalen Zusammenhängen kommend – sich für meine Auseinandersetzung mit meiner Geschichte interessiert und Fragen aufgreift, ist Horst-Eberhard Richter. Für mich war wichtig, daß er mich immer wieder ermutigt hat, meinen Weg zu gehen, Fragen zu stellen und die Suche nach Antworten nicht aufzugeben, ohne mir dabei jemals das Gefühl zu geben, gedrängt zu werden, und ohne Fragen vorzuformulieren (obwohl er mit Sicherheit besser als ich selber auch viele der Fragen sieht, denen ich ausweiche). Horst-Eberhard Richter hat sich mir als Mensch vermittelt, der selber immer noch Fragen hat – und das nicht bloß vorgibt – und er ist jemand, der einem nicht einfach fertige Antworten entgegenhält.

Gerade jemand in meiner Situation braucht diesen Raum. Die Auseinandersetzung mit der RAF-Geschichte bedeutet für mich – außer Kritik eines politischen Konzepts – die Konfrontation mit den Konsequenzen meines Lebenswegs, und dies ist nicht einfach. Wir haben schließlich keine Fensterscheiben eingeworfen, die RAF hat Menschen getötet – und dafür trage ich mit Verantwortung. Die politischen und gesellschaftlichen Rahmenbedingungen waren für alle, die aus der 68er Bewegung kamen, mehr oder weniger identisch, aber nur wenige haben sich bewaffneten Gruppen angeschlossen, warum ich? Daran, was ich eingangs als Auseinanderklaffen zwischen Utopien, die unseren Aufbruch bestimmten, und unserer militärisch-eskalierenden Praxis bezeichnet habe, schließen sich für mich unzählige Fragen an. Wann und wodurch haben sich bei mir Maßstäbe verschoben, hatten bestimmte moralische Kriterien kein Gewicht mehr? Wo gab es bei meinem Lebensweg Gabelungen, bei denen ich mich für die eine wie die andere Richtung hätte entscheiden können, und welche Motive führten dazu, daß ich diesen und nicht den anderen Weg gewählt habe? Zu dem meisten habe ich auch heute noch mehr Fragen als Antworten.

Meine erste Begegnung mit Horst-Eberhard Richter fand im Prozeß gegen mich statt. Wir konnten uns durch die Panzerglasscheibe, die den Verhandlungssaal vom Zuschauerteil abtrennt, zunicken, insofern ist das Wort „Begegnung" nicht gut gewählt – (aber die Wirkung von Panzerglas zwischen Mensch und Mensch zu beschreiben, gelingt mir nun seit fast 5 Jahren nicht). Leider habe ich nie erfahren, wie Horst-Eberhard Richter die Situation vor Gericht und die Verhandlungsführung dieses Staatsschutzsenats wahrgenommen hat. Am Tag nach der Urteilsverkündung schrieb mir eine tschechische Freundin:

„Zum ersten Mal habe ich gestern die Gefühle der deutschen Linken, die mich oft irritiert hatten, weil sie meine Fragen über Gewalt oder ein politisches Programm nicht beantworten konnten und trotzdem behaupteten recht zu haben, völlig verstanden. Ich glaube, Du weißt, daß ich Pazifist bin, und für Gewalt habe ich kaum Entschuldigungen akzeptiert. Gestern aber, zu meinem Entsetzen, habe ich mehr als deutlich gespürt, daß man nicht immer alles nur mit Höflichkeit lösen kann. Und als mir ein paarmal die Tränen der Wut wegen der unglaublichen Arroganz der Ankläger und Richter in die Augen stiegen, war es auch mit meiner Höflichkeit zu Ende."

Ähnlich hatte ich als Jugendliche den Stammheimer Prozeß erlebt.

In Momenten, in denen ich sehr zynisch bin, denke ich manchmal bei mir: Was soll's, gerade kommen die Enkel der Nazis hoch, danach kommen die von uns. Denn das hat die Geschichte gelehrt: Schweigen, Nicht-Auseinandersetzung und die fortwährende Reproduktion alter Muster rächen sich früher oder später – jede Gesellschaft bekommt die RAF, die zu ihr paßt. Solcher Zynismus hält zum Glück bei mir nie lange an. Danach bin ich froh, daß es Menschen wie Horst-Eberhard Richter gibt, Menschen, denen es gelingt, sich ihr Leben lang für das, was sie als richtig erkannt haben, zu engagieren und immer wieder Impulse für positive gesellschaftliche Veränderungen zu geben.

# Hommage an Horst-Eberhard Richter

Ulrike Holler

Ich mag ihn, diesen Horst-Eberhard Richter, diesen Professor aus Gießen. Komisch, wieso denkt man die Stadt Gießen bei ihm immer mit? War es so außergewöhnlich, daß da ein Mensch aus Gießen überregionale Bedeutung erhielt? Traute man der Region nicht zu, überdurchschnittlich begabte Menschen zu dulden? Ich jedenfalls traf ihn zum ersten Male in Gießen, war ganz erstaunt, daß dieser große Mann so klein war, daß er im Rollkragenpullover auf einem Tisch saß, die Beine baumeln ließ, mit den Studenten sehr partnerschaftlich umging und sich um soziale Brennpunkte kümmerte. Das ist schon lange her. Solidarität war damals das Stichwort. Es prägte viele im Denken und im Handeln. Natürlich habe ich alle seine Bücher gelesen, natürlich rief man ihn an, wenn man einen klugen, nachdenklichen und unerschrockenen Kritiker der gesellschaftlichen Entwicklung brauchte. Wir Journalisten und Journalistinnen haben ihn so oft gesucht, gefragt, gewollt, interviewt, weil er die ungewöhnliche Fähigkeit besitzt, trotz klarer Position und deutlicher Kritik die Andersdenkenden nicht so in Rage zu bringen, daß sie überhaupt nicht mehr zuhören. Er ist ein Brückenbauer und geht dennoch keine Kompromisse ein. Eine seltene Fähigkeit. Ich kenne keinen zweiten Horst-Eberhard Richter. Ich habe Tausende von Interviews in meinem Leben gemacht, aber ich kann mich an jedes Gespräch erinnern, das ich mit Horst-Eberhard Richter führte, weil es mehr war, als nur das Abhaken von Fragen. Er sprach nicht nur über ein Thema, sondern über Menschen und menschliche Beziehungen, und ich habe viel dabei gelernt. Es gibt in meinem chaotischen Archiv einen Karton mit Horst-Eberhard Richter-Kassetten. Irgendwie hatte ich immer das Gefühl, das muß man aufheben, das darf man nicht gleich löschen, das war wichtig, hat Bedeutung über den Tag hinaus. Anders gesagt, ich war nicht nur die Fragende, sondern immer die Bereicherte, dafür danke ich.

Und dann die kleine Geschichte mit den Handschuhen. Horst-Eberhard Richter war im Studio des Hessischen Rundfunks, ich sah seinen mittlerweile grauen Schopf aus der Türe verschwinden, bevor ich das Studio betrat, und bemerkte, daß er seine schönen, weichen, sicher teuren Handschuhe vergessen hatte. Ich nahm sie, verschob meine Aufnahme, suchte den Gießener Professor, erwischte ihn tatsächlich noch an der Pforte, übergab die Handschuhe und wurde seitdem von ihm mit Dankbarkeit verfolgt. Ich weiß nicht, warum ihm diese so selbstverständliche Geste in Erinnerung geblieben ist, aber die Handschuhe verbinden uns, andere mögen das deuten. Und dann schenkte er mir bei unserem letzten Interview eine Sandrose, eine selbstgefundene, ein Wunder der Natur, ein weiches, zerbrechliches, seltenes Gebilde. Es liegt jetzt auf meinem Schreibtisch im Funk, deswegen denke ich jeden Tag an diesen Horst-Eberhard Richter. Ich spreche auch oft über ihn, denn andere Menschen nehmen diesen bizarren Sandstein in die Hand, fragen, woher ich den habe, und dann ist dieser Professor aus Gießen mitten unter uns, und ich sage allen, daß ich ihn mag.

# Unser Lotse in den Wirrnissen der Verhältnisse

Ellis Huber

Fragt ihr mich nach meinem persönlichen Resümee, so sehe ich für den Menschen, will er die Zukunft seines Geschlechtes sichern, die einzige Chance darin, daß er zwei ganz einfache Einsichten endlich praktisch beherzigt: daß sein Schicksal mit dem der Mitmenschen in allen Teilen der Erde unlösbar verbunden ist und daß er zur Natur und diese nicht ihm gehört –
aus Albert Einsteins Resümee (Richter, 1997, S. 252).

## Aufbruch und Besinnung

„Alice im Wunderland" weiß nicht mehr wohin, als sie „Edamer Mieze" begegnet: „Würdest Du mir bitte sagen, wie ich von hier aus weitergehen soll?" „Das hängt zum großen Teil davon ab, wohin Du möchtest", sagt die Katze.

Wohin wollen wir Ärztinnen und Ärzte im Gesundheitswesen der Bundesrepublik Deutschland, und mit wem sind wir unterwegs? Welcher Weg ist heute der richtige in den Widrigkeiten der Verhältnisse am Übergang von der Industriegesellschaft zum Informationszeitalter, wo sich die politischen Geister verirren und die sozialen Verhältnisse verwirren?

Ich erinnere mich an eine Veranstaltung mit Horst-Eberhard Richter im Sommer 1971. Es war in Freiburg, in einem Hörsaal der Universität. Meine studentische Wohngemeinschaft hatte sich für die Obdachlosen der „Opfinger-Siedlung" engagiert. Als angehende Sozialarbeiter, Lehrer, Mediziner und Psychologen wollten wir etwas für die Veränderung der Gesellschaft tun. Die Initiative stritt damals heftig um die richtige Haltung: Sollten wir den Betroffenen helfen oder mit den Waffen der Armut die Mächtigen bekriegen? Die revolutionären Pioniere der Studentenbewegung mit ihrer tüchtigen Gesellschaftskritik zankten sich heftig mit den karitativen Helfern, die in ihrer Sympathie für obdachlose Personen die Not mit eigenem Zutun anpacken wollten. Der eskalierte Streit lähmte unsere Gruppe und drohte uns zu spalten.

Horst-Eberhard Richter berichtete über die Gießener Initiativgruppe aus der Obdachlosensiedlung „Eulenkopf". Auch dort gab es Spannungen zwischen einem „politischen" und einem „therapeutisch-pädagogischen" Flügel, die sich verstehen und bewältigen ließen. Wir Freiburger Studentinnen und Studenten erkannten uns darin wieder und fanden in unserer Aufgabe neu zusammen. Statt eines Zerfalls der Gruppe erlebten wir hoffnungsvolle Zuversicht. Wir hatten erkannt: „Pädagogische Praktiker" und „politische Theoretiker" brauchen einander und können sich gegenseitig stärken. Nicht stellvertretend für die Betroffenen und für sie als Mittel zum Zweck des politischen Aufstandes gelingt die Veränderung der Gesellschaft, sondern nur mit ihnen zusammen und im gegenseitigen Respekt voreinander und den jeweils eigenen Erfahrungen.

An einem Scheideweg der Entwicklung zeigte Horst-Eberhard Richter uns unsicheren jungen Menschen eine lebensnahe und vernünftige Sicht der Dinge, und er wies uns wieder einen gemeinsam gangbaren Weg.

„Noch steckte in allen Köpfen der moralische Anspruch, ein soziales Projekt nur dann gut finden zu dürfen, wenn es unmittelbar ‚gesellschaftlich relevant' war. Entweder man tat etwas für die Gesellschaft oder für sich selber. Daß dies ein falsches Entweder-Oder war, versuchte ich den Studenten viele Male darzulegen. Sie hätten allen Grund, sich ihrer beteiligten Gefühle von Freundschaft, Sympathie, Nächstenliebe, Karitas nicht zu schämen, sondern diese als ihren politischen Zweck in hohem Maße dienlich zu akzeptieren. Wie sollten sie sich denn darin glaubwürdig finden, gegen die Ausgrenzung einer diskriminierten Minderheit anzukämpfen, ohne diese Kluft in ihren Gefühlsbeziehungen zu überwinden?" (Richter, 1986, S. 166).

Die bewußte Verbindung von Selbstreflexion und Gesellschaftskritik wurde in den 70er Jahren zum Wegweiser für unsere persönliche wie gesellschaftliche Entwicklung. „Das Persönliche ist politisch", lernten wir in den erwachenden sozialen Bewegungen. Wir begriffen, wie Person, Beruf und politische Wirklichkeit als unlösbarer Zusammenhang ineinanderwirken, wie Selbstfindung und Mitmenschlichkeit zusammengehören.

Horst-Eberhard Richters Bücher begleiteten die Erkenntnis- und Veränderungsprozesse meiner Generation in der Gesundheits- und Sozialarbeit. Immer wenn Fragen nach dem richtigen Weg auftauchten, wenn Ziele unklar wurden, Ohnmacht uns entmutigte oder Übermut uns gefährdete, erschien rechtzeitig von ihm ein neues Werk, das Horizonte aufzeigte und mehr Klarheit stiftete. Ich selbst bin mit diesen fachlichen wie menschlichen Lotsendiensten gesundheitspolitisch erwachsen und auch medizinpolitisch von Jahr zu Jahr mutiger geworden.

„Eltern, Kind und Neurose" und „Patient Familie" machten uns die gesellschaftlichen Beziehungsmuster transparent, beschrieben Medizin als soziale Wissenschaft und den Arztberuf als sozialen Beruf. Da wollten wir hin!

„Öffne ich grundsätzlich mein Gesichtsfeld für die Interaktion zwischen verschiedenen Individuen oder – allgemein gesprochen – für ein psychosoziales Beziehungsfeld, dann ist ein entscheidender erster Schritt getan auf einem Weg, der immer weiterführt – vom Individuum zur Zweierbeziehung, zur Familiendynamik, zur Gruppendynamik, zur psychosozialen Institutionsanalyse, zur Ethno-Psycho-Analyse, zur politischen Psychologie, zur Psychohistory. Die Unabgrenzbarkeit des Feldes kann fürwahr schrecken. Aber kann man auch nur einen anderen oder sich selbst hinreichend verstehen, ohne die psychosozialen Verhältnisse und das Schicksal der Familie im gesellschaftlichen Prozeß mitzudenken?" (Richter, 1986, S. 102).

Damals begeisterte uns junge Medizinstudentinnen und Medizinstudenten Thure von Uexküll für die psychosomatische Medizin. Johannes Cremerius lehrte das Fach in Freiburg, und wir aufmüpfigen Funktionäre der medizinischen Fachschaft versuchten das psychosoziale Denken in unser Medizinstudium einzubringen, gründeten Anamnesegruppen und organisierten aktive Streiks mit eigenen Vorlesungen. Die Studienreform von 1970 hatte Psychosomatik, medizinische Psychologie und medizinische Soziologie erstmals zu Pflichtbestandteilen des Medizinstudiums gemacht. Wir kämpften sehr bald mit den neu erstarkenden Widerständen des medizinischen Establishments. Unsere alternativen Lehrveranstaltungen wurden jedoch in einem Wissen lebendig, das Horst-Eberhard Richter so formuliert:

„Aber es gibt ja eine andere Medizin, die sich zunächst als soziale und ökologische Medizin darum kümmert, daß Menschen nicht infolge widernatürlicher Lebens-, Arbeits- und Ernährungsweisen millionenfach künstlich Krankheiten produzieren. Es gibt eine sanfte Medizin, die eher die natürlichen Heilkräfte des Organismus zu stärken versucht. Es gibt eine verstehende Medizin, die Menschen hilft, die hinter einer Vielzahl von Krankheit verborgenen psychosozialen Probleme anzugehen. Es gibt eine behutsame, schonende Chirurgie, die nicht Krankheiten mit Mitteln beherrschen will, die am Ende mehr Elend als jene verursachen" (Richter, 1986, S. 217).

In Berlin erregte die „Arbeitsgemeinschaft unabhängiger Ärzte (AUA)" Aufsehen. Sie stellte den „Halbgott in Weiß" an den Pranger und deckte die standespolitischen Widersprüche und Scheinheiligkeiten auf. Die innerärztliche Opposition begann sich zu organisieren und konnte sich Schritt für Schritt durchsetzen.

Horst-Eberhard Richter entfachte die „Hoffnung auf einen neuen Weg, sich selbst und andere zu befreien". Das Buch „Die Gruppe" half uns, die Aufbruchstimmung der Studentenbewegung im unmittelbaren Lebensraum neu zu ordnen und die emanzipatorische Kraft der solidarischen Gruppe im Studium, in Bürgerinitiativen, in Wohngemeinschaften und in sozialen Projekten auszubreiten. „Lernziel Solidarität" und „Flüchten oder Standhalten" reflektierten im politischen Prozeß auch den Weg der Gesundheitsbewegung. Die sozialen Veränderungen der bundesdeutschen Welt wurden verständlicher und unser Handeln leichter. Die Beschäftigung mit Richters Analyse wie Handlungsanleitung vermittelte Sicherheit für erreichbare Ziele, realistische Utopien und konkrete Modellprojekte im gesellschaftlichen Wandel.

„Eines ist mir in den Jahren des Kampfes um eine Verbesserung der Hilfe für vernachlässigte Randgruppen und psychisch Kranke endgültig klar geworden: Wirkliche Fortschritte waren fast nur in dem Maß zu erzielen, in dem an der Basis Lücken im System hierarchischer Kontrolle bestanden. So wie im Privatbereich Wohngemeinschaften und Kinderläden möglich waren, vermochten sich ehrenamtlich tätige Initiativgruppen oder als Modelle finanzierte soziale Projekte in gesellschaftlichen Nischen zu entfalten. Sie profitierten von der mangelhaften Durchorganisation gewisser isolierter Randbereiche. Aber sobald derartige Basisorganisationen stärker wurden, kontinuierlich Gelder von Trägern brauchten oder sich miteinander vernetzten, traf sie der massive Gegendruck von Verwaltung und Verbänden. Man nahm die Anstöße der kritischen Gruppen auf, um in den folgenden Jahren Obdachlosensiedlungen wohnlicher zu gestalten und psychiatrische Anstalten zu renovieren. Man stellte auch vorübergehend mehr Personal ein. Aber all dies geschah nicht, um das Zusammenleben mit den bislang ausgegrenzten Gruppen grundsätzlich zu verändern. Der Druck der Reformstimmung, die als Nachhall der Studentenbewegung eine Weile nachklang, zwang dazu, das Unruhepotential am Unterrand der Gesellschaft zu beschwichtigen. Dazu gehörte es sich, die Abladeplätze für ein Leben, das praktisch als zweitklassisch organisiert war, etwas komfortabler einzurichten. Überall indessen, wo die alten Bevormundungsstrukturen von untenher in Frage gestellt wurden, erwiesen sich die traditionellen gesellschaftlichen Barrieren als schwer verrückbar. Wohltaten ja, aber nicht als Hilfe zur Emanzipation" (Richter, 1986, S. 175 ff.).

Die individuellen Erlebnisse, die praktischen Erfahrungen und Lernprozesse der 70er Jahre durchwirkten auch das Gesundheitswesen. Impulse aus der Frauenbewegung, der Friedensbewegung, der Gesundheitsbewegung und die Aufstände gegen Atomkraftwerke oder der Einsatz für die Psychiatriereform halfen, die monolithische Arroganz alter Standesherrlichkeit zu durchbrechen und Medizin in Klinik und Praxis zu verändern. Im Sommer 1978 entstand in Analogie zu den „Kinder-Läden" beispielsweise der „Gesundheitsladen Berlin". Er war ein Zusammenschluß von Gesundheitsarbeitern, die das System reformieren wollten und mit ihrem „medizinischen Informations- und Kommunikationszentrum" die organisatorische Basis dafür schufen, gegen den Deutschen Ärztetag im Mai 1980 den ersten Deutschen Gesundheitstag zu stellen.

Ich erinnere mich, wie am 24.Dezember 1979 im Organisationsbüro des Gesundheitstages – ein kleiner Raum mit 25 m² Fläche, neben dem „Schwarzen Cafe" – der Brief von Horst-Eberhard Richter eintraf, in dem er seine Teilnahme am Gesundheitstag zusagte: ein Weihnachtsgeschenk. Bis dahin hatten wir nämlich ängstlich gezweifelt, ob wir den Gesundheitstag überhaupt realisieren könnten und ob das Vorhaben nicht unsere Kräfte übersteige. Die Bestätigung durch Horst-Eberhard Richter für unsere Basis-Initiative machte uns sicher: Der Gesundheitstag wird werden.

Es entwickelte sich in der Tat eine Aufbruchstimmung neuer Art. Über 12.000 Teilnehmer in Berlin und mehr als 18.000 engagiert und couragiert Beteiligte beim Gesundheitstag 1981 in Hamburg konfrontierten die etablierte und institutionalisierte Medizin mit einer Veränderungsbewegung, die sich nicht mehr verdrängen oder ignorieren ließ.

## Erinnern und Standhalten

„Medizin und Nationalsozialismus, tabuisierte Vergangenheit und ungebrochene Tradition" lautete der Titel der Eröffnungsveranstaltung im Audimax der Technischen Universität zum Gesundheitstag in Berlin. Nicht die Verbrechen der medizinischen Väter standen im Vordergrund des Nachdenkens, sondern das Wissen um unsere eigene Verführbarkeit zwischen Größenwahn und Ohnmacht. Klaus Dörner drückte dies beispielhaft aus:

„Was man in der NS-Medizin findet, aber nicht nur da, sondern auch schon früher und heute noch – dies betrifft gleichzeitig auch möglicherweise mich –, ist die Leidenschaft von Ärzten und anderen Gesundheitsarbeitern, die Gesellschaft – wenn nötig um jeden Preis – von Krankheit zu befreien. Es ist ein größenwahnsinniger Helferdrang, zu meinen, man könnte in der Medizin alles machen. Wenn so etwas wie ein Menschenbild existiert und wenn man darunter die Herrschaft von starken, erwerbsfähigen, gesunden und produktiven Menschen versteht, so ist das heute so wie damals, und dies gilt auch für mich selbst. Auch ich mache meine Wertungen. Damals war es nur krasser, aber ich denke, daß wir in derselben Tradition stehen" (Bader u. a., 1980, S. 31).

Als „Gotteskomplex" hatte Horst-Eberhard Richter den „Umschlag von unerträglicher Ohnmacht – aus der Angst der Gottverlassenheit – in eine Identifikation von göttlicher Allmacht" bezeichnet.

„Und so entstand dann jenes militaristische Konzept der modernen Kampfmedizin. Der Anspruch, sich letztlich aller krankmachenden und todbringenden Ursächlichkeiten zu bemächtigen, ist eingebettet in den viel umfassenderen Kampf um allgemeine technische Naturbeherrschung. Gemeinsame Triebkraft ist die Flucht nach vorn aus einem Bewußtsein totaler Sinnleere und Verlorenheit in einen Fortschritt, der sein Ziel im bloßen Fortschreiten hat" (Richter, 1986, S. 225).

Wir lernten, daß die Grenze für die ärztliche Profession äußerst schmal ist, zwischen gesund und krank oder zwischen lebenswert und lebensunwert zu unterscheiden. Der Arzt mit seinem Auftrag, für individuelle und soziale Gesundheit zu sorgen, läuft schnell Gefahr, sich zwischen Individuum und Gesellschaft gegen das Individuum zu entscheiden und beispielsweise fremdnützige Forschung für unverzichtbar wichtig zu erachten.

Die Gesundheitstage artikulierten eine reflektierende „Pro-Bewegung". Selbsthilfegruppen und Patientenstellen, psychiatrische Modellprojekte und Praktiken einer integrierten Medizin, soziale Gesundheitszentren oder Projekte der aktivierenden Krankenpflege berichteten von ihren Ergebnissen und ihren Perspektiven. Deutlich wurde, daß ein Wandel im Selbstverständnis der gesundheitlichen Berufe eingesetzt hatte. Der italienische Psychiatriereformer Franco Basaglia sagte auf der Abschlußveranstaltung des Berliner Gesundheitstages in der Deutschlandhalle:

„Ich hatte noch lange nach Kriegsende große Vorurteile gegenüber Deutschland und den Deutschen. Dieser Kongreß hat mir geholfen, sie abzubauen. Ich sah eine Motivation, die auch meine Motivation, Veränderungen in der Medizin und in der Gesellschaft herbeizuführen, verstärkt und neu entfacht. Ich bin sehr bewegt über das, was ich in diesen Tagen gemeinsam mit Euch erfahren habe. Der Gesundheitstag ist nicht beendet, er hat gerade begonnen!" (Gesundheitsladen Hamburg e.V., 1981, S. 12).

Die Macher des Hamburger Gesundheitstages faßten den Stand der Bewegung in ihrem Begrüßungstext zusammen:

„Aus allen Teilen der Bundesrepublik und dem Ausland kommen wir in Hamburg zusammen. Unsere Berufe und Lebenssituationen sind so verschieden wie unsere politischen Einstellungen. Wir arbeiten als Gesundheitsarbeiter in den unterschiedlichsten sozialen Bereichen. Was verbindet uns? Als Gesundheitsarbeiter und als Patienten sind wir tagtäglich Betroffene von diesem Gesundheits-„unwesen" und machen mit bei der Verwaltung körperlichen und seelischen Leidens, der Verlagerung gesellschaftlicher Probleme in den psychiatrischen Bereich, der Diskriminierung und Ausgrenzung von Randgruppen. Wir haben uns in Gruppen zusammengeschlossen, um uns selbst zu helfen und uns zu wehren gegen die ‚Enteignung unserer Gesundheit' und die Reglementierung unseres Lebens. Wir arbeiten in den Gewerkschaften, den verschiedensten politischen Parteien, in einem der Gesundheitsläden oder anderen autonomen Gruppen. Wir setzen der herrschenden Medizin ein kreatives Nein entgegen, weil diese – vorgeblich unpolitisch – gesellschaftliche Mißstände verschleiert, reformiert, verwaltet und kontrolliert. Wir unterscheiden uns in den Beweggründen, das Bestehende zu verändern, und in den Alternativen, die wir dem Bestehenden entgegensetzen. Diese Unterschiede müssen bleiben, damit jeder von uns seine persönliche und politische Identität behält. Wir wollen die Fähigkeit zum Gespräch und zur Zusammenarbeit wiedergewinnen anstelle von professioneller Überheblichkeit und Konkurrenz. Wir verändern unsere Gesellschaft, indem wir gemeinsam Handlungsmöglichkeiten wiedererlangen und Arbeitsbündnisse in kritischer Solidarität schaffen.

Wir weigern uns, den untauglichen Rezepten unserer ‚weisen' Väter neue oder alternative hinzuzufügen. Wir weigern uns, Gesundheit als Ziel zu definieren, das von uns stellvertretend für andere gesetzt wird. Es gibt viele Arten von Gesundheit, wie Formen von Schönheit oder Glück; genauso gibt es viele Wege zur Gesundheit und verschiedene Formen des Widerstandes gegen deren Bedrohung. Wir finden unseren Weg in unserem Alltag: Wir überwinden die Grenzen oder die Konkurrenz zwischen den Berufsgruppen und die Entfernung zwischen Experten und Laien. Wir lernen voneinander und helfen uns gegenseitig" (Gesundheitsladen Hamburg e.V., 1981, S. 14 ff.).

Es ging auf den Gesundheitstagen also nicht um einen Konflikt zwischen richtiger und falscher Medizin, guter oder schlechter Standespolitik, altruistischen oder profitorientierten Ärzten, es ging um die Durchsetzung einer neuen Einstellung und Haltung, die Horst-Eberhard Richter 1981 in einem Festvortrag zum 30. Jubiläum des Berliner Großkongresses der „Deutschen Gesellschaft für ärztliche Fortbildung", dem sogenannten „Schettler-Kongreß", seinen Zuhörerinnen und Zuhörern so eindringlich vermittelte:

„Eine echte fundamentale Revision dieses kollektiven Verhaltensmusters, dem wir Ärzte in höchst konfliktträchtiger Weise ausgesetzt sind, erfordert also eine breite, radikale Wandlung unseres gesellschaftlichen Selbstverständnisses. Sterben kann nur akzeptiert werden, wenn es nicht länger den absoluten Gegensatz zu den Aspekten des Lebens darstellt, auf deren Verherrlichung wir bisher eingeschworen sind. Wir müssen lernen, daß zu uns die Ohnmacht wie die Macht gehören, das Leiden wie das Fitsein, die Schwachheit wie die Stärke. Wer das Leiden haßt, muß den Tod verteufeln. Die fatale einseitige Fixierung auf die Ideale von Macht und Größe reproduziert in der politischen Dimension ein ewiges expansionistisches Rivalisieren und die Niederhaltung der Schwachen und Armen, auf deren Kosten sich die jeweils Mächtigeren in Richtung ihrer Ideale zu stabilisieren versuchen. Und gleiches vollzieht der einzelne Mensch in seinem Inneren, indem er sich seiner Selbstachtung dadurch vergewissern will, daß er die Seite seiner Zerbrechlichkeit und seiner Hinfälligkeit durch Verdrängung, Überkompensation oder Feindbild-Projektion zu tilgen versucht. Wir müssen also lernen, unser Selbstbild auf ein neues Maß zu bringen und unsere Position gegenüber den Mitmenschen und der Natur mit derjenigen Bescheidenheit zu bestücken, die uns erlaubt, auch unsere Zartheit, unsere Anfälligkeit und eben auch unsere Sterblichkeit zu akzeptieren."

„Wir müssen den Widerspruch einer Gesellschaft täglich austragen, die zwar allenthalben nach mehr Menschlichkeit und nach einem würdigeren Sterben in der Medizin schreit, im gleichen Augenblick Gesunderhaltung um jeden Preis verlangt und uns mit Hilfe juristischer Einschüchterung unter einen kaum erträglichen Erfolgszwang setzt. Einerseits sollen wir mehr Zeit für geduldige Zuwendung, für einfühlsames Gespräch aufbringen, andererseits maximale Energie darauf verwenden, als Gesundheitsingenieure unfehlbar zu werden. Selbst gehetzt von gewaltigen mißtrauensbesetzten Erwartungen, sollen wir gleichzeitig ein mildes, kommunikatives Klima stiften und den Menschen tröstend jene Ängste nehmen, mit denen sie uns gleichzeitig den Atem rauben."

„Der Arzt braucht, um dem Druck der vielen ängstlichen, mißtrauischen und ihn trügerisch überidealisierenden Patienten standzuhalten, eine klare und feste Position. Um sich nicht mit den auf ihn eindringenden Rollenerwartungen zu verwechseln, benötigt er eine eindeutige Identität als Mensch wie als Arzt. Er muß das Leben lieben, aber auch seinem Sterben offen entgegensehen können. Und er muß seiner Kunst mit jener Selbstgewißheit vertrauen, welche die Bescheidenheit des Wissens einschließt, daß eben nicht alles für und von Menschen machbar ist, die Geschöpfe mit ewigen natürlichen Schwächen sind. Er wird die ihm zu Gebote stehenden Hilfsmittel der naturwissenschaftlichen Medizin anwenden, aber nicht aus Angst jeden Patienten durch die sogenannte Mühle einer apparativen Maximaldiagnostik drehen, nur um sich selbst und den Kranken durch polypragmatischen Eifer zu beschwichtigen. Und er wird bei aller sorgfältiger Nutzung labormedizinischer Hilfsmittel dem Patienten deutlich machen, daß nicht dieses Instrumentarium an sich, sondern daß primär sie beide, Arzt und Patient, miteinander letztlich zu klären haben, wo die Krankheit herkommt, wie man etwa die pathologischen Laborbefunde in Beziehung setzen muß zu einer Krise in der Ehe, zu einem Ärger am Arbeitsplatz, zu finanziellen Bedrängnissen und so weiter. Und er wird mit dem Patienten einfühlsam abstimmen, was der Kranke für sich oder etwa auch zusammen mit seinen Angehörigen zur Förderung seiner Gesundheit tun kann und was für sie beide, Arzt und Patient, gegebenenfalls an therapeutischer Kooperation zu tun übrig bleibt. Und der Arzt wird den Ratsuchenden spüren lassen, daß alles, was auch immer gemacht werden soll, nur etwas gutes stiften kann, wenn es in Geduld, in Vertrauen, in Hoffnung, aber auch in der Gewißheit geschieht, daß man nichts erzwingen kann. Er wird sich von dem Kranken innerlich berühren lassen und sich auch selbst nicht als Mensch verbergen, als auch seine Teilnahme spüren lassen. Und dies im Wissen um die Distanz, die durch seine Sachautorität als Experte und durch seine gutachterliche Funktion gegeben ist. Denn er ist ja eben auch – wie dies auch Viktor von Weizsäcker genannt hat – ein Halbrichter über den Kranken, über dessen Arbeits- und Erwerbsfähigkeit er oft zu entscheiden hat" (Richter, 1986, S. 220 ff.).

Ich selbst erinnere mich an die herzliche und lebhafte Zustimmung der mehr als tausend Kolleginnen und Kollegen, denen Horst-Eberhard Richter aus der Seele gesprochen hatte. Und ich erinnere mich auch an unsere Empörung, als fünf

Medizin-Professoren aus Gießen in dem ihnen eben eigenen Unverstand ein Pamphlet gegen die „irrationalen und utopischen" Strömungen in der Medizin verfaßten und Richter persönlich angriffen und diffamierten.

Der Bote einer ärztlichen Botschaft, die von tausenden ärztlichen Kolleginnen und Kollegen kündete, die eine gewissenhafte Humanmedizin tagtäglich erstreben, wurde – wie vor ihm schon Alexander Mitscherlich und einige jüngere Ärzte wie Hans Mausbach mit seinem öffentlichen Spruch von den „Halbgöttern in Weiß" – zum Objekt der restaurativen Aggression und einer berufsständischen Ausgrenzung. Trotzdem war die Bewegung des Wandels unter den Ärztinnen und Ärzten in Deutschland und in der deutschen Medizin nicht mehr aufzuhalten.

**In sozialer Verantwortung gestalten**

Unmittelbar vor dem Gesundheitstag 1981 fand ebenfalls in Hamburg der „1. nationale Kongreß der Ärzteinitiativen gegen Atomenergie und gegen die atomare Bedrohung" statt. Aus den Ärzteinitiativen gegen die Atomkraftwerke und für den Frieden entstand im Februar 1982 die bundesdeutsche Sektion der IPPNW („International Physicians for the Provention of Nuclear War"). Horst-Eberhard Richter war mit 18 weiteren Kolleginnen und Kollegen Gründungsmitglied dieser Ärztevereinigung, die 1985 mit dem Friedensnobelpreis ausgezeichnet wurde. Die deutsche Sektion der IPPNW wuchs schnell und vereinigte bald 10.000 Ärztinnen und Ärzte zu einer handlungsfähigen Organisation für Frieden, mitmenschliche Medizin und soziale Verantwortung.

Zum 8. Mai 1985 formulierte Richter ein „Memorandum", das in vielen deutschen Zeitungen, aber nicht im Deutschen Ärzteblatt abgedruckt wurde:

„Wir deutschen Ärzte, vereint in der Sektion Bundesrepublik Deutschland der ‚Internationalen Ärzte für die Verhütung des Atomkrieges' (IPPNW), rufen uns zum 40. Jahrestag des Kriegsendes in Erinnerung, welchen unheilvollen Beitrag zahlreiche Vertreter der deutschen Medizin, Anthropologie und Biologie zur Förderung der menschenverachtenden Politik des nationalsozialistischen Regimes geleistet haben. Sie haben die Irrlehre vom ‚unwerten Leben' anerkannt und sogar theoretisch mitbegründet und deren praktische Anwendung schweigend hingenommen oder direkt unterstützt. So wurden die Massensterilisierungen und später die Massentötungen von Kranken und Behinderten möglich. Dieselbe pseudowissenschaftlich gestützte ‚rassenhygienische' Ausmerzungsideologie lieferte bekanntlich auch der systematischen Ausrottung der Juden wie der Sinti, schließlich dem Hitlerschen Angriffskrieg, der zur angeblichen Rettung der ‚nordischen Herrenrasse' geführt wurde, die Scheinrechtfertigung.

Wir sehen im 8. Mai 1985 einen geeigneten Anlaß, mahnend an die Gefahren jenes Ungeistes zu erinnern, der in der Neigung zur Diskriminierung von Ausländern und Andersdenkenden, zur Benachteiligung der sozial Schwachen wie zur pauschalen Verteufelung des Außenfeindes fortwirkt.

Solche Tendenzen zu wehren, sehen wir für uns Ärzte der IPPNW wie für alle Mitbürger in West und Ost als eine vordringliche Aufgabe an, um den inneren und den internationalen Frieden zu schützen.
Erinnern lernt vorbeugen!" (Richter, 1986, S. 253 ff.).

Im gleichen Jahr sagte Horst-Eberhard Richter auf einem Symposium in Moskau:

„Gestatten Sie mir noch ein kurzes Schlußwort aus psychiatrischer und rein persönlicher Sicht. Ich glaube, daß wir unsere Friedensarbeit noch intensivieren können, wenn wir uns nicht allein gegen die furchtbaren Zukunftsrisiken wenden, sondern weiterhin bewußt und intensiv die Erfahrungen unserer jüngsten Geschichte gemeinsam weiter verarbeiten. In unserer westdeutschen Ärztebewegung erleben wir die Mitarbeit in der IPPNW als eine wichtige Chance, aus dem Bewußtsein der immer noch auf uns lastenden Schuld der Hitler-Verbrechen und des Hitler-Krieges eine entscheidende, ja die entscheidende Konsequenz zu ziehen. Ich selbst habe nie meine Schamgefühle vergessen, als ich vor 43 Jahren als 18jähriger Soldat dieses Land betrat und ratlos den Menschen begegnete, denen wir hier entsetzliches Elend zufügten. Auch ich habe meine Familie im Krieg verloren, und zwar durch Soldaten dieses Landes, das wir zuvor überfallen hatten. Das Bewußtsein unseres deutschen Unrechts und meines Anteils daran hat mich indessen nie losgelassen. Und ich sehe um mich unter den deutschen Kollegen viele, die ebenso wie ich die Friedensarbeit in der Ärztebewegung als eine Möglichkeit begreifen, uns mit unserer furchtbaren Vergangenheit sinnvoll auseinanderzusetzen. Sie mögen verstehen, daß ich mich ganz besonders für die Gelegenheit bedanken möchte, heute gerade an dieser Stelle und zum Thema der Verhütung eines neuen großen Krieges reden zu dürfen" (Richter, 1986, S. 255).

Die aktivierende wie identitätsstiftende ärztliche Arbeit der IPPNW trug ganz wesentlich dazu bei, daß 1986 die Fraktion Gesundheit in der Ärztekammer Berlin bei den Wahlen zum „Berliner Ärzteparlament" 50 % der Delegiertenmandate erringen konnte. Insbesondere das Ansehen von Dr. Barbara Hövener, Vorstandsmitglied der IPPNW, und auch die organisatorische Kreativität und Professionalität von Michael Roelen, der die IPPNW-Pressestelle leitete, trugen zum Wahlerfolg bei. Erstmals leitete ein alternativ denkender und nicht mehr ständisch orientierter Vorstand die Geschicke einer Landesärztekammer.

Horst-Eberhard Richter war von 1982 bis 1989 Vorsitzender bzw. Sprecher des Vorstandes der IPPNW, und sein Einfluß innerhalb der Ärzteschaft schlug eine Brücke, die Medizinerinnen und Mediziner aus der Gesundheitsbewegung, der Friedensbewegung und zahlreichen linken gesundheitspolitischen Initiativen mit dem ärztlichen Selbstverständnis auch konservativer Kreise verband. In der

Berliner Ärzteschaft wurde dieses Bündnis mehrheitsfähig, und die Berliner Ärztekammer konnte dadurch zur innovativen Kraft für die Landesärztkammern und die Bundesärztekammer heranwachsen.

Die damit eingeleitete Neuorientierung der ärztlichen Selbstverwaltung ist weit fortgeschritten. „Gesundheitspolitik statt Standespolitik", das Wahlziel der Fraktion Gesundheit in der Ärztekammer Berlin, kennzeichnet heute die mehrheitliche Position innerhalb der Ärztekammern und das Ziel „Ärzte in sozialer Verantwortung" ist Bestandteil des aktuellen gesundheitspolitischen Programms der deutschen Ärzteschaft geworden.

„Die Chance des Gewissens", dieses wohl persönlichste Buch Horst-Eberhard Richters, dem die hier zitierten Aussagen entnommen sind, machte uns Mut, den Weg der Selbstreflexion und der politischen Aufmüpfigkeit auch in „Amt und Würden" weiterzugehen und die gesellschaftlichen Verhältnisse mit der persönlichen Entwicklung verbunden zu sehen. Als kritische und selbstkritische Ärztinnen und Ärzte sind wir in unsere Gesellschaft „leidend und handelnd verwickelt".

Horst-Eberhard Richter wies uns die Richtung, als er 1981 auf dem Anti-Atom-Kongreß in Hamburg unter anderem ausführte:

„Wir lernen in unserem Fach (psychosomatische Medizin), daß eine Wechselbeziehung besteht zwischen der psychischen Verfassung eines Menschen und der Art und Weise, wie er sein Umweltverhältnis und insbesondere sein Zusammenleben mit anderen Menschen gestaltet. Menschen, die ihre Gefühle durchlassen, sich nach innen und außen offen verhalten und mit hoher Sensibilität auf die Qualität der Lebensumstände reagieren, sind eher als andere dazu imstande, in der Familie, am Arbeitsplatz und wo sie auch immer sozial aktiv sind, auf gedeihliche Verhältnisse hinzuwirken. Die Kehrseite dieser Sensibilität ist jedoch oft eine besondere psychische und psychosomatische Anfälligkeit, wenn diese Menschen in eine inhumane und entfremdende Zwangslage geraten. Steht es nicht in ihrer Macht, diese Lage zu ändern, reagieren sie eher als andere mit psychischen oder psychosomatischen Gleichgewichtsstörungen. Diese Empfindlichkeit ist nicht automatisch gleichbedeutend mit einer eingeschränkten Leistungsfähigkeit oder einer allgemeinen gesundheitlichen Schwäche. Sie hat nicht das mindeste mit Hysterie oder einer sonstigen psychopathologischen Abweichung zu tun. Es handelt sich im Gegenteil, so meine ich, um die wünschbare psychosoziale Gesundheit schlechthin.

Wenn eine solche psychosoziale Verfassung einen besonders verläßlichen Orientierungsmaßstab für eine humane Strukturierung der individuellen und der sozialen Lebensformen darstellt, so kommt ihr ein höherer Gesundheitswert zu als jener Robustheit, die landläufig als Idealnorm propagiert wird. Das ist eine Einsicht von bedeutender Tragweite und letztlich auch erheblichen praktischen Konsequenzen. Mächtige Gruppen infiltrieren uns mit der Ideologie, wir sollten uns an dem Leitbild des jederzeit und unter allen Umständen maximal belastbaren und funktionsfähigen Individuums orientieren. Das ist der Mensch, der noch so bedrückende Wohnumstände, Arbeitsverhältnisse, Isolation, Unrecht, Unterdrückung klaglos erträgt. Der jederzeit fit ist, wie inhuman auch die Beanspruchungen sein mögen, denen man ihn aussetzt. Diese abgestumpfte Robustheit erklärt man als gesunde Härte, Elastizität, vitale Energie und so weiter. Umgekehrt diffamiert man die Störbarkeit einer sensibleren und offeneren Persönlichkeit als Schwächlichkeit oder Labilität, kurz als konstitutionelle Minusvariante" (Richter, 1986, S. 10).

Mit seinen Schriften, Vorträgen, Auftritten und Diskussionsbemerkungen begleitete uns Horst-Eberhard Richter also weiter durch die Fährnisse der Zeit. „Sein Engagement, sein Einsatz, seine Energie, sein illusionsloser Blick und seine nie versagende Hoffnung zusammen mit seiner gewinnenden Art, mit Menschen umzugehen", wie Paul Parin (1992, S. 8) Richters Wirken umschreibt, war und ist uns Vorbild und Ermunterung zugleich.

Als die Regierungen in Bonn wechselten, die Blockgrenzen verschwanden, Deutschland vereinigt wurde und die rasanten gesellschaftlichen Veränderungsprozesse vielfache Orientierungsnot mit sich brachten, schlug Horst-Eberhard Richter mit seinen individuellen wie gesellschaftlichen Analysen neue Straßen ins Dickicht der Verhältnisse, als Brückenbauer mit begeisternder Kreativität und Wirkung.

„In einer Welt vielfacher Entzweiung erscheint nichts wichtiger als die banale Aufgabe, überall zu den jeweils anderen hinzugehen, Nähe zu üben, das Gespräch zu versuchen. Bedingung ist nur, daß man fest genug steht, um nicht mehr aus Angst vor Minderwertigkeit überall konkurrieren und triumphieren zu müssen" (Richter, 1986, S. 280).

„Zur Psychologie des Friedens", „Leben statt machen", „Die hohe Kunst der Korruption", „Russen und Deutsche", „Umgang mit Angst", „Wer nicht leiden will, muß hassen" oder „Bedenken gegen Anpassung" nannte Horst Eberhard Richter seine jeweiligen Wegweiser für die suchenden und manchmal verwirrten Zeitgenossen.

„Erst auf dem Weg zur Selbstfindung gewinnt man den Mut zu einem Mitfühlen, das nicht mehr eingeengt ist von vorgeschriebener Parteilichkeit. Man läßt sich nicht mehr gefallen, daß die Anteilnahme dort enden soll, wo die Herrschenden Barrieren gegenüber Andersdenkenden, Fremden, Gefangenen, Feinden errichtet haben. Und man durchschaut, daß die übliche Verächtlichmachung des Gefühls nur aus der Schwäche der Verdrängenden stammt. Die Warnung vor führsorgender Angst, Leiden, Mitgefühl verkünden immer diejenigen, die im eigenen Inneren nicht zulassen können, was ihre krampfhafte, narzißtische Selbstbehauptung gefährdet. In Wahrheit erweitert das freiströmende Mitfühlen zugleich den Horizont für soziale Verantwortung. Im Zusammenhang mit der atomaren Bedrohung spricht Günter Anders von einer ‚liebenden Angst', ‚die sich um die Welt ängstigen soll, nicht vor dem, was uns zustoßen könnte'. Infolge dessen sollen wir – so fordert er – dafür sorgen, daß ‚unser Verantwortungshorizont soweit reiche, wie der Horizont, innerhalb dessen wir treffen oder getroffen werden können; also daß er global werde. Es gibt nur noch Nächste'" (Richter, 1986, S. 277).

## Medizin und Gewissen

Ich erinnere mich an das erste vorbereitende Treffen zum geplanten IPPNW-Kongreß 50 Jahre nach den Nürnberger Ärzteprozessen. Wir fragten uns, was wir vermitteln wollten. „Medizin und Gewissen", sagte Horst-Eberhard Richter, „Medizin und Gewissen" ist das Ziel unserer Anstrengung. Und in „Bedenken gegen Anpassung" formulierte er – wieder einmal vorausschauend – die Konfliktfelder, die Schwierigkeiten und die Hoffnungen, mit denen wir Ärztinnen und Ärzte an der Schwelle zu einer neuen Epoche konfrontiert werden:

„Die Situation ist angespannt. Die voraussagende gentechnische Diagnostik wird weitere Fortschritte machen. Abertausende von werdenden Müttern werden bedenkliche, angstmachende Informationen erhalten. Wie werden sich künftige wirtschaftliche Schwierigkeiten, anhaltende Arbeitslosigkeit und ungünstige Veränderungen in der Altersstruktur der Bevölkerung auf die Toleranz gegenüber chronisch Kranken und Behinderten auswirken? Wird, wenn schon nicht der Staat, etwa die Wirtschaft irgendwann damit beginnen, Auslese dadurch zu betreiben, daß sie bei Einstellungsuntersuchungen Gen-Tests verlangt? Viel wird davon anhängen, ob die helfenden Berufe diesmal unbeirrt an der Seite der Schwachen, der Kranken und Behinderten verbleiben werden oder sich erneut anstecken lassen von einer erstarkenden Ausrottungs-Front.

Dringend fällig ist, miteinander zu reden. Zunächst über die Ängste. Da ist die Angst der einen, die austreiben wollen, wovor sie sich bei sich selber fürchten, nämlich vor der eigenen Anfälligkeit und Zerbrechlichkeit. Daraus folgt der Haß auf die unterdrückte Schwäche, der ihnen den Anblick von Siechtum und Leiden unerträglich macht. Und da ist die Angst der anderen vor einer als ungehörig und unmenschlich empfundenen Anmaßung, selbstherrlich nach fragwürdigen Kriterien über die Zulässigkeit von Leben zu bestimmen. Und diese Angst erinnert sich daran, wohin das Selektionsdenken, das sich im Ursprung einst moralisch verstanden hatte, zwangsläufig geführt hat. Schon die Termini Ausrottung und Ausmerzung können den Beiklang von Vernichtung, Gewalt und Krieg nicht abstreifen.

Im Grund ist es in der Gesellschaft ein Konflikt der Ängste und der Ungewißheit, bis zu welcher Grenze der Kampf gegen Leiden sinnvoll ist und wo das

Streben nach Leidfreiheit in Inhumanität und Grausamkeit umschlägt. Dieser Konflikt muß in breiter Diskussion ausgetragen werden zwischen den diversen Gruppen – Betroffenen, ihren Angehörigen, Ärzten, Pflegepersonal, Humangenetikern, Molekularbiologen, Psychologen, Juristen und Politikern. Der Fortschritt der Wissenschaft bedrängt uns gemeinsam mit einer unerhörten und uns unvorbereitet treffenden Verantwortung. Diesmal steht nicht die Psychopathologie eines Allmachtswahns am Anfang, aber sie könnte am Ende herauskommen, weil die Ängste, die uns zu überfordern drohen, der Gefahr der Verwandlung in destruktive Abreaktion nahe sind.

Ist die Hoffnung vermessen, daß die Erinnerung an ein schreckliches Versagen mehr Widerstandskraft hat wachsen lassen, als oberflächlich sichtbar ist?" (Richter, 1995, S. 296 ff.).

Der Kongreß „Medizin und Gewissen" begann im Oktober 1996 mit Horst-Eberhard Richters Eröffnungsrede:

„Wer als Arzt die Emotionen vollständig von sich abprallen läßt, die als Angst, Sorge und Leiden ihm laufend von den Kranken entgegenfluten, der kann irgendwann auch nicht mehr innerlich wahrnehmen und verarbeiten, was in ihm selbst von dem steckt, was er ständig nach außen abwehrt. Was er verdrängt, schlägt sich auf die Dauer dann eben in psychosozialen oder psychosomatischen Problemen nieder. Wenn Sie meinen, daß meine Beobachtungen zutreffen, dann mögen Sie verstehen, daß mein Referat eher in eine hygienische als in eine ethischen Empfehlung ausläuft, da ganz offensichtlich eine Wechselbeziehung zwischen der Menschlichkeit bzw. Unmenschlichkeit des Arztes im Umgang mit sich selbst einerseits und dem professionellen Wirken andererseits besteht. Nur wenn er ohne Abspaltung nahe bei sich selbst bleibt, kann er die besondere zwischenmenschliche Nähe, die sein Beruf stiftet, heilvoll nutzen. Lebt er gegen die eigene Natur, wird er auch kaum genügend achtungsvoll und behutsam mit der Natur der anderen umgehen, die seinen Beistand suchen" (Richter, 1998, S. 25 ff.).

Mit der öffentlich verlesenen Nürnberger Erklärung, die ich in einer ersten Fassung mit Horst-Eberhard Richter zusammen entwerfen und zur Diskussion stellen durfte, endete der Kongreß „Medizin und Gewissen".

„1. Als Ärztinnen und Ärzte erkennen wir unsere Mitverantwortung für ein friedliches, soziales, gerechtes und umweltbewußtes Zusammenleben der Menschen und Völker an. Wir klären über die Gefahren auf, die aus der Nichtberücksichtigung dieser elementaren Bedingungen für das gesundheitliche Wohl der heute lebenden und danach folgenden Generation erwachsen. Wir verpflichten uns zum Engagement für gesellschaftliche Verhältnisse, die allen Bürgerinnen und Bürgern den bestmöglichen Schutz von Gesundheit und Leben sowie angemessene Hilfe im Krankheitsfall gewähren.

2. Das gesundheitliche Wohl des Individuums ist für uns Ärztinnen und Ärzte ein unbedingt zu schützendes Gut. Deshalb dienen wir in unserer Praxis vorbehaltlos den gesundheitlichen Interessen des einzelnen Menschen und verteidigen diese gegen alle Ansprüche von anderer Seite. Wir unterstützen den Patienten in seiner eigenverantwortlichen Sorge für sein gesundheitliches Wohlergehen.

3. Beim ärztlichen Handeln ist die Achtung der autonomen Entscheidungen des Patienten nach seiner bestmöglichen Aufklärung für uns geboten. Ist er nicht einwilligungsfähig, gilt für uns die Zustimmung eines informierten gesetzlichen Vertreters oder im Notfall der begründet gemutmaßte Wille des Patienten. Vor fremdnütziger Forschung muß er geschützt sein.

4. Wir setzen uns für die öffentliche Transparenz medizinischer Forschungsprojekte ein, weil in der gesellschaftlichen Akzeptanz ein notwendiges Kollektiv zur Einschätzung der Verantwortbarkeit der Vorhaben liegt. In der Beachtung ihres gesundheitlichen Schutzes dürfen Versuchspersonen hinter Patienten nicht zurückstehen. Es gibt nicht zweierlei Humanitätsbegriffe für forschende und praktische Medizin.

5. Gentests sind an eine in voller Entscheidungsfreiheit erteilte Zustimmung der Betroffenen gebunden, denen eine sachkundige Beratung anzubieten ist. Ergebnisse unterliegen der vollen ärztliche Schweigepflicht und dem gesetzlichen Datenschutz. Wir werden alles daran setzen, um einen Mißbrauch der gentechnischen Diagnostik für kommerzielle oder bevölkerungspolitische Zwecke zu verhindern.

6. Wir achten das alleinige Verfügungsrecht des Individuums über seinen Körper auch über seinen Tod hinaus. Die Verpflanzung von Körpergewebe und Organen eines Menschen, der dazu seine Zustimmung nicht ausdrücklich erteilt hat, sehen wir als unzulässig an.

7. Wir erkennen in der persönlichen Zuwendung und der fürsorglichen Begleitung von Todkranken und Sterbenden eine besonders wichtige humane ärztliche Aufgabe.

8. Wir wenden uns gegen den zunehmenden Mißbrauch wirtschaftlicher Macht zu einseitiger Einflußnahme auf die Steuerung medizinischer Forschung und Praxis.

9. Wir warnen dringend vor der erkennbaren Gefahr, Kranke und speziell chronisch Leidende im Rahmen gebotener Sparpolitik unvertretbaren sozialen Risiken auszusetzen. Die Solidarität mit den Kranken und den Schwachen ist der Gradmesser für das Humanitätsniveau unserer wie jeder Gesellschaft.

10. Wir Ärztinnen und Ärzte setzen uns für eine dringend zu erhöhende Unterstützung des darniederliegenden Gesundheitswesens in zahlreichen Ländern der Südhemisphäre ein. Die Verurteilung der armen Völker zu zum Teil horrenden Sterblichkeitsraten bedeutet eine unerträgliche Diskriminierung, der

wir im Bewußtsein unserer ärztlichen Mitverantwortung mit aller Entschiedenheit entgegentreten" (Kolb & Seithe, 1998, S. 468 f.).

Horst-Eberhard Richter, unser Lotse in den Wirrnissen der Verhältnisse, hat wieder einmal einen Fahrweg für das Schiff der Ärzteschaft eröffnet, der Hoffnung erweckt und den Weg zum engagierten Handeln freimacht. Wir „Ärztinnen und Ärzte in sozialer Verantwortung" wollen eine Medizin durchsetzen, die den einzelnen Patienten achtet, das Leben respektiert, die Gesellschaft humanisiert und die Würde des Menschen gegen alle kommerziellen oder politischen Interessen verteidigt, die dem entgegenstehen: In Deutschland besteht heute die Chance zu einer Gesundheitsreform, die individuelles Wohlbefinden und allgemeines Wohl menschlich miteinander verknüpft und eine Medizin praktiziert, die dem Menschen dient und nicht dem Kapital. Es liegt tatsächlich in unserer persönlichen und politischen Macht, ein Gesundheitssystem zu gestalten, das die Wunden heilt, die der Kapitalismus schlägt. Wie? Indem wir es mehrheitlich wollen und mit Mut und Zuversicht, mit Überzeugungskraft und fachlicher Kompetenz umsetzen. Eine solche Perspektive würde Horst-Eberhard Richter freuen und seinem bisherigen Lebenswerk auch die gebührende Achtung erweisen. Als Ärztinnen und Ärzte tragen wir eine hohe moralische Verantwortung, an der wir immer scheitern können, die uns aber auch Anerkennung und öffentlichen Einfluß beschert. Horst-Eberhard Richter ist für uns ein persönliches und fachliches Vorbild, mit dessen Wegweisung das Ziel einer gewissenhaften Medizin deutlich sichtbar und in solidarischer Gemeinsamkeit erreichbar wird. Am Übergang von der Industrie- zur Informationsgesellschaft entsteht eine neue kommunikative Heilkunde. Die psychosoziale Gesundheit für alle Bürgerinnen und Bürger ist nämlich für den „Standort Deutschland" bedeutsamer als die Molekularbiologie oder Gentechnologie. Mit Horst-Eberhard Richter glaube ich „an die Chancen eines anderen technischen Fortschritts, der sich auf die Maßstäbe von Sanftheit, Verträglichkeit und Bescheidenheit umorientieren müßte" (Richter, 1997, S. 246).

## Literatur

Bader, G., Schultz, U. (1980): Medizin und Nationalsozialismus. Tabuisierte Vergangenheit – ungebrochene Tradition. Berlin (Gesundheit).

Gesundheitsladen Hamburg e.V. (1981): Gesundheitstag Hamburg 1981, Programm. Hamburg (Selbstverlag).

Kolb, S., Seithe, H. (1998): Medizin und Gewissen. Frankfurt a. M. (Mabuse).

Parin, P. (1992): Gruß an Horst-Eberhard Richter. In: Psychosozial, Heft 49/50, Weinheim (Psychologie Verlags Union), S. 7-9.

Richter, H.-E. (1986): Die Chance des Gewissens. Hamburg (Hoffmann & Campe).

Richter, H.-E. (1995): Bedenken gegen Anpassung. Hamburg (Hoffmann & Campe).

Richter, H.-E. (1997): Als Einstein nicht mehr weiter wußte. Düsseldorf, München (Econ).

Richter, H.-E. (1998): Medizin und Gewissen. In: Kolb, S., Seithe, H. (1998): Medizin und Gewissen. Frankfurt a. M. (Mabuse), S. 15-26.

# Psychoanalyse, Spiritualität und Politik: Horst-Eberhard Richter und Leonardo Boff

Rainer Isak

## Zusammenführung zweier Geschwister

Da haben Sie zwei Geschwister zusammengeführt", kommentierte Frau Richter die erste Begegnung ihres Mannes mit Leonardo Boff. Den äußeren Rahmen dieser Begegnung bildete eine Tagung der Katholischen Akademie der Erzdiözese Freiburg: „Psychoanalyse, Spiritualität, Politik – Leonardo Boff und Horst-Eberhard Richter im Gespräch".[1]

Bereits im Sommer 1995 war Leonardo Boff Gast unserer Akademie gewesen;[2] auch damals war das Interesse groß. Ein knappes Jahr später konnte ich Horst-Eberhard Richter zu einem Disput mit Joachim Garstecki, Generalsekretär von Pax Christi Deutschland, gewinnen:[3] Konfrontieren die Kriegsverbrechen im zusammenbrechenden Jugoslawien die Friedensbewegung mit den Grenzen gewaltfreien Widerstandes? Zerbricht radikaler Pazifismus an den Greueltaten von Srebrenica, die militärisch durch das Eingeifen der Uno-Truppen wohl hätten verhindert werden können?[4] Um die Regierungsfähigkeit der Bündnis/Grünen zu bekunden, hatte Joschka Fischer für die Zustimmung seiner Fraktion zur Entsendung deutscher „Friedenstruppen" ins ehemalige Jugoslawien gekämpft und damit den harten Kern der Friedensbewegung in eine Sinnkrise gestürzt.[5] Der damalige Disput zwischen dem „Realo" Garstecki und Horst-Eberhard Richter

---

[1] Tagung, Katholische Akademie der Erzdiözese Freiburg, 24.Januar 1998. Vgl. Hartmut Meesmann: Aus der Halbheit zur Ganzheit. Das neue Bewußtsein: Was der Therapeut und der Theologe gemeinsam bezeugen. In: Publik Forum, 13. Februar 1998, 22-24.

[2] Gespräch mit Leonardo Boff, Tagung, Katholische Akademie der Erzdiözese Freiburg, 11. Juni 1995.

[3] Gewaltverzicht – militärische Intervention? – präventive Versöhnungsarbeit. Eine aktuelle Diskussion in der Friedensbewegung, Tagung, Katholische Akademie der Erzdiözese Freiburg, 11. Mai 1996.

[4] Vgl. Wider einen kommentarlosen Pazifismus! Stellungnahme des Geschäftsführenden Vorstandes von Pax Christi angesichts der Eskalation des Krieges auf dem Balkan. In: pax christi. Zeitschrift der deutschen Sektion der internationalen katholischen Friedensbewegung Pax Christi, Oktober 1995, 14 -15.

[5] Vgl. Horst-Eberhard Richter: Konsequente Inkonsequenz. Joschka Fischers Affekt-Ethik. In: Freitag. Die Ost-West-Wochenzeitung, 22.Dezember 1995.

endete mit einem „radikalpazifistischen" Punktsieg: Die ethische Legitimation gewaltsamer Friedenssicherung ist nicht Aufgabe pazifistischen, sondern militärischen Denkens und Handelns. Nicht der Kriegsdienstverweigerer, sondern der Kriegsdienstwillige trifft ja mit seiner Bereitschaft, für den Frieden zu töten, die ethisch weitreichendere Entscheidung. Und nicht Pazifisten, sondern Armeen führen Kriege. Indem er diese Verantwortung von der militärischen Gewalt auf den pazifistischen Gewaltverzicht überträgt, entlastet der Streit um die Grenzen des Pazifismus deshalb ungewollt den miltärisch-industriellen Komplex:[6] „Man stelle sich vor: Es droht eine Seuche. Eine Gruppe von Leuten verlangt vorbeugende Maßnahmen wie Impfungen und eine Quarantäne für Infizierte. Aber es kommen Gegner an, die diese Schutzvorkehrungen systematisch verhindern und deren Befürworter vertreiben und zum Teil ermorden. Sind nun also die Warner am ungehinderten Ausbruch der Seuche schuld, d. h. Freud, Einstein, Thomas Mann und die anderen? Ist es ihre Schuld[7], daß die Deutschen nicht ihnen auf dem Weg zum Frieden, sondern Hitler auf dem Weg in die Katastrophe gefolgt sind?"[8]

Im Laufe des damaligen Disputes erzählte ich Horst-Eberhard Richter - eher beiläufig - von der zurückliegenden Veranstaltung mit Leonardo Boff in unserem Hause. Als mir dieser mit Bedauern mitteilte, daß es ihm bislang leider nicht möglich gewesen sei, Leonardo Boff persönlich kennenzulernen, begann ich als Studienleiter aufzuhorchen. Meine Suche nach dem „Kairos" einer solchen Begegnung wurde belohnt, als ich erfuhr, daß die Evangelisch-Theologische Fakultät der Universität Basel Leonardo Boff für den Winter 1997/1998 als Gastprofessor gewinnen konnte.

## Einheit von Theorie und Praxis: Politische Wissenschaft

So kam es am 24. Januar 1998 in Freiburg zum ersten Zusammentreffen des wohl wichtigsten Vertreters lateinamerikanischer Befreiungstheologie mit Horst-Eberhard Richter. Das große Interesse, das diese öffentliche Begegnung fand, spiegelt die hohe Anerkennung, die beide Personen - innerhalb und außerhalb ihrer Landesgrenzen - besitzen: Überzeugend wirkt besonders ihre Einheit von Lehre

[6] Ungeachtet dessen spiegelt die Härte des innerpazifistischen Streites zugleich Verdrängungen, die aus der Biographie vieler Friedensaktivisten – insbesondere katholischer – deutlich werden. Vgl. hierzu Rainer Isak: Die Katholische Versuchung. In: pax christi. Zeitschrift der deutschen Sektion der internationalen katholischen Friedensbewegung Pax Christi, September 1996, 19-20.

[7] Wie es Heiner Geißler behauptet, auf dessen Verdikt, die Pazifisten, nicht die für den nationalsozialistischen Angriffskrieg korrumpierbare Wehrmacht, trügen Schuld an den Greueltaten von Auschwitz, Horst-Eberhard Richter im Rahmen der Pazifismusdebatte immer wieder hinweist. In diesem Verdikt wird diese Verschiebung der ethischen Verantwortung ins Groteske übersteigert.

[8] Horst-Eberhard Richter am 11. Mai 1996 in der Katholischen Akademie der Erzdiözese Freiburg.

und Person, von Theorie und Praxis. Beide suchen, „das Denken und das Handeln zu einer Einheit werden zu lassen."[9] Als Wissenschaftler weiten sie ihren Blick über die Grenzen ihres eigenen Faches, zeigen sie Sensibilität und Engagement für die gesellschaftliche Relevanz ihres Lehrens. „Zwei Professoren (also), die den elfenbeinernen Turm ihrer Wissenschaft immer wieder verlassen, um wie Boff das Leben der Straßenkinder in Rio de Janeiro menschlicher zu gestalten oder wie Richter in einer Obdachlosensiedlung den Familien und ihren Kindern neue Zukunftsperspektiven zu eröffnen."[10]

„Es gibt eine kreisförmige Wechselbeziehung zwischen Machen und Erkennen. Wenn man nicht macht, was man als notwendig, wenn auch mit persönlichen Unannehmlichkeiten behaftet, erkannt hat, dann kann man irgendwann auch nicht mehr erkennen, was zu machen ist",[11] begründet Horst-Eberhard Richter sein überzeugendes Plädoyer für das Verwiesensein und Psychoanalyse und Politik.[12] Doch Wissenschaftler neigen dazu, diese Wechselwirkung auszublenden. Impliziert doch eine politisch gedachte Wissenschaft, wie Horst-Eberhard Richter an der Geschichte der Psychoanalyse nachweisen konnte, den Konflikt mit gesellschaftlich etablierter Macht. Die Versuchung, dieser Konfrontation auszuweichen, ist groß. Doch wer solchen „Anpassungszwängen taktisch nachgibt, wohl wissend, daß er ihnen mit vertretbarem Risiko widerstehen könnte und auch sollte, wird nach und nach die Unzumutbarkeit von Anpassungsforderungen gar nicht mehr wahrnehmen, daß heißt die eigene Gefügigkeit auch nicht mehr als Fluchtreaktion durchschauen. Alles erscheint normal: die Verhältnisse, denen er sich ergibt, und der Verzicht auf Gegenwehr, den er eben gar nicht mehr als Verzicht erlebt."[13]

Die hohe öffentliche Wertschätzung, die Horst-Eberhard Richter und Leonardo Boff entgegentritt, ist nicht zuletzt Konsequenz ihrer Entscheidung, solchen Anpassungszwängen stets entgegenzutreten.[14] Da solche Zwänge sich gerade in hierarchischen Strukturen etablieren, gehören sie zu den traurigen Realitäten der katholischen Kirche. Weil er sich durch kirchliche und politische Anpassungszwänge in seinem Engagement niemals in Frage stellen ließ, gibt Leonardo Boff vielen kirchlich engagierten Menschen Mut, selbst ebenso ihrem Denken und Handeln auch gegen Widerstände treu zu bleiben. In ähnlicher Weise ließ gerade

[9] Hartmut Meesmann: Aus der Halbheit zur Ganzheit, a. a. O (Anm. 1), 23 (hier auf Leonardo Boff bezogen).

[10] Hartmut Meesmann: Aus der Halbheit zur Ganzheit, a. a. O, 23.

[11] Horst-Eberhard Richter: Bedenken gegen Anpassung. Psychoanalyse und Politik, Hamburg 1995, 7.

[12] Vgl. zu diesem Plädoyer: Horst-Eberhard Richter: Bedenken gegen Anpassung, a. a. O.

[13] Horst-Eberhard Richter: Bedenken gegen Anpassung, a. a. O., 7.

[14] „Wir müssen jeden Tag neu standhalten, uns täglich den Konflikten stellen, in die wir geraten oder die wir selbst provozieren." Horst-Eberhard Richter am 24. 1. 1998 in Freiburg, zitiert nach Hartmut Meesmann: Aus der Halbheit zur Ganzheit, a. a. O, 22.

sein eindeutiges politisches Engagement, das er aus seiner psychoanalytischen Arbeit ableitete, Horst-Eberhard Richter zu einem Hoffnungsträger innerhalb der deutschen intellektuellen Öffentlichkeit werden. Die zahlreichen Zuhörer des Dialogs zwischen Leonardo Boff und Horst-Eberhard Richter waren nicht zuletzt deshalb nach Freiburg gekommen, um „die beiden prominenten Hoffnungsträger"[15] persönlich erleben zu können.

Psychoanalyse aber, die gesellschaftlichen Anpassungszwängen entgegentritt, statt sich in einen wissenschaftlichen Elfenbeinturm zurückzuziehen, wird zur politischen Psychoanalyse, und Theologie, die dem Druck kirchlicher und staatlicher Macht standzuhalten vermag, wird zur politischen Theologie. So verstandene Psychoanalyse und Theologie behalten ihre ursprüngliche gesellschafts- und kirchenkritische Relevanz und lassen sich nicht mehr in die Nische akademischer Ungefährlichkeit zurückdrängen; vielmehr fordern sie die Auseinandersetzung mit etablierten Machtstrukturen. Indem sie ungerechte Verhältnisse in Frage stellen, können sie zum Motor gesellschaftlicher Veränderung werden.

Bezüglich politischer Theologie kommt diese systemverändernde Kraft eindrucksvoll in der lateinamerikanischen Theologie der Befreiung zum Ausdruck, zu deren bekanntesten Vertretern Leonardo Boff zählt. Das solche Kraft zugleich Ängste und deshalb stets starke Gegenkräfte hervorruft, verdeutlichen die vatikanischen Störversuche gegen diese Theologie, welche nicht zuletzt die Person Leonardo Boff betrafen.

Welche Ängste und Abwehrkräfte psychoanalytisches Denken hervorzurufen vermag, das seine ursprüngliche gesellschaftskritische Relevanz behält, hat Horst-Eberhard Richter in seiner Geschichte der Politischen Psychoanalyse aufgezeigt.[16]

## Spiritualität und Psychoanalyse: Gottesgeburt statt Gotteskomplex

Nach dem Zusammenbruch des real-existierenden Sozialismus stürzte uns der vermeintliche Endsieg des Kapitalismus in eine globale Sinnkrise. Der sich ausbreitende Neoliberalismus sucht diese Sinnkrise, diesen materialistischen Nihilismus gleichzeitig zu kaschieren wie zu kultivieren. Doch innerhalb des gegenwärtigen Sinnvakuums wächst die Sehnsucht nach Tiefe, nach Innerlichkeit, nach neuer Spiritualität, wächst zugleich die Sehnsucht nach Veränderung, nach neuen tragfähigen gesellschaftlichen Visionen. Wir wissen, das es „so" nicht weitergehen kann, aber wir wissen nicht, wohin es statt dessen gehen soll. Dies gilt für Europa, für Lateinamerika, dies gilt für die ganze Welt.

---

[15] Hartmut Meesmann: Aus der Halbheit zur Ganzheit, a. a. O, 23.

[16] Vgl. Horst-Eberhard Richter: Bedenken gegen Anpassung, a. a. O.

„Ora et labora" lautet die alte Regel des Mönchstums, bete und arbeite: Rückzug, Kontemplation, Spiritualität auf der einen und Aktion, Weltveränderung, politisches Handeln auf der anderen Seite. Beide, Spiritualität wie Politik, sind die anthropologischen Wurzeln von religio, von eben jenem Rückbezug, jenem Sinn, der uns zur Zeit gerade verloren gegangen scheint. Gelingt es uns, die beiden Wurzeln wieder zusammenzuführen, das „ora", die Spiritualität, und das „labora", die Politik, bietet sich uns die Chance, den angstbesetzten Vorgang der sogenannten Globalisierung, des wirtschaftlichen Zusammenwachsens der Weltmärkte, neu zu interpretieren: nun nicht mehr als einen totalen Konkurrenzkampf, sondern, wie es Leonardo Boff unter Berufung auf den großen Naturwissenschaftler, Theologen und Mystiker Teilhard de Chardin[17] ausdrückt, als „Mundialisierung": als ein Zusammenwachsen aller Menschen zur einen Schicksalsgemeinschaft Menschheit, als „Befreiung zu einer planetarischen Kultur"[18].

Es wäre vereinfachend - und entspräche weder dem Denken der Psychoanalyse noch der Tiefe von Spiritualität –, würde man beide in eins zu setzen suchen. Und doch zeigen sich Analogien: Denn nur wer Bereitschaft zeigt, sich mit sich selbst auseinanderzusetzen, vermag nach außen überzeugend zu handeln. Wer die Schattenseiten seiner eigenen Existenz dagegen zurückweist, kann die tiefen heilenden Kräfte seiner Person niemals zur individuellen oder gesellschaftlichen Veränderung fruchtbar werden lassen. Individuelle, aber auch kollektive Verdrängungen blockieren so jede Chance auf wirkliche Innovativität. Wer vor sich selber flieht, hypertrophiert, überhöht sich selbst, flüchtet in einen Allmachtswahn, in einen unreflektierten Fortschrittsoptimismus, zum „Gott der Machbarkeit". Horst-Eberhard Richter hat in diesem Zusammenhang vom „Gotteskomplex" gesprochen, von der Vergötterung des fortschrittsbesessenen modernen Menschen.[19] Die Quantensprünge der Molekularbiologie und Fortpflanzungsmedizin verleihen diesem Gotteskomplex neue Aktualität.

Doch nicht der zum Gott überhöhte, seine Endlichkeit negierende Mensch, sondern der seine Schattenseiten integrierende ganzheitliche Mensch zeigt sich

[17] „Der in einer Art mystischen Schau den gesamten Kosmos auf dem evolutiven Weg zielgerichtet auf seinen Omega-Endpunkt (Christus) sich entwickeln sieht" (Hartmut Meesmann: Aus der Halbheit zur Ganzheit, a. a. O, 23). Vgl. zur Aktualität des Denkens Teilhard de Chardins auch Rainer Isak (Hg.): Glaube im Kontext naturwissenschaftlicher Vernunft, Freiburg 1997; sowie ders.: Evolution ohne Ziel? Ein interdisziplinärer Forschungsbeitrag, Freiburg 1992, 363 ff.

[18] So der Titel des Vortrages, den Leonardo Boff am 24. Januar 1998 in Freiburg hielt. Vgl. hierzu inhaltlich u. a. Leonardo Boff: Eine neue Erde in einer neuen Zeit. Plädoyer für eine planetarische Kultur, Düsseldorf 1994; ders.: Von der Würde der Erde. Ökologie Politik Mystik, Düsseldorf 1994, ders.: Unser Haus, die Erde. Den Schrei der Unterdrückten hören, Düsseldorf 1996.

[19] Vgl. Horst-Eberhard Richter: Der Gotteskomplex. Die Geburt und die Krise des Glaubens an die Allmacht des Menschen. Reinbek bei Hamburg 1979.

fähig, die Kräfte des wirklich Guten in sich zu finden und für die notwendige Neugestaltung der Welt zu mobilisieren. Mit dem Bild von der „Geburt Gottes im Menschen" suchen Mystiker aller Religionen diese grundlegende Lebensweisheit auszudrücken. „Gottesgeburt statt Gotteskomplex" könnte man diese zentrale Kontaktstelle zwischen der politischen Psychoanalyse Horst-Eberhard Richters und der politischen Spiritualität Leonardo Boffs schlagwortartig zusammenfassen.

Mit dem Appell, „aus der Halbheit zur Ganzheit"[20] zu gelangen, faßt Hartmut Meesmann diese Gemeinsamkeit im Denken des Psychoanalytikers und des Theologen zusammen: Richters Umschreibung von Spiritualität als „Vertrauen auf die Kräfte des Widerstehens im Inneren eines jeden Menschen"[21] - Mystik würde von der Geburt Gottes im Menschen sprechen - korrespondiere mit Boffs Forderung nach einem neuen spirituellen „Bewußtsein, ohne Spaltung"[22], das die „Suche nach der Dimension der Tiefe,"[23] den „Hunger nach der anderen Seite des Lebens"[24] einschließe, nach einer „Haltung, die dem Leben einen umfassenden Sinn und eine konkrete Hoffnung gebe".[25] Gerade die Psychoanalyse nämlich halte Richter, so Meesmann, für „ein hervorragendes Instrument, Menschen dazu zu bringen, mehr über sich selbst nachzudenken, über ihre Beziehungen und über ihre ‚innere Welt'"[26]. Bietet Psychoanalyse also einen Weg zu neuer Ganzheitlichkeit, zu neuer Spiritualität, zu Rückbindung und damit zu Religion? Auch wenn Horst-Eberhard Richter nach Hartmut Meesmann „so theologisch, so religiös eingefärbt"[27] nicht sprechen möchte, wurden dennoch im Laufe des Freiburger Dialogs weitreichende Konvergenzen zwischen Spiritualität und Psychoanalyse deutlich.

## Spiritualität und Psychoanalyse als Voraussetzung politischer Innovation

Boff wie Richter verbindet die Überzeugung, daß „Innenweltzerstörung mit zur Zerstörung der äußeren Verhältnisse führt"[28]: „Psychischer Verfall bildet sich ab im politischen und gesellschaftlichen Verfall."[29] Ganzheitlichkeit bleibt

[20] Vgl. Hartmut Meesmann: Aus der Halbheit zur Ganzheit, a. a. O.
[21] Hartmut Meesmann: Aus der Halbheit zur Ganzheit, a. a. O. 22.
[22] Ebd.
[23] Hartmut Meesmann: Aus der Halbheit zur Ganzheit, a. a. O. 23.
[24] Ebd.
[25] Ebd.
[26] Hartmut Meesmann: Aus der Halbheit zur Ganzheit, a. a. O. 24.
[27] Hartmut Meesmann: Aus der Halbheit zur Ganzheit, a. a. O. 23.
[28] Hartmut Meesmann: Aus der Halbheit zur Ganzheit, a. a. O. 24.
[29] Horst-Eberhard Richter am 24. Januar 1998 in Freiburg, zitiert nach Hartmut Meesmann: Aus der Halbheit zur Ganzheit, a .a. O. 24.

also conditio sine qua non von Politik, will diese nicht im vordergründigen Aktionismus ersticken. Politik braucht folglich Psychoanalyse, braucht Spiritualität.

Wollen wir die gegenwärtige politische Lähmung überwinden, brauchen wir eine neue kosmische Spiritualität: eine Extrapolation der befreiungstheologischen Parteinahme für die Armen auf den gesamten Kosmos, wie sie Leonardo Boff in seinen neueren Schriften einfordert. Ohne die Vision einer mit der gesamten Schöpfung versöhnten Menschheit droht nihilistische Selbstauflösung, wird Zukunft unmöglich. Deshalb wollen „Horst-Eberhard Richter und Leonardo Boff, der Therapeut und der Theologe, (...) sich die verändernde Kraft der Utopien und Visionen für eine menschlichere Welt nicht einfach ausreden lassen. (Doch) Veränderung, das ist ihre gemeinsame Überzeugung, beginnt im Inneren." [30]

Immer schneller beginnt die Menschheit zu einer Schicksalsgemeinschaft zusammenzuwachsen. Deshalb gibt es für Boff und Richter keine Alternative zur Versöhnung, zur Mundialisierung: „Die Kraft der Versöhnung kommt, wenn man sich trotz schlimmster Erfahrungen das Bewußtsein bewahren kann, daß man einander verpflichtet ist." [31]

## Erfahrungswissen

Analogien finden sich schließlich in den biographischen Wurzeln des politischen Theologen Leonardo Boff und des politischen Psychoanalytikers Horst-Eberhard Richter: Die Begegnungen mit Menschen, die am Rande unserer Gesellschaft leben, prägten beide entscheidend. Horst-Eberhard Richters Erlebnisse in einer „Odachlosensiedlung" finden ihre Analogien im Leben Leonardo Boffs[32]: Beide erfuhren sie dabei – als schmerzhaften, aber zugleich befreienden Prozeß – das Scheitern psychologischer und theologischer Ideen, die deduktiv auf die Wirklichkeit von Menschen übertragen werden. Vor jeder sozialwissenschaftlichen Theorie steht die menschliche Begegnung als ein Geschenk, das nur entgegengenommen werden kann: „Wir müssen Erfahrungen mit den Menschen an der Basis machen", denn „Wissen gibt es mehr als genug."[33]

---

[30] Ebd.

[31] Horst-Eberhard Richter am 24. Januar 1998 in Freiburg, zitiert nach Christ in der Gegenwart 7/98. Auf die Analogien dieses Denkens zur kosmischen Spiritualität Teilhard de Chardins wurde bereits hingewiesen (vgl. Fußnote 17).

[32] Vgl. hierzu Horst Goldstein: Leonardo Boff. Zwischen Poesie und Politik. Mainz 1994.

[33] Leonardo Boff am 24. Januar 1998 in Freiburg, zitiert nach Hartmut Meesmann: Aus der Halbheit zur Ganzheit, a. a. O. 23.

## Zwei geistige Geschwister?

Horst-Eberhard Richter ist Psychoanalytiker, Philosoph und Mediziner, aber kein Theologe. Doch schon, als er mir im Vorfeld des Freiburger Dialogs mitteilte, ein zweiter Johannes XXIII könne eine geistige Revolution auslösen, habe ich ungeachtet dessen Analogien zwischen dem Denken seiner politischen Psychoanalyse und einer politischen Spiritualität im Sinne Leonardo Boffs gespürt. Und obwohl Horst-Eberhard Richter gegenüber religiösen Sprachspielen auch in Freiburg eine letzte Distanz einhielt, wurden die zahlreichen Berührungspunkte und Analogien im Denken des Psychoanalytikers und des Theologen im Rahmen des Freiburger Dialogs in einer Intensität und Tiefe deutlich, die nicht nur mich, sondern die beiden Dialogpartner selbst überraschte. In der Tat: Es war mir gelungen, zwei geistige Geschwister zusammenzuführen.

# Selbstwahrnehmung und soziales Sein

## Empirische Daten zum Zusammenhang zwischen Gießen-Test und ausgewählten sozialen Variablen

Albrecht Köhl und Roland Schürhoff

### Vorbemerkung

*Dieser Beitrag beruht auf Erhebungen im Rahmen des Forschungsprojekts „Sozialpsychologische Aspekte von AIDS unter besonderer Berücksichtigung von Diskriminierungs- und Stigmatisierungsprozessen", das im Auftrag des Bundesministeriums für Jugend, Familie, Frauen und Gesundheit in den Jahren 1988 bis 1990 unter Leitung von Professor Horst-Eberhard Richter durchgeführt wurde. In diesem Projekt konnten wir als Sozialwissenschaftler die für ihn typische Auffassung wissenschaftlichen Arbeitens kennenlernen, die sich dadurch auszeichnet, in allen Fragen die Dialektik zwischen psychischen und sozialen Bestimmungen der Realität zu berücksichtigen. Gerade das AIDS-Projekt war für uns ein lehrreiches Beispiel für die ganzheitliche Betrachtungsweise in dem von Horst-Eberhard Richter geprägten Zentrum für Psychosomatische Medizin am Klinikum der Justus-Liebig-Universität Gießen. Wir möchten ihm als unserem wissenschaftlichen Mentor Dank sagen für seine immerwährende Unterstützung, seine Toleranz und sein engagiertes Verständnis für psychosoziale Probleme.*

In Repräsentativstudien mit sozialwissenschaftlichem Chrarakter wie z. B. dem ALLBUS (Allgemeine Bevölkerungsumfrage, ZUMA, Mannheim), aber auch in Studien zum Mediennutzungsverhalten und in Marktforschungsumfragen werden in der Regel für Subgruppenanalysen eine Reihe von Merkmalen zur Soziodemographie erhoben (Alter, Geschlecht, Bildungsniveau, Einkommen, Religionszugehörigkeit, Gemeindegröße etc.). Die erfragten Einstellungen und Verhaltensabsichten werden dann nach diesen Merkmalen aufgebrochen, in Tabellenform dargestellt und entsprechend interpretiert.

Zur Definition und näheren Beschreibung der Zielgruppen oder des Publikums reichen heute allein soziodemographische Merkmale vielen Forschern nicht mehr aus, um den Bedürfnissen nach exakterer und ausführlicher Charakterisierung nachzukommen. Neben Life-Style-Aspekten rücken insbesondere psychologische Erklärungsmuster in den Vordergrund.

Der Gießen-Test eignet sich aufgrund seiner sozialpsychologischen Ausrichtung sowohl zur Beschreibung von Subgruppen repräsentativer Bevölkerungsstichproben als auch zum Verständnis des Zusammenhangs zwischen psychologischen Einflußgrößen und soziodemographischen Daten oder anderen sozialwissenschaftlich relevanten Konstrukten. An den Beispielen des Bildungsgrades, der Arbeitszufriedenheit und der Autoritären Persönlichkeit soll im folgenden diese Anwendung des Gießen-Test veranschaulicht werden. Als Datenbasis dient eine repräsentative Bevölkerungsumfrage, die 1989 (am Vorabend der Wende) in der damaligen Bundesrepublik und in West-Berlin mit 2.025 Befragten durchgeführt wurde. In dieser Interview-Befragung wurde der 40 Items umfassende Gießen-Test (GT) als Selbstausfüller miterhoben.

## Bildungsgrad und Gießen-Test

Der Bildungsgrad einer Person, ausgedrückt durch den höchsten erreichten Bildungsabschluß ist in hohem Maße abhängig von dem Alter des Befragten (Produkt-Moment-Korrelationskoeffizient = -.34). Um nun Zusammenhänge zwischen dem Bildungsgrad und einzelnen Items des Gießen-Tests unverzerrt darstellen zu können, müssen die Ergebnisse um diesen Alterseffekt bereinigt werden. Dies geschieht, indem Korrelationen berechnet werden, die den Einfluß des Faktors Alter ausschalten (partielle Korrelationen).

Führt man diese statistische Prozedur für die Items des Gießen-Tests im Hinblick auf den Bildungsgrad durch, dann ergibt sich eine altersbereinigte Darstellung der Zusammenhänge. Auf Item-Ebene zeigen sich im einzelnen folgende Effekte:

Mit steigendem Bildungsniveau sagen Befragte von sich,

- sie legen es eher darauf an, andere zu lenken (GT-Item 3),
- sie benehmen sich im Vergleich zu anderen besonders eigensinnig (GT-Item 31) und
- sie sind eher stark daran interessiert, andere zu übertreffen (GT-Item 7).

Die beiden ersten Items gehören zur Skala „Dominanz". Das dritte Item gehört inhaltlich dazu und betont den Rivalitätsaspekt in den sozialen Beziehungen. Es besteht also im Bewußtsein der Befragten ein enger Zusammenhang zwischen Bildungsniveau und solchen Aspekten des sozialen Selbstbildes, in denen Dominanz- und Rivalitätsansprüche zur Geltung kommen. Je höher das Bildungsniveau, desto stärker wird von den Befragten die eigene Tendenz eingestanden, andere übertreffen und dominieren zu wollen bei Wahrung der Eigensinnigkeit. Umgekehrt neigen die Befragten mit niedrigem Bildungsniveau dazu, rivalisierende Auseinandersetzungen zu meiden, statt dessen sich fügsam und anpassungswillig unterzuordnen. In diesem Zusammenhang spiegelt sich der enorme

Einfluß, den das Bildungsniveau auf den sozialen Status und das soziale Selbstbild hat. In der Selbsteinschätzung ihrer sozialen Verhaltensintentionen wiederholen die Befragten ihre Position in der Bildungshierarchie. Wer also aufgrund seiner Bildungskarriere in eine niedere gesellschaftliche Position geraten ist, wird sich eher gefügig unterordnen und Konkurrenz und Rivalität meiden als derjenige, der ein höheres Bildungsniveau erreicht hat und sich demzufolge berufen glaubt, andere zu übertreffen und zu dominieren. Eine Schlußfolgerung aus diesem Zusammenhang könnte also lauten, daß die auf Konkurrenz und Rivalität basierende Leistungsgesellschaft daran interessiert sein muß, insbesondere den Gruppen mit niedrigem Bildungsniveau weiterführende Bildungs- und Qualifikationschancen einzuräumen, um der sozialen Resignation im Bewußtsein der Betroffenen entgegen zu wirken.

### Psychische Befindlichkeit und Lebensphase

Lassen sich ähnliche Zusammenhänge auch für die Beziehung zwischen psychosozialem Selbstbild und persönlichen Lebensumständen erkennen? Auf Item-Ebene wurden dazu die Befragungsergebnisse nach acht verschiedenen Gruppen differenziert, die sich bezüglich Alter, Geschlecht und Partnerbeziehung unterschieden. Die Befragten wurden verschiedenen Lebensphasen zugeteilt, wobei eine Lebensphase durch das Alter (Jüngere bis 44 Jahre/Ältere ab 45 Jahre) und die Partnerbeziehung („lebe mit Lebenspartner"/„lebe ohne Partner") definiert ist. Die vier möglichen Lebensphasen wurden nach Geschlechtern getrennt untersucht, so daß insgesamt acht Gruppen entstanden. Auf der Basis der Gruppenmittelwerte für die 40 GT-Items kristallisierten sich insgesamt neun GT-Items heraus, die stark abweichende Mittelwerte aufweisen und somit stark differenzierende Qualität haben.

Setzt man die Abweichungen der einzelnen Gruppendurchschnittswerte vom Item-Mittelwert in der Gesamtpopulation mit Hilfe der Korrespondenzanalyse (ANACOR) zueinander in Beziehung, dann erhält man eine zweidimensionale Abbildung in Form einer Landkarte, in der nun die Abstände zwischen den Lebensphasegruppen und den GT-Items interpretiert werden können.

Vier Bereiche sind erkennbar, die ungefähr einer Quadranteneinteilung entsprechen. Dabei fällt auf, daß die obere Hälfte des zweidimensionalen Tableaus sechs Gruppen enthält, die untere Hälfte jedoch nur zwei. In der oberen Hälfte sammeln sich alle Männergruppen sowie alle Gruppen mit älteren Frauen. In der unteren Hälfte sind die beiden Gruppen mit jüngeren Frauen enthalten.

Im linken oberen Quadranten befinden sich die partnerlosen Gruppen der jüngeren und älteren Männer sowie der älteren Frauen. Charakteristisch für diese Gruppen ist die Selbsteinschätzung mangelnder Liebesfähigkeit. Sie geben an,

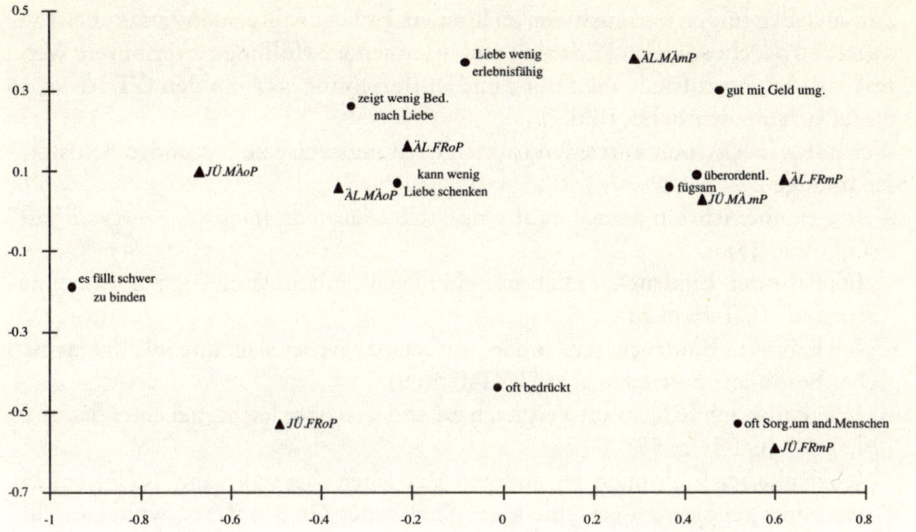


Abb. 1: Gießen-Test, Lebensphase und Geschlecht – Korrespondenzanalyseplot (n = 1995)

vergleichsweise wenig Liebe schenken zu können (Item 30) und wenig von den Bedürfnissen nach Liebe zeigen zu können (Item 11). Ältere Frauen ohne Partner schätzen sich außerdem als wenig erlebnisfähig in der Liebe ein (Item 34). Junge Männer ohne Partner zeichnen sich zudem stärker durch mangelnde Bindungsfähigkeit aus (Item 17).

Im rechten oberen Quadranten sind drei Gruppen angeordnet, die in einer Partnerschaft leben; es sind die jüngeren und älteren Männer sowie die älteren Frauen mit Partner/in. Es zeigt sich, daß die Gestaltung des partnerschaftlichen Alltags stark an strukturierende Merkmale und die Fähigkeit zum Konsens gekoppelt ist. Diese Personengruppen beschreiben sich als eher fügsam, eher überordentlich und gut im Umgang mit Geld.

Links unten ist die Gruppe der jüngeren Frauen ohne Partner positioniert. Sie schildern sich vergleichsweise als oft bedrückt. Rechts unten schließlich sind die jüngeren Frauen zu finden, die in einer Partnerschaft leben. Für sie ist charakteristisch, daß sie sich vergleichsweise oft Sorgen um andere Menschen machen.

## Arbeitszufriedenheit und psychosoziales Selbstbild

In der modernen Industrie- und Dienstleistungsgesellschaft ist das persönliche Wohlergehen maßgeblich von der Zufriedenheit am Arbeitsplatz bestimmt. In der schulischen und beruflichen Sozialisation soll der einzelne darauf vorbereitet werden, gemäß seinen Begabungen und Möglichkeiten die optimale Rolle im

Arbeitsleben finden und ausfüllen zu können. Es liegt nahe, einen Zusammenhang zwischen psychosozialen Variablen und beruflicher Erfüllung zu vermuten. Wenn man die Arbeitszufriedenheit mißt und in Beziehung setzt zu den GT-Items, so ergibt sich ein deutliches Bild.

Wer mit seiner Arbeit zufrieden ist, neigt vorzugsweise zu folgenden Selbsteinschätzungen:

- „Ich glaube, ich bin eher darauf eingestellt, daß man mich für wertvoll hält" (GT-Item 23).
- „Ich habe den Eindruck, es fällt mir eher leicht, mit anderen eng zusammenzuarbeiten" (GT-Item 28).
- „Ich habe den Eindruck, daß andere mit meiner Arbeitsleistung im allgemeinen eher besonders zufrieden sind" (GT-Item 9).
- „Ich glaube, ich habe es im Vergleich zu anderen eher leicht, bei einer Sache zu bleiben" (GT-Item 38).
- „Ich denke, ich fühle mich den anderen Menschen eher sehr nahe" (GT-Item 25).

Diese Items gehören zu verschiedenen Skalen des Gießen-Tests, wobei auffällt, daß kein einziges Item der Grundstimmungsskala („hypomanisch" versus „depressiv") vorkommt. Statt dessen koinzidiert die Arbeitszufriedenheit mit Merkmalsausprägungen in Richtung positiver sozialer Resonanz (Items 9 und 23), Gefügigkeit (Item 28), Zwanghaftigkeit (Item 38) und Durchlässigkeit (Item 25). Für Menschen, die mit ihrer Arbeit zufrieden sind, ist also in ihrem Selbstkonzept charakteristisch, daß sie auf Anerkennung und positive soziale Resonanz Wert legen, daß ihre Leistung anerkannt und belohnt wird, daß sie in der Zusammenarbeit anpassungsfähig sind, daß sie sich kontrollieren und auf eine Sache konzentrieren können und daß sie sich schließlich offen und aufgeschlossen gegenüber anderen erleben. Mit Ausnahme des Items 38 beruhen alle charakteristischen Merkmalsausprägungen der mit ihrer Arbeit zufriedenen Personen auf Aussagen zu ihren psychosozialen Beziehungen, d. h. auf den fundamentalen Qualitäten des Kontakterlebens und Kontaktverhaltens sowie der rollenhaften sozialen Erlebnisform. Bezeichnenderweise fehlen solche Items, die intrapsychische Merkmale abbilden. Man kann also von der emotionellen Grundbefindlichkeit einer Person nicht auf die Arbeitszufriedenheit schließen.

## Subjektiver Gesundheitszustand und Persönlichkeitsmerkmale

Die subjektive Einschätzung des Gesundheitszustandes ist stark vom Alter abhängig. Ähnlich wie bei der Betrachtung des Bildungsniveaus müssen auch hier die Alterseffekte durch Rückgriff auf die partiellen Korrelationen korrigiert werden. Dabei zeigt sich für diejenigen Probanden, die ihren Gesundheitszustand als gut einschätzen, ein charakteristisches Item-Profil im Gießen-Test:

- „Ich halte mich selten für sehr bedrückt" (GT-Item 14).
- „Ich denke, ich fühle mich den anderen Menschen eher sehr nahe" (GT-Item 25).
- „Ich denke, ich mache mir selten Selbstvorwürfe" (GT-Item 29).
- „Ich habe den Eindruck, daß ich mir eher selten über meine inneren Probleme Gedanken mache" (GT-Item 5).
- „Ich glaube, ich habe es im Vergleich zu anderen eher leicht, bei einer Sache zu bleiben" (GT-Item 38).
- „Ich fühle mich im Umgang mit dem anderen Geschlecht unbefangen" (GT-Item 40).
- „Ich habe den Eindruck, ich gehe eher leicht aus mir heraus" (GT-Item 19).
- „Ich habe den Eindruck, es gelingt mir eher gut, meine Interessen im Lebenskampf durchzusetzen" (GT-Item 33).
- „Ich habe den Eindruck, ich bin eher geduldig" (GT-Item 1).

Wer sich gesund fühlt, grenzt sich zunächst negativ ab von der depressiven Grundstimmung (Items 5, 14 und 29). Sich gesund zu fühlen, ist verbunden mit dem Selbsterleben, daß man sich selten für bedrückt hält, selten Selbstvorwürfe macht und selten über innere Probleme nachdenkt. Auf der Skala „Durchlässigkeit" versus „Retentivität" werden zwei Items in Richtung „Durchlässigkeit" bejaht; die sich gesund fühlen, gehen eher leicht aus sich heraus und fühlen sich anderen Menschen eher nahe. Dazu paßt auch die Aussage, daß sie sich im Umgang mit dem anderen Geschlecht eher unbefangen fühlen (Item 40). Wie stark im Bewußtsein der Bevölkerung Gesundheit mit sozialem Wohlbefinden und sozialem Erfolg zusammenhängt, zeigen ergänzend die Merkmalsausprägungen in den Items 38 und 33. Konzentriert bei einer Sache zu bleiben und seine Interessen im Lebenskampf erfolgreich durchzusetzen, das erscheint als Merkmal eines gesunden Selbst.

## Gießen-Test und Autoritäre Persönlichkeit

In dem auf Horkheimer und Adorno zurückgehenden Konzept der „Autoritären Persönlichkeit" wurde der Zusammenhang zwischen politischen Ansichten und Einstellungen einerseits und persönlichen Charaktereigenschaften andererseits thematisiert. In der Verbindung psychologischer und sozialer Gegebenheiten lag der für die Entwicklung der modernen kritischen Gesellschaftstheorie bahnbrechende Charakter dieses Ansatzes. Wie und in welchem Ausmaß sind empirische Zusammenhänge zwischen dem Gießen-Test als Persönlichkeitsprofil und dem Autoritären Charakter festzustellen? In der folgenden Tabelle sind Richtung (Vorzeichen) und Grad der Verknüpfung durch die Höhe der Interkorrelationen zu erkennen:

| | | | | | | |
|---|---|---|---|---|---|---|
| soziale Resonanz | 1.0 | | | | | |
| Dominanz | .11 | 1.0 | | | | |
| Kontrolle | .14 | .26 | 1.0 | | | |
| Grundstimmung | -.37 | .09 | .05 | 1.0 | | |
| Durchläßigkeit | -.48 | -.03 | .11 | .31 | 1.0 | |
| Autoritarismus | .01 | .21 | .26 | .02 | .08 | 1.0 |
| | Soz. Res. | Domin. | Kontr. | Grundst. | Durchl. | Autor. |

Abb. 2: Gießen-Test und Autoritäre Persönlichkeit – Interkorrelationen (n=1967)

Anhand der Korrelationen zeichnet sich sehr deutlich das Profil des Autoritären Charakters ab. So sind die GT-Skalen „soziale Resonanz", „Grundstimmung" und „Durchlässigkeit" nicht oder nur schwach mit der Autoritarismusskala verknüpft. Die Skalen „Dominanz" und „Kontrolle" zeigen hingegen positive Korrelationen mit den Autoritarismuswerten. Dies war bereits von den Testautoren erwartet worden, die in der Interpretation der Skala „Dominanz" ausführen: „Stellt man sich das Verhältnis zwischen den Skalenpolen personifiziert vor, ergäbe sich in geradezu klassischer Reinheit der Typ eines autoritären Rollenverhältnisses in wechselseitiger Bedingtheit" (Beckmann u. a., 1991, S. 43).

Auf der einen Seite stehen Aggressivität und Eigensinn (dominant), auf der anderen Seite Anpassung, Aggressionsunfähigkeit und Unterordnung, die Untertanenhaltung. Anale Züge sadomasochistischer Prägung stellen die triebpsychologische Seite des Autoritären Charakters dar. Ergänzt wird das psychologische Bild der Autoritären Persönlichkeit durch die hohe Korrelation mit der Skala „Kontrolle", die unterschiedliche Ausprägungen der Triebregulation mißt und stark im intrapsychischen Individualbereich angesiedelt ist.

Dem triebhaften Charakter (unterkontrolliert) steht die Zwangsstruktur (überkontrolliert) gegenüber, die sich in der Autoritären Persönlichkeit findet. Die beiden GT-Skalen „Dominanz" und „Kontrolle" haben darüber hinaus dem Inhalt nach auch mit Macht und Hierarchie zu tun. So wird deutlich, daß die Autoritäre Struktur weniger mit Kompetenz in sozialen Situationen zu tun hat oder in Verbindung steht mit dem alltäglichen Umgang mit anderen (soziale

Resonanz, Grundstimmung und Durchlässigkeit), sondern vielmehr mit der Ambivalenz unterwürfiger und gleichzeitig macht- sowie geltungshungriger innerer Strukturen zusammenhängt.

Bemerkenswert erscheint, daß die Aufteilung der Korrelationen der Autoritarismusskala mit den GT-Skalen identisch ist mit der Trennung der GT-Skalen in zwei Faktoren bei einer Faktorenanalyse über die Skalenwerte. Hier bilden ebenfalls die Skalen „Kontrolle" und „Dominanz" einerseits und „soziale Resonanz", „Durchlässigkeit" und „Grundstimmung" andererseits je einen Faktor.

Noch klarer wird das Bild des Autoritären Charakters nach psychosozialen Gesichtspunkten bei der Betrachtung der einzelnen GT-Items. Signifikante Korrelationen finden sich in neun GT-Items.

Befragte mit hohen Werten auf der Autoritarismusskala bejahen die folgenden Items:

- „Ich habe den Eindruck, ich bin eher überordentlich" (GT-Item 21).
- „Ich glaube, ich kann im Vergleich mit anderen eher gut mit Geld umgehen" (GT-Item 13).
- „Ich glaube, ich benehme mich im Vergleich zu anderen eher besonders fügsam" (GT-Item 31).
- „Ich schätze, ich gerate besonders selten in Auseinandersetzungen mit anderen Menschen" (GT-Item 22).
- „Ich glaube, ich bin im Vergleich zu anderen in der Liebe wenig erlebnisfähig" (GT-Item 34).
- „Ich habe den Eindruck, ich schaffe mir im Leben eher besonders viel Mühe" (GT-Item 24).
- „Ich schätze, daß ich eher dazu neige, meinen Ärger in mich hineinzufressen" (GT-Item 6).
- „Ich denke, ich habe sehr schlechte schauspielerische Fähigkeiten" (GT-Item 35).
- „Ich glaube, ich kann sehr schwer ausgelassen sein" (GT-Item 39).

Diese Selbstcharakterisierung beschreibt die Autoritäre Persönlichkeit als wenig impulsiv, wenig von ihren Emotionen zeigend, aggressionsgehemmt, phantasieleer und wenig liebevoll. Sie zeigt auch, welche großen Schwierigkeiten diese Personengruppe mit sich selbst hat (Schwäche der Ich-Über-rich-Organisation). Schauspielerische Fähigkeiten sind nicht vorhanden, man kann schwer ausgelassen sein und ist in der Liebe wenig erlebnisfähig. Darüber hinaus wird die Fügsamkeit als wertvoll betont, und Konflikte sowie Auseinandersetzungen mit anderen Menschen werden vermieden. Diese Merkmalsausprägungen führen zu entscheidenden Nachteilen auf der sozialen Bühne, es resultieren Entsagungen und Niederlagen im sozialen Konkurrenzkampf.

An dieser Stelle knüpft die aus den Studien zum Autoritären Charakter bekannte Dynamik an. Die für die eigene Person empfundene soziale Benachteiligung wird projektiv abgewehrt, d. h. in der Stigmatisierung und Verfolgung sozialer Minderheiten kanalisiert. Gleichzeitig sollen die empfundenen Defizite durch die Betonung anal-kontrollierender Mechanismen kompensiert werden, wie an der überragenden Bedeutung der Ordnung und des Umgangs mit Geld zu ersehen ist. An diesen wenigen ausgewählten Ergebnissen wird deutlich, daß der Autoritäre Charakter auch heute noch als Kategorie zum Verständnis sozialpsychologischer Zusammenhänge empirisch brauchbar ist und sich in den Items und Skalen des Gießen-Tests mit typischen Merkmalsausprägungen widerspiegelt.

## Literatur

Ackermann, N. W., Adorno, Th. W., Bettelheim, B., Frenkel-Brunswik, E., Jahoda, M., Janowitz, M., Levinson, D.J. u. Sanford, R.N.: Der Autoritäre Charakter, Band 2. Studien über Autorität und Vorurteil. Amsterdam: de Munter, 1969.

Adorno, Th. W., Frenkel-Brunswik, E., Levinson, D. J. & Sanford, R. M.: The Authoritarian Personality. New York: Harper, 1950.

Adorno, Th. W., Bettelheim, B., Frenkel-Brunswik, E., Gutermann, N., Janowitz, M., Levinson, D. J. u. Sanford, R. N.: Der Autoritäre Charakter, Band 1. Studien über Autorität und Vorurteil. Amsterdam: de Munter, 1968.

Beckmann, D.: Zur Konstruktion des Gießen-Tests. In: Beckmann, D., Richter, H.-E. (Hrsg.): Erfahrungen mit dem Gießen-Test (GT). Bern: Huber, 1979, 165-175.

Beckmann, D., Brähler, E., Richter, H.-E.: Der Gießen-Test (GT). Ein Test für Individual- und Gruppendiagnostik. Handbuch. Vierte, überarbeitete Aufl. mit Neustandardisierung 1990. Bern, Stuttgart, Toronto: Huber, 1991.

Beckmann, D., Richter H.-E.: Der Gießen-Test. Bern: Huber, 1972.

Fromm, E.: Analytische Sozialpsychologie und Gesellschaftstheorie. Frankfurt/M.: Suhrkamp, 1970.

Horkheimer, M., Fromm, E., Marcuse, H., Mayer, H. u. Wittfogel, K.-A. (Hrsg.): Studien über Autorität und Familie. Forschungsberichte aus dem Institut für Sozialforschung. Reprint der Ausgabe „Autorität und Familie", Paris 1936. 2. Aufl. Lüneburg: zu Klampen 1987.

# Engagierte Wissenschaft – gelebte Verantwortung

Oskar Lafontaine

In seinem jüngsten Buch „Als Einstein nicht mehr weiterwußte" versammelt Horst-Eberhard Richter einige der großen Denker der Menschheitsgeschichte zu einem „himmlischen Krisengipfel": Platon, Konfuzius, Buddha, Augustinus, Descartes, Marx, Einstein und Freud nehmen die heutige „irdische Situation" einschließlich ihrer Probleme und Fehlentwicklungen genauer unter die Lupe. Es entwickelt sich ein Wortgefecht, bei dem sich die Gelehrten zunächst der Reihe nach selbst auf der „Sünderbank" verantworten müssen, bevor sie sich über ihre unterschiedlichen „Prophezeiungen" verständigen. Am Ende hat Einstein als Moderator das Schlußwort:

„Fragt ihr mich nach meinem persönlichen Resümee, so sehe ich für den Menschen, will er die Zukunft seines Geschlechtes sichern, die einzige Chance darin, daß er zwei ganz einfache Einsichten endlich praktisch beherzigt: daß sein Schicksal mit dem der Mitmenschen in allen Teilen der Erde unauflösbar verbunden ist und daß er zur Natur und diese nicht ihm gehört."

Was Einstein hier in den Mund gelegt wird, liest sich für mich wie das Leitmotiv des Wirkens von Horst-Eberhard Richter. Seit vielen Jahrzehnten tritt er mit dem Mut zum Widerspruch und imponierender Beharrlichkeit für eine friedfertigere, solidarischere und umweltbewußtere Welt ein. Als Arzt und Therapeut widmete er sich in besonderer Weise den sozial Schwachen und Benachteiligten. Als Wissenschaftler hat er sich als einer der ersten um die Erforschung der sozialen Bedingtheit psychischer Störungen verdient gemacht. Als engagierter Intellektueller, der öffentlich zum Frieden und zur Achtung vor dem Leben mahnt, ist er nicht nur zu einem wichtigen Ansprechpartner für die Politik, sondern längst zu einer moralischen Instanz geworden.

Wer Horst-Eberhard Richter persönlich kennt, der ist beeindruckt von seiner authentischen Haltung, von seiner Fähigkeit, aus einer eigenen Mitte heraus zu leben. Sicher wäre es nicht falsch zu sagen, Richter sei zugleich Arzt und Analytiker, Publizist und Philosoph, Wissenschaftsorganisator und politischer Aktivist. Richtiger aber ist es, in ihm den gesellschaftlich denkenden Therapeuten zu sehen, der sich seiner Verantwortung stellte und seinen Wirkungsradius dabei kontinuierlich erweiterte. Aus dem jungen Berliner Nervenarzt, der sich entgegen der herrschenden Lehrmeinung für das soziale Milieu seiner Patienten interessierte, wurde so der Wegbereiter der psychoanalytischen Familien- und Gruppentherapie, aus dem Forscher wurde der Gründer des international renommierten Gießener Instituts, aus dem engagierten Fachautor der Friedenskämpfer und politisch-philosophische Publizist.

So viel Geradlinigkeit versteht sich nicht von selbst. Sie gründet in einem besonderen Verantwortungssinn, in einem nachwirkenden biographischen Schlüsselerlebnis. Obwohl der Artillerist Richter dem Untergang in Stalingrad durch schwere Krankheit gerade noch entgeht, verliert er durch den Zweiten Weltkrieg nicht nur seine Eltern, Freunde und Kameraden, sondern auch einen Teil seiner Selbstgewißheit. Wie viele andere steht er 1945 vor einem existentiellen Neubeginn. Doch anders als die meisten flüchtet er sich nicht in die kleine Welt des Privaten, sondern setzt seine Erfahrungen mit Faschismus und Weltkrieg konstruktiv in seinem Berufs- und Lebensvollzug um. Aus dieser persönlichen Kraftquelle entwickelt sich sein Tatendrang, sein Mitgefühl mit den Hilfsbedürftigen, sein Werben für Toleranz und Mitmenschlichkeit, seine Bekämpfung von Unterdrückung und geistiger Bevormundung, seine Ablehnung des Krieges und der atomaren Gefahren.

Schon in den 60er, vor allem aber in den 70er Jahren findet Horst-Eberhard Richter als Fachautor breite Resonanz, wird er zum Stimulator öffentlicher und privater Diskussionen. Seine Schriften „Patient Familie", „Die Gruppe" und „Lernziel Solidarität" reflektieren den gesellschaftlichen Aufbruch der Ära Brandt, treffen den Lebensnerv einer ganzen Generation. Anfang der 80er Jahre, als eine neue Kriegsangst die Menschen auf die Straßen treibt, nimmt Richter aktiv an der Friedensbewegung teil und wird damit endgültig zu einer öffentlichen Person. Als Mitbegründer der „Deutschen Sektion der Ärzte gegen den Atomkrieg" bemüht er sich um internationale friedenspolitische Zusammenarbeit, bekennt sich aber zugleich zur besonderen historischen Verantwortung der Deutschen und beweist damit politische Sensibilität. Auch zur Ökologiebewegung leistet Richter einen wichtigen Beitrag. Im „Gotteskomplex" warnt er vor der Verselbständigung des naturwissenschaftlichen Fortschritts, der er an anderer Stelle die „Kraft der Angst" entgegensetzt.

Wer so dezidiert Stellung bezieht, muß mit Widerspruch rechnen. Im Auf und Ab der öffentlichen Bewertung ist sich Horst-Eberhard Richter mit unbeirrbarer Konsequenz treu geblieben. Das liegt nicht nur an seinem Charakter, sondern auch an seinem ganzheitlichen Ansatz. Richter wendet sich gegen jede Vereinseitigung des Menschen, ob sie in einem übertriebenen Individualismus, in einer unhinterfragten Technikgläubigkeit oder in einer Ökonomisierung der Werte besteht. In diesem Sinne ist und bleibt er für mich ein moderner Denker. Ohne Menschenwürde, soziale Gerechtigkeit und ökologische Verantwortung ist politische Zukunft nicht vorstellbar.

Seit der gemeinsamen Zeit in der Friedensbewegung verbindet mich mit Horst-Eberhard Richter eine persönliche Freundschaft. Was auf den Publizisten zutrifft, zeichnet noch mehr den Gesprächspartner Richter aus: Er bereichert durch seine Offenheit, seine Nachdenklichkeit, seinen Sinn fürs Grundsätzliche und wohl am meisten durch seine Glaubwürdigkeit. Horst-Eberhard Richter steht mit seiner Person nicht nur für die soziale Verantwortung der Wissenschaft, sondern ebenso für die gelebte Verantwortung eines Menschen, dem nun schon seit einigen Jahrzehnten eine Meinungsführerschaft in der Öffentlichkeit zukommt. Sein nicht nachlassender Elan hat etwas Ansteckendes, das hoffentlich noch viele seiner Mitmenschen begeistert.

# Spätadoleszente Entwicklungsprozesse heutiger Studierender: „Kinder der Freiheit" (Wilkinson) in der sozialdarwinistischen Schere?

## Einige psychoanalytische Überlegungen[1]

Marianne Leuzinger-Bohleber

### 1. Einleitung

Ulrich Beck (1997) widersetzt sich in einer neueren Arbeit zu Recht dem „Lamento über den Wertezerfall" und weist den Vorwurf zurück, die Sinn- und Wertekrise unserer westlichen Gesellschaften angesichts des anbrechenden Jahrtausends sei vor allem den revoltierenden Studenten der 68er Zeit anzulasten, die althergebrachte Moralvorstellungen durchbrochen hätten, indem sie, einem egozentrischen und zügellosen Individualismus folgend, die wichtigen sozialen Institutionen zerstört, Sexualität von Ehe und Fortpflanzung getrennt und damit die grundlegende Errungenschaften unserer Zivilisation, die Familie, untergraben hätten. Politisch habe diese Generation zwar ihre Rechte eingefordert, ohne aber gleichzeitig damit verbundene Pflichten zu übernehmen. Das auffallend verbreitete Desinteresse der heutigen jungen Generation, ihre Weigerung, sich für öffentliche und politische Ziele zu engagieren, sei eine Folge davon. Die junge Generation habe sich zwar mit den von den „68ern" erkämpften Freiheiten identifiziert, aber ohne deren politischen Idealismus zu übernehmen und deren Utopien weiterzutragen und zu differenzieren. Beziehungslosigkeit, Egozentrik, Konsumsucht und Gewalt seien weitere Langzeitfolgen jener „Revolution der Werte".

Beck bezieht sich in seiner Entgegnung dieser Vorwürfe u. a. auf eine breit angelegte Untersuchung der 18-34jährigen Briten von Wilkinson u. Mulgan (1995), die

[1] Dieser Beitrag ist eine Erweiterung und Überarbeitung eines Vortrags, den ich zum 20jährigen Bestehen der Psychotherapeutischen Beratungsstelle für Studierende am 20. Juni 1996 in Göttingen gehalten habe. Er schien mir geeignet, Horst-Eberhard Richter zu ehren, denn ich fühle mich bei den darin angestellten psychoanalytischen Überlegungen zur Situation heutiger Studierender dem Erbe von H.-E. Richter insofern verpflichtet, als er wie kaum ein anderer deutscher Psychoanalytiker für den zwar schwierigen, aber notwendigen Versucht steht, Psychoanalyse und Kulturkritik miteinander zu verbinden.

in der Interpretation der Daten ihrer qualitativen und quantitativen Studie den Begriff „Kinder der Freiheit" prägten.

„*In den öffentlichen Debatten meldet sich die Generation der in den sechziger Jahren Geborenen, die diese Freiheiten (wie auch einige ihrer Herausforderungen) ererbt hat, bedauerlicherweise kaum zu Wort. Dies resultiert aus ihrem vollständigen politischen Desinteresse und den veralteten Bahnen, in denen die politischen Diskussionen gefangen sind – einer allzu rückwärtsgewandten konservativen Reaktion, einer traditionalistischen Sozialdemokratie und einer libertären Bewegung, die nicht wahrnimmt, daß ganz neue Probleme anstehen. Mehr als alle anderen suchen sie nach neuen Gewißheiten und nach neuen Möglichkeiten, die Selbstbestimmung des Individuums in einer sozial sinnvollen Weise zu begründen. Deshalb haben wir diese Generation Kinder der Freiheit genannt, jene Generation, die mit den durch die Freiheit aufgeworfenen Problemen ringt – wie kann das Verlangen nach wechselseitiger Abhängigkeit in Einklang gebracht werden; wie kann man zugleich individualistisch sein und sich an der Gruppe orientieren; wie sich um sich selbst kümmern und sich zugleich um andere kümmern und sorgen; wie die eigenen Möglichkeiten ausnutzen und zugleich Erfüllungen jenseits der eigenen Ansprüche finden?*" (Wilkinson, 1997, S. 87 f.).

Ihre Studie belegt, daß die junge Generation in England zwar in der Tat wenig Interesse an der etablierten Politik (z. B. Parteien, Wahlen etc.) zeigt, aber keineswegs nur ihre eigenen egozentrischen Ziele verfolgt, sondern sich durchaus in alternativen Projekten aktiv engagiert (z. B. für AIDS-Kranke, den Umwelt- und Tierschutz, gegen sexuellen Mißbrauch etc.). Wilkinson schreibt zu den Gründen für dieses Verhalten u. a.:

„*In jedem dieser drei Bereiche – Familienleben, Arbeit und Politik – finden sich deutliche Anzeichen sowohl für einen zunehmenden Individualismus als auch einen Zusammenbruch der alten Ordnungsstrukturen, die früheren Generationen eine feste Orientierung boten. Die Reaktion vieler Politiker und älterer Menschen bestand in dem Versuch, die Uhr zurückzudrehen, anstatt in die Zukunft zu blicken. Die jüngere Generation hat zu oft mit einer neuen Innerlichkeit reagiert, indem sie die überkommenen Perspektiven rundherum ablehnte und statt dessen eine neue Lebensform zu prüfen suchte. Diese Mischung aus öffentlichem Pessimismus und persönlichem Optimismus ist das Paradox dieser Generation, und es ist ein Thema, das in den Filmen der Generation X deutlich wird, zum Beispiel Slackers, Reality Bites und Before Sunrise, Filmen, in denen sie über die Zukunft der offiziellen Welt um sie herum zutiefst pessimistisch zu sein scheinen und zugleich als Individuen ihr eigenes Leben ziemlich optimistisch betrachten und viel häufiger Zuflucht bei ihren Freunden als in der Familie suchen*" (Wilkinson, a. a. O., S. 119 f.).

Den Ergebnissen der neuesten Shell-Jugendstudie (1997) zufolge, ist in Deutschland der Optimismus für die persönliche Zukunft einem stark ausgeprägten Realismus bezüglich der prekären Arbeitsmarktsituation gewichen. „Die gesellschaftliche Krise hat die Jugend erreicht", schreiben die Autoren (S. 2). Mir scheint dies auch für die Studierenden zu gelten, die in den letzten Wochen – erstmals wieder in einem ähnlichen Ausmaße wie die 68er – ihre Proteste öffentlich kundtaten. Zu ihrer Situation werden im folgenden einige psychoanalytische Überlegungen angeführt, die die soziologischen Analysen möglicherweise durch eine spezifische Perspektive ergänzen könnten, die die Psychoanalyse in den interdisziplinären Dialog einbringt. Bekanntlich widmet sich die Psychoanalyse einem spezifischen Forschungsgegenstand, dem individuell und kollektiv Tabuisierten, dem Unbewußten, das sie detailliert und minutiös bei einzelnen Individuen untersucht. Daher kann sie individuumspezifische „Tiefenanalysen" soziologischen Befunden ergänzend gegenüberstellen.

Zuerst wird daher kurz auf ein Forschungsprojekt eingegangen, „Psychische Konflikte und Hochschulstruktur, 1968 und heute", das ich zusammen mit Eugen Mahler leitete (s. Abschn. 2). Wir führten dieses Projekt in Kooperation mit den Mitarbeiterinnen und Mitarbeitern der Psychotherapeutischen Forschungs- und Beratungsstelle für Studierende der Universität Gesamthochschule Kassel 1988 bis 1992 durch. Wir beschäftigten uns in dieser Studie mit einer Facette der eben angeführten Kontroverse: mit der Frage nach möglichen Veränderungen spätadoleszenter Entwicklungsprozesse bei Studierenden 1968 und heute. Ausgehend von einigen Beobachtungen dieser Studie, wird daraufhin auf die Bedeutung der Spätadoleszenz für die Identitätsbildung in unserer Kultur eingegangen sowie auf den Versuch, die darin stattfindenden individuellen Entwicklungsprozesse psychoanalytisch zu verstehen (s. Abschn. 3) Der Schwerpunkt der Ausführungen liegt auf der exemplarischen Illustration der Wechselwirkung der eben erwähnten gesellschaftlichen Prozesse und entwicklungsspezifischen und individuellen Identitätsbildungen, die anhand einer zweiten Studie zu Auswirkungen der erschwerten Berufssituation (insbesondere von Arbeitslosigkeit) in den Fokus der Aufmerksamkeit gerückt werden soll (s. Abschn. 4).

## 2. Veränderte Identitätsbildungsverläufe bei Studierenden der 68er Generation und heute – einige Beobachtungen aus einer empirisch-psychoanalytischen Studie

Unterschiede zwischen Generationen von Studierenden empirisch zu untersuchen, ist methodisch schwierig, wenn nicht sogar unmöglich, da die Fragestellung auf Phänomene abzielt, die derart komplex sind, daß sie kaum „objektivistisch" untersucht werden können. Und doch gibt es diese Unterschiede: Aufgrund der folgenden, fast banalen und alltäglichen Sequenz eines Abklärungsgesprächs an einer psychotherapeutischen Beratungsstelle wird die Leserin oder der Leser wahrscheinlich kaum Schwierigkeiten haben zu erraten, welcher Studentengeneration dieser Studierende angehört:

*Ein 34jähriger Germanistikstudent sucht die Beratungsstelle auf, weil er sich in einen massiven Konflikt mit seinem Prüfer verwickelt hat. Dieser verstehe ihn nicht, könne seine Qualitäten und Kompetenzen nicht schätzen, behaupte, er hätte sich zu wenig gut für die Prüfung vorbereitet und verlange nun in der Tat von ihm, nochmal ein Seminar bei ihm zu besuchen. Dies sei eine Zumutung – er habe immer vorgezogen, frei zu studieren – neben Germanistik noch Soziologie, Psychologie, Chinesisch und Philosophie – der Professor sei eben konservativ und autoritär und könne es nicht leiden, wenn man sich ihm nicht unterwerfe.*

Es ist nicht schwer zu erraten: Diese auf den ersten Blick selbstbewußt wirkenden Klagen über die „autoritären Professoren" werden bei heutigen Studierenden weit seltener sein als vor 20 bzw. 30 Jahren. Allerdings ist es aufgrund der angedeuteten methodischen Probleme schwierig, diese Unterschiede präzise zu erfassen (vgl. dazu u. a. Leuzinger-Bohleber u. Stuhr, 1997). In unserer Studie konnten wir nur einige Facetten davon genauer untersuchen. Zum Beispiel. führte A. Bertrams im Rahmen einer Promotion eine Delphi-Umfrage erfahrener Studententherapeutinnen und -therapeuten durch, um deren Expertenwissen für eine Beurteilung solcher Veränderungen nutzbar zu machen. Ich kann hier nur einige Ergebnisse und Beobachtungen daraus aufführen (vgl. dazu Bertrams, 1993, S. 270 ff.).

2.1. Bei der psychosozialen und psychodynamischen Typisierung einer Studentengeneration (vgl. z. B. „die Null-Bock-Generation", aber, wie ich denke, auch bei der „Spaß-Generation" oder den „Kindern der Freiheit") ist zu bedenken, daß die Wahrnehmung und Beurteilung adoleszenten Verhaltens oft unerkannt determiniert wird durch die unbewußte Reaktivierung eigener adoleszenter Erfahrungen und Konflikte (vgl. Idealisierung und Entwertung „der Jugend" als Produkt solcher Abwehrprozesse).

Die in der Delphi-Studie befragten Studentenpsychotherapeutinnen äußerten eine große Vorsicht gegenüber pauschalisierenden Diagnosen und verwiesen, dank ihrer professionell geschulten Selbstreflexion, auf ihre persönlichen, theoretisch-konzeptuellen und klinischen Veränderungen in den letzten 20 Jahren.

2.2. Sowohl in der psychoanalytischen Theoriebildung als auch in der (untersuchten) Praxis der Studentenberatung werden in den letzten Jahren soziale Prozesse zunehmend sensibel berücksichtigt. Das Konzept der zweiphasigen sexuellen Entwicklung, zunächst in der (frühen) Kindheit, dann in der Adoleszenz, wird von den Therapeuten und Therapeutinnen ernst genommen. Für die Phase der Spätadoleszenz werden spezielle Identitätsbildungsprozesse fokussiert. Die Psychoanalyse als Entwicklungstheorie wird daher sowohl bei der Diagnostik und der Indikationsstellung als auch bei der Behandlungstechnik berücksichtigt.

2.3. Die heutige Universität ist eher als „Multiversität" zu verstehen – verschiedene studentische Subkulturen existieren nebeneinander und werden z. T. wesentlich durch die jeweiligen Studienrichtungen geprägt (vgl. Studierende der Technikwissenschaften, Medizin, Humanwissenschaften etc.). Auch aus diesem Grunde sind Generalisierungen über „spätadoleszente Konflikte heutiger Studierender" problematisch und nicht nur im Zusammenhang mit den einleitend erwähnten Individualisierungsprozessen zu verstehen.

2.4. Dennoch stellten die befragten Studentenpsychotherapeuten und -therapeutinnen übereinstimmend fest, daß es einige solche Veränderungen zu geben scheint:

– Von wenigen Ausnahmen abgesehen (z. B. Reaktionen auf den Golfkrieg, 1990) äußern Studierende heute ihre Unzufriedenheit und Zukunftsängste eher verhalten als kollektiv und beharrlich. Trotz vermehrter gesellschaftlicher und institutioneller Probleme entstehe daher eine wenig hoffnungsvolle und kontinuierliche Protest- und Gegenbewegung. Von dem revolutionären Impetus der 68er Studenten („unter den Talaren der Muff von 1000 Jahren") scheint nicht mehr viel beobachtbar zu sein.[2]

– Studierende, die Beratungsstellen aufsuchen, scheinen teilweise andere Störungsbilder zu zeigen als 1968: Häufiger motivieren diffuse, schwer faßbare Symptome die Suche nach therapeutischer Hilfe. Oft berichtet werden Sinn- und Existenzkrisen, Zukunftsängste, Insuffizienz- und Ohnmachtsgefühle, depressive Verstimmungen, soziale Isolierung und Beziehungs- und Rollenkonflikte sowie schwer faßbare psychosomatische Beschwerden, was manche Therapeutinnen und Therapeuten dazu bewegt, von einer Zunahme prägenitaler Störungen (im Gegensatz zu ödipal strukturierten Konflikten der Studierenden vor 20 Jahren) zu sprechen (vgl. dazu aber Abschn. 1).

– Auch vermißten die Befragten bei heutigen Studierenden häufiger klare Ablösungs- und Abgrenzungsversuche sowohl gegenüber den Eltern als auch gegenüber Autoritätspersonen (vgl. „Nesthockersyndrom").

– Im Verständnis der PsychotherapeutInnen sind heutige Studierende nicht nur Produkt ihrer Frühsozialisation und ihrer entwicklungsspezifischen Konflikte, sondern auch der veränderten Hochschulsituation und gesellschaftlicher Prozesse. Der Problem- und Konkurrenzdruck auf die Studierenden habe eher zuge-

[2] So beschäftigt mich aufgrund vieler Gespräche mit heutigen Studierenden, daß sich ihre Proteste zwar aus einem Unbehagen an der gesellschaftlich determinierten Situation an den Universitäten (z. B. Sparpolitik im Bildungsbereich, hohe Akademikerarbeitslosigkeit, fehlende innovative Lösungsvorschläge für die Bildungsmisere bei den Politikern etc.) speist, aber manifest eher gegen konkrete Mißstände (Bafög, Verkürzung der Studienzeiten, Studiengebühren etc.) richtet. Eigene gesellschaftliche und institutionelle Utopien und Visionen scheinen – im Gegensatz zu den 68er Studierenden – weitgehend zu fehlen.

nommen, während die Aussicht auf eine beruflich gesicherte Zukunft pessimistischer beurteilt wurde.

– Viele der Befragten beklagten eine mangelhafte wissenschaftliche Qualifizierung heutiger Studierender. Eine äußerte wörtlich: „Die Universitäten vermitteln kein Ich-Ideal mehr." Vielen Studierenden fehle eine adäquate Betreuung durch DozentInnen, d. h. greifbare Vorbilder, an denen sie sich „abarbeiten" könnten. Dadurch leide auch die inhaltliche Identifizierung mit universitär vermittelten Berufsbildern. Die Freude an der eigenen Leistung nehme ab, wenn sie niemand mehr wertschätze oder auch relativiere. Passivität und Lustlosigkeit griffen daher um sich, würden aber oft einseitig den Studierenden angelastet.[3]

2.5. Übereinstimmend wurde festgestellt, daß die aktuelle Situation der Studierenden und Lehrenden an vielen Fachbereichen durch die vielen Gesichter der Massenuniversität geprägt werde. Überfüllte Hörsäle, „überlaufene" Dozentinnen und Dozenten sowie mehrfach belastete Studierende sind bekannte Phänomene. Sie fördern Vereinzelung, vermehrte Drop-out Quoten sowie neue Formen der Desolidarisierung, der häufig offenen und verdeckten (sozialdarwinistischen) „Selektion des Starken". Viele Psychotherapeutinnen und Psychotherapeuten zeigten sich besorgt, daß durch diese institutionelle Situation die Freiräume zunehmend eingeschränkt werden, die im Sinne eines psychosozialen Moratoriums genutzt werden können für notwendige und für eine tragende Identitätsbildung oft unverzichtbare Krisen. Vor allem bei Studiengängen wie Betriebswirtschaft, Pharmazie und einigen Technikwissenschaften besteht die Gefahr, daß die Studierenden ihr Studium nur noch möglichst schnell und effizient hinter sich bringen möchten, „das Studium scheint in sich kaum einen anderen Wert außer Profilierung für die spätere Berufslaufbahn zu haben" (Brämer, 1992). Die Universität ist für solche Studierenden nicht mehr eine Bildungsstätte im Humboldtschen Sinne, sondern wird zu einem „Durchlauferhitzer für einen guten Job" (Gandela).

Völlig anders ist die Situation vieler Studierender der Sozial- und Erziehungswissenschaften, bei denen das Studium – z. B. durch gleichzeitige Erwerbstätigkeit – häufig zu einer eigenen Lebensphase geworden ist, die auch für die spätadoleszenten Entwicklungsprozesse neue Chancen und Gefahren bietet. Bei vielen angehenden Pädagogen gehöre z. B. der Wunsch nach Selbstverwirklichung und persönlicher Entfaltung zur zentralen Studienmotivation. Neue

[3] Diese Aussagen scheinen in einem gewissen Gegensatz zu Ergebnissen der 12. Shell-Jugendstudie zu stehen (die allerdings jüngere Adoleszente und zu einem späteren Zeitpunkt als wir untersuchten). Dort wird festgestellt, daß es zu den Stärken dieser Generation gehört, daß sie trotz ihrer realistischen Einschätzung ihrer geringen Chancen auf dem Arbeitsmarkt nicht aggressiv und gewalttätig reagiert, sondern mit einem Versuch, sich am „Spaß der Gegenwart" zu halten und alle positiven Möglichkeiten des „Hier und Jetzt" auszuschöpfen.

Geschlechts- und Berufsrollen werden dabei ausprobiert. Die Festlegungen durch den Abschluß des Studiums werden oft eher als ein „notwendiges" Übel erlebt. Die z. Zt. diskutierte Verkürzung und Verschulung des Studiums entzieht diesen Studierenden die Grundlage für eine neue und individuell und – angesichts der Akademikerarbeitslosigkeit – auch gesellschaftlich durchaus sinnvolle Existenzform. Auf diesen Punkt möchte ich mich im folgenden konzentrieren.

### 3. Psychoanalytische Erklärungsversuche spätadoleszenter Konflikte

3.1. Zur Wechselwirkung gesellschaftlicher, entwicklungsspezifischer und idiosynkratischer Faktoren bei spätadoleszenten Entwicklungsprozessen

Psychoanalytische Interpretationen beruhen auf folgender Erklärungstrias:

kastei

| Idiosynkratische Sozialisation: A<br>(vgl.: Fallskizze) | entwicklungsspezifische Konflikte: B<br>(vgl. Psychoanalyse der Spätadoleszenz) |
|---|---|

aktuelle gesellschaftliche Situation: C
(vgl. interdisziplinären Dialog mit Soziologen u. a.)

In einem psychoanalytischen Verständnis adoleszenter Konflikte bemühen wir uns immer, diese in einem Spannungsfeld von drei ineinanderwirkenden Perspektiven zu betrachten. Die aktuellen Konflikte werden determiniert durch A: die idiosynkratische Sozialisation der Spätadoleszenten, B: die spezifischen Entwicklungsaufgaben und -konflikte der Spätadoleszenz und schließlich durch C: die aktuellen institutionellen und gesellschaftlichen Bedingungen, in denen der spätadoleszente Entwicklungsprozeß stattfindet. Daher ist für ein vertieftes Verständnis spätadoleszenter Konflikte eine interdisziplinäre Sichtweise meist vonnöten: z. B. sind wir als Psychoanalytiker Spezialisten für A und B, aber Laien für die Analyse gesellschaftlicher Prozesse: C, auch wenn wir uns der Freudschen Kulturtheorie verbunden fühlen (vgl. dazu die erwähnten soziologischen Analysen von Beck, Wilkinson u. a.). Um dies kurz zu verdeutlichen: Um einige Faktoren des gesellschaftlichen Hintergrunds von Krisen heutiger Studierender etwas genauer zu verstehen, war für mich u. a. der Besuch eines interdisziplinären Colloquiums am Institut für Sozialforschung in Frankfurt interessant und erhellend. So haben z. B. die Soziologieprofessoren Dubiel, Bude u. a. in einem Vortrag am 7. Mai 1996 die heutige gesellschaftliche Situation als eine durch vielfältige Krisen geprägte charakterisiert und mit folgenden Stichworten beschrieben:

- die Erosion der internationalen Ordnungen seit 1989 und die damit verbundene Ethnisierung und „Fragmentierung" bisheriger Völkergemeinschaften;
- industrielle Zerstörung der Lebensgrundlagen (Umweltzerstörung, atomare, biologische und chemische Verwüstungen);

– Zusammenbruch des bürokratischen Sozialstaates als soziales Folgeproblem der kapitalistischen Bewegungen;
– soziale und sozialmoralische Desintegration als Kehrseite der Individualisierungsprozesse, (Zusammenbruch der Sinnsysteme, vgl. „Wertezerfall" etc.);
– Krise der liberalen, etablierten Demokratien (Legitimationskrisen, sinkende Akzeptanz der politischen Führungsschichten und Parteien, Wählerverhalten etc.);
– Einfluß des Medien- und Informationszeitalters auf die Politik;
– Krise der Wissenschaft (Verlust ihrer Akzeptanz bei der Lösung gesellschaftlicher Probleme).

Schon diese Stichworte können uns dafür sensibilisieren, daß die oben beschriebenen Phänomene der vermehrten Verunsicherung der Studierenden mit ihrem leiser gewordenen politischen Protest, ihrem Versuch, sich für mehrere verschiedene Tätigkeiten gleichzeitig auszubilden, der erschwerten Ablösung vom Elternhaus, den verbreiteten Ohnmachts- und Insuffizienzgefühlen: „auf mich kommt es ohnehin nicht an ...", nicht nur individuelle Erscheinungen sind, sondern ihre Wurzeln z. T. im Zusammenbruch der individuellen und kollektiven Zukunftsperspektiven im Privaten und Beruflichen und der damit verknüpften Sinnkrise haben. Anhand einer weiteren Studie soll diese These kurz illustriert werden; es handelt sich dabei um eine Studie, in der wir wiederum nur einem Aspekt dieser komplexen gesellschaftlichen Realität nachgegangen sind, den Auswirkungen der erschwerten Berufssituation, insbesondere der Arbeitslosigkeit, auf spätadoleszente Entwicklungsprozesse. Ich wurde auf diesen Zusammenhang durch eine Krisenintervention bei einem arbeitslosen Mediziner schmerzhaft aufmerksam gemacht, da die Erfahrung der lange andauernden Arbeitslosigkeit bei diesem Menschen wie ein Schlüssel ins Schlüsselloch seiner infantilen Traumatisierung paßte, eine Erfahrung, an der dieser junge und hochbegabte Spätadoleszente zerbrach (Dreieck: A: idiosynkratische Sozialisation; vgl. dazu auch Richter, 1963).

*Kurzes Fallbeispiel:*

*Ein 30jähriger Mediziner wird mir von einer Bekannten zu einer Abklärung überwiesen. Er ist in einem bedauernswerten, alarmierenden Zustand: In den 4 Jahren Arbeitslosigkeit seit Abschluß des Medizinstudiums hat er sich mehr und mehr sozial zurückgezogen und seine Depressionen und Identitätsverlustängste durch vermehrten Alkoholkonsum auszuhalten versucht. Er zeigt deutliche Züge einer Identitätsdiffusion, sagt von sich, er wisse oft nicht mehr so richtig, wer er sei und habe den Bezug zu seinem früheren Ich irgendwie verloren. Er leidet unter massiven Schlaf- und Eßstörungen und diffusen Erschöpfungszuständen. In der Abklärung schildert er mir eindrücklich, wie kränkend es für ihn war, daß er – als Hochbegabter (bestes Abitur seines Jahrgangs) – zusammen mit etwa 50 anderen*

*Medizinern im Vorraum einer Klinik auf den Chef warten mußte, der „aus dieser Masse" den einen Privilegierten für eine Assistentenstelle aussuchte. Er bewarb sich daher nur noch alkoholisiert und immer seltener.*

*Ich kann Herrn A. nicht wegschicken, sage ihm aber, daß ich in 9 Monaten von meinem damaligen Wohnort wegziehe und nur bis dahin im Rahmen einer Krisenintervention mit ihm arbeiten kann. Er kommt regelmäßig zu den Sitzungen, sie scheinen oft die einzigen zwei Stunden in der Woche zu sein, in denen er mit jemandem spricht. – In unseren Gesprächen stellt sich heraus, daß die Erfahrung der Ohnmacht, bedingt durch die aktuelle Arbeitslosigkeit, wie ein Schlüssel ins Schlüsselloch seiner frühen Traumatisierung paßte: Seine Mutter wurde in den ersten Lebensjahren wegen schwerer Depressionen psychiatrisch behandelt, wie wir wissen, eine traumatisierende Ohnmachtserfahrung für Kleinkinder, die – wie Herr A. – auf keine alternativen Objektbeziehungen ausweichen können. Außerdem erkrankte Herr A. in seinem 4. Lebensjahr an Polio und war mehrere Wochen gelähmt. Anhand von furchtbaren Alpträumen vermuteten wir, daß der „gelähmte" Zustand der durch die Arbeitslosigkeit erzwungenen Passivität, des ohnmächtigen Abwartens, – unbewußt sowohl die frühen Interaktionserfahrungen mit der depressiven („toten") Mutter (vgl. u. a. Green, 1993; Stern, 1996) als auch die Erfahrung des körperlichen Gelähmtseins während der Polio-Erkrankung evozierten, so daß die dadurch aktivierte unbewußte Todesangst nur durch Alkoholkonsum psychisch zu bewältigen war. Als wir diese Zusammenhänge entdeckten, konnte Herr A. aus eigener Kraft den Alkohol einschränken und sich schließlich erfolgreich auf eine Assistentenstelle bewerben. Es war für mich eine beeindruckende Erfahrung, wie Herr A. durch den geregelten Tagesablauf, die neuen sozialen Kontakte und die reale Wertschätzung als Mediziner seinen Zustand der Identitätsdiffusion überwinden konnte. Allerdings war er nicht davon zu überzeugen, in einer Langzeittherapie seine frühinfantilen Traumatisierungen eingehend zu bearbeiten. „Ich muß mich zuerst beruflich stabilisieren. Sobald ich meinen Facharzt habe und beruflich abgesichert bin, werde ich eine Psychoanalyse beginnen."*

*Zwei Jahre nach meinem Umzug rief mich der Vater meines Patienten an und teilte mir mit, daß sich sein Sohn in einer Kurzschlußhandlung suizidiert hatte, da er erneut befürchtete, seine Assistentenstelle aufgrund von Umstrukturierungsmaßnahmen in der Klinik zu verlieren. In seinem Abschiedsbrief schrieb er, daß er eine erneute Arbeitslosigkeit nicht mehr ertragen könnte.*

Herr A. – auch ein „Kind der Freiheit" – zerbrach offensichtlich aufgrund spezifischer Traumatisierungen an den Anforderungen, die die heutige Arbeitssituation an junge Akademiker stellt. Es war u. a. diese für mich erschütternde Erfahrung, die mich motivierte, meine erste Untersuchung an der Universität Gesamthochschule Kassel den Auswirkungen der Arbeitslosigkeit auf Spätadoleszente zu widmen – eine Studie, auf die ich gleich noch eingehen werde.

Wir bezogen uns in dieser Studie auf psychoanalytische Konzepte zur Spätadoleszenz (B). Spätadoleszenten kommt in unserer Kultur die Aufgabe zu, die Identitätsbildungsprozesse der früheren Phasen der Adoleszenz zu einem vorläufigen Abschluß zu bringen und sich auf eine persönliche, berufliche und sexuelle Identität festzulegen. Dazu einige Bemerkungen:[4]

### 3.2 Identitätsbildungsprozesse in der Spätadoleszenz

In diesem Rahmen kann ich das schwierige Konzept der Identität sowohl in der Psychoanalyse wie auch in der Soziologie nicht diskutieren (vgl. dazu u. a. Sonnemann, 1988; Bohleber, 1996; Keupp u. Höfer, 1997). Es sei nur angemerkt, daß der psychoanalytische Beitrag zur Identitätsdiskussion vor allem darin besteht, auf das Nicht-Identische, das Unbewußte, und seine Rolle bei der Entwicklung eines stabilen Identitätsgefühls hinzuweisen. Dies dokumentieren auch neuere psychoanalytische Arbeiten zur Identitätsbildung. Darin sind nach Bohleber (1987, 1992a) vor allem drei Bereiche bestimmend:

*a) Identitätsbildungsprozesse im intermediären Raum zwischen innen und außen, zwischen Selbst und Objekt*

Das Identitätskonzept stellt im Gegensatz zur psychoanalytischen Theorie des Selbst einen Grenzbegriff dar, mit dem versucht wird in Rechnung zu stellen, daß sich diese Entwicklungsprozesse an der Schnittstelle zwischen äußerer und innerer Realität abspielen (siehe auch Leuzinger-Bohleber, 1991). Das Gefühl der Gleichheit und Kontinuität mit sich selbst ist einmal abhängig von einem Vergleich mit sich selbst, früheren Erfahrungen und deren Bewertungen und Erinnerungen – aber auch von der Wahrnehmung von außen als „der immer noch gleichen Person". Dies führt zu einer komplexen und immer konflikthaften Wahrnehmung von Identität, die Lichtenstein (1977) als das „dilemma of human identity" beschrieben hat. Identität besteht immer einerseits aus der genuinen Erfahrung, „innerlich ich selbst zu sein", andererseits ist sie gleichzeitig auf die Übernahme sozialer Rollen angewiesen, was ständig die Gefahr in sich birgt, darin in seiner Individualität ausgelöscht zu werden: ein unauflösbares Dilemma! Bohleber (1987) definiert Identität daher als einen Bestandteil des intermediären Bereichs nach Winnicott (1971), in den in gleicher Weise innere Realität und äußeres Leben einfließen (S. 11). Dieser intermediäre Bereich ist eine Voraussetzung für den Beginn einer Beziehung zwischen dem Säugling und der Welt; psychoanalytisch betrachtet, eine Voraussetzung für die Differenzierung zwischen innen und außen,

[4] Diese Konzepte haben wir in unserem Buch „Phantasie und Realität in der Spätadoleszenz" (1993) eingehend beschrieben.

zwischen Phantasie und Realität und zwischen Selbst und Objekt. Daher betrachten wir diese Prozesse als ein Fundament der Autonomieentwicklung und der Individuation (vgl. u. a. Lichtenstein, 1977; Mahler, 1968, 1972; Stern, 1985).

Bei diesen Entwicklungsvorgängen, wie auch bei den ihnen verwandten in der Adoleszenz und der Spätadoleszenz, spielt nun das Identitätsgefühl eine zentrale Rolle. Das Identitätsgefühl ist das Resultat der synthetisierenden Aktivitäten im Ich und besteht darin, Phantasien über das Selbst zu organisieren. Dabei existieren außer den reiferen Identitätsgefühlen immer gleichzeitig verschiedene Identitätsgefühle nebeneinander, die aus früheren Entwicklungsstadien stammen und zum Teil auch unbewußt sind. Auf diese unbewußten Anteile der Identität hinzuweisen, gehört zum genuin psychoanalytischen Beitrag zur Identitätsforschung.

Die frühesten Formen eines Identitätsgefühls zentrieren sich um Omnipotenzphantasien, die die Trennung zwischen Selbst und Objekt verleugnen, sowie aus frühen Körperphantasien. Der Kern eines positiven Identitätsgefühls besteht aus jenem Teil des Selbst, in das das primäre Objekt internalisiert wurde. Dabei ist die „good enough mother" (Winnicott), die auf die idiosynkratischen Bedürfnisse ihres Säuglings eingehen kann, die basale Voraussetzung für die Ausbildung eines frühen Gefühls der eigenen Einzigartigkeit.

Modell (1975) beschreibt, wie die „good enough mother" dem Säugling ein basales Gefühl von sich selbst, eines „sense of self", ermöglicht, und der Säugling auf dem spiegelnden Gesicht der Mutter in ihren Reaktionen erstmals „sich selbst erahnt". Diese Erfahrungen sind eingebunden in den intermediären Raum zwischen Mutter und Kind, da nur ein „Zwischenraum" zwischen ihnen zu der sich anbahnenden Erfahrung der Unterscheidung von Selbst und Objekt befähigt.

*Stern (1985) spricht von einem „sense of a core self", Emde (1983) von einem „core sense of identity" und Cadwell (1976) und andere von „primary identity". Sander (1988) beobachtete die täglichen Verhaltensweisen in frühen Mutter-Kind-Dyaden. Es zeigte sich, daß „event structures" entwickelt werden, d. h. stabile, wiederkehrende Muster des Verhaltens und des Tagesablaufs, die dem Säugling das Gefühl geben, nicht nur passives Opfer, sondern aktiver Mitgestalter der Interaktion (ein „agent") zu sein, da er den Ablauf der immer wiederkehrenden Handlungen antizipieren kann und daher psychisch die Illusion entwickelt, diese aktiv herbeizuführen. Zudem entwickelt der Säugling in befriedigenden Mutter-Kind-Interaktionen schon bald einen Zustand der „alert inactivity", d. h. einen relativ ruhigen seelischen Zustand, in dem er, wie inzwischen viele Studien aus der empirischen Säuglingsforschung belegen, psychisch am besten in der Lage ist, wahrzunehmen, zu beobachten und zu lernen. In diesem Zustand kann er auch die erste lustvolle Erfahrung des „Allein-sein-Könnens" machen, die Erfahrung einer ersten Trennung vom Objekt. Diese Erfahrungen können sich nur in einem „open space"*

*abspielen, d.h. in einer Situation, in der die Mutter zwar anwesend ist, aber dem Säugling den Raum lassen kann, sich selbst zu spüren, sich selbst zu erfahren, indem sie nicht z.B. mit irgendwelchen Stimulationen oder Handlungen interferiert.*
Bohleber (1992a) charakterisiert diese Interaktionen wie folgt:

*„Innerhalb eines harmonisch regulierten Mutter-Kind-Systems sind während einer Wachperiode Zeiten zu beobachten, die eine Entflechtung zwischen Mutter und Kind hinsichtlich der eingespielten Regulationsabläufe zulassen. Dies kann eintreten beim Fehlen einer inneren körperlichen Erregung und beim Ruhen von Interaktionen. Der Säugling ist dabei wach und in einem Zustand einer ‚alert inactivity'. Dies erlaubt dem Säugling, innere Empfindungen oder Impulse als seine eigenen, die in ihm selbst aufkommen, wahrzunehmen. Der Impuls wird zu einem ‚personalen Erlebnis' (Winnicott, 1974, S. 43). Damit entsteht beim Säugling, wenn auch zunächst rudimentär, die Fähigkeit, allein zu sein. Innere aufkommende Empfindungen und Impulse schaffen ein Selbstgefühl, das sich im Laufe wiederkehrender Zeiten von Entflechtung verstärkt und komplexer wird. Sander bezeichnet diese Zeiten als einen ‚offenen Raum', der zur Selbst-Entwicklung notwendig ist. Er sieht in ihm eine erste Form eines intermediären Raumes nach Winnicott, der von der Mutter gehalten werden muß. Sie muß da sein, darf aber nicht mit Stimulationen oder Pflegeleistungen eingreifen. Im Zuge der Entfaltung dieses Raumes kann der Säugling zunehmend verschiedene Selbst-Erfahrungen machen über seine Autorschaft von Empfindungen, Gefühlen, Vorstellungen und Reaktionen und er erwirbt sich das Gefühl eines eigenen psychischen Raumes. Mit dem Erwerb der Fähigkeit zur inneren Repräsentation und einer objektivierbaren Selbstrepräsentanz entwickelt und erweitert sich innerhalb dieses intermediären Raumes das Identitätsgefühl. Das Kind eignet sich zunehmend ausdifferenzierte Selbst-Bilder an.*

*Diese Verbindung von Selbst-Entwicklung als personalem Erlebnis mit dem intermediären Raum zwischen Mutter und Kind sehen wir als eine frühe Vorform späterer Identitätsentwicklung an. Die Identität ist von ihrer Struktur her mit den im intermediären Raum angesiedelten Übergangsobjekten verwandt. Diese haben eine Mittelstellung zwischen der inneren Welt und der äußeren. Sie sind ein Teil von beiden. Genau diese Mittelstellung kommt auch der Identität zu. Sie stellt eine Balance dar zwischen äußerer Erwartung, gesellschaftlichem Rollenverhalten und der inneren Wirklichkeit, den Phantasien und persönlichen idiosynkratischen Wünschen." (S. 355 f.).*

In der zweiten Phase psychischer Strukturbildung, in der Adoleszenz, bedarf nun der Adoleszente ebenfalls eines solchen Spielraums, eines psychosozialen Moratoriums, wie dies Erikson bezeichnete, um sich von den internalisierten Eltern, etwaigen elterlichen Werten und Vorstellungen im Ich-Ideal und Über-Ich zu lösen und zu einer eigenen Identität mit einem eigenen Wertraum zu finden.

Als Metapher für spätere Bez.- u. Gruppenerfahrungen denkbar: Spielräume

Wunsch- und triebbesetzte Vorstellungen, die auf Verwirklichung drängen, können durch diesen Spielraum erprobt, reexternalisierte Über-Ich-Anteile geprüft, neue Werte, Vorstellungen und Handlungsmuster durchgespielt, verworfen oder angenommen und dann internalisiert werden.

In diesem Prozeß spielen die Größenphantasien eine zentrale Rolle, nicht nur, wie anderswo beschrieben (Leuzinger-Bohleber u. Garlichs, 1991), zur Abwehr der Insuffizienzgefühle, sondern auch als kreative Leistung. Zum Beispiel muß der Jugendliche Größenphantasien, in gewissem Sinne auch Illusionen, ausbilden können, er sei ein wichtiges, aktiv mitgestaltendes Mitglied der Gesellschaft, und in seiner Phantasie seine eigenen „Weltentwürfe", Wertsysteme etc. entwerfen können, sonst wird er vorschnell auf eigene Ohnmachts- und Wertlosigkeitsgefühle zurückgeworfen (vgl. dazu auch Richter, 1997). Wie im ersten Trennungsprozeß im 2./3. Lebensjahr wird ein sukzessives Abarbeiten und schließlich ein Verzicht auf narzißtische Größenphantasien, eine adäquate Desillusionierung, nur ermöglicht durch die reale Erfahrung des Angenommenseins auch ohne sie – beim Spätadoleszenten durch die reale Erfahrung des persönlichen Erwünschtseins, des Gebrauchtwerdens wenigstens in einem Sektor dieser Gesellschaft. An solche Prozesse dachten wir in unseren Studien, als wir auf die mögliche Langzeitwirkung chronischer Ohnmachts- und Insuffizienzgefühle bei Studierenden an unseren heutigen Massenuniversitäten (Leuzinger-Bohleber u. Mahler, 1993), aber auch der drohenden und realen Akademiker-Arbeitslosigkeit hinwiesen (Leuzinger-Bohleber u. Garlichs, 1991; Wiedenhöft, 1995).

*Im Fallbeispiel versuchte ich anzudeuten, daß die lange Arbeitslosigkeit bei Herrn A. sukzessiv einen Regressionsprozeß evozierte, der ihn auf ein Niveau seelischen Funktionierens führte, das eher einer Phase der frühen Adoleszenz entspricht. So dominierten schwere Insuffizienz- und Ohnmachtsgefühle zunehmend intensiver das seelische Geschehen und mußten, u. a. durch den Alkoholkonsum, mit Omnipotenzphantasien abgewehrt werden. Erst die Möglichkeit, als Assistenzarzt seinen Identitätsentwurf als Mediziner in der Realität auszuprobieren, stabilisierte seine spätadoleszente psychische Realität und erlaubte sukzessiv einen Verzicht auf Omnipotenzphantasien und Alkoholkonsum. Die Einsicht in die Abhängigkeit seines seelischen Zustandes von der äußeren Realität ließ ihm – angesichts der erneuten Arbeitslosigkeit – vermutlich nur „die Freiheit", zwischen dem selbstgewählten Tod und dem für ihn entwürdigenden, drohenden Rückfall in die Alkoholsucht zu wählen.*

### *b) Spiegelerfahrung im „bedeutsamen Anderen"- eine lebenslange Komponente des Identitätsgefühls*

Bohleber (1992a) diskutiert in der erwähnten Arbeit, welche neuen Gesichtspunkte sich für das theoretische Verständnis von Identitätsbildungsprozessen aus den Ergebnissen der neuen Säuglingsforschung ableiten lassen. So beruht der erste Vorläufer eines Identitätsgefühls bzw. eines „sense of self" auf der Erfahrung, sich selbst im „Spiegel: Mutter", d.h. in ihren Reaktionen auf das Selbst in ihrem Gesicht zu erkennen. Diese ersten Erfahrungen eines „emergent self" (Stern) sind allerdings noch nicht in dem Sinne differenziert, daß zwischen Selbst- und Objektimagines unterschieden wird, da die Fähigkeit, Repräsentanzen zu bilden, noch nicht entwickelt worden ist. Dennoch sind diese frühen Erfahrungen die Vorläufer der späteren reflexiven Erfahrungen des Kindes, indem das Kind zuerst sich im anderen wahrnimmt und erst anschließend sich selbst. Die Selbstrepräsentanz, die auf diese Weise wahrgenommen wird, wird anschließend introjiziert. Daher scheint es zur basalen Struktur von Identität zu gehören, daß Identität nur in der Beziehung zu einem bedeutungsvollen anderen gebildet werden kann. Auch ist eine Spaltung im Kern-Selbst notwendige Voraussetzung für eine Selbstwahrnehmung. Zuerst in einem Spiegelprozeß in der äußeren Realität und anschließend in einem analogen inneren Prozeß kann das Selbst sich ein Identitätsgefühl erwerben. Die Erwartungen, die der bedeutungsvolle andere an das Selbst richtet, soziale Normen und Werte, bilden später den „Spiegel", vor dem sich Identität bilden kann. Erwartungen und Wertvorstellungen werden zwar von außen übernommen, jedoch wird darin auch die eigene Individualität ausgedrückt.

*„This basic structures of the way in which an identity is acquires through the mirroring process would be incompletely understood, if it was taken to be purely intrapsychic process. Aquisition occurs both interactively and intrapsychically, and the description of an intrapsychic process needs to be supplements by an interactional concept. To acquire our own selves, we are dependent on interactions with others." (Bohleber, 1992a, S. 21).*

Bohleber fokussiert hier, daß wir, analog zu den Spiegelerfahrungen als Säugling, ein Leben lang abhängig bleiben von spiegelnden Erfahrungen mit einem bedeutsamen anderen. Besonders in der Adoleszenz und in der Spätadolezenz, in denen die Loslösung von den Primärobjekten, das Finden eines Liebesobjekts sowie die sexuelle, persönliche und berufliche Identitätsentwicklung im Zentrum des psychischen Geschehen stehen, kommt der Spiegelerfahrung mit bedeutsamen Objekten eine zentrale Funktion zu. Bezogen auf die Entwicklung einer tragenden Identität sind in diesem Zusammenhang Spiegelerfahrungen mit dem Liebesobjekt, aber auch weiteren wichtigen Personen sowohl im privaten als auch im öffentlichen Bereich entscheidend.

### *c) Separation und Trauer – eine Conditio sine qua non der spätadoleszenten Identitätsbildung*

Von den vielen eben skizzierten Identitätsentwürfen müssen nun jene ausgewählt werden, die als zugehörig und relevant für die ureigenste Identität empfunden werden. Diese Auswahl bedeutet i. d. R. vorbewußte Entscheidungsprozesse, die immer auch Trennungsprozesse beinhalten: Man muß sich von früheren oder eben ausprobierten Selbst- und Selbstidealentwürfen trennen, auch von „nicht (mehr) genehmen" Identitätsanteilen. Daher sind die eben aufgeführten Spiegelprozesse nicht von Separationsprozessen zu trennen, ja sie stellen sogar die notwendigen Voraussetzungen dafür dar. Eine erste Trennung des Selbst vom Objekt ist die Bedingung, daß das Kind sich schließlich im Spiegel erkennt. Durch das ganze Leben hindurch sind die kreativen Prozesse der Identitätsfindung, die wir hier klinisch und theoretisch umkreisen, mit der Erfahrung des Getrenntseins verbunden und aktualisieren immer auch analoge frühere Erfahrungen mit Trennungen. Um mich von vertrauten Selbstrepräsentanzen zu entfernen und ein neues Selbstbild auszuprobieren, muß ich dieses Selbstbild ein Stück weit in der Realität ausprobieren, in Handlung umsetzen, um in einem zweiten Schritt die konkreten Erfahrungen mit diesem Selbstentwurf vor meinem inneren Auge vorbeiziehen zu lassen, innerlich zu „spiegeln" und schließlich entscheiden, ob dieses neue Spiegelbild in mein Selbstbild, meine Identität, integriert werden kann. – Falls dies nicht der Fall ist, werden diese erprobten Selbstimagines wieder ausgestoßen: Ich muß mich von solch einem „Selbstentwurf" wieder trennen. Doch auch wenn dieser akzeptiert wird, bedeutet dies innerlich in gewissem Sinne eine Trennung – das Neue wird integriert, das Alte, so wie es war, geht verloren, weicht etwas Neuem, einem Stück neuer Identität. Ich bin zwar immer noch dieselbe, die ich vorher war, aber ich bin nicht mehr die Gleiche. Außerdem werde ich auch von außen wieder anders wahrgenommen, muß mich folglich auch von vertrauten und bekannten Reaktion auf mich selbst u. U. trennen. Diese psychischen Prozesse können nur gelingen, falls die Grenzen zwischen Selbst und Objekt stabil entwickelt sind und nicht Gefühle wie Hilflosigkeit, Minderwertigkeit oder die Angst vor endgültiger Trennung und Verlust, die z. B. aus analogen Erfahrungen während der Rapprochementkrise (nach M. Mahler) stammen, evoziert werden. „So weisen alle Menschen, die an schweren Identitätsstörungen leiden, eine stark konflikthafte Autonomieentwicklung zur Zeit der Wiederannäherungskrise auf" (vgl. Bohleber, 1987 und 1992a, S. 357).

Bekanntlich spielen bei psychischen Differenzierungs- und Trennungsprozessen eigene aggressive Impulse eine entscheidende Rolle; ohne diese Impulse ist eine Abgrenzung zwischen dem Selbst und dem Objekt, zwischen innen und außen, Phantasie und Realität bekanntlich nicht möglich. Daher kommt auch bei dieser Dimension der Identitätsentwicklung dem Schicksal der eigenen Aggressionen eine große Bedeutung zu: Können die eigenen aggressiven Impulse von denen unterschieden werden, die von außen stammen? Stehen sie als integrierte Abgrenzungsaggression zur Sicherung stabiler Selbst- und Objektgrenzen zur Verfügung? Auf welchem Niveau bewegen sie sich? Welche Modalitäten sind vorherrschend – und welche Richtung nehmen sie? Sind gesellschaftliche Realitäten, Institutionen oder Bezugspersonen Ziel aggressiver Impulse, oder werden diese durch rigide Überich- und Ichidealstrukturen auf das eigene Selbst gerichtet?

*„Pathology of the self arises out of an intensification of defensive aggression, and the incapacity to tolerate one's own destructiveness because of the perceived fragility of the object... It is the combination of the object as both fragile and dangerous which limits the child's opportunity to internalise a reflective and intentional stance. The absence of such a stance further reduces the child's capacity to contain his own aggression" (Fonagy et al., 1993, p. 480).*

## 4. Drei paradigmatische spätadoleszente Entwicklungsverläufe, bedingt durch die Erfahrung einer längerdauernden Arbeitslosigkeit

Ich möchte hier anhand von drei kurzen Fallskizzen aus unserer Arbeitslosenstudie[5] auf drei spezifische Gefahren (bzw. Chancen) hinweisen, die sich aus der erschwerten Berufssituation für heutige Studierende ergeben.

*I. Gefahr einer verkürzten Identitätsbildung bzw. der Ausbildung einer Pseudoidentität*
*„Die Geradlinige"*

Als erstes besteht die Gefahr, daß das psychosoziale Moratorium in dem Sinne ausgehöhlt wird, als, psychisch gesehen, angesichts der gesellschaftlich-restriktiven Situation drohender Arbeitslosigkeit für den einzelnen kaum noch ein innerer und äußerer Spielraum existiert, in dem er verschiedene Identitätsentwürfe ausprobieren, kritisch prüfen, gegeneinander abwägen kann, um sich schließlich für eine bestimmte berufliche Laufbahn aktiv zu entscheiden. Existieren z. B. nur wenige Planstellen für Lehrer und wird einem Lehrerstudenten nach seinem Abschluß eine dieser seltenen Stellen angeboten, wird er sich kaum noch kritisch fragen, ob er überhaupt Lehrer werden will, ob es ihm im Praktikum wirklich gefallen hat, ob ihm der Schulalltag mit Kindern in all seinen Facetten liegt, ob er sich vor dem inneren Auge in der Lehrerrolle wiederfinden kann, sich mit ihr im Kern „identisch" fühlt oder er sich darin selbst entfremdet vorkommt. Er wird höchstwahrscheinlich nach der Stelle greifen. Psychoanalytisch betrachtet, kann dies zu einer stark verkürzten Identitätsentwicklung, im Extremfall sogar zur

[5] Wir versuchten, einen ganzen Jahrgang der Absolventen des Lehrerstudiengangs unserer Hochschule (230) zu erfassen (1. Staatsexamen: 1983). Wir konnten mit 120 ehemaligen Studierenden schließlich psychoanalytisch orientierte, halbstandardisierte Interviews durchführen (zum Design, der Methodik und den Ergebnissen der Studie siehe Wiedenhöft, 1988; Leuzinger-Bohleber u. Garlichs, 1991).

Entwicklung einer „Pseudoidentität" führen, einem Störungsbild, das wir gut aus der psychoanalytischen Praxis kennen, z. B. bei den sogenannten Midlife-Krisen, in denen oft in erschütternder Weise bisher stabil scheinende Identitäts- und Lebensgestaltungen zusammenbrechen, wenn der Betreffende unerwartet vor die Situation gestellt wird, auf das Ausfüllen eines bisherigen Rollensets in der äußeren Realität zu verzichten und sich auf eine neue berufliche oder private Situation einzustellen (vgl. auch hier Arbeitslosigkeit, Berufswechsel oder Verzicht auf bisherige Karrierestellung etwa bei hohen Managern, Computerfachleuten etc., oder aber privat: Reaktion auf Scheidung, Auszug der Kinder etc.). In unserer Studie haben wir mehrere solcher, an der Oberfläche oft fantastisch funktionierenden, aber unterschwellig dennoch hoch gefährdeten Identitätsentwicklungen beobachtet. Eine junge Lehrerin, die wir als „die Geradlinige" charakterisierten und an anderer Stelle ausführlich beschrieben haben (vgl. Leuzinger-Bohleber u. Garlichs, 1991, S. 19-26), möchte ich ganz kurz hier erwähnen.

Frau A. war die einzige Person unserer Studie, die seit ihrem Referendariat (vor 3 Jahren) keinen Tag mehr in der Schule verbracht hatte und sich dennoch im Status einer beamteten Lehrerin befand. Eine kurze Zeit als Arbeitslose hatte sie mit verschiedenen Jobs gefüllt, weil sie die Untätigkeit nicht ertragen konnte und unter panischen Angstattacken und psychosomatischen Störungen litt, wann immer sie „nichts Richtiges zu tun" hatte. Sie bekam aufgrund guter Kontakte in ihrem Heimatort eine Stelle angeboten und nahm diese an, um sich gleich wegen ihrer Schwangerschaft beurlauben zu lassen. Sie lebte ein aktives Leben im Eigenheim und war nebenberuflich als begeisterte Sportlerin im Verein tätig. Der Interviewerin fiel trotz aller Lebendigkeit und sprudelnder Aktivität im Interview eine unterschwellige Unzufriedenheit mit ihrer jetzigen Situation auf.

Frau A. schilderte eine unglückliche Kindheit: „Die Eltern waren mir gegenüber gleichgültig, sie wußten nichts über mich, haben auch nicht nachgefragt, was ich mache, hatten kaum eine intensive Beziehung zu mir. Daher versuchte ich schon früh eigene Wege zu gehen und anders zu leben." Aufgrund dieser und anderer Äußerungen vermuteten wir schon in der frühinfantilen Zeit eine verfrühte Autonomieentwicklung, die sich in der Adoleszenz wiederholte. Sie suchte sich schon während der Grundschulzeit ein kompensatorisches Zuhause im Sportverein, übernahm dort mit 12 Jahren eine Trainerinnenstelle und trat mit 16 Jahren in eine Sportakademie ein, kam dann nur noch jedes 2. Wochenende nach Hause. „Ich habe mich einfach losgeeist und war glücklich, endlich weg von Zuhause zu sein." Das Studium erlebte sie fast durchweg als langweilig, zu wenig zielstrebig und leistungsbetont, für sie ein Grund, warum sie ihre Arbeit im Sportverein noch intensivierte. Sie nahm keine einzige tiefere Beziehung zu Kommilitoninnen und Komilitonen oder zu Dozentinnen und Dozenten auf, sondern blieb in ihrer Dorfgemeinschaft verhaftet. Das Studium schien fast nur einem Zweck zu dienen, sich die Qualifikation zu erwerben, Sportlehrerin zu werden und sich dadurch einen frühen Kinderwunsch zu erfüllen. Daher wirkte ihr spätadoleszenter Identitätsfindungsprozeß auffällig geradlinig, der ihr kaum ein Pendeln zwischen unterschiedlichen Identitätsentwürfen und daher auch wenig bewußten und unbewußten Entscheidungsspielraum für ihre Identitätsfestlegung erlaubte. Gefühle der Unsicherheit, des „Noch-nicht-Wissens", des Selbstzweifels wurden vermutlich durch rasche und eindeutige Festlegungen vermieden.

Wir haben diskutiert, daß Frau A. in ihrem jetzigen sozialen Umfeld über ein stabiles, tragendes Identitätsgefühl verfügt. Doch lassen sich darin Züge einer „Pseudoidentität" finden, da dieses Identitätsgefühl sehr an das Ausfüllen eines ganz spezifischen Rollensets in der Realität gebunden ist. Bei einem abrupten Wechsel dieses Rollensets, z. B. durch einen erzwungenen Wechsel der sozialen Umgebung (Stadt statt Heimatdorf, Arbeitslosigkeit, Scheidung, etc.), besteht die Gefahr, daß es zu einer schweren Identitätskrise kommen kann. Sie scheint selbst eine Ahnung von dieser Gefahr zu haben, wenn sie im Gießen-Test sagte: „Ich glaube, eine Änderung meiner äußeren Lebensbedingungen würde meine seelische Verfassung sehr stark verändern" (Einschätzung 5).

### *II. Chance für die Entwicklung einer alternativen, tragenden Identität*

Bei einigen der Interviewten konnten wir auch eine kreative Entwicklung aufgrund der Erfahrung der lang andauernden Arbeitslosigkeit beobachten. Bei all diesen jungen Erwachsenen war offensichtlich, daß ihr Lehrerstudium das Produkt zu früher und i. d. R. wenig reflektierter Festlegungsprozesse gewesen war ; Keupp (1997) spricht hier von einer „foreclosure-Identität" einer zu frühen „Schließung" der Identitätsfindung. Daher erinnert die berufliche Lehrer-Identität dieser Interviewten an die eben skizzierte „Pseudoidentität", denn die Berufswahl war i. d. R. vorwiegend von außen, z. B. durch den Berufswunsch der Eltern, und nicht durch einen eigenen, selbstkritischen Identitätsfindungsprozeß zustande gekommen. Die Arbeitslosigkeit ermöglichte diesen jungen Erwachsenen, diese vorschnelle Festlegung einer nochmaligen Überprüfung zu unterziehen und sich dadurch eine erneute und in diesem Sinne kreative, berufliche Selbstfindung zu erlauben. Allerdings ist dazu gleich zu sagen, daß solche kreativen Identitätsfindungsprozesse i. d. R. nur stattfinden konnten, wenn die Betreffenden existentiell abgesichert waren (z. B. durch einen Ehepartner wie bei Frau B.). Frau B. gelang es erst in den mittleren Lebensjahren – ausgelöst durch das Faktum, daß sie keine Stelle als Lehrerin fand –, ihre „außengeleitete Persönlichkeit" (Riesman), die, wie eben anhand des ersten Beispiels erwähnt, deutliche Züge einer Pseudoidentität trug, nochmals einem wesentlichen Wandel zu unterziehen und – mindestens im beruflichen Bereich – einen erneuten kreativen Identitätsfindungsprozeß zu initiieren.

Lebensgeschichtlich stand dieser verspätete Entwicklungsprozeß in Zusammenhang mit der auffallend engen Mutterbindung von Frau B. In ihrer Erinnerung hatte sie zwar im Vorschulalter eine zärtliche Beziehung zu ihrem Vater, der sich aber stark von der Mutter dominieren ließ. Im Grundschulalter rückte dann die Beziehung zu ihrer Mutter mehr und mehr in den Vordergrund. Diese wachte mit einer „Affenliebe" (Patientin) über die schulische, künstlerische und soziale Entwicklung ihres Nesthäkchens, und zwar bis weit in deren Studienzeit hinein. Erst spät realisierte sie den Preis, den sie für die Idealisierung der Mutter und deren Overprotection bezahlte: „Vor den Männern hatte ich eine Heidenangst – ich bin kein einziges Mal abends mit Freunden einen trinken gegangen." Statt dessen blieb sie „bei Muttern", ließ sich von ihr versorgen und sich in ihrer künstlerischen Tätigkeit bewundernd überwachen. Auch die Beziehung zu ihrem Freund wurde vorwiegend durch die Mutter bestimmt. Als sie sich, als erste Autonomieleistung von ihr, entschied, sich von diesem zu trennen, lud die Mutter den Freund ein, bei ihnen zu übernachten. „Und als ich dann am nächsten Morgen aufwachte, da saßen sie schon am Frühstückstisch, und alles war geklärt. Da waren sie sich wieder einig, und ich war erleichtert, ich hatte mir Mühe gegeben, aber es hat nicht hingehauen." Nach diesem abgebrochenen Autonomieversuch verstärkte sich ihre Fremdbestimmung durch die Mutter wieder, später auch durch den Ehemann und die Schwiegermutter. Sie bildete mehr und mehr Züge einer Pseudoidentität aus. „Und nach weiteren zwei Semestern habe ich dann abgebrochen und hab' geheiratet ... ich habe keinen einzigen Tag in meinem Leben ohne dieses Eingebundensein auf eigenen Füßen gestanden, mit eigenem Zimmer und so. Das ist immer von einem zum anderen nahtlos übergegangen." Sie fand ein stabiles Arrangement mit ihrem Ehemann, der nur am Wochenende bei der Familie weilte und sonst – ohne viel Kontakt zu Frau B. – sein eigenes Leben (inkl. Freundinnen) lebte.

Frau B. war dabei vorwiegend depressiv: „Ich glaube, es war ein paar Jahre so, daß ich das Gefühl hatte, ich könne nie wieder lachen."

Interessant ist nun, daß die erschwerte Berufssituation Frau B. eine Chance bot, ihre Pseudoidentität aufzubrechen und sukzessiv einen kreativen Identitätsbildungsprozeß zu initiieren, der ihre künstlerische Begabung zu „ihrer eigenen" werden ließ. Sie bewarb sich zwar folgsam immer wieder auf Lehrerstellen, begann aber heimlich, ohne der Mutter oder dem Ehemann etwas davon zu erzählen, Kinderbuchillustrationen zu machen. Psychodynamisch war es wohl kein Zufall, daß gerade ein junger Professor als erster ihr dazu verhalf, einen künstlerischen Erfolg zu erzielen: Innerlich knüpfte sie wahrscheinlich damit an die abgebrochene, zärtlich präödipale und ödipale Beziehung zu ihrem Vater an, als „Drittem" in der engen Mutter-Tochter-Beziehung, eine eigene Entwicklungslinie, die mindestens ansatzweise unabhängig von ihrer Mutter verlief.

Durch diese Wiederentdeckung von sich selbst als autonomer, kreativer, künstlerischer Persönlichkeit und den damit verbundenen realen Erfolgen mit ihren „ureigensten" Produkten erlebte sie sukzessiv eine narzißtische Stärkung ihres bis dahin sehr fragilen Selbstwertgefühls, für sie eine beglückende Erfahrung. Sie wurde zu einer sehr erfolgreichen und gefragten Buchillustratorin.

Diese kreative Entwicklung war ihr nur dank des durch die Arbeitslosigkeit entstandenen „psychosozialen" Moratoriums möglich: Sie selbst formulierte im Interview, daß sie damals, mit großer Wahrscheinlichkeit – folgsam wie sie damals gewesen sei –, eine offene Lehrerstelle angenommen hätte, auch um sich, der Mutter und dem Ehemann zu beweisen, daß sie ihr eigenes Geld verdienen konnte. Ihr langsamer, zwar schwieriger, aber schließlich überaus erfolgreicher Selbstfindungsprozeß im künstlerischen Bereich wäre dadurch unterbunden worden.

### *III. „Die Gefährdete"*

Leider ist festzuhalten, daß solche produktiven Entwicklungen die Ausnahmen in unserer Studie waren: Viel häufiger beobachteten wir schwere Identitätskrisen, die um so gravierender wurden, je länger die Arbeitslosigkeit dauerte und je mehr die Betroffenen an ihrem Wunsch, trotz allem Lehrer zu werden, festhielten und sich weigerten, sich beruflich umzuorientieren. Es kam zu Entwicklungen, die schließlich in gravierende Identitätsdiffusionen mündeten und die Betroffenen psychisch und psychosozial schwer gefährdeten.

Als ein Beispiel beschrieben wir ausführlich Frau C., „Die Gefährdete", die im Interview ausdrückte, sie fühle sich wie „auf der untersten Treppenstufe". Sie lebte nach einer langjährigen, gescheiterten Freundschaft allein mit Hund und Katze in einem abgelegenen und verwahrlosten Wochenendhaus am Waldrand und bot der Interviewerin ein erschreckendes Bild von Panik, Depression und Suizidalität. Der lange fehlende Kontakt zur beruflichen und sozialen Realität hatten sie immer tiefer in einen Regressionsprozeß hineingeführt, in einen psychischen Zustand, in dem die stabilen Grenzen zwischen Selbst und Objekt, Phantasie und Realität, verschwimmen: zum Bild einer massiven Identitätsdiffusion. Um den Rahmen dieses Beitrags nicht zu sprengen, möchte ich nicht weiter auf diese erschütternde Identitätskrise von Frau C. eingehen – da sie sehr an die anfangs geschilderte Situation des arbeitslosen Mediziners erinnert. Auch bei ihr befürchteten wir, daß sie sich das Leben nehmen würde, wenn sie noch eine lange Zeit der Arbeitslosigkeit auszuhalten hätte.[6]

---

[6] Diese Begegnungen mit Menschen in einer derart prekären psychischen und psychosozialen Situation erforderten selbstverständlich, daß wir auch im Rahmen unserer Untersuchung versuchten, ihnen Hilfestellungen anzubieten, soweit dies in unseren Möglichkeiten stand (z.B. durch die Vermittlung von psychosozialen oder psychologischen Beratungsstellen etc.).

## 5. Zusammenfassung

Mit diesen drei exemplarischen Fallskizzen habe ich versucht, auf das komplexe Ineinanderwirken von innerer und äußerer Realität bei den zentralen, aber störungsanfälligen spätadoleszenten Entwicklungsprozessen hinzuweisen. Das Konzept der Identität, so klippenreich es theoretisch auch sein mag, kann uns eher den Blick eröffnen für diese komplexe Wechselwirkung als andere, rein innerpsychologische Konzeptualisierungen, wie z.B. das Selbst. Zusammenfassend fokussiert Identität psychische Prozesse im intermediären Raum und muß daher immer soziologisch wie psychologisch betrachtet werden. Identität findet auch nie im luftleeren Raum statt, sondern ist ein Leben lang abhängig von Erfahrungen mit dem „bedeutsamen anderen" in der Realität und als internalisiertes Objekt. Zudem ist Identitätsbildung immer auch mit Trennungserfahrung verknüpft und erfordert daher stabile Selbst- und Objektgrenzen wie auch die „Fähigkeit zu trauern". Vor allem wird Identität, in der Konzeptualisierung von Bohleber, nicht als ein statisches Phänomen verstanden (im Sinne einer Identität, die man „hat"), sondern als komplexer, konflikthafter und lebenslanger Prozeß, der u.a. initiiert wird durch das unlösbare Dilemma der Spannung zwischen subjektiver, persönlicher Identität und sozialer Rollenidentität. Identität ist folglich nie harmonisch, sondern immer konflikthaft und widerspruchsvoll – im besten Fall gelingt in diesem dialektischen Prozeß eine momentane Synthese, ein selbstverständliches Gefühl der Idiosynkrasie und Kontinuität mit sich selbst, das aber im nächsten Moment wieder in neue Widersprüche zerfällt.

Mit Hilfe dieser Konzepte versuchte ich, auf die Komplexität und Divergenz unterschiedlicher spätadoleszenten Identitätsbildungsverläufe hinzuweisen, die durch eine Pauschaldiagnose wie sie in dem einleitend erwähnten Begriff der „Kinder der Freiheit" zum Ausdruck kommt, in der Tendenz eingeebnet werden. Uns beschäftigt z. Zt., daß sich durch das erwähnte Zusammenbrechen sozialer und individueller Strukturen von Sicherheit in Beziehungen, Berufswelt und Gesellschaft erneut ein sozialdarwinistisches „Prinzip des Überlebens des Stärkeren" schonungslos durchsetzen könnte, so daß die Schere zwischen den – aufgrund ihrer Frühsozialisation, ihrer Schichtzugehörigkeit und aktueller (familiärer und institutioneller) Faktoren – Privilegierten und den Unterprivilegierten immer weiter auseinanderklafft. Mit dem Beispiel des arbeitslosen Mediziners, Herrn A., sollte auf diese Gefahr hingewiesen werden: Es ist zu befürchten, daß es heute – einmal mehr in der Geschichte – erfolgreiche und gefährdete, robuste und zerbrechende, siegende und verlierende „Kinder der Freiheit" gibt. Ob wir es vor allem einem sozialdarwinistischen Denken überlassen werden, wer zu welcher Gruppe dieser „Kinder der Freiheit" gehören wird?

Ebenfalls sensibilisieren wollte ich für die kurz- und langfristigen Folgen, die das Schwinden innerer und äußerer Spielräume für die betroffenen Individuen –

aber auch für unsere Kultur – nach sich ziehen. Gerade in einer gesellschaftlichen Situation, die durch Krisen und rasch sich wandelnde Modernisierungsprozesse gekennzeichnet ist, wird den Menschen eine hohe Adaptions- und Integrationsfähigkeit abverlangt; Prozesse, die nicht ohne ein stabiles Kernidentitätsgefühl und gut ausgebildete kreative Problemlösungsfähigkeiten zu initiieren sind. Manchmal kommt mir der Verdacht, daß die anfangs erwähnten massiven ungelösten gesellschaftlichen Krisen (wie geschildert z. B. auf dem Arbeitsmarkt, ökonomische und ökologische, aber auch die Sinn- und Wertekrise etc.) bei den politisch Verantwortlichen z. Zt. eine verheerende Abwehrbewegung gegen die Einsicht in die Dringlichkeit und die Komplexität der anstehenden Probleme bewirken, im Sinne des einleitend erwähnten Versuchs, „die Uhr zurückzudrehen", und daß mit überholten Lösungsvorschlägen, einem Rückgriff auf Altbekanntes, wie z.B. Verkürzung der Studienzeiten, Verschulung und stärkeren Kontrolle von Studierenden und Dozenten etc. unbewußt das Grab für neue, kreative Potentiale geschaufelt wird; Potentiale, die vielleicht innovative Lösungen für manche der aktuellen Krisen entwickeln könnten. So haben einige meiner Lehrerstudentinnen und -studenten, wie mir scheint, beeindruckende neue Wege eingeschlagen, indem sie etwa durch Teilzeittätigkeiten, mit dem Partner geteilte Familienphasen u. ä. m., das Studium zu einer sinnvollen, eigenen Lebensphase machen, in der sie fachliche, psychische und soziale Kompetenzen erwerben, die in heutigen Schulen – denken wir nur an das Stichwort „Gewalt an Schulen" – von enormer Relevanz sein könnten, auch wenn diese Studierenden einige Semester länger brauchen, bis sie sich zu ihrem Studienabschluß melden. Sie sind aber, gerade auch weil sie sich einen eigenen Identitätsfindungsprozeß mit den entsprechenden Konflikten und Krisen „geleistet" haben, weit eher in der Lage, den ständig sich wandelnden Aufgaben in den Schulen oder anderen Bildungsinstitutionen begegnen zu können, als Studierende wie Frau A., die ängstlich und zielstrebig ihr Studium in verschulter Weise in der kürzestmöglichen Zeit hinter sich gebracht haben. Die geplante Straffung und Verschulung des Studiums erschwert oder verhindert sogar solche wirklich kreativen, neuen Lebensformen – nicht nur bei Lehrerstudenten –, Lebensformen, die wir auch gesellschaftlich dringend brauchen.

Wir berühren hier Überlegungen, die weit über meine eigene Kompetenz hinausgehen und daher im interdisziplinären und öffentlichen Dialog weiter bedacht werden müssen. In einer Situation, in der fast 5 Millionen Menschen in Deutschland arbeitslos sind (Januar 1998), scheinen wir vor der schon seit langem beschriebenen Alternative zu stehen, die Weiche in Richtung einer „Zwei-Drittel-Gesellschaft" oder hin zu einer prinzipiell neuen und sozial gerechteren Verteilung der vorhandenen Arbeit zu stellen (vgl. dazu u. a. die Arbeiten von Bourdieu, Gerlach, Jahoda, Kieselbach, Kirchler, Wacker, Keupp, Zilian u. Fleck).

Unsere Untersuchung hat uns erneut sensibilisiert für das persönliche und soziale Elend, das mit einer gesellschaftlichen Tabuisierung des „einen Drittels", nämlich vor allem der Arbeitslosen, verbunden ist. Daher können wir dem Bericht des „Club of Rome", der soeben erschienen ist (Februar 1998), nur voll zustimmen, der ein grundsätzliches gesellschaftliches Umdenken in den westlichen Industrienationen fordert und die These aufstellt, daß die menschliche Arbeit unentbehrlich für das Selbstwertgefühl ist: „Wir sind, was wir produzieren!" Der Journalist J. Wille faßt ihr Plädoyer wie folgt zusammen:

*„Die Arbeitslosigkeit wird abgeschafft. Der Staat garantiert jedem eine bezahlte Grundbeschäftigung von 20 Wochenstunden, Arbeitslosengeld und Sozialhilfe gibt es nicht mehr. Das Arbeitsleben wird flexibler und endet nicht abrupt mit 60 oder 65, sondern läuft langsam aus. Freiwillige Tätigkeiten werden als wesentlicher Teil des Wohlstands eines Staates erkannt und gefördert. Das sind Kernpunkte einer „neuen Politik der Vollbeschäftigung", die der Club of Rome entwerfen ließ" (FR, 20. Februar 1998, S. 1).*

Folgen wir den anfangs erwähnten Untersuchungen von Wilkinson (1997) oder auch Inglehart (1990), Wuthnow (1997) und Beck (1997) scheint die junge Generation hellsichtig dieses notwendige gesellschaftliche Umdenken zu antizipieren, wenn sie neue, enttraditionalisierte, aber auf Toleranz aufbauende Werte erprobt. So ziehen offenbar viele von ihnen ein Leben mit Spaß, Zeit und Amusement mit anderen einem Leben mit Karriere, Streß und Ausbeutung vor. Zudem wird immer wieder festgestellt, daß sie keineswegs politisch desinteressiert, sondern durchaus bereit sind, sich für ihnen sinnvoll erscheinende Aufgaben wie Umweltschutz, Kindererziehung, Behindertenarbeit etc. zu engagieren, d.h. in jenen Gebieten tätig zu werden, in denen der Club of Rome viele der neu zu schaffenden, bisher brachliegenden, aber für die Intergrationskraft und das gesellschaftliche Klima zentralen Arbeitsfelder sieht. Daher scheint mir sowohl im Plädoyer der Wissenschaftler des Club of Rome als auch in diesen Einstellungen von Jugendlichen ein altes Postulat der Psychoanalyse wiederaufzuleben, das Beck (1997) in die schlichte Formel faßt, die von heutigen Jugendlichen als innerer, inhaltlicher Zusammenhang neu entdeckt werde: „Wer für sich lebt, muß sozial leben" (S. 19).

Horst-Eberhart Richter (1997) läßt in seinem neuesten Buch Einstein einen himmlischen Krisengipfel zu diesen Fragen wie folgt zusammenfassen:

*„Fragt ihr mich nach meinem persönlichen Resümee, so sehe ich für den Menschen, will er die Zukunft seines Geschlechtes sichern, die einzige Chance darin, daß er zwei ganz einfache Einsichten endlich praktisch beherzigt: daß sein Schicksal mit dem der Mitmenschen in allen Teilen der Erde unlösbar verbunden ist und daß er zur Natur und diese nicht ihm gehört" (S. 252).*

## Literatur

Abend, S. M. (1974): Problems of Identity. Theoretical and Clinical Applications. Psa. Quart., 43, 606-637.

Adorno, T. W. (1966): Negative Dialektik. Ges. Schriften 6, Frankfurt a.M.: Suhrkamp, 1984.

Anzieu, A. (1996): Beruhigende Weiblichkeit. Zum Thema Adoleszenz. In: W. Bohleber (Hrsg.): Adoleszenz und Identität (vgl. unten), 41-64.

Barwinski-Fäh, R. (1990): Die seelische Verarbeitung der Arbeitslosigkeit. Eine qualitative Längsschnittstudie mit älteren Arbeitslosen. München: Profil Verlag.

Beck, U. (Hrsg.) (1997): Kinder der Freiheit. Frankfurt a.M.: Suhrkamp.

Bertrams, A. (1993): Mythos Generationenkonflikt? Spurensicherung bei psychoanalytisch orientierten Studententherapeutinnen und -therapeuten mit Hilfe einer Delphi-Befragung. In: Leuzinger-Bohleber, M., Mahler, E. (Hrsg.): vgl. unten, S. 247-276.

Blos, P. (1979): The adolescent passage. Developmental issues. New York: International Universities Press.

Blos, P. (1996): Die Funktion des Agierens im Adoleszenzprozeß. In: W. Bohleber (Hrsg.): Adoleszenz und Identität (vgl. unten), 103-128.

Bohleber, W. (1987): Die verlängerte Adoleszenz. Identitätsbildung und Identitätsstörungen im jungen Erwachsenenalter. Jahrbuch der Psychoanalyse 21, 58-84.

Bohleber, W. (1992a): Identität und Selbst. Die Bedeutung der neueren Entwicklungsforschung für die psychoanalytische Theorie des Selbst. Psyche, 46, 4, 336-366.

Bohleber, W. (1992b): Das Phantasma der Nation. Nationalismus, Fremdenhaß und Antisemitismus. Psychoanalytische Überlegungen. Psyche, 46, 8, 689-710.

Bohleber, W. (Hrsg.) (1996): Adoleszenz und Identität. Stuttgart: Verlag Internationale Psychoanalyse.

Bohleber, W., Kafka, J. (1991): Antisemitismus. Bielefeld: Aisthesis.

Bonß, W., Heinze, R. G.(1984) (Hrsg.): Arbeitslosigkeit in der Arbeitsgesellschaft. Frankfurt a. M.: Suhrkamp.

Brämer, R. (1993): Rückzug oder Vorstoß? Über Veränderungen der naturwissenschaftlichen Fachsozialisation in den 80er Jahren. Zur Studie „STUDENT 92". In: Leuzinger-Bohleber, M., Mahler, E.(Hrsg.): siehe unten, 202-218.

Bruch, H. (1980): Der goldene Käfig. Das Rätsel der Magersucht. Frankfurt a. M.: Fischer.

Buchmann, M. (1983): Konformität und Abweichung im Jugendalter. Diessenhofen: Verlag Rüegger.

Bundesminister für Bildung und Wissenschaft (Hrsg.) (1986): Das soziale Bild der Studentenschaft in der Bundesrepublik Deutschland. Bonn: Bock Verlag.

Bürgin, D. (1980): Spätadoleszenz und Autonomie. Psyche, 34, 5, 449-464.

Bürgin, D. (Hrsg.) (1988): Beziehungskrisen in der Adoleszenz. Stuttgart: Huber.

Cadwell, R. S. (1976): Primal Identity. Int. Rev. Psycho-Anal., 3, 417-434.

Claussen, D. (1992): Die antisemitische Alltagsreligion. Hinweise für eine psychoanalytisch aufgeklärte Gesellschaftskritik. In: Bohleber, W., Kafka, J. (Hrsg.): Antisemitismus. Bielefeld: Aisthesis.

Dahrendorf, R. (1990): Die Sache mit der Nation. Merkur 44, 823-834.

Dickel, H., Döpp,W., Hahn, H., Jüngst, P., Klein, J., Pletsch, A., Radloff, J., Schulze-Göbel, H., Thomale, E., Weber, P. (1974): Studenten in Marburg. Sozialgeographische Beiträge zum Wohn- und Migrationsverhalten in einer mittelgroßen Universitätsstadt. Marburg/Lahn: Selbstverlag des Geographischen Instituts der Universität Marburg.

Diner, D. (1987): Ist der Nationalsozialismus Geschichte? Frankfurt a. M.: Fischer.

Döbert, R., Nunner-Winkler, G. (1975): Adoleszenzkrise und Identitätsbildung. Frankfurt a. M.: Suhrkamp.

Ekstein, R. (1996): Schizophrene Jugendliche im Kampf um Trennung und Individuation. In: W. Bohleber (Hrsg.): Adoleszenz und Identität (vgl. unten), 208- 238.
Elias, N. (1989): Studien über die Deutschen. Frankfurt a.M.: Suhrkamp.
Emde, R.N. (1983): René A. Spitz: Dialogues from Infancy. New York: Int. Univ. Press.
Erdheim, M. (1988): Die Psychoanalyse und das Unbewußte in der Kultur. Frankfurt a.M.: Suhrkamp.
Erdheim, M. (1992): Das Eigene und das Fremde. Über ethnische Identitäten. Psyche, 46, 8, 730-745.
Erikson, E. (1959): Identität und Lebenszyklus. Frankfurt a. M.: Suhrkamp, 1966.
Erlich, H. S. (1996): Verleugnung in der Adoleszenz. Einige widersprüchliche Aspekte. In: W. Bohleber (Hrsg.): Adoleszenz und Identität (vgl. unten), 128-154.
Fonagy, P., Moran, G., Target, M.(1993): Aggression and the psychological self. Int. J. Psycho-Anal., 74, 471-485.
Freud, S. (1905): Drei Abhandlungen zur Sexualtheorie. GW V, 27-145.
Freud, S. (1913) : Das Interesse der Psychoanalyse für die nichtpsychologischen Wissenschaften. GW VIII, 403-420.
Freud, S. (1921): Massenpsychologie und Ich-Analyse, GW XIII, 72-161.
Fromm, E. (1929/1980): Arbeiter und Angestellte am Vorabend des Dritten Reiches. München: DTV
Gerlach, F. (1983): Jugend ohne Arbeit und Beruf. Zur Situation Jugendlicher am Arbeitsmarkt. Frankfurt.
Giordano, R. (1987): Die zweite Schuld oder Von der Last, Deutscher zu sein. Hamburg: Rasch u. Röhring.
Goffmann, E. (1963): Stigma. Notes on the Management of Spoiled Identity. Englewood Cliffs, N.Y.: Prentice Hall. 3. Auflage.
Green, A. (1993): Die tote Mutter. Psyche, 47, 3, 205-241.
Hardtmann, G. (1992): Psychoanalytische Gespräche mit rechtsradikalen Jugendlichen. Beitrag an der 2. Nürnberger Jahrestagung für Ethnopsyhoanalyse, 19.- 21. Juni 92.
Heim, W. (1992): Fremdenhaß und Reinheit – die Aktualität einer Illusion. Sozialpsychologische und psychoanalytische Überlegungen. Psyche, 46, 8, 710-730.
Heitmeyer, W. (1992): Die Bielefelder Rechtsextremismus-Studie. Erste Langzeituntersuchung zur politischen Sozialisation männlicher Jugendlicher. Weinheim: Juventa Verlag.
Hessische Stiftung für Friedens- und Konfliktforschung, Institut für Sozialforschung, Sigmund-Freud-Institut (Hrsg.) (1995): Rechtsextremismus und Fremdenfeindlichkeit in der demokratischen Gesellschaft, Groß-Umstadt: KM-Druck.
Inglehart, R.(1990): Culture Shift in Advanced Industrial Society. Princeton.
Jahoda, M. (1983): Wieviel Arbeit braucht der Mensch? Arbeit und Arbeitslosigkeit im 20. Jahrhundert. Weinheim: Beltz, 2. Auflge.
Jugendwerk der Deutschen Shell (Hrsg.): Jugend '97. Leverkusen: Leske u. Burdrich (zitiert: Zusammenfassung, Hamburg, Mai 1997).
Keupp, H. (1997): Diskursarena Identität. Lernprozesse in der Identitätsforschung. In: Keupp,H., Höfer, R. (1997) (vgl. unten), 11-40.
Keupp, H., Höfer, R. (1997): Identitätsarbeit heute. Frankfurt a.M.: Suhrkamp.
Kieselbach, Th., Wacker, A. (Hrsg.) (1987): Individuelle und gesellschaftliche Kosten der Massenarbeitslosigkeit. Psychologische Theorie und Praxis. Weinheim: Deutscher Studien Verlag.
Kirchler, E. (1985): Arbeitslosigkeit und Alltagsbefinden. Eine sozialpsychologische Studie über die subjektiven Folgen von Arbeitslosigkeit. Linz: Universitätsverlag R. Trauner.
Krappmann, L. (1982): Soziologische Dimensionen der Identität. Stuttgart: Klett Cotta.
Krause, R. (1981): Affekt und Sprache. Stuttgart: Kohlhammer.
Krecji, E., Bohleber, W. (Hrsg.) (1982): Spätadoleszente Konflikte. Indikation und Anwendung psychoanalytischer Verfahren bei Studenten. Göttingen: Vandenhoeck & Ruprecht.

Kristeva, J. (1988): Fremde sind wir uns selbst. Frankfurt a. M.: Suhrkamp.
Laufer, M. (1965): Assessment of Adolescent Disturbances. Psa. Study Child, 20, 99-123.
Lempp, R. (Hrsg.) (1987): Reifung und Ablösung, Bern: Huber.
Leuzinger-Bohleber, M. (1982): Indikation psychotherapeutischer Verfahren bei Studenten. In: Krejci, E., Bohleber, W. (Hrsg.): Spätadoleszente Konflikte (vgl. oben), 81-117.
Leuzinger-Bohleber, M. (1992): Spätadoleszente Entwicklungsprozesse. Chancen und Risiken – eine Einzelfallskizze. In: Schmied-Kowarzik, W. (Hrsg.): Einsprüche kritischer Philosophie. Kleine Festschrift für Ulrich Sonnemann. Kasseler Philosophische Schriften, 179-209.
Leuzinger-Bohleber, M. (1992a): „Der Traum der schönen Frau Seidenman und der Riß in der Geige." Zum Motiv des erzwungenen Identitätswechsels im Roman von Andrzej Szczypiorsky. Fragmente, 38, 79-109.
Leuzinger-Bohleber, M., Dumschat, R. (1992b): Weibliche Identitätskonflikte, 1968 und heute. Zwei Fallskizzen. Fragmente Sonderheft: Student heute, 132-163.
Leuzinger-Bohleber, M., Garlichs, A. (1991): Lehrerausbildung für die Arbeitslosigkeit. Spätadoleszente Identitätsbildungsprozesse unter erschwerten Berufsperspektiven. In: Trescher, H. G., Büttner, Ch. (Hrsg.): Jahrbuch für psychoanalytische Pädagogik. Mainz: M. Grünewald-Verlag, 7-49.
Leuzinger-Bohleber, M., Schneider, H., Pfeifer, R. (eds.) (1992): „Two Butterflies on My Head ..." Psychoanalysis in the Interdisciplinary Dialogue. Berlin: Springer.
Leuzinger-Bohleber, M., Garlichs, A. (1993): Früherziehung West-Ost. Zukunftserwartungen, Autonomieentwicklung und Beziehungsfähigkeit von Kindern und Jugendlichen. Eine angewandt psychoanalytische Studie im pädagogischen Feld. Weinheim: Juventa Verlag.
Leuzinger-Bohleber, M., Mahler, E. (Hrsg.) (1993): Phantasie und Realität in der Spätadoleszenz. Gesellschaftliche Veränderungen und Entwicklungsprozesse bei Studierenden. Opladen: Westdeutscher Verlag.
Leuzinger-Bohleber, M. (1995): Die Gewalt und das Fremde in Grundschulen. In: Hessische Stiftung für Friedens- und Konfliktforschung, Institut für Sozialforschung, Sigmund-Freud-Institut (Hrsg.) (1995), vgl. oben, 113-137.
Leuzinger-Bohleber, M., Stuhr, U. (Hrsg.) (1997): Psychoanalysen im Rückblick. Methoden, Ergebnisse und Perspektiven der neueren Katamneseforschung. Gießen: Psychosozial-Verlag.
Lévi-Strauss, C. (1956): Die Familie. In: Lévi-Strauss, C. (1985): Der Blick aus der Ferne. München, 73-104.
Lichtenberg, J. D. (1983): Psychoanalysis and Infant Research. London: The Analytic Press.
Lichtenstein, H. (1977): The Dilemma of Human Identity. New York: Aronson.
Loewenstein, B. (1992): Massenpsychologie des Nationalismus. Merkur, 521, 657-669.
Mahler, E. (1969): Psychische Konflikte und Hochschulstruktur. Psyche, 23, 10, 772-795.
Mahler, E. (1983): Christliche Botschaft und Apokalypse. Ein psychohistorischer Prozeß ohne Zukunft? In: Passett, P., Modena, E. (Hrsg.): Krieg und Frieden aus psychoanalytischer Sicht. Frankfurt: Strömfeld u. Roter Stern, 290-316.
Mahler, E. (1989): Psychische Konflikte und Hochschulstruktur, 1968 und heute. Unveröffentlichter Vortrag, gehalten in Ulm, 15. September 1989.
Mahler, E. (1991): Psychische Konflikte und Hochschulstruktur, 1968 (bis) und heute. In: Fragmente Sonderheft: Student 1968 und heute, 17-51.
Mahler, M. (1968): Symbiose und Individuation. Stuttgart (1972): Klett.
Mitscherlich, A. u. Mitscherlich, M. (1977): Die Unfähigkeit zu trauern. München: Piper.
Modell, A. H. (1975): The ego and the id: fifty years later. Int. J. Psycho-Anal., 56, 57-68.
Mohr, E. (1992): Zaungäste. Die Generation, die nach der Revolte kam. Frankfurt a.M.: Fischer.
Müller-Pozzi, H. (1996): Zur Handhabung der Übertragung in der Analyse von Jugendlichen. In: W. Bohleber (Hrsg.): Adoleszenz und Identität (vgl. unten), 238- 268.

Piaget, J., Inhelder, B. (1972): Die Psychologie des Kindes. Olten: Walter Verlag.

Richter, H.-E. (1963): Eltern, Kind und Neurose. Stuttgart: Klett.

Richter, H.-E. (1997): Als Einstein nicht mehr weiterwußte – Ein himmlischer Krisengipfel. Düsseldorf: Econ.

Rutschky, K. (1992): Rechtsradikal oder irre? Merkur, 521, 702-707.

Sander, L. W. (1988): The event-structure of regulation in the neonate-caregiver system as a biological background for early organization of psychic structure. In: A. Goldberg (ed.): Frontiers in self psychology, Hilldale: The Analytic Press, 64-77.

Schneider, Ch. (1996): NAPOLA. Zur Generationengeschichte des Nationalsozialismus. Habilitationsarbeit, eingereicht am FB 01 der Gesamthochschule Universität Kassel.

Sinus-Institut (1985): Jugend privat. Verwöhnt? Bindungslos? Hedonistisch? Opladen: Leske und Budrich.

Sonnemann, U. (1988): „Geschichte als Flucht vor ihr. Warum in den deutschen Historikern sich die Amnesie lieber fortsetzt als wahrnimmt." In: Türcke, Ch. (Hrsg.): Perspektiven Kritischer Theorie. Eine Sammlung zu Hermann Schweppenhäusers 60. Geburtstag. Lüneburg: zu Klampen, 31-54.

Stern, D. (1985): The Interpersonal World of the Infant. A View from Psychoanalysis and Developmental Psychology. New York: Basic Books.

Streeck-Fischer, A. (1992): „Geil auf Gewalt". Psychoanalytische Bemerkungen zu Adoleszenz und Rechtsradikalismus. Psyche, 46, 8, 745-769.

Wacker, A. (1977): Arbeitslosigkeit. Soziale und psychische Voraussetzungen und Folgen. Frankfurt a. M.: Europäische Verlagsanstalt.

Wiedenhöft, A. (1995): In der Warteschleife – Zur Bedeutung der Integrationsfähigkeit bei der Bewältigung von Berufsunsicherheit und Arbeitslosigkeit. Eine empirische Untersuchung der Lehramtsabsolventen von 1983 der Universität Gesamthochschule Kassel. Ffm: Peter Lang, Europäischer Verlag der Wissenschaften.

Wilkinson, H. (1997): Kinder der Freiheit. Entsteht eine neue Ethik individueller und sozialer Verantwortung? In: Beck, U. (Hrsg.), vgl. oben, 85-124.

Wilkinson, H., Mulgan, G.(1995): Freedom's children: work, relationships and politics for 18-34 years old in Britain today. London: zitiert in Wilkinson, 1997 (vgl. oben).

Winkler, H. A. (Hrsg.) (1985): Nationalismus. Königstein: Athenäum.

Winnicott, D. W. (1971): Vom Spiel zur Kreativität. Stuttgart: Klett-Cotta, 1973.

Wirth, H.-J. (1989): „Voll auf Haß" Zur Psychoanalyse des Ressentiments am Beispiel der Skinheads. In: Psychosozial 40, 12. Jhg., 80-92.

Wuthnow, R. (1997): Handeln aus Mitleid! Ein amerikanisches Paradox: Individualismus oder Altruismus? II: Die Sorge für andere als Sorge um sich selbst. In: Beck, U. (Hrsg.), vgl. oben, 34-85.

Zilian, H.G., Fleck, Ch. (1990): Die verborgenen Kosten der Arbeitslosigkeit. Frankfurt a. M.: Anton Haim.

# Zur Würdigung von Horst-Eberhard Richter

## Eine ostdeutsche Perspektive

Hans-Joachim Maaz

Horst-Eberhard Richter hat sein Wirken und seine Werke den entscheidenden Verbindungsprozessen zwischen Individuum, Gruppe und Gesellschaft gewidmet, so daß gesellschaftliche Entwicklungen immer auch aus der intrapsychischen Dynamik von Individuen verstanden werden können und individuelle psychische Prozesse als wesentlich von den Normen und Werten der gesellschaftspolitischen Macht- und Kräfteverhältnisse beeinflußt gesehen werden müssen.

Für mich gehört Horst-Eberhard Richter zu jenen progressiven, kritischen und nachdenklichen Psychoanalytikern, die sich nicht apolitisch auf die Freudsche Triebtheorie mit der zentrierten Perspektive nur auf die intrapsychische Konflikthaftigkeit des Menschen zurückgezogen und den zutiefst ganzheitlichen und emanzipatorischen Charakter der psychoanalytischen Wissenschaft nicht der Anpassung an die Machtverhältnisse, der Geldherrschaft und einer elitären Institutionalisierung geopfert haben.

Indem Richter die Wechselwirkung zwischen ökonomischen und soziopolitischen Kräften und der intrapsychischen Dynamik des einzelnen und der interpersonellen Dynamik in Gruppen auf die Entwicklung und das Zusammenleben von Menschen untersucht, die wiederum die Gesellschaft gestalten, die die Politik machen und die die Werte der Kultur prägen und die Orientierung der Wissenschaft beeinflussen, steht er für mich in einer Reihe mit Wilhelm Reich, Erich Fromm und Alexander Mitscherlich – mit herausragenden Persönlichkeiten des 20. Jahrhunderts, die gerade uns Deutschen einen Spiegel vorhalten, um die wiederholte und fortgesetzte deutsche Tragödie massenhafter Destruktivität in einer hilfreichen Weise erkennbar und verstehbar zu machen, um damit eine notwendige Entwicklung einzuklagen, die ich heute „therapeutische Kultur" nenne.

Ein Psychoanalytiker, der sich selbst und seine Wissenschaft ernst nimmt, wird zwangsläufig auch politisch engagiert und gesellschaftskritisch sein müssen. Der gesellschaftliche Wandel im Osten Deutschlands hat uns nachhaltig damit konfrontiert, wie Therapieziele von den politischen und wirtschaftlichen Verhältnissen und Zwängen beeinflußt werden. In der DDR waren allgemeine Therapieziele wie größere Eigenständigkeit und Selbstverantwortung, gewachsene Aktivität und Kreativität, mutigere Offenheit und gereifte Kritikfähigkeit notwendige Entwicklungsschritte aus neurotischer Gehemmtheit heraus, die aber zugleich als politisch subversive Eigenschaften galten. Und heute – unter demokratischen und marktwirtschaftlichen Verhältnissen –, wenn Menschen durch Psychotherapie ihre narzißtischen Kompensationen und freiheitlichen Illusionen erkennen, wenn sie wieder in Kontakt mit ihren Ängsten und Schwächen und mit ihren Ohnmachtserfahrungen kommen, mit ihrer tiefen existentiellen Verlassenheitsangst sowie dem ungestillten Bedürfnis nach bloßer Daseinsberechtigung, ohne dafür erst besondere Leistungen bringen zu müssen – dann sehen sie sich mit diesen Erkenntnissen und leidvollen Erschütterungen in der bestehenden Konkurrenz- und Leistungsgesellschaft real gefährdet, weil sie mit der therapeutisch notwendigen und sinnvollen Überwindung ihrer Entfremdung nicht mehr marktgerecht sind und damit ihre Chancen auf dem Schlachtfeld der Stärke nicht mehr wahren können oder wollen.

Übrigens ist nach meinem Eindruck die Zahl von Patienten heute, die sich als dringend behandlungsbedürftig erleben und sich entwickeln und verändern möchten, aber es nicht wagen, eine Psychotherapie in Anspruch zu nehmen, weil sie damit (leider zu Recht!) um ihren Arbeitsplatz fürchten müssen, deutlich größer als ehemals die Zahl von Patienten, die sich durch den politischen Sicherheits- und Machtapparat beeinflußt oder behindert erlebten, mit Hilfe von Psychotherapie Erkenntnis- und Entwicklungsschritte zu wagen.

In der DDR mußten wir uns zwangsläufig mit der Rolle und Funktion von Psychotherapie in der Gesellschaft auseinandersetzen, vor allem mit der Frage, inwieweit Psychotherapie im Dienste der repressiven Interessen des politischen Machtapparates steht, und auch mit der ethisch-orientierten Motivationsanfrage an Psychotherapeuten, die ihre Tätigkeit nicht nur zu Selbstheilungszwecken, zur Abwehr der eigenen Bedürftigkeit und Ohnmacht und nicht nur als gesellschaftliche (geschützte!) Nische, aus der heraus sie ihre Patienten zu mehr Autonomie und kritischer Auseinandersetzung anstiften konnten, verstehen wollten. Die DDR-typischen Bewältigungsversuche der nationalsozialistischen Vergangenheit lassen fast alle klassischen Abwehrmechanismen auch in der Psychotherapieentwicklung wiederfinden. Mit dem Aufbau des Sozialismus war den Menschen eine neue, fast religiöse Hoffnung eröffnet worden, um Leid, Tod, Schmach und Schuld möglichst schnell vergessen zu können, und dafür war die Verdrängung der schuldigen, millionenfachen Mittäterschaft, der belastenden Erinnerungen und überfordernden Emotionen die gängigste Einstellung, und eine Wissenschaft von den unbewußten Motiven menschlichen Handelns wäre bei dieser Verleugnung nur hinderlich gewesen. Mit Hilfe der Propaganda des „Kalten Krieges" wurde alles Böse und Destruktive abgespalten und über die

Grenze nach Westen projiziert – alle Nazis und Kriegsverbrecher lebten nur noch in Westdeutschland, und die DDR-Bevölkerung wurde im Sinne des Ungeschehen-Machens in die antifaschistische Tradition gestellt und damit kollektiv exkulpiert. Dies war die offizielle Lehrmeinung, die in allen Schulen vermittelt wurde. In Form einer Reaktionsbildung kam es zur Überbetonung und ritualisierten Einschwörung auf Frieden und soziale Gerechtigkeit sowie internationale Solidarität, wobei aber die psychosozialen Grundlagen für solches Verhalten völlig außer acht gelassen wurden. In der familiären und schulischen Erziehung dominierte erneut die Isolierung von Affekten. Die Kinder wurden repressiv und gefühlsunterdrückend auf Gehorsam, zwanghafte Disziplin und Ordnung hin gedrillt. Die Enge des politischen Systems hat expansive Entwicklungen verhindert und im Sinne der Wendung gegen das Selbst vor allem zwanghafte und depressive Charakterstrukturen gefördert, die mit Unterwerfungsbereitschaft, Untertanengeist und Gehemmtheit den Nährboden für das Wuchern neuer autoritärer Strukturen bildeten. Die vorherrschende Tendenz der Anpassung und Verdrängung wurde anfangs auch in den offiziell geförderten Methoden der Psychotherapie umgesetzt. Es ging dabei um die Vermeidung von Gefühlen, um die Betonung der Rationalität, um das Interesse an der Möglichkeit zur Beeinflussung und zur konfliktvermeidenden Entspannung. So entwickelte sich zunächst die „rationale Psychotherapie", das Autogene Training und die Hypnose, später wurde auch die Gesprächspsychotherapie nach Rogers im Sinne der Konfliktdämpfung in diese Abwehrvorgänge mit einbezogen. Erst Ende der 60er Jahre – als Ausläufer der 68er Bewegung in Westeuropa und vor allem des „Prager Frühlings" mit der großen Hoffnung auf eine Liberalisierung und Demokratisierung des Sozialismus – begann auch der Kampf um eine emanzipatorische Psychotherapie. Von Anfang an hatte dies auch eine politische Dimension einer „Bewegung von unten", die vor allem von praktizierenden Psychotherapeuten ausging, denn diese befanden sich ganz zentral im Spannungsfeld der Konflikte zwischen gesellschaftspolitischen Anforderungen und persönlichen Heilungs- und damit auch Befreiungswünschen. Die daraus entstandene Auseinandersetzung hat auch die Psychotherapeuten in unterschiedliche Lager gespalten: So blieben auf der einen Seite die Therapeuten, die Anpassung, Beruhigung und Entspannung für angemessen hielten, die sich meist auch systemkonform verhielten, Selbsterfahrung ablehnten und eine „wissenschaftliche" Technologie in der Psychotherapie favorisierten. Auf der anderen Seite standen die „Dynamiker", die Konflikte verstehen und aufdecken wollten, die persönliche Autonomie und kritische Auseinandersetzung beförderten, die die Psychotherapie-Ausbildung selbstverständlich mit Selbsterfahrung und Supervision verbanden und von einer notwendigen gesellschaftlichen Veränderung überzeugt waren. Daß sich diese Psychotherapeuten besonders der analytischen Psychotherapie zuwandten, spricht für die tief verwurzelte Überzeugung und Erfahrung, daß vor allem die Psychoanalyse Fragen von Macht und Beziehung, von Repression und Freiheit, von Individuation und Sozialisation im Zusammenhang mit sozialen und gesellschaftlichen Verhältnissen beantworten kann.

Für mich und viele andere Kollegen waren damals die Bücher Horst-Eberhard Richters wesentliche Orientierungshilfen. Vor allem „Die Gruppe" ermöglichte uns, die eigene gruppendynamische Bewegung, die in den 70er Jahren zunehmend die Psychotherapieentwicklung dominierte, gegen den politisch erwünschten Zeitgeist vom „Kollektiv" und einer „Erziehung eines neuen Menschen" in einen psychoanalytischen und sozial-emanzipatorischen Zusammenhang einzuordnen. Für die aktiv Beteiligten war diese Entwicklung „libidinös" hochbesetzt, brisant und riskant zugleich, Selbstbefreiung und Bezogenheit, Therapie und weitgehend auch bewußte politische Gegenbewegung, so daß die heutigen Versuche westdeutscher Kollegen, die „intendierte dynamische Gruppenpsychotherapie" abzuwerten und zu diffamieren, eine Unkenntnis und Ignoranz verraten, was zugleich auch ein erschreckendes Zeugnis für die offensichtlich notwendigen Abwehrmechanismen „gestandener" westdeutscher Psychotherapeuten liefert, die andere Entwicklungen als die eigenen nicht anerkennen können, und weil möglicherweise gerade die Verwobenheit von Therapiekonzepten und politischen Machtverhältnissen auf die eigene Situation aufmerksam machen könnte, was aber offensichtlich gar nicht wahrgenommen werden möchte. Horst-Eberhard Richter gehört zu den ganz seltenen Kollegen, für die Anpassung, Korruption und auch die kritische Analyse der „Institution Psychoanalyse" keine Tabus sind, woraus am meisten Verständnis für die Situation im Osten erwächst, was viele andere Psychoanalytiker mit dem Gestus arroganter Überheblichkeit ob ihres „geordneten" Ausbildungsganges und des „freien" wissenschaftlichen Austausches abzuwehren versuchen. Wie weit diese Freiheit aber in den feindseligen Abgrenzungen und Rivalitätskämpfen der vielen berufsständischen Aufsplitterungen längst verlorengegangen ist und wie sehr manche psychoanalytische Institutionen in Dogmen und Hierarchien erstarrt sind, das war eine unerwartete Ernüchterung für den kritischen Ostdeutschen. Ein Befund, der zu der Frage zwingt, in welchen Diensten der einzelne Psychoanalytiker heute steht und was seine verborgenen Motive hinter der Fassade von Machtfreiheit und Tendenzlosigkeit sind?

Das Buch „Lernziel Solidarität" gab einem wichtigen Anliegen ostdeutschen Lebens Ausdruck, nämlich in der mitmenschlichen Verbundenheit die Befriedigung und Kraftquelle zu finden, die jeder politischen Repression, Demütigung und Ungerechtigkeit angemessenen Widerstand entgegenzusetzen vermag. Daß „Solidarität" vor allem eine Forderung und Mahnung an die brutale Konkurrenzgesellschaft der westlichen Industrienationen war, das ist uns im Osten erst nach der deutschen Vereinigung schmerzhaft spürbar geworden. So möchte ich auch die Frage noch offen halten, ob nicht sogar die westliche Sozialisation gravierendere und gefährlichere psychosoziale Schäden bei vielen Menschen erzeugt hat, als dies durch das sozialistische totalitäre System geschehen ist. Zumindest war und ist menschliche Verbundenheit im Osten Deutschlands höher besetzt als im Westen, und bei der absehbaren Krise durch den Zusammenbruch der „Wohlstands-Utopie" wird sich erst zeigen müssen, ob die angezüchteten Egoismen und Narzißmen sich nicht erneut gegen vermeintliche Feindbilder destruktiv entladen wollen oder ob aus der größeren Leidensfähigkeit und Mangelerfahrung der Menschen in Ostdeutschland nicht aus heilsamer Betroffenheit andere Lebenswerte wieder zur Geltung gebracht werden.

Mit „Flüchten oder Standhalten" war nahezu ein zentrales Thema des Lebens in der DDR auf den Punkt gebracht. Ich hatte längst in der psychotherapeutischen Praxis erkennen müssen, daß alle vorgebrachten und auch real berechtigten Begründungen für ein Verlassen der DDR vor allem Rationalisierungen waren von Menschen, die vor sich selbst auf der Flucht waren, und zwar vor den zur Erkenntnis drängenden inneren Defiziten und Traumatisierungen. Die politischen und wirtschaftlichen Verhältnisse in der DDR und die westdeutschen Verheißungen mit Abwehrcharakter boten das gesamtdeutsche Bühnenbild für eine dramatisierte Illusion vom besseren Leben nur durch äußere Veränderungen. Dieser kultivierte Irrtum, dem die Deutschen bereits nach 1945 mehrheitlich erlegen waren, daß allein politische und wirtschaftliche Veränderungen ausreichen könnten, um Mitläufertum und Mittäterschaft am wahnwitzigen kollektivzerstörerischen Ausagieren zu tilgen oder gar aufzulösen, hat mich sensibilisiert für den deutschen Vereinigungsprozeß nach 1989, der nach ähnlichem Muster vollzogen wurde: lediglich äußere Demokratisierung, ohne den innerseelischen und interpersonellen Prozeß von innerer Demokratisierung zu verstehen und zu berücksichtigen, ohne den inneren Faschismus oder seelischen Stalinismus oder süchtigen Konsumismus bzw. oberflächlichen Vergnügungs-Narzißmus wirklich aufzulösen oder zumindestens vermindern zu wollen. So ist die deutsche Vereinigung als eine Herrschafts-Unterwerfungs-Kollusion gemäß der vorherrschenden Sozialisationsfolgen in West und Ost vollzogen worden und wird infolgedessen noch so manche destruktiven Auswirkungen haben. Die Chance der wechselseitigen Relativierung und Infragestellung der ost- und westdeutschen Lebensweisen ist im gegenseitigen unbewußten Übereinkommen der meisten Deutschen in Ost und West vermieden worden.

Da sich auf diese Weise die westdeutsche Lebensart prägend durchgesetzt hat, ist es vor allem bei den Ostdeutschen zu schweren Identitätskrisen gekommen. Aber nicht etwa, daß die politisch Hauptverantwortlichen und die wichtigsten Täter des DDR-Regimes davon am meisten betroffen wären. Ganz im Gegenteil:

Die meisten Funktionsträger aus der DDR konnten am schnellsten – oberflächlich gewendet – in neue Machtfunktionen schlüpfen, was vor allem auf die Verwandtschaft der Herrschaftsstrukturen hinweist. So sind die zu Managern gewendeten Bonzen, die Blockflötenpolitiker und die für Machtinteressen besonders geeigneten Verleugner und Denunzianten am besten in die neuen Verhältnisse hinübergewechselt. Daß heute bereits wieder verfehlte Politik und die fragwürdige Entwicklung gesellschaftlicher Werte durch Lauschangriffe und hoffähig zu machende Denunziation „bewältigt" werden sollen, ist für einen Ostdeutschen eine schon fast groteske Annäherung an absurde Verhältnisse, die man gerade hoffte, überwunden zu haben.

Im Osten Deutschlands ist nach er Vereinigung eine große Zahl aus der nichtpriviligierten Bevölkerung durch Existenzunsicherheit, Arbeitslosigkeit und Abwertung des bisherigen Lebens in schwere Selbstwertkrisen gestürzt worden. Aber nicht nur diese gravierenden psychosozialen Nöte sind Ursache von schweren Befindlichkeitsstörungen und Identitätsbrüchen, sondern die Tatsache, daß die Mehrzahl der Menschen im Osten in einen Zustand von Schülern und Lehrlingen zurückversetzt wurde, die einen „Zivilisationsschub" zu bewältigen hätten; daß damit eine neue Bevormundung und Entmündigung geschieht, wenn eigene Entwicklungen geleugnet und abgewertet werden müssen und nur westliche Erfahrungen und Regelungen zu übernehmen sind, das erzeugt auch, unabhängig von äußeren Erfolgen, eine tiefe seelische Verunsicherung. Ich nenne das ein „Verlust-Syndrom", das aber nicht auf die politischen Verhältnisse in der DDR abzielt – denn diese wünschen sich in der Tat nur ganz wenige zurück –, sondern damit sind Abschiede und Trennungen von gewohnten, auch sehr liebenswerten Lebensweisen, von Alltagsorientierungen, von Beziehungsstrukturen und Umgangsformen, von wichtigen Menschen, von Zeitstrukturierung und Lebenszielen verbunden, die so umfassend sind, daß dadurch auch tief verdrängte, lebensgeschichtlich frühe Verlust- und Trennungserfahrungen wieder aktiviert werden – oft existentiell bedrohliche Erfahrungen von elterlicher Abwendung und mütterlicher Abwesenheit –, so daß eine umfassende seelische Labilisierung resultiert, die, unverstanden, meist nur als diffuse Angst und Traurigkeit empfunden wird.

Erst nach der Wende sind wir mit einer auffälligen Häufung psychosozialer Dekompensationen der „frühen Störungen" konfrontiert worden, die zu DDR-Zeiten offenbar durch die Enge und Fürsorge des politischen Systems ausreichend äußeren Halt gefunden hatten. Das „Sei nicht!" oder „Individualisiere nicht!" der frühen Erfahrungen hatte in der Kultivierung eines falschen Selbst der Anpassung, des Gehorsams und der Kollektivierung eine Überlebensform gefunden. Jetzt aber sind die Menschen mit der narzißtisch-individualistischen Abwehrform westlicher Prägung existentiell konfrontiert und sollen ihre substantiellen Defizite durch zerstörerisches Rivalisieren um das „goldene Kalb" ablenken und verleugnen und sich mit Ersatzbefriedigungen volldröhnen, zu denen sie häufig nicht einmal Zugang finden, weil ihnen das Geld dazu fehlt.

So gesellt sich zur Rigorosität politischer macht- und wirtschaftlicher Profitinteressen ein „alltäglicher Rassismus" als eine unkritische Überheblichkeit über ostdeutsche Lebenserfahrungen und berufliche Kompetenz. Daran wird eine Verleugnungsmentalität erkennbar, die die Abwertung andersartigen Lebens braucht, um eigene Schwächen und Verfehlungen abzuwehren und zu verdrängen. Den Ostdeutschen sind nicht so sehr die Politiker der falschen Versprechungen und die betrügerischen Geschäftemacher ein Problem, darauf haben sie sich schon ganz gut eingestellt, denn sie erinnern an ihre Erfahrungen mit autoritärer Macht und verlogener Ideologie – vielmehr sind es die neuen Vorgesetzten, die Manager und Beamten, die Professoren und Experten – also die „Entwicklungshelfer", die die neue Lebensweise organisieren und vermitteln und dadurch unweigerlich in die Rolle der Lehrer, der Erfahrenen und Wissenden – der „Besser-Wessi" eben – geraten, auch wenn sie gar keine Überheblichkeitsmerkmale herauskehren. Sie sind die Vollstrecker der neuen Entmündigung, die fast nahtlos und vermutlich meist unreflektiert fortsetzen, was zur ostdeutschen Massenneurose geführt hat: Abhängigkeit produzieren! und was die westdeutsche Massenneurose verfestigt: Überlegenheit demonstrieren!

Die westdeutschen Führungskräfte sind meist nicht nur real hilfreich und damit fast unantastbar, sondern sie verkörpern oft auch die tiefe Überzeugung, daß das Leben in der DDR selbstverständlich nur ärmer, enger, unreifer gewesen sein kann – insgesamt also bemitleidenswert. Es werden dabei nur äußere und materielle Maßstäbe zugrunde gelegt: die Warenfülle, die Reisekilometer, der Geldwert und die äußeren Zerstreuungsmöglichkeiten, oder es werden – etwas differenzierter – die demokratischen Grundwerte hervorgehoben, häufig sogar wie eine argumentative Waffe benutzt, um jeden Zweifel an der Überlegenheit sofort zu ersticken. Aber die Qualität menschlicher Beziehungen, die wirkliche seelische Befindlichkeit, die Ängste und Wünsche, die Zufriedenheit in Partnerschaften und in der Sexualität, die seelische Entspannungsfähigkeit – also ganz einfache, aber wesentliche Lebensgrundlagen – werden dabei völlig außer Acht gelassen. In den Zwiegesprächen, die ich gemeinsam mit Michael Lukas Moeller zwischen Ost- und Westdeutschen organisiert habe, wurde regelmäßig deutlich, daß zwischen den Deutschen, wenn sie Vertrauen zueinander fanden, Wesentliches von sich zu eröffnen wagten und sich nicht mehr über etwas streiten mußten, auch kein Gefälle mehr von West nach Ost bestand, die Ostdeutschen mitunter sogar Vorteile für sich verbuchen konnten.

Bei den durchaus wohlwollenden Westdeutschen sind folgende Haltungen weit verbreitet: daß sie im Westen zufällig oder ganz zu Unrecht eben auf die bessere Seite nach dem Krieg gekommen seien, daß dort ja auch nicht alles Gold sei, was da glänzt, und daß wir möglichst nicht die gleichen Fehler machen sollten – und überhaupt, wir hätten doch auch im Osten etwas geleistet und seien weder fauler noch ungeschickter, eben leider nur Opfer unglücklicher Verhältnisse – und wir sollten uns nicht alles gefallen lassen und unser Licht nicht unter den Scheffel stellen, und wenn sie hier hätten leben müssen, dann wüßten sie auch nicht, wie sie sich verhalten hätten. Das alles bleibt immer etwas gönnerhaft, aus einem Überlegenheitsgestus heraus, eine Beratung von oben und außen, die nicht wirklich zur Beziehung werden kann, in der man sich selbst auch in Frage stellt und bereit zur Veränderung ist.

Ganz typisch im Vereinigungsprozeß ist das Herausstellen der großartigen Aufgabe, die in der Vereinigung liegt, und der Hinweis auch auf die riesigen Geldsummen, die tatsächlich fließen, und daß doch etwas Geduld und auch Dankbarkeit angezeigt wären. Dies sind alles ganz richtige Argumente, und sie gehen doch an der tieferen Realität vorbei. Auf die Frage enttäuschter und ratloser Westdeutscher, was sie denn falsch machten, wenn auf ihre umfassenden Bemühungen mit passivem Widerstand reagiert wird oder wenn ihnen deutlich Verweigerung oder sogar Feindseligkeit entgegenschlägt, kann ich nur antworten, daß sie nicht mehr lehren und überzeugen, nicht ermutigen und unterstützen sollten, sondern nur von sich reden, von ihrem Leben erzählen, ihre Wünsche und Ängste zeigen und von den Vor- und Nachteilen ihres bisherigen Lebens authentisch berichten sollten – nur dadurch wird Gleichwertigkeit ermöglicht und die Chance für gemeinsame Emanzipation befördert. Das aber würde auch die eigene Identität der „Sieger" gefährden, wäre dann doch der Ausgang der Begegnung offen. Und dies ist wohl die auffälligste Diagnose westdeutschen Verhaltens, daß die grundsätzliche Überzeugung, die Besseren und Richtigeren zu sein, keine Fragezeichen erlaubt. Hier haben Brähler und Richter (1995) mit den Untersuchungen Ost- und Westdeutscher mit dem Gießen-Test wertvolle Aufklärung geleistet, die die Verschiedenheit der Sozialisationserfahrungen in Ost und West verdeutlichen – bei aber durchaus vergleichbaren und gleichwertigen Einseitigkeiten und Fehlentwicklungen.

Bei einer größeren Einsichtsbereitschaft könnten die psychosozialen Schwierigkeiten der deutschen Einheit und die Reaktionen der Ostdeutschen eine hervorragende Spiegelfläche sein für die dringend anstehenden Veränderungen und Entwicklungen, die das übertriebene Wohlstands- und Wachstumsdenken, die Ideologie des Erfolgs, überwinden könnten. Die Probleme in Ostdeutschland weisen uns nachträglich darauf hin, daß es unmöglich ist, die Lebensart der westlichen Industrienationen immer weiter auszudehnen. Unser gesellschaftliches Zusammenleben und die Ziele unserer Politik müssen anderen Maßstäben folgen. Aber Umdenken und Veränderungen werden bisher vor allem als Verlust und

Verzicht verstanden und infolgedessen auch angstvoll erlebt. Und gerade darin manifestiert sich die Süchtigkeit nach äußeren Werten. Wenn wir uns aber an den menschlichen Grundbedürfnissen orientieren, z. B. an dem Wunsch nach unverstelltem Kontakt und ehrlichen Beziehungen, nach Verstanden-Werden und Angenommen-Sein trotz Schwächen und Grenzen, nach Auseinandersetzung und Meinungsvielfalt ohne Machtinteressen, an der Verringerung von Spaltung und Entfremdung – also an einem Zustand „innerer Demokratie" –, dann können wir darin eine großartige Befriedigungsquelle finden, die uns unmittelbare Entspannung ermöglicht, statt uns in ewiger Anstrengung und Anpassung irgendwann ein besseres Leben zu verheißen, das so dann doch nie stattfindet. Auf diese Weise haben wir schließlich immer mehr, weil wir immer weniger sind. Wir verbrauchen immer mehr, weil wir nicht mehr wissen, was wir wirklich brauchen. Wir reisen immer weiter, weil wir uns selbst nicht mehr finden. Wir gehen mit der Mode, statt nach unseren Bedürfnissen. Wir schauen fern, weil wir in der Nähe nichts mehr sehen. Wir schreiten fort und verlieren uns dabei. Und letztlich wollen wir unsere vermeintlichen Erfolge schützen und die Besitzstände wahren und geraten so unweigerlich in einen nächsten Krieg.

Ich habe keinen Zweifel, daß gerade die Psychoanalytiker in der Pflicht sind, ihr Wissen und ihre Erfahrungen um die unbewußten Kräfte, um die Abwehr- und Kompensationsmechanismen, den Wiederholungszwang und das soziale Ausagieren in den Dienst notwendiger gesellschaftlicher Veränderungsbemühungen zu stellen. Ich brauche dabei nur an die hilflosen Floskeln der Politiker im Kampf gegen die Arbeitslosigkeit zu denken. Es ist längst klar, daß es nie wieder eine Zeit der Vollbeschäftigung geben wird. Es ist auch keine Frage mehr, daß Arbeit anders organisiert und verteilt werden muß – das ist eine zentrale Aufgabe der Politik –, aber die dabei entstehenden Freiräume einer wachsenden Freizeitgesellschaft mit neuer sozialer Verbundenheit und globaler Solidarität zu füllen, das sind vor allem psychosoziale und therapeutische Aufgaben, daß Menschen damit nicht nur fertig werden können, sondern sich auch bessere Befriedigungsmöglichkeiten wieder eröffnen lernen. Das aber sind zentrale Inhalte unserer Arbeit: Menschen wieder Befriedigungsformen zu ermöglichen helfen, die aus psychosozialen Grundbedürfnissen erwachsen, aus mitmenschlicher Bezogenheit und Gemeinschaft, aus echter Kommunikation und emotionaler Ehrlichkeit. Menschen mit solchen therapeutischen Erfahrungen sind auch weniger verführt, ihren Wert nach der Anhäufung materieller Güter zu bemessen, und sie zeigen auch wenig Interesse daran, Macht über andere Menschen gewinnen zu wollen.

Die politische Wende in der DDR und die Vereinigung Deutschlands haben natürlich auch die psychotherapeutischen Bedingungen grundlegend verändert. Neben den neuen Informations- und Weiterbildungsmöglichkeiten und dem ungehinderten Zugang zu vielfältigen Methoden und Erfahrungen steht eine neue Einschränkung durch Richtlinien-Bürokratie, Zulassungsbedingungen und durch einen Kampf um das Geld, so daß Methodenstreit, Konkurrenzkampf und berufsständische Auseinandersetzungen eine übermäßige Bedeutung erreichen auf Kosten kollegialer Bezogenheit und therapeutischer Ziele und Inhalte und vor allem zu Ungunsten des notwendigen sozialpolitischen Engagements. Die erforderliche Existenzsicherung übt einen enormen Anpassungsdruck aus und erzeugt eben über einen anderen Weg, als es in der DDR geschah, eine Abhängigkeit und Einschränkung der Therapeuten und führt häufig auch zu ihrem politischen Rückzug.

Auf westdeutscher Seite herrscht – zumindestens bei einigen einflußreichen Berufsfunktionären – das Vorurteil, daß es in der DDR unter den politischen Bedingungen eben auch keine analytische Psychotherapie gegeben haben kann. Mit der Forderung, durch eine verkürzte Lehranalyse auf einer „West-Couch" oder durch Supervision bei einem anerkannten westdeutschen Lehrinstitut die „richtige" analytische Kompetenz erreichen zu sollen oder nachweisen zu müssen, wird der vormundschaftliche deutsche Vereinigungsprozeß auch in die Psychoanalyse getragen. Daß es vielen ostdeutschen Kollegen ein selbstverständliches Bedürfnis ist, sich laufend weiterzubilden und für ihre berufliche Kompetenz selbstverantwortlich zu sorgen, das scheint so manchem westdeutschen Berufskollegen unvorstellbar zu sein und mag auch auf die aufgestaute Affektivität wegen der eigenen Ausbildungszwänge hinweisen, die wir in dieser Form im Osten eben gerade nicht kannten. Daß es im Nachkriegsdeutschland in der DDR ebenfalls einen eigenen Zugang zur Psychoanalyse gegeben hat, will nicht gerne wahrgenommen und akzeptiert werden. Damit müßten auch andere Wege akzeptiert oder in ihren Vor- und Nachteilen kritisch gewürdigt werden, was aber zugleich auch kritische Anfragen an die eigene berufliche Sozialisation mit sich bringen würde. Daß auch viele Psychoanalytiker dazu wenig bereit sind, wirft ein bedenkliches Licht auf den Zustand der „Institution": Dogmatismus, Kampf um die „richtige" Lehre, Verteilungskämpfe auf dem Psycho-Markt und die immer noch nicht bewältigte Vergangenheit um die Psychoanalyse im Nazi-Deutschland werden nun auch im Osten ausagiert. Selbst die Annäherung der beiden konkurrierenden psychoanalytischen Verbände, der Deutschen Psychoanalytischen Vereinigung (DPV) und der Deutschen Psychoanalytischen Gesellschaft (DPG), scheint dadurch voranzukommen, daß sie nun gemeinsam auf die Ost-Psychoanalytiker herabblicken können.

In den persönlichen Gesprächen mit Horst-Eberhard Richter habe ich ganz andere Erfahrungen machen dürfen: vor allem das Interesse, ostdeutsche Verhältnisse und Entwicklungen kennenlernen und verstehen zu wollen, und die respektvolle Würdigung anderer Positionen und zugleich auch die Offenheit, über eigene Schwierigkeiten und Bitterkeit ehrlich zu sprechen – als ganz wichtige Voraussetzungen für wirkliche Begegnung und gegenseitige Bereicherung.

Ich will abschließend gestehen, daß meine Sicht auf westdeutsche Verhältnisse zu Zeiten der deutschen Spaltung wesentlich beeinflußt war durch Schriften von Psychoanalytikern, wie im besonderen durch die Bücher von Horst-Eberhard Richter, und mich in der Illusion leben ließen, daß solche offenen und gesellschaftskritischen Analysen der Beweis für eine wirklich bessere gesellschaftliche Realität seien. Dies war für mich eine Vision, die mir sehr half, auch in der DDR sinnvoll leben zu können und in meiner Arbeit als Psychotherapeut eine Chance zu sehen, im besten Sinne an der Grundlage zur Demokratisierung des Menschen mitwirken zu können. Die Enttäuschung am vormundschaftlich-autoritär vollzogenen deutschen Vereinigungsprozeß setzt gerade diese Täuschung voraus, daß die westlichen Verhältnisse tatsächlich auf einer reiferen psychosozialen Qualität des Zusammenlebens der Menschen beruhen würden. So habe ich ebenso mit Ernüchterung zur Kenntnis nehmen müssen, daß Menschen wie Horst-Eberhard Richter auch in einem demokratischen System eher die Ausnahme sind. Ich habe begreifen müssen, daß es eine „äußere Demokratie" geben kann, die nicht unbedingt von Menschen getragen werden muß, die auch innerseelisch „demokratisch" wären. Für ein solches Demokratie-Spiel aber braucht es eine allseits akzeptierte Entschädigung, die ich im bisher halbwegs garantierten äußeren Wohlstand für die Mehrheit erkenne – Kompensation von Entfremdung und innerer Entwertung durch Konsum und Besitz! Wenn diese Droge aber immer weniger zu haben sein wird, dann wird der unbewältigte „Gefühlsstau" sich rächen und abreagieren wollen. Deshalb sind wir in der Pflicht, mit unseren Möglichkeiten die dunklen Motive der Macht und Korruption aufzudecken und anzuprangern, Mißtrauen gegenüber Sachzwängen, rationalen Erklärungen und den Pragmatismen wach zu halten und den Allmachtsanspruch der wissenschaftlich-technischen Zivilisation auch als ein Symptom umfassender psychosozialer Störungen und einer Gesellschaftspathologie zu beschreiben.

Solche Kritik kann aber nur aussprechen, wer zugleich nicht nur das Vertrauen in die Fähigkeit von uns Menschen besitzt, daß wir unsere Zukunft mit humanen Mitteln gestalten können, sondern der es auch wagt, Mittel und Wege dafür zu benennen. Horst-Eberhard Richter gibt uns mit seinem Leben, das untrennbar mit Therapie, mit der Friedensbewegung, dem ökologischen Engagement und dem kämpferischen Verständnis für die Randgruppen unserer Gesellschaft verbunden ist, ein Beispiel, wofür unsere Verantwortung gefragt und wie unser tätiges Handeln gestaltet werden kann. Ich bin davon entscheidend beeinflußt. Es gibt viele Themen, zu denen wir heute aus psychoanalytischer Kompetenz wichtige Aussagen treffen können und die wesentlich an einer notwendigen Kulturreform und zur Prävention individueller und kollektiver Destruktivität beitragen können. So können und müssen wir uns aus unseren Erfahrungen heraus für natürlich-sanfte Entbindungen, für Elternschulen, für Gefühlskunde, für die respektvolle Begleitung von Kindern statt deren „Erziehung", für Kommunikations- und Konfliktbewältigungsfähigkeiten unter Berücksichtigung unbewußter Prozesse, für eine ganzheitliche Medizin, für Gestaltungsformen der Freizeit, die wirklich psychosoziale Grundbedürfnisse befriedigen u. a. m., engagieren. Mit einem solchen Verständnis unseres Berufes beteiligen wir uns angemessen an gesellschaftspolitischen Entwicklungen. Dabei kann es nicht um eine neue, eine „therapeutische Utopie" gehen, aber um notwendige Informationen, kritische Reflexionen und Angebote, die über den geschützten Therapie-Raum hinausgehen in sozialer und politischer Verantwortlichkeit des Psychotherapeuten als Staatsbürger.

## Literatur

Brähler, E., Richter, H.-E. (1995): Deutsche Befindlichkeiten im Ost-West-Vergleich. In: Psychosozial 59, 18. Jhg., Heft I, Schwerpunktthema: Ossis und Wessis: Psychogramm deutscher Befindlichkeiten.

Richter, H.-E. (1972): Die Gruppe. Hoffnung auf einen neuen Weg, sich selbst und andere zu befreien. Psychoanalyse in Kooperation mit Gruppeninitiativen. Mit einem Nachwort des Autors 7 Jahre später und einen Vorwort von Hans-Jürgen Wirth zur Neuausgabe 23 Jahre später. Gießen 1998 (Psychosozial-Verlag).

Richter, H.-E. (1974): Lernziel Solidarität. Mit einen Vorwort des Autors zur Neuausgabe 1998. Gießen 1998 (Psychosozial-Verlag).

Richter, H.-E. (1976): Flüchten oder standhalten. Neuausgabe Gießen 1996 (Psychosozial-Verlag).

# Anders helfen

## Selbsthilfegruppen und Fachleute arbeiten zusammen

Jürgen Matzat

Der Titel ist geklaut – in freundschaftlicher Verbundenheit übernommen von einem Buch von Michael Lukas Moeller aus dem Jahre 1981 (Neuauflage 1992). In seiner Arbeitsgruppe an der Klinik für Psychosomatik und Psychotherapie der Gießener Universität habe ich 1977 begonnen, mich mit Selbsthilfegruppen zu befassen, sie anzuregen, zu beraten und zu erforschen. Es hat mich damals sehr gewundert und beeindruckt, daß und wie in einer solchen „Klinik der Maximalversorgung" mit all ihren Professoren und Doktoren, Fachärzten und Psychoanalytikern neben der hochspezialisierten Expertentätigkeit der Selbsthilfe-Ansatz von Laien (heute sagen wir lieber „Betroffenen") Platz finden konnte. Natürlich war die Forschung zunächst der klassische universitäre Zugang. Aus Forschung, ohnehin als Aktionsforschung angelegt, wurde jedoch schnell Praxis, Teil eines modernen ambulanten Versorgungsangebotes einer Universitätsklinik mit präventiven und rehabilitativen Aspekten. Aus der Koexistenz hat sich schnell eine wechselseitige Befruchtung ergeben, nachdem die anfängliche Skepsis auf beiden Seiten überwunden war. Der Nutzen professioneller Assistenz für die Selbsthilfegruppen liegt auf der Hand; aber auch die Kolleginnen und Kollegen an der Klinik, die Studentenausbildung, ganz sicher die Patientenversorgung dürften davon profitiert haben. Der Selbsthilfegruppen-Ansatz hat in der Poliklinik wie im stationären Behandlungsprogramm inzwischen seinen festen Platz. Seit 1987 ist die Selbsthilfegruppen-Beratung in Form einer „Kontaktstelle für Selbsthilfegruppen" institutionalisiert. Und auch nach 20 Jahren macht mir die Arbeit als hauptamtlicher Brückenbauer an dieser Nahtstelle zwischen professionellem Versorgungssystem und Selbsthilfesystem noch Freude.

Aus dieser psychologisch-psychotherapeutischen Tradition heraus habe ich mich stets weniger mit großen verbandlichen Selbsthilfestrukturen, mit Initiativen und Projekten beschäftigt, sondern mit überschaubaren, möglichst regelmäßig und dauerhaft tagenden Gruppen, in denen sich gleichermaßen Betroffene ohne Mitwirkung von professionellen Helfern persönlich begegnen, um vor allem im gemeinsamen Gespräch, aber auch bei anderen Aktivitäten die eigene Fähigkeit zu entwickeln, mit Krankheit und Krisen besser fertig zu werden. Dabei hat mich auch immer besonders interessiert, wie sich die Kooperation zwischen Selbsthilfegruppen und Fachleuten gestalten kann, so daß einerseits die notwendigen und durchaus möglichen Hilfeleistungen bereitgestellt werden, andererseits aber Autonomie und Selbstverantwortlichkeit, eben der spezifische Charakter der Selbsthilfegruppen, erhalten bleibt. Die Formulierung meines Themas könnte nun leicht dahingehend mißverstanden werden, daß diese Zusammenarbeit bereits an der Tagesordnung sei, von allen Beteiligten gewünscht werde und problemlos funktioniere. Dem ist nach meiner Beobachtung ganz und gar nicht so. Wie sich die Verhältnisse nach meiner Wahrnehmung in den letzten 20 Jahren dargestellt haben, will ich in fünf Phasen nachzeichnen, die ich zur groben Orientierung mit Jahreszahlen bzw. bestimmten Ereignissen markiere. Die Entwicklung in diesem Felde verläuft nun aber derart unterschiedlich und ungleichzeitig, daß dies alles nur zur groben Orientierung dienen kann. In Einzelfällen läßt sich vieles noch bis heute beobachten, was ich für frühere Phasen als kennzeichnend nennen werde. Vielleicht wäre es daher sogar sinnvoller, von Typen statt von Phasen zu sprechen.

Die erste *Phase* nenne ich die *der Ignoranz*. Sie dauerte etwa bis Mitte der 70er Jahre. Wohl gab es schon einige Selbsthilfezusammenschlüsse, vor allem im Bereich chronischer Erkrankungen und Behinderungen. Der Begriff „Selbsthilfegruppe" spielte jedoch weder in der öffentlichen noch in der Fachdiskussion eine Rolle. Ich kann mich nicht erinnern, ihn Anfang der 70er Jahre während meines Psychologiestudiums schon gehört zu haben. Eine Ausnahmerolle spielten die Anonymen Alkoholiker, die damals schon weitgehend bekannt waren und denen ich erstmals während meines Praktikums in einem psychiatrischen Landeskrankenhaus begegnete. Der sehr aufgeschlossene Psychologe, dem ich dort zugeordnet war, erklärte mir, es sei nach seiner Auffassung geradezu ein Kunstfehler, Patienten nach der stationären Suchtbehandlung nicht auf Selbsthilfegruppen hinzuweisen. Die Rückfallquote nach professioneller Suchtbehandlung ohne Nachbetreuung in Selbsthilfegruppen sei entmutigend. Das zweite Erlebnis, das sich mir in diesem Zusammenhang eingeprägt hat, ist die Begegnung mit einem AA-Mitglied auf der psychiatrischen Station. Ein einfacher Mann, Schweißer von Beruf, wenn ich mich recht erinnere, der mich, den Studierten, über die Bedeutsamkeit der sog. „Jellinek-Phasen" belehrte. Beides, den „Kunstfehler der Nicht-Kooperation" und das „Lernen von den Betroffenen", habe ich als heranreifender Profi natürlich sehr schnell wieder vergessen, bis ich Jahre später beruflich erneut mit Selbsthilfe in Berührung kam.

In den Jahren 1976/77 erschienen in den USA die ersten großen Monographien über Selbsthilfegruppen und markierten die *Phase der erwachenden Neugier*. Sie drückte sich in Deutschland darin aus, daß sich die ersten Forschungsprojekte an den Universitäten Gießen, Heidelberg und Hamburg ab 1977/78 mit diesem Thema befaßten. Interessant ist dabei, daß diese sämtlich im Bereich der psychosozialen Medizin angesiedelt waren, in Gießen und Heidelberg an den Psychosomatischen Kliniken, in Hamburg an der Abteilung für Medizinische Soziologie. Die Publikation der Forschungsergebnisse der beiden Arbeitsgruppen um Moeller (Gießen) und Trojan (Hamburg) in der Fachpresse und auf Kongressen, vor allem aber auch die öffentlichkeitswirksame Berichterstattung über Fernsehen und Tageszeitungen fand eine verblüffende Resonanz. Die Zeit schien reif zu sein. Bei Fachleuten wie bei Betroffenen erwachte das Interesse zunehmend.

In diesen Kontext gehören auch die beiden großen „Gesundheitstage" 1980 in Berlin (vgl. E. Huber in diesem Band) und 1981 in Hamburg. Der erste war gezielt als Gegenveranstaltung zum Ärztetag konzipiert, der zweite legte ausdrücklich einen thematischen Schwerpunkt auf Selbsthilfe. Die Betroffenen-Kompetenz sollte neben die Kompetenz der Experten gestellt werden.

Aber nicht alle Fachleute reagierten mit *Neugier*, viele gingen in dieser zweiten *Phase* in den *Widerstand* (vielleicht sogar das bessere Leitwort für diese Periode). Dieser kam teils im repressiven, teils im pseudo-progressiven Gewande daher. Repressiv war etwa die Warnung vor Suiziden und Psychosen, die in Selbsthilfegruppen ausbrechen würden, vor „wildgewordenen Patientenmeuten" und vor dem „Umlenken von Geldströmen" von Arztpraxen in Selbsthilfegruppen. Pseudo-progressiv klang es, wenn die Kooperation mit Selbsthilfegruppen deswegen verweigert wurde, weil doch jeglicher Kontakt automatisch die Gefahr der „Vereinnahmung" und der „Entmündigung durch Experten" in sich berge. Die Dinge müßten ganz von selbst passieren, schließlich heiße die Sache ja nicht umsonst Selbsthilfegruppe. Dahinter verbarg sich natürlich die Vorstellung, in Selbsthilfegruppen fände man nur schwache und hilflose Menschen, die gar nicht in der Lage wären, unerwünschten oder gar schädlichen Experteneinfluß abzuwehren und ihren eigenen Weg zu finden. Die Ursachen für solche feindseligen Einstellungen sind sicher vielfältig: Angst vor ökonomischen Einbußen und verstärktem Aufkommen von Alternativmethoden; Verlust von Macht und Einfluß, von Rolle und Status; berufspolitische Erwägung und mangelndes Demokratieverständnis. Beispielhaft und pointiert läßt sich dies an der Arztrolle zeigen: Die ganze berufliche Sozialisation der Medizinstudenten und der jungen Assistenzärzte läuft darauf hinaus, durch immer differenziertere, praktisch ausschließlich naturwissenschaftliche Ausbildung und durch zunehmende Spezialisierung am Ende als Wissender („Halbgott in Weiß") dem naiven Patienten gegenüberzutreten, der wegen seiner mangelnden Folgsamkeit („Compliance") am ehesten noch als ein Störfaktor für die immer perfektere Behandlung berücksichtigt werden muß. Dies Funktionieren als Gesundheitsingenieur ist nur schwer vereinbar mit dem klassischen Medizinerideal des Heilers und Helfers – und viele Ärztinnen und Ärzte leiden hierunter. In der Hektik auf der Station und in der Praxis haben Mediziner schnelle Entscheidungen zu treffen, Maßnahmen anzuordnen und Verantwortung zu tragen. Für Nachdenklichkeit oder gar Zweifel und für längere Gespräche bleibt da wenig Zeit („Drei-Minuten-Medizin"). Die Bedrohlichkeit der Selbsthilfegruppen bestand wohl weniger darin, daß sie sich vom Medizinsystem abwenden und verarmte Ärzte ohne Kundschaft zurücklassen würden, sondern daß sie vielmehr die Qualität, die Art und Weise der Versorgung nicht mehr akzeptierten, sich mit den statistisch nachgewiesenen Erfolgen der Medizin (z. B. Erhöhung der Lebenserwartung) nicht mehr zufrieden gaben, sondern nach der Lebensqualität fragten und seelisch und sozial stützende Fähigkeiten des medizinischen Personals in Frage stellten. Die Helfer drohten hilflos zu werden.

Ähnliches ließe sich für andere Helferberufe sagen. Etwa für die Psychologen, die allzusehr mit ihrem Schulenstreit in der Psychotherapie, mit dem Ansammeln von Zusatzausbildungen und mit dem Kampf um die Zulassung als Heilberuf beschäftigt waren, als daß sie die Selbsthilfebewegung hätten zur Kenntnis nehmen können. Oder die Sozialarbeiter, die noch immer die klassische Einzelfallhilfe in den Vordergrund stellten oder sich als Advokaten von Randgruppen verstanden, die vielbeschworene „Hilfe zur Selbsthilfe" aber allenfalls als Motto kannten. Der Freien Wohlfahrtspflege ging es um die Professionalisierung und Finanzierung ihrer eigenen Dienstleistungsangebote. Im Oligopol der sechs etablierten Spitzenverbände ging bereits die Angst vor dem „siebten Wohlfahrtsverband" um, der womöglich von all diesen undisziplinierten Bürgerinitiativen und Projekten gegründet werden könnte. Autonome Selbsthilfegruppen paßten da nicht ins Konzept.

Vielleicht könnte man sagen, diese *Phase des Widerstands* dauerte von 1977 bis 1982. Die Forschungsprojekte waren inzwischen abgeschlossen; wer Bescheid wissen wollte, konnte sich informieren. Und ich persönlich erlebte als einen Wendepunkt die Eintragung der Deutschen Arbeitsgemeinschaft Selbsthilfegruppen in das Gießener Vereinsregister im Jahre 1982. Damit wurde dieser zuvor lose Verbund von interessierten Selbsthilfegruppen-Unterstützern nun „zuwendungsfähig". Und in der Tat gab es, wenn auch recht bescheiden, eine Förderung durch die Bundeszentrale für gesundheitliche Aufklärung und das damalige Bundesministerium für Jugend, Familie, Frauen und Gesundheit. Der Standort Gießen war etabliert als eine erste Adresse in der bundesrepublikanischen Selbsthilfegruppen-Landschaft.

Es folgte nun die *Phase des Durchbruchs, der Akzeptanz und der Idealisierung*, von mir auf 1982 bis 1987 datiert. Besonders interessant ist, daß diese Wende nicht etwa durch die – z. T. inzwischen jahrelange – erfolgreiche Arbeit der Selbsthilfegruppen bewirkt wurde, auch nicht durch die durchweg positiven Forschungsbefunde und deren eifrige Verbreitung unter den Fachleuten, sondern durch die Politik. Die Idee der kollektiven Selbsthilfe wurde aus den unterschiedlichsten

Motiven aufgegriffen und in moderne Konzepte der Sozial- und Gesundheitspolitik eingebaut. Dabei zeigte sich interessanterweise bundesweit eine Art All-Parteien-Koalition. Jeder Politiker, gleich welcher Couleur, konnte im Selbsthilfegruppen-Ansatz Werte und Prinzipien seiner Partei wiederfinden: Christdemokraten etwa die Nächstenliebe und die Subsidiarität, Sozialdemokraten die Solidarität, Liberale die Bürgerverantwortung und Grüne die Basisdemokratie. Die Unterstützung blieb jedoch meist symbolisch; es wurde gelobt und ermutigt, kaum jedoch finanziert. Eine Ausnahme stellte der bemerkenswerte Wurf des sog. „Berliner Modells" durch den dortigen Senator Fink dar, später gefolgt vom Stadtstaat Hamburg und der größten deutschen Kommune München.

In jene Periode fiel auch die Ausarbeitung des Konzepts einer „Kontaktstelle für Selbsthilfegruppen" durch die Deutsche Arbeitsgemeinschaft Selbsthilfegruppen als einer professionellen Einrichtung, wo hauptamtlich über Selbsthilfegruppen informiert wird, wo der Weg zu bestehenden Gruppen gebahnt wird und wo interessierte Personen bei ihrer Gründung neuer Gruppen unterstützt werden, wo Räume und Büroeinrichtung zur Verfügung stehen, wo Supervision und Beratung geboten werden, wo die Verknüpfung zwischen professionellem und Selbsthilfe-System hergestellt wird. In vielen Städten der Bundesrepublik entstanden solche örtlichen Kontaktstellen, mit ganz unterschiedlicher Ausstattung, Anbindung und Qualifikation.

Die beginnende *Idealisierung* von Selbsthilfegruppen drückte sich etwa in Formulierungen aus wie dem Buchtitel „Auf dem Weg in die Selbsthilfe-Gesellschaft?" (der übrigens meist ohne Fragezeichen zitiert wurde) oder dem Befund einer Meinungsumfrage, daß angeblich 30 % der Bevölkerung grundsätzlich zur Teilnahme an Selbsthilfegruppen bereit seien. Von enttäuschten Linken, Medizinkritikern, Psychiatriereformern usw. wurde die Selbsthilfegruppen-Bewegung völlig überfrachtet mit Hoffnungen und Wünschen, diese möge nun jene Systemänderungen vollbringen, die einem selber in der Zeit nach der Studentenrevolte nicht geglückt waren. Die Profis schalteten auf Kooperation. Ärzteverbände etwa entdeckten die wichtige ergänzende Funktion der Selbsthilfe zur professionellen Hilfe und riefen ihre Mitglieder zur Zusammenarbeit und Unterstützung auf. Unter den Wohlfahrtsverbänden kam es zur De-facto-Absprache, daß dies das Terrain des DPWV sei, in der Hoffnung, daß dieser hier eine gewisse Ordnungsfunktion wahrnehmen würde.

Anerkennung und Hinweis auf Selbsthilfegruppen begannen jedoch auch, in Mißbrauch als Quasi-Versorgung für unliebsame Patienten und Klienten umzuschlagen. Selbsthilfegruppen wurden als wohlfeiler Abschiebebahnhof betrachtet, bei dessen Benutzung man sich sogar noch fortschrittlich und aufgeschlossen geben konnte; sozusagen ein billiger Jakob der psychosozialen Versorgung. Viele Gruppen, vor allem im Rahmen der großen Patientenverbände, schulterten diese

Last allerdings nur allzu bereitwillig. Selbsthilfegruppen galten plötzlich als Feuerwehr für alle möglichen sozialen Problemfelder und Krisen. Mitunter wurde schon vorwurfsvoll gefragt, warum sie nicht mehr tun in Bereichen wie Arbeitslosigkeit, Alter und Ausländerproblematik.

Das Jahrfünft von 1987 bis 1992 möchte ich charakterisieren als die *Phase der Institutionalisierung und Professionalisierung*. Die Kontaktstelle für Selbsthilfegruppen mit ihrem Standardprofil als bereichsübergreifende professionelle Einrichtung hatte sich durchgesetzt, wenn auch ihre Finanzierung vielerorts bis zum heutigen Tage noch unzureichend und wenig gesichert ist. Die Liste der „roten Adressen" der NAKOS verzeichnet inzwischen über 250 solcher Kontaktadressen in der ganzen Bundesrepublik. Diese Entwicklung wurde zwar keineswegs in Gang gesetzt, aber doch aufgegriffen und entscheidend gefördert durch zwei Modellprogramme des Bundesministeriums für Familie und Senioren (später: Familie, Senioren, Frauen und Jugend), von 1987 bis 1991 in den westlichen und ab 1992 in den östlichen Bundesländern. Diese Anerkennung durch Vater Staat und die durchweg positiven Ergebnisse der Begleitforschung untermauerten die Seriosität dieses Ansatzes und halfen dabei, die Selbsthilfe aus der alternativen, verschämten oder trotzigen Ecke herauszuholen.

Der Selbsthilfesektor wurde auch sozial- und arbeitsmarktpolitisch interessanter. Es gab zumindest ein paar Jobs, wenn auch schlecht dotiert und noch schlechter abgesichert, aber in einem flexiblen und kreativen Feld, wo eigene Betroffenheit und persönliches Engagement noch etwas zählten. Dies galt sowohl für die zunehmende Professionalisierung in Selbsthilfeverbänden (Zyniker sprachen schon von „Berufs-Betroffenen") als auch für die Kontaktstellen. Es stellten sich nun verstärkt Fragen nach der Qualifikation, der Fortbildung und auch der Dotierung dieser Mitarbeiter. Welcher Voraussetzungen bedarf es und wie hoch soll es honoriert werden, wenn hier bei der Vielfältigkeit der Aufgaben eine Art „psychosozialer Zehnkämpfer" verlangt wird, der einerseits als Generalist von vielen Dingen etwas verstehen soll (Alf Trojan sprach in einem humorvollen Vortrag vor Kollegen schon mal vom „Universal-Dilettanten"!), der andererseits aber die Anregung und Unterstützung von Selbsthilfegruppen auch zunehmend als Spezialdisziplin profilieren soll (mancher träumt schon vom Diplom-Selbsthilfeberater!).

Die *Phase* von 1992 bis 1997 war – neben dem schnellen Aufholen in den neuen Bundesländern – geprägt von Fragen *der Finanzierung und „Legalisierung"*. Die Entstehung einer Selbsthilfe-fördernden Infrastruktur traf auf „leere Kassen", insbesondere bei den Kommunen, von denen der Natur der Sache nach die Finanzierung der örtlichen Selbsthilfe-Kontaktstellen im wesentlichen sicherzustellen wäre. Folglich kam ein „Schwarze-Peter-Spiel" in Gang, bei dem jeder dic Arbeit der Kontaktstellen würdigte und deren Fortsetzung wünschte, die Kostenübernahme aber auf andere abzuschieben versuchte. Verschiedene Mischfinanzierungsmodelle wurden entworfen und diskutiert; zu einer Regelfinanzierung kam es jedoch nicht. Also knüpfte jede Kontaktstelle – wie auch jede Selbsthilfegruppe oder Selbsthilfeorganisation – fleißig weiter an ihrem individuellen Budget-Fleckenteppich, stellte Anträge bei jeder sich bietenden Gelegenheit und perfektionierte ihr Auftreten als PR-Agentur oder als Bettler – je nach Neigung. Die Selbsterhaltung dieser Mini-Einrichtungen verschlingt so einen nicht unerheblichen Teil ihrer Arbeitskapazität, die viel produktiver für psychosoziale Unterstützungsarbeit genutzt werden könnte.

Mit *„Legalisierung"* soll nicht etwa angedeutet werden, daß Selbsthilfegruppen-Arbeit früher illegal gewesen sei (lediglich in der staatlichen Ordnung der DDR galt sie wohl in der Tat als etwas Subversives), sondern daß Selbsthilfegruppen und Kontaktstellen 1992/93 erstmals Eingang fanden in einen Gesetzestext (§ 20, SGB V). Dieser regelte die Gesundheitsförderung durch gesetzliche Krankenkassen. Schon 1997 versuchte Bundesminister Seehofer, der bei früherer Gelegenheit die Selbsthilfegruppen noch als „vierte Säule des Gesundheitswesens" bezeichnet hatte, diesen Paragraphen wieder zu streichen, was auf massiven Protest von Betroffenen wie von Fachleuten dann zum Glück unterlassen wurde. Allerdings blieb es bei einer Kann-Bestimmung im Gesetzestext. Der finanzielle Beitrag der Krankenkassen zur Absicherung von Kontaktstellen ist bis heute allenfalls symbolisch geblieben, obwohl sie bzw. ihre Versicherten doch höchstes Interesse daran haben müssen. Die Erkenntnis setzt sich dort nur sehr, sehr langsam durch, daß Selbsthilfegruppen sowohl einen Beitrag zur Kostendämpfung leisten als auch zur Humanisierung unseres Gesundheitswesens.

Damit begeben wir uns in die *Phase der Utopie*, welche gewiß erst weit im nächsten Jahrtausend anbrechen wird. Der Blick in die Kristallkugel zeigt, daß die Förderung von Selbsthilfegruppen dann eine selbstverständliche Aufgabe für jeden medizinisch oder psychosozial Tätigen sein wird. Das Entscheidende, was uns bis dahin noch zu gelingen hat, ist wohl weniger zusätzliche Information und Wissensvermittlung, als vielmehr Einstellungswandel und Perspektivwechsel. In allen relevanten Berufen ist bisher die Diagnostik und überhaupt der Blick auf den jeweiligen Kunden praktisch ausschließlich auf eine „Defizit-Analyse" gerichtet. Wir stellen die Symptome, die Krankheit, die Behinderung, den Ausfall, die Abweichung, die Hilfsbedürftigkeit usw. fest. Aber wir haben weder hinreichendes Interesse noch das nötige Instrumentarium für eine „Potential-Analyse". Was kann jemand noch? Was vermag er zur eigenen Genesung oder zur Besserung seiner Situation selber beizutragen? Wie kann er, der doch der Hilfe bedarf, selber noch hilfreich sein für sich und für andere? Was ist und wie entsteht körperliche und seelische Gesundheit überhaupt, und wie läßt sie sich fördern und erhalten?

Dieser Perspektivwechsel – oder bescheidener: diese Perspektiverweiterung – läßt sich im Spiel mit Begriffspaaren sehr schön zeigen: „Angeln lehren" statt „Fische schenken"; „Methoden zeigen" statt „Methoden anwenden"; „Caring" (sorgen, kümmern, Anteil nehmen) statt „Curing" (heilen, kurieren); „erlittene Kompetenz" neben „erlernter Kompetenz"; „neue Netze", „Systeme" oder „Gruppen" als Gegenstand unserer Bemühungen statt „Patienten" (oder gar einzelner Organe und Funktionen); „psychosoziales Krankheitsmodell" (etwa im Sinne der Weltgesundheitsorganisation) statt „medizinisches"; und ganz modern: „Salutogenese" statt „Pathogenese".

Oder, wie es in einer amerikanischen Zeitschrift hieß: „25 Millionen Rheumatiker sind nicht nur ein Problem, sondern auch Teil der Lösung."

Aber die Frage lautet ja auch immer, was ist zu tun, bevor (und damit!) die Utopie anbricht. Ich schlage folgendes vor:

- Machen Sie sich zunächst einmal kundig! Die nächstgelegene Kontaktstelle wird Ihnen gerne dabei behilflich sein. Und das gerade im Psychosozial-Verlag erschienene Büchlein „ Wegweiser Selbsthilfegruppen" bietet darüber hinaus eine kurze systematische Einführung in diese Thematik. Informieren Sie Ihre Klienten durch Plakate und Broschüren im Wartezimmer, auf der Station und anderswo. Weisen Sie auf diese Informationen auch hin, und lassen Sie keinen Zweifel daran, daß Sie den Selbsthilfeansätzen der Betroffenen als Ergänzung professioneller Maßnahmen grundsätzlich positiv gegenüberstehen.
- Vermitteln Sie Interessierte an Selbsthilfegruppen, halten Sie Adressenverzeichnisse bereit oder weisen Sie auf Selbsthilfe-Kontaktstellen als Informationsquelle hin. (Aber Achtung: anschieben, nicht abschieben!)
- Bieten Sie Raum, soweit Sie können. Symbolisch, indem die Idee der kollektiven Selbsthilfe als Thema in Ihren Beratungsgesprächen mit Patienten Berücksichtigung findet, und materiell, indem Sie ggf. geeignete Räumlichkeiten in der eigenen Institution für Gruppen zur Verfügung stellen.
- Stärken Sie denen, die sich auf das Wagnis der Selbsthilfegruppen-Arbeit einlassen, den Rücken; ermutigen und bestätigen Sie; fragen Sie nach, ob jemand die Gruppe tatsächlich aufgesucht hat und wie sein Erlebnis dort gewesen ist; nehmen Sie Anteil an den Schwierigkeiten und Mißerfolgen, und freuen Sie sich mit, wenn's gut geht. Beachtung, Anerkennung und Sympathie von Fachleuten sind eine nicht zu unterschätzende emotionale Unterstützung für Selbsthilfegruppen, auch wenn direkt gar nicht in das Geschehen eingegriffen wird.
- Seien Sie bereit, Fachbeiträge zu medizinischen, psychologischen, sozialen, juristischen und anderen Themen vor den Selbsthilfegruppen zu halten (notfalls auch ohne Honorar!), wenn diese mit entsprechenden Anfragen an Sie herantreten. Akzeptieren Sie, wenn dabei auch Kritik an Ihrem Berufsstand oder an Ihrer Institution geübt wird. (Sie gilt ja ohnehin meist den anderen, den weniger netten

Kollegen!) Und lernen Sie, diese ungewöhnliche Chance zu schätzen, einmal Rückmeldung von Betroffenen darüber zu erhalten, wie diese ihre Situation und die Behandlung durch Fachleute erleben. In der herkömmlichen Einzelsprechstunde wird Ihnen das wohl kaum so mitgeteilt.

- Wenn Sie über die entsprechende Qualifikation verfügen, stellen Sie sich als Gruppenberater oder Supervisor zur Verfügung, der gelegentlich als Reflexionspartner helfen kann, Probleme der Gruppendynamik, der Leitungsstruktur, der Arbeitsteilung, der Integration neuer Mitglieder usw. zu analysieren und Lösungsmöglichkeiten mit zu erarbeiten. Aber Vorsicht: Greifen Sie nicht selber in den Gruppenprozeß ein, übernehmen Sie z. B. nicht die therapeutische Leitung, bitte auch nicht unter dem so fälschungsunsicheren Etikett der „Anleitung zur Selbsthilfe". Und stellen Sie in Rechnung, daß manches, was Sie über professionell geleitete Gruppen wissen, womöglich auf Selbsthilfegruppen nicht zutrifft oder für die Betroffenen dort nicht anwendbar ist.
- Haben Sie keine Scheu, auch Ihrerseits Kritik zu äußern, die Gruppe mit für sie unliebsamen Beobachtungen zu konfrontieren und den eigenen fachlichen Standpunkt ganz klar zu vertreten. Wenn tatsächlich etwas schief läuft in der Gruppe, ist es ja geradezu solidarische Pflicht, dies zurückzumelden. Letztlich wird die Gruppe ohnehin das tun, was sie will und was sie kann.
- Und noch ein letzter Hinweis: Bei aller wohlwollenden Unterstützung, die Sie den Selbsthilfegruppen angedeihen lassen, sollten Sie stets darauf achten, daß die Gruppen weiterhin autonom und unabhängig arbeiten. Wir Profis müssen lernen, uns auch mal herauszuhalten – es sei denn, wir wollten selber als Betroffene Mitglied einer Selbsthilfegruppe werden!

# „Ich halte mich an Kant"

Bascha Mika

Es gibt Menschen, die haben ein Gewissen. So wie andere rote Haare haben oder eine spitze Nase. Doch mit dem Gewissen ist das so eine Sache: Es kann unbequem werden. Und dann machen die, die damit ausgestattet sind, eigenartige Dinge. Sie sagen zum Beispiel jahrelang und immer wieder dasselbe – auch wenn es schon niemand mehr hören will. Sie sagen es trotzdem – weil sie glauben, daß es die Wahrheit ist, die gesagt werden muß. Als „Moralisten" schmäht man so jemand oder als „Unvermeidlichen" im Sinne eines unausrottbaren Übels. Wer schlichter höhnt, sagt einfach: „ein guter Mensch" und meint: „ein auslaufendes Modell".

Es gibt Leute, die würden Horst-Eberhard Richter gerne als solches Modell betrachten. Ihm zum Geburtstag bescheinigen: 75 Jahre, ein bißchen weise und doch nichts dazugelernt. Ein Träumer. Doch der Mann mit den scharfen Falten im Gesicht und dem weißen Schopf ist kein Träumer, sondern ein Täter – aus Überzeugung und innerem Zwang. Einer, der sein Ziel mit der Härte der Sanften verfolgt. „Ich habe mich immer für viel zu dünnhäutig gehalten, um zu kämpfen", erzählt er. Aber er tut es, ist seit Jahrzehnten das (schlechte) „Gewissen der Deutschen", Mahner und Warner auf der politischen Bühne. Zusammen mit seiner Frau Bergrun, die ihn „sehr, sehr gestärkt hat, den Mund aufzumachen".

Das fängt irgendwann nach dem Kriege an. Der Artillerist Richter ist durch Glück und eine schwere Krankheit dem Gemetzel vor Stalingrad entgangen. Keinen seiner Kameraden sieht er je wieder, die meisten Freunde sind umgekommen, seine Eltern wurden von marodierenden Soldaten ermordet. Als „radikale, innere Katastrophe" beschreibt er sein damaliges Gefühl. Er hatte mitgemacht, er war schuldig. Lieber wäre er auf der Seite der Verfolgten gewesen. So „borgt" er sich die Biographie einer verfolgten Familie – die seiner Frau – und beginnt, ein „Gegengewicht zu dem Kollektivismus und Militarismus" der Nazizeit zu suchen. Er ist Anfang zwanzig und will, „stellvertretend für die Umgekommenen, sich nie wieder angepaßt verhalten".

Er hat diese Geschichte schon oft erzählt. Trotzdem, da fühlt einer nach, was er redet, und währenddessen laufen seine Augen weg vom Gegenüber und suchen das Weite. Graubraune Augen, leicht verwaschen vom Alter.

Von 1943 bis 1949 studiert der kleine Mann, der bei öffentlichen Auftritten so viel größer wirkt, Medizin, Philosophie und Psychologie. Er promoviert zum Dr. phil. und Dr. med., fängt 1950 mit seiner psychoanalytischen Ausbildung an.

Die Herrenmenschenideologie der Nazis, die bleibende „Beschädigung", die er – und seine Frau auf anderer Ebene – im Krieg davongetragen haben, lassen beide besonders sensibel werden für das „beschädigte Leben". Er in seinem Beruf als Arzt, Psychiater und Therapeut, sie als Lehrerin. Sie arbeiten mit den Schwachen und Benachteiligten, mit den psychisch Kranken und den sozial Deklassierten.

Auch privat lebt das Paar mit den Zeichen des Krieges. In Berlin, Richters Geburtsstadt, wohnen die beiden noch in den 50er Jahren in einem Haus, das nur als Hälfte besteht. Bombenschaden. Die Arbeit in Gießen, die Horst-Eberhard Richter in den 60er Jahren beginnt, zieht er einem Ruf nach Heidelberg vor – weil Heidelberg so eine Zuckerbäckerstadt ist und Gießen vom Krieg schwer zerstört.

Wer Richter zuhört, dieser milden Stimme mit dem melancholischen Klang, diesen weitschweifigen, assoziierenden Ausführungen, kann seine therapeutischen Qualitäten erahnen. Wer leidet, spürt sehr schnell, ob er einen Leidensgenossen vor sich hat. Richter fühlt sich „sehr nahe, wenn Menschen depressive Situationen verarbeiten müssen". Er hat selbst seine depressiven Anteile. „Aber ich habe gute Abwehrmechanismen, mit meiner Depression umzugehen", sagt er, nestelt mit einer häufig wiederkehrenden, nervösen Geste an seinen Fingern und läßt merken, daß er darüber nicht länger reden will.

Er bewertet nicht und gibt keine Ratschläge, er bleibt im ungefähren und überläßt die letzte Entscheidung dem Betrachter. Jedenfalls glaubt der das. „Du hast eine ganz gemeine Art, dich durchzusetzen", hat ihm mal eine Kollegin vorgeworfen, „wenn es nicht nach deiner Nase geht, kannst du so traurig gucken, daß du einen doch wieder rumkriegst."

Seine Wesensmerkmale und seine Überzeugungsstrategien haben Richter von seiten der „Macher", von denen, die immer klare Rezepte parat haben, den Ruf der Weinerlichkeit eingetragen. Mit diesem Vorwurf kann er leben. Bedrückende Zustände, wie das vergebliche Anrennen gegen den Militarismus, würden ihn zwar sehr mitnehmen, aber wegen solcher Kritik habe er „noch keine Nacht schlechter geschlafen. Ich bin da stabil und definiere mich nicht über andere. Ich weiß schon, wer ich bin", meint er, und lächelt dabei ein bißchen.

In den 40er und 50er Jahren, als angehender Psychosomatiker und Psychoanalytiker in Berlin, macht Richter eine Menge häßlicher Erfahrungen. Unmenschliche Klinikbetriebe, betonierte Hierarchien in den Köpfen der Ärzte, Ausgrenzung von mißliebigen Meinungen unter Analytikern. Seine Pionierarbeit in der psychoanalytischen Familientherapie – als erster im deutschen Sprachraum hat er versucht, neben unbewußten Wirkungen frühkindlicher Erfahrungen auch das soziale und kulturelle Umfeld des Patienten zu berücksichtigen – sollte seine Habilitationsschrift werden.

Die jedoch liegt jahrelang bei seinem Professor im Schreibtisch. Als Richter 1962 auf den neu eingerichteten Lehrstuhl für Psychosomatik nach Gießen berufen wird – „das war ein reiner Glücksfall" –, hat er sich immer noch nicht habilitiert. Und wird es auch nicht mehr tun. Lieber gibt er seine berühmt gewordene Schrift „Eltern, Kind und Neurose" als Buch heraus. Zahlreiche andere Bücher werden folgen.

In Gießen baut Richter, der selbst einige schwere Psychosomatosen durchgestanden hat, das Zentrum für psychosomatische Medizin auf. Im Umgang mit seinen MitarbeiterInnen will er vom autoritären Führungsstil wegkommen und im Team arbeiten. Das gelingt nicht immer und verschafft ihm nicht nur Freunde. Auch sein Ansatz einer psychoanalytischen Sozialpsychologie wird in konservativen Kollegenkreisen mit Vorliebe kritisiert. Die Standesbewußten unter den Psychoanalytikern haben entschieden etwas gegen Nestbeschmutzer, die die reine Lehre verraten.

Bergrun Richter ist es nicht leicht gefallen, ihre Arbeit in Berlin aufzugeben und mit den drei Kindern ihrem Mann nach Gießen zu folgen. Sie ahnt wohl, daß sie dem Schicksal, Ehefrau eines prominenten Mannes zu sein, nicht entgehen wird. „Der Mann wird versetzt, die Frau bleibt sitzen", zitiert Richter einen bekannten Spruch, der auch auf seine Ehe zutraf. „Sie hat sich nur schwer zurückgenommen. Das gab eine ziemliche Krise in unserer Beziehung. Es hat ein paar Jahre gedauert, bis wir wieder in dieselbe Richtung dachten."

Durch die 68er-Bewegung politisiert, entwickelt sich Richter im Laufe der 70er Jahre zu dem, was er heute noch ist: ein kritischer Intellektueller, der die zerstörerischen Potentiale der Realpolitik anprangert. Anfang der 80er Jahre wird er zu einer der Leitfiguren der Friedensbewegung und zum Mitbegründer der „Ärzte für die Verhütung des Atomkriegs", redet international den Verantwortlichen ins Gewissen. „Bis heute", findet er, „werde ich überschätzt, was meine Kraft und moralische Qualität angeht. Ich fühle mich davon oft überfordert. Aber man muß damit leben und sich selbst nicht mit diesem Bild verwechseln."

Doch wer in der Öffentlichkeit so hochstilisiert worden ist wie er, lebt stets in der Gefahr, gestürzt zu werden. Besonders ehemalige Linke, die sich längst frustriert der visionslosen Sachzwangpolitik gebeugt haben und mit den Mächtigen heulen, toben an ihm ihre Resignation und ihre Vatermordgelüste aus.

Richter selbst war nicht mehr jung, als er zum Protestler wurde. Deshalb brauchte er keine politische Kehrtwende, um sich erwachsen zu fühlen. Im Gegensatz zu den abtrünnigen Linken glaubt er bis heute, daß es in der Gesellschaft ein Widerstandspotential gegen den Selbstvernichtungswahn durch Umweltzerstörung und Großmachtpolitik gibt, das man nur mobilisieren müsse: „Vor allem bei den ganz Jungen. Es fehlt nur die Kraft, sie politisch zu konsolidieren."

Dieser Analytiker, dem in seinen therapeutischen Sitzungen wenig Emotionen fremd geblieben sind, reagiert gespalten, wenn es um seine eigene Gefühlswelt geht. Über den einen Teil, den politisch-gesellschaftlichen, bei dem er sich als Spiegel von kollektiven Ängsten und Bedürfnissen versteht, spricht er ganz offen. Über den anderen, den ganz privaten, nur mit Scheu. Er wehrt zwar nicht ab, bemüht sich um eine Antwort und bleibt dabei doch stets vorsichtig und verhalten.

Ist er ein Machtmensch? „Na ja, natürlich hab' ich eine gewisse Macht", sagt er und klingt bescheiden. Aber das sei mehr die „informelle Macht", immer wieder auf das, was das Leben und die Zukunft der Menschen bedrohe, hinweisen zu können.

Ist er eitel? „Na ja, vielleicht eher im infantilen Bereich. Wenn ich körperlich was geschafft hab'." Vor allem seine Mutter habe immer gewollt, daß er etwas Besonderes sei, und habe seinen Ehrgeiz angestachelt. Und dann berichtet der kleine fünfundsiebzigjährige Junge, der Tennis spielt, Ski läuft und Berge besteigt, ganz stolz, daß er noch mit knapp siebzig den Kilimandscharo erklommen habe. Wesentlich Jüngere hätten bei dieser Fünf-Tage-Tour schlapp gemacht. Er nicht.

Denkt er an seinen Tod? „Angst und Tod hab' ich stärker als junger Mensch erlebt. Ich habe allerdings die ausgeprägte Neigung, mich in der Therapie mit unheilbar Kranken zu befassen und mich so mit dem Tod zu konfrontieren." Doch dann will der alte Mann schnell wieder über das Leben reden. Wie fit er sich noch fühlt, daß er sportlich genauso gut dabei ist wie vor zehn Jahren und daß er mit dazu beitragen will, daß die Generation der jetzigen Kinder nicht von „Verdrängung und Anpassung" geprägt wird.

Seit 1991 ist Richter emeritiert, sein Stundenplan ist trotzdem voll. Zwar nimmt er sich bewußt mehr Zeit für Unternehmungen mit seiner Frau, doch er hält weiterhin Vorträge, schreibt Bücher und arbeitet nach wie vor therapeutisch. „Gar keine Therapie mehr, das würde mir wehtun. Ohne diesen Teil meiner Arbeit ist mein politisches Engagement nicht zu verstehen."

1992 hat er die Leitung des „Sigmund-Freud-Instituts" in Frankfurt am Main übernommen, jener berühmten psychoanalytischen Lehr-, Forschungs- und Ausbildungseinrichtung. Zunächst war er nur kommissarischer Chef, inzwischen ist er Geschäftsführender Direktor. Er sorgte mit dafür, daß die Finanzierung des Institut gesichert wurde; wenn es darum geht, Geld zu akquirieren, ist er ein ausgebuffter Taktiker. Bis er sich den Respekt und das Wohlwollen der traditionellen Vertreter unter den Frankfurter Kollegen erobert hat, hat es einige Zeit gedauert. Zunächst akzeptierten sie ihn nur zähneknirschend. Für die Hardliner der Zunft war Richter ein seichter Popularisierer der Psychoanalyse. Für einige ist er es wohl noch immer. Vielleicht, weil er in der Öffentlichkeit ungleich erfolgreicher ist als viele andere?

Als Richter der Universität den Rücken kehrte, begann er, sich über die Lebensführung im Alter Gedanken zu machen. Er fand heraus, was der Philosoph Immanuel Kant und sein Zeitgenosse Christoph Hufeland, der Ahnvater der Psychosomatik, in dieser Situation empfahlen. Hufeland propagierte einen

Rückzug in Ruhe und viel Schonung; Kant hingegen beharrte darauf, daß gerade das Alter nicht zum Ausruhen bestimmt sei; Ruhe und Schonung beschleunigten nur den Alterungsprozeß. Für einen Mann, für den es zum Schlimmsten zu gehören scheint, wenn er zum alten Eisen gerechnet wird, war damit die Entscheidung klar. Richter: „Sollte ich Hufeland oder Kant folgen? Ich habe nachgesehen, wer von beiden länger gelebt hat. Das war eindeutig Kant. Also habe ich beschlossen, mich an ihn zu halten."

# Identität – nichts als Ideologie?

Margarete Mitscherlich-Nielsen

Identität als Begriff hat psychoanalytisch keine scharfe Begrenzung gefunden (vgl. Mitscherlich, 1990). Freud hat ihn in seinen Theorien nicht verwendet. Im „Vokabular der Psychoanalyse" von Laplanche und Pontalis findet man ihn nicht. In Meyers „Enzyklopädischen Lexikon" hat der Begriff viele Bedeutungen. Psychologisch wird er mit „Selbst- oder Ich-Identität" gleichgesetzt. Was E. H. Erikson (1956) Identität nennt, geht aus den vielfältigen Identifikationen in Kindheit und Jugend hervor. Das trifft sicherlich als Grundlage für die Persönlichkeitsbildung eines jeden Menschen zu. Eriksons Vorstellungen von einem psychosozialen Moratorium des Jugendlichen, bevor sich seine Identität als reifer, Verantwortung für Familie und Beruf übernehmender Erwachsener ausbildet – wenn es nicht zu der Pathologie einer Identitätsdiffusion kommt –, sind zeitbedingt und keine anthropologischen Invarianten, wie er annahm. Sie waren vorwiegend am Modell des männlichen Jugendlichen aus dem amerikanischen und europäischen Mittelstand zu Zeiten Eriksons herausgearbeitet.

Heute wird der Begriff der Identität in der Psychologie, der Soziologie, der Psychoanalyse, auch von Historikern und Philosophen, häufig aber meist diffus benutzt. Man spricht von geschlechtsspezifischer Identität, die sich mit etwa eineinhalb Jahren zu entwickeln beginnt; von persönlicher Identität[1], wenn man sich mit sich selber eins fühlt, mit seinen Idealen und Zielen in Einklang lebt, zu einer Integration der inneren Welt der Gefühle oder auch der Erfahrungen und Theorien fähig ist, sich als relativ eigenständig und unabhängig von den von außen kommenden Erwartungen empfindet; von sozialer Identität, wenn man sich in Einklang mit einer größeren oder kleineren Gruppe und deren „Weltanschauung" fühlt, dazu gehört die ebenso begehrte wie umstrittene „nationale Identität", mit der sich die Deutschen seit der „Wiedervereinigung" erneut intensiver beschäftigen, nachdem sie ihnen nach dem Rückfall in die Barbarei so

---

[1] Mit diesem Begriff haben sich zahlreiche Psychoanalytiker und Soziologen beschäftigt, Habermas (1974, Frankfurt am Main) in „Zur Rekonstruktion des historischen Materialismus" versteht „Identität" als Folge der Interaktion zwischen Individuen und zwischen Individuen und Gesellschaft. Verschiedene mitmenschliche Beziehungen und Rollenidentitäten können einigermaßen integriert werden. Auch Bohleber (1992) sieht die Interaktion mit den bedeutungsvollen anderen und deren Erwartungen und später der Gesellschaft mit ihren Rollen und Normen als Grundlage der Identitätsbildung an.

schmerzlich verlorengegangen war. „Daß sich in einer kulturell hoch zivilisierten Gesellschaft wie der deutschen eine liberale, politische Kultur erst nach Auschwitz hat ausbilden können, ist eine schwer zu fassende Wahrheit" (Habermas, 1995).

Identität als ein kontinuierliches Sich-eins-Fühlen mit seinem Geschlecht, seiner Rolle, seinen Idealen, gilt bei vielen PsychoanalytikerInnen als das wichtigste therapeutische Ziel, allerdings nicht ohne diese in sich oft instabile, der Abwehr von Konflikten dienende Identität der kritischen Betrachtung zu unterziehen. Adorno, der sicherlich dem Begriff Identität zwiespältiger und gebrochener gegenüberstand als das Gros der praktizierenden Psychoanalytiker, setzte sich in der „Negativen Dialektik" (Adorno, 1966) mit diesem Begriff folgendermaßen auseinander: „Insgeheim ist Nicht-Identität das Telos der Identifikation, das an ihr zu Rettende; der Fehler des traditionellen Denkens, daß es die Identität für sein Ziel hält. Die Kraft, die den Schein von Identität sprengt, ist die des Denkens selber: Die Anwendung seines ‚Das ist' erschüttert seine gleichwohl unabdingbare Form. Dialektisch ist Erkenntnis des Nicht-Identischen auch darin, daß gerade sie, mehr und anders als das Identitätsdenken, identifiziert. Sie will sagen, was etwas sei, während das Identitätsdenken sagt, worunter etwas fällt, wovon es Exemplar ist oder Repräsentant, was es also nicht selber ist" (Adorno, 1966, S. 152). Weiter heißt es bei Adorno: „Identität ist die Urform von Ideologie ... Identität wird zur Instanz einer Anpassungslehre" (ebd., S. 151).

Unter sich verfestigenden gesellschaftlichen, politischen, familiären, institutionellen Verhältnissen kann die Notwendigkeit oder gar der Zwang zur Identitätsbildung ohne Zweifel zu ideologischen Verformungen, aber auch zu Leid und pathologischen Störungen führen. „Es ist deswegen verständlich, wenn Adorno Nichtidentität zum Signum menschlicher Würde erhob" (Böhme, o. J.).

Philosophen und nicht nur ihnen ist der inflationäre Umgang mit dem Begriff Identität, der Ich- und Selbstidentität ein Ärgernis. Manchem Analytiker geht es ähnlich. Für ihn oder sie stellt auch die Festlegung einer einheitlichen Geschlechtsidentität eine Verarmung der Persönlichkeit dar. Freud selber hat in seinen „Drei Abhandlungen" festgestellt, daß die Triebe ursprünglich unabhängig vom Objekt und in ihren Zielen variabel seien, wie auch seine Theorie der Bisexualität einer einheitlichen Geschlechtsidentität widersprach. Die revolutionäre Wendung Freuds ist eng verbunden mit einer Trennung von Körper und Kultur.

Man selbst zu sein und stets der- oder dieselbe zu bleiben, ist schon für Plato eine Aufgabe, die ihm unlösbar scheint, da jeder sich an Leib und Seele im Laufe des Lebens verändert, wir Menschen auch nie dieselben sind, was unsere Erkenntnisse, Gefühle betrifft, die vergehen und neuen Platz machen, sofern sie nicht erstarren. Um das zu verhindern, um offen zu bleiben für neues Denken und Erleben, für das Nicht-Identische, ist es einerseits notwendig, sich von „Identität" oder Identifikationen, die sie begründeten, lösen zu können, andererseits aber mit Hilfe der Erinnerungsarbeit das Wissen über den Verlauf unseres Lebens und Erlebens, über unsere unterschiedlichen Identifikationen, deren Entstehen und Vergehen nicht zu verlieren oder zu verdrängen. Das ist die Vorbedingung dafür, daß sich ein Gefühl von eigener Verantwortlichkeit und Kontinuität entwickelt. Es gibt keine verläßliche Zukunft ohne das Wissen um die Herkunft. Gegen den Zwang von außen, sich nicht wandeln zu dürfen, müssen wir uns wahrscheinlich lebenslänglich zur Wehr setzen: „Obgleich nun genau genommen im menschlichen Leben nichts sich gleich bleibt, wird doch jeder Mensch von Kindesbeinen bis zum Greisenalter als derselbe angesprochen" (Böhme, o. J.).

Auch bei dem, was – oft unreflektiert und idealisierend – unter „psychoanalytischer Identität" begriffen wird, handelt es sich nicht selten um eine Ideologie, d. h. sie ist einem Denkmuster unterworfen, das weniger einen um neue Erkenntnisse bemühenden oder erklärungsstiftenden als vielmehr normensetzenden Charakter hat und festlegt, was psychoanalytisch richtig und was falsch ist. Die Fähigkeit, anderes und neues Denken wahrzunehmen oder sich mit dem „anderen", dem „Fremden" zu identifizieren, das Ich durch die Identifikation mit dem „Nicht-Identischen" zu erweitern und zu bereichern, was schließlich die Essenz jeder Kultur ausmacht, kann dadurch beschädigt werden. Eine Art Charaktermaske kann entstehen oder eine von Abwehr geprägte Persönlichkeitsstruktur, die dem „Fremden" mit Vorurteilen und Projektionen begegnet. Wir Deutschen begreifen erst langsam, was Demokratie, was Menschenrechte bedeuten: jeden in seiner Andersheit gleichermaßen zu achten, ihn nicht aufgrund einer nationalen und rassischen Identität aus der politischen Gemeinschaft auszuschließen, der „Volksgemeinschaft" unserer unseligen Vergangenheit.

Die Psychoanalyse wie andere Wissenschaften, die sich mit diesem Thema befassen, unterscheidet zwischen individueller und kollektiver Identität. In den psychoanalytischen Institutionen ist der Zwang zur Gruppenidentität nicht zu übersehen. Die Gruppe verlangt einheitliche Identität, während das Individuum auch innerhalb der psychoanalytischen Gemeinschaft sich oft nach Vielfalt unterschiedlicher Möglichkeiten der Identitäts- und Persönlichkeitsbildung sehnt, aber vor den daraus entstehenden Konflikten zurückscheut. Die ersten Anhänger der Psychoanalyse erlebten das gemeinsame Interesse an der neuen Wissenschaft keineswegs als Zwang oder Folge einer unkritischen Verlagerung des Ich-Ideals nach außen, auf einen Führer, wie es Freud in „Massenpsychologie und Ich-Analyse" beschrieben hat, sondern nutzten das kreative Denken Freuds als Vorstoß zu neuen überraschenden individuellen und kulturellen Erkenntnissen. Diese gemeinsame Erforschung des durch Psychoanalyse entdeckten geistigen und seelischen Neulandes ließ ein Gefühl der Zusammengehörigkeit entstehen. Aber schon lange bevor eine „Gruppenidentität" fordernde Institutionalisierung existierte mit dem Ziel, gute Analytiker auszubilden, die Verantwortlichen der „professionellen Identität" zur Übereinstimmung darüber kommen mußten, was einen guten Analytiker ausmacht – worüber übrigens nie Einigung erreicht wurde (vgl. Mitscherlich-Nielsen, 1970) – und welche Theorien als psychoanalytisch korrekt angesehen werden, kam es zu Spaltungen, die natürlich vielerlei Ursachen hatten; sie waren nicht nur auf den Neid auf den genialen Übervater, sondern auch auf die Abwehr des Neides durch unkritische Idealisierungen oder ihr Pendant, die Verteufelung abweichend Denkender, zurückzuführen; später schlicht auf die Notwendigkeit, berufliche Kompetenz eines Psychoanalytikers wissenschaftlich begründen und nachweisen zu können.

Dabei darf nicht übersehen werden, daß es wohl kaum einen Beruf gibt, bei dem persönliche „Identität" und Lebenserfahrungen so eng miteinander verbunden sind wie beim Psychoanalytiker, so daß Theorierevisionen als Identitätskrisen erlebt werden (vgl. Thomä, 1977). Nicht selten wurde deswegen aus der Metapsychologie eine Metaphysik, die Psychoanalyse zu einer Art Religion verzerrt, an die man glauben mußte und deren Theorien man nicht widersprechen durfte, ohne als Abtrünniger zu gelten. Einerseits wurde psychoanalytische „Identität" streng gefordert, andererseits gab es natürlich auch die Profilierungssüchtigen, die mit dem Anspruch, eine neue „Theorie" gefunden zu haben, das Kind mit dem Bade ausschütteten bzw., sich überschätzend, selbst als geniale Erneuerer und oft als Verfolgte erlebten. Wenn das eigene Selbst nicht zu einem Projekt wird, das sich reflexiv gegenübersteht, wenn Identität zur Treueverpflichtung verkommt, ist es mit der psychoanalytischen Forschung schlecht bestellt, in der es schließlich immer über die Nachweisbarkeit psychoanalytischer beruflicher Kompetenz hinaus um die Entdeckung von Neuland, von bisher nicht Gewußtem und Offenheit für das bisher Nicht-Identische geht, auch oder vor allem im analytischen Umgang des Analytikers mit seinen Analysanden wie mit der eigenen Person.

Für Freud stand die Forschung im Mittelpunkt seines Interesses. Mit der genialen und mutigen Erforschung seiner Selbst in seiner Selbstanalyse wurde er zum Begründer der Psychoanalyse. Seine Genialität zeigte sich auch darin, daß er Metapsychologie, also die psychoanalytische Theorie samt der Theorie der Technik im weitesten Sinne, dauernden Änderungen unterworfen hat. Auf der Basis klinischer Erfahrungen und neuer Erkenntnise hat er Teile seines Theoriegebäudes immer wieder verändert oder ergänzt. Bei seiner vielfach umstrittenen Theorie der Weiblichkeit allerdings wehrte er sich gegen Kritiker wie Horney und Jones, deren Ansichten ihm eher als vereinfachender Rückschritt erschienen, während er sich von Analytikerinnen wie H. Deutsch, J. Lampl-de Groot, R. Mack-Brunswick u.a. davon überzeugen ließ, daß die präödipale Phase für die Entwicklung der Weiblichkeit eine grundlegende Rolle spielt. „Auch beim Weib muß die Mutter das erste Objekt sein. Die Urbedingungen der Objektwahl sind ja für alle Kinder gleich"; „... die präödipale Phase des Weibes rückt hiermit zu einer Bedeutung auf, die wir ihr bisher nicht zugeschrieben haben" (Freud, 1931).

Persönliche Identität ist für jeden von uns, ob Mann oder Frau, ein komplexer, in sich widersprüchlicher Begriff; einerseits bleiben wir der- oder dieselbe von Anfang bis Ende des Lebens, andererseits sind wir von Tag zu Tag eine oder ein anderer. Neue Erfahrungen, Erkenntnisse, Identifikationen, Verinnerlichungen verändern den dafür empfänglich bleibenden Menschen bis an sein Lebensende. Kollektive oder Gruppen-„Identität" jedoch, wenn sie von „Gläubigen" jedweder Herkunft gefordert wird, entartet zur Ideologie, was auch heißt zu einem Anpassungszwang, sei es mit Denkverboten oder mit „Idealen" und Idealisierungen, die Projektionen und Feindbilder fördern oder sogar fordern, und zu destruktiv aggressivem Verhalten führen können. Für die Freiheit des Andersdenkenden oder Verteufelten zu kämpfen, wird dann mit Ausschluß aus der Gesellschaft bestraft. Grabstätten der Ich-Entwicklung sind die individuellen, die Massengräber unserer unseligen jüngsten Vergangenheit die kollektiven politischen Folgen.

Jede Theorie ist nolens volens von der Philosophie ihrer Zeit und den subjektiven Erfahrungen des jeweiligen Theoretikers geprägt. „Dreißig Jahre, nachdem Freud seine Theorie des Unbewußten entwickelt hatte, wies der weltberühmte deutsche Physiker Werner Heisenberg nach, daß in der Welt der Physik, auf subatomarer Ebene, allein die Beobachtung unvermeidlich das Beobachtete beeinflußt. Freud, der Neurologe, der gezeigt hatte, daß der Intellekt des Menschen seinem Unbewußten ausgeliefert ist, arbeitete auf der psychischen Ebene innerhalb vergleichbarer einschränkender Parameter der experimentellen Erfahrung: In der Welt des Geistes beeinflußt die geistige Erfahrung des Beobachters ebenso unvermeidlich – wenn auch unbewußt – die Bedeutung dessen, was beobachtet wird" (Clark, 1931).

Der Einfluß eines Subjekts, dessen geistig-seelische Erfahrung auf die Entwicklung einer Theorie, kann also nicht Gegenstand eines Vorwurfs sein; er ist unvermeidbar und macht eine Theorie erst lebendig – allerdings nur dann, wenn man sich der eigenen historischen und gesellschaftlichen Abhängigkeit bewußt ist und die eigenen Gefühle, Phantasien und Werte, die sich z. B. mit der psychoanalytischen Theorie und psychoanalytischen Erfahrung verbinden, einigermaßen selbstkritisch wahrzunehmen vermag. Das war bei der Entstehung und dem psychoanalytischen Umgang mit der Weiblichkeitstheorie Freuds nicht immer der Fall.

In diesem Zusammenhang ist für den Psychoanalytiker auch das Thema „Gibt es eine weibliche und eine männliche psychoanalytische Identität?" nachdenkenswert. Wenn es stimmt, daß die beruflich-individuelle Identität von der sozialen Gruppe, in der wir leben, sowie von der Theorie, die diese Gruppe vertritt, weitgehend abhängig ist, dann wird eine Frau so gut wie ein Mann die in der Gruppe als „korrekt" angesehene psychoanalytische Theorie der weiblichen Entwicklung übernehmen, wenn auch nur aus mehr oder weniger unbewußtem Gruppenkonsens, da Teile der Freudschen Theorie vielen Frauen zu oberflächlich und konfliktfrei erscheinen, um der geistig-seelischen, psychoanalytischen wie gesellschaftlichen Erfahrung einer Frau (oder eines Mannes) gerecht zu werden. Deswegen war und ist diese Theorie seit Freud und von Freud selber Änderungen und auch vielfacher Kritik ausgesetzt gewesen. Sie wurde durch neue psychoanalytische Forschungen modifiziert, in denen mit Hilfe der Erkenntnisse der Ich-Psychologie, der Theorie der Objektbeziehungen, der Direktbeobachtung von Säuglingen und Kleinkindern, Freuds Vorstellung von der Weiblichkeit als verhinderte Männlichkeit in Frage gestellt werden konnte.

Stoller (1968), Money (1955 u. 1973) und andere Erforscher der frühen Kinderjahre stellten fest, daß die geschlechtsspezifischen Verhaltensweisen von Mädchen wie Jungen davon abhängig sind, wie ihr Geschlecht bei der Geburt bestimmt wurde, auch wenn diese Bestimmung dem biologischen Geschlecht nicht entspricht. Daß weibliche und männliche Verhaltensdifferenzen sich ausschließlich auf die psychische Verarbeitung der Wahrnehmung des anatomischen Geschlechtsunterschiedes zurückführen ließen, erwies sich als falsch. Erziehung und elterliche Einstellung bestimmen das geschlechtsspezifische Verhalten und die geschlechtliche Selbstbestimmung, also auch die Ich-Entwicklung des Kindes weitgehender als man bisher angenommen hatte. Gesellschaftliche Werte, vermittelt durch die ersten Objektbeziehungen, also meist durch die Eltern, beeinflussen auch das, was in der Psychoanalyse als unbewußte Phantasien bezeichnet werden. Ich komme auf den Einfluß dieser Phantasien für die Bildung einer geschlechtsspezifischen „Identität" zurück.

Über einen langen Zeitraum haben sich nur wenige Psychoanalytiker für die gesellschaftliche Behinderung der Frau und deren Wirkung auf ihre Psyche interessiert. Die psychoanalytische Beschränkung auf individuelle Lebensgeschichten verführte dazu, das kollektive Unterdrückungsschicksal, das Frauen in unserer wie in anderen Gesellschaften erleiden, zu übersehen. Die offizielle Psychoanalyse, zumindest in Deutschland, hat sich mit den von Feministinnen gewonnenen Erkenntnissen und Erfahrungen kaum auseinandergesetzt. Die äußere Realität gilt ihnen wenig, ihre Wirkung auf die innere Realität, so vielfach gebrochen sie sein mag, wird nicht genügend wahrgenommen. Obwohl sich einiges zu ändern beginnt, auch was die Bewertung der äußerlichen Realität und ihre Wirkung auf die Psyche betrifft, wird eine Frau von allzu vielen Analytikern nach wie vor als „phallisch" bezeichnet, wenn diese sich um mehr Autonomie bemüht. Penisneid dem anatomisch besser ausgestatteten Mann gegenüber wird weiterhin als unausweichlich angesehen, wie auch Masochismus, Narzißmus, Passivität als typisch weiblich definiert werden. Zentraler Konflikt der Frau sei ihr Männlichkeitskomplex, beim Mann die Kastrationsangst, so Freud. Immerhin erschien ihm diese Theorie nicht als letzte Einsicht oder Wahrheit, sondern als „unvollständig, unbefriedigend und ungenau" (Freud, 1924).

Freud, als Begründer und Urvater der Psychoanalyse, als Entdecker und psychoanalytischer Erforscher des Unbewußten, konnte natürlich keinem Zwang zur „Gruppenidentität" unterworfen werden – zumindest was sein Denken und Forschen betraf. Bis an sein Lebensende blieb er offen für neue Erkenntnisse und Erfahrungen. Er sah sehr wohl die subjektiven Grenzen des oder der jeweiligen Psychoanalytiker/in wie auch die gesellschaftlichen Bedingungen der Neurosen: „Wir haben ... bemerkt, daß jeder Psychoanalytiker nur so weit kommt, als seine eigenen Komplexe und inneren Widerstände es gestatten ..." (Freud, 1910, S. 108). Oder auch: „Wir weisen nach, daß sie (die Gesellschaft) an der Verursachung der Neurosen selbst einen großen Anteil hat. Wie wir den einzelnen durch die Aufdeckung des in ihm Verdrängten zu unserem Feind machen, so kann auch die Gesellschaft die rücksichtslose Bloßlegung ihrer Schäden und Unzulänglichkeiten nicht mit sympathischem Entgegenkommen beantworten" (ebd., S. 111).

Durch seine Aufdeckung der unbewußten Phantasien, in denen Frauen als kastriert erlebt werden, hat Freud wesentlich zur Aufklärung darüber beigetragen, daß es Phantasien sind, aufgrund derer Frauen seit Jahrhunderten als minderwertig erlebt werden und entsprechenden beruflichen und sozialen Benachteiligungen bis heute ausgesetzt sind. Gleichzeitig teilte er manche der gängigen, nicht gerade schmeichelhaften Phantasien seiner Zeit über die Frauen. Dafür sprechen seine Aussagen, in denen er der Frau ein schwaches Über-Ich, geringe Libido, masochistische Sexualität, Sublimationsunfähigkeit, einen frühen geistigen Entwicklungsstillstand und Passivität unterstellt. Wenn also Analytiker/innen Identität mit Selbstsein, Autonomie und Verantwortungsfähigkeit gleichsetzen, wäre eine Frau nach bestimmten psychoanalytischen Theorien unfähig, „Identität" zu entwickeln. Eine psychoanalytische Identität bleibt dann den Männern dieser Berufsgruppe vorbehalten, die dementsprechend ihren Vorurteilen verfallen bleiben und in der feministischen Kritik vor allem eine Folge der schwachen Denkfähigkeit und des Penisneides der Frau sehen.

Wenn aber die Abwertung der Frau auf unbewußte Phantasien der Männer von deren Kastration, was auch Zerstörtheit heißt, zurückzuführen ist, was war dann das Motiv für die Entwicklung solcher persistierenden Phantasien?

Vorerst möchte ich versuchen zu klären, was in der Psychoanalyse unter unbewußten Phantasien verstanden wird. Das kann nur sehr unzulänglich geschehen, da auch unter Psychoanalytikern darüber keine Einigkeit besteht, obwohl über diesen Begriff noch mehr als über den der Identität gestritten und geschrieben worden ist. Wie unterscheiden sich unbewußte Phantasien von bewußten Phantasien? Bewußte Phantasien lassen sich vom Ich als solche erkennen – als nicht zur Realität gehörend, der Realitätsprüfung jederzeit zugänglich. Bewußte Phantasien können zahlreichen Zwecken dienen: negative (Rache) und positive (Liebes-) Wünsche erfüllen, Menschen und Situationen beherrschen, was in der Realität den Phantasierenden versagt ist oder auch zu schwerwiegenden Konsequenzen führen würde. Häufig dienen Phantasien der sexuellen Stimulierung, sie beherrschen überhaupt das Leben der Menschen und deren Kultur in einer nicht aufzählbaren Vielfalt.

Die unbewußten Phantasien dagegen können vom Ich nicht kontrolliert werden, eben weil sie unbewußt sind, das Bewußtsein nicht erreichen. Sie bestimmen jedoch das Leben mehr, als wir wissen; sie sind nicht nur die Ursache für Träume, Symptombildungen oder das, was wir „Agieren" nennen, sie liegen manchem als rational anmutendem Verhalten zugrunde, organisieren Lebensschicksale, vermeiden dabei „jenen Stempel des Unwirklichen, der für die bewußten Tagträume charakteristisch ist" (Sandler, 1976). Zur Realisierung und Inszenierung unbewußter Phantasien sind entsprechende Partner notwendig, die sich jedoch meist unschwer finden lassen. Bewußte und unbewußte Phantasien beeinflussen einander, ihre Tendenz zur Wunscherfüllung ist eine Kompromißbildung von äußerst komplexer Natur. Die für das Leben eines Menschen entscheidenden Objektbeziehungen, Konflikte, traumatischen Ereignissen etc. werden – so Arlow (1995) – in einer Anzahl von unbewußten Leitphantasien organisiert, die ein Leben lang andauern, also auch individuelle und soziale Identitätsfindung beeinflussen.

Rohde-Dachser (1994), Mitscherlich, M. (o. J.) haben zu beschreiben versucht, welche unterschiedlichen unbewußten Phantasien einerseits den Freudschen, andererseits den feministischen Vorstellungen von Weiblichkeit und Männlichkeit zugrunde liegen können. Um mich diesen unbewußten Phantasien versuchsweise anzunähern, werde ich die komplexen Motive für deren Bildung und Dynamik nur vereinfachend darstellen können. Die Freudschen Theorien über die Frau als kastriert und narzißtisch verbalisieren die Abwehr uralter Männerängste. Sie dienen der Überwindung der Minderwertigkeitsgefühle eines Mannes durch die Bestätigung der eigenen männlichen Überlegenheit und der Abwehr seiner überwältigenden Angst vor seiner primären Abhängigkeit von einer Frau; natürlich auch der Abwehr seiner Sehnsucht nach der ursprünglichen symbiotischen Einheit mit der Mutter, die im Laufe des Lebens so schmerzlich enttäuscht wurde.

Seine frühen Identifikationen mit der Mutter, die eng mit den nicht bewußt zur Verfügung stehenden Erinnerungen an seine hilflose Abhängigkeit von ihr verbunden sind, wehrte offenbar auch Freud ab. Seine von ihm selber wiederholt gestellte und nicht beantwortete Frage „Was will das Weib?" wäre wahrscheinlich seiner psychischen Realität nähergekommen, hätte sie zum Inhalt gehabt „Was will das Weib in mir?”. Sie war Ausdruck einer Verdrängung seiner eigenen Weiblichkeit, auch wenn er andererseits in seinem bewußten Denken stets die Theorie von der Bisexualität beider Geschlechter vertrat.

Psychoanalytisch orientierte Feministinnen und Psychoanalytikerinnen (Chodorow, Olivier, Dinnerstein, Lampl-de Groot, Rohde-Dachser, Mitscherlich-Nielsen u.a.) haben in ihren Forschungen und Analysen beobachten können, in welchem Ausmaß beide Geschlechter am Anfang ihres Lebens von der Mutter abhängig sind. Sie erkannten die tiefe Angst des Mannes davor, in die primäre Abhängigkeit von der Mutter zurückzusinken. Um seine Männlichkeit zu bewahren oder aufzubauen, kein „Muttersöhnchen” zu werden, was die Gesellschaft (auch seine Mutter bewußt oder unbewußt) von ihm fordert, muß er sich früh von der Mutter lösen, was zu einer Verkümmerung oder Entwicklungshemmung seiner Gefühls- und Phantasiewelt führen kann. Die Mutter-Tochter-Beziehung dagegen bleibt oft ein Leben lang erhalten mit all ihren Mischungen aus Haß und Liebe. Der Vater, später der Mann, ist eher ein drittes, zusätzliches, aber selten ein ausschließliches Objekt wie ursprünglich die Mutter. „Für meine Mutter bin ich wichtiger als mein Vater. Auch für meine Kinder bin ich der Mittelpunkt ihres Lebens”, so etwa hat Rohde-Dachser Frauen-Phantasien beschrieben, die den Theorien vieler Feministinnen zugrunde liegen. Auch ich erinnere mich an solche Phantasien mancher Patientinnen, wie auch aus meiner eigenen Kindheit, in der ich überzeugt war, daß meine Mutter mich meinem Bruder und meinem Vater vorzog. Dennoch gibt es natürlich genügend Frauen, die die Enttäuschung an ihrer Mutter, die unübersehbar Vater und Bruder bevorzugte, weder verdrängen noch überwinden. Auch Feministinnen wie Psychoanalytikerinnen sind – wie kann es anders sein – in ihren Theorien von unbewußten Ängsten, Wünschen und Phantasien beeinflußt. Die Feministinnen versuchen, ihre Eifersucht auf den Vater und ihre Enttäuschung an ihm zu verdrängen, indem in ihren Theorien sich die Väter auch für die Mutter als unbefriedigend erwiesen, da diese wie so viele Männer zu einer gefühlsmäßig tiefergehenden Beziehung nicht fähig gewesen waren.

Um keine Mißverständnisse aufkommen zu lassen, beeile ich mich hinzuzufügen, daß die Vorstellung einer Frau als kastrierter Mann eine männliche Phantasie ist, die mit der Realität nichts zu tun hat, während die Vorstellung, daß ein Mann in seiner Gefühlswelt oft gehemmter und reduzierter ist als eine Frau, sich vielfach beobachten läßt. Obwohl zahlreiche psychoanalytische Theorien sich weitgehend auf Erfahrungen und Beobachtungen zurückführen lassen, wurde bei der Festlegung psychoanalytischer Weiblichkeitstheorien übersehen, in welchem Ausmaß sich als geschlechtsspezifisch angesehene Verhaltens- und Denkstereotype auf jahrhundertealte unbewußte Phantasien, Erziehungsnormen und Rollenzuweisungen zurückführen lassen. Psychoanalytisch definierte Geschlechtsidentität weitgehend als Ideologie oder neue Mythologie zu entlarven, fällt nicht schwer. Auch wenn R. Reiche (1997) natürlich recht hat, wenn er darauf hinweist, daß es nach wie vor so etwas wie „Sex", zwei biologisch zu unterscheidende Geschlechter mit ihren Spannungen und Konflikten gibt und nicht alles, was als männlich und weiblich bezeichnet wird, als Konstruktion männlicher Machtbedürfnise, Phantasien und Verdrängungen anzusehen ist. Das hat aber auch bisher die Psychoanalyse als Wissenschaft vom Konflikt niemals behauptet. Eine konfliktfreie Sexualität wird es so wenig geben wie eine konfliktfreie Beziehung zwischen den Geschlechtern, Generationen oder den innerpsychischen Instanzen. Ob das psychosoziale Geschlecht (Gender) primär ist und weitgehend das Schicksal des biologischen (Sexualität) bestimmt (Person, Ovesey), wird umstritten bleiben.

Ähnlich wie die Gesellschaft auf die Psychoanalyse reagierte, als sie diese mit ihren unbewußten Motiven, Konflikten, Phantasien konfrontierte, die ihre Handlungs- und Verhaltensweisen bestimmten, reagierte auch der größte Teil der Männer, die Psychoanalytiker inbegriffen, als Frauen versuchten, die Verdrängung in deren traditionellem Verhalten ihnen gegenüber, die Abwehr und Projektion eigener Phantasien in den psychoanalytischen Deutungen und Theorien der Weiblichkeit bewußt zu machen. Und dies, obwohl Männer wie Frauen – zumindest in der Psychoanalyse – darüber ansonsten übereinstimmen, daß nur durch kritische Prüfung des eigenen Verhaltens Wahrheit sichtbar wird und man sich nur durch deren Bewußtmachung von psychischen Zwängen befreien kann. In seinen Gefühlen und seiner Identität verunsichert zu werden – ganz gleich, ob es darum geht, sich mit einer Gruppe oder auch mit sich selber eins zu fühlen –, erweckt unweigerlich Widerspruch, Angst und heftige Abwehr. Theorie und Praxis, was die eigene Person angeht, stimmen bekanntlich selten überein.

Die deutsche psychoanalytische Szene ist gegenwärtig, soweit ich es übersehe, eher dadurch charakterisiert, daß so etwas wie eine Gruppenidentität kaum existiert und die psychoanalytische Gruppe oft dadurch zusammengehalten wird, daß man einen Feind, einen „Dissidenten" gefunden hat, den man gemeinsam bekämpfen kann. Dazu gehören (oder gehörten) bei vielen auch die feministisch orientierten Psychoanalytikerinnen. Das ist gewiß nichts Ungewöhnliches. Es kann auch eine Theorie sein, auf die man sich als „letzte" psychoanalytische Wahrheit einigen kann. Eine vitale Forschung muß aber stets mit Verunsicherung rechnen. Daran sind die wenigsten interessiert; Neugier auf außeranalytische Kenntnisse und Erfahrungen, interdisziplinäre Zusammenarbeit wird von vielen Psychoanalytikern nach wie vor abgelehnt, obwohl nicht übersehen werden sollte, daß sich auch in Deutschland manches zu ändern beginnt.

Als „identitätsstiftende" „in-group-mode" scheint hierzulande die Theorie Melanie Kleins an Bedeutung gewonnen zu haben, die in den vierziger, fünfziger und sechziger Jahren in England heftige Kontroversen auslöste und bis heute in Südamerika einen großen Einfluß hat. In dieser anregenden und für die Entwicklung und Neurose von Kindern und Erwachsenen durchaus erklärungsstarken Theorie sind die komplizierten seelischen Vorgänge, die bereits in der Seele des Kleinstkindes vermutet werden, von ausschlaggebender Bedeutung. Die theoretischen Vorstellungen Melanie Kleins sind durch Direktbeobachtungen dieser frühesten Lebensphase kaum zu verifizieren, noch entsprechen sie dem neurophysiologischen Entwicklungsstand des Kindes in seiner frühen Lebenszeit. Dabei haben sorgfältige psychoanalytische Beobachtungen (Lichtenberg, 1983) erwiesen, daß der Säugling von Anbeginn sensibel auf die Reize der Außenwelt und auf seine Beziehungspersonen reagiert. „Der kompetente Säugling" lautet der Titel eines Buches von M. Dornes (1993), der die Ergebnisse psychoanalytischer Säuglingsforschung zusammenfaßt und bewertet. Die Kleinschen Theorien sind jedoch in relativ hohem Ausmaß von subjektiven Erfahrungen mit älteren Kindern und Erwachsenen und, wie ich annehme, von unbewußten Phantasien geprägt. Dennoch üben sie eine Faszination auf das Seelenleben und die psychoanalytischen Theorien der zahlreichen Anhänger und Schüler Melanie Kleins aus, haben intensive Aha-Erlebnisse und Gefühle der Evidenz ausgelöst, sonst hätte sich die Kleinianische Gruppenidentität nicht so weltweit ausbreiten können.

Ich fasse kurz zusammen, was mir an M. Kleins Sicht einer geschlechtsspezifischen „Identität" in unserem Zusammenhang wichtig scheint.

Der Junge macht wie das Mädchen die projektiv-schizoide und depressive Position durch, in der ein Mensch entsetzt erkennt, daß er zerstören kann oder in seinen Phantasien zerstört hat, was er am meisten liebt. Nach Melanie Klein ist die orale Phase, in die die paranoid-schizoide und die depressive Position fallen, eine „weibliche", weil eine in sich aufnehmende. Die nährende Brust steht am Anfang des Lebens im Mittelpunkt der Triebbedürfnisse beider Geschlechter. Die Frau bleibt – der weiblichen Biologie und Anatomie entsprechend – eine Aufnehmende und wird, so Klein, nicht zur Frau gemacht, sondern als Frau geboren. Sie weiß, unbewußt, schon immer um ihr weibliches Genitale, um die Existenz ihrer Vagina, ihr Kinderwunsch ist angeboren und bestimmt ihr Leben. Unter einem Penisneid leidet die Frau deswegen nicht, wohl aber unter dem zerstörerischen Neid auf die Mutter, die in ihrem Leib – so die kindliche Phantasie, die unbewußt beim Erwachsenen bestehen bleibt – den Penis des Vaters beherbergt, den sie ihr vorenthält. In ihren sadistischen Phantasien beraubt und zerstört das kleine Mädchen das Leibesinnere der Mutter; Vergeltungsangst ist die Folge. Der Kastrationsangst des Knaben entspricht deswegen die Angst des Mädchens vor der Rache der Mutter, d. h. vor einer Zerstörung seines Leibesinneren. Ob diese kindlichen Phantasien, denen M. Klein die größte Bedeutung für die psychische Entwicklung des Menschen beimißt, ursprünglich bewußt sind, erst später unbewußt werden und als unbewußte Phantasien bestimmenden Einfluß behalten, bleibt bei M. Klein – soweit ich es übersehe – unklar.

An gesellschaftlichen Verhältnissen wie an der äußeren Realität überhaupt war Melanie Klein wenig interessiert. Für sie sind die patriarchalischen Werte, die angeblich kulturelle Überlegenheit des Mannes einerseits, die bewundernde, hingabefähige Frau und Mutter andererseits, Ausdruck einer reifen geschlechtsspezifischen Entwicklung. Der Knabe, obwohl in seinen ersten Triebbedürfnissen auch weiblich aufnehmend an die Brust der Mutter gebunden, ist nach Überwindung dieser Phase von seiner Biologie und Anatomie triebhaft dazu bestimmt, ausstoßend, eindringend, beherrschend zu sein, was mehr oder weniger ja auch heißt – wendet man die Klein'schen Theorien an – daß die schizoid-paranoide-Phase sein Leben weitgehender als das der Frau bestimmt.

Wenn wir versuchen, die Vorstellungen oder unbewußten Phantasien herauszuarbeiten, die hinter diesen Theorien stehen, stellen wir fest, daß es darin mit der Herrschaft des Mannes nicht allzu weit her ist. Die Mutter ist die machtvolle Figur, von der beide Geschlechter ein Leben lang abhängig bleiben. Wenn Männer sich von ihren mütterlichen Ursprüngen zu früh entfernen, entfremden sie sich von sich selbst. Die ersten völlig von der Mutter bestimmten Lebensphasen, die schizoid-paranoide und die depressive Position, bestimmen weitgehend das Leben beider Geschlechter.

Bezieht man die gesellschaftlichen Faktoren wie auch die ihren Werten- und Rollenvorstellungen entsprechende Erziehung in seine Überlegungen ein, sieht die Entwicklung von Mann und Frau m. E. anders aus als in den Theorien Melanie Kleins. Für beide Geschlechter ist für unsere Art der ausschließlich mütterlichen Fürsorge in den ersten Lebensjahren die Mutter das vorherrschende Liebes- und Identifikationsobjekt. Dem Knaben aber wird die Identifikation mit ihr und ihren Funktionen frühzeitig untersagt (vgl. Greenson, 1968). Bei ihm fördert die nach wie vor traditionelle Erziehung mit ihren männlichen „Werten" und deren psychischer Verarbeitung die primitive Neigung, das Böse nach außen zu projizieren, um sich dann als Mann zu behaupten und mit Recht wehren zu können, d.h. die männliche Erziehung unterstützt in der Sprache M. Kleins das Festhalten an der projektiv-schizoiden Phase, während das Mädchen durch Verinnerlichung seiner Aggressionen eher zu Depressionen und Selbstbeschuldigungen neigt. Es muß mehr als der Knabe sich darum bemühen, geliebt zu werden, sich anzupassen, wenn es akzeptiert werden will. Das hat schon Freud so gesehen. Es ist natürlich individuell unterschiedlich, ob und wieweit Knabe oder Mädchen sich mit den geschlechtsspezifisch gelehrten und gelernten Verhaltensweisen identifizieren, denn sie widersprechen nicht selten ihren tieferen psychischen Erfahrungen und Gefühlen, die aber vor der Umwelt oft verborgen werden, weil man sich ihrer schämt.

Es ist bekannt, daß Theorien auch von subjektiven Erfahrungen, unbewußten Phantasien und Abwehrmechanismen mitbestimmt werden. Freud wehrte sich, trotz seiner Theorie der Bisexualität beider Geschlechter, das „Weib in sich" entsprechend wahrzunehmen, auch wenn der Entwicklung der Psychoanalyse bisher als weiblich angesehene Fähigkeiten wie Intuition, Einfühlung, Passivität, Zuhören-Können zugrunde liegen. In seiner Methode kommt die weibliche Introjektion, die Identifikation mit seiner Mutter zum Zuge, in seinen Weiblichkeitstheorien wehrt er diese eher ab.

Außer den Theorien von Horney, Jones und Melanie Klein gibt es noch weitere, die, genau betrachtet, die Neigung der Frau, sich dem Mann gegenüber als zweitrangig zu fühlen, auf andere Faktoren im psychischen Erleben des kleinen Mädchens zurückführen lassen als auf dessen Minderwertigkeitsgefühle als Folge der psychischen Verarbeitung des anatomischen Geschlechtsunterschiedes. Freud glaubte bekanntlich, daß die Reaktion auf die Entdeckung des Geschlechtsunterschiedes nicht nur für die Entwicklung der weiblichen Sexualität entscheidend sei, sondern auch für die Entwicklung eines „schwachen" Überich und sogenannter weiblicher Eigenschaften wie Passivität, Masochismus und Narzißmus.

Als Psychoanalytikerin, die mit vielen Frauen analytisch gearbeitet hat und ihr eigenes Phantasie- und Gefühlsleben einigermaßen zu kennen glaubt, stimmen meine Vorstellungen von der weiblichen Entwicklung mit denen mancher Feministinnen und feministisch orientierten Psychoanalytikern überein. – Daß aber auch meine Theorien von subjektiven Erfahrungen und unbewußten Phantasien geprägt sind, ist mir natürlich bewußt. Dennoch bin ich überzeugt, daß die frühen Verinnerlichungen der mütterlichen Strukturen beim Mädchen eher dazu beitragen, ein strukturierteres Selbstbild aufzubauen, als es dem Knaben vergönnt ist. Ihm wird in ganz anderer Weise die Entidentifizierung von der Mutter und ihren Funktionen frühzeitig abverlangt – von der Außenwelt und der Mutter selbst – als dem Mädchen. Die Fähigkeit, ein Gedächtnis für frühe Erlebnisse und Gefühle aufzubauen, ist beim Knaben durch den erzwungenen Identifikationsabbruch häufig gestört. Die evokative Möglichkeit des Gedächtnisses, Objekte, d.h. mitmenschliche Beziehungen zu verinnerlichen und deren tröstende und angstmildernde Funktionen nach Bedarf vor seinem inneren Auge zu wecken, kann aus den genannten Gründen beim Mädchen ausgeprägter sein als beim Knaben, trotz aller späteren Störungen durch die Identifikation mit den selbstentwertenden Einstellungen der Mutter.

„Frauen" – so die Beobachtungen Kestenbergs – „(sind) oft zärtlicher, einfühlsamer, hingabefähiger als Männer, sind behutsamer im Streben nach Liebe. Meist weniger aggressiv, verlieren sie, wenn sie böse werden, die Fassung, was ihr Handeln unberechenbar macht. Aggressionen kehren sie tendenziell gegen sich selbst. Im Gegensatz dazu lenken Männer ihre Aggressionen eher nach außen, während sie in der Liebe mehr auf sich selbst als auf die Geliebte bedacht sind" (Kestenberg, 1988).

Wie Fliegel (1973) ausführt, wurden die Gegensätze von PsychoanalytikerInnen, die in der Auseinandersetzung über die Ursprünge von Femininität aufgeworfen wurden, niemals wirklich gelöst. Mitchell (1984) stellte fest, daß sich zwei gegensätzliche Positionen herauskristallisiert hatten und daß es dabei bis in die sechziger Jahre mehr oder weniger blieb.

Heute sind sowohl für PsychoanalytikerInnen wie Feministinnen die Ansichten von Horney und Jones wie auch die Theorien von Freud unbefriedigend. Beobachtungen von blinden Kindern oder von Knaben, die ohne Penis, und von Mädchen, die ohne Vagina geboren wurden, zeigen, daß die Geschlechteridentität oder die geschlechtliche Selbstbestimmung der Kinder sich entsprechend dem Geschlecht entwickelte, das ihnen bei der Geburt zugesprochen worden war. Dadurch ist erwiesen, daß Horney und Jones in ihren Theorien der Wahrnehmung der Genitalien und den genitalen Empfindungen zu große Bedeutung beimessen. Sie haben Geschlechteridentität fast ausschließlich mit dem Körper-Ich gleichgesetzt, das sie als von Biologie bestimmt ansehen. Die gegengeschlechtliche Anziehung ist für sie ein elementares Naturgeschehen, die Entwicklung zur Weiblichkeit ein natürlicher Vorgang. Freud, dem es um die *psychische* Verarbeitung konflikterzeugender psycho-biologischer Reifezustände ging, darin recht zu geben, daß dies von „idealer Einfachheit" war, aber leider mit den Ergebnissen psychoanalytischer Untersuchungen nicht übereinstimmt, fällt den meisten Analytiker/innen nicht mehr schwer.

Stoller entwickelte eine dritte psychoanalytische Geschlechtertheorie. Für ihn war nicht Maskulinität der Naturzustand, sondern Femininität. Er schreibt dieser primären Femininität zu, daß sie für Mann wie Frau ein notwendiger Bestandteil der sich entwickelnden Identität sei. Dabei stelle sich dem Knaben ein besonderes Problem. Er muß sich, wie Greenson es schon darstellte, von der Mutter entidentifizieren, um eine eigene Maskulinität entwickeln zu können. Greenson behandelte einen fünfeinhalb Jahre alten Knaben, den er für einen transsexuellen Transvestiten hielt, und stellte fest, daß der Knabe den Wunsch, die Mutter zu besitzen, mit dem Wunsch verwechselte, die Mutter zu werden (vgl. Greenson, 1966). Mit Hilfe einer weiblichen Identifikation wollte er die affektive Bindung an die Mutter erhalten. Greenson deutete das Interesse des Knaben an den Kleidern seiner Mutter als „Scheitern der Individuation und Schutz vor der Trennungsangst". Aber nicht nur Trennungsangst, sondern auch Neid gehören zu den Hauptantriebskräften für den Wunsch des Mannes, eine Frau zu sein, „ein Neid, den alle Kinder schon früh in bezug auf die Mutter empfinden" (Greenson, 1968). Also eine Deutung seiner Beobachtungen, die der Freudschen Theorie widersprach. Nicht der Penis, sondern die Gebärfähigkeit der Frau oder ihre Brust – wie bei M. Klein – sind es, die ursprünglich den heftigen Neid des Kindes auslösen.

Da Stoller primäre oder Protofemininität als ein „normales" Entwicklungsstadium für beide Geschlechter feststellte, könnten viele Attribute sogenannter Männlichkeit, „wie die Neigung, stark und unabhängig, hart, grausam, polygam, frauenfeindlich und pervers zu sein, eine Reaktion auf die männliche Furcht vor der regressiven Anziehungskraft darstellen, die die frühere symbiotische Verschmelzung mit der Mutter ausübt" (Stoller, 1976).

Kleeman (1976) kritisiert Stollers Vorstellung einer Protofemininität, da diese Theorie nicht zu erklären vermag, warum ein normaler drei Jahre alter Junge sich dennoch eindeutig als Junge fühlt, obwohl doch seine Hauptbezugsperson weiblich war und ist. Dieses sei vielmehr die Folge zahlreicher Verhaltensmuster, mit denen ihm vermittelt wurde, daß er als Junge angesehen wird. Kleeman bezweifelt, daß in der symbiotischen Phase, in der es noch keine Unterscheidung zwischen Selbst und Objekt gibt, so etwas wie Identifikation überhaupt möglich ist und zu einem geschlechtsspezifischen Verhalten beim Kleinkind führen kann. Stoller bringt in der Kritik von Person und Ovesey (1983) zwei verschiedene Begriffe durcheinander: beobachtbares Verhalten und Identität. Zwischen dem Gefühl einer Identität mit dem eigenen Körper und dem Verhalten besteht häufig eine Diskrepanz. Feminines Verhalten bedeutet noch keine feminine Geschlechtsidentität. Das Scheitern der Individuation als Denkmodell bei Stoller würde nicht genügend zwischen der Entstehung femininen Verhaltens einerseits und der Entstehung einer femininen Geschlechtsidentität andererseits unterschieden. Auch wenn die erste Bezugsperson jedes Kindes weiblich ist, sagt das biologische Geschlecht noch wenig darüber aus, von welchen mütterlichen Eigenschaften die biopsychische Umgebung des Kindes und deren Verinnerlichung bestimmt ist. In der Tat wäre das ein Rückschritt hinter die revolutionäre Trennung Freuds von Körper und Kultur.

Die Gefahr, komplizierte psychische Vorgänge zu vereinfachen, besteht auch für den Psychoanalytiker. Es gehört zu den normalen Phantasien eines dreijährigen Knaben, wie die Mutter Kinder bekommen zu können, ohne daß dadurch sein Gefühl, ein Junge zu sein, gestört ist. Solche Phantasien sind offenbar eine kreative Möglichkeit, mit seinem Neid auf die Mutter umzugehen, ohne seine geschlechtliche Selbstbestimmmung zu stören. Biologisches und psychisches Geschlecht sind zweierlei, sie können, aber brauchen nicht übereinzustimmen, wie wir seit Freud wissen. Dem ist hinzuzufügen, was nicht oft genug wiederholt werden kann, in welchem irreführenden Ausmaße die jeweilige Kultur bis heute glaubt festlegen zu können, was als „weibliches und was als männliches" Fühlen, Denken und Verhalten zu gelten hat.

Es ist eine Realität, daß vor der endgültigen geschlechtlichen Selbstbestimmung mit etwa drei bis viereinhalb Jahren in unserer Gesellschaft die Mutter für beide Geschlechter das erste Identifikationsobjekt ist, wobei man sich darüber im klaren sein muß, daß vom Anfang des Lebens an vielfache Identifikationsmöglichkeiten mit der Mutter gegeben sind oder unterschiedliche Arten der Identifikation oder Verinnerlichungen stattfinden. Für Melanie Klein ist die erste, die orale Phase eine weibliche, weil eine in sich aufnehmende, d. h. beide Geschlechter sind in ihren Triebbedürfnissen anfänglich „aufnehmend" bestimmt. Das als ‚weiblich' zu bezeichnen, ist eine rein biologische Sichtweise oder ein Vorurteil, zumindest eine Festlegung, die Melanie Klein von der Gesellschaft, in der sie lebte, übernommen hatte. Es ist zudem ein wesentlicher Unterschied, ob ein Kind sich mit dem Körper der Mutter identifiziert, mit dessen geschlechtsgebundenen Fähigkeiten (etwa Schwangerschaft, Stillen und Gebären) oder später mit anderen Merkmalen und Eigenschaften der Mutter, die keineswegs biologisch geschlechtsspezifisch sind, sondern allenfalls von der jeweiligen Gesellschaft als solche angesehen werden (etwa Einfühlungs- und Liebesfähigkeit, Aufopferung und Unterwerfung). Der Vorgang einer Verinnerlichung von Funktionen und Verhaltensweisen beider Eltern, Vater wie Mutter, sie ohne größere Konflikte zum Aufbau der eigenen Persönlichkeit zu verwenden, wird dem Kind durch kulturelle Vorurteile von „männlich" und „weiblich" schwer gemacht. Ob die Wahrnehmung des Geschlechtsunterschiedes auf das kleine Mädchen traumatische Auswirkungen hat und zu einem Gefühl elementarer Minderwertigkeit führt, hängt deswegen weitgehend vom Verhalten der Eltern ihm gegenüber, wie auch vom Verhalten der Eltern untereinander ab. Mit den bewußten und unbewußten Phantasien der Eltern wird das Kind oft überschwemmt, ohne sich ihrer durch Verbalisierung oder Auseinandersetzung mit den Eltern erwehren zu können, schon deswegen, weil weder Eltern noch Kind sich ihres Agierens oder dessen Wirkung bewußt sind.

Jedem Analytiker ist bekannt, daß die Phantasien der *Eltern* über ihre Kinder, vor allem wenn sie diesen selber unbewußt bleiben, eine bestimmende Rolle spielen für den Umgang des Kindes mit seiner Gefühlswelt, dem Aufbau seiner allgemeinen wie geschlechtsspezifischen Selbstwertvorstellungen, nicht nur seiner geschlechtlichen Selbstbestimmung. Von entsprechender Bedeutung sind die Phantasien, die das *Kind* über sich und seine Eltern entwickelt.

Bewußte und unbewußte Phantasien beeinflussen auch in hohem Maße den Umgang mit dem, was in der Psychoanalyse unter den Begriff „weiblicher Masochismus" fällt. Mit Hilfe von bewußten Phantasien können passiv erlittene Unlustsituationen in lustvolle verwandelt werden. Bewußte Phantasien sind, unabhängig von ihrem Inhalt, meist aktiv, d. h. der Phantasierende selber kann sie in eigener Regie herstellen. Frauen, die sich bewußt masochistische Phantasien gestatten, sind oft eher in der Lage, sich gegen manifeste masochistische Verhaltensweisen zu wehren, als Frauen, die sich den bewußten Zugang zu ihrem Phantasieleben weitgehend versperrt haben und deren Leben von unbewußten Phantasien weit mehr beherrscht wird, als sie das wissen, da sie diese in den unterschiedlichsten „Triebschicksalen" zu agieren pflegen. Zwar ist auch das bewußte Phantasieleben von gesellschaftlichen Wertvorstellungen geprägt, bleibt aber gleichzeitig die letzte vitale Bastion, die – wie pervertiert auch immer – nach Selbstbehauptung und Lust strebt.

Wenn man als Analytiker bestimmte sexuelle Phantasien als „typisch weiblich" ansieht, wird man leicht zum Opfer einer weit verbreiteten Ideologie. Als Beispiel: Vergewaltigungsphantasien von Frauen werden oft vorschnell der psychoanalytischen Theorie eines typisch weiblichen Masochismus zugeordnet, um dadurch ihren Sinn und ihre Funktion zu mißverstehen.

Nach Rohde-Dachser (1994) stellen männliche Vergewaltigungsphantasien einen Racheakt an der Mutter dar. Zur Zeit der ödipalen Entwicklung hat für den Jungen der Körper der Mutter bereits eine deutlich sexuelle Anziehungskraft. Er erwartet als selbstverständlich, daß die Mutter, die ihm doch alle Wünsche erfüllen soll, nun auch seinem kindlichen sexuellen Begehren zur Verfügung steht. Wenn er in seinen sexuellen Wünschen zurückgewiesen wird, z. B. die Brüste oder den Leib der Mutter zu berühren versucht, ist das eine maßlose Kränkung und Zurückweisung, die er ihr nicht verzeihen kann, da sie auch eine Wiederholung seiner Enttäuschungen aus der symbiotischen Phase sind. Solche Kränkung kann der Ursprung aktiver Vergewaltigungsphantasien des Mannes sein, die – wie wir wissen – ubiquitär sind. Von ganz anderer Art und Herkunft sind die passiven Vergewaltigungsphantasien der Frau, mit deren Hilfe sie versucht, eine Gefahr zu bewältigen, der sie sich sonst hilflos ausgeliefert fühlt (vgl. Mitscherlich, 1987, S. 141 ff.).

Entsprechend falsch und ideologisch geprägt sind psychoanalytische Überzeugungen, daß Frauen in besonderem Ausmaß narzißtische Bestätigung brauchen. Sie führen das darauf zurück, daß bei Frauen nicht nur das Gefühl der eigenen anatomischen Minderwertigkeit unbewältigt geblieben sei, sondern auch darauf, daß eine Mutter ihrer Tochter grundsätzlich ambivalent gegenüberstehe, da eine tiefergehende libidinöse Zuwendung nur zwischen den verschiedenen Geschlechtern möglich sei. Die Neigung der Frau, ihre Liebesbeziehungen dauerhaft zu gestalten und sich nicht, wie der Mann, nach kurzfristiger Verliebtheit wieder „ernsteren Dingen" zuzuwenden, wird von Analytikern wie Grunberger (1964) als typisch für den weiblichen Narzißmus angesehen. Daß sich hinter diesen Theorien männliche Wunschphantasien verbergen, scheint mir offensichtlich. Nichts ist wohl schmerzlicher für den Knaben, später den Mann, als zu erkennen, daß Frauen Frauen vorziehen können, daß auch zwischen Mutter und Tochter normalerweise intensive libidinöse Strebungen bestehen (vgl. Zeul, o. J.), daß diese Beziehung zwischen Frauen dauerhaft sein können. Davon wollte auch

Freud nichts wissen. Die Fähigkeit zur Objektkonstanz ist wie der Kontakt zum eigenen Gefühlsleben Frauen schon deswegen eher gegeben als Männern, da sie nicht zu einer Entidentifizierung mit ihrer primären Mutteridentifikation gedrängt werden.

In der psychoanalytischen wie in jeder menschlichen Gesellschaft sind Männer und Frauen jedoch gleichermaßen in Gefahr, sich vor inneren und äußeren Wahrheiten zu verschließen, sich Vorurteilen zu überlassen, kritisches Denken zu vermeiden, um sich selber und ihre „Identität", d. h. ihr Gefühl von Gruppensicherheit und Selbstwert, nicht in Frage stellen zu müssen oder in ihnen unlösbar erscheinende Loyalitätskonflikte zu geraten.

Auch die feministischen Theorien von Weiblichkeit sind natürlich von dem Bedürfnis geprägt, eine eigenständige „Identität" zu finden, um sich als Frauen von dem Einfluß männlicher Phantasien auf ihre Selbsteinschätzung und ihr Verhalten zu befreien. Mit Hilfe neuer überzeugender Beobachtungen, Erfahrungen und deren Deutungen haben Feministinnen und Analytikerinnen manches ad absurdum führen können, was bisher als gesicherte psychoanalytische Theorie galt. Natürlich sind auch Feministinnen und Analytikerinnen Identitätszwängen ausgesetzt und gelegentlich in Gefahr, „Ideologie" zu produzieren.

Ich fasse zusammen: Die Untersuchungen von Psychoanalytiker/innen haben gezeigt, daß es keine für beide Geschlechter geltende psychische Männlichkeit in den ersten Lebensjahren gibt, wie Freud das annahm, und daß die Einleitung der Weiblichkeit nicht mit der Entdeckung der Penislosigkeit durch das kleine Mädchen gleichzusetzen ist. Die geschlechtsspezifische Selbstbestimmung entwickelt sich langsam, beginnend etwa mit eineinhalb Jahren, und geht einher mit der Bestimmung des Geschlechts bei der Geburt und den entsprechenden Verhaltensweisen der Eltern und anderen Beziehungspersonen. Für die Protofeminität, die Stoller für beide Geschlechter in den allerersten Lebensjahren als erwiesen ansah, gibt es keine Beweise, wie Person und Ovesey belegten.

Schon Freud hat die Bisexualität als bestimmenden Faktor für beide Geschlechter und ihre Entwicklung erkannt. Es hat sich erwiesen, daß es falsch ist, „Männlichkeit" und „Weiblichkeit" in getrennte Schubladen abzulegen, als ob sie Gegensätze oder völlig voneinander unterschieden wären. Es gibt von Geburt an die verschiedensten Identifikationsmöglichkeiten für beide Geschlechter, ohne daß damit das Körper-Ich oder die psychische geschlechtliche Selbstbestimmung gestört oder aufgelöst würden. Freud war der erste, der zwischen psychischem und biologischem Geschlecht unterschieden hat. Obwohl er immer wieder auf die Bisexualität eines jeden Menschen hingewiesen hat, unterschied er dennoch deutlich zwischen „männlich" und „weiblich" als genitalem Reifezustand. Die Wende zur Weiblichkeit kam bekanntlich nach Freud durch die Wahrnehmung eines „Mangels" zustande. Diese psychoanalytische Theorie der Weiblichkeit entspricht den uralten patriarchalischen Vorstellungen von der Frau als Mangelwesen. Sie ist unübersehbar von Projektionen männlicher Phantasien geprägt, die sich auf die Abwehr früher totaler Abhängigkeit von der allmächtigen Mutter zurückführen lassen. PsychoanalytikerInnen können deswegen im Umgang mit ihren Patienten gar nicht vorsichtig und kritisch genug sein im Hinblick auf die eigene geschlechtsspezifische Welt der Werte, ihre Ängste, Vorurteile, Phantasien, von denen ihre Theorien beeinflußt sind.

Gesellschaftlich bestimmtes geschlechtsspezifisches Rollenverhalten führt dazu, daß vielfältige Identifikationsangebote frühzeitig unterbunden werden. Von der für beide Geschlechter möglichen Verinnerlichung von Eigenschaften wie Einfühlung in das eigene wie das fremde Seelenleben könnte vor allem der Mann profitieren und sich dadurch von früh sich herausbildenden Abwehrstrukturen erlösen. Verhaltensweisen, die bisher nur Männern erlaubt waren, wie Durchsetzungsfähigkeit, Selbstbewußtsein, Freude am Erfolg, Erotik der Macht, von Frauen übernommen, könnten das Leben von Frauen wie Männern verändern und die Gesellschaft kreativ beeinflussen, sie von einer erstarrten geschlechtsspezifischen „Identität" befreien.

Mythen spiegeln die unbewußte Phantasie einer Gruppe oder eines Volkes wider. Im Mythos vom androgynen Menschen bei Platon (1987) ist mit „androgyn" die Utopie eines dritten Geschlechts, eines „vollständigen" Menschen gemeint, der Männlichkeit und Weiblichkeit in sich vereint. Offenbar braucht nach Platon der Mann – einer allgemeinen unbewußten Phantasie Ausdruck gebend – feminine Eigenschaften, um „Vollständigkeit" zu erreichen, was aber entsprechend für die Frau im umgekehrten Sinne damals wie heute nicht gewünscht wird, obwohl es sich bereits vollzogen hat. Kollektive unbewußte und bewußte Phantasien, die sich als Abwehr gegen schwere narzißtische Kränkungen bilden, können die Basis für den Zusammenhalt großer Gruppen darstellen. Führer wie Hitler waren fähig, intuitiv mit den latenten Phantasien und Ressentiments eines Volkes zu spielen und ganz gewöhnliche Mitglieder dieses Volkes dann mit Hilfe der Verinnerlichung einer falschen Moral, perverser Ideale und Ideologien, die keiner Vernunft mehr zugänglich waren, zu den ungeheuerlichsten Taten anzuspornen. Im bisher grausamsten, vom Mythos des germanischen „Herrenmenschen" in seiner ersten Hälfte beherrschten 20. Jahrhundert hat sich nach der totalen Niederlage Hitler-Deutschlands in der zweiten Hälfte einiges geändert, auch wenn die Gefahr eines von starren Vorurteilen bestimmten, zur Einfühlung unfähigen Verhaltens natürlich weiterhin besteht und im Umgang mit „Fremden" und den Asylanten täglich zu beobachten ist. Die starren, von Männerphantasien geprägten Vorstellungen von „Männlichkeit" und „Weiblichkeit" haben sich für jeden denkenden Menschen als gefährliche Ideologie erwiesen, Sexismus und Rassisimus als die beiden Seiten derselben Medaille.

## Literatur


Adorno, Th.W. (1966): Negative Dialektik. In: Ges. Schriften, Bd. 6, Frankfurt am Main, 1966.

Arlow, J. A. (1995): Unbewußte Phantasien, Ztschr. f. psychoanalytische Theorie und Praxis, X, 95, 2.

Bohleber, M. (1992): Identität und Selbst, Psyche 4, 1992.

Böhme, G. (o. J.): Selbstsein und Derselbesein. Unveröffentl. Manuskript.

Clark, R.W. (1981): S. Freud, Frankfurt am Main.

Dornes, M. (1993): Der kompetente Säugling, Frankfurt am Main (Fischer).

Erikson, E. H. (1956): Das Problem der Identität. In: Psyche 10, 1956.

Fliegel, Z. O. (1973): Freuds Theorie der psychosexuellen Entwicklung der Frau. In: Psyche 29, 1975, S. 813-834.

Freud, S. (1910): GW, Bd. VIII.

Freud, S. (1924): Der Untergang des Ödipuskomplexes, GW, Bd. XI.

Freud, S. (1931): Über die weibliche Sexualität, GW, Bd. XIV, S. 521-528.

Greenson, R. (1966): A transvestite boy and a hypthesis. In: Int. J. Psa. 47, 1966, S. 396-403. Deutsch: Die Beendigung der Identifizierung mit der Mutter und ihre besondere Bedeutung für den Jungen. In: Greenson, R.: Psychoanalytische Erkundungen (Klett), 1982, S. 257-264.

Greenson, R. (1968): Dis-identifying from mother: its special importance for the boy, Int. J. Psa., 49.

Grunberger (1964): Beitrag zur Untersuchung des Narzißmus in der weiblichen Sexualität. In: Chasseguet-Smirgel (Hg.), Frankfurt am Main 1964.

Habermas, J. (1995): Die Normalität einer Berliner Republik, Frankfurt am Main.

Kestenberg (1988): Entwicklungsphasen weiblicher Identität. In: Psyche, 1988, S. 347-364.

Lichtenberg, J. D. (1983): Psychoanalyse und Säuglingsforschung, Berlin, Heidelberg, New York (Springer) 1991.

Kleeman (1976): Freuds views on early female sexuality in the light of direct childhood observations. In: Am. Psa. Assoc. 24, 1976, Suppl. 5, S. 3-27.

Mitchell, J. (1984): Psychoanalyse und Feminismus, Frankfurt am Main.

Mitscherlich, M. (1987): Die friedfertige Frau, Frankfurt am Main, (Fischer).

Mitscherlich, M. (1990): Frauen und psychoanalytische Identität, in: Über die Mühsal der Emanzipation, Frankfurt am Main (Fischer).

Mitscherlich, M. (o. J.): Androgynie, Gynandrie oder was sonst? Unveröffentl. Manuskript.

Mitscherlich-Nielsen (1970): Was macht einen guten Analytiker aus? In: Psyche, 1970, 24, S. 557-599.

Money, J. (1973): Gender role, gender identity, core gender identity: usage and definition of terms. In: Am. Acad.Psa., 1, 1973, S. 397-402.

Money, J., Hampson, J. G., Hampson, J. L. (1955): Hermaphroditism: Recommendationes concerning assigment of sex, change of Sex, and psychological management. In: Bull. Hopkins (Hg.) 97, 1955b, S. 284-300.

Person, E., Ovesey, S. (1983): Psychoanalytic Theory of Gender Identity. In: Journal of the American Academy of Psa., Vol. 11, Nr. 2, 1983, S. 203-226. Deutsch: Psychoanalytische Theorien der Geschlechtsidentität, Psyche 6, 47, Juni 1993.

Platon (1987): Das Gastmahl, München/Zürich.

Reiche, R. (1997): Gender ohne Sex. Geschichte, Funktion und Funktionswandel des Begriffs „Gender". Psyche 9/10, 51, 97.

Rohde-Dachser, Ch. (1994): Im Schatten des Kirschbaums.

Rohde-Dachser, Ch. (1994): Psychoanalyse und männliche Gewalt. Vergewaltigung als Kulturphänomen, unveröffentl. Manuskript.

Sandler, S. (1976): Träume, unbewußte Phantasien und Wahrnehmungsidentität, Psyche 30, S. 769-785.

Stoller, R. J. (1968): Sex and Gender, New York.

Stoller, R. J. (1976): Sex and Gender, Vol. II.: The transsexual experiment, New York.

Zeul, M. (o. J.): Die homosexuelle Phase in der weiblichen Entwicklung.

# Zur Entwicklungsgeschichte der Zwiegesprächsnetze

## Angewandte Psychoanalyse als entgegenkommende Versorgung

Michael Lukas Moeller

*Ein Brief an Horst-Eberhard Richter zum 28. April 1998*
Lieber Horst,

Unsere letzte persönliche Begegnung vereinte uns vor kurzem als Organisationsberater eines Psychoanalytischen Institutes, ohne daß wir beide es zuvor wußten. Schon das war ein bemerkenswertes wahlverwandtschaftliches Ereignis für diesen Bericht, den ich Dir zu Deinem fünfundsiebzigsten Geburtstag überreiche. Unsere Beziehung begann 1960 in Berlin, als ich Dich – von Deiner Vorlesung in der Psychiatrie belebt – wegen meiner analytischen Ausbildung um Rat bat. Sicher erinnerst Du Dich noch an unser jüngstes Gespräch sechsunddreißig Jahre später und meine Schilderung der Zwiegesprächsnetzwerke; wir saßen, von der Institutionsberatung zurückkehrend, im Speisewagen. Nun möchte ich diese Darstellung fortsetzen.

Im Sinne einer Collage versuche ich, die bisherige Enstehungsgeschichte der Zwiegesprächsnetzwerke in zehn Städten Deutschlands, Österreichs, Italiens und der Schweiz als Beispiel für eine Form der entgegenkommenden Anwendung der Psychoanalyse zu skizzieren. Dabei gilt mein besonderes Augenmerk den unsichtbaren Wurzeln dieser Initiative im Sinne einer meist kryptomnestischen Tradierung wissenschaftlicher Grundideen.

Aus der Matrix vorwiegend unbewußter und vielschichtiger Beziehungen in der psychoanalytischen Gemeinschaft, die an der einstigen Gießener Psychosomatischen Universitätsklinik wesentlich, wenn natürlich auch nicht ausschließlich, durch Dich geprägt war, ergeben sich im Rückblick verblüffende Zusammenhänge meiner Einstellungen und Projekte, die original erscheinen und doch ihr vermeintlich autonomes Auftreten einer komplexen, ableitbaren Herkunft unserer vorangegangenen informellen und engen Beziehung verdanken. So sind die drei Hauptwurzeln der Netzwerke von Zweiergesprächen – die familienorientierte Paardynamik, die Bedeutung der autonomen Entwicklung ohne Expertenabhängigkeit und das Herausgehen aus dem psychoanalytischen Ort hinter der

Couch – ohne Dein Interesse an Paar und Familie, ohne Deine Ermutigung, der Selbstentwicklung zu vertrauen, und ohne Dein soziales Engagement undenkbar.

Mit den besten Glückwünschen zu Deinem Geburtstag, dem noch viele folgen mögen,
ganz herzlich, Dein Michael

## 1. Eine familiendynamische Nachricht

Nach der Rückkehr von Vorträgen und Seminaren in Hamburg und Bremen, an denen fast hundert Paare Zwiegespräche erlernten und sich zu fünfzehn Erfahrungsgruppen zusammentaten, fand ich am 21. Januar 1998 eine Nachricht auf meinen privaten Anrufbeantworter vor. Eine ältere Dame aus Wien sprach, offensichtlich einem spontanen Impuls folgend, mitten am Tag, am 17. Januar 98 um 14.30, langsam und mit starkem österreichischem Tonfall einige Sätze, die ich wörtlich notiere, weil sie die Wirkung des Dialogkonzeptes umreißen:

*„Am Apparat ist Jäger aus Wien. Herr Professor, ich wollt' mich eigentlich nur bedanken. Ich hab' Ihr Buch „Die Wahrheit beginnt zu zweit" von meinem Schwiegersohn bekommen. Ich hab' mit meiner Tochter vierzig Jahre lang ein sehr gestörtes Verhältnis gehabt. Wir haben dann nach Ihren Erkenntnissen Zwiegespräche geführt. Meine Tochter sagt selber, es ist wie ein Wunder. Und so befreiend war das. Wir haben jetzt das beste Einvernehmen. Und es wirkt sich auch auf die Enkeltochter aus.*

*So, Herr Professor, so etwas müssen Sie auch hören. Vielleicht haben Sie net immer die Rückmeldungen von der Wirkung Ihrer Werke.*

*Jäger aus Wien. Dankeschön und auf Wiedersehen."*

Ähnliches höre ich nur in den Seminaren. Nie aber war ich zuvor wegen der Anregung eines Zwiegesprächsnetzwerkes in Wien gewesen. Nachdem in Salzburg, Linz und Innsbruck – wie in sechs weiteren Städten Deutschlands – durch meine jährlichen Vorträge und Seminare solche Netzwerke zur Selbstentwicklung und Vertiefung der Partnerschaft gediehen, hatte ich allerdings seit einiger Zeit im Sinn, auch in Wien – für mich die Stadt Sigmund Freuds – zu beginnen. Die Worte von Frau Jäger wirkten auf mich wie eine Einladung des glücklichen Zufalls.

*Kürzester Einblick in ein Zwiegesprächsnetzwerk*

In Zwiegesprächen können Paare und auch alle anderen Zweierbeziehungen – beispielsweise Freunde oder Eltern mit Kindern – nach und nach lernen, sich den Wunsch nach einer guten Beziehung selbst zu erfüllen. Damit Zwiegesprächspaare aber auch von den Erfahrungen anderer gewinnen, haben sich gelegentliche Treffen untereinander sehr bewährt.

Zum Aufbau kontinuierlicher Zwiegesprächsgruppen, die je aus zwei bis sechs Paaren einer Region bestehen können, kommen Professor Dr. med. Michael Lukas Moeller und seine MitarbeiterInnen einmal im Jahr an einem Wochenende zu einem

1. *Abendvortrag* über die bedeutendsten Erkenntnisse zum Paarleben und zu Zwiegesprächen – sowie zu einem
2. *Doppelseminar* für Beginner und Fortgeschrittene am nächsten Tag. An dessen Ende bilden interessierte Paare
3. *Zwiegesprächsgruppen*, um einen vierteljährlich stattfindenden Erfahrungsaustausch – eine sogenannte Intervision – zu vereinbaren und um dann als
4. *Fortgeschrittene* am jährlich angebotenen Seminartag teilnehmen zu können.

Zur Zeit entstehen zahlreiche solcher Zwiegesprächsnetze in deutschsprachigen Städten oder Regionen Deutschlands, Österreichs, Italiens und der Schweiz mit dem Ziel, die Paarbeziehung zu größerer Lebendigkeit, Einfühlung und Konfliktlösung zu befähigen.

## 2. Auf dem Weg zu einer neuen Gesprächskultur in den Familien

Seit fünfundzwanzig Jahren ist einer meiner beruflichen Schwerpunkte die Paar-Gruppenanalyse. Höre ich mit dem „dritten Ohr" der Psychoanalyse in dieses dynamische Geflecht von jeweils fünf Paaren in den vier laufenden Gruppen, dann kann ich mir keinen erkundungsreicheren Ort für Männer und Frauen vorstellen als diese sich entfaltende Matrix, in der die Irrungen und Wirrungen eines verfilzten Beziehungslebens sich im Sinne einer Emanzipation zu zweit klären können. Das bedeutet zuallererst die Erhöhung der wechselseitigen Einfühlung in die jeweils so andersartige Wirklichkeit des Partners und die Linderung des Paarrassismus, der in Gestalt von Behauptungen über den anderen und über die sogenannte objektive Realität zum Beziehungsalltag gehört. In der gemeinsamen Gruppenerfahrung kann das Paar entscheidungsfähiger werden, ob eine Trennung oder eine erneuerte Bindung – in abgegrenzterer, aber auch beziehungsfähiger Selbständigkeit beider Partner – das angemessene Entwicklungsziel ist.

Eines der für mich bedeutsamsten Ergebnisse der langfristigen Arbeit mit diesen Paargruppen waren fünf psychoanalytische Einsichten in das Beziehungsleben. Sie erwuchsen nach und nach aus einem zehnjährigen Projekt unter dem Titel „Arzt-Patient-Beziehungen in der Paargruppentherapie", das ich im Rahmen des Sonderforschungsbereiches 32 während der siebziger Jahre leitete.

Diese heute so folgenreich gewordenen Erkenntnisse spielten übrigens in den damaligen Begehungen durch Gutachter überhaupt keine Rolle. Rückblickend betrachtet ist das Unsichtbarbleiben der kreativen Ideen bei überprüfungsartigen Einschätzungen von Forschungsprojekten ein ernstes Dilemma. Das Potential, auf das es ankommt, wird in solchen wissenschaftlichen Ritualen nicht zu erkennen sein.

Erst mit der Zeit wurde mir in einer Art Integrationsprozeß klar, daß diese fünf Lernschritte keine isolierten Inseln in der seelischen und sozialen Dynamik eines Paarlebens darstellten, sondern miteinander wie ein Kontinent zusammenhingen. Daraus entstand 1982, kurz vor meiner Berufung nach Frankfurt auf den Lehrstuhl für Medizinische Psychologie, ein Briefessay zunächst von sechs, später von zwölf Briefen an eine Freundin – in Nachfolge von Georg Groddecks Briefbericht „Das Buch vom Es" (Groddeck, 1923). In ihnen entwickelte ich das Konzept der Zwiegespräche auf dem Hintergrund meines damals auch schon ein Jahrzehnt währenden Engagements für die Selbsthilfebewegung in Deutschland. Paargruppenanalyse und Selbsthilfebegleitung legierten sich und ließen diesen neuartigen Weg entstehen, auf dem klar umrissene und vermittelbare Einsichten aus dem professionellen Raum der Paarpsychoanalyse der Selbstklärung zu zweit ein konstruktives Setting, eine Grundordnung, geben und mit diesem Flußbett eine oft ersehnte Entwicklung der Partnerschaft anregen und in Gang setzen.

Zwiegespräche erscheinen äußerlich gesehen unauffällig. Es sind anderthalb Stunden eines ungestörten Paargespräches, einmal in der Woche zu einem gemeinsam vereinbarten Jour fixe. Sie sind ein Selbstentwicklungsweg zu zweit von erstaunlicher Wirksamkeit, der wir jetzt auch empirisch statistisch nachgehen. Harmlos definiert entsprechen sie einer selbstorganisierten, eigenständigen Paartherapie – ohne Gegenwart eines Experten – im Sinne der denkbar kleinsten Zweipersonen-Selbsthilfegruppe. Wenn man mit Peter Fürstenau (1992) die Psychoanalyse als eine „Begleitung der Selbstklärung der Klienten" versteht, begleitet in diesem Setting zu Hause jeder dem anderen bei seiner Selbstklärung, ja noch mehr: Jeder entwickelt sich selbst und hilft dadurch den anderen, sich selbst zu entwickeln. Deutlicher definiert sind Zwiegespräche eine Art externalisierter, sozusagen aushäusiger Psychoanalyse, ebenfalls eine „Redekur in einer Dyade", mit dem entscheidenden Unterschied natürlich, daß es hier keinen „virtuellen Gesunden" in Gestalt des abstinenten Psychoanalytikers gibt, sondern sich beide in diesen Dialog besonderer Qualität als ganze Person einbringen.

Alle vierzig Mitglieder meiner laufenden Paargruppen, die als fraktionierte Selbsterfahrungsgruppen im Sinne einer Fortbildung in Partnerschaft einmal im Monat an einem Wochenende zu vier Sitzungen kommen, führen zu Hause mindestens einmal wöchentlich ihre Zwiegespräche durch. Die wechselseitige Belebung, Erweiterung und Vertiefung des parallelen professionellen und selbständigen Weges ist offenkundig und unschätzbar: Die in den Paargruppen gewonnenen Erfahrungen und Einsichten kommen der Selbstentwicklung in den Zwiegesprächen zugute, während umgekehrt das eng aufeinander abgestimmte Wachsen der wechselseitigen Einfühlung und die Mobilisierung wie das Durcharbeiten neuentdeckter Probleme und Chancen in den Zweiergesprächen die Paargruppenanalyse zu einem äußerst dynamischen Prozeß werden läßt. Nur selten kann diese Intensität beispielsweise in einer Gruppentherapie von Einzelpersonen erreicht werden. Der Wirkungsgrad beider Entfaltungswege verstärkt sich also wechselseitig und bedeutet gesundheitspolitisch eine nicht unbeträchtliche Einsparung von Zeit, Kosten und Expertenenergie.

*Setting und Qualität des wesentlichen Dialogs*

(Auszug aus dem Faltblatt „Zwei im Gespräch", das allen Interessierten ausgehändigt wird.)

*Die Grundordnung der Zwiegespräche*

Die Grundordnung enthält die Bedingungen, auf die es ankommt. Ohne diesen Rahmen gelingen Zwiegespräche nicht. Er scheint so leicht, daß er oft nicht beachtet wird. Doch jedes seiner Elemente ist entscheidend für die Wirkung der wesentlichen Gespräche: Zwiegspräche brauchen wenigstens einmal in der Woche anderthalb Stunden ungestörte Zeit. Die Regelmäßigkeit ist das Geheimnis ihres Erfolges. So geht der rote unbewußte Faden nicht verloren. Jeder geht im freien Einfall nur der inneren Frage nach: Was bewegt mich im Augenblick am stärksten? Das können Ereignisse innerhalb und außerhalb der Beziehung sein. Er spricht also über das, was ihn bewegt: Wie er gerade sich, den anderen, die Beziehung und sein Leben erlebt. Er bleibt also bei sich. Das Gespräch hat kein anderes Thema. Es ist offen. Äußern und Zuhören sollten möglichst gleich verteilt werden. Schweigen und Schweigenlassen, wenn es sich ergibt. So sind ausgeschlossen: bohrende Fragen, Drängen und sanfte wie heftige Versuche, den anderen einfach zu übergehen. Zwiegespräche sind kein Offenbarungszwang. Jeder entscheidet für sich, was er sagen mag, auch wenn größtmögliche Offenheit in der Regel am weitesten führt. Sich wechselseitig einfühlbar zu machen, ist das erste Ziel der wesentlichen Gespräche. Nur so können wir uns wirklich miterleben. Wenn uns das gelingt, beginnen wir zu begreifen, was eine Beziehung sein kann. Weitere Ziele ergeben sich von selbst. Sie wechseln mit der Entwicklung. So erleben viele Paare eine Revolution zu zweit.

Es gibt darüber hinaus kaum Regeln. Wenn beide für dieses genannte „setting" sorgen, sorgt es seinerseits für alles. Vor allem garantiert es die unbewußte Selbstregulation der Entwicklung zu zweit.

*Fünf Bedingungen einer guten Beziehung*

Fünf Einsichten machen den „Geist" der Zwiegespräche aus. Sie sind Entwicklungsziele, nicht etwa vollendete Tatsachen, denen jeder folgen muß wie vorgegebenen Regeln. Sie gleichen eher einer Sprache der Zweierbeziehung. Wir können sie mit der Zeit erlernen. Jede Einsicht bringt eine Reihe fundamentaler Änderungen im Alltag des Paares mit sich.

- Wir können lernen, von der wechselseitigen Unkenntnis auszugehen, statt von der gleichen Wellen-änge:
*„Ich bin nicht Du und weiß Dich nicht".*
- Wir können lernen, unser gemeinsames unbewußtes Zusammenspiel wahrzunehmen, statt uns als zwei unabhängige Individuen aufzufassen:
*„Wir sind zwei Gesichter einer Beziehung und sehen es nicht".*
- Wir können lernen, regelmäßige wesentliche Gespräche als Kreislauf einer lebendigen Beziehung zu begreifen, statt mit Worten unsere Beziehung nur noch zu verwalten:
*„Daß wir miteinander reden, macht uns zu Menschen".*
- Wir können lernen, in konkreten Erlebnissen statt in Gefühlsbegriffen zu sagen, was wir meinen:
*„In Bildern statt in Begriffen sprechen".*
- Wir können lernen, auch unsere Gefühle als unbewußte Handlungen mit geheimer Absicht zu verstehen, statt zu meinen, sie überkämen uns von innen – wie Angst und Depression – oder würden uns von außen gemacht – wie Kränkung und Schuldgefühl:
*„Ich bin für meine Gefühle selbst verantwortlich".*

In den Paargruppen ergibt sich natürlich eine Variation der Gruppentechnik insofern, als auch die aufkommenden Probleme in den Zwiegesprächen zum Material der freien Einfälle werden. Auf dieses interessante Problem einer Selbsterfahrung, die eine Kombination von autonomen und fachgeleiteten Verfahren als Vorzug sieht, kann ich in diesem Rahmen nicht eingehen. Es genügt vielleicht der Hinweis, daß die Zwiegesprächsschicksale ziemlich genau die Dynamik des Beziehungslebens spiegeln. Wer sie beispielsweise aufgibt, neigt auch dazu, die Beziehung zu kündigen.

Durch diesen Blick in die alltagsbegleitenden Zwiegespräche wurde ich jedoch aufmerksam auf eine bedeutende Änderung der Lebensqualität von Familien, die sich langsam gegen große Widerstände und Vorurteile, aber nahezu regelmäßig einstellt: das Heranwachsen einer Gesprächskultur unter allen Familienangehörigen und zwischen den Generationen – wie es die eingangs genannte Nachricht schlaglichtartig beleuchtet.

Die Paare lernen nämlich in den Zweiergesprächen – oft unter Mühen – nicht nur miteinander zu reden und vor allem zuzuhören, sondern erweitern ihren Kreis der Gesprächspartner in der Familie: zunächst mit Kindern, sofern sie zehn Jahre und älter sind, dann mit Geschwistern, schließlich auch mit den eigenen, oft schon alten Eltern. Am erstaunlichsten ist das Dahinschwinden der oft hartnäckigen Ungläubigkeit, daß man die Verkrustungen unzulänglicher Kommunikation mit den Eltern jemals auflösen könne. Die Mitglieder der Paargruppen stellen ja eine Schicht zwischen Generationen dar. Sie setzen sich im Zuge ihrer Persönlichkeitsentfaltung mit den inneren und äußeren Eltern auseinander und entdecken oft, daß sie sich den eigenen Kindern gegenüber genau so verhalten, wie sie es an den eigenen Müttern und Vätern vehement ablehnen.

*So berichtete eine Psychotherapeutin – Mitte Fünfzig, jahrelang in der Paargruppe – es sei völlig aussichtslos, ihrer eigenen Mutter mit dem Ansinnen eines Zwiegesprächs zu kommen. Sie hätten schon in ihrer Kindheit nie wirklich miteinander geredet, würden stets in Streit geraten, wenn sie sich heute träfen, und so werde es auch in Zukunft sein – so sehr sie selbst dies auch bedaure, weil sie das Verhalten und Erleben ihrer Mutter gern enträtselt hätte. Bei einer außergewöhnlichen Gelegenheit jedoch, zum 85. Geburtstag ihrer Mutter, brachte sie den Wunsch nach einem Zwiegespräch vor, und zu ihrer völligen Überraschung willigte die alte Dame mit großer Freude ein. Dieses Gespräch veränderte vollständig ihr Mutterbild und ließ ihre eigenen Identifizierungen in einem ganz neuen Lichte erscheinen. Die daraus entstehende Herzlichkeit in der Mutter-Tochter-Beziehung war ein unerwartetes Geschenk für beide.*

Das ist, über die Jahrzehnte der Paargruppenarbeit gesehen, natürlich kein Einzelfall. Er ermutigte aber auch mich, den seelischen Gewinn und die Chancen solcher Gespräche in den Paargruppen und Zwiegesprächsseminaren stärker zu betonen. Alle, deren Eltern noch leben, versuchen, ihnen dieses Angebot zu machen.

Vielleicht ist aber die Entwicklung der Gespräche mit den eigenen Kindern noch bedeutender.

*Ein Allgemeinarzt stellte kürzlich nach vier Jahren in der Paargruppe fest, daß sich mit seinen drei jugendlichen Kindern – zwei Töchtern und einem Sohn – unmerklich und grundlegend die Gesprächskultur verändert habe. Sie kämen heute wie selbstverständlich zu ihm oder seiner Frau, ihrer Mutter, und bäten bei einem Problem um ein Zwiegespräch. In diesen Gesprächen, in denen per definitionem Fremdbestimmung und Anordnungen seitens der Eltern nichts zu suchen hätten, entfalte sich die Erlebniswirklichkeit beider voreinander mit dem Ergebnis einer lebendigen statt faulen Kompromißlösung: Die Bedürfnisse beider Seiten würden gleich geachtet und zu gleichen Teilen erfüllt. Dadurch sei das Leben der Familie gelöster, konfliktfähiger und selbstverantwortlicher geworden.*

Solche familiären Evolutionen sind praktisch bedeutsam angesichts der verheerenden Sprachlosigkeit zwischen den Paaren, also den Eltern, und zwischen Eltern und Kindern; dies insbesondere in Deutschland, einer Nation, die sich vor allen westeuropäischen Ländern, auch vor Kanada und den USA, durch einen spezifischen und heiklen Befund „auszeichnet": nämlich eine ausgeprägte Beziehungsschwäche zwischen Mann und Frau wie zwischen Eltern und Kindern (Noelle-Neuemann, 1987, S. 22).

Aber auch woanders steht es nicht zum Besten. In einer Hinsicht sind sich Paartherapeuten weltweit einig: Paare leiden am „communication gap", an Sprachlosigkeit. Ein durchschnittliches Paar in den USA widmet sich täglich einem wechselseitigen Gespräch nur noch etwa vier Minuten (Priority Management Pittsburgh Inc., 1988). Davon kann sich meines Erachtens keine Beziehung lebendig erhalten. Die „Beziehungslosigkeit in der Beziehung" scheint mir die Hauptform heutiger Ehen zu sein, schmerzfrei nur auszuhalten in einem glatten, funktionalen Nebeneinander statt einem lebendigen Miteinander. Dieses latente Doppelsingle-Dasein wird nur noch übertroffen durch die größte Barriere, die „Bewußtlosigkeit für die Beziehung", jene Narkotisierung also, die beispielsweise ein Bewußtwerden der Bedingungen eines zuträglichen Zweierlebens, für die ein Paar aktiv und ideenreich selbst zu sorgen hat, gar nicht als notwendige Aufgabe verstehen kann.

Die Beziehungsnarkose ist im Übrigen ein zentrales gesundheitspolitisches Problem einer angemessenen psychosozialen und medizinischen Versorgung; denn Paare sind gar nicht imstande, die hohe Bedeutung ihrer Partnerschaft für Gesundheit und Erkranken zu erkennen, verantwortlich zu handeln und beizeiten einen Therapeuten zu konsultieren.

Aber auch die individualorientierte Medizin selbst leidet an diesem Blackout der Beziehung. Die wenigen Befunde einer Paarmedizin zeigen eine durchdringende Wirkung in allen ärztlichen Disziplinen: Die Psychoneuroimmunologie hat nachgewiesen, daß eine gute Partnerschaft mit einem gestärkten Immunsystem einhergeht. James Pennebaker belegte, daß Offenheit und vertrauensvolle Gespräche – im Rahmen der sogenannten „opening up"-Forschung – über nachweisbare zelluläre Veränderungen ebenfalls die körperliche Abwehrlage kräftigen. Und die breit angelegten Untersuchungen von James J. Lynch (1979) zeigen von der Intensivstation bis zur Epidemiologie, daß so gut wie alle Erkrankungen signifikant häufiger bei Menschen ohne eine feste Beziehung auftreten, verglichen mit denen, die mit anderen zusammenleben. Den fundamentalen Effekt einer wie auch immer gearteten Bindung nennt Lynch schlicht und präzise „die menschliche Wirkung". Die heutige Medizin hat sie einfach vergessen; sie therapiert an ihr vorbei. Bei der Erhebung von Körperbeschwerden konnten Elmar Brähler und Jörn W. Scheer (1983) ermitteln, daß sich die Symptome bei Ehepaaren mehr als zufällig ähneln. Das Paarleben hätte allein wegen dieser Bedeutung als Bildhauer des lebendigen Leibes höchste praktische Bedeutung für die medizinische Versorgung. Doch gibt es nach der heutigen Struktur der Gebührenordnung nicht einmal die Chance, daß eine beziehungsbewußte Medizin energisch ins Blickfeld der Ärzte rückt – trotz der Binsenwahrheit, daß jede Krankheit tiefgreifend das Paarleben beeinflußt und umgekehrt.

## 3. Kryptomnesie als Motor wissenschaftlicher Tradition

Als ich vor kurzem im Rahmen meiner Vorlesung zur Medizinischen Psychologie auf die Entwicklungsgeschichte der Zwiegespräche kam, wurden mir Zusammenhänge klar, die ich bislang vergessen hatte. Beispielsweise wuchs ich als Psychoanalytiker und Wissenschaftler in einem ganz besonderen Umfeld auf: an der Psychosomatischen Klinik der Universität Gießen. Horst-Eberhard Richter schuf dort ein sehr spezielles Klima, das stark durch seine persönlichen Einstellungen geprägt war: entschlossenes soziales Engagement, das für einen Psychoanalytiker ungewöhnlich war; Offenheit für empirische Zugänge auch zur intimen psychoanalytischen Arzt-Patient-Beziehung; Flexibilität und Ideenreichtum in fast allen Sparten; wohltuender Verzicht auf die sonst so üblichen zwanghaften, hierarchischen Vorgehensweisen in Versorgung, Lehre und Forschung; und eine erfrischende Aktivität und Beweglichkeit zogen mich besonders an. Ich kannte ihn noch aus Berliner Zeiten, wo er als Oberarzt der Psychiatrie und Vorsitzender der Berliner Psychoanalytischen Vereinigung eine der seltenen Vorlesungen über die Sichtweisen Sigmund Freuds hielt. Er wurde 1960 mein Berater hinsichtlich meiner analytischen Ausbildung, derentwegen ich das Medizinstudium begonnen hatte; er gab mir mein Doktorthema *Prüfungsangst*, wenn er auch wegen seines Wechsels nach Gießen (1961) nicht mehr mein Doktorvater werden konnte; vor allem aber beeindruckte mich seine private Wohnung, wohin er mich einmal einlud: ein in leuchtendem Blau gehaltenes, sehr ausgewogen gestaltetes Zimmer, in dem die Sensibilität für die klaren Linien einer modernen Architektur spürbar waren. Dieses Erlebnis war wahrscheinlich ausschlaggebender als alles andere für meinen Wechsel von Berlin nach Gießen.

Ich verstehe nachträglich solche Entscheidungen, die den Verlauf meines ganzen Lebens veränderten, analog zu einer Partnerwahl. Es entsteht daraus eine vieldimensionale Beziehung, deren Momente einem nie gänzlich bewußt werden können. Doch prägt sie auch ohne äußere Auftragslage durch den Tiefgang unbewußter Kommunikation alles eigene Entscheiden, Verhalten und Handeln. Horst-Eberhard Richter verstand sich nie als Lehrer, und ich fühlte mich nie als sein Schüler – auch nicht in der Zeit vor unserer Freundschaft. Und schon das ist typisch. Wenn man eine so bedeutende, gleichsam wissenschaftliche Beziehung wie eine private Partnerschaft ebenfalls als Kombination zweier Lebensgeschichten definieren kann, dann wird auch klar, wie sehr ein und dieselbe Person sehr unterschiedliche Auswirkungen auf das Werden ihrer Mitarbeiter hat. Mir bekam die freie Art seiner Führung sehr gut. Ich wurde zu autonomen Ideen angeregt, manchmal – wie nach meiner Habilitation für Psychosomatische Medizin und Psychotherapie – zum damals, 1972, befremdlichen Entschluß für die Anregung und Begleitung von Selbsthilfegruppen auch gegen seine erklärte Neigung. Und vieles, was ich meinte, ganz allein für mich zu entwickeln, hatte dann doch geheime Verbindungen zu seinen Auffassungen.

Ein Beispiel für eine solche *Kryptomnesie,* einen von mir gar nicht wahrgenommenen, vielleicht aus Autonomiebedürfnis verdrängten Zusammenhang, ist offenkundig: Schon in den ersten Wochen meiner Gießener Zeit schlug ich vor, daß *„Eltern, Kind und Neurose"* aus dem Schlummerdasein bei Klett Cotta vom Rowohlt Verlag, zu dem ich sehr persönliche Beziehungen hatte, befreit werden könnte und als Taschenbuch sicher die verdiente größere Verbreitung fände. Das gelang. Und später war ja das Engagement Richters für Paare und Familien unverkennbar. Ich selbst war einer der Paartherapeuten im Rahmen des Projektes der von ihm konzipierten Zwei-Wochen-Paartherapie, (vgl. Richter, 1973, S. 889 ff.; Richter, Wirth 1978, S. 20 ff.) und entflammte mich für sein familiäres Engagement weit vor der Publikation seines Buches zur Familientherapie. Plötzlich wurde mir also leuchtend klar, daß die Entwicklung der Zwiegespräche ohne diesen reichen Humusboden undenkbar gewesen wäre. Es ist zwar ein ganz eigenständiger Entwicklungsweg gewesen, aber eben auf der unbewußten Beziehungsmatrix, die mit H.-E. Richter entstanden war.

Noch ein weiteres Moment läßt sich angeben: Die Neigung zu intensiven, kompakten Verfahren. Seine Paarkurztherapie wurde von einem bekannten Analytiker als „traumatisches Verfahren" betitelt, eine Auffassung, die ich überhaupt nicht teilen konnte. Mir liegt das geballte Vorgehen. Auch heute neige ich gerade im Bereich der Zweierbeziehung zu intensiven Sitzungsserien – beispielsweise in der Paargruppenanalyse.

Und noch ein letztes Beispiel für die sicher viel umfangreichere kryptomnestische Tradierung wissenschaftlicher Entwicklungsgänge: *„Die Gruppe. Hoffnung auf einen neuen Weg, sich selbst und andere zu befreien"* war der Titel des ersten großen Bestsellers von Richter und wahrscheinlich auch eine ziemlich genaue Benennung der Vorgänge innerhalb der wissenschaftlichen Gemeinschaft an der Klinik. Wir eilten in gruppendynamische Laboratorien, ich entschloß mich zur gruppendynamischen Trainerausbildung und wandte mich frühzeitig der Gruppenanalyse zu. Diese Impulse wirkten aber viel weiter: Die Zwiegesprächsnetzwerke mit ihren Intervisionsgruppen wären ohne diese beiden Wurzeln, die Gruppendynamik und die so gänzlich andere psychoanalytische Gruppentherapie, vermutlich gar nicht entstanden. Ja, selbst die von mir 1977 gegründeten Gruppenanalyseseminare – GRAS – , eine Weiterbildung von Einzelanalytikern zu Gruppentherapeuten in Gemeinschaft mit dem Londoner Institute of Group-Analysis, haben ihre Schwangerschaftszeit in diesen bewegten siebziger Jahren. Sie sind für den notwendigen Mut, als Psychoanalytiker eine so ungewöhnliche Initiative städtischer Netzwerke zu riskieren, deswegen mitverantwortlich, weil durch die dramatische Identitätsänderung der Analytiker, die ich binnen kurzer Zeit so leibhaftig miterleben kann, auch das Normgebäude und die rigideren Verhaltensweisen der analytischen Gemeinde durchsichtiger werden und einer größeren Flexibilität Raum geben.

Wie es der angebliche Zufall so will, schickt mir nach diesen Ausführungen mein Rowohlt-Lektor eine neue Monographie über Sigmund Freud[1] von Hans-Martin Lohmann (1998) zu, worin ich über wissenschaftliche Kryptomnesie lese, daß Freud die Entdeckung der „freien Assoziation" wahrscheinlich Ludwig Börne verdankt. Freud schrieb an Ferenzci:

*„Die Sache ist mir ungemein plausibel; ich habe Börne sehr früh zum Geschenk bekommen, vielleicht zum dreizehnten Geburtstag, mit großem Eifer gelesen und von diesen kleinen Aufsätzen immer einige in starker Erinnerung gehabt. Natürlich nicht den kryptomnestischen. Als ich diesen wiederlas, war ich erstaunt, wie sehr manches, was darin steht, sich wie wörtlich mit manchem deckt, was ich immer vertreten und gedacht habe. Er dürfte also wirklich die Quelle meiner Originalität sein" (Lohmann, 1998, S. 130).*

Ich glaube, daß sich die so häufig angestrebte Originalität in Kunst und Wissenschaft als verständliche innere Gegenbewegung gegen die allseitige Abhängigkeit jeder schöpferischen Tätigkeit ergibt. Letztlich sind alle Werke Symptome einer vielfältigen unbewußten Matrix wesentlicher Bindungen, in die wir eingebettet sind. Von der stets vergessenen „Frau an seiner Seite" (Edschmid, 1990) ganz zu schweigen. Es gibt so gesehen keine Einzelleistungen. Doch ist der Mensch das wahrscheinlich abhängigste Lebewesen und erlebt jedes Bewußtwerden seiner Abhängigkeiten als Kränkung, die er vermeiden möchte.

## 4. Ermutigung zur Selbstentwicklung

Ein Erlebnis aber blieb mir unauslöschlich in Erinnerung und nahm nicht den kryptomnestischen Weg: Noch im barackenartigen sogenannten „Pavillon" der

[1] 1968 erhielt ich vom Rowohlt Verlag die Anfrage, ob ich eine solche Bildmonographie über Freud in genau dieser Reihe verfassen könnte. Horst-Eberhard Richter riet mir damals allerdings zu einer Absage, da die Reaktionen auf eine solche Biographie – wie immer das Werk auch werde – stets hochambivalent ausfielen.

Klinik, wo viele Therapeuten ihre Zimmer hatten, rang ich im Sommer 1967 etwas verzweifelt mit dem Beginn einer einstündigen Rundfunksendung über „Prüfungsangst", dem Thema meiner abgeschlossenen Doktorarbeit, als Horst-Eberhard Richter hereinkam. Diese kurzen zwanglosen Überraschungsbesuche mochte ich sehr; sie waren typisch für seine Umgangsweise mit Mitarbeitern. Sinngemäß stärkte er mich mit etwa folgenden Worten: Ich sollte mir klar sein, daß ich über die Thematik sehr gut Bescheid wisse, und diesen Kenntnissen ganz vertrauen. Es käme nur darauf an, daß ich ohne Umschweife begänne mit den Einfällen, die in mir gerade aufkämen.

Genau im rechten Zeitpunkt war dies der entscheidende Impuls für mich, eine zentrale Bestärkung, mich auf mich selbst zu verlassen. Das habe ich nicht nur nie vergessen, sondern seitdem auch bei allen meinen Publikationen in die Tat umgesetzt. Diese Art der frischen Selbstermutigung halte ich für ein wesentliches Merkmal seiner Menschenführung. Sie fiel bei mir auf fruchtbaren Boden. Es entstand daraus eine der erfolgreichsten wissenschaftlichen Rundfunksendungen mit zahllosen Wiederholungen, die mir den ersten bundesweiten Spitznamen „Prüfungsangst-Moeller" einbrachte, im „Spiegel" und der „Zeit" zu Berichten führte und meine Ernennung zum Prüfungsberater des Hessischen Kultusministers bewirkte. Wessen Werk? Noch diesen Bericht schreibe ich genau in diesem Geiste.

Zu bedenken ist dabei, daß in einer solchen beruflichen Zweierbeziehung natürlich nur ein Bruchteil der Wechselwirkungen bewußt wird. Wie auch in Paarbeziehungen spielen sich neun Zehntel des Geschehens unbewußt ab. So ist nicht auszuschließen, daß die Selbstermutigung auch ein Moment für mein späteres starkes Engagement für Selbsthilfegruppen ausmachte.

## Literatur


Brähler, E. und Scheer, Jörn W. (1983): Der Gießener Beschwerdebogen. (GGB) Bern (Huber).

Edschmid, U. (1990): Diesseits des Schreibtischs. Lebensgeschichten von Frauen schreibender Männer. Frankfurt/Main (Luchterhand).

Fürstenau, P. (1992): Entwicklungsförderung durch Therapie. Grundlagen psychoanalytisch-systemischer Psychotherapie. München (Pfeiffer).

Groddeck, G. (1923, 1981): Das Buch vom Es. Frankfurt/Main (Fischer).

Lohmann, H.-M. (1998): Sigmund Freud. Reinbek (Rowohlt).

Lynch, J. J. (1977, 1979): Das gebrochene Herz. Reinbek (Rohwolt).

Noelle-Neumann, E. (1987): Nationalgefühl und Glück. In: Noelle-Neumann, E. und Köcher, R. (1987): Die verletzte Nation. Stuttgart (DVA).

Pennebaker, J. (1990): Opening up. The healing power of confiding in others. New York.

Priority Management Pittsburgh Inc. (1988): Three-Times-Study, Pittsburgh.

Richter, H.-E. (1973): Zwei-Wochen-Paartherapie. In: Psyche 10.

Richter, H.-E. und Wirth, H.-J. (1978): Sieben Jahre Erfahrung mit der Zwei-Wochen-Paartherapie. In: Familiendynamik 3.

# Idol – Ikone – Piktogramm

## Gedanken zur Rezeption von Prominenten

Peter Möhring

Das Wort „Prominenz" stammt vom lateinischen „prominere", was „hervorragen" bedeutet. Prominente sind diejenigen Menschen, die aus einer Menge hervorragen. Wer und was sind Prominente für die Nicht-Prominenten, welche Bedeutung haben sie, wozu werden sie gebraucht? Ich werde hier einige Gedanken über die Rezeption von Prominenten entwickeln, also nicht hauptsächlich über Menschen schreiben, die prominent sind, auch wenn sich das bei dem Thema nicht vermeiden läßt, sondern vornehmlich über das Phänomen, daß die Menschen konstant in phantasierte Beziehungen zu Personen des öffentlichen Lebens treten, die für ihre psychische Stabilität, die Sicht ihrer selbst, ihre Lebensqualität bedeutsam werden.

Wenn man sich mit der Rezeption von Prominenten befaßt, taucht rasch die Frage auf, was diese mit den Personen selbst zu tun hat, die wahrgenommen werden. Ist das überhaupt voneinander zu trennen? Ja und nein, lautet meine Antwort. Ja insofern, als die Rezeption in ihrer oberflächlichen, plakativen Form, die sich bereits daraus ergibt, daß wir manche Personen als Prominente wahrnehmen, vorwiegend narzißtischen Bedürfnissen dient, die mit den Personen selbst nichts zu tun haben, sondern mit eben diesen Bedürfnissen der Rezipienten, sich selbst in einem bestimmten Licht zu sehen, sich als Sympathisant oder Gegner einzuordnen, sich besser, schöner, überlegener, stärker fühlen zu können. Nein insofern, als zum einen von diesen Prominenten Eigenschaften oder unbewußte Signale ausgehen müssen, die sie den Massen nahebringen, und als zum anderen die Prominenz selbst sich auf ihren Seelenzustand auswirken kann, je nachdem, wie stark sie zu beeinflussen sind.

Vorangestellt seien einige Worte zum Phänomen „Prominenz". Es gibt Abstufungen von Prominenz. Viele Prominente sind nur innerhalb ihres engeren Wirkungskreises prominent, wie viele Wissenschaftler, auch Künstler, Sportler weniger populärer Disziplinen, Personen aus Kultur, Politik, die zwar wichtige Aufgaben haben, aber nicht in der Öffentlichkeit stehen. Andererseits gibt es Personen, die es aufgrund ihrer Tätigkeit ganz besonders leicht haben, prominent zu werden, einfach weil viele Leute sie häufig zu sehen bekommen, wenn sie oft in den Medien präsent sind. Damit ist aber auch schon etwas über das Verhältnis von Verdiensten und Prominenz gesagt. Hier gibt es keine obligate Verknüpfung, wenngleich Personen dadurch, daß ihre Verdienste häufig öffentlich kenntlich gemacht werden, prominent werden können. Die Namen der vielen verdienstvollen Wissenschaftler oder Künstler, die Zeit ihres Lebens als völlig unbedeutend galten, unbekannt, verarmt waren oder verfemt, bleiben auch hier unbenannt. Bei manchen indes verbanden sich Verdienst und Prominenz, wie, um Namen zu nennen, bei Goethe, Voltaire oder Einstein. Prominenz ist, das sei der Versuch einer Definition, das Ergebnis von Arbeit an der Präsenz von Personen in der Öffentlichkeit. Diese Arbeit wird von Prominenten selbst geleistet und/oder von anderen, die sich von seiner oder natürlich ihrer Prominenz etwas versprechen. Der andere Part wird von der Öffentlichkeit erbracht, deren stetes Bedürfnis, Prominente zu haben, sich ihnen nahe zu fühlen, sie zu lieben, zu ignorieren oder mit Mißachtung zu bedenken und zu hassen, also sich auf die eine oder andere Weise zu identifizieren, Prominente hervorbringt. Ohne dieses ungeheure Bedürfnis nach deren Rezeption hätten wir wohl nur Herrscher und Priester, die sich mit der Angst vor der Peitsche oder dem Tod in unsere Seelen eingraben. Ohne das Bedürfnis nach Göttern hätten wir keine Götter. Wohl haben wir Eltern. Sie sind unsere ersten Prominenten. Sie ragen weit über uns hinaus, solange wir klein sind. Daher sind viele Prominente Königinnen oder Könige, direkt den Märchen entsprungen. Die tatsächlichen Eigenschaften der Prominenten sind nur indirekt von Bedeutung. Sie müssen so geartet sein, daß sie die Projektionen und Übertragungen unterstützen, für die wir sie so nötig brauchen, und daß sie mit Bewunderung umgehen können. Sie müssen sich in der Bewunderung der Öffentlichkeit gefallen und dies dem Publikum widerspiegeln, damit dieses seinerseits von der Bewunderung narzißtisch profitiert. Der Rezipient tut das Seinige aus einer Mischung von Bewunderung und Eigenliebe heraus, man könnte es „narzißtische Liebe" nennen.

Es gibt eine ganze Reihe von Menschen, Adenauer war zum Beispiel eine solche Figur, die jahrzehntelang in der Öffentlichkeit präsent bleiben und mit der Zeit eine Rezeptionsgeschichte bekommen. An solchen Personen bildet sich nicht nur für jeden ein Stück Gegenwartsgeschichte ab, sondern ihre gesellschaftliche Rolle läßt auch etwas von den Entwicklungsvorgängen in ihren Rezipienten erkennen. Zur Entwicklung meiner Gedanken über die Rezeption von Prominenten werde ich drei Begriffe verwenden, die alle etwas mit „Bild" zu tun haben. Das ist konsequent, es geht mir ja darum, wie sie gesehen werden. Bilder werden gesehen, geht es um ihre Deutung, sind sie auf den Rezipienten angewiesen. Auch wenn sie komplex sind, bleiben sie etwas dem Abgebildeten Äußerliches. Man sieht auf den ersten Blick, daß die emotionale Ebene der Rezeption von Prominenten die wichtigste ist. Diese hat auch nur mittelbar mit den vertretenen Inhalten zu tun. Natürlich müssen die Inhalte mit eigenen Vorstellungen kompatibel sein, aber der Funke springt aufgrund von unbewußten Besetzungsvorgängen und Identifizierungen über. Die Inhalte, die Ideen, für die ein Prominenter stehen mag, können durch eine Identifizierungsfigur dargestellt werden, die Idee muß jedoch für den Rezipienten ein Eigenleben bekommen, wenn die Beschäftigung mit ihr Ernsthaftigkeit und Tiefe erreichen soll. Es muß zu einer partiellen Entkopplung des Identifizierungsbedürfnisses vom Inhalt kommen, um die Oberflächlichkeit zu überwinden, die dem Bedürfnis, sich mit Prominenten zu identifizieren, anhaftet. Was sich von außen als Oberflächlichkeit darstellt, als Naivität, hat Wurzeln in verbliebener Kindlichkeit, in unbewußt verbliebenen kindlichen Wünschen. Dennoch handelt es sich um ein sehr allgemeines Phänomen – gäbe es sonst eine „Yellow press"? In der Adoleszenz, in der die Jugendlichen ihre kindlichen Wünsche verdrängen und sich zunehmend mit den Erwachsenenrollen identifizieren, brechen diese in Gestalt der Idolatrie wieder durch. Der Grund hierfür ist nach meiner Auffassung folgender: Die kindliche Gefühlswelt kann in keine der vorhandenen Erwachsenenwelten ohne Brüche und Verluste umformuliert werden, und für diese Bruchstücke und aus dem Alltag verdrängten Wünsche suchen wir lebenslang Aufhänger. Wie sonst könnten Menschen auf durchaus vergleichbare (wenngleich natürlich in manchem unterschiedliche) Weise vom Dalai Lama und Madonna schwärmen? In diesem Sinne, der die unbewußten Wünsche beinhaltet, werden die Personen dann tatsächlich auch gleich erlebt, gleich geliebt. Das erinnert wieder daran, wie Kinder Eltern lieben, denn das Bedürfnis, Eltern zu lieben, ist bei allen Kindern mehr oder weniger gleich, seien die Eltern noch so unterschiedlich, seien sie Kommunisten, Liberale oder Faschisten, seien sie sanft oder gewalttätig, arm oder reich, Moslems oder Atheisten.

Daß Vertreter ganz unterschiedlicher Inhalte, Politiker, Sportler, Philosophen, Wissenschaftler, Popstars und zwielichtige Figuren, was ihre Rezeption betrifft, quasi gleichgeschaltet werden, ist ein Resultat der zeitgenössischen Rezeptionsformen. Ähnlich wie im Internet Entfernungen gleichgültig werden und es keinen Unterschied macht, ob man Daten aus Frankfurt oder Sydney erhält, werden uns prominente Personen in ähnlicher Weise präsentiert, ob sie nun aus der Politik oder der Popkultur stammen, Mutter Theresa oder Saddam Hussein heißen. Natürlich liegen geistige Welten zwischen ihnen, auch zwischen Madonna und dem Dalai Lama, aber diese muß man sich erarbeiten, und wenn es allein um den Status der Prominenz geht, schrumpfen sie in der Präsentation wie in der Rezeption.

Die Worte, die ich verwende, haben griechische Wurzeln. Ihr Assoziationsraum reicht weit in die Vergangenheit zurück, ihre Bedeutung liegt jeweils eng am „Bild". Meine Begriffe stehen in einer Reihe von Konkretisierung zur Abstraktion, von Fülle zur Reduktion, von Lebendigkeit zu Unbeweglichkeit, von der

Dreidimensionalität zur Eindimensionalität. Ich spreche vom Idol, der Ikone, dem Piktogramm. Dem Idol entspricht die Skulptur, der Ikone die Fläche, dem Piktogramm der Strich.

Ein Idol ist im ursprünglichen Sinne eine (in der Mehrzahl der Fälle weibliche) Plastik, der magische Wirkungen, göttliche Kräfte zugeschrieben wurden. Idole wurden zur Ausübung von kultischen Gebräuchen verwandt. Idole werden in der Archäologie die prähistorischen Figurinen genannt, die der Verehrung von Göttern oder auch als Grabbeigaben dienten. Idee, Ideal, Idylle sind verwandte Wörter. Der Ausdruck „Götzenbild" wird in Lexika häufig für Idol angegeben, um damit anzudeuten, daß es sich dabei um die schon in der Bibel verworfenen „falschen Götter" handelt, die nicht als Abbilder, sondern tatsächlich als Gott angebetet wurden. Im Idol ist demnach der Gott oder die Göttin enthalten, es ist selbst Gott oder Göttin, im Gegensatz zu den Göttern der Hochreligionen, die jenseits der Bilder sind.

*Ikonen* sind uns aus dem Bereich des orthodoxen Christentums bekannt, diese zum Teil prunkvollen Tafeln mit den häufig ausdruckslosen, wenig Individualität vermittelnden Gesichtern, die biblische oder andere christliche Motive enthalten und von den Gläubigen verehrt werden. Sie sind Teil der byzantinischen Sakralkultur, mit typischerweise flacher oder reliefartiger Gestaltung, die sich gegenüber den bis dahin vorherrschenden plastischen Formgebungen durch eine Akzentuierung der Fläche auszeichnet. In ihnen kommen weniger Personen als Geschichten mit symbolischer Bedeutung oder religiöse Prinzipien zum Ausdruck. Auch sie sind heilig, ihnen wurde zum Teil göttliche Kraft zugeschrieben, dies deshalb, weil sie in Verbindung mit etwas Göttlichem stehen. Die Ikone ist kein Gott, sie stellt ihn oder sakrale Szenen dar. Ihre Gestaltung in der Kunst ist über fast ein Jahrtausend nur geringem Wandel unterlegen.

Ein *Piktogramm* ist ein formelhaftes graphisches Symbol, zum Teil mit international festgelegter Bedeutung (wie z. B. der Totenkopf für „Gift"). Übersetzt heißt es in etwa „Bild-Schrift" oder „schreiben ohne Buchstaben". Die Bilderschriften bestehen aus Piktogrammen. Es ist ein Bildsymbol, das mit möglichst wenigen Einzelheiten auskommen, durch Vereinfachung möglichst klar sein will. Es soll von möglichst vielen Menschen ohne viel Vorwissen verstanden werden können, daher die Abstraktion auf das Wesentliche. Was für den Inhalt typisch ist, das Symbol dadurch unverwechselbar macht, und was als häufigster Inhalt auftaucht, also im nämlichen Zusammenhang von allen gesehen wird, ergibt das piktographische Zeichen.

Daß Prominente als Idole dienen und dann als solche bezeichnet werden, ist geläufig. Sportler sind häufig Idole, auch Künstler, Politiker, es sind also Menschen, die heftige Gefühle in anderen hervorrufen, die etwas und andere bewegen, und es sieht so aus, als benötigten besonders junge Menschen Idole. Wir verwenden auch das Wort „Ikone" im übertragenen Sinn, wenn wir zum Beispiel die Rolling Stones als Ikonen der Rock-Geschichte bezeichnen. Bei ihnen zählt dann wohl die Konstanz, mit der sie über Jahrzehnte in der Szene präsent waren, durchgehalten haben. Sie tragen ihre Gesichtsfalten wie Narben aus den Kämpfen mit Drogen und Ausschweifungen. Zur Ikone wird man nach längerer Zeit als Prominenter. Das Piktogramm schließlich ist in dem zur Rede stehenden Zusammenhang ein unüblicher Begriff. Dennoch kann man es, wie ich meine, dafür verwenden, um den hohen Grad an Abstraktion und Entfremdung zu betonen, den die Rezeption von prominenten Personen haben kann.

## Die Rezeption des Idols

Also: auf zum Idol! Oft werden Hunderte, nein Tausende von Kilometern zurückgelegt, um ihnen nahe zu sein. Idole werden bewundert, geliebt, man möchte sie anfassen, mit ihnen leben, ihnen nahe sein, an ihrer Oberfläche oder noch näher, mit ihnen verschmelzen, eins werden, und so werden wie sie sind. Sie sind idealisierte Vorbilder, Hoffnungsträger für ein besseres Selbst und eine bessere Welt. Ein Blick von ihnen, vielleicht gar ein Wort, und das Selbstgefühl kann kurzfristig in einen Höhenflug treten, wie man ihn sonst nicht kennt. Willy Brandt als ideale Vaterfigur, und Rudi Dutschke als ideales Selbst, sie konnten mit ihrem Elan Millionen junger Menschen für sich begeistern, ihre Absicht, Deutschland zu erneuern, wirkte bei jedem auf seine Weise glaubwürdig und aufrichtig, sie hatten enorme psychische Kraft und Bindungsfähigkeit. Idole sind aus Fleisch und Blut, und wie gerne wären jene, die sie anbeten, Fleisch von ihrem Fleisch und Blut von ihrem Blut. Gleichzeitig ist es aber wichtig, daß sie auf der Bühne des Theaters, des Sports, der Politik weit genug entfernt bleiben, denn Idole können nicht auf die gleiche Weise geliebt werden wie normale Menschen, auch nicht wie in der Verliebtheit, wenngleich die Verliebtheit eine gewisse Ähnlichkeit mit der Haltung zu einem Idol hat. Die tatsächliche Nähe zum Idol, die seine (gewöhnliche) Menschlichkeit offenbart, kann seinen Wert als Idol zerstören. Sie dürfen keine normalen Menschen sein. Sie sind Ideale. Sie sind das ideale Selbst, der ideale Partner, ein ideales Elternteil. Man muß partiell blind sein, um an sie zu glauben, wie sonst könnten etwa Millionen über die puppenhafte Häßlichkeit eines Michael Jackson hinwegsehen. Was wird nicht alles für sie getan! Wir lassen sie ja auch nicht in Ruhe. Idole sind die Opfer unserer Bereitschaft zur Begeisterung, der Notwendigkeit, Gefühlen in einer Welt Ausdruck zu geben, die dafür wenig, zu wenig bereitstellt. Sie lassen es sich gefallen, profitieren mehrfach, sind dabei aber oft, ohne es zu merken, unfreiwillige Projektionsflächen für ideale Selbstentwürfe. Dadurch, daß sie mitmachen, werden sie zu einer Elitetruppe von Freiwilligen der Selbstentfremdung. Aus dem Blickwinkel der Psychoanalyse gesehen, handelt es sich bei der Idolatrie um höchst auffällige Phänomene: Die harmlosesten sind Identifizierungen, aber unschwer zu erkennen sind daneben Verschmelzungsphantasien, Regressionen, Verflüssigungsphänomene des Ich, wie in der Pubertät, und es ist sicher kein Zufall, daß die erste Begeisterungswelle für die Idole in der Pubertät und Adoleszenz beginnt. Narzißtische sowie Triebenergien, die besonders in jener Zeit Objekte suchen, werden freigesetzt und verbinden sich mit dem Bild, dem Idol. Idole dienen als Kanäle, um die Fluten des Größenselbst aufzunehmen, die andernfalls das Ich überschwemmen. Sie sind aber auch Auffangbecken für die Liebe, die sonst keinen Adressaten findet, und leiten auf diese Weise vielfach den Haß ab, der anderenfalls entstünde. Aber auch später bedarf es noch der Idole, der begeisterten Bewunderung, die lebenslang Ansporn auf dem persönlichen Weg bleiben und somit helfen kann, die eigenen Lebensthemen lebendig zu halten. Durch seine Fähigkeit, Gefühle aufzufangen, wird das Idol zum Antipoden der Mutlosigkeit, der Verzweiflung, des Hasses, des Todestriebes.

## Die Rezeption der Ikone

Der Assoziationsraum der Ikone ist die Reife. Wer als Ikone bezeichnet wird, hat seinen Ort in der Öffentlichkeit, in der Ordnung der Prominenz lange gefunden. Man kennt ihn oder sie, ordnet sie zu, hat ihnen einen festen Platz gegeben. Sie bilden sich mit klaren Umrissen vor unserem inneren Auge ab, hervorgehoben in ihrer Umgebung, wie ein Relief. Die Gestalt der Ikone ist prägnant vor jedem Hintergrund zu erkennen. Ihre Bewegungen, ihre Aussagen, ihre Kunstfertigkeit, all dies ist bereits in der Erinnerung des Rezipienten gespeichert und zu einem verdichteten Bild zusammengeschmolzen. In Vertrautheit gehören sie zu uns. Sehen wir sie wieder, gerät dieses Gespeicherte an der Oberfläche in Bewegung, und die Bewegung dringt allmählich in die Tiefe. Indem die Erinnerung lebendig gehalten und das Erinnerte sogar noch erweitert wird, entsteht das Gefühl von Leben in Kontinuität. Viele, die uns heute als Ikonen begegnen, waren einstmals Idole. Die Unbeweglichkeit, die oft den Ikonenbildern anhaftet, ist ihnen inzwischen eigen. Sie verändern sich nicht mehr. Würde man einem Idol vielleicht noch Veränderbarkeit zubilligen, einer Ikone keinesfalls. Sie verdankt ihren Status der Konstanz ihrer Präsenz. Idole sind zeitlos, Ikonen dürfen und müssen altern, ja, gäbe es da nicht die sichtbaren Zeichen ihres Alterns, wir würden ihnen nicht mit jenem Respekt gegenübertreten, mit der Hochachtung vor einer Leistung, auch wenn wir sie spontan nicht benennen können. Wohl haben sie noch Kraft, ihre Lebendigkeit regt aber nicht zur unmittelbaren Teilhabe an etwas Neuem, Bedeutsamem an, sondern sie ruft Erinnerung hervor. Die alten Objektbeziehungen und Identifizierungen, die ihr Auftreten aktualisiert, vermitteln den Rezipienten ein Gefühl von Beständigkeit in der Zeit, trotz Veränderung die gleichen geblieben zu sein. Dafür werden sie auch gebraucht, die Ikonen, als lebende Beweise dafür, daß Sinn machen kann, an einem Thema festzuhalten, und damit werden sie der öffentliche Beleg dafür, daß ein jeder Mensch an seinem Ort Geschichte machen kann. Häufig haben sie es geschafft, in der Wahrnehmung zweier Generationen präsent zu sein. Dann enthalten sie eine Mehr-Generationen-Perspektive, werden zu Figuren eines Überganges. Die Bedeutung dieser Ikonen für unsere „heißen" (Lévi-Strauss) Kulturen könnte sehr hoch sein, sozusagen als kulturelle Bindeglieder zwischen den Generationen. Daß es ein Bedürfnis der jüngeren Generation nach den Bildern der jeweils vorherigen gibt, sieht man an den Zyklen der Mode, an den Neuauflagen oder Modifikationen des Alten: „Back to the fifties", Revival Bands, die Entdeckung des Teenagers, daß Mutters alte Klamotten schick sind, und die wellenförmige Wiederkehr politischer und gesellschaftlicher Themen sind Beispiele dafür. Somit sind Ikonen Elemente, die persönliche Reifung enthalten, eine Projektionsfläche für die Kontinuität der persönlichen Geschichte. Steht das Idol für die ideale narzißtische und Triebentwicklung, ist die Ikone Sinnbild des entwickelten, aber auch in weiteren Entwicklungsmöglichkeiten begrenzten Ich. Ist das Idol dem Primärprozeß nahe, ist die Ikone durch Elemente des Sekundärprozesses charakterisiert. Enthält das Idol Nietzsches Gedanken, tanzende Sterne gebären zu können, stehen die Ikonen als Fixsterne am Himmel. Allzugroße Veränderungsfähigkeit können für den Ikonenstatus eher hinderlich sein. Brandt wurde zur Ikone, indem seine Arbeit, sein gesellschaftliches Wirken nach seiner Abdankung quasi eingefroren wurde. Dutschke wurde nach dem Attentat, indem ihn dessen Folgen zur Untätigkeit verurteilt, zur Ikone.

## Die Rezeption des Piktogramms

Das Piktogramm ist unpersönlich. Es muß unpersönlich sein, eine Art Gerüst oder Skelett, vom Gefühlsgehalt entkernt, denn wie sonst sollte es für möglichst viele Menschen dasselbe bedeuten können? Die Bilderschrift, die Urform des Piktogramms, suchte nach Symbolen, die alle in der gleichen Weise verstehen konnten. Sie enthält eine Aussage, die überindividuell gilt. „Ich bin Radfahrer", sagt das Piktogramm an der Heckscheibe eines Autos, „WC für Herren" ein anderes an einer Türe. Piktographische Elemente sind dafür da, überindividuelle Strukturen und Zugehörigkeiten erkennen zu lassen. Die Mönchskutte, die Haube der Nonne, die Krawatte des Bankangestellten, all dies sind piktographische Elemente. Wir verstehen sie sofort, sie sprechen uns auf eine Weise an, die eng mit Stereotypen unserer kulturellen Wahrnehmung verbunden ist. Ihr Verstehen erfolgt teils auf der Ebene der bewußten und teils auf der Ebene der unbewußten Phase der ethnischen Persönlichkeit. Der rote Mund muß nicht überall ein erotisches Signal sein, und dort, wo Männer keine Hosen tragen, mag ein Piktogramm, das daran anlehnt, mißverständlich sein. Früher, etwa zur Zeit der Ständegesellschaft, ermöglichten diese Zeichen einfache Zuordnungen zu gesellschaftlichen Gruppen. Das ist heute ähnlich, aber in unserem Zeitalter der scheinbar individualisierten (familialisierten) Regelung der Sozialisation dringen piktographische Elemente einer globalen Sprache der Konsum- und Warenwelt in jegliche Person und Beziehung ein; und Prominente, von denen bekannt ist, daß sie als Leitfiguren wirken, werden dazu verwandt. Gestern waren die Punks noch Rebellen, heute kann jeder Punk-Ware kaufen. Der Dalai Lama als Star? Er ist einer und geht bis heute elegant mit den Medien um. Aber wie lange wird es dem Schwanz gelingen, mit dem Hund zu wedeln?

Was hat Prominenz mit dem Piktogramm zu tun? Unter dem Gesichtspunkt des Kapitalismus, der Maximierung von Profit, sind Prominente eine Art von medialer Ware. Der Warencharakter, dem man sie zu unterwerfen versucht, führt dazu, daß ihre persönlichen Wesenszüge ausgebeutet werden mit dem Ziel, diese in piktographische Elemente zu überführen. Sie werden zu einem Transportmittel für piktographische Aussagen mißbraucht, ähnlich wie Werbeträger, obwohl sie letztlich wegen ihrer Persönlichkeit prominent sind. Noch ist Franz Beckenbauer mehr die Ikone Beckenbauer als der Werbeträger für eine Fußball-Aktiengesellschaft, aber auch hier taucht die Frage auf, ob die Relation nicht einst umkippt und die Person den Interessen des Marktes unterliegt. Mancher läßt sich schnell zu einem für alle verständlichen Sex- oder Machtsymbol stilisieren oder zum Weisen. Das erinnert mich an „love, hate, knowledge", Bions schöne Formulierung der Antriebe des Menschen. Je mehr diese als allgemeine Form hervortreten, desto mehr verschwindet die Person, die einmal angetreten ist, es für sich zu verwirklichen. Dann stirbt das Idol im Piktogramm. Das Piktogramm ist das Zeichen für alle; und läßt das Idol es zu, zu einem Zeichen gemacht zu werden, erscheint ein Stück Tod im Leben. Das Gesicht von Michael Jackson ist ein Piktogramm, es hat nichts Persönliches mehr. Das Bedürfnis der Massen von Jugendlichen, in ihm etwas Lebendiges zu finden, wird betrogen, der Stoff, aus dem er gemacht ist, ist nicht echt.

## Übergänge

Worte unterliegen der Begriffsinflation. Sie werden immer weniger wert. Ikonen können heute schon Leute genannt werden, die keine 10 Jahre „auf dem Markt" sind. Von ihnen spreche ich hier aber nicht, sie waren auch kaum Idole. Idole und Ikonen werden oft nachgemacht. Glaubt man, es bedarf vieler, werden auch viele gemacht. Die wirklichen müssen jedoch soviel Aussagekraft haben, daß sie doch zumindest mittelfristig Zeiten überdauern, als solche erkennbar bleiben, von den „fakes" unterscheidbar. Ein Beispiel macht die Beziehung zwischen Idol, Ikone und Piktogramm deutlich: Brigitte Bardot sagte neulich in einem Interview über Claudia Schiffer, diese sei sie, also Claudia Schiffer sei Brigitte Bardot, eine Art Reinkarnation. Diese Aussage verweist beide in den Bereich des Piktogramms. Die Jahrzehnte Altersunterschied, die beide voneinander trennen, sprechen jedoch Bände. Die Bardot war sicher ein Idol, und indem sie das jugendliche Bild von sich bewahrte, weil sie auf eine geheimnisvolle Weise mit ihrem Äußeren ständig an das Bild ihrer Jugend erinnern konnte, ohne die Spuren des Alters zu verbergen, in späteren Jahren eine Ikone. Indem sie sich nun in Claudia Schiffer wiedererstehen läßt, macht sie sich zum Piktogramm. Sie will etwas Überpersönliches in der Welt lassen, das einst ihr Merkmal war. Claudia Schiffer macht sich bereits heute zum Piktogramm, indem sie das Spiel mitspielt; und in der Tat zielt die Simulation der vollkommenen Gestalt, die sie verkörpern will, auf die Darstellung möglichst allgemeiner Elemente von Schönheit. Individualität ist dabei eher störend, es sei denn als verordnetes und plakatives Verhaltenselement, das zur Imagepflege gehört. Glücklicherweise – und ich schreibe ja nicht als Relativist – können auch Menschen, die, wie Willi Brandt oder Bruno Kreisky, in der Tat vieles bewegt haben und große Humanisten waren, Idole sein und später zur Ikonen werden. Brandt hat es verstanden, sich lieben zu lassen, und blieb nach seinem Rücktritt Sinnbild für die in der Begrenztheit der eigenen Möglichkeiten untergegangene konkrete Utopie einer besseren Welt. Unglücklicherweise können auch Menschen ihre Karriere als Idole beginnen, deren Zerstörungswut eine halbe Welt zum Opfer fällt. Auch hieran sieht man, wie oberflächlich und blind die Idolatrie ist und paradoxerweise wie tief ihre Wurzeln reichen, bis in die Urkräfte aller Seelen hinein. Und heute ist das jahrtausendealte, ehrwürdige Hakenkreuz ein Piktogramm für Vernichtung und Haß.

Die Beziehung von Idol und Ikone zur wahren Person ist schwer zu bestimmen. Ich habe darauf hingewiesen, daß Personen, deren Bekanntkeit Generationen überdauern, etwas an sich haben müssen, was dies rechtfertigt, nicht nur Aussagen und Wirkungen, sondern psychologische Eigenschaften. Welchen Stellenwert diese Elemente für sie selbst und für eine, sagen wir ethnomethodologische Würdigung ihrer Person haben, ist eine ganz andere Frage. Die meisten Prominenten haben von sich selbst sicherlich ein anderes Bild als das in der Öffentlichkeit präsente. Versuchte man, sie von ihrer Rezeptionsgeschichte zu lösen, käme wieder ein anderes Bild heraus. Dann würden wir in Gadamer vor allem einen gütigen alten Herren sehen, in Brandt einen Genießer, in Dutschke einen Rechthaber, und die Bardot erschiene uns vielleicht als eine unangenehme Person, die wenig Liebenswertes an sich hat. Claudia Schiffer würde als schönes, aber langweiliges Mädchen wirken, das sich vielleicht vor Schweiß und Exkrementen sehr ekelt. Aber solche Einblicke bleiben den wenigen vorbehalten, die ihnen wirklich nahe sind, ihren Partnern, Kindern, Freunden, ihren Analytikern, sie sind aus der Perspektive der Rezipienten und der Medien gesehen nur bedeutungsvoll, wenn sie deren narzißtischen Ausbeutungswünschen entgegenkommen. Die Chance, prominent zu werden, ist eine ungeheure Verführung, der vermutlich kaum einer widerstehen kann. Wir brauchen sie, weil wir nicht selbst prominent sind, sage ich aus der Perspektive des Nicht-Prominenten. Der Narzißmus ist die Antwort des Menschen auf seine Bedeutungslosigkeit im Universum, sagte Kurt Eissler. Die Idolatrie ist die Partizipation des Bedeutungslosen an dem, der für die Hoffnung steht, daß der Mensch doch bedeutend sein kann. Wie sehr der Wunsch, bedeutend zu sein, verformt und entfremdet, kann man jeden Abend im Fernsehen beobachten. Dafür sind vielen viele Verstellungen recht. Ich habe immer gerne Politiker an Wahlabenden im Fernsehen gesehen, weil ich glaube, daß die große psychische Belastung dieser Situation dazu führt, daß sie sich schlechter verstellen können. Starke Persönlichkeiten werden es immer leichter haben, den Status der Prominenz für sich zu verwerten. Für sie ist die Prominenz eine Klaviatur, auf der sie ihre eigenen Lieder spielen. Aber auch bei ihnen gilt, daß die Wahl des Instruments das musikalische Ergebnis beeinflußt. Schwache Persönlichkeiten werden durch die piktographischen Elemente ihrer Rezeption gleichsam aufgezehrt, hat man sich daran satt gesehen, bleiben sie wie Hüllen liegen. So wird auch die Rezeptionsgeschichte von Prominenten für die Rezipienten bedeutsam, indem sie als Vor-Bilder das Gelingen oder Scheitern eigener Lebensentwürfe vorwegnehmen.

Manche, bei denen zunächst ein piktographisches Element überwog, werden später zur Ikone. Ein schönes Beispiel dafür ist die ehemalige Prostituierte und jetzige im Milieu tätige Sozialarbeiterin „Domenica", die Bücher geschrieben hat und häufig in den Medien zu sehen ist. Huren müssen den piktographischen Aspekt ihrer Persona in den Vordergrund stellen, das sexuelle Signal, das möglichst viele anspricht: rote Lippen, Brüste und Gesäß, hochhackige Schuhe. Bei ihrer Arbeit kommt es nicht auf die individuellen Merkmale an, sondern sie bieten das Allgemeinste an, was den Mann an der Frau reizt. Gleichzeitig schützen sie damit ihre Person vor dem Mißbrauch. Domenica merkt man ihren ehemaligen Beruf noch an, sie macht keinen Hehl daraus, von ihr geht immer noch sexueller Reiz aus. Sie ist jedoch eine Persönlichkeit, bei der die Erfahrung aus jedem Satz spricht. Sie trägt das piktographische nur noch als Schmuck und Referenz und hat es geschafft, ihre Erfahrung in sich zu etwas werden zu lassen, was als Essenz der Jahrzehnte aus ihr spricht.

Manchmal lebt auch das Idol im Piktogramm weiter. Einigen Menschen bleibt der Wert des Idols posthum, sie sind quasi alterslos, überdauern den Status der Ikone, bleiben Idol und sind gleichzeitig zum Piktogramm geworden, jedoch zu ihrem eigenen, zu einer weiterlebenden Idee für alle. Ich denke hier an Mahatma Gandhi oder Jesus. Für deren Ideen können sich heute noch Massen begeistern, die Ideen, für die sie stehen, haben eine solche Kraft, daß sie das Persönliche lange und weit überschritten haben.

## Epilog

Weil einem Prominenten, der lange Jahre für mich Leitfigur und noch länger Vorgesetzter war, nämlich Horst-Eberhard Richter, dieses Buch gewidmet ist, habe ich das Thema der Rezeption von Prominenz gewählt. Ich wollte nicht über ihn als Person schreiben, dazu fühle ich mich ihm weder nah noch fern genug – das sollen die Biographen tun. Es kam mir darauf an, mittels der Metaphorik „Idol-Ikone-Piktogramm" kurz und unvollkommen ein Licht auf die infantilen Wurzeln der Rezeption von Prominenten zu werfen, also darauf, wie sie wahrgenommen werden und nicht, wie sie sein mögen.

Am Ende sei gesagt, daß er zweifellos zu den Prominenten gehört, die große Verdienste haben und die im Zusammenhang mit den Tätigkeiten, welche diese Verdienste bedingen, prominent geworden sind. In seinem Falle handelt es sich um Verdienste um die Psychoanalyse, die Einführung der psychosozialen Fächer an den Hochschulen, die Entwicklung von Familientherapie und Sozialtherapie, sein Wirken in der Politik, insbesondere in der Friedensbewegung, der IPPNW. Er hatte immer ein sicheres Gespür für gesellschaftliche Themen, die in der Luft lagen, und die Kraft und den Einfluß, einmal aufgenommene Themen zu entwickeln und voran zu treiben. Er hatte zum Beispiel Verständnis für die Ziele der Studentenbewegung, interessierte sich für die pädagogischen und verändernden Ansätze in den Kinderläden, wodurch ich ihn kennenlernte, und zählte damit zu den wenigen aus seiner Generation, die von den damaligen Studenten geachtet wurden. Er ist mehrfacher Preisträger, schrieb Bestseller und saß mit den Großen der Welt am Tisch. Sein jüngstes Verdienst ist sicherlich weniger bekannt, nämlich, daß er das von Schließung bedrohte Frankfurter Sigmund- Freud-Institut als Forschungsinstitut erhalten konnte.

In meiner Diktion war er für viele ein Idol und ist heute eine Ikone. Er schaffte den Übergang zu mehreren ihm nachfolgenden Generationen, auch das ist Teil und Ergebnis seiner Kulturarbeit. An ihn wird man noch denken, wenn die meisten von uns längst vergessen sind.

# Kunst, Kreativität, Bild, Magie –

## und ihre Rolle in den Aufbaujahren der Psychosomatischen Klinik Gießen

Hans Müller-Braunschweig

Bilder auf Klinikfluren sind zwar erfreulich, bleiben aber meist nur schmückendes Beiwerk im Kliniksalltag. Das Irrationale und Magische hat in der heutigen Medizin nichts mehr zu suchen. Am ehesten wird noch anerkannt, daß Kreativität zu wichtigen Neuerungen führen kann. Daß Künstlerisches und Bildhaftes im weitesten Sinne in einer Klinik eine Rolle spielen können, hat aber Horst-Eberhard Richter in den 30 Jahren, in denen er die Psychosomatische Klinik leitete, gezeigt, auch wenn er diesen Anteilen erst nach Ablauf der ersten Jahre mehr Raum geben konnte. Es lohnt sich jedenfalls, dem einmal nachzugehen. Ich beziehe mich dabei vor allem auf die Aufbaujahre der Klinik, etwa von 1962 bis 1970.

Die Verbindung der im Titel genannten Begriffe mit der Psychosomatischen Medizin scheint allerdings gewisse Vorurteile zu bestätigen: Vor allem die psychoanalytische Psychosomatik sei – zumindest in ihrer Praxis – eher eine schwer greifbare Kunst ohne harte Forschungsdaten, sie solle deshalb lieber gleich zugeben, daß sie eher bei Schamanen und Medizinmännern anzusiedeln sei (Magie) oder sich nur spielerisch-kreativ mit vieldeutigen Traumbildern ihrer Patienten abgebe. – Damit wären dann ihre Vertreter, wenn nicht Schamanen, so doch die Bohemiens unter den Medizinern, und dieses Urteil würde wohl auch die hier beschriebene Klinik treffen.

Aber es gibt ja noch andere Sichtweisen. Ihnen zufolge werden unbewußte Vorgänge, spielerisch – assoziatives Denken und bildhafte Vorstellungen – als notwendige Vorstufen betrachtet, die schließlich zu kreativen Ideen und neuen Sichtweisen in den verschiedensten Bereichen führen können. Neue Ideen entstehen in diesem Zusammenhang also aus unbewußten, zunächst diffusen „Vorgestalten". Die Beweglichkeit unbewußter Prozesse, die nicht von vornherein festzulegen sind, machen diese neuen Ideen erst möglich. Auch das bildhafte Denken steht nach Freud den „unbewußten Vorgängen näher als das Denken in Worten, und ist unzweifelhaft onto- und phylogenetisch älter als dieses" (Freud 1923). Das gilt ebenso für das magische Denken. Beide Denkformen weisen auf entwicklungspsychologisch frühe Wahrnehmungsformen hin, die auch beim Erwachsenen „unter“ den logisch diskursiven Denkformen erhalten bleiben und ihm, je nach Persönlichkeitsorganisation, mehr oder weniger zugänglich sind. Sie können wichtig sein, wenn es z. B. darum geht, sich in pathologisch-regressive Zustände einzufühlen. Aber auch in der alltäglichen Kommunikation spielen diese frühen Schichten eine wichtige Rolle. Nach Krause (1992) wirken in der Kommunikation unter Erwachsenen in erster Linie (zu 80 %) nonverbale Zeichen (Körperhaltung, Gestik, Mimik, Stimmklang etc.) auf das Verhalten des Partners, der Inhalt des Gesagten wirkt erst in zweiter Linie. Diese nonverbale Verständigung spielt schon in der präverbalen Kommunikation zwischen Mutter und Kind eine zentrale Rolle.

Allgemein gesagt, geht es bei diesen Vorgängen um ein Oszillieren zwischen verschiedenen Bewußtseinsformen. Der Erwachsene, der sich den Zugang zu dieser Welt bewahrt, hat damit auch die Möglichkeit ganzheitlichen Wahrnehmens, z. B. in der Kommunikaton mit anderen. Es können dann auch subtile, nonverbal und unbewußt übermittelte Zeichen des Gesprächspartners aufgenommen und verstanden werden. Damit wird der Wahrnehmungsbereich erweitert. Das spielt gerade in der psychotherapeutischen Praxis – aber nicht nur dort – eine wichtige Rolle.

Der Zugang zu frühen Formen des Erlebens, Wahrnehmens und Denkens erleichtert also auch den Zugang zu unbewußten Prozessen und kann damit vor Rigidität und Erstarrung schützen. H.-E. Richter hat diesen Zugang und beeinflußte damit den Stil und die Arbeitsweise der Klinik.

Die Inhalte, auf die die vier Begriffe des Titels hinweisen, tauchten schon vor der Klinikgsgründung auf, als drei der vorgesehenen Assistenten und H.-E. Richter noch in Berlin lebten. In dieser Zeit gelangte eine Patientin, der von der Universitätsnervenklinik eine Psychotherapie empfohlen worden war, auf Umwegen schließlich zu mir. Die Diagnose der Klinik lautete „Hysterie“. Die Patientin hatte eine traumatische Kindheit mit Kinderlähmung, Diskriminierung im NS-Staat und Emigration hinter sich. Sie konnte nur mühsam an zwei Stöcken gehen. Im Gespräch mit ihr war ich sehr beeindruckt von ihrer Lebendigkeit, Intelligenz und ihren differenzierten Äußerungen. Ich freute mich über die Begegnung mit dieser Patientin, die ich auch im Rahmen meiner psychoanalytischen Ausbildung, unter Kontrolle, im klassischen Setting behandeln wollte. Das Erstgespräch schien in einem gewissen Umfang die mir mitgeteilte Diagnose zu bestätigen. Ich gewann den Eindruck, bei dieser Patientin sei eine psychoanalytische Behandlung indiziert, hatte dabei aber als Anfänger die Auswirkungen früher traumatischer Eindrücke unterschätzt.

Es stellte sich bald ihr besonderes Interesse an der Malerei heraus. Sie war in der Zeit ihrer Emigration viel mit Malern befreundet gewesen, und diese hatten sie oft nach ihrem Urteil über ihre Bilder gefragt. Ich sagte in einer Stunde daraufhin beiläufig: „Selber haben Sie es nie versucht?" (und meinte damit das Malen). Das nächste Mal kam sie völlig verändert in die Stunde: „Ich könnte dauernd heulen, daß ich nicht früher darauf gekommen bin, ich könnte malen, malen, malen, Tag und Nacht ..."

Während sie diese neu entdeckte Tätigkeit sehr intensiv fortführte, wuchs gleichzeitig ihre innere Erregung. Eines Tages rief sie mich wütend an und beschuldigte mich, Experimente mit ihr zu machen. Sie entwickelte die Wahnidee, daß ich sie nachts durch Fernhypnose quäle.

Eine Patientin mit einem derartigen Symptom war nicht unbedingt ein Fall für einen psychoanalytischen Anfänger. Ich war heilfroh, in Horst-Eberhard Richter einen psychoanalytisch ausgebildeten Psychiater als Supervisor zu haben, der nicht übermäßig darüber besorgt war, daß sich so ein Anfänger um diese Patientin bemühte. Er übernahm auch die Medikation, die es möglich machte, sie weiter ambulant zu behandeln (nun im Gegenübersitzen). Er zeigte aber auch lebhaftes Interesse an ihrer sich entwickelnden malerischen Produktivität, die auch mein besonderes Interessengebiet war. Allerdings wirkte die Patientin nicht selten unheimlich und hexenartig auf mich, wenn sie z. B. bei der Begrüßung mit ihrem skoliotischen Rücken langsam und gebückt auf mich zuhinkte, mich von unten mit eigenartig durchscheinendem Blick ansah und tonlos fragte,: „Warum haben Sie mich heute nacht wieder so gequält?" Über diesen Eindruck berichtete ich in einer Supervision. Richter sah mich ernst an und sagte mit einem leisen Bedauern in der Stimme, sie habe ihm erzählt, daß sie sich für den nächsten Besuch bei mir ein Messer einstecken wolle. Diese Aussage der Patientin war frei von ihm erfunden, lag aber auf einer Linie von schwarzem Humor, über den wir später nicht selten kommunizierten.

Nach einem halben Jahr verschwand der Wahn, die Malerei blieb. Die Patientin hat ihr weiteres Leben als Malerin verbracht, ich hatte weiter Kontakt zu ihr. Zunächst mußte sie aber ihre Behandlung bei einem Kollegen weiterführen, da ich nach Gießen ging. Ohne sie, aber mit vielen Notizen über diese überaus eindrucksvolle Behandlung und mit Diapositiven ihrer Bilder, wurde daraus meine erste wissenschaftliche Arbeit, bei der mich Richter mit konstruktiver Kritik begleitete und dabei auch in das wissenschaftliche Schreiben einführte. Ohne diese und andere Unterstützung hätte ich als notorisch langsamer Schreiber innerhalb der nächsten Jahre meine Zelte in der Universität wohl vorzeitig abbrechen müssen.

Der psychische Prozeß bei der Patientin, der gleichzeitig zur Entdeckung ihrer malerischen Begabung und zur zeitweiligen Wahnbildung führte, war auch ein faszinierender Hinweis auf zwei verschiedene Versuche der Selbstregulation: Zum einen war der Wahn der (unbewußte) Versuch, den sie überflutenden Erregungen eine verständliche Erklärung zu geben. Doch dieser Versuch der Bewältigung verrückte die Realitätswahrnehmung und schränkte sie ein. Gleichzeitig entdeckte sie aber die Möglichkeit, kreativ eine neue Form- und Farbwelt zu erschaffen, die dem Betrachter auf diesem Wege viel von ihrer reichen inneren Welt übermitteln konnte. Damit erweiterte sie selber sowohl ihren inneren Raum als auch ihre Kommunikation mit der Außenwelt. Sie *bannte* auch ihre Ängste, indem sie sie malend „formulierte", ihnen Form gab. Damit bekam sie sie auch „in die Hand" und konnte an ihnen arbeiten, sie auf dem Papier oder der Leinwand verändern.

Diese Weise des (magischen) Bannens von Ängsten ist uralt. Mit Tänzen, Bildern und Riten arbeiten auch die schon erwähnten Schamanen, und heute spaltet man diese alten heilenden Weisen des Umgangs in den psychosomatischen Kliniken in verbale Psychotherapie, Mal-, Musik- und Bewegungstherapie auf, deren Ergebnisse dann auch vom Team integriert werden können.

Aber auch außerhalb dieses therapeutischen Feldes verhilft jeder Ablauf, bei dem eine noch unklare innere „Vorgestalt" langsam eine äußere Form erhält und an der dann „draußen" gearbeitet werden kann, zu mehr Freiheit und neuen seelischen Räumen. Wahrscheinlich hängt die manchmal zu beobachtende Ablehnung von Psychosomatik und Psychotherapie durch Ärzte und Patienten auch damit zusammen, daß es hier nicht um faßbare, stabile, „objektive" äußere Ereignisse, sondern um ein psychisch-flüchtiges, subjektives inneres Geschehen geht, dem wir meist in stärkerem Maße ausgeliefert sind. H.-E. Richter hat dieses Thema häufig behandelt, u. a. in „Chance des Gewissens". Er schreibt dort über „weibliche" und „männliche" Medizin (Richter, 1986; zum Thema „Außenwelt und Innenwelt" vgl. a. Freud, 1930; Solms 1996).

Horst-Eberhard Richter hat nun auch viel dazu beigetragen, daß an der Klinik ein Klima entstand, in dem sich neue Ideen entwickeln konnten. Nicht zuletzt deshalb, weil er selber kreativ war. Nachdem die Aufbaujahre der Klinik abgeschlossen waren, gab er der Neigung zum Schreiben selber mehr Raum. Etwa in dieser Zeit (Anfang der 70er Jahre) erhielt ich durch ihn ebenfalls zeitliche Freiräume und konnte deshalb eigene Arbeiten über Kreativität und Säuglingsforschung fortführen und abschließen. Auch viele andere Mitarbeiter erhielten im Laufe der Jahre Hilfe in universitären Fragen, z. B. bei Habilitationen oder auch beim Erhalt ihrer Stellen. Einer dieser Kollegen, Eugen Mahler, bereicherte zeitweilig das Bild der Klinik durch seine Bilder und Objekte und wurde ebenfalls bei seiner ersten Ausstellung unterstützt. Richter verließ beim Schreiben dann auch unkonventionell die üblichen Formen der wissenschaftlichen Präsentation und das engere Umfeld des Faches. Das wurde zuweilen kritisiert, aber so mancher wird ihn um diese erfolgreiche Produktivität auch beneidet haben. Die Reihe seiner Bücher reicht heute von der x-ten Auflage von „Eltern, Kind und Neurose" (1963) über so verschiedene Themen wie (u. a.) „Patient Familie", „Der

Gotteskomplex", „Chance des Gewissens" bis hin zu einem fiktiven Treffen großer Denker der Vergangenheit und ihrem Dialog: „Als Einstein nicht mehr weiter wußte" (1997).

Das oben für die Malerei Gesagte gilt ja auch für das Schreiben: Wenn eine Idee schreibend formuliert wird, entwickelt sie häufig ein Eigenleben (wie die Figuren eines Schriftstellers im Roman). Es kommt zu einer Art Selbstorganisation des Stoffes. Es ist oft so, als ob durch den motorischen Schreibprozeß vorher unbewußte Ideen freigesetzt werden. – Apropos Motorik: Das kann auch beim Bergsteigen geschehen, eine in anderer Weise befreiende Tätigkeit, die Horst-Eberhard Richter immer noch ausübt, z.B. mit der Besteigung eines Viertausenders im Sommer 1997 bei Zermatt, einem Aufstieg in die „Welt über der Welt" wie es einmal Carl Zuckmayer nannte, der sich oft im benachbarten Saas Fé aufhielt.

Die Einfälle beim Schreiben haben aber auch viel damit zu tun, daß es hier einen „geistigen Proberaum" gibt, in dem Neues relativ gefahrlos ausprobiert und dabei auch distanziert werden kann. Auch macht das Papier als „Gegenüber" keine Angst. Steht der Text dann auf dem Papier, ist er ein äußeres Gebilde, nicht mehr so flüchtig wie psychische Vorgänge. Es kann an ihm wie am Stein des Bildhauers oder an einer Leinwand gearbeitet werden. Bei diesem oft langwierigen Überarbeiten werden die eigenen Ideen fortlaufend verändert und zuweilen auch starke Emotionen erlebt, wenn dabei Erinnerungen angerührt werden, die mit stärkeren Affekten verbunden sind. Es ist zuweilen so, als ob die psychischen Vorgänge mit der Änderung der Worte „draußen", den Neuformulierungen auf dem Papier, dem Umstellen von Textblöcken und mit stilistischen Änderungen „parallel geschaltet" sind, und das äußere Umarbeiten damit auch zu einem tieferreichenden inneren Umarbeiten werden kann mit Ähnlichkeiten zum „Durcharbeiten" über Sprache und Beziehung im psychoanalytischen Prozeß. Vielleicht steigen auch deshalb vorher unzugängliche Erinnerungen und Emotionen zuweilen beim Schreiben erstmalig in den Kortex auf und geraten damit unter die Verfügung des „Ich" – d.h., sie können bearbeitet und integriert werden. (Hier finden sich auch Anklänge an die Therapie traumatisierter Patienten.) Auf dem Umweg über das Resultat des Schreibens kann dann auch ein vielfältiges Echo der Umgebung erreicht werden, wie es schon Freud (1908) beschrieb.

Kreatives Arbeiten ist mit Flexibilität und Beweglichkeit verbunden, so wie im übrigen auch die analytische Psychotherapie eine kreative Arbeit zu zweit sein sollte. Da Kreativität von Zufälligkeiten abhängt, sich von selbst einstellt, nicht befohlen werden kann, aber zu neuen und überraschenden Erlebnissen verhilft, fördert sie auch eine gewisse Distanz gegenüber eingefahrenen Konventionen und Ritualen – auch denen einer akademischen Institution.

Ich glaube, das Schreiben hat für Horst-Eberhard Richter auch in vieler Hinsicht eine Befreiung bedeutet. Er soll einmal geäußert haben, seitdem gehe es ihm besser. Das Unkonventionelle prägte dann später oft den Stil dieser Klinik, und unkonventionell war auch die Veranstaltung aus Anlaß seiner Emeritierung, u. a. mit Katja Ebstein, die die Aula ohne Musikbegleitung und technische Hilfen mit ihrer Stimme füllte, oder Oskar Lafontaine, der, als einer der vorgesehenen Redner, gerade noch rechtzeitig mit dem Hubschrauber einschwebte.

Aber zurück zu den Anfängen, die – auch das muß erwähnt werden – weniger durch musische Beschwingtheit als durch preußische Disziplin geprägt waren. Horst-Eberhard Richter hat das eigene Erleben dieser Anfangsjahre u.a. in „Chance des Gewissens" erwähnt: „Ich tat mir innerlich Gewalt an, was automatisch autoritäre Züge im Außenverhalten verstärkte" (1986). Das betraf natürlich unser Assistentendasein, zuweilen bis in die Kommasetzung von Arztbriefen (die ich bis zu ihrer kürzlich erfolgten Liberalisierung nie richtig gelernt habe). „Sie sind doch auch so ein Musenjüngling", hatte Richter 1962 bei einer der vorbereitenden Fahrten von Berlin nach Gießen zu mir gesagt. Diese Bemerkung drückte offensichtlich auch die Sorge aus, wie sich seine ersten angeheuerten Mitarbeiter im Klinikalltag und besonders bei dem zuvor anstehenden Aufbau der Klinik bewähren würden. So hatte mir z. B. P. Fürstenau – Soziologe und Philosoph – auch auf einer der vorbereitenden Fahrten zu zweit in Richtung Gießen einiges über seinen Wunsch erzählt, eine „Phänomenologie des Tanzes" zu schreiben – eine Kunstform, an der er damals interessiert war. Hans Morgenstern, bisher Assistent an der Berliner Univ.-Psychiatrie, spielte im Grunde lieber Klavier, und ich wollte nach einer Odyssee durch verschiedene Kunstformen, in denen ich aber nicht seßhaft geworden war, „eigentlich" zeichnen. Nur die künftige Oberärztin aus Hamburg, Renate Staewen, erschien nüchterner und pragmatischer. Aber jetzt ging es um Verhandlungen mit der Verwaltung, um Organisation, um Einkäufe von Mobiliar, von medizinischem und psychologischem Arbeitsgerät etc., und es zeigte sich, daß Richter durchaus die Gabe besaß, aus Mitarbeitern, die bisher mehr oder weniger in Gedanken- und Phantasiewelten gelebt hatten, einigermaßen effizient Handelnde zu machen. Fürstenau nannte es die „Richtersche Kur", der er sich freiwillig unterzogen habe, um seinen Umgang mit der Realität zu verbessern. Mich betraf das auch, aber ich reagierte ambivalenter, mußte jedoch trotzdem diesem Kurs folgen, auch wenn ich manchmal das Gefühl hatte, daß dieser Chef auch der (allerdings kränkbare) Topmanager eines Stahlkonzerns sein könnte. U. a. erreichte er, daß wir als relativ kleine Klinik viele Jahre hindurch einen ungewöhnlich hohen Etat hatten und dicht hinter der Chirurgie lagen, oder er setzte in einer sehr wichtigen Kommission, die auch über die Zukunft unseres Faches innerhalb der Medizin entschied, seine Absichten gegen Widerstände aus verschiedenen Fachgebieten in einer Weise durch, die sein Kollege J. Cremerius hinterher, hiervon beeindruckt, in dem Satz zusammenfaßte: „Diese Art der Menschenbehandlung ist Kunst!" Das war nur möglich durch das

Gespür für die jeweilige Gestimmtheit des Verhandlungspartners (s. o.) oder der Gruppe, gemischt mit rationalem Kalkül und Durchsetzungskraft.

Bald begannen die täglichen Aufgaben, auch die des Unterrichts. Da Richter auch eine Neigung zu bildhaftem Ausdruck hatte (und es außerdem den Unterricht erleichterte), dachte er von Beginn an daran, in Unterricht und Forschung Dias und Filme in breiterem Umfang einzusetzen. Auch Lehrfilme sollten gedreht werden. Da ich mich dafür interessierte, fiel mir der Aufbau einer Photo- und Film-, später auch Videoabteilung zu. Wir erhielten alle Geräte, die man braucht, um einen Film von der Aufnahme über das Schneiden bis zur Vertonung selber zu produzieren. Zunächst entstand ein später oft verwendete Lehrfilm über Hysterie. Bald darauf hatte Richter die Idee, den Säugling einer Sekretärin zu filmen, den diese für einige Zeit während ihrer Arbeitszeit aus familiären Gründen mit in die Klinik bringen mußte. So kam es schon Mitte der 60er Jahre unter Mithilfe von D. Beckmann, J. Scheer und H. Zenz zum Design eines frühen Filmprojektes über Säuglingsforschung, das dann in den folgenden Jahren realisiert wurde. Später hat sich diese Forschungsrichtung – auch durch die modernen Videotechniken – in den USA rasant entwickelt. Auch wir erhielten damals bald die ersten Videogeräte, fast so umfangreich wie eine alte Fernsehtruhe, und sie wurden sofort mit wissenschaftlichen Projekten verbunden. Ich hatte das Funktionieren der Geräte, z. B. bei Aufnahmen der Erstgespräche mit Patienten, zu verantworten. Und hier kam es zu einer für mich nicht immer angenehmen Verbindung von Unvollkommenheiten der frühen Videotechnik mit einem persönlichen Ruf, den ich mir bereits früh bei den Kollegen erworben hatte:

Es war noch im ersten Jahr der Klinik, als Horst-Eberhard Richter die vier Mitarbeiter dazu verpflichtete, an einem Samstag, mit ihm zusammen in seinem Pkw, einen Kongreß in Bad Oynhausen zu besuchen, auf dem auch das Thema Psychosomatik zur Sprache kommen sollte. Da ich für diesen Tag den Besuch meiner Frau aus Berlin erwartete, fuhr ich sehr unwillig mit. Auf der Rückfahrt ging mir eine Fernsehsendung durch den Kopf, die ich am Abend vorher gesehen hatte: Man ließ Autos von einem Kran aus jeweils 20, 30 m (usw.) Höhe auf den Boden fallen und erklärte dazu, das Ergebnis entspräche jetzt einem Frontalaufprall bei 60, 70 etc. Stundenkilometern. Ich erzählte spontan von dieser Sendung – „arglos" wie mir schien. Das laute Gelächter zeigte mir, welche Botschaft man in meinem Bericht erkannte. Mein Unwille war zwar schon vorher deutlich geworden und mir auch bewußt. Aber der tieferliegende destruktive Affekt, der in meiner Erzählung enthalten war, setzte sich erst über Einfall und Erzählung sehr plastisch durch.

Die Heiterkeit hatte sich gerade gelegt, da gab der Motor unseres Wagens eigenartige Geräusche von sich. Sie verstärkten sich, wir kamen in langsamer Fahrt schließlich bis Kassel. Dort erklärte die Werkstatt, es hätte passieren können, daß uns Teile des defekten Motors durch Abdeckung und Windschutzscheibe um die Ohren geflogen wären. Vielleicht wurde dabei die Gefahr etwas dramatisiert, aber das Geschehen erschien allen als eine unmittelbare und fast magische Realisierung meiner Erzählung.

Nach der zweistündigen nächtlichen Reparatur erreichten wir dann in den Morgenstunden Gießen.

Seit diesem Tage vermuteten die Kliniksmitarbeiter bei mir untergründige Tendenzen und magische Fähigkeiten, die sich besonders auf das Zerstören von Maschinen bezogen. Sie ähnelten der Fähigkeit zum Zersingen von Glas durch den „Blechtrommler". Noch näher wäre der allgemeinen Erwartung eine Kombination von Grass und Kreisler gekommen: „... geh'ma Tauben zersingen im Park ..." Dieser Ruf führte zuweilen zu erstaunlichen Wirkungen: so bewegte ich meine Hand einmal – diese Rolle aufgreifend – in „magischer" Geste auf einen ausländischen Kollegen zu, den meine geheimnisvollen Fähigkeiten besonders oft beschäftigten und der es später zu akademischen Würden brachte. Spontan bekreuzigte er sich! Das war kein Scherz, und ebenso unbewußt ausgelöst wie meine Erzählung im Auto.

So wurde diese „Magie" auch zu einer Klinik-Legende, zu einer oft scherzhaft durchgespielten, aber gleichzeitig fortgeschriebenen Geschichte, die mit der Autoszene begonnen hatte und nun in manchen Variationen, in diesen oft spannungsvollen Anfangsjahren, offensichtlich viel an aggressiven Impulsen der Beteiligten verarbeiten konnte. Insofern war sie kreativ und erlaubte in manchen Momenten innerhalb der Gruppe einen eher spielerischen Umgang mit Aggressivität.

Richter hat die Dynamik in Familien und in gruppentherapeutischen Prozessen seit „Eltern, Kind und Neurose" immer wieder interessiert. Er hat sie in verschiedenen Büchern beschrieben (z. B. in „Patient Familie", „Die Gruppe" etc.). Ich selber habe in späterer Zeit in workshops die starke affektive Wirkung erlebt, die ein Arrangement haben kann, bei dem ein Gruppenmitglied einige der Teilnehmer als Darsteller z. B. seiner Ursprungsfamilie aussucht, im Raum plaziert und eventuell mit ihnen auch einen Dialog aufnimmt. Hier bringt die *Szene* viel in Bewegung. U. a. können dabei auch visuelle Qualitäten – z. B. die Entfernung der einzelnen „Familienmitglieder" vom Gruppenmitglied (Distanz und Nähe!) – affektiv eine besondere Rolle spielen, ebenso Bewegung, Berührung, Sprache – also Elemente des Psychodramas, die auch im Zusammenhang mit der Gruppensituation zu starken emotionalen Prozessen führen (vgl. auch Moser u. Pesso, 1991).

Nach der beschriebenen Szene im Auto wurde der Affekt dann mehr und mehr in eine bedeutungsvolle und erzählbare Gestalt gebracht, die im weiteren ihre eigentliche Aufgabe erfüllen konnte. Dabei war allerdings auch das überraschend synchrone Verhalten unseres Beförderungsmittels beteiligt. Solche szenischen Elemente können auch in analytischen Psychotherapien zuweilen hilfreich sein (Müller-Braunschweig, 1997).

Meinen zerstörerischen Ruf hätte ich nun fast, wiederum durch eine Fehlleistung, noch weiter gefestigt. Richter bat mich kurz vor Weihnachten 1963 – da sein Wagen in Reparatur war –, ihn mit meinem R4 und einem Kasten Dias in die Psychiatrie zu fahren und dann dort den Projektor zu seinem Vortrag über Ikonen zu bedienen. Das Publikum hörte interessiert zu und bewunderte die eindrucksvollen Bilder. Wir bestiegen anschließend wieder meinen Wagen, und ich bog kurz nach dem Starten langsam in die belebte Frankfurter Straße ein. Plötzlich sahen wir ein Blatt Papier fortfliegen, das offenbar auf dem Kühler gelegen hatte. Ich hielt an, Richter stieg aus und ging zurück, um es zu holen. Ich war ebenfalls ausgestiegen und sah erst jetzt, daß auch der Kasten mit den Diapositiven vorne auf dem Kühler stand. Ich hatte ihn dort versehentlich stehen lassen (und er war im R4 vom Inneren des Wagens her schlecht zu sehen). Bei der nächsten ruckhaften Bewegung hätte er seinen Inhalt über die Hauptstraße verstreut. Ich nahm den Kasten rasch ins Auto, Horst-Eberhard Richter kehrte zurück, hatte offenbar nichts gemerkt, erklärte mir, daß das Papier ein unwichtiger Zettel sei, und wir fuhren weiter. Er erfährt hier wohl das erste Mal von der Bedrohung seiner wertvollen Sammlung.

„Kommentar überflüssig" könnte man als Analytiker sagen. Aber vielleicht ist dieser fragile Transport eines fragilen Inhaltes auch wie ein Symbol für das Nebeneinander sehr gegensätzlicher Dinge: schöner Ikonen, möglicher Zerstörung, gleichzeitig aber auch des prekären Gleichgewichts auf dem Kühler des Wagens. Man könnte sich die Szene auch als einen Traum vorstellen. Und dieses Ergebnis paßt nun nicht nur zu meiner damaligen Stimmung und der zeitweiligen Atmosphäre der Klinik. Es weist auch gleichzeitig auf Gegensätze hin, aus denen in vielen Fällen auch Kreativität entsteht – wenn eine besondere Art von Balance verschiedenartigster Kräfte gehalten werden kann.

Bei Überlegungen über diese Zusammenhänge stieß ich vor einiger Zeit auch auf eine Darstellung von Wardrop über Experimente, die mittels Computer durchgeführt wurden. Sie sollten der Frage nachgehen, unter welchen Bedingungen Leben entstehen kann. Leben, das in seinen vielfältigen Formen die großartigste Kreation ist, die wir kennen (und die wir hoffentlich nicht zerstören werden). Ohne diese Experimente hier näher beschreiben zu können, fiel mir dabei die folgende Linie auf: Es gab bei den Computersimulationen eine erste Zone, in der die im Monitor sichtbaren Teilchen, die irgendwann „lebendig" werden sollten, nach Eingabe der entsprechenden Daten in einer Art lebloser Starre verharrten. Es entstand eine „Anordnung statischer Flecken", die den Eindruck „gefrorener Strukturen" machte. Unter etwas anderen Bedingungen (bzw. anderer Daten) wurden die Teilchen zu lebendig. Sie waren nicht mehr stabil, die entstandenen Strukturen lösten sich sofort nach ihrer Bildung wieder auf. Die dritte Möglichkeit, in der sich stabile, aber flexible und wachsende Strukturen bildeten, lag dazwischen, in einer Zone also, die sich zwischen Stagnation und Chaos, Rigidität und Regellosigkeit auf einem relativ schmalen Grad befand. Die Strukturen in diesem mittleren Bereich hatten die richtige Mischung von Stabilität und Fluidität.

Das gilt für Lebensphänomene überhaupt. Aber es gilt auch für kreative Prozesse, wie es das eingangs geschilderte Beispiel der Malerin zeigt, die zunächst versuchte, einen Teil der chaotisch eingebrochenen und sie überflutenden Kräfte auf eine „verrückte" Weise zu formen – durch die Wahnidee. Aber das wäre eine „starre Lösung" gewesen, ohne produktive Entwicklungsmöglichkeit. Sie hätte ihr ein lohnendes Weiterleben sehr erschwert oder unmöglich gemacht. Die andere Lösung, die ihr eine leidliche innere Balance ermöglichte und ihr Fluidität ohne Chaos und damit auch Produktivität und Anerkennung verschaffte, war das Malen. Der besondere, zuweilen irreale und fast magische Reiz ihrer Bilder beruhte auch auf dieser prekären inneren Balance. Das Ansehen derartiger Bilder übermittelt wohl auch dem Betrachter etwas von der ermutigenden Möglichkeit, das eigene, zuweilen gefährdete Selbst wieder stabilisieren zu können. Da Beweglichkeit, Vielseitigkeit und Sensibilität häufiger Einflüssen aus den beiden benachbarten Zonen ausgesetzt sind, ist auch immer eine innere Kohäsion, ist „Ich-Stärke" notwendig, um produktive Lösungen zu erreichen.

Horst-Eberhard Richter versteht es, seine verschiedenen Fähigkeiten in einer gelungenen, wenn auch sicher zuweilen spannungsvollen Weise zu verbinden. Sowohl in den hier geschilderten Anfangsjahren als auch in der folgenden Zeit hat er in seiner Klinik Bedingungen schaffen können, die Kreativität in vielen Bereichen möglich machte.

## Literatur

Biniek, E. (1982): Psychotherapie mit gestalterischen Mitteln. Wiss. Buchges., Darmstadt.

Bush, M. (1967): Das Formproblem in der psychoanalytischen Kunsttheorie, in: Kraft, H. (Hrsg) Psychoanalyse, Kunst und Kreativität heute. Du Mont, Köln 1984.

Freud, S. (1908): Der Dichter und das Phantasieren. GW Bd. VII, Fischer, Frankfurt/Main.

Freud, S. (1923): Das Ich und das Es. GW Bd. VIII.

Freud, S. (1930): Das Unbehagen in der Kultur. GW Bd. XIV.

Krause, R. (1992): Die Zweierbeziehung als Grundlage der Psychotherapie. Psyche 46 7, 588-612.

Müller-Braunschweig, H.: (1964) Frühe Objektbeziehung und künstlerische Produktion, in: Dräger, K.; Mitscherlich, A.; Richter, H.-E.; Schenuer, G.; Seeger-Meistermann, E. (Hrsg.): Jahrbuch der Psychoanalyse, Bd. III, Huber, Bern.

Müller-Braunschweig, H. (1984): Unbewußter Prozeß und Objektivierung. Gedanken zum kreativen Schreiben, in: Cremerius, J.; Mauser, W.; Pietzcker, C.; Wyatt, F. (Hrsg.) Freiburger literaturpsychologische Gespräche 3. P. Lang Verlag, Frankfurt Main, Bern, New York.

Müller-Braunschweig, H. (1997): Zur gegenwärtigen Situation der körperbezogenen Psychotherapie. Psychotherapeut 42, 132-144 (Übersicht).

Müller-Braunschweig, H. (1997): Psychoanalyse und Kunsttherapie. Zur Frage der Erweiterung analytischer Psychotherapie durch nonverbale Verfahren. In: Psychoanalyse und Kunst, Kongreßband der Tagung der Deutschen Psychoanalytischen Vereinigung, Köln.

Richter, H.-E. (1963): Eltern, Kind und Neurose. Die Rolle des Kindes in der Familie. Klett, Stuttgart.

Richter, H.-E. (1986): Die Chance des Gewissens. Erinnerungen und Assoziationen. Hoffmann und Campe, Hamburg.

Richter, H.-E. (1997): Der Gotteskomplex. Econ, Düsseldorf, München.

Richter, H.-E. (1997): Als Einstein nicht mehr weiter wußte. Ein himmlicher Krisengipfel. Econ, Düsseldorf, München.

Segal, H. (1996): Traum, Phantasie und Kunst. Klett-Cotta.

Solms, M. (1996): Was sind Affekte? Psyche 50 6, 485-522.

Wardrop, M. M. (1993): Inseln im Chaos. Die Erforschung komplexer Systeme. Rowohlt, Reinbek b. Hamburg.

*Elena Strahlendorf:* „Der Zauberer", 1983, 130 x 90 cm

*Sonja Strahlendorf:* „Afrikanische Impressionen. Erinnerungen an die gemeinsame Reise nach Tansania", 1988

*Maja Strahlendorf:* „Goldene Hochzeit", Juni/Juli '97

*Susan Richter:* „Die Muse und die weisen Männer 1 und 2", 1998, Tempera auf Papier

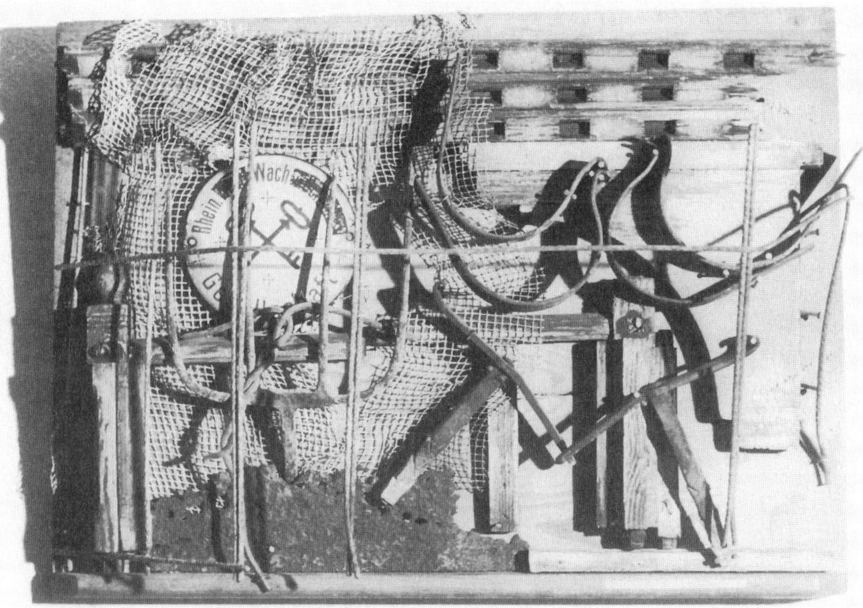

*Eugen Mahler:* „Montage mit Emailleschild", 1963/64, 50 x 70 cm,

Als ich im Herbst 1963 als Oberarzt zu Horst-Eberhard Richter in die Psychosomatische Universitätsklinik nach Gießen kam, ist das die Klinik beherbergende Haus in der Ludwigstr. Nr. 76 gerade im Umbau gewesen. Dementsprechend lag auf dem Grundstück alles mögliche herum, so z. B. das Emailleschild einer Wach- und Schließgesellschaft, Dachrinnenträger, Fensterladenriegel, Balkongeländerüberreste u. a. m., was mir in die Augen stach und auf dem Nachhauseweg nach dem psychoanalytisch-psychotherapeutischen Dienst mitgenommen werden wollte. Diese Umbau-Tagesreste brachte ich auf einem Nudelbrett an, und die so entstandene „Montage mit Emailleschild" ist einerseits ein Zeitdokument und andererseits typisch für einen großen Teil meiner Arbeiten, die ich späterhin als „Tagesreste" bezeichnet und oft ausgestellt habe.
Den Begriff „Tagesrest" habe ich Freuds Traumdeutung entnommen, wobei der psychische Tages-erinnerungsrest für die Traumbildung die gleiche Anreizfunktion hat, wie für meine Arbeiten das konkrete Tagesrest-Fundstück.

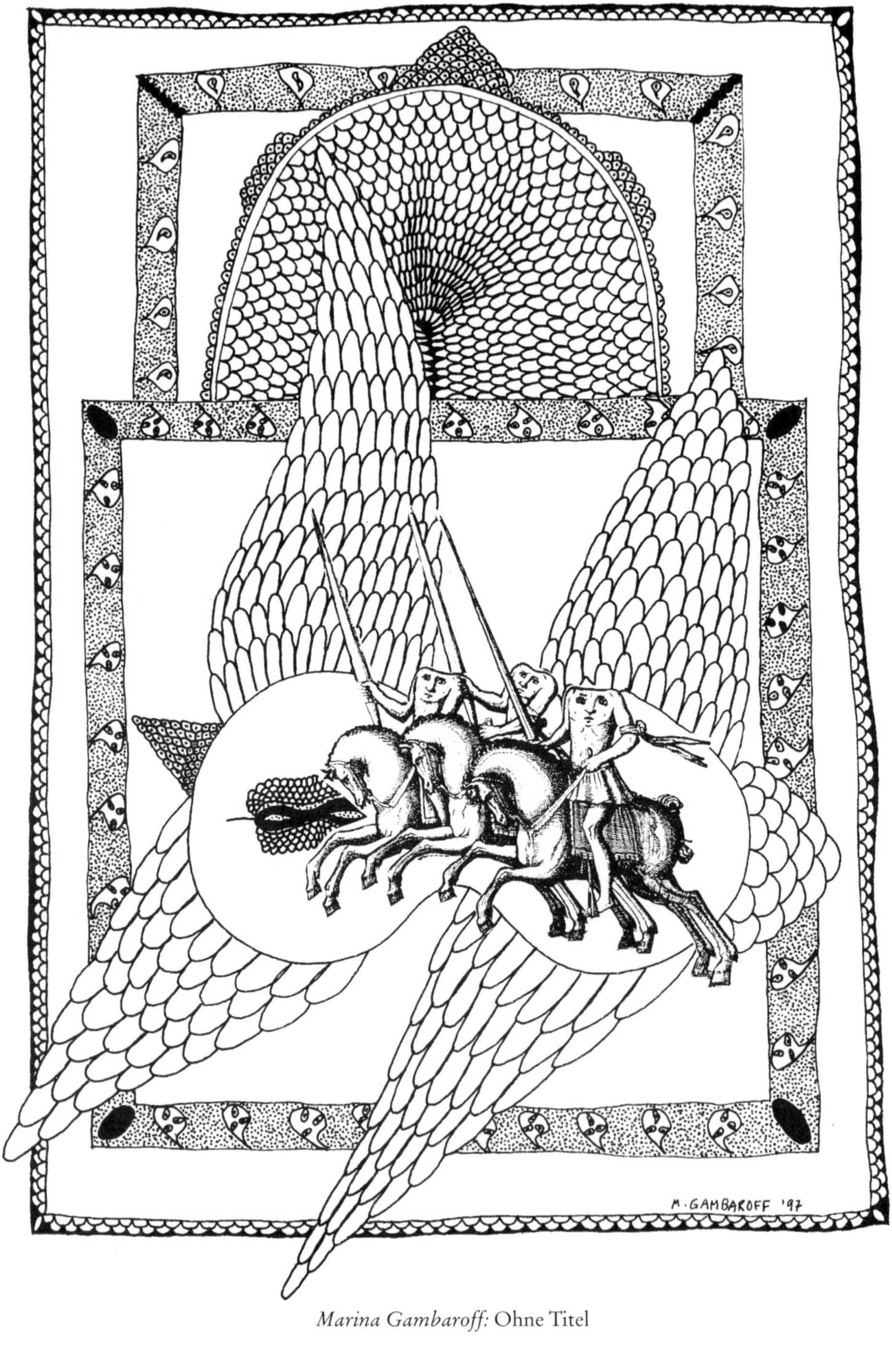


*Marina Gambaroff:* Ohne Titel

*Hannelore Korn:* Norwegische Impressionen

*Emil Schumacher:* „Melancholia", 1989, Öl auf Holz, 170 x 250 cm

# Den Alltag integrieren

## Zwanzig Jahre Erfahrung mit einem sozialtherapeutischen Basisdienst

Gerda Nienhaus, Thomas Pehl, Frank Eggebrecht

Von den grundlegenden Gedanken H.-E. Richters zur Sozialtherapie ausgehend, beschreiben wir darauf aufbauende Entwicklungen, die zu institutionellen Veränderungen von Beratungsdiensten geführt haben. Als Beispiel dient das „Beratungszentrum Laubach-Grünberg", das schon auf eine lange sozialtherapeutische Tradition zurückgreifen kann.

Horst-Eberhard Richter kommt das Verdienst zu, prägnant den Wesenskern von Sozialtherapie skizziert zu haben. In seinem Aufsatz: „Was ist Sozialtherapie?" schreibt er:

> *„... eine eigentliche sozialtherapeutische Perspektive führt indessen dazu, einzelne, Paare, Familien innerhalb ihrer komplexen, sozialen Beziehungen zu verstehen und zu unterstützen. Sozialtherapie achtet darauf, wie Menschen wohnen und arbeiten, wie sie mit Nachbarschaft und Behörden umgehen. Sozialtherapie will nicht nur Menschen helfen, sich gegen äußere Entfremdung und Überforderung besser zu schützen oder durchzusetzen, sondern präventiv auf soziale Bedingungen selbst einzuwirken"* (Richter, 1978, S. 65).

Zieht man zum Vergleich die „Wiener Deklaration" heran, ein trinationales Dokument der Berufsverbände für Sozialarbeit der Niederlande, Österreichs und Deutschlands (Forum Sozial, 1998), wird man überrascht sein über die erhebliche Aktualität von Richters Auffassung zur Sozialtherapie und deren Nähe zur Sozialarbeit. In dieser Erklärung wird Sozialarbeit schlaglichtartig zusammengefaßt als Profession beschrieben, die Menschen und Gruppen befähigt, ihr Leben und Zusammenleben zunehmend selbst zu bestimmen und in solidarischen Beziehungen zu bewältigen. Sozialtherapie fördert persönliche und soziale Kompetenz sowie das soziale Umfeld. Ihr Ansatz ist ganzheitlich in dem Sinne, als neben dem einzelnen Menschen und der Gruppe das Gemeinwesen mit berücksichtigt wird. Weiter erschließt sie Ressourcen (materielle Unterstützung, persönliche Betreuung, soziale Integration), sie entwickelt und verbessert Hilfesysteme und leistet einen Beitrag im Rahmen von Prävention, z.B. als Erhaltung und Förderung humaner und sozialer Kompetenzen.

Bei soviel Nähe zur Sozialarbeit nimmt es jedoch Wunder, daß Sozialtherapie von der akademischen Sozialarbeit kaum beachtet wird und offenbar nicht für wert befunden wird, weiterentwickelt zu werden. In wichtigen Publikationen zu methodischen Fragen und psychotherapeutischen Ansätzen in der Sozialarbeit findet sie keine Erwähnung (Müller, 1994; v. Werder, 1997). Viele sozialtherapeutische Inhalte werden verdünnt oder siedeln neu im Kontext von Sozialmanagement; ganz aktuell wird originär Sozialtherapeutisches in „Casemanagement" eingebettet (Wendt, 1995).

Es ist uns wichtig festzuhalten, daß Sozialarbeit und Sozialtherapie nicht identisch sind: Nicht alles, was ein Sozialarbeiter tut, ist therapeutisch.

Hompesch-Cornetz und Hompesch (1984) weisen zu Recht darauf hin, daß

> *„...die Häufigkeit, mit der das Attribut „therapeutisch" zu fast jeder Praxisform hinzugefügt wird (therapeutischer Unterricht, therapeutische Schülerhilfe, therapeutische Heimerziehung, therapeutische Sozialarbeit), suggeriert, daß Sozialisationsaufgaben und psychosoziale Hilfen nur mittels eines psychologisch-therapeutischen Handlungskonzepts wahrgenommen werden können"*( S. 1028).

Dörner und Plog verweisen auf die Beliebigkeit der Anwendung von Sozialtherapie :

> *„...Die einen reden von Sozialtherapie, wenn sie psychotherapeutische Maßnahmen meinen, die auf die soziale Einstellung von Menschen gerichtet sind, die anderen, wenn sie von Techniken sprechen, die der Beeinflussung der mitmenschlichen Umwelt (Milieutherapie) dienen; Dritte wiederum, wenn sie Gruppenpsychotherapie mit schizophren Erkrankten im Sinn haben. Dann gibt es solche, die von Soziotherapie sprechen, wenn Sozialarbeiter oder Ergotherapeuten therapeutisch aktiv werden"* (Dörner, Plog, 1996, S. 513).

Für beide Autoren ist Soziotherapie die Basis therapeutischen Handelns in der Psychiatrie. Analog zu Horst-Eberhard Richter, der jeder Individualtherapie eine sozialtherapeutische Dimension beimißt, wenn das Leiden eines Menschen nicht mehr ausschließlich seine persönliche Angelegenheit ist, sondern auch seine soziale Mitwelt reflektiert (Richter, 1978), betonen sie die soziotherapeutische Komponente im Hinblick darauf, wie massiv soziale Bedingungen seelische Gesundheit fördern, stabilisieren oder aber gefährden können (Dörner, Plog, 1996).

Sozialtherapie wurde zunächst jedoch nicht als eigenständige Methode zur Behebung psychosozialen Leidens (Richter, 1978) verstanden, sondern man versuchte, den Rahmen und den damit verbundenen Diskurs unterschiedlicher Professionen als primär sozialtherapeutisch zu fassen. Dies machte es schwierig, eine Identität als Sozialtherapeut zu entwickeln. Die Medicozentrierung unserer Gesellschaft und parallel hierzu die große Vorsicht gegenüber sozialwissenschaftlichen Vorstellungen von Gesundheit, Krankheit, Leiden und Behinderung tat ein Übriges dazu und wirkte ebenfalls erschwerend.

Auch die 1976 gegründete Sektion Sozialtherapie im Deutschen Arbeitskreis für Gruppenpsychotherapie und Gruppendynamik (DAGG) vertrat lange vehement, daß Sozialtherapie nicht die Domäne einer bestimmten Spezialistengruppe sein könne, sondern im Gegenteil ein Kommunikationsfeld sei, daß von allen am sozialtherapeutischen Prozeß Beteiligten strukturiert werden müsse (Quensel, o. J.). In dem innerhalb der Sektion geführten, jahrelang währenden Diskurs über die „Auffindbarkeit" von Sozialtherapie, über ihre Identität und damit Abgrenzung im Kanon unterschiedlicher Disziplinen und therapeutischer Zugangsweisen, kommt besonders auch Dorst und Leffers einige Bedeutung zu. Sie benennen für sozialtherapeutische Kompetenz drei wichtige Voraussetzungen (Dorst, Leffers, 1980): Die „subjektbezogene Kompetenz" im Sinne von Selbsterfahrung und Selbstreflexion, die „therapeutische Kompetenz" im Sinne von diagnostischen Fähigkeiten, besonders als Fähigkeit, zur Identifizierung mehrdimensionaler Problemlagen. Dies beinhaltet auch die Fähigkeit, therapeutisches Vorgehen zu modifizieren und den Lebensumständen der Klientel anzupassen. Der dritte Aspekt meint die „Organisationskompetenz". Hier spielen Kenntnisse über Institutionsdynamik, Organisationsberatung und Arbeitsfeldanalyse eine exponierte Rolle.

Welches Gewicht gerade der in diesem Sinne skizzierten Organisationskompetenz zukommt, beschreibt Horst-Eberhard Richter in vielfältigen Beispielen im Hinblick auf die Arbeit mit Randgruppen, wenn es nämlich um den Prozeß der Arbeitsfeldanalyse geht (vgl. Richter, 1974, S. 217 ff.).

Im Oktober 1997 wurden auf der Tagung der Sektion Sozialtherapie im DAGG in Hannover die sogenannten „Standards der Sozialtherapie" vorgestellt und von der Mitgliederversammlung einstimmig verabschiedet. Zwei der Verfasser hatten das Vergnügen, im Rahmen einer Arbeitsgruppe an der Entwicklung und Formulierung mitzuwirken. In sieben Thesen werden die Charakteristika einer modernen Sozialtherapie herausgearbeitet und machen damit die Definition und den Standort von Sozialtherapie im Feld von Beratung und Therapie möglich.

Neben den oben angesprochenen Grundlagen „sozialtherapeutischer Kompetenz" wird in den „Standards" Sozialtherapie als ein Diagnose- und Interventionsverfahren beschrieben; als Methode der Wahl, wenn mangelhafte Versorgung in den frühesten Lebensphasen stattfand mit nachhaltigen Auswirkungen auf die Lebensqualität. Sie kommt zum Einsatz, wenn seelisches Leiden in Wechselwirkung mit der sozialen Situation steht, sie versucht, auf die sozialen Beziehungen einzuwirken, bezieht sich dabei auf die Menschen in ihren komplexen sozialen Zusammenhängen und auf die sozialen Bedingungen selbst. Sie berücksichtigt Institutionen und gesellschaftliche Aspekte ebenso wie politische Veränderungsprozesse als Ausdruck ihrer integrativen und ganzheitlichen Haltung.

Auch wenn Sozialtherapie häufig im Kontext von Sozialarbeit stattfindet, so ist sie doch nicht die Behandlungsmethode der Sozialarbeit schlechthin. Ihre handlungsleitende Basis gründet auf einem entwicklungspsychologischen Verständnismodell im Wechselspiel mit psycho- und soziodynamischen Entwicklungsebenen sowie Entwicklungsnotwendigkeiten. Adressaten sind einzelne, Familien, Gruppen und Systeme. Oftmals ist es erstes therapeutisches Ziel, die Klienten zu befähigen, ein Arbeitsbündnis herzustellen und einzuhalten. Die Fähigkeit hierzu kann bei den oftmals sehr schwierigen, mit vielfältigen Problemen belasteten Klientinnen und Klienten der Sozialtherapie nicht immer vorausgesetzt werden.

Diese prägnante, ressourcen- und lebensweltorientierte Haltung stellt eine Erweiterung psychotherapeutischen Handelns dar, indem Sozialtherapie den Fokus auch auf die soziale Situation richtet. Psychodynamisch wirkt sie ich-stützend, Halt und Orientierung gewährend und entwicklungsfördernd (Arbeitsgruppe „Standards der Sozialtherapie", DAGG, Kassel 1997).

Sozialtherapie als integrative Methode psychosozialer Basisarbeit spiegelt sich in der Entwicklung der in der hessischen Kleinstadt Laubach angesiedelten Psychosozialen Kontakt- und Beratungsstelle (PSKB) wieder. Diese repräsentiert, inzwischen mit neuem Konzept ausgestattet, fast 20 Jahre Erprobung und Umsetzung psychosozialer und sozialtherapeutischer Arbeit. Wir möchten einen kurzen Überblick über die Entwicklung der Beratungsstelle in Laubach geben.

Durch die Geschichte der Laubacher PSKB zieht sich – bei allen konzeptionellen Veränderungen, die sich im Laufe der Jahre durch die Bedarfsentwicklung, Erprobung im Modell, Richtlinien der Geldgeber etc. ergeben haben – der sozialtherapeutische Grundgedanke sowohl als Verstehenshintergrund als auch als Behandlungskonzept hindurch:

Im Jahr 1979 entwickelte sich aus der Psychosozialen Arbeitsgemeinschaft (vgl. Richter, 1976) in Gießen ein Arbeitskreis psychosozial Engagierter, der in den östlichen Landkreis Gießen auszog und dort mit ortsansässigen Ärztinnen und Ärzten, Pfarrern, Lehrerinnen und Lehrern u. a. die Laubacher „Psychosoziale Kontakt- und Beratungsstelle" gründete.

Der Aufbau der Beratungsstelle ging damals vom ersten Team, einer Gruppe von psychoanalytisch orientierten Familien- und SozialtherapeutInnen aus, die eng mit Horst-Eberhard Richter zusammenarbeitete. Die Psychiatrie-Enquete machte es schließlich möglich, das Laubacher Projekt zu einem Modell werden zu lassen, versehen mit einer wissenschaftlichen Begleitforschung und einer somit für einige Jahre gesicherten Finanzierung (vgl. Modellverbund, 1986).

Offen für alle Anfragen und jedes psychosoziale Leiden der Menschen in der damals völlig unterversorgten Region, boten wir zunächst als erste Maßnahme eine Kontakt- und Clearingfunktion an, stellten aber bald fest, daß darüber hinaus erheblicher Bedarf an Versorgung bestand: So entstanden Angebote von Einzel-, Paar-, Familien- und Gruppentherapie für psychosomatisch Kranke, von Ängsten und Depressionen geplagte Menschen, sowie Nachbetreuung für Psychosekranke, die oft schon mehrere stationäre Aufenthalte hinter sich hatten. Des weiteren wurde, der Nachfrage folgend, Erziehungsberatung, Drogen- und Suchtberatung angeboten.

Häufig wurden wir mit Klienten mit Mehrfachsymptomen und sehr schwerwiegend belasteten Ratsuchenden und deren Angehörigen konfrontiert. Das Spektrum der Anfragen war vielfältig, das Angebot unserer Institution mußte der Nachfrage entsprechen, das hieß, wir mußten ein breit gefächertes sozialtherapeutisch ausgerichtetes Angebot entwickeln: Ein flexibles Setting war gefragt (nach Indikation und Notwendigkeit einzeln oder in der Familie, aber auch häufig, bei auseinandergebrochenen Familien, in der Teilfamilie), Hausbesuche wurden für die Klienten angeboten, die keine Fahrmöglichkeit hatten, Außenstellen wurden eröffnet, um einer gemeindenahen Versorgung weitestgehend gerecht zu werden. Kriseninterventionen und Niedrigschwelligkeit gehörten ebenfalls zum Angebotsspektrum. Dies konnte durch ein multiprofessionelles Team, bestehend aus PsychologInnen, Familien- und SozialtherapeutInnen, SuchtberaterInnen und einer Krankenschwester, vorgehalten werden. Ein besonderer Schwerpunkt der Arbeit lag in der Zusammenarbeit mit anderen Institutionen in der Region und in der Kooperation mit anderen Facheinrichtungen.

Leider konnte das Konzept in dieser Form – trotz erfolgreicher Erprobung in der Modellphase und obwohl es für sinnvoll und notwendig gehalten wurde –, auf Grund der eingeschränkten Finanzierungsrichtlinien der Geldgeber nicht erhalten bleiben. Die Vielfalt des Spektrums paßte (noch) nicht zu den Geldtöpfen. Dies zwang uns zu einer Einengung des Angebots auf chronisch psychisch Kranke; als Folge der Psychiatrie-Enquete sollten in Hessen Gemeindepsychiatrische Zentren entwickelt werden; diese sollten gefördert werden. Die Angebote der PSKB für chronisch psychisch Kranke wurden ausgebaut, vor allem der offene Bereich mit Patientenclubs, Teestuben und betreutem Wohnen. Der Bereich der Suchtberatung z. B. wurde im Rahmen der Richtlinien nicht mehr gefördert. Wir versuchten damals, aus dieser Not eine Tugend zu machen, und gründeten wegen des hohen Bedarfs an Beratung und Betreuung im Suchtbereich 1991 eine Jugend- und Drogenberatungsstelle im nahe gelegenen Grünberg.

Klienten, die unsere Einrichtungen nutzten, kümmerten sich allerdings wenig um bestehende Einschränkungen des Angebots. Sie meldeten sich bei uns an, gleichgültig ob sie vom Problem her in den Bereich Gemeindepsychiatrie bzw. Sucht paßten oder nicht. Menschen mit Symptomen aus anderen Bereichen, zunehmend solche mit Mehrfachsymptomen, mußten jeweils „stillschweigend subsumiert" werden, da es keine Alternativangebote gab, wir „offiziell" aber nicht mehr zuständig waren. Die Mitarbeiterinnen und Mitarbeiter fühlten sich in dieser Situation wie zerrissen und teilweise überfordert, stellten aber immer wieder fest, daß eine Festschreibung auf den einen oder anderen Symptombereich nicht den Gegebenheiten, d. h. den Bedürfnissen der Klienten, entsprach.

Vor einem Jahr erst ermöglichte dann aber gerade die derzeitige extreme Finanznot der öffentlichen Geldgeber einen erneuten Innovationsschub, der zunächst zu den Ursprüngen zurückführte, die von Horst-Eberhard Richter schon 20 Jahre zuvor entworfenen Konzeptionen wieder aufgriff und das heute bestehende „Beratungszentrum Laubach-Grünberg" begründete.

Uns war schon lange klar geworden, daß wir von der finanzierungsbedingten Symptom- und Bereichsorientierung wieder zur ganzheitlichen Betrachtung zurückkehren mußten, wenn wir dem offenkundigen Bedarf gerecht werden wollten.

Häufig – und speziell im Suchtbereich – haben Symptome starken Abwehrcharakter und stehen manchmal sogar im Dienste des psychischen Überlebens, dies besonders bei vielen unserer Klientinnen und Klienten mit schweren Schädigungen der Persönlichkeitsentwicklung, einhergehend mit sozialer Desintegration. Exemplarisch möchten wir stark autodestruktive Suchtverläufe, psychosomatische Erkrankungen mit hoher Organläsion, selbstverletzendes Verhalten, Dissozialität oder suizidale Krisen anführen.

Konsequenterweise, so meinen wir, benötigen solche Klienten, psychosoziale/sozialtherapeutische Basisdienste, die nicht am Symptom orientiert sein sollten. Das Beratungszentrum Laubach-Grünberg versucht als ein solcher Basisdienst, psychosoziale Angebote im Sinne eines integrativen Ansatzes zu realisieren. Es ist dafür von den beteiligten Geldgebern von den Richtlinien freigestellt und hat Modellcharakter.*

Bei unseren Klientinnen und Klienten mit chronischen psychischen Krankheiten oder schweren Suchtverläufen geht es zuerst fast immer um elementare Hilfestellungen. Es geht um das, was in der Suchtkrankenhilfe ein niedrigschwelliges Angebot genannt wird; in der Sprache der Psychotherapie: um das Bereitstellen eines geschützten Raumes und das Angebot einer zuverlässigen, stützenden, aber auch in dosierter Weise den Klienten in seinem Reifungsprozeß fördernden und fordernden Beziehung.

Diese Arbeit ist, soll sie erfolgreich sein, gebunden an eine langfristig verfügbare Betreuung durch dieselbe Beraterin oder denselben Berater, zu dem Vertrauen aufgebaut werden konnte. Objektkonstanz ist ein wesentliches Ingredienz

* Die Möglichkeit, unser Konzept zu erproben, ist der Unterstützung des Hessischen Ministeriums für Umwelt, Energie, Jugend, Familie und Gesundheit zu danken; ebenso der Innovationsbereitschaft der politisch Verantwortlichen im Kreis Gießen und den Gemeinden Laubach, Grünberg, Hungen und Reiskirchen.

seelischer Reife und sollte in Beratungs-/Betreuungszusammenhängen mit großem Nachdruck beim Klienten gefördert und auf Therapeutenseite nicht ohne Not aufs Spiel gesetzt werden. Solche Zuverlässigkeit ist Hilfe zur Selbsthilfe in dem Sinne, daß sie die Fähigkeit der Klientinnen und Klienten, sich selbst zu helfen, selbstschädigendes Verhalten im psychischen wie im sozialen Sinne zu ändern, fördert, anleitet und festigen hilft. Es geht also um die Befähigung zur Entwicklung sozialer, interaktiver, psychischer, reflektierender und nicht zuletzt moralischer Kompetenz.

Horst-Eberhard Richter hat dies 1978 wie folgt formuliert:

> *„Oftmals mißlingen Resozialisierungsversuche bei sozial gefährdeten, chronisch psychisch Kranken oder Behinderten in erster Linie deshalb, weil sie laufend wechselnden Betreuern ausgeliefert werden, so daß gerade etablierte Vertrauensbeziehungen immer wieder abreißen" (S. 170).*

Rauchfleisch (1996) wird bei der Beschreibung der Erfordernisse dieser Klienten sehr deutlich. Er schreibt, daß sie mit gutartiger Fürsorge und dem Schutz der eigenen Belange oft völlig überfordert sind, da ihre Kräfte und Ressourcen längst erschöpft sind bzw. gar nicht vorhanden waren. Diese Fähigkeiten müssen erst entwickelt werden, sie stehen am Ende einer Betreuung, der Weg dahin kann sehr lang und mühsam sein. Er ist gebunden an Kontinuität und Stabilität der Beziehung zu Therapeutin oder Therapeut. Die moderne psychoanalytisch/tiefenpsychologische Entwicklungspsychologie bietet gerade hier inzwischen sehr brauchbare Verstehensmodelle, die dem Sozialtherapeuten helfen, im oftmals heftigen Strudel von Chaos und Kampf um die Beziehung den Kopf weitgehend oben zu behalten.

Die Konzeption unseres Beratungszentrums orientiert sich an diesen Grundlagen. Sozialtherapeutische Arbeit steht und fällt mit dem deutlichen Vorrang der Objektkonstanz vor der Symptomorientierung. Wir versuchen, kontinuierlich an der Beziehung der Klienten zu Selbst und Objekten zu arbeiten, zunächst durch vorsichtiges Austarieren der jeweils notwendigen und die Reifung fördernden Nähe und Distanz. Ist auf dieser Basis eine tragfähige Beziehung entstanden, kann durch Erarbeitung eines „Möglichkeitsraumes", wie er von Winnicott beschrieben und von Khan weiterentwickelt wurde, die Nachreifung und -entwicklung fehlender oder defizitärer Ich-Fähigkeiten erfolgen.

Ein wesentlicher Arbeitsbestandteil des Modellprojektes Beratungszentrum Laubach-Grünberg ist die überregionale Weiterverbreitung der gewonnenen Erfahrungen. Hierzu besteht intensiver Austausch mit anderen Diensten. In jüngster Zeit gibt es insbesondere eine lebendige Kooperation mit der Suchtberatungsstelle des Diakonischen Werkes in Geldern/Fachstelle f. Suchtprophylaxe im Kreis Kleve am Niederrhein, insbesondere im Hinblick auf tiefenpsychologisch fundierte Überlegungen zur Sozialtherapie im Feld von Suchtprophylaxe und Gesundheitsförderung. Das nachfolgende Fallbeispiel für institutionsbezogene

Sozialtherapie ist Produkt dieser engen Kooperation. Zur besseren Lesbarkeit wird das Fallbeispiel in der Ich-Form berichtet.

Der Lehrer einer Hauptschule ruft in der Fachstelle an und fragt nach, ob die Möglichkeit von Suchtprophylaxemaßnahmen bestehe, es gebe an seiner Schule reichlich Bedarf.

Zum vereinbarten Termin sucht mich ein Mann von ca. vierzig Jahren auf, klein, untersetzt, Nickelbrille, Vollbart, ausladende Bewegungen und mit lauter Stimme. In mir entsteht recht schnell der Eindruck, daß mein Zimmer – obgleich gute 20 $m^2$ groß – für uns beide zu klein sein könne. Ein Mann fürs Grobe, dem die leisen Töne abhanden gekommen sind, denke ich. Schon in der ersten persönlichen Begegnung entstehen Irritationen und Anflüge von Chaos.

Ich bin froh, daß ich ein „Heimspiel" habe, so kann ich die Bilder in meinem Arbeitsraum betrachten, mich meiner hier symbolisierten guten Objekte versichern. Leicht in Bedrängnis geraten, sorgt der Rückgriff auf die schutzbietenden Objekte für die Erhaltung der Beziehungsfähigkeit als wichtige Arbeitsgrundlage.

Auf meine Frage, wie ich mir den Alltag seiner Schule vorzustellen hätte, entwickelt er ein Szenario aus sprachlicher und körperlicher Gewalt, aus Polizeieinsätzen, schwieriger Elternarbeit, partiellen Konflikten mit der Schulaufsicht, dem Jugendamt etc. Als ich bestätige, daß dies wirklich eine sehr harte Tätigkeit sei, antwortet er mir, daß das Leben an „seiner Schule" ein anderes Kaliber habe als meine wohl vergleichsweise beschauliche Arbeit in einer Beratungsstelle. Über das Schicksal der Schüler, Ausschnitte aus ihren Biographien erfahre ich erst auf Nachfrage etwas. Viele kämen aus sogenannten „Multiproblemfamilien", Heimkarrieren und Aufenthalte in der Kinder- und Jugendpsychiatrie seien häufig anzutreffen.

Um mir ein besseres Bild machen zu können, entschließe ich mich zunächst für einige Hospitationen. Ich besuche das Kollegium, es ist recht klein und besteht aus 17 Lehrerinnen und Lehrern. Man ist über mein Kommen nicht informiert, es gab wohl innerhalb der Schule Kommunikationsprobleme. Die Kollegen sind freundlich und räumen mir 30 Minuten Zeit ein.

Meine Ausführungen wecken Neugierde, diese kann aber das augenscheinliche Mißtrauen nicht überdecken. Man wünsche weder Psychologen- noch Sozialpädagogenschnickschnack, die Hilfestellungen hätten äußerst konkret zu sein. Die Destruktion des Erstkontaktes setzt sich weiter fort, auch hier wird ein Hang zur Entwertung meiner Arbeit deutlich. Ich merke, daß mich die Institution und das Leben dort drinnen zunehmend mehr interessierten. Meine anfängliche Unsicherheit wandelt sich in von Vorsicht getragenes Interesse.

Die Hospitationen verlaufen dann abwechslungsreich mit zum Teil dramatischen Szenen. Ich habe den Eindruck, daß das Kollegium sehr bemüht ist, mir etwas zu bieten.

Mir fällt eine allseitige Fragmentierung und Strukturlosigkeit bei Schülern und Lehrern auf. Kein Gespräch wird wirklich zu Ende geführt. Schüler kommen einfach in die Räume anderer Klassen und stören den Unterricht. Die überwiegende Zahl der Kollegen raucht.

Dem Kollegium spiegele ich meinen Eindruck der Fragmentierung: 17 Lehrer – 17 Schulen unter einem Dach. Ich rate zur Teamsupervision, höre dann, daß es seit kurzer Zeit dieses Unterstützungsangebot im Kollegium gibt. Weiterhin rege ich Fallbesprechungen an, die durch die Beratungsstelle begleitet werden könnten. Ich teile ferner mit, daß ich den Eindruck hätte, Informationen flössen nicht und die Fallbesprechung könne ein Ort der Auswertung und Würdigung sein. Mein Vorschlag findet nur wenig freudigen Widerhall. Das verwundert eigentlich nicht, denn das unbewußte Thema der Interaktion heißt „Integration statt Omnipotenz". Eine Verführung zum oft mit Kränkung verbundenen, Schuldgefühle erzeugenden Sturz aus der Allmacht ist nicht attraktiv. Die Anforderungen des Stadiums der Besorgnis (Winnicott, 1983) oder der „depressiven Position" (M. Klein, 1983) zu ertragen, gehört zum Schwierigsten im komplizierten Prozeß der seelischen Reifung. Sie beinhalten die Konfrontation mit der eigenen Begrenztheit und der daraus folgenden Notwendigkeit, mit anderen Menschen in Beziehung zu sein.

Für die sozialtherapeutische Intervention ist von Bedeutung, sowohl einem bestimmten Ausschnitt der Schülerschaft als auch des Lehrerkollegiums einen beruhigten, entwicklungsfördernden Raum zur Verfügung zu stellen, der Strukturbildung ermöglicht und in Kontradiktion zur ansonsten empfundenen Fragmentierung und zum Chaos steht.

Ich mache ein Gruppenangebot über 10 zweistündige Sitzungen mit zwei Klassen des 5. Schuljahres mit jeweils 15 Schülern. Das Gruppenangebot werde ich gemeinsam mit beiden Lehrkräften durchführen. Wir wählen dazu Räume, die sich außerhalb der Schule in einem nahegelegenen Jugendzentrum befinden.

Mit den Lehrern spreche ich die Konzeption ab. Mit der Prozeßorientierung und den für sie unklaren, weil ungewohnten, wenig festgelegten Lernzielen haben sie Schwierigkeiten.

Den Gruppenverlauf im Einzelnen vorzustellen, würde hier zu weit führen. Kurz gefaßt handelt es sich dabei um eine Wahrnehmungshaltung, die durch psychoanalytisch-interaktionelle Gesichtspunkte geprägt ist (Heigl-Evers/Ott 1994) sowie von Elementen der Gestalttherapie getragen wird. Im letzteren Fall bin ich dabei stark an der integrativen Gruppentherapie mit Kindern orientiert, so wie sie von Dorothea Rahm (1997) beschrieben worden ist. Ich nutze dabei die Überlegung, unterschiedliche Raumbereiche zur Verfügung zu stellen, die szenisches Handeln, Abgrenzung etc. ermöglichen, wenn Sprache beispielsweise versagt.

Der Ansatz der Gruppenarbeit ist von folgenden wichtigen Eckpunkten getragen: Wir entschlossen uns, als Strukturierungshilfe ein durchgängiges Thema – das Inselspiel – zu installieren. Es ermöglicht den Schülern Abgrenzung und läßt auch Kontaktaufnahmen durch Identifikation mit unterschiedlichen Rollen zu. Inseln können nach Belieben benannt und gestaltet werden, die Zugänge sind verschieden. Darüber hinaus wird der Gruppenraum in 3 Zonen eingeteilt: in die *Mitmach-Zone*, in die *Ruhe-Zone*, in die *Nicht-Mitmach-Zone*.

Es hat sich als günstig erwiesen, auch *eine Destruktions-Zone* vorzusehen, die ein Reservat für aggressive Strebungen auf dem Weg zu einer vollständigen Integration bietet.

Der Aspekt des Raumes hatte schon in der ersten Begegnung mit dem Hauptschullehrer einige Bedeutung. In „Not" geraten, konnte ich mich der Möglichkeiten des (Arbeits-)Raumes versichern, jetzt bietet er sich zudem in vielfach erweiterter Form als Lösung und Angebot für Destruktion an: der Möglichkeitsraum, „potential space" (Winnicott), ist der Ort, an dem Struktur entsteht. Chaos findet hier sein Ende und entwickelt sich aus dem Spiel zur Kreativität.

Die Arbeit mit den Schülern und Lehrern zeigt bald Effekte auf mehreren Ebenen: Neues Verhalten kann erprobt werden, neue Formen von Kooperation werden eingeübt, Konfliktregelung kann sich verändern, neue Erfahrungen durch den Umgang miteinander beim gemeinsamen Spielen können gewonnen werden. Gleichzeitig können die Lehrer vertiefte Erfahrungen im Umgang mit offenen Gruppenprozessen gewinnen und diese auch jenseits des momentanen Gruppenangebotes nutzen.

Die „Vor-Ort-Kompetenz" im Kontext suchtmittelunspezifischer Prophylaxearbeit erweitert sich beträchtlich und weckt Interesse auch jenseits dieses aktuellen Projektes, die Zusammenarbeit mit unserer Beratungsstelle zu suchen. Selbstaktivierendes Handeln als wichtige sozialtherapeutische Prämisse kann in solchen und ähnlichen Projekten eine zur Lebens- und Genußfähigkeit verführende Kraft entfalten.

## Literatur

Dörner, K., Plog, U.: Irren ist menschlich – Lehrbuch der Psychotherapie und Psychiatrie, Bonn 1996 (Psychiatrie-Verlag).

Dorst, B., Leffers, C.-J.: Sozialtherapie – ein neues Handlungsmodell. In: Gruppen-Psychotherapie und Gruppendynamik 15, Heft 1/2, 1980.

Eggebrecht, F., Pehl, T.: Chaos und Beziehung. Vortrag auf der Tagung der Sektion, Sozialtherapie des DAGG vom 24. bis 26.Oktober 1997 in Hannover.

Heigl-Evers, A., Ott, J.: Die psychoanalytisch-interaktionelle Methode. Göttingen 1994.

Hompesch-Cornetz I., Hompesch, R.: Sozialpädagogik und Therapie. In: Handbuch der Sozialarbeit und Sozialpädagogik, Hrsg.: Eyferth/Otto/Thiersch, Neuwied 1984.

Khan, Masud R.: Erfahrungen im Möglichkeitsraum. Frankfurt 1990.

Klein, M.: Das Seelenleben des Kleinkindes. Stuttgart, 2. Aufl. 1983 (Klett-Cotta).

Modellverbund „Ambulante psychiatrische und psychotherapeutisch/psychosomatische Versorgung". Schriftenreihe des Bundesministers für Jugend, Familie und Gesundheit, Band 166. Stuttgart 1986 (Kohlhammer).

Müller, C. W.: Blicke zurück nach vorn. In Sozialmagazin 19 Heft 6/94.

Quensel, E.: Professionalisierung in der Sektion Sozialtherapie im DAGG – Zur Geschichte der Sektion. Bremen o. J. unveröffentl.

Rahm, D.: Integrative Gruppentherapie mit Kindern. Göttingen 1997.

Rauchfleisch, U.: Menschen in psychosozialer Not. Göttingen 1996 (Vandenhoek & Ruprecht).

Richter, H.-E.: Lernziel Solidarität. Hamburg 1974, Neuausgabe Gießen 1997 (Psychosozial-Verlag).

Richter, H.-E.: Was ist Sozialtherapie? In: Engagierte Analysen. Über den Umgang des Menschen mit dem Menschen. Hamburg 1978, Neuausgabe Gießen 1996 (Psychosozial-Verlag).

Richter, H.-E.: Die Psychosoziale Arbeitsgemeinschaft Lahn-Dill. Erfahrungen mit einem selbstorganisierten Kooperationsmodell. In: Engagierte Analysen. Über den Umgang des Menschen mit dem Menschen. Hamburg 1978, Neuausgabe Gießen 1996 (Psychosozial-Verlag), S. 201-241.

v. Werder, L.: Psychotherapeutische Sozialarbeit am Ende des Sozialstaates. In: Sozialmagazin 22, Heft 5/97.

Wendt, W. R.: Die Handhabung der sozialen Unterstützung – eine Einführung in das Case-Management. In Unterstützung fallweise-Case-Management in der Sozialarbeit, Hrsg.: W. R. Wendt, Freiburg, 1995.

Wiener Deklaration: Trinationales Dokument der Berufsverbände DBSH, NVMW und ÖBDS. In: Forum Sozial 1/98.

Winnicott, Donald W.: Von der Kinderheilkunde zur Psychoanalyse. Frankfurt 1983 (Fischer).

Winnicott, Donald W.: Der Anfang ist unsere Heimat. Stuttgart 1990 (Klett-Cotta).

# Lügen in Zeiten des Friedens

## Versuch einer psychoanalytischen und ethnologischen Kritik der „Menschenrechte"

Paul Parin

Im Buch von Muhidin Saric sagt der Mitgefangene im serbischen Lager Keraterm: „Die Weltmedien haben gesprochen (...). Das ist schön und human. Dicke Schlagzeilen in den Zeitungen, heftige Diskussionen im Radio, Mahnungen und Drohungen im Fernsehen. Aber was nützt uns das alles. Die Mörder lesen keine Zeitungen, sie hören kein Radio noch schauen sie fern. Die Mörder morden auch weiterhin" (Saric, 1994, S. 92 f.).

Es ist offensichtlich, daß den Gefangenen in Keraterm nicht nützt, was in den Weltmedien gesprochen wird. Worüber sie sprechen, ist bekannt: „Menschenrecht ist heute der prestigereichste Begriff, der inflationär und demagogisch verwendet wird" (Fisch, 1996, S. 21). Sie sprechen über die Menschenrechte, die in Keraterm, an ungezählten Orten vorher und seither, grausam gebrochen werden.

Über Menschenrechte ist seit langem unendlich viel gesprochen und geschrieben worden. Soll ich mich dem anschließen, über Menschenrechte reden, wenn es denen nichts nützt, die dort leben, wo Menschenrechte grausam mißachtet werden? Wenn doch diejenigen, die über Menschenrechte denken, schreiben oder reden, bisher überhaupt nicht bewirken konnten, daß sich auch jene an das Recht halten, die sich darüber hinwegsetzen?

Ich habe mich dennoch entschlossen, darüber zu reden und mit Muhidin Saric zu diskutieren. Zum Schluß werde ich erklären, warum ich nicht besser schweige, wenn ich doch keine Macht habe, etwas gegen die weltweite Mißachtung der Menschenrechte zu tun.

Zuerst will ich einige allgemeine Bemerkungen zum Thema machen, ohne System und ohne irgendeinen Anspruch auf Vollständigkeit. Dann werde ich das Menschenrecht der Kritik zweier Wissenschaften unterziehen, der Psychoanalyse und der Ethnologie. Beide sind geeignet, Probleme zu klären, die bisher vielleicht zu wenig klar geworden sind. Der psychoanalytische Gesichtspunkt hilft verstehen, welche seelischen Vorgänge zur Befolgung und welche zum Bruch des humanitären Rechts drängen. Der ethnologische Gesichtspunkt, insbesondere der Vergleich verschiedener Kulturen, soll helfen, Fragen zu beantworten, ob das

Menschenrecht in jedem Gesellschaftsgefüge wieder ein anderes ist, ob es allgemein, für alle Völker gültige Menschenrechte gibt, oder ob dies nicht der Fall ist und sich das Prinzip der Menschenrechte nur in den euroamerikanischen Staaten etabliert hat, ob darum anderen Völkern unsere westlichen Menschenrechte aufgedrängt werden müßten und ob dies durch Beeinflussung oder mit Zwang oder Gewalt geschehen sollte. Mit anderen Worten: War es der kulturelle Einfluß, die politische oder militärische Übermacht des Westens, besonders der Kolonialmächte, die den anderen Staaten ihre Wertvorstellungen aufgezwungen haben, oder werden mit den Menschenrechten allgemeingültige, unabdingbare Gesetze menschlichen Zusammenlebens erkannt und ausgesprochen?

Die Allgemeine Erklärung der Menschenrechte der UNO enthält eine Gruppe von Werten, die ohne weiteres als allgemein gültig anerkannt werden können, wie die Integrität von Leib und Leben, die politische und kulturelle Selbstbestimmung der Person, das Recht jedes Kindes auf eine gesunde Entwicklung, und andere mehr. Auf diese allein beziehen sich meine Überlegungen. Die Charta der UNO von 1948 mit ihren Ergänzungen (bis 1985) enthält weitere „Rechte", die offensichtlich nur in „entwickelten" Industriestaaten sinnvoll respektiert werden können, wie Regulierung der Arbeitszeit, Rechte auf Ferien usw. Diese lasse ich aus der Diskussion in diesem Beitrag weg und beziehe mich nur auf die erste Gruppe, die ich *Allgemeine Menschenrechte* nenne.

Die Menschenrechte sind von den Vereinten Nationen festgelegt, ergänzt und revidiert worden. Der UNO gehören – mit Ausnahme der Schweizer Eidgenossenschaft – alle Staaten an. Somit sind fast alle Bewohner unserer Welt zur Respektierung der Menschenrechte verpflichtet; die politischen Institutionen der Staaten garantieren im Prinzip, daß alle Bürger und Bürgerinnen, die sie vertreten, die Rechte einhalten.

Mit der Definition und der formalen Anerkennung ist es jedoch nicht getan. Es gibt ungezählte und anscheinend immer mehr und immer krassere Mißachtungen und Verletzungen der Menschenrechte. Viele Verletzungen der Menschenrechte werden auch von staatlichen Institutionen (Behörden) als politisch notwendig hingestellt, mit der vorübergehenden Notwendigkeit zu „pragmatischem" Handeln, mit dem Gesetz des Krieges, mit ethnischen Traditionen, historischen oder psychologischen Argumenten begründet; sie werden als unausweichlich bezeichnet und legitimiert.

Sogar der moralische Anspruch, daß die Menschenrechte eingehalten werden sollten, wird mitunter bestritten. Auf die ethische Dimension der Frage kann ich in diesem Beitrag nicht eingehen.

Die Idee der Menschenrechte hat eine Geschichte; es ist die Geschichte der Aufklärung. Die wichtigsten Entwicklungsschritte sind etwa: Die *„bill of rights"* von Oliver Cromwell im 17. Jahrhundert, die erste Verfassung der Vereinigten

Staaten von Amerika, die große Französische Revolution. Alle späteren Definitionen gehen auf diese Traditionen zurück, so auch die Erklärung der Vereinten Nationen.

Die Generalversammlung der Vereinten Nationen hat am 10. Dezember 1948 das „Internationale Gesetz der Menschenrechte" (The International Bill of Human Rights) angenommen; dieses ist mehrmals ausgebaut, erweitert und 1978 in Kraft gesetzt worden, nachdem es – wie vorgesehen – von mindestens zehn Staaten ratifiziert worden war.

Auch wir halten uns selbstverständlich an diese Definition, müssen jedoch auf Mißverständnisse hinweisen, die sich aus der Geschichte der Idee und der Entwicklung unserer Begriffe ergeben. Da es sich um ein Recht handelt, noch dazu ein grundlegendes, universal gültiges, konnte es, einmal erkannt, nur in einem Gesetzentwurf *(bill)* gefaßt werden. Die „Gewaltentrennung", die Unabhängigkeit der Rechtspflege von den Regierungsgremien und den gesetzgebenden Körperschaften, den Parlamenten, ließ keine andere Möglichkeit. Die Struktur der Vereinten Nationen bringt es mit sich, daß dieses Gesetz sich von Straf- oder Zivilgesetzen wesentlich unterscheidet. Seine Wirkung wird im Vorwort des offiziellen Dokuments der Vereinten Nationen 1985 nicht als Gesetz, sondern als eine zündende, überzeugende Idee beschrieben, deren Einfluß groß ist und immer mehr zunimmt: „Seit ihrer Annahme hat die Deklaration (der Menschenrechte) weltweit einen breit gefächerten Einfluß, hat nationale Verfassungen und Gesetze ebenso wie Vereinbarungen über verschiedene spezifische Rechte inspiriert. Die Deklaration hatte zur Zeit ihrer Annahme *keine Rechtskraft*, hatte aber seither einen mächtigen *Einfluß auf die Entwicklung, des internationalen Rechts* in unserer Zeit" (United Nations, 1985, S. 1; Hervorhebungen P. P.).

Die Ausführungsbestimmungen *(Implementation Measures)* zeigen klar, daß es vom guten Willen eines jeden Staates abhängt, ob er sich an die Bestimmungen halten will oder nicht. Das Komitee für Menschenrechte *(Human Rights Committee)* wird ausdrücklich als Körperschaft zur „Untersuchung von Tatbeständen" *(fact-finding body)* bezeichnet.

Was über die bloße Feststellung und Mitteilung hinaus geschehen kann, bleibt offen. Dennoch „lädt die Generalversammlung (der UNO) weiterhin alle Staaten ein, sich der Übereinkunft (1966) und dem *Optional Protocol* (1976) anzuschließen, von welchen sie (die Generalversammlung) glaubt, daß sie die Fähigkeit der Vereinten Nationen bedeutend vergrößert, den Respekt vor Menschenrechten zu ermutigen" (United Nations, 1985, S. 3).

Demnach ist der Gesetzentwurf *(bill)* von den Vereinten Nationen von Anbeginn nicht anders als eine sehr schöne, wünschenswerte Idee konzipiert worden. „Kaum jemand widerspricht dem Prinzip, wonach die Menschenrechte verteidigt werden müssen" (Lukes, 1966, S. 30).

Daß es sich nicht um ein Gesetz handeln kann, ist daraus ersichtlich, daß keine Möglichkeit vorgesehen ist, Rechtsbrüche zu ahnden. Es wird vorausgesetzt, daß eine Rechtsordnung besteht, eine solche, wie sie in einem Staat mit Gewaltentrennung und Gewaltmonopol der Behörden besteht, den man als Rechtsstaat bezeichnet. Diese idealen Voraussetzungen, die in einzelnen Staaten vorhanden sein mögen, sind von den Vereinten Nationen unbedacht und unverändert auf die Internationale Rechtsordnung übertragen worden. Zwar ist praktisch die gesamte Bevölkerung der Erde in Staaten organisiert, doch verdient nur eine Minderheit der souveränen Staaten uneingeschränkt den Titel eines Rechtsstaates. Diejenigen Staaten, in denen die Behörden jene Menschenrechte verletzen, die international gelten sollten, sind souverän, d. h. auf ihrem Gebiet haben nur sie selber über Recht und Unrecht zu entscheiden. Kein anderer Staat darf sich einmischen. Im Prinzip soll bei massiven und groben Verletzungen die Souveränität vor einer Intervention aus dem Ausland nicht schützen. Tatsächlich gab es im Namen der Menschenrechte bereits einige Interventionen (Nürnberger Tribunal, Haager Tribunal für Ex-Jugoslawien, Ruanda-Burundi Menschenrechtstribunal etc.). Völlig offen ist die Frage, wie massiv und grob die Rechtsverletzungen sein müssen, damit ein anderer Staat sich einmischen bzw. eingreifen darf oder muß, und es besteht auch bei den Vereinten Nationen keine Institution, die über eine Intervention entscheiden, eine solche anordnen oder gar durchführen könnte.

Es ist nicht schwer nachzuweisen, daß zwar Verbrechen geahndet werden müssen, daß aber die Durchsetzung des Rechts nur den Mächtigeren möglich ist. „Das ausschlaggebende Kriterium (für eine Intervention) ist die Macht der Beteiligten bzw. Betroffenen, nicht das Ausmaß des begangenen Unrechts. (...) Die Chance, in den Genuß einer Intervention zu kommen, ist für die Schwächsten am größten und für den Stärksten gleich Null. Was in Somalia möglich ist, ist in China nicht möglich. (...) ein solcher Zustand (ist) in höchstem Masse ungerecht" (Fisch, 1996, S. 26).

Sogar jene Staaten, die sich am längsten und mit größter Energie für die Etablierung der Menschenrechte einsetzen, verletzen deren grundlegende Erfordernisse: Die USA, denen kaum jemand das Prädikat eines Rechtsstaates absprechen würde, lassen in ihren Teilstaaten Todesurteile aussprechen und in zunehmender Zahl vollstrecken. Damit wird das grundlegende „Recht auf Leben" verletzt und außerdem das Verbot „grausamer und unmenschlicher Strafen" mißachtet.

Der Einwand liegt nahe, daß der Druck zur Angleichung, dem jeder Staat unterworfen ist, der den Vereinten Nationen beitritt, verhindert, das nationale Rechtssystem rechtzeitig den UNO-Normen anzugleichen. Nun gibt es eine Ausnahme, einen demokratisch verfaßten „Rechtsstaat", der den Vereinten Nationen (nach einem Volksentscheid mit eindeutiger Ablehnung des Beitritts zur UNO) ferngeblieben ist, für den deshalb jeder Angleichungsdruck wegfällt: die Schweiz. Freiwillig ist die Eidgenossenschaft, im Sinn einer humanen Rechtspflege, einzelnen Abkommen beigetreten und hat ihre Gesetze und Prozeduren entsprechend geändert. Dennoch verstößt sie gegen ein Menschenrechte, das der Asylgewährung. Der Kern jeder Asylregelung ist das Prinzip des „non refoulement"; das heißt, daß eine Person, die aus ihrer Heimat ausgeflohen ist, weil sie dort wegen ihrer Gesinnung, Volkszugehörigkeit, Rasse, Religion etc. grausame Behandlung, den Tod, Verfolgung ohne ein faires Gerichtsverfahren, erwarten müßte, Asyl erhält und *keinesfalls in das Land zurückgeschafft werden darf*, aus dem sie fliehen mußte – vorausgesetzt, daß diese persönliche Gefährdung nachgewiesen ist und zur Zeit der Asylgewährung noch besteht. Im Asylgesetz der Schweiz (1971) ist das Prinzip des „non refoulement" ausdrücklich erwähnt. Unter dem Druck von Parteien, die einen Zuzug weiterer Flüchtlinge ablehnen, wird es mittels eines diplomatischen Kunstgriffs umgangen. Die Gefährdung der Asylsuchenden im Land ihrer Herkunft wird nicht nach der wirklichen Gefährdung der Flüchtlinge sondern nach dem Gutdünken der Eidgenössischen Verwaltung eingeschätzt. Diese stützt sich bei ihrer Beurteilung der Lage im betreffenden Staat auf die Berichte der dort akkreditierten Schweizer Diplomaten, die sich ihrerseits von den Behörden, d. h. von der Regierung und Polizei des inkriminierten Staates, informieren lassen.

*Vielleicht nicht der erste, aber der spektakulärste Fall war der des Professor Musey, eines seit vielen Jahren mit seiner Familie in der Schweiz weilenden Philosophen aus dem Unrechtsstaat Zaire unter Präsident Mobuto Sese Seko. Die Gefährdung des Professor Musey war evident, war er doch im Ausland – der Schweiz! – der konstituierten oppositionellen Exilregierung als Minister für Unterricht und Kultur beigetreten. Von Ausweisung bedroht, war die Familie etwa 1 Jahr lang illegal von einer schweizerischen Bauernfamilie versteckt gehalten worden, wurde dort aufgespürt, mit großem militärischen Aufwand von der Eidgenössischen Polizei verhaftet und mit einem speziell dafür eingesetzten Flugzeug nach Zaire ausgeflogen.*

Seither ist diese Praxis schrittweise auf andere Länder erweitert worden. Gegenwärtig werden Kosovo-Albaner polizeilich nach Serbien ausgeflogen; die sich weigern, unter Zwang. Die serbische Regierung, die seit 1990 die albanische Bevölkerung der Region einem dauernden polizeilich-militärischen Terror unterwirft, ist der Gesprächspartner und Garant gegenüber der Schweizer Regierung, daß die Zurückgeschafften unbehelligt bleiben. Ähnlich verhält es sich seit längerer Zeit mit asylsuchenden Flüchtlingen aus dem vom Bürgerkrieg zerrütteten Sri Lanka und mit Kurden aus der Türkei, die dort wegen des Vorwurfs der Unterstützung einer verbotenen Partei (PKK) aus ethnischen Gründen verfolgt werden.

Dies heißt keineswegs, daß *alle* Gefährdeten zurückgeschickt werden. Es sind für ganze Gruppen von Flüchtlingen aus Kriegszonen, die kein Asyl erhalten oder nicht einmal beantragt haben, Ausnahmen gemacht worden. Sie werden „vorläufig" nicht abgewiesen oder zurückgeschickt, je nachdem was und wann die Schweizer Regierung es für richtig hält, oder dann wieder ausgewiesen, freiwillig oder unter physischem und psychischem Zwang. Mit anderen Worten, die Praxis ist nicht durchweg inhuman; Flüchtlinge sind jedoch einer völlig willkürlichen Praxis ausgesetzt, dem Gegenteil von dem, was man von einer Rechtsordnung zu erwarten hat.

Seit über einem Jahr, in besonderer Intensität seit Beginn des Jahres 1997, ist die Schweiz mit ihrer Politik während des Zweiten Weltkriegs konfrontiert, und dabei wird allgemein als ein Verbrechen – nicht bloß als bedauerlicher Fehler – angeprangert, daß zahlreiche (30.000 oder mehr) jüdische Flüchtlinge aus dem Dritten Reich an den Grenzen zurückgewiesen und oft in den sicheren Tod geschickt wurden. Als mildernder Umstand wird angeführt, daß sich die Schweiz, von den Achsenmächten umringt, militärisch bedroht fand. Für das Fehlverhalten erschwerend ist, daß sich die angebliche Notwendigkeit, weitere jüdische Flüchtlinge nach der Parole „das Boot ist voll" abzuweisen, im nachhinein als Irreführung oder Vorwand erkennen läßt. Das Boot war nicht voll. Weiter wird als erschwerend angeführt, daß die Abweisungspraxis selektiv, nach rassischen Gesichtspunkten, für Juden eine andere, rigorosere war als für „gewöhnliche" Flüchtlinge und daß Pässe oder andere Reisedokumente von Juden gemäß einem Vorschlag der schweizerischen Diplomatie mit einem „J"-Stempel versehen wurden und somit die Flüchtlinge bei jedem Versuch, in andere Länder zu gelangen, behindert, d.h. im Vorhinein stigmatisiert und diskriminiert worden waren. Dieser historische Exkurs erlaubt es, die heutige Lage der Menschenrechte in der Schweiz mit jener zur Zeit des Weltkriegs zu vergleichen. Eine militärische Bedrohung besteht nicht. Dennoch ist imbezug auf die Menschenrechte kein Fortschritt, sondern es sind lediglich einige Veränderungen zu verzeichnen.

Die Auswahl der Zurückzuweisenden erfolgt nicht nach rassischen Gesichtspunkten, sondern nach der Herkunft. Im sog. Drei-Zonen-Modell werden Flüchtlinge nicht nach dem Ausmaß der Gefährdung im Land ihrer Herkunft oder gemäß ihrer Eignung aufgenommen oder abgewiesen. Ausschließlich die Schweiz entscheidet, daß Asylsuchende aus angrenzenden und anderen westlichen Ländern im Bedarfsfall erwünscht, mit Einschränkungen zugelassen, oder dann aus östlichen und südlichen Ländern, z. B. Jugoslawien, so wie die Juden im Weltkrieg, unerwünscht sind – wie damals mit einigen Ausnahmen. Das „J" ist mit einem „R"-Stempel im Reisedokument ersetzt, der bedeutet „retourné" oder „refoulé" (zurückgeschickt oder abgewiesen). So wie damals wurde das „R" angebracht, unabhängig davon, ob eine Nachprüfung der Fluchtmotive stattfand oder nicht und die amtliche Diskriminierung unter Umständen ohne jede Rücksicht auf die individuellen Umstände erfolgte, wie es die Menschenrechte erfordern.*

* Anscheinend wird das „R" wegen der Proteste im In- und Ausland derzeit nicht mehr gestempelt.

Die Veränderungen sind: Herkunft statt Rasse, „R" statt „J", zu „viele Ausländer in der Schweiz" statt Gefahr der „Verjudung".

Während im Weltkrieg die Einrichtung von Flüchtlingslagern m. E. nicht gegen die Menschenrechte verstieß, ist der Bau von Gefängnissen – wie das Ausweisungsgefängnis am Zürcher Flughafen Kloten – ein deutlicher Verstoß gegen das Verbot, Folterwerkzeuge und Einrichtungen herzustellen, die zur grausamen Behandlung von Menschen dienen, welche nicht wegen eines Verbrechens belangt werden. Tatsächlich sind Ausweisungsgefängnisse von Strafanstalten kaum unterschieden, dienen aber dazu, Menschen bis zu 9 Monaten einzusperren, die nichts verbrochen haben, außer daß ihr administrativer Status beanstandet wird (keine genügenden Ausweispapiere), weil die Schweiz sie loswerden möchte, weil sie in die Schweiz gekommen sind, legal oder illegal. Für diese Gefängnispraxis gibt es keine richterliche Beurteilung oder Kontrolle.

## Psychoanalytische Bemerkungen zur Frage der Allgemeinen Menschenrechte

Die Allgemeinen Menschenrechte seien tief im Wesen des Menschen verankert, der Mensch sei „von Natur aus" gut, die ungerechte Gesellschaft allein mache ihn böse und schlecht (Jean Jacques Rousseau). Von dieser Idee ausgehend, wird die ontologische Frage nach der Konstante, ob „gut oder böse", die Frage nach dem So-Sein, nach der Ausstattung des Menschen, nach seinen Triebanlagen gestellt. Darauf gibt die Freudsche Psychoanalyse eine eindeutige Antwort: Sowohl das liebevolle Verhalten (Eros) als auch das feindselige gegenüber seinesgleichen (Aggression) ist in der Triebanlage jedes Menschen enthalten. Die anthropologische Konstante lautet nicht „gut oder böse", sondern „gut *und* böse". Die ontologische Frage erübrigt sich.

Sie wird ersetzt durch die Feststellung, daß die Psyche erst nach einem langen und wechselvollen *Entwickungsprozeß* zu dem führt, was wir als Phänomen beobachten: wie sich „der (erwachsene) Mensch" verhält, wie er fühlt, denkt und handelt.

Die Frage, ob der Mensch „gut oder schlecht" ist, wird oft „manichäisch" gestellt, im Sinne eines Entweder-Oder. Alle „großen" Religionen und viele philosophische Schulen haben dafür ihre Antwort. Es ist nicht verwunderlich, daß immer wieder versucht wird, das Verhalten zu den Menschenrechten ethisch zu beurteilen und einer Moral zu unterstellen. Die Psychoanalyse ist nicht geeignet, eine gültige Antwort auf die ethische Frage zu finden; sie erspart uns die Suche nach dem sittlichen Prinzip. Statt dessen versucht sie, beim erwachsenen Menschen und davon ausgehend in Familie, Stamm, Volk, d. h. in jeder menschlichen Gemeinschaft das Ergebnis der psychischen Entwicklung zu untersuchen. Zum Beispiel will sie herausfinden, welche gewachsenen Strukturen im „psychischen Apparat" (wie Freud das Seelenleben genannt hat) eine Einstellung und ein Verhalten gemäß den Allgemeinen Menschenrechten begünstigen oder aber beeinträchtigen.

Die Psychoanalyse ist nicht nur „nicht geeignet", eine Antwort auf die Frage nach einem gültigen oder allgemein gültigen sittlichen Gesetz (Ethos) zu finden; sie kann zeigen, daß die Frage falsch gestellt ist. Zum einen hat bereits Sigmund Freud (1927) nachgewiesen, daß Religionen, einschließlich des ihnen inhärenten Ethos, Illusionen sind, die ihre Entstehung dem gleichen wechselvollen, unbewußt verlaufenden Entwicklungsprozeß verdanken wie neurotische Symptome; aus ihnen kann deshalb kein vernünftiges Gesetz abgeleitet werden. Zum anderen hat die ethnopsychoanalytische Methode gezeigt, wie spezifisch und darum einmalig jedes traditionelle Wertsystem des Individuums aus historischen und sozialen Phänomenen hervorgeht (Gruppen-Ich, Klan-Gewissen). Wenn heute Chinesen gegenüber Europäern feststellen, sie hätten „Menschenrechte", aber eben andere als Europäer, müßte der Psychoanalytiker einwenden: Wenn Sie moralisch argumentieren, gewiß. Doch Menschenrechte sind etwas anderes als ein ethisches Prinzip. Zumindest an zwei grundlegenden Wertsystemen ihrer (der chinesischen) Kultur, im Marxismus und in der Harmonielehre des Konfuzius, läßt sich unschwer nachweisen, daß Allgemeine Menschenrechte als ein konstitutiver Faktor in sie eingegangen sind.

Meine Ausführungen werden spärlich und auch oberflächlich bleiben müssen. Gesicherte und verifizierbare Aussagen sind mit der Psychoanalyse am ehesten in langwierigen Einzeluntersuchungen möglich. Will man daraus allgemeine Gesetze seelischer Prozesse ableiten, werden die Aussagen hypothetisch, nähern sich gleichsam einer spekulativen psychologischen Philosophie. Sigmund Freud ist in seiner wichtigen kulturkritischen Arbeit „Das Unbehagen in der Kultur" (1930) von der phänomenologisch evidenten, aber wenig aussagekräftigen Annahme ausgegangen, die Psyche entwickle sich so, daß sie das Zusammenleben der Menschen ermögliche.

Trotzdem versuche ich wenigstens darzustellen, wie die Psychoanalyse kritisch an das Problem der Menschenrechte herangeht. Ich folge dabei dem „strukturellen" Modell der „Metapsychologie", frage also, wie jede der drei Instanzen, Ich, Über-Ich und Es, zu untersuchen ist, um die besondere Einstellung zu den Allgemeinen Menschenrechten klarzustellen.

Die Triebanlagen sind als solche nicht zugänglich; Triebansprüche kommen aus dem *Es*, das die Psychoanalyse vorerst mit dem Unbewußten gleichgesetzt hat. Sie müssen indirekt aus ihrer Entwicklung, aus den Triebschicksalen, erschlossen werden. Doch bleibt der Eindruck bestehen, daß die Triebanlagen wenig Unterschiede aufweisen, daß z.B. die populäre Auffassung sich nicht bestätigen läßt, daß Kriminelle, sog. „Triebtäter", Menschen sind, die sich durch ein Übermaß angeborener aggressiver Triebenergie auszeichnen.

Die phasenweise in epigenetischen Krisen (René A. Spitz) verlaufende psychische Entwicklung kann jedoch eine dauernde Neigung zu aggressiven oder grausamen Triebzielen zur Folge haben (Fixierung). Übermäßige Frustrationen während der Trennungsphase des Kleinkindes von der Mutter, während des ödipalen Konflikts und besonders während der Adoleszenz können zur Folge haben, daß sich die erotischen Triebregungen vorwiegend auf das eigene Selbst richten und Beziehungspersonen nicht zur Befriedigung von erotischen Zielen, sondern vorwiegend zur grausamen (sadistischen) Triebbefriedigung herangezogen werden. Tatsächlich sind bei Personen, die zu besonders abstoßenden Verletzungen der Allgemeine Menschenrechte neigen, oft solche „narzißtischen" Persönlichkeitsstörungen festgestellt worden. Daß es zur rücksichtslosen Verletzung der Allgemeine Menschenrechte kommt, ist jedoch ursächlich nie allein der narzißtischen Fixierung zuzuschreiben. Diese ist vielmehr ein Faktor in einer Ergänzungsreihe: Besondere Vorbilder, aggressive Führerpersonen und Ideologien sowie eine Angst und hilflose Wut auslösende (soziale) Umwelt wirken dahin, daß „narzißtische Charaktere" zu Tätern werden und gegen allgemein gültige Wertnormen und Regeln verstoßen.

Dem „*Über-Ich*" wird die Funktion zugeschrieben, diejenige Instanz zu sein, die dafür sorgt, daß sich im Verlauf der seelischen Entwicklung eine mächtige innere Stimme etabliert, die dafür sorgt, daß die von der Tradition übermittelten ewigen Werte zum Regulativ des Verhaltens werden. Das Über-Ich macht sich durch innere Gebote und Verbote bemerkbar; bei Mißachtung seiner Forderungen entsteht das Schuldgefühl. Darum wird es dem Gewissen gleichgesetzt. Diejenigen, die sich über Allgemeine Menschenrechte hinwegsetzen, so wird gesagt, hätten kein Gewissen, oder ein defektes. Die seelische Entwicklung habe bei der Über-Ich-Bildung versagt. Ja, es wurde vermutet, daß nicht jede Sozialisation, in jedem Volk oder Gesellschaftsgefüge, zur Aufrichtung der Instanz „Über-Ich" führe.

Dieser letzte Einwand ist nicht stichhaltig. Es sind kaum traditionelle Sozialisationsmuster bekannt, die den Heranwachsenden die Ausbildung einer Über-Ich-Instanz ersparen oder unmöglich machen würden. „Gewissenlose" Menschen gibt es in keiner Kultur. Hingegen gibt es Über-Ich-Bildungen, die ganz andere Wertsysteme und Verhaltensnormen vermitteln, als sie für die Einhaltung der Allgemeine Menschenrechte nötig wären. In Kriegerkasten werden Wertvorstellungen vermittelt, die jenen der Allgemeine Menschenrechte widersprechen; das gleiche gilt für Männer, die in einer (patriarchalen) Mechismo-Kultur erzogen worden sind.

Aber auch ein allzu strenges Über-Ich, im Dienst einer radikalen christlichen Moral oder einer anderen „guten Sache" – wie bei fanatischen Kommunisten –, kann die Person gegen Menschenrechte motivieren. Das Ich stellt sich in den Dienst des „guten" Ziels. Fanatische Weltverbesserer können zu Mördern werden.

Wie gegen andere innere Instanzen können sich Abwehrmechanismen gegen die Gebote und Verbote des Über-Ich etablieren, die sie vorübergehend oder dauernd unwirksam machen, so daß kein Schuldgefühl auftritt. Das bekannteste Beispiel ist die Ausbildung zum Soldaten. In allen Staaten, die eine Armee aufstellen, werden Rekruten gegen Ende der Adoleszenz dazu erzogen, das allgemein gültige Gebot „Du sollst nicht töten" unter bestimmten Bedingungen zu brechen. Die Erziehung zum Soldaten erfolgt mittels Lernprozessen (Disziplin, Drill) und durch Identifizierung mit Ideologien oder ihren Trägern, Führern, Offizieren und dergleichen. Die Abwehr gegen Über-Ich-Forderungen gelingt so gut, daß die meisten Soldaten in beinahe allen Kriegen überzeugt waren (und sind), daß sie für eine gerechte Sache kämpfen und ohne Schuldgefühle Feinde töten.

Bei den Tätern von Keraterm ist zu vermuten, daß die Indoktrinierung von seiten der politischen und militärischen Führung eine große Rolle gespielt hat, daß Disziplin durch Drill und Lernen, die in der Ausbildung sonst üblich sind, nicht durchgesetzt wurde. Auf diesem Hintergrund hat sich als unmittelbar wirksamer psychologischer Faktor die Identifikation mit Unterführern und der Gruppendruck in verschworenen Kämpfer- und Kriminellengemeinschaften erwiesen. In den Banden der sog. paramilitärischen Trupps wird das Über-Ich der Teilnehmer weitgehend durch Identifikation mit den kriminellen Anführern und Unterführern ersetzt, die sich wiederum durch Übernahme der verbrecherischen Planung der Oberen Führung mit ihrer wahnhaft übersteigerten nationalistischen Ideologie von Über-Ich-Forderungen frei halten. Selbstverständlich spielen Angst und Bedrohung von seiten ihrer Kameraden und Anführer bei den „unmenschlichen, verrohten" Tätern eine wichtige Rolle.

Die selten und spät, nach Jahren, auftretenden Schuldbekenntnisse, wie sie z. B. in Argentinien von einzelnen Folteroffizieren zu lesen waren, können darauf schließen lassen, daß das Über-Ich dieser Täter abgewehrt und nicht ganz zerfallen war. Nach dem Wegfallen von Furcht, nach Aufhören des Gruppendrucks, nach Entwertung der Führer (Generäle) und der damals gültigen Ideologie scheint sich bei manchen Tätern mitunter ein Schuldgefühl einzustellen und das Bedürfnis, ihre Taten gemäß den Über-Ich-Forderungen zu gestehen und zu sühnen.

Dem Ich, jener Struktur, der die Psychoanalyse (neben anderen Funktionen) zuschreibt, daß es zwischen dem Es, dem Über-Ich und der realen Außenwelt vermittelt, kommt die Hauptaufgabe bei der Einhaltung bzw. Mißachtung der Allgemeine Menschenrechte zu. Als äußeres und inneres Anpassungs-„Organ" hat es versagt, wenn dieser Ausgleich auf Kosten der Anpassung an die bekannten Forderungen nach Einhaltung der Allgemeine Menschenrechte gelingt. Mit anderen Worten, nicht die drei Strukturen, sondern das optimale Zusammenstimmen zwischen ihnen bestimmt das Verhalten und die emotionale und geistige Einstellung.

Leider läßt sich vom psychoanalytischen Wissen kein allgemeingültiges Entwicklungsmodell ableiten, das zur Ausbildung eines „guten" Ichs – anstelle des „starken" dominanten Ichs – führt; dementsprechend gibt es auch keine Erziehungsmuster und pädagogischen Anweisungen, die zu befolgen wären. Statt dessen kommt man zur paradoxen Feststellung, daß die richtigen Bedingungen für die psychische Entwicklung dann gegeben wären, wenn bereits alle Erziehungspersonen, ja die ganze menschliche Umwelt des Kindes unter diesen hypothetischen „richtigen" Bedingungen aufgewachsen wären. Jede oder beinahe jede Sozialisation kann eine psychische Entwicklung einleiten, die zu einem annehmbaren sozialen Verhalten führt. „Wir wären gut, anstatt so roh, doch die Verhältnisse, sie sind nicht so" (Bertolt Brecht).

Da und dort sind Persönlichkeiten entstanden, deren Geist und Energie ganz im Dienste der Menschenrechte standen (Gandhi, Tolstoi), als ob sich die Aufgabe der Kultur, die Werte des Menschenrechts hochzuhalten und durchzusetzen, auf eine einzige Person konzentriert hätte. Dies wäre ein Hinweis darauf, daß ein Wissen um das Menschenrechte latent auch in Kulturen vorhanden ist, wo es sich bislang nicht manifestiert hat; in den ethnologischen Bemerkungen werde ich auf die Frage nach der Allgemeingültigkeit der Menschenrechte zurückkommen.

Wir wissen, daß auch die höchsten und reinsten Ziele der Weltverbesserer keine Gewähr dafür bieten, daß sie – im Dienst der guten Sache – nicht selber Verbrechen begehen, wenn sie einmal in politische Machtpositionen gelangen.

## Ethnologische Bemerkungen zur Frage der Allgemeine Menschenrechte

Die Grundannahme der Ethnologie (Völkerkunde, anthropology), ist, daß der Mensch ein gesellschaftliches Wesen ist. Alle Kulturen (cultures), die von der Ethnologie studiert worden sind – wie unterschiedlich nach Zeit und Ort sie auch sind –, beruhen auf der Fähigkeit des Menschen, das Zusammenleben mit seinesgleichen zu regeln und zu organisieren.

Mehrere Hypothesen leiten die Entwicklung des Menschengeschlechts, seine Evolution, die Abgrenzung von den höheren Affen (den Primaten) von einem bestimmten Entwicklungsschritt ab: vom aufrechten Gang, dem Gebrauch von Instrumenten, dem Erwerb der Sprache u. a. m. Mir scheint der entscheidende Evolutionsschritt zur Menschwerdung darin zu bestehen, daß das Zusammenleben mit Artgenossen nicht durch den Instinkt und seine Ausformung (Auslösung durch Reize, Prägung, Lernvorgänge etc.) bestimmt ist, sondern durch kulturelle Traditionen, die meist mittels symbolischer Systeme vermittelt, bzw. modifiziert, den natürlichen Gegebenheiten angepaßt werden.

Selbstverständlich kann auch der Mensch nichts leisten, wozu ihm die genetische Ausstattung fehlt. Die Vielfalt der verschiedenartigsten Gesellschaftsstrukturen *(cultures)* zeugt von der Anpassungsfähigkeit des Menschen an klimatische, geographische u. a. Gegebenheiten. Anderseits sind in den verschiedenartigsten, historisch entstandenen Kulturen analoge oder sogar gleichartige Verhaltensmuster *(patterns of culture)* nachweisbar; man kann sie - so meine ich – analytisch aus der Vielfalt der Gegebenheiten, Aufgaben, Institutionen und Traditionen bloßlegen.

Meine These ist es, daß die Allgemeinen Menschenrechte als Voraussetzung und Aufgabe des Lebens in der Gesellschaft (Gruppe) ubiquitär, d. h. überall angelegt und nachweisbar sind. Der erste und auch der zweite Augenschein läßt das nicht vermuten. Im Gegenteil. Alle Kulturen, die wir heute kennen, sind so angelegt, daß die Anpassungen an ihre materielle Umwelt und die menschliche Mit- und Umwelt zureichend gewährleistet ist. Wäre das nicht der Fall, wären sie längst verschwunden, wie etwa die Etrusker, die reiche Spuren ihrer Kultur hinterlassen haben, oder die Kelten in Europa oder die Telem im Dogonland (Mali), deren Grabstätten spärliche Zeugnisse „untergegangener" Kulturen sind. Täglich sind wir Zeuge, daß ganze Völker mit eigenem Wohnraum, eigener Sprache und spezifischen Einrichtungen ihre Eigenart verlieren, manche physisch aussterben, andere in überlebensstärkeren aufgehen, wieder andere spärliche Zeugnisse hinterlassen, etwa in Modifikationen der traditionellen Institutionen der Völker, die sie unterworfen, abgelöst oder aufgesogen haben. Doch scheinen sich alle, die sich als gut abgegrenzt und lebenskräftig erwiesen haben, so zu verhalten, als ob sie die Allgemeine Menschenrechte nicht kennen, geschweige denn respektieren würden. Man hat solche Völker mit einem egoistischen Menschen verglichen, der seine Interessen gegen alle anderen „utilitaristisch" durchsetzt, ohne jede Rücksicht auf die eigenen Angehörigen, auf Nachbarn oder Freunde.

Die Regel Darwins, mit der die evolutionäre Entwicklung der Tierarten zur abgestuften Mannigfaltigkeit erklärt wird, *„the survival of the fittest"*, ist auf das soziale Leben übertragen, umgemünzt und zur Theorie des Sozialdarwinismus umgebaut worden. In dieser Ideologie, die die Evolutionstheorie aufnimmt – in deutscher Sprache meist mit der falsch übersetzten Formel als „Überleben des Stärkeren" – sind Erklärungen und Legimitationsmuster zusammengefaßt, die bei oberflächlicher Betrachtung eine gewisse Evidenz haben. Faßt man jedoch die Einrichtungen und Prozesse genauer ins Auge, die mit dem Sozialdarwinismus erklärt werden, fehlt jener Erklärungswert, den die biologische Evolutionstheorie hat. Der Eindruck drängt sich auf, daß diese Ideologie keinen anderen Zweck hat, als alle sozialen Phänomene zu legitimieren, die *gegen* die Allgemeine Menschenrechte verstoßen. Wozu – so frage ich – dieser Aufwand an Fälschung, Propaganda und Demagogie, wenn die Allgemeinen Menschenrechte nicht ein Gewicht bei der Gestaltung des gesellschaftlichen Lebens hätten?

Im Rahmen dieses Beitrags ist es nicht möglich, die Institutionen aller gegenwärtigen und vergangenen Gesellschaftsgefüge daraufhin zu untersuchen, ob in ihnen, immanent oder explizit, das Wirken der Allgemeinen Menschenrechte nachgewiesen werden kann. Ein Beweis meiner These wäre nur mit einer systematischen und umfassenden Darstellung möglich. Mit den folgenden Beispielen will ich nichts beweisen, sondern lediglich an besonders augenfälligen Institutionen zeigen, wie sie auf zwei widersprüchliche Tendenzen hin untersucht werden können: die eine, die zur Einhaltung der Menschenrechte drängt, die andere, die sie einschränkt, außer acht läßt oder aufhebt. Diese Methode kann man dialektisch nennen. Dabei ist in Kauf zu nehmen, daß ich die gewählten Beispiele ohne ihren historischen oder anderen Zusammenhang darstelle, sie gleichsam aus ihrem kulturellen Rahmen herauslöse und sie nur nach dem Gesichtspunkt eines allgemein gültigen Menschenrechts ordne.

*Es gibt eine ethnologische Forschungsrichtung, die alle bekannten Kulturen je nach ihrem Umgang mit der Idee der Gerechtigkeit einordnet. Dieses Verfahren soll sich dazu eignen, alle bisher beschriebenen Kulturen in eine systematische Ordnung einzureihen, und dieses analytische Verfahren gleicht dem, das ich vorhabe. Eine immanente Idee, die der Gerechtigkeit, wird angenommen und vorerst nicht auf ihren Ursprung, ihre Entstehung, ihr Ziel und ihre Dynamik untersucht.*

Das *Recht auf Leben* ist wohl in allen Kulturen anerkannt. Töten darf nur unter bestimmten Bedingungen geschehen. Wo sich ein Strafrecht entwickelt hat, bleibt diesem allein das Privileg, zur Sühne eines Verbrechens zu töten. Sigmund Freud (1913) hat schon früh darauf hingewiesen, daß das von den Gerichten ausgesprochene Todesurteil der Gesellschaft ermöglicht, dem Bedürfnis nach Rache nun ihrerseits nachzukommen. In Kulturen, die kein Strafrecht kennen, sondern eine „ausgleichende Gerechtigkeit", z. B. bei den Akan–Völkern in Westafrika, muß Totschlag oder Mord den Angehörigen des Getöteten kompensiert, der Verlust ausgeglichen werden. Die Höhe der Entschädigung hängt nicht von den Motiven des Täters ab; sie wird davon bestimmt, wie hoch die Verlusttragenden den Verlust einschätzen und wie sehr sie unter Schmerz und Trauer leiden. Die gleichen Akan-Völker (und viele andere) führen jeden gewaltsamen Tod, aber auch Todesfälle durch Alter und Krankheit fast ausnahmslos auf bösartige immaterielle Einwirkungen, auf schwarze Magie zurück, die von Lebenden (Hexen, Zauberern) oder von Geistern Verstorbener ausgehen. Damit werden Verstöße gegen das Recht auf Leben einem System unterstellt, das im Prinzip Gegenmaßnahmen (weiße Magie u. dgl.) ermöglicht.

Die Vielfalt der Reinigungszeremonielle und Prozeduren in allen oder fast allen Kulturen weist darauf hin, daß diejenigen, die getötet haben, erst wieder zu „richtigen" Mitgliedern der Gesellschaft gemacht werden müssen, um unter ihresgleichen weiterzuleben. Von „animistischen" Völkern mit magischen Glaubenssystemen ist bekannt, daß jede Tötung, auch die von Beutetieren, sogar von Bäumen, einer Wiederherstellung, einer Reinigung bedarf. Da wo ausgeformte

Ordnungen, Rechtspflege, Gesetze kriegerischer Verwaltung eines Rechts auf Tötung das menschenrechtliche Prinzip eines Rechts auf Leben überflüssig zu machen scheinen, bleibt oft der Makel dennoch am Täter, z. B. als der verfemte Status des Henkers, bestehen. Alle Religionen haben Einrichtungen, um mit dem Unrecht der Vernichtung von Leben umzugehen: Erflehen von Verzeihung oder Gnade, Einordnen in ein übergeordnetes legitimierendes Prinzip (Kreuzzüge gegen die Heiden, Hexenjagd gegen Ketzer u. dgl.) und schließlich die verschiedensten Glaubenssätze, um die Tötung dem Willen Gottes, dem vorbestimmten Schicksal (Kismet), der Rache der Götter oder anderen Instanzen zuzuschreiben, die vom tötenden Menschen unabhängig sind. Noch der aufgeklärteste Umgang mit dem Tod trägt Spuren einer Magie, die das Ärgernis des Tötens mildern soll. Auch bei uns gilt: De mortuis nil nisi bene.

Die Institution von Zweikämpfen unter Männern gibt es in vielen traditionsgeleiteten Kulturen. Wie immer sie ideologisch begründet sein mögen – Herstellung einer Rangordnung, Vorstellungen von Ehre und Ehrverletzung –, sie sind ausnahmslos streng ritualisiert: vom ritterlichen Zweikampf, vom Duell in den christlichen Staaten der Neuzeit bis zu den sportlichen Boxkämpfen unserer Welt. Es wurde psychologisch gedeutet, daß die Gesellschaft der unvermeidlichen Rivalitätsaggression zwischen jungen Männern der gleichen Kultur, Schicht oder Subkultur eine geregelte Abfuhr zur Verfügung stellt. Ausnahmslos alle noch so verschiedenen Rituale haben „faire" Regeln aufgestellt, die eine Tötung des Gegners wenn irgend möglich verhindern.

Obwohl ich auf zwischenstaatliche Konflikte, die zum Völkerrecht oder Kriegsrecht Anlaß geben, in diesem Beitrag nicht eingehe, möchte ich eine Form des Krieges zwischen benachbarten Stämmen erwähnen: die Scheinkriege, *„mock battles"*, eine Institution bei Bergstämmen, die in Tälern des Hochlands von Papua-Neuguinea leben. In rituell bestimmtem Rhythmus finden vereinbarte Kriege statt. Die jungen Männer werden geschmückt, mit Kriegswaffen gerüstet und spirituell auf den Kampf vorbereitet. Die Kämpfe werden mit aller Kraft und List durchgeführt. Sobald aber ein Kämpfer getötet oder schwer verwundet ist, hört der Krieg auf. Beide Parteien ziehen sich zurück und beklagen den blutigen Ausgang – bis die Zeit für den nächsten Kampf da ist. Weder Konflikte um Territorium, Besitz an Gütern oder Frauen, noch ein anderer Interessenkonflikt scheint die Scheinkriege zu bestimmen. Es geht um Prestige, Selbstdarstellung und um Übung der Kampfeskraft. Jedenfalls ist die periodische Abfuhr von Aggression der Jungmannschaft gewährleistet. Der Respekt vor der Regel, Leben zu schonen, das Allgemeine Menschenrecht auf Leben, scheint sich trotz der Entfesselung von Kampfeslust und Mut durchzusetzen.

Die Jivaro, ein Stamm im peruanischen Amazonas-Urwald, sind „Kopfjäger". Ihr geschlossenes System magischer Regeln ist für uns so fremdartig, daß wir nicht

Gefahr laufen, ihr Verhalten nach unserer eurozentristischen Moral zu beurteilen. Um mannbar zu werden, müssen die Jünglinge der Jivaro einen Mann eines benachbarten Volkes töten und seinen Kopf einheimsen. Je erfahrener und angesehener das Opfer ist, desto besser dient sein Kopf dem erfolgreichen Jäger; darum ist der Kopf eines alten Mannes das begehrteste Ziel des rituellen Mörders. Mannbarkeit kann auf keinen Fall ohne die erjagte Kopftrophäe erlangt werden. Doch sind Ausnahmen von der Regel vorgesehen, wenn es dem Jüngling widerstrebt, einen unschuldigen alten Mann zu töten, oder wenn in der Jivaro-Siedlung politische Bedenken dagegen sprechen, das Nachbarvolk, mit dem sie Handel treiben, zu provozieren. Der Jüngling kann anstatt einen alten Mann ein Riesenfaultier töten – eine Beute, die ohne Probleme zu erjagen ist. Der Kopf des Faultiers ersetzt vollkommen die magische Macht eines alten Mannes. Warum? Weil sich das Faultier so langsam und bedächtig bewegt wie ein alter Mann mit viel Erfahrung. Das Allgemeine Menschenrecht auf Leben macht sich geltend gerade an jenem Ort, an dem die kohärente kulturspezifische Institution die Kopfjagd als unerläßliches Element ihrer Kultur bestimmt (vgl. Harner, 1973).

Grausame Quälereien, die das *Recht auf körperliche Integrität* verletzen, tragen, wie immer sie begründet werden, Spuren einer Absicht, die Integrität der eigenen Sozietät zu erhalten oder sie zu stärken. Die eine Gruppe von Quälereien erfolgt ganz direkt als drastische Maßnahme, um Zugehörigkeit, Zusammenhalt und Abgrenzung gegen andere, außerhalb des erwünschten Gesellschaftsgefüges stehende Individuen anzuschließen: Beschneidung der Juden und Mohammedaner, Verstümmelungen und Erzeugung von Narben um – zumeist in einem Initiationsritual – dauernde Zugehörigkeit zur betreffenden Gruppe (Stamm etc.) festzuschreiben. Dort wo die Verstümmelung als grausamer Eingriff allein die Sexualsphäre der Frauen und Mädchen betrifft, soll mit der Zugehörigkeit eine als allein menschlich und richtig anerkannte Gesellschaftsordnung (Herrschaft der Männer über die Frauen) bestätigt und gefestigt werden. Die strenge rituelle Regelung enthält bereits den Hinweis, daß ähnliches in keinem Fall außerhalb dieser menschlichen Ordnung geschehen darf.

Da wo Staatsorgane foltern, um Geständnisse zu erpressen, geschieht dies immer, damit „Schlimmeres" verhindert wird. Die Absicht, abschreckend auf Oppositionelle zu wirken, gerät ausnahmslos in Konflikt mit umfassenden Maßnahmen, die schlimmen Taten zu verheimlichen und abzuleugnen. Die Täter können ihren Makel nie loswerden, als ob ihnen bewußt wäre, daß sie ein grundlegendes Menschenrecht verletzt haben. Sogar der erfolgreiche französische Politiker Le Pen wird den Makel nie loswerden, daß er während des Algerienkrieges im Auftrag und mit Willen der französischen Armee gefoltert hat. Die türkische Polizei, die Kriminelle und Angehörige des Kurdenvolkes foltert, tut dies immer mit dem Hinweis, daß dieses Mittel allein Friede und Integrität des ganzen Volkes herstellen kann. Gefoltert wird immer im Dienst einer „gerechten Sache". Der große Aufwand an Propaganda, an Lügen und Verleugnung geht nie auf. Immer bleibt neben allen Greueltaten institutioneller Grausamkeit ein Rest, „als ob sie wüßten, was sie tun"; in die brutalste Praxis ist das Bewußtsein einer grundlegenden Rechtsverletzung eingegangen.

Ich muß mich kürzer fassen und werde nur einzelne, willkürlich ausgewählte Phänomene erwähnen, bei denen sich das zugrunde liegende Menschenrecht trotz seiner offensichtlichen Verletzung ohne weiteres kundtut; das soziale Gewebe ist gleichsam durchsichtig und läßt den in der Tradition erstarrten Konflikt durchscheinen.

Eine Gleichberechtigung von Mann und Frau gibt es fast nirgends. Im Bereich der Familie wird sie am krassesten mißachtet, wo es Tradition ist, daß die Eltern des Mädchens allein bestimmen, wen sie zu heiraten hat. In muselmanischen Bauernfamilien in Nordbosnien war dies bis zum Zweiten Weltkrieg der Fall. Da Ehen zumeist unter Nachbarn des gleichen Dorfes oder benachbarter Siedlungen geschlossen wurden, kannte die zukünftige Braut den von den Eltern ausgewählten jungen Mann wenigstens von ferne. War die Ehe zwischen den Eltern von Braut und Freier abgesprochen, teilte die Mutter es dem Mädchen mit, meist bald nach dem Erreichen des 16. Lebensjahres. Manchmal ging alles glatt mit Heirat und Gründung einer Familie. Oft geschah es jedoch, daß die Braut an Anfällen von Bewußtlosigkeit erkrankte. Ein Imam, ein islamischer Gottesmann, wurde beigezogen. Dieser stellte fest, die Geister der Familie des Bräutigams seien gegen die Familie der Braut eingestellt, sie seien in das Mädchen gefahren, um die Verbindung unmöglichen zu machen. Die Verlobung wurde gelöst, das Mädchen wurde sofort gesund, weil die bösen Geister sie verließen. Der Vorgang wiederholte sich bei jeder weiteren von den Eltern vereinbarten Verbindung, bis der richtige Bräutigam gefunden war, der dem Mädchen als Gatte zusagte. Die Heirat fand statt, die Ehe konnte geschlossen, die Familie gegründet werden. Eine in dieser Kultur angelegte Disposition zu hysterischen Ausnahmezuständen junger Frauen war in den Dienst des Menschenrechts auf Selbstbestimmung gestellt.

Die Einschränkungen bis zur möglichst vollständigen Abschaffung des Rechts auf Selbstbestimmung von militärisch, politisch und/oder wirtschaftlich unterworfenen Völkern bilden ein redundantes Geschehen der Politik des 20. Jahrhunderts, das eigene neue „wissenschaftlich" oder historisch legitimierte Rechtssysteme (z. B. Rassentheorien) erfunden hat, die – neben den wirtschaftlichen und anderen „utilitaristischen" Zielen – bei aller Vielfalt der Mittel gegen einen einzigen gemeinsamen Gegner gerichtet sind: das *Allgemeine Menschenrecht der Selbstbestimmung*. Als ein bekanntes Beispiel nenne ich die kleinasiatische Türkei als Rekonstrukt des obsolet gewordenen Osmanischen Imperiums: Die Armenier sollten physisch ausgerottet werden (1915), damit das Volk der Türken allein übrig blieb und Selbstbestimmung zur Tautologie werden konnte. Die Kurdenstämme wurden als Volk (mit eigenen Sprachen, Traditionen etc.) einmal semantisch abgeschafft, Bergtürken genannt und sind gegenwärtig einem Großaufgebot juristisch, militärisch und politisch begründeter Maßnahmen ausgesetzt, die gegen die Selbstbestimmung als Volk und als Individuen gerichtet sind. Dies läßt sich am unmittelbarsten an jenen Unterdrückungsmechanismen ablesen, die keinen anderen Zweck erkennen lassen; an den Anstrengungen, die kurdische Sprache (oder Sprachen) zum Verschwinden zu bringen. Der Kampf gegen Sprachen (vom drakonischen Verbot bis zum läppischen Ortstafelstreit) ist immer gegen eine wichtige Voraussetzung zur Selbstbestimmung gerichtet. Da die gemeinsame Sprache gleichermaßen dem Zusammenhalt einer Gemeinschaft und ihrer Abgrenzung nach außen dient, scheint ihr Verschwinden den lästigen Anspruch auf das Recht zur Selbstbestimmung zum Verschwinden zu bringen. Anderenorts zeigt es sich, daß sprachliche Autonomie der Teile das Zusammenwirken innerhalb einer staatlichen Einheit überhaupt nicht stört. In der Elfenbeinküste (Westafrika) ist das Französische, die Sprache der Kolonialherrn (bis 1960), klaglos als Staatssprache akzeptiert worden, ohne daß dem Gebrauch einer der über fünfzig „autochthonen" Sprachen der unabhängigen Republik irgendeine Einschränkung auferlegt wurde.

Mit Recht gilt die Abschaffung der Sklaverei – in ihrer in der Neuzeit entwickelten Form – als einer der größten zivilisatorischen Fortschritte. Das Verbot von Sklaverei wurde über die damit zum Ausdruck kommende wirtschaftliche Veränderung hinaus (Industrieentwicklung) dem sittlichen Einfluß der Aufklärung (Amerikanischer Bürgerkrieg) und der in sie eingegangenen protestantischen Glaubenslehre (Abolitionistenbewegung) zugeschrieben. Der Prozeß der Abschaffung von Sklavenhaltung und -handel ist nicht abgeschlossen: Mit wirtschaftlichem und politischem Druck soll die Befreiung der Sklaven weltweit durchgesetzt werden. In jenen Zeiten und an jenen Orten, wo Sklavenhaltung noch unbestritten und selbstverständlich zu sein schien, ist zu erkennen, daß Sklaverei dennoch einige Elemente des Rechts auf Selbstbestimmung aufwies. In den so verschiedenen Formen der Leibeigenschaft (von den bäuerlichen Leibeigenen in Europa und dem Zarenreich bis zu den *captifs* der Sahara-Nomaden) sind immer wieder rechtsgültige Statusänderungen (Freilassung u. ä.) vorgesehen, die Sklaven eine Befreiung zur Selbständigkeit ermöglichen. Dort wo – wie so häufig – sich der Status der Leibeigenen mit Elementen familienrechtlicher gegenseitiger Dependenz mischt, geht das Recht, über die eigene Person zu verfügen, über die gültige Familienabhängigkeit hinaus, die man bekanntlich nur durch Änderungen im Familienverband (Heirat) loswerden kann.

Der Slavenhandel für den karibischen und amerikanischen Markt basierte auf der Zusammenarbeit mit Sklavenjägern, einem Erwerbszweig westafrikanischer

Küstenvölker, die man für ihre Lieferungen bezahlte. Die Ashanti und andere Akan-Völker betrachteten die eingefangenen Schwarzen als Ware, als Handelsgut ohne eigenes Recht. Mit einer Ausnahme. Gefangene mußten oft im Besitz des Menschenräubers in der Goldküste auf die Ankunft des nächsten Schiffes warten, das sie – soweit sie überlebten – zu den Käufern in Amerika transportieren würde. In dieser Zeit stand ihre Arbeitskraft ihrem zeitweiligen Besitzer jedoch nicht zur Verfügung. Die Ashanti hätten sie gerne als Arbeiter auf ihren Pflanzungen oder als Haussklaven verwendet. Der Respekt vor der Selbstbestimmung zwecks Selbsterhaltung ließ nur eine Lösung zu, das beidseitige Interesse, Selbstbestimmung des Sklaven und Sklavenhalter als Arbeitgeber, zu wahren. Der Sklave/die Sklavin mußte durch Heirat in den Familienverband aufgenommen werden. War das geschehen, war das Problem für beide Seiten des *deals* gelöst: Freie verschwägerte Angehörige stellten ihre Arbeitskraft ohne Einschränkung dem Familienverband zur Verfügung, der jetzt der ihre geworden war.

Das *Recht jedes Kindes* auf eine gesunde Entwicklung, wie es in der Deklaration der Menschenrechte festgeschrieben ist, entspricht mit seiner Auslegung (Verbot von Lohnarbeit von Kindern, Anrecht auf unentgeltlichen Unterricht in Lesen, Schreiben und Rechnen) ganz dem heutigen Standard „entwickelter" Staaten. Die „Schwarze Pädagogik" ist in unserer Kultur erst vor kurzer Zeit in Mißkredit geraten und nicht aus der Praxis verschwunden. In der dunklen Vorzeit der „Primitiven" – von der Tropenzone bis zu den Inuit, den Eskimos der kanadischen Arktis – gibt es kaum eine Ethnie, bei der sich nicht Institutionen finden, die gerade jenes Recht definieren oder zumindest sein Wirken erraten lassen. Aller Art Initiationsriten grenzen die kindlichen Rechte und entsprechende Fürsorgepflichten der Familie/Gesellschaft ab gegen die zugeschriebenen Rechte der schrittweise in den Status der Erwachsenen eintretenden Nachkommen. In nicht wenigen Kulturen, z. B. bei den Maya in Mexiko, wird der Anspruch des Kindes schon vor der Geburt durch die – nach Ritualen gefestigte – Regelung des Alltags schwangerer Frauen festgeschrieben; nach der Geburt gibt es Schonfristen für die Stillzeit und Säuglingspflege der Mütter. Im modernen Staat Mexiko ist der Volksschulunterricht keineswegs allen Kindern zugänglich; Maya-Kinder in Zonen des Tropenwaldes wachsen mehrheitlich ohne Schulbildung auf. Da Kinder keine *pressure group* bilden können und die Gesellschaft die Vernachlässigung ihrer Rechte nur indirekt zu spüren bekommt, ist anzunehmen, daß das Allgemeine Menschenrecht des Kinders sich gerade dort durchsetzt, wo die „aufgeklärten" Menschenrechte gar nicht bekannt sind. (In der Schweiz ist eine Mutterschaftsversicherung aus politischen oder wirtschaftlichen Gründen noch immer nicht eingeführt worden.)

Zuletzt in meiner Aufzählung komme ich auf die Menschenrechte zu sprechen, die im Mittelpunkt der politischen Debatte der westeuropäischen Staaten und der

USA stehen: Der richtige Umgang mit „dem Fremden", dem Gast, dem Flüchtling, dem Einwanderer, mit Menschen, die ihrer Herkunft nach „nicht dazugehören", ist im Allgemeinen Menschenrecht vorgesehen.

Es ist mir kein Volk bekannt, das Fremde nicht von den Eigenen unterscheiden könnte. Zahlreiche Völker bezeichnen ihre Mitglieder mit dem Wort, das Mensch bedeutet (Bantu-Sprachen) oder Mann (englisch). Das heißt keineswegs, daß die anderen a priori als Feinde, Unmenschen oder Nichtmenschen angesehen werden. Es gibt unendlich viele Varianten festgeschriebener kultureller Muster, einerseits für ein Recht des Fremden auf Gastfreundschaft und andererseits Regeln, wie Fremde in die Gemeinschaft aufgenommen, „integriert" werden. Für uns kommen sittliche Regeln, die wir laut Menschenrecht-Deklaration befolgen sollten, gleichsam historisch zu spät; sie sind utilitaristisch überholt worden.

Der friedliche Fremde wird erst einmal respektiert, weil er Gast ist (Gastrecht), ganz entgegen dem wirtschaftlichen Interesse. (In der Schweiz hat die Tourismusindustrie jene in den Alpenländern wie in allen besonders unwirtlichen Regionen traditionell ausgeprägte Institution der Gastfreundschaft aufgesogen und ausgehöhlt.) Asylrecht ist in der Praxis bei vielen Völkern angelegt, auch wenn sie sich dadurch Gefahren aussetzen oder Nachteile einhandeln. Längst vor der Bildung von Nationalstaaten, ganz ohne die völkerrechtlichen Begriffe von Souveränität und zwischenstaatlichen Verträgen, sind Institutionen entstanden, die ein friedliches Zusammenleben mit Nachbarn gewährleisten. Die Dogon – ein Volk von Pflanzern – sind mit dem Fischervolk der Bozo am Niger durch die bekannte Spottverwandtschaft *(parnté à plaisanterie)* in dauernder Freundschaft verbunden. Ähnliche Einrichtungen haben andere westafrikanische Völker. Die Trobriander, die berühmten „Argonauten des Pazifik", haben mittels des von Malinowski beschriebenen Tauschrituals Kula dauernden Frieden mit benachbarten Inselvölkern – und sind gegenwärtig dabei, dieses Ritual teilweise durch eine Abwandlung der Fußball-Ligaspiele zu ersetzen (vgl. Maier, 1996).

Die Diskussion berührt hier Fragen des Völkerrechts, das nur auf Basis individueller Menschenrechte bestehen kann, ebenso wie diese nur durch die Installation des Völkerrechts eingehalten werden können. Trotz der innigen Verschränkung kann ich auf völkerrechtliche Probleme nicht eingehen. Sie sind vom ethnologischen Gesichtspunkt allzuweit abgesetzt, eher vom Standpunkt der Politikwissenschaft oder Rechtsphilosophie analysierbar.

Ich versuche, jene Einsichten *zusammenzufassen*, die sich ergeben, wenn man die psychoanalytische und ethnologische Analyse berücksichtigt. Dabei werden endlich jene Kräfte zu erwähnen sein, die *gegen* die Einhaltung der Allgemeinen Menschenrechte gerichtet sind, die verhindern oder erschweren, daß sie respektiert oder auch nur wahrgenommen werden, und sie so gründlich zum Verschwinden bringen, daß man von der *invisibility* der Menschenrechte sprechen kann –

analog dem Ausdruck *invisibility of women*, mit dem das Verschwinden von Frauen aus der ethnologischen Forschung bezeichnet worden ist.

Die II. Erklärung der Menschenrechte (1793) der Jakobiner, die „Gleichheit, Freiheit, Sicherheit und Eigentum" versprach, hatte lange einen schlechten Ruf. Das egalitäre Prinzip, Gleichheit *vor* Freiheit, verrate eine ethisch-voluntaristische Auffassung, die die Gefahr einer Schreckensherrschaft in sich trage. Später habe sich im Bolschewismus das Menschenrecht zur revolutionären Notwendigkeit entwickelt. Kürzlich haben Historiker nachgewiesen, es sei nicht egalitäre Gleichmacherei, sondern Gleichberechtigung aller Bürger und Bürgerinnen gemeint gewesen (vgl. Gross, 1997). Der historische Irrtum war längst korrigiert worden. Gleiche Freiheit und gleiche Rechte für alle bedeute nichts anderes, als daß die Rechte „des anderen" gleichermaßen berücksichtigt werden müssen wie die eigenen. Mit dieser unerläßlichen und herstellbaren Einschränkung dürften die Menschenrechte allgemeine Gültigkeit beanspruchen. Doch ihr Ruf wurde dadurch nicht besser, nur anders: die Menschenrechte seien Ausdruck eines naiven, unrealistisch-utopischen Denkens.

Naiv mag auch mein Versuch anmuten, durch ein willkürlich gewähltes analytisches Verfahren die Werte des Allgemeinen Menschenrechts dort nachzuweisen, wo sie bei nüchterner Betrachtung nicht vorhanden sind. Der „gesunde Menschenverstand" kann die Menschenrechte ohne weiteres als moralische Forderungen akzeptieren und wird die Charta der Vereinten Nationen und die Grundsätze des Europarats beherzigenswert finden. Wie und wer sie durchsetzen, die Befolgung der Allgemeinen Menschenrechte garantieren sollte, bleibt unerfindlich. Leicht ist es hingegen möglich, Kräfte zu nennen, die in jedem Gesellschaftsgefüge, im Frieden und in Zeiten des Krieges einer Anwendung der „schönen" Grundsätze entgegenstehen. Ich nenne einmal jene Instanzen, die jedes Zusammenleben, nicht nur die besondere Organisationsform und Verfassungen der Staaten bestimmen. Es sind *Machtinteressen*, die oft mit polizeilichen, militärischen und anderen Gewaltmonopolen ausgestattet sind. Diese wieder dienen oft *wirtschaftlichen Interessen*, wenn sie nicht ganz mit ihnen zusammenfallen. Da die Wirtschaft in der Regel nicht über einen eigenen Gewaltapparat verfügt, kann sie rücksichtslos, also „unmoralisch" vorgehen, da sie arbeitsteilig mit der Staatsgewalt verknüpft ist.

In der „freien Marktwirtschaft" ist die Anwendung der Prinzipien des IWF solange gewährleistet, als Polizei und Militär der Staaten, die sich die Wirtschaft vom IWF „sanieren" lassen, die unzufriedene und/oder leidende Bevölkerung zähmen.

Materiell nicht ebenso greifbar, aber in ihrer Wirkung unmittelbar gegen die Anwendung der Menschenrechte, wirken Ideen, die das soziale und politische Verhalten der Angehörigen einer Nation oder einer anderen Gemeinschaft bestimmen. Es sind *nationalistische Ideologien* und *religiöse*, besonders solche, die von einer Staatsreligion oder einer Kirche so verbreitet werden, daß sich ein Konsens der Mehrheit ergibt. Beide gehen ineinander über, nicht nur in einem Gottesstaat. Nationalistische Überzeugungen und religiöse sind voneinander nicht zu trennen, wenn es sich um auserwählte Völker handelt, die *„Grande Nation"*, die Germanen im Hitlerstaat, die Juden, die iranischen Schiiten, oder um Nationen, die für sich den Anspruch der Heiligkeit und damit einer angeborenen Überlegenheit über alle anderen Völker entwickelt haben (die Serben).

Machtinteressen, wirtschaftliche Interessen, nationale und religiöse Ideologien fasse ich als „Kräfte" zusammen; damit ist lediglich gemeint, daß ihr Einfluß gegen die Achtung vor den Allgemeinen Menschenrechten und gegen ihre Anwendung deutlich nachweisbar ist.

In Zeiten des Friedens konstituieren sich immer wieder Bewegungen, die gegen die traditionellen, in Institutionen organisierten „Kräfte" streiten. Manche sind transnational ausgerichtet, wie die Frauenemanzipationsbewegungen gegen die Ideologie und Institutionalisierung des Patriarchats, andere ringen um eine Veränderung innerhalb bestimmter Institutionen: die Bewegung zur Öffnung der katholischen Kirche als Volkskirche oder die toleranten Richtungen im Islam; und natürlich alle die verschiedenen sozialistischen Aspirationen, die sich für die Verbesserung der kapitalistischen Wirtschaftsordnung, z. B. für die soziale Marktwirtschaft einsetzen, abgesehen von denen, die im Klassenkampf die kapitalistische (oder monetäre) Ordnung durch eine ganz andere ersetzen wollen.

Da alle diese Bewegungen nur auf lange Sicht, wenn überhaupt, Erfolg haben können, wäre zu erwarten, daß in Zeiten des Krieges, wenn allzu krasse Menschenrechts-Verletzungen bekannt werden, rascher wirksame Fortschritte zur Anwendung der Menschenrechte gemacht würden. Bekanntlich wird zwar der Ruf nach den Menschenrechten lauter – er wird im Lager Keraterm gehört, die Wirkung ist jedoch kläglich. Ein einziges Beispiel: Im August 1997, sechs Jahre nach Beginn der Angriffs- und Vernichtungskriege im ehemaligen Jugoslawien befindet die angesehene Gesellschaft Human Rights Watch, daß es ein Fortschritt in bezug auf die Menschenrechte wäre, wenn die bekannten schlimmsten Kriegsverbrecher vor Gericht gestellt würden, und sieht darin „eine Gelegenheit, ein internationales Rechtssystem aufzubauen, um zukünftige Kriegsverbrecher gegen die Menschheit abzuschrecken" (Human Rights Watch, 1997). Das liest sich nicht als ein machtvolles Wort und nicht als Verheißung einer baldigen Wende.

Es ist noch nie bewiesen worden, daß die Androhung von Strafen potentielle Verbrecher von ihren bösen Taten abgehalten hätte. Müßte man Human Rights Watch beschuldigen, daß sie sich der „gesellschaftlichen Produktion von falschem Bewußtsein" (Erdheim, 1984) schuldig machen? Falsches Bewußtsein der „Massen" zu erzeugen, gilt als eines der wichtigsten Instrumente der Herrschaft, um Ideologien zu etablieren und zu festigen, die der Machterhaltung dienen. Die Forderung nach Bestrafung der Kriegsverbrecher oder gar ihre Verurteilung und Bestrafung zielt jedoch auf die Stärkung des Unrechtsbewußtseins in bezug auf die Allgemeinen Menschenrechte. Da, nach unserer Analyse, solche Elemente in allen Institutionen und Ideologien als Antithese enthalten sind und da die Psychoanalyse der Ich-Bildung und dem Über-Ich Funktionen nachweist, die u. U. die Einhaltung der Allgemeinen Menschenrechte fördern – wenn auch erst im Lauf einer längeren Entwicklung – sind solche Deklarationen keineswegs im vorhinein nutzlos oder unwirksam. Aus diesem Grund habe auch ich mich entschlossen, an der Debatte mit Muhidin Saric teilzunehmen.

In vielen Staaten erheben sich Einzelpersonen oder bilden sich Gruppen von Bürgerinnen und Bürgern, die sich für die Menschenrechte einsetzen. Es hängt vom aktuellen Zustand und von der mehr oder minder geschlossen autoritären Struktur ab, ob diese Menschenrechts-Vertreter als Dissidenten diskriminiert, verfolgt oder geduldet werden. In liberal agierenden demokratischen Staaten werden sie offiziell eingesetzt, um für die Menschenrechte zu sorgen, eventuell von richterlichen Institutionen unterstützt. Sie haben ausnahmslos mit einem langen Ringen zu rechnen und können nur wenige Erfolge in besonderen Fällen aufweisen. Die traditionellen Institutionen, die gegen die Menschenrechte wirken, werden Widerstand leisten, obwohl sie – nach unserer Auffassung – in einer Kompromißbildung auch Menschenrechts-Normen enthalten.

Die „großen" Religionen vertreten eine Morallehre, die in der Hauptsache so verfaßt ist, daß die Allgemeinen Menschenrechte in ihr aufgehen, so daß eine Verteidigung der Allgemeinen Menschenrechte überflüssig wäre – wenn diese Moral von allen Mitgliedern der Kirche eingehalten würde. Die allerschlimmsten und umfangreichsten Verletzungen der Menschenrechte sind jedoch im Namen einer Religion geschehen, meist so, daß die Rechte nur für die „Rechtgläubigen" galten, anderen (Ungläubigen, Ketzern, Heiden etc.) der Status eines Menschen und damit der Anspruch auf sein Recht entzogen wurde. Toleranz wird vielleicht gepredigt, aber kaum geübt. Dogmen setzen Grenzen. Auch in friedlichen Zeiten stößt die Freiheit der Religion auf Tabus (Kreuze in bayrischen Schulen) und wird die Verfügung über den eigenen Körper zugunsten eines ideologiegetragenen Machtanspruchs bestritten (Schwangerschaftsabbruch als Delikt erklärt). Darin sind die Religionen nicht liberaler als irgendwelche totalitären Staatsideologien, die ihre nationalistischen oder sozialistisch-egalitären Ordnungen zum Dogma machen, indem sie sich auf Geschichte, Tradition oder absolut gültige Ideen beziehen.

Allgemeine Menschenrechte sind eben nicht das gleiche wie irgendwelche traditionell gewachsenen Wertsysteme, sind weder gleichzusetzen mit christlicher Nächstenliebe, mit buddhistischer Toleranz, der Gerechtigkeit eines Gottesstaates, sie stehen auch jenseits der „rationalen" gesellschaftlichen Ordnungen.

Sie müssen erst aus den komplexen kompromißhaften Bildungen, in die sie eingegangen sind, gelöst und in die psychische Entwicklung der Individuen eingebracht werden, um Geltung zu bekommen. Es gibt keine religiös oder sonstwie ideologisch motivierte gesellschaftliche Ordnung, in der man eine Verletzung von Menschenrechten respektieren müßte, weil sie dort nun einmal üblich ist.

Die Freiheit der Religion beinhaltet gewiß die Übung von Ritualen. Mädchen und Frauen islamischen Glaubens verhüllen sich in vielen, aber nicht allen muselmanischen Gemeinschaften. Wenn grausame Körperstrafen entsprechend der Scharia vollzogen werden, muß verlangt werden, daß das Dogma, das der Scharia zugrunde liegt, aufgegeben wird.

Kürzlich ist mir die Frage gestellt worden, ob man die Exzision der Mädchen bei afrikanischen Völkern abschaffen dürfe, ob dies nicht einer Zerstörung ihrer Kultur gleichkomme – eine Fortsetzung kolonialer Gewalt. Um so eher, als eine Mehrzahl der Mädchen und Frauen die schmerzhafte Verstümmelung selber verlangt bzw. befürwortet. Zur letzten Bemerkung möchte ich daran erinnern, daß grausames Prügeln von Kindern (Rohrstock, *birching, spanking*, Ohrfeigen) im Rahmen der schwarzen Pädagogik zu den scheinbar unabdingbaren Elementen unserer Kultur in Schule und Elternhaus gehörten. Mir selber sind noch viele Angehörige unserer westlichen, in katholischen und protestantischen Traditionen lebenden Staaten bekannt, die „dankbar" auf die Mißhandlungen zurückblicken und nicht zögern, sie ihren Kindern aufzuerlegen. Aus den Schulen sind sie zumeist verschwunden, im Familienverband werden diese Grausamkeiten verpönt. Die kulturelle Verfassung hat nicht unter der Neuerung gelitten. Deutsche sind nicht kulturell verändert oder verwahrlost, seit der Rohrstock aus Schule und Elternhaus verbannt ist.

Sobald man von *Allgemeinen Menschenrechten* spricht und internationale Gremien mit ihrer Wahrung betraut, besteht nicht nur das Recht sondern auch die Pflicht, bei so krassen massenhaften Verstößen wie der Klitoris-Exzision einzugreifen. Es hängt von den politischen Faktoren, von Machtverhältnissen ab, ob das tunlich oder möglich ist.

Was sind die Menschenrechte eigentlich? – muß man fragen. Die Antwort ist jeweils eine andere – je nachdem, an wen sich die Frage richtet. Für die Verfasser der UNO Charta sind sie ein Gesetz oder ein Gesetzesentwurf, von dem sie hoffen, daß er allgemeine Gültigkeit erlangen wird. Für Menschenrechts-Vertreter – dissidente oder staatlich eingesetzte – sind sie ein Postulat, eine Forderung, das für die Würde des Menschen unerläßlich ist.

Für die Medien und andere Meinungsbildner sind sie ein prestigereicher Slogan, der moralisch, vernünftig, demagogisch oder anders verwendet werden kann. Für die Gefangenen in Keraterm sind die Menschenrechte Lügen, die alle nachplappern, denen niemand glaubt und die eine schreckliche Wirklichkeit verdecken sollen.

Der ethnologische Blick glaubt zu erkennen, daß die Allgemeinen Menschenrechte in alle (oder fast alle) Institutionen aller Kulturen konstitutiv eingegangen sind, daß kein prinzipielles Hindernis besteht, sie in einer Kultur, in der sie ganz oder teilweise zu fehlen scheinen, einzufordern. Man bringt damit nichts neues, kulturfremdes hinein, sondern versucht, der einen Tendenz gegen stärkere „Kräfte" zur Anerkennung, zum Durchbruch zu verhelfen.

Ich spreche über die Allgemeinen Menschenrechte, ohne zu sagen, ob ich sie für „angeboren" halte oder für „erworben" als Ergebnis einer zivilisatorischen Entwicklung. Daß Menschenrechte in allen Kulturen nachweisbar sind, würde für „angeboren" sprechen, daß Erziehungsprozeduren nötig sind, um sie zur Wirkung zu bringen, für „erworben". Die Frage „angeboren" versus „erworben" führt nicht weiter. Ich vergleiche die Allgemeinen Menschenrechte mit der Sprachentwicklung, von der Sigmund Freud (1933, S. 241) sagt, „sie sei allgemeiner Besitz des Menschen (...), die allen Kindern vertraut ist (...) und die bei allen Völkern trotz der Verschiedenheit der Sprachen gleich lautet". – Zur Definition des Wesens der Allgemeinen Menschenrechte behelfe ich mich „mit dem Gebrauch von Analogien": Trotz der Verschiedenheit der gesellschaftlichen Formationen kommen die Allgemeinen Menschenrechte überall vor, müssen aber in einer gesellschaftlichen und individuellen Entwicklung erworben werden, um zur Wirkung zu gelangen.

Die Psychoanalyse zeigt nicht nur, daß und wieso der Mensch zur Befolgung und ebenso zur Mißachtung der Menschenrechte fähig ist. Sie weiß, daß der Mensch veränderbar ist und daß er die Formen seines Zusammenlebens, die Konstitution seiner Staaten, verändern kann, aber sie weiß auch, daß eine lange Zeitspanne, viele Generationen und unerhörte Anstrengungen nötig sind, um solche wünschbaren Veränderungen herbeizuführen.

Von Albert Einstein gedrängt, sich zur „Natur des Menschen" zu äußern, blieb Sigmund Freud skeptisch. Er sah wohl, daß Veränderungen möglich sind, fügte aber hinzu: „Ungern denkt man an Mühlen, die so langsam mahlen, daß man verhungern könnte, ehe man das Mehl bekommt."

## Literatur

Erdheim, M. (1984): Die gesellschaftliche Produktion von Unbewusstheit. Frankfurt a.M., (Suhrkamp).

Fisch, J. (1996): Darf man Menschenrechte mit Gewalt durchsetzen? In: „Kursbuch", Heft 126, Dezember 1996.

Freud, S. (1913): Totem und Tabu. GW,. Bd. IX, S. 89.

Freud, S. (1927): Die Zukunft einer Illusion. GW., Bd. XIV, S. 323-380.

Freud, S. (1930): Das Unbehagen in der Kultur. GW., Bd. XIV., S. 419-506.

Freud, S. (1933): Der Mann Moses und die monotheistische Religion. GW., Bd. XVI.
Gross, J. P. (1997): Der egalitäre Liberalismus der Jakobiner. Le Monde diplomatique/taz/woz, September 1997.
Harner, M. J. (1973): The Jivaro. Garden City, New York (Anchor Press Doubleday).
Human Rights Watch (1997): Arrest now! Brüssel.
Lukes, S. (1996): Fünf Fabeln über Menschenrechte. In: Shute, S. u. Hurley, S. (Hrsg.): Die Idee der Menschenrechte. Frankfurt a. M. (Fischer).
Maier, C. (1996): Das Leuchten der Papaya. Ein Bericht von den Trobriandern in Melanesien. Hamburg, (Eva).
Saric, M. (1994): Keraterm. Erinnerungen aus einem serbischen Lager. Übers. von K. D. Olof. Klagenfurt (Drava Verlag).
United Nations (1985): The International Bill of Rights. New York.

# Als Psychoanalytiker in der Friedens-, Ökologie- und Kinderrechtsbewegung

Horst Petri

Das Kongreßthema „Psychoanalytikerinnen und Psychoanalytiker im sozialen Feld" intendiert eine Standortbestimmung psychoanalytischer Praxisfelder in unterschiedlichen Bereichen der Gesellschaft. Damit wird der Tatsache Rechnung getragen, daß es in den letzten Jahrzehnten zu einer beachtlichen Expansion unseres Berufsstandes und zu einer tiefgreifenden Umgestaltung psychoanalytischer Praxis und Identität gekommen ist. Neben der klassischen Einzel-, Gruppen- und Kindertherapie gehören psychoanalytisch orientierte Erziehungsberatung, Familientherapie, Balintgruppenarbeit, Supervisionstätigkeit und Gruppenselbsterfahrung in unterschiedlichen Arbeitsfeldern heute ebenso zum psychoanalytischen Alltag wie die Etablierung der Psychotherapie in der Psychiatrie, in Kinderschutzzentren, in der Suizidprophylaxe im Kindes- und Jugendalter, im Strafvollzug, in Behandlungszentren für Folteropfer, im Drogenentzug, in Frauenhäusern, Kriseninterventionsstationen, in Zentren zur Behandlung von sexuellem Mißbrauch u. v. a.

Aber Psychoanalyse im politischen Feld? Die Formulierung meines Themas greift bewußt, unter Beifügung einer historischen Ergänzung, den Titel einer Arbeit von Richter aus dem Jahre 1985 auf: „Als Psychoanalytiker in der Friedensbewegung". In dem Aufsatz zeichnet Richter den subjektiven Erfahrungshintergrund und seine innere Konfliktdynamik nach, die sich aus seiner aktiven Teilnahme am Zweiten Weltkrieg und dessen entsetzlichen Folgen ergaben, und die er als Motivationen seines friedenspolitischen Engagements erkannt hatte (Richter, 1985). Neben dem persönlichen Bekenntnis liegt das Besondere der Arbeit noch an einem anderen Punkt. Die Erklärung macht eine kurze Abschweifung notwendig.

Noch 1978 ging Parin der Frage nach, „Warum die Psychoanalytiker so selten zu brennenden Zeitproblemen Stellung nehmen" (Parin, 1978). Bekanntlich handelt es sich bei diesem Aufsatz um eine ethnologische Studie über den Verlust des kulturkritischen Erbes der Psychoanalyse. Die von Freud erstmals 1908 mit der Arbeit „Die kulturelle Sexualmoral und die moderne Nervosität" (Freud, 1908) eingeleiteten kulturkritischen Schriften, die später von vielen Analytikern der 1. Generation ergänzt wurden, verstanden sich als theoretische Beiträge zur Debatte über das Verhältnis von Individuum und Gesellschaftsstruktur. Praktisches Handeln verstieß gegen die Regeln psychoanalytischer Abstinenz und wurde in verschiedener Weise geahndet. So scheint es kein Zufall, daß der Briefwechsel zwischen Einstein und Freud von 1932 unter dem theoretischen Titel „Warum Krieg?" bekannt wurde, während Einstein seine Frage sehr konkret stellte. „Gibt es einen Weg, die Menschen von dem Verhängnis des Krieges zu bewahren?" Freud gesteht bei dieser Frage seine „Inkompetenz" ein und sieht in ihr „eine praktische Aufgabe, die den Staatsmännern zufällt". Er interpretiert Einsteins Frage um und ist sichtlich erleichtert, „daß mir nicht zugemutet wird, praktische Vorschläge zu machen". In sympathischer Selbstironie schreibt er abschließend: „Sie sehen, es kommt nicht viel dabei heraus, wenn man bei dringenden praktischen Aufgaben den weltfremden Theoretiker zu Rate zieht" (Einstein, Freud, 1932).

Dieses Credo bestimmte bis noch vor wenigen Jahren weitgehend das Verhältnis des Analytikers zu Fragen des praktischen Handelns im außertherapeutischen Feld. Dagegen hatte sich seit Parins Arbeit der bis dahin fast aufgegebene kulturkritische Diskurs in der Theorie in vielfältiger Weise auf seine psychoanalytische Tradition besonnen. Aufbauend auf den Arbeiten von Alexander und Margarete Mitscherlich nach dem Zweiten Weltkrieg hat sich nicht nur in den Nachbardisziplinen, sondern auch unter Analytikern eine größere Gruppe formiert, die mit dem psychoanalytischen Erkenntnisverfahren dort gegen gesellschaftliche Entwicklungen argumentiert, wo menschliche Grundrechte außer Kraft gesetzt werden. Zu den wichtigen Problemen, die in den beiden letzten Jahrzehnten verstärkt in Fachkreisen diskutiert werden, zählen nunmehr Themen wie die Rolle der Psychoanalyse im Dritten Reich, die seelische Traumatisierung durch KZ-Haft und Folter, psychoanalytische Untersuchungen über die Spätfolgen des Holocaust auf die nachfolgenden Generationen, die kollektiven Auswirkungen der nuklearen Bedrohung, die Psychoanalyse der Kriegsbereitschaft, Psychoanalyse und Feminismus, Psychoanalyse und Ökologie sowie die Psychoanalyse des neuen Rechtsextremismus.

Richters Arbeit markierte insofern einen Paradigmenwechsel, als er eine konsequente Ergänzung der Theorie durch die Praxis einforderte: „Aber Selbstheilung im politischen Zusammenhang erfordert die Fortsetzung der introspektiv theoretischen Aufarbeitung im praktischen Handeln. Das Erkennen muß mit dem Machen Hand in Hand gehen. Kritisches Denken korrumpiert sich am Ende selbst, wenn es sich nicht in der Praxis mit den Kräften auseinandersetzt, die sich seinen Konsequenzen widersetzen: Wenn man im Machen nicht mehr anwendet, was man erkannt hat, kann man schließlich auch nicht mehr erkennen, was zu machen ist" (Richter, 1985, S. 298).

Innerhalb der psychoanalytischen Bewegung hat Richter, vergleichbar nur dem konsequenten Weg Marie Langers, seit Jahrzehnten mit äußerster Beharrlichkeit diese Synthese von Theorie und Praxis in sein Wirken integriert. Seine zahlreichen Schriften legen ein beredtes Zeugnis seines theoretischen Denkens und Handelns im politischen Feld ab (Richter, 1974, 1979, 1982, 1985, 1992, 1993, 1995). Die in Fachkreisen häufig erhobenen Einwände gegen Richters Anwendung der Psychoanalyse erscheinen mir symptomatisch für die Verleugnung der Rolle und Verantwortung, die die Psychoanalyse in Zeitbrüchen wie den unseren übernehmen könnte. Entsprechend verkennt die Kritik nicht nur die konstruktiven politischen Handlungsansätze, sondern vor allem die gesundheitlich-präventive Breitenwirkung, die von Richters praktischem Handeln an der Basis und von der schriftlichen Vermittlung seiner Erfahrungen ausgehen.

Paradigmenwechsel, ob in der Wissenschaft oder in der gesellschaftlichen Entwicklung, erfolgen bekanntlich in Zeiten ernsthafter Krisen oder der Stagnation. Historisch datiert daher nicht zufällig Richters Standorterweiterung aus einer Zeit, in der die gesellschaftlichen Umbrüche in bisher ungekanntem Ausmaß das menschliche Ökosystem bedrohen, und in der, davon nicht unabhängig, die Psychoanalyse als Erfahrungswissenschaft von Mensch und Gesellschaft in eine Legitimationskrise geraten ist. Diese könnte ihre Existenz ernsthaft gefährden, falls sie auf die Herausforderungen keine neuen Antworten und Handlungsstrategien findet. Freuds Aufspaltung in „Staatsmänner“ und „weltfremde Theoretiker“ gilt weniger denn je, ist aber Teil des Erbes, das wir noch heute zu verwalten haben. Während die einen es weiter verteidigen, wächst die Zahl derer, die sich von ihm befreien. Ihnen erscheint es verhängnisvoll, Antworten auf wichtige Zeitfragen allein Politikern zu überlassen, eine Option, die um so obsoleter geworden ist, je mehr deren Entmachtung durch die globale Vernetzung von Ökonomie und Technik voranschreitet.

Diese Erkenntnis bildete auch den Ursprung für die Entwicklung der sozialen Basisbewegungen. Ohne ihren Einspruch und ihre Mitsprache ist eine innovative Politik heute kaum noch denkbar. Was liegt also näher, als daß diejenigen, die das genannte Freudsche Erbe verwerfen, sich intellektuell und handelnd mit diesen Bewegungen verbünden? Tatsächlich arbeiten inzwischen immer mehr Psychotherapeuten und Psychoanalytiker in der Friedensbewegung mit, im Umweltschutz, in Menschenrechtsorganisationen, in kirchlichen Verbänden, in der Kinderrechtsbewegung oder im Rahmen psychosozialer Projekte in der Dritten Welt. Auch wenn ihr Anteil an der Gesamtzahl ausgebildeter Therapeuten noch gering erscheinen mag, ist hierin eine konsequente Fortentwicklung zu erkennen, die den Wandel unseres Berufsbildes ebenso wie die strukturellen Veränderungen der Gesamtgesellschaft widerspiegelt. Diese Wechselseitigkeit hat zu fließenden Übergängen psychoanalytischer Tätigkeitsfelder und Identitäten geführt – von der Arbeit hinter der Couch über die Einbindung in die institutionalisierte psychosoziale Versorgung bis hin zur fachlich begleitenden Teilnahme am Demokratisierungsprozeß wachsender Bevölkerungsgruppen.

Diese Entwicklung wird sich fortsetzen, so ist zu prognostizieren, solange die gesellschaftlichen Bedrohungen wachsen, und die durch sie bedingte Dehumanisierung und die kollektiven Ängste nur durch die Gegenbewegung neuer Demokratisierungsschübe aufhaltbar erscheinen. Übrigens besteht ein grundsätzlicher Unterschied zwischen Analytikern, die sich der gegenwärtigen Demokratiebewegung anschließen, und denjenigen, die im antifaschistischen Widerstand tätig waren. Ein hier nicht angestrebter Vergleich zwischen psychoanalytischer Opposition unter einer Diktatur und in einer Demokratie hätte neben dem unterschiedlichen Grad an Freiheit bzw. vitaler Existenzgefährdung die gesellschaftlich und psychodynamisch völlig verschiedenen Voraussetzungen zu berücksichtigen, die zur Autonomiegewinnung des Subjekts und zur demokratischen Entfaltung des Kollektivs beitragen. Der Hinweis erscheint notwendig, weil in Fachkreisen immer noch eine Tendenz zur Verwechslung bzw. Gleichstellung beider Analytikergruppen verbreitet ist, die die etikettierende Spaltung in „politisch" versus „therapeutisch" zementiert und dadurch falschen Heroisierungen auf der einen und fachlichen wie persönlichen Abqualifizierungen auf der anderen Seite Vorschub leistet.

In diesem Zusammenhang scheint mir auch eine Frage an Bedeutung verloren zu haben, die noch vor Jahren lebhaft diskutiert wurde: „Was treibt einen Analytiker dazu, sich politisch zu engagieren?" Wenn man bei der Beantwortung die psychoanalytische Grammatik benutzt, kommt erwartungsgemäß nichts Gutes heraus, bestenfalls eine saftige Restneurose mit einem nicht ausreichend integrierten Narzißmus, einem frühen „Wiedergutmachungsbedürfnis" (Klein, 1958) nicht verarbeiteter oral destruktiver Impulse, Reaktionsbildungen gegen anale Aggression und natürlich ein negativer Ödipus mit dazugehöriger Suizidthematik. Intrapsychisch sehr konfliktreich, das Ganze. Ein autonomes und sozial handlungsfähiges Ich wird man nur selten antreffen.

Ich selbst habe, um die Überzeichnung zu versachlichen, anläßlich eines Vortrages zum Thema „Der Psychoanalytiker zwischen Medizinalisierung und sozialer Verantwortung" auf der DKPM-Tagung 1989 noch den Versuch unternommen, meine politische Entwicklung aus meiner Kindheitsgeschichte im Faschismus herzuleiten (Petri, 1989a). Ohne an dieser Stelle Einzelheiten zu rekapitulieren, erwähne ich den Versuch, um nochmals den beschleunigten Wandel zu verdeutlichen, der auch unsere Berufsgruppe erfaßt hat. Noch Ende der 80er Jahre, so schließe ich aus meiner damaligen Analyse, sah man sich zu einer Rechtfertigung veranlaßt, wenn man sich auf bisher von Analytikern noch weitgehend gemiedenes und tabuiertes Territorium vorwagte. So läßt sich auch Richters Ableitung seiner Friedensarbeit aus seinem Schicksal im Faschismus lesen. Man gehörte noch immer zu den „marginal men" (Parin, 1978) und hatte für die Tabuverletzung beruflich und persönlich mancherlei Buße zu leisten. (Auch hierbei verbietet sich allerdings jeder Vergleich mit der Situation von 1933 bis 1945.) Die

Zeit der „marginal men" scheint weitgehend überwunden. Wenigstens läßt die Macht und die Stimme derjenigen nach, die sich weigern, die Psychoanalyse als das anzuerkennen, was sie immer war – eine „Bewegung", die sich entgegen aller Widerstände durch Reflexion ihrer eigenen Geschichte, ihres Theoriengebäudes und ihrer Praxisbezüge dynamisch auf die sich wandelnden Voraussetzungen des gesellschaftlichen Systems einstellte.

Es erschiene mir abwegig, in diesem Zusammenhang die Geschichte der Psychoanalyse im Dritten Reich zu reklamieren und daran zu erinnern, wohin solche systemische Anpassung führt. Die Zeit des Faschismus in Deutschland besaß keine Spur demokratischer Substanz, keinerlei Hoffnung auf kulturelle Erneuerung und gesellschaftliche Weiterentwicklung, sondern stand ausschließlich im Zeichen einer pathologischen Regression mit der Entfesselung destruktiver Energien ohne Maß. Angesichts dieser institutionalisierten Gewalt war es unausbleiblich, daß die Psychoanalyse aus ihrer „Bewegung" in einen Totstellreflex verfiel, in eine kurze Zeitspanne traumatischer Stagnation, zu deren schrittweiser Überwindung sie allerdings, zum größten Teil selbstverschuldet, ein halbes Jahrhundert brauchte.

Heute, knapp hundert Jahre nach dem offiziellen Beginn der Psychoanalyse mit der „Traumdeutung" (Freud, 1900), haben diese Wissenschaft und ihre praktischen Anwendungen immerhin einen Eingang in weite Teile der Gesellschaft gefunden, wie er in einer historisch ähnlich kurzen Epoche wohl von keiner anderen Wissenschaft behauptet werden kann. In den letzten Jahren, so der Eindruck, macht sich keiner mehr der Häresie verdächtig, der seine fachliche Kompetenz in den Dienst sozialer Basisbewegungen stellt, wie sich auch niemand mehr dafür rechtfertigen müßte, wenn er die Couch durch andere Settings ergänzt oder ersetzt, ob als Familientherapeut, Berater, Supervisor, Balintgruppenleiter oder in anderen Bereichen der psychosozialen Versorgung. Die Grenzen zwischen den Arbeitsfeldern und zwischen Therapie und Prävention haben sich aufgelöst. Unter dem Stichwort „Charakter der Psychoanalyse als empirische Wissenschaft" schrieb Freud 1923: „Sie (die Psychoanalyse, H. P.) haftet (vielmehr) an den Tatsachen ihres Arbeitsgebietes, sucht die nächsten Probleme der Beobachtung zu lösen, tastet sich an der Erfahrung weiter, ist immer unfertig, immer bereit, ihre Lehren zurechtzurücken oder abzuändern. Sie verträgt es so gut wie die Physik oder die Chemie, daß ihre obersten Begriffe unklar, ihre Voraussetzungen vorläufige sind, und erwartet eine schärfere Bestimmung derselben von zukünftiger Arbeit" (Freud, 1923, S. 229). Mit diesem Zukunftsentwurf bereitete Freud selbst die Erweiterung der ursprünglich therapeutischen Bestimmung der Psychoanalyse durch eine präventive Dimension vor.

Etwas Entscheidendes kommt in diesem Zusammenhang hinzu, das uns oft zu wenig bewußt ist: Das verbindende Element unserer aller Arbeit ist unsere oppositionelle Grundhaltung. Das zeichnete die Psychoanalyse als Wissenschaft und Profession von ihren Anfängen an aus. An welchem sozialen Ort wir auch stehen, wir arbeiten ständig im Widerstand, das Revolutionäre ist unserem Handeln immanent und muß ein gemeinsames strukturelles Merkmal unserer Berufswahl sein. Ob ich hinter der Couch die Ich-Kräfte des einzelnen gegen die Tyrannei seiner kulturellen Über-Ich-Introjekte verteidige, ob ich die Familie aus der Umschlingung ihrer unbewußt gemachten Konflikte befreie, ob ich die Unterwerfungstendenz ganzer Arbeitsteams gegenüber personaler Hierarchie und institutionellen Zwängen und ihre damit verbundene Unfreiheit und ihr Leiden bloßlege, um zu mehr Selbstbestimmung zu ermutigen, oder ob ich schließlich, wie ich zeigen werde, in Bevölkerungsgruppen außerhalb des therapeutischen Feldes die Abwehrkräfte und Handlungsalternativen gegenüber gesellschaftlichen Bedrohungen zu stärken versuche – immer ist mein Handeln oppositionell begründet, indem es Erneuerung durch Auflehnung gegen pathogene Verhältnisse anstrebt.

Unter dieser Prämisse erscheint mir die Bezeichnung der professionellen Mitarbeit in den sogenannten neuen sozialen Bewegungen als „gesellschaftliches" oder gar als „politisches Engagement" wenig glücklich. Ihr Mißverständnis verführt um so mehr zur Stigmatisierung mit entsprechenden Vorurteilen, je mehr sie der strikten Abgrenzung zur therapeutischen Arbeit dienen soll. Alles Persönliche, so wissen wir heute, ist politisch, sofern das eigene Handeln den Hilfesuchenden in ein engagiertes Interesse einbindet und man sich selbst und die anderen als vergesellschaftete Subjekte begreift. Welche Akzente wir auch setzen, unsere berufliche Arbeit läßt sich grundsätzlich als „engagiert" bezeichnen, da sie in erster Linie bedürfnisgeleitet ist. Daher empfiehlt sie sich keiner unterschiedlichen fachlichen oder moralischen Wertung, solange sie auf der Grundlage psychoanalytischen Denkens fußt.

Zusätzlich ist zu bedenken: An welcher Stelle wir auch stehen, immer müssen wir unsere Bescheidenheit gegen unseren Narzißmus behaupten. Er ist uns selbst die größte Gefahr und wird zur Gefahr für die anderen, wenn wir ihn als Waffe im Kampf um die „einzige Wahrheit" mißbrauchen. Neben dem Narzißmus teilen wir unser Schuldgefühl. Wir fühlen uns immer verantwortlich, für den einzelnen, für die Familie, für die soziale Gemeinschaft. Das verbindet uns in unserer Last. Das Schuldgefühl gehört zu den entscheidenden Triebfedern unserer Identität als Helfer und Heiler.

Nun werden Kritiker einwenden, daß eine solche Perspektive in ihrer Nivellierungstendenz wiederum einem Rechtfertigungsversuch gleichkommt. Schließlich erfordere die Arbeit in Gruppen mit politischer Zielsetzung eine Spaltung des Analytikers in ein berufsspezifisch adaptives und in ein revolutionäres Ich, dasjenige, das gegen gesellschaftlich produzierte Mißstände und Unrecht jeder Art ein Recht auf öffentlichen Widerstand einfordert. Der Einwand berücksichtigt zu wenig die Überlegungen zur grundsätzlich oppositionellen Rolle des Analytikers. Daß diese Spaltung bei vielen noch besteht, ist unbezweifelt. Aber sie ist nicht naturgegeben, sondern Ergebnis einer fachspezifischen Sozialisation. Wenn es richtig ist, daß diese durch die Zeitumstände als überholt betrachtet werden muß, resultiert daraus die Notwendigkeit zur Überwindung der Spaltung. Nichtanalytiker haben es mit diesem schwierigen Sachverhalt leichter, sie folgen der Logik ihres Verstandes. Im Geburtsjahr von Freud schrieb Virchow: „Soll die Medizin daher ihre große Aufgabe wirklich erfüllen, so muß sie in das große politische und soziale Leben eingreifen. Sie muß die Hemmnisse angehen, welche der normalen Erfüllung der Lebensvorgänge im Wege stehen, und ihre Beseitigung bewirken" (Virchow, 1856, S. 56). Bekanntlich war Virchow einer der wichtigen Wegbereiter des Präventionsgedankens, und der Medizin blieb der Konflikt zwischen „Therapie" und „Prävention" erspart.

Der bisher stillschweigend behauptete Zusammenhang von Arbeit in sozialen Basisgruppen und Prävention drängt endlich zu einer Begründung. Wie sieht diese Arbeit aus, was kann sie bewirken? Zur Veranschaulichung leite ich die Antworten kasuistisch ein. Einige Beispiele habe ich bereits an früherer Stelle beschrieben (Petri, 1985, 1989, 1992, 1993, 1994). Meine fachliche Arbeit in der Friedensbewegung begann Mitte der 80er Jahre im Zusammenhang mit der Nachrüstung der Nato-Länder mit atomaren Mittelstreckenraketen. In einer Arbeitsgruppe führten wir 1985 eine bundesweite Pilotstudie über atomare Bedrohungsängste bei 3500 Kindern und Jugendlichen durch (Petri u. a., 1987). Die Ergebnisse entsprachen vielen internationalen Vergleichsstudien über die damalige Verbreitung der Kriegsängste in der jungen Generation. Aber auch in der Gesamtbevölkerung wuchsen angesichts der neuen Welle des Kalten Krieges die Ängste vor einer atomaren Konfrontation. Der Friedensbewegung fiel u. a. die Funktion zu, diese Ängste gegenüber der staatlichen Macht zu artikulieren und für eine Deeskalationspolitik einzutreten. Psychoanalytiker wurden in dieser Zeit wie nie zuvor darum gebeten, in Kindergärten, Schulen, Elternverbänden, in der Kirche und in der Öffentlichkeit, Hilfen zum Umgang mit den atomaren Bedrohungsängsten zu leisten. Damals nahm die Zahl derer zu, die sich den Herausforderungen stellten.

Aus meinen persönlichen Erfahrungen greife ich ein Beispiel heraus. Nach einem Vortrag in einer Schule über Kriegsängste von Kindern fragte eine Mutter, was man Kindern angesichts der täglich durch die Medien gehenden Meldungen über den Rüstungswahnsinn konkret sagen könne. Ich deutete an, daß ich ihre Frage als persönliches Anliegen auffaßte, das sicher auch andere Hörer mit ihr teilten; solche Fragen ließen sich besser gemeinsam beantworten, und ob – an das Publikum gewandt – alle einverstanden seien, einen Kreis zu bilden, um persönlicher ins Gespräch zu kommen. Ich machte diesen Vorschlag erst nach der

Eingangsfrage und benutzte dazu ein Stück Suggestion, weil bekannt ist, wie sehr ein größeres Publikum aus der Anonymität heraus die Meinung des Experten in einem rationalen Frage-Antwort-Spiel erfahren will, ohne daß es dabei zu einer emotionalen Neuerfahrung kommt. Hätte ich sofort nach dem Vortrag den Vorschlag gemacht, wäre mit größeren Ängsten und Widerständen zu rechnen gewesen, sich auf eine Gruppenarbeit einzulassen. Das Publikum stimmte spontan zu, und in kürzester Zeit waren die Stuhlreihen der Aula aufgelöst und in einen großen Kreis für fünfzig bis sechzig Personen verwandelt. Jetzt wandte ich mich erneut an die Mutter und fragte sie, ob ein konkretes Erlebnis sie zu ihrer Frage veranlaßt habe. Diese Technik im Umgang mit Fragen ist uns so geläufig, daß sie hier keiner weiteren Erklärung bedarf.

Ihre zehnjährige Tochter, erzählte die Mutter nun, sei in den letzten Tagen sehr bedrückt gewesen und habe erst nach mehrfachem Drängen berichtet, daß sie in der Schule über Hiroshima gesprochen und einige Bilder dazu gesehen hätten. In ihrer Ratlosigkeit habe sie, die Mutter, nicht gewußt, wie sie darauf reagieren sollte. „Gestern", fuhr sie fort, „saßen wir beim Mittagessen, und wie aus heiterem Himmel sagte meine Tochter plötzlich: ‚Es hat doch alles keinen Sinn mehr, der Atomkrieg kommt bestimmt, und dann ist alles aus.' Das ist der Grund, warum ich heute auf die Schulveranstaltung gekommen bin." Aus dieser Initialszene entwickelte sich dann eine analytisch orientierte Gruppenarbeit, die ihre Spannung und Intensität nicht nur aus der Betroffenheit der Eltern erhielt, sondern auch aus den Konflikten mit wechselseitigen Schuldzuschreibungen zwischen Eltern und Lehrern, wie sie speziell im Zusammenhang mit Friedenspädagogik und Umwelterziehung immer wieder auftreten. Im Verlauf von gut zwei Stunden gelang es dann, die anfänglich hoch emotionalisierte Atmosphäre durch Deutungsarbeit so weit zu neutralisieren, daß innerhalb und zwischen den beiden Gruppen ein persönlicher Dialog möglich wurde, der das Verständnis eigener Gefühle von Angst, Hilflosigkeit und entsprechenden Abwehrtechniken ebenso einschloß wie Wege zur Öffnung des Gesprächs mit den Kindern.

Meine berufliche Mitarbeit in der Ökologiebewegung begann mit dem 26. April 1986, dem Supergau von Tschernobyl. Nie vorher hatten die Risiken des friedlich genutzten technischen Fortschritts Katastrophen ähnlichen Ausmaßes verursacht. So führte das Jahr 1986 in weiten Bevölkerungskreisen Europas zur Wende des ökologischen Bewußtseins und stellte die Ökologiebewegung auf eine stetig wachsende Basis. Auch für mich wurde die Katastrophe zum Auslöser für eine theoretisch orientierte Auseinandersetzung mit ökologischen Fragestellungen und Ausgangspunkt für deren praktische Anwendung.

Folgende kurze Skizze soll eine spezielle Variante psychoanalytischer Kompetenz verdeutlichen. Wenige Tage nach dem Ereignis von Tschernobyl saß ich in einem Rundfunkstudio zu einem Life-Gespräch mit einem elfjährigen Mädchen,

Andrea, über ihre Gedanken, Gefühle und Phantasien zu dieser Erfahrung. Ich wählte für das Interview eine analytische Gesprächsführung, auch in der Absicht, für die anonymen Zuhörer Möglichkeiten des Dialogs mit jungen Menschen aufzuzeigen, über die die Alltagskommunikation in der Regel nicht verfügt: Durch einfühlendes Interesse, gezieltes Nachfragen, Bestätigung und Ermutigung einen Kontakt herzustellen, der dem Gesprächspartner die freie Entfaltung und Mitteilung seiner assoziierten Bilder, Ängste und phantasierten Schrecken bis hin zu ersten Selbstheilungsschritten erlaubt. Plötzlich fragte mich Andrea, als habe sie dieses sie am meisten bedrängende Thema am längsten zurückgehalten: „Kann es passieren, daß auch das Trinkwasser verseucht wird?" Ich erschrak. Mir waren alle möglichen Folgen des radioaktiven Fall-outs bekannt, aber daß unter den gegebenen Bedingungen der Kern des Reaktors tatsächlich das Erdreich bis zum Grundwasser durchschmelzen könnte, an diese Gefahr hatte ich nicht gedacht. Trinkwasser, das elementarste, was wir brauchen, radioaktiv verseucht – hier hatte meine Verleugnung eingesetzt. Ich dachte einen Augenblick nach und sagte dann: „Ja, das kann passieren; es wäre ganz grauenhaft, und wir können nur hoffen, daß es nicht passiert, aber auszuschließen ist es nicht." „Ja", sagte Andrea nachdenklich, „das wäre schrecklich." Dann, nach einer kurzen Pause, hellte sich ihr Gesicht auf, sie lächelte mich an und sagte: „So, jetzt will ich das Gespräch beenden und will wieder spielen gehen. Es gibt so viel Schreckliches, aber es gibt zum Glück auch ganz viel Schönes." Sie bedankte sich für das Gespräch und verließ das Studio.

Der überraschende Wechsel der Gefühlsstimmung ist nicht schwer deutbar. Ungeschult hätte ich wohl wie fast jeder Erwachsene auf die Konfrontation mit Andreas Frage reagiert – mit Verleugnung, mit Verharmlosung – mit Lüge: „Nein, das wird bestimmt nicht passieren, davor brauchst du keine Angst zu haben." Mein eigenes Erschrecken hätte mich um so leichter zu dieser Ausrede verführt. Unsere analytische Haltung bewahrt uns davor. Es gibt viele Fragen, die wir nicht beantworten, um den Prozeß der Selbstbefragung nicht zu blockieren. Aber es gibt Fragen, die nur eine Antwort dulden – die Wahrheit. Die verharmlosende Ausrede läßt den Fragenden allein, während die Antwort selbst über die schrecklichste Realität ihn aus der Einsamkeit befreit und ihn in die Solidarität von Mit-Leid und Verantwortung einbindet. Das macht ihre kathartische Wirkung aus.

Von der Ökologie- zur Kinderrechtsbewegung ist nur ein kleiner Schritt. Es besteht eine enge Verbindung zwischen beiden Bewegungen durch die inzwischen verbreitete Erkenntnis, daß Schutz der Umwelt Kinderschutz in einem umfassenden Sinne bedeutet, und umgekehrt, daß die Zerstörung der ökologischen Lebensgrundlagen sich am folgenreichsten für die junge Generation auswirkt. Im Unterschied zur Friedens- und Ökologiebewegung ist die Kinderrechtsbewegung noch wenig im öffentlichen und in unserem fachlichen Bewußtsein verankert. Deshalb hier ein paar Stichworte. Ihre Anfänge lassen sich ins Jahr

1981 datieren. Damals etablierte sich als ausschließliche Initiative von Kindern und Jugendlichen die „Childrens Campaign for Nuclear Disarmament", eine in den USA gestartete breite Kinderbriefaktion gegen den Irrsinn der Massenvernichtungsmittel. Mitte der 80er Jahre entstand daraus die weltweite Initiative „Peacebird", bei der Hunderttausende von Kindern Bittbriefe an die Repräsentanten der Supermächte zur Beendigung des Wettrüstens richteten. Aus diesen Anfängen entwickelte sich die heutige Kinderrechtsbewegung, die, unterstützt vor allem durch die Ökologiebewegung, einen wesentlichen Schwerpunkt ihrer Arbeit in der Durchsetzung ökologischer Kinderrechte sieht. Angebunden an Umweltverbände, Kirchen, Jugendorganisationen, Kinderschutzgruppen, Schulen und vereinzelt auch an offizielle politische Institutionen wächst mit ihr in den letzten Jahren eine historisch völlig neue soziale Basisbewegung heran, die lokal handelnd und global denkend ihre öffentliche Plattform in regelmäßigen Kinderkongressen und Kindergipfeln im In- und Ausland gefunden hat. Außerdem verfügt diese sich zunehmend vernetzende Bewegung über zahlreiche eigene Publikationsorgane und hat sich feste Plätze in den Medien zur Durchsetzung ihrer Ziele nach mehr politischer Mitsprache und Anerkennung eines verbindlichen Generationsvertrages gesichert. Starken Aufwind erfuhr die Bewegung durch die Verabschiedung der UN-Kinderrechtskonventionen vom November 1989, die auf internationaler Ebene erweiterte Kinderrechte vorschreiben, und durch die „Deklaration zum Überleben, zum Schutz und zur Entwicklung von Kindern", die beim „Ersten Weltgipfel für Kinder" im September 1990 in New York von 71 UNO-Mitgliedsstaaten unterzeichnet wurde. Beide Dokumente markieren eine historisch einschneidende Wende in einer global verantwortlichen Kinderpolitik. Zum erstenmal werden in ihnen auch besondere Prioritäten im Umweltschutz zur Zukunftssicherung für die heutige und die nachfolgenden Generationen gesetzt.

Wie kann der psychoanalytische Beitrag zur Unterstützung solcher Entwicklungsprozesse zu mehr Demokratie und zu erweiterten Menschenrechten aussehen? Als Beispiel direkter politischer Meinungsbildung sei an die „Aktion: Gegen die Vergiftung der Kindheit" vom November 1992 erinnert (Psyche, 1993, S. 102 ff., 502). Ein an alle Abgeordneten des Deutschen Bundestages persönlich gerichteter „Offener Brief" enthielt eine ausführliche psychoanalytisch begründete Beschreibung der seelischen und psychosozialen Folgen der Umweltbedrohung für Kinder und Jugendliche und deren Auswirkungen auf den Generationenkonflikt. Er war mit einem dringenden Appell zu „grundlegenden Strukturveränderungen im Umweltschutz" verbunden. An der Aktion beteiligten sich 32 überregionale Verbände, Fachgesellschaften und Elterninitiativen aus den Bereichen Umweltschutz, Gewerkschaften, Kinder- und Jugendhilfe und Psychologie. Folgende Vorstände psychotherapeutischer Gesellschaften schlossen sich der

Aktion an: DGPT, DPG, AÄGP und VaKJP. Der „Offene Brief“ einschließlich der Liste der Unterzeichner wurde in zahlreichen Fachzeitschriften und Basispublikationen veröffentlicht. Wohl zum erstenmal in der Geschichte der psychoanalytischen Bewegung haben sich bei der Aktion psychotherapeutische Fachverbände in dieser Breite mit anderen Gesellschaftsgruppen in der gemeinsamen Sorge um die seelische Gesundheit der jungen Generation solidarisiert und ihren fachlichen Einspruch öffentlich gemacht.

Als Beispiel konkreter Basisarbeit schildere ich abschließend eine Gruppensituation auf dem „2. Natur-Kindergipfel“ im Herbst 1993 in Stuttgart, an dem 600 Kinder aus dem In- und Ausland und einige Experten aus Politik, Wirtschaft, Wissenschaft und Kultur teilnahmen. In zehn selbstgewählten Arbeitskreisen diskutierten die Kinder – die meisten zwischen acht und vierzehn Jahren – über Fragen alternativer Energien, Trinkwasserprobleme, den inhumanen Umgang mit Tieren, die Zerstörung des Regenwaldes, Kinderrechte, die Herabsetzung des Wahlalters und über Ausländerhaß. Es waren kleine Expertenrunden, die ihr Wissen und ihre kritische Sorge unter sich austauschten, bevor sie konkrete Veränderungsvorschläge und Forderungen in den Dialog mit den Erwachsenen einbrachten und vor einer breiten Medienöffentlichkeit vertraten.

Ich sitze in einem runden Jutezelt, um mich herum auf Strohballen etwa dreißig Kinder. „Das Fremde zulassen“ heißt der Arbeitskreis, der von einer Jugendleiterin moderiert wird. Die Kinder sprechen über ihre Alltagserfahrungen mit ausländischen Mitschülern und deren Familien, erzählen von ihren Gewalterlebnissen in der Schule und auf der Straße und stellen erstaunliche Zusammenhänge her zwischen Arbeitslosigkeit, Ausländerhaß, Industrialisierung, Armut in der Dritten Welt und Bevölkerungswanderungen. Sie machen vernünftige Vorschläge, wie diese Probleme besser gelöst werden könnten. Aber sie sprechen nicht über ihre Gefühle. Sie sind klug, wissen viel, aber über ihre Ängste, Phantasien und tieferen Bedürfnisse zu reden, sind sie weder von zu Hause noch von der Schule gewohnt. Es sind kleine Erwachsene, die hier in der romantischen Zelthöhle auf warmen Strohballen ihre unbewußten Sehnsüchte nach Geborgenheit ausleben und sie gleichzeitig durch Rationalität ungeschehen machen.

Als mir dieses szenische Geschehen deutlich wird, sage ich: „Ihr solltet später alle in die Politik gehen, dann sähe es um unsere Welt besser aus. Aber ich kann mir gar nicht vorstellen, was ihr fühlt, wenn ihr all diese Dinge erlebt, was ihr nachts träumt oder welche Phantasien euch beschäftigen.“ Diese Konfrontation wird jetzt zum Ausgangspunkt lebhafter, sich überstürzender Berichte über kindliche Innenansichten, über Ängste und Einsamkeiten, über Zorn, Verzweiflung und Trauer. Indem sich die Kinder im Austausch dieser Erfahrungen gegenseitig spiegeln, nehmen sie wieder Kindergestalt an, hilflos, verletzlich, aber mutig. Am Schluß beim Herausgehen nimmt mich ein Mädchen am Arm und, als wolle sie das Erlebte für sich zusammenfassen und vorläufig abschließen, sagt sie unter Hinweis auf ihre Mitarbeit in einer Umweltgruppe: „Ohne unsere Angst würden wir das doch alles nicht tun!“

Die psychoanalytischen Beiträge zur Demokratiebewegung breiter Bevölkerungskreise auf dem Hintergrund des wachsenden Krisenpotentials unserer Zeit sind inzwischen weiter angelegt und vielfältiger, als die illustrierenden Beispiele zeigen konnten. Dazu zählt die beratende Zusammenarbeit mit Politikern, Parteien, Gewerkschaften, Kirchen, Umweltorganisationen und vielen anderen Gesellschaftsgruppen ebenso wie der interdisziplinäre Austausch mit anderen Fachgruppen wie Ärzten, Naturwissenschaftlern oder Sozial- und Geisteswissenschaftlern. Einen großen Raum nimmt naturgemäß die Öffentlichkeitsarbeit durch Vorträge, Arbeitsgruppen und Projekttage im Rahmen von Akademiefortbildungen, Tagungen, Kongressen oder Einzelveranstaltungen ein, sowie die fachliche Kooperation mit den Medien, deren Nachfrage nach psychoanalytischer Kompetenz wächst. Außerdem wäre die wissenschaftliche Forschung ein wichtiger Baustein für unseren Beitrag; hier fehlt es allerdings noch deutlich an dem notwendigen Interesse und der entsprechenden Kapazität unserer Fachgesellschaften.

Inwieweit, das war die Ausgangsfrage, kann die Summe psychoanalytischer Aktivitäten in den neuen sozialen Bewegungen einen sinnvollen Beitrag zur Prävention gesellschaftlich produzierten Leidens liefern? Prävention im psychoanalytischen Sinne bedeutet: Unbewußtes bewußt machen; Konflikte benennen und die Konflikttoleranz stärken; das Hoffnungspotential durch positive Identifizierungen stabilisieren, affektnahe Kommunikation durch Dialogfähigkeit und -bereitschaft vertiefen; ressourcenorientierte Coping-Mechanismen entwickeln lernen, u. a. durch die Verbesserung der Ich-Fähigkeiten durch kognitive Lernschritte, Erkenntnisse und Einsicht sowie die Unterstützung des sozial isolierten Ich durch ein solidarisches Gruppen-Ich, wodurch die defensiven Abwehrmechanismen des einzelnen in eine produktive „psychosoziale Abwehr“ (Heigl-Evers u. a., 1983) der Gruppe integriert und in den Dienst konstruktiver Gefahrenbewältigung genommen werden können. Zur Prävention gehört außerdem der wichtige Beitrag der Psychoanalyse, im einzelnen und im Kollektiv das Bewußtsein für die tief verinnerlichten Normen des sozialen Zusammenlebens wie Verantwortung, Loyalität und Gerechtigkeit wachzuhalten und als verpflichtendes Erbe jeder sozialen Gemeinschaft anzumahnen.

Diese sowohl intrapsychisch wie interaktionell wirksamen Schritte der Prävention werden durch Rückkoppelungs- und Selbstregulierungsmechanismen verstärkt, wie sie besonders in informellen Gruppen oder Systemen auftreten. Diese unterscheiden sich nach soziologischer Definition von formellen bzw. fest organisierten Gruppen durch das Prinzip der Freiwilligkeit und besonders durch ihre persönliche und emotionale Verbundenheit.

Außerdem sind informelle Gruppen lockerer organisiert als feste Gruppen und erreichen aus systemischer Sicht dadurch einen höheren Grad an Rückkoppelungsfähigkeit und Flexibilität gegenüber ihnen verwandten Systemen. So gibt es keine scharfe Trennung zwischen der Friedens-, Ökologie- und Kinderrechtsbewegung untereinander oder gegenüber anderen Bevölkerungsgruppen, zu denen ein wechselseitiges Verhältnis der Kooperation besteht.

Nun ließe sich einwenden, daß unter den geschilderten Voraussetzungen in den genannten Gruppen der präventive Beitrag der Psychoanalyse tatsächlich ein wichtiger Wirkfaktor sein kann, daß er sich aber lediglich auf Bevölkerungsminderheiten beschränkt, während es angesichts der kollektiven Verunsicherung, Angst und Bedrohung dringender wäre, die Möglichkeiten psychoanalytischer Prävention gesamtgesellschaftlich zu reflektieren. Richtig ist die enge Affinität zwischen Demokratiebewegung und Psychoanalyse. Anders als die Gesamtgesellschaft und der einzelne Patient, von denen Freud sagt, sie müßten sich im Widerstand gegen uns befinden, weil wir – und hier spricht Freud zum erstenmal den grundsätzlich oppositionellen Charakter der Psychoanalyse an – ihre Illusionen zerstören (Freud, 1911, S. 111), wird unser Beitrag in sozialen Basisbewegungen vergleichsweise widerstandsfrei angenommen und sogar erwartet. Dabei ist nicht nur entscheidend, daß diese Gruppen ihre Illusionen über die Gesellschaft aufgegeben haben und sich mit uns in einer oppositionellen Rolle einig wissen, indem sie die parlamentarisch abgesicherten Normen von Politik und Wirtschaft zur kritischen Neuorientierung herausfordern. In diesen Gruppen besteht, was wir als wichtige Indikationskriterien für unsere Interventionsmöglichkeiten ansehen: Ein primärer und sekundärer Leidensdruck, ein hohes Problembewußtsein nicht nur für die äußeren Gefahren, sondern vor allem für die Grenzen und Schwierigkeiten des verohnmächtigten Ich, sich handelnd der Gefahr entgegenzustellen, und eine ausgeprägte Motivation, das innere Leiden durch den Entwurf konkreter Utopien zu ersetzen. Diese Voraussetzungen fehlen in der breiten Bevölkerung, die den Konformitätsdruck nur durch den Einsatz eines reichhaltigen Arsenals von Abwehrmechanismen erträgt und aus dem sie schließlich ihren Lustgewinn zieht.

Ist deswegen der Einwand gegen die geringen Möglichkeiten psychoanalytischer Prävention berechtigt? Nicht, wenn wir uns unserer Grenzen bewußt bleiben. Berechtigter wäre die Frage, warum der präventive Ansatz psychoanalytischer Theorie und Praxis bisher wenig diskutiert oder früh wieder verworfen wurde, während der therapeutische Auftrag weitgehende Dominanz beansprucht. Denn tatsächlich wird der Psychoanalyse in vielen Bereichen von Kultur und Gesellschaft heute mehr „Autorität" (Freud, 1911, S. 111) eingeräumt, als ihre Pioniere sich jemals vorstellen konnten und wir uns selbst oft zugestehen. Unsere präventive Arbeit in den sozialen Basisbewegungen sollte auch nicht die Kräfte unterschätzen, die von ihnen ausgehend in die Gesellschaft hineinwirken.

Das „Menschenbeben“ (Jungk, 1983), das angesichts der neuzeitlichen Bedrohungen durch unsere Zivilisation geht, könnte schon bald Wellen schlagen, von denen größere Bevölkerungsgruppen erfaßt werden. Eine Psychoanalyse, die sich als „Bewegung“ begreift und ihre Grenzen entsprechend dem historischen Wandel der Gesellschaft weiter öffnet, wird darauf vorbereitet sein, daß sich neue Arbeitsfelder auftun, wo ihre Hilfe gefragt ist.

## Literatur

Aktion: Gegen die Vergiftung der Kindheit (1993): Psyche 47, 102-105, 502.
Einstein, A., Freud, S. (1932): Warum Krieg? Diogenes, Zürich 1972.
Freud, S. (1900): Die Traumdeutung. GW., II/III.
Ders. (1908): Die „kulturelle“ Sexualmoral und die moderne Nervosität. GW., VII.
Ders. (1911): Die zukünftigen Chancen der Psychoanalytischen Therapie. GW., VIII.
Ders. (1923): „Psychoanalyse“ und Libidotheorie. GW., XIII.
Heigl-Evers, A., Bosse-Steuernsgel, G., Henneberg-Mönch, U. (1983): Verarbeitung von Angst unter vitaler Bedrohung – individuelle Schutz- und Abwehrmechanismen. In: Rüger, U. (Hg.): Neurotische und reale Angst. Verlag für Medizinische Psychologie, Göttingen, 272-298.
Jungk, R. (1983): Menschenbeben. Der Aufstand gegen das Unerträgliche. Bertelsmann, München.
Klein, M. (1962): Neid und Dankbarkeit. In: Dies. : Das Seelenleben des Kleinkindes und andere Beiträge zur Psychoanalyse. Klett, Stuttgart 1983.
Parin, P. (1978): Warum die Psychoanalytiker so ungern zu brennenden Zeitproblemen Stellung nehmen. Eine ethnologische Betrachtung. Psyche 32, 385-399.
Petri, H. (1985): Kriegsangst bei Kindern. Psychosozial, Bd. 26, 46-60.
Petri, H., Boehnke, K., Macpherson, M., Meador, M. (1987): Zukunftshoffnungen und Ängste von Kindern und Jugendlichen unter der nuklearen Bedrohung. Analyse einer bundesweiten Pilotstudie. Psychologie und Gesellschaftskritik II, H. 2/3, 81-105.
Ders. (1989a): Der Psychoanalytiker zwischen Medizinalisierung und sozialer Verantwortung. Vortrag auf der DKPM-Tagung. Unveröffentl. Manuskript.
Ders. (1989b): Kinderängste in unserer Zeit. In: Ders.: Lieblose Zeiten. Psychoanalytische Essays über Tötungstrieb und Hoffnung. Vandenhoeck und Ruprecht, Göttingen 1996.
Ders. (1992): Umweltzerstörung und die seelische Entwicklung unserer Kinder. Kreuz, Zürich.
Ders. (1993): Zur Psychoanalyse der Hoffnung. In: Ders.: Lieblose Zeiten, a. a. O.
Ders. (1994): Gesellschaftskritik im Deutungsprozeß. Ein Fallbericht. In: Ders.: Lieblose Zeiten, a. a. O.
Richter, H.-E. (1974): Lernziel Solidarität. Rowohlt, Reinbek (Neuausg. 1998, Psychosozial-Verlag, Gießen).
Ders. (1979): Der Gotteskomplex. Rowohlt, Reinbek.
Ders. (1982): Zur Psychologie des Friedens. Rowohlt, Reinbek (Neuausg. 1996, Psychosozial-Verlag, Gießen).
Ders. (1974): Lernziel Solidarität. Rowohlt, Reinbek (Neuausg. 1998, Psychosozial-Verlag, Gießen).
Ders. (1985): Als Psychoanalytiker in der Friedensbewegung. Psyche 39, 289-300.
Ders. (1992): Umgang mit Angst. Hoffmann und Campe, Hamburg.
Ders. (1993): Wer nicht leiden will muß hassen. Zur Epidemie der Gewalt. Hoffmann und Campe, Hamburg.
Ders. (1995): Bedenken gegen Anpassung. Hoffmann und Campe, Hamburg.
Virchow, R. (1856): Gesammelte Abhandlungen zur wissenschaftlichen Medizin. Frankfurt, S. 56.

# Asylrecht: Steine statt Brot

Heribert Prantl

Ein Land, das sich nur als Industriestandort definiert, braucht Menschen, die funktionieren. Funktionieren sie nicht so, wie die Standortfunktionäre dies wollen, sind sie Mißbraucher. Die ersten dieser Mißbraucher waren die Asylmißbraucher und die „Gastarbeiter": Die Asylmißbraucher waren Mißbraucher, weil sie kamen, und die Gastarbeiter waren Mißbraucher, weil sie nicht mehr gingen. Es folgten die Sozialmißbraucher. Mißbrauch – das Wort hat Hochkonjunktur in der politischen Sprache. Bald wird es heißen: Wer seinen Arbeitsplatz behalten will, der stört das Grundrecht auf ungestörte Investitionsausübung.

Es gibt die angeblichen Mißbraucher der Meinungsfreiheit, die Soldaten als Mörder bezeichnen. Es gibt die angeblichen Mißbraucher der Demonstrationsfreiheit, die zu Zigtausenden gegen Gorleben oder gegen die Politik des sozialen Abbaus protestieren. Es gibt die Schwulen und Lesben, die heiraten wollen und schon mit dieser Absicht und Forderung nach staatlichem Schutz ihrer Lebensform angeblich den Schutz der Ehe und Familie mißbrauchen. Es gibt die Wehrdienstverweigerer, die, sobald sie zu zahlreich werden, angeblich Sicherheitsrisiko und Mißbraucher der Gewissensfreiheit sind. Es gibt die angeblichen Mißbraucher der Glaubensfreiheit, die sich gegen die staatlich verordnete Anbringung von Kruzifixen im Klassenzimmer wehren. Es gibt die angeblichen Mißbraucher der Pressefreiheit, die Unregelmäßigkeiten in Staat und Verwaltung aufdecken, dabei Dienstgeheimnisse verletzen und deshalb von Polizei und Staatsanwaltschaft durchsucht werden. Im Strafverfahren gibt es immer mehr angebliche Mißbraucher der Unschuldsvermutung, weil Beschuldigte einfach nicht gestehen wollen, daß sie schuldig sind. Es gibt die Gegner des Lauschangriffs, die auf die Unverletzlichkeit ihrer Wohnung pochen – also wohl etwas zu verbergen haben.

Überhaupt: Wer sich auf seine Grundrechte und Grundfreiheiten beruft, der macht sich neuerdings verdächtig. Ein guter Standortbewohner hat das nämlich nicht nötig. Er hat nichts zu befürchten. Wer sich also auf seine Rechte beruft, der wird schon wissen, warum. Er ist per se ein Risiko.

Die herrschende Politik tut so, als wäre weniger mehr: Zuviel Asylrecht fördert angeblich den Asylmißbrauch; also soll weniger Asylrecht dem Asylrecht dienen. Um es zu retten, mußte es also abgeschafft werden. Zuviel Sozialstaat fördert angeblich den Sozialmißbrauch; also soll weniger Sozialstaat soziale Gerechtigkeit bringen. Um den Sozialstaat zu retten, muß er also zerschlagen werden. Zuviel Recht fördert angeblich das Unrecht, also soll weniger Recht das Recht befördern. Eine seltsam perverse Logik. Der angebliche Mißbrauch wird mißbraucht, um die Grundrechte einzuschränken.

In den Zeiten, in denen das politische Motto noch „mehr Demokratie" hieß, ging es um Chancengleichheit, soziale Gerechtigkeit, um Toleranz, um Schutz und Hilfe für die Schwachen. Jetzt geht es um „mehr Wachstum", und dieses Wachstumsprogramm wird begleitet von Kampagnen, die suggerieren, das Land sei bevölkert von Millionen von Nichtsnutzen und Schmarotzern, von Kampagnen, die versuchen, den Skandal der Massenerwerbslosigkeit zu relativieren. Mehr Wachstum? Natürlich mehr Wachstum! Aber nicht mehr Profite und mehr Zerstörung, sondern mehr Demokratie, mehr soziale Gerechtigkeit und mehr ökologische Verantwortung. Indes: In der gegenwärtigen politischen Debatte ist „mehr Wachstum" das Tarnwort für eine Bereicherungssucht, die immer mehr Schwache an den Rand drängt und ihnen das zerstörerische Gefühl eintrichtert, an ihrem Schicksal selbst schuld zu sein.

Die Politik der Entdemokratisierung und die Politik der Entsolidarisierung gehen Hand in Hand. Konservative Politiker klagen gern über den Verlust des Gemeinsinns. Dabei war es ihre Politik, die die Solidarität preisgegeben hat. Nirgendwo ist die Entsolidarisierung, und zwar die staatlich organisierte Entsolidarisierung, so weit gediehen wie im Bereich des Flüchtlings- und Asylrechts. Damit fing es an. Wenn heute darüber geklagt wird, wie der Staat mit Sozialhilfeempfängern, Arbeitslosen, Kranken und Schwachen verfährt und auf wie wenig Widerstand das stößt, dann muß man, um dies zu erklären, auf die Flüchtlings- und Asylpolitik der letzten zwanzig Jahre eingehen.

Die Richter des Bundesverfassungsgerichts haben diesen Zusammenbruch nicht aufgehalten, sie haben es nicht einmal versucht. In seinem Urteil vom 14. Mai 1996 verweigerte das Verfassungsgericht sich seiner ureigenen Aufgabe. Es nahm den Flüchtlingen das bißchen Hoffnung, das sie noch hatten: Das Gericht segnete nämlich nicht nur das geltende Asylrecht mit ein paar marginalen Änderungen ab, es verschärfte gleichzeitig auch die bisherige Asylpraxis. Das Gericht kündigte an, daß es künftig, Verfassungsbeschwerde hin oder her, der Abschiebung von Flüchtlingen tatenlos zusehen wird. Das oberste Gericht läßt seitdem Politik und Bürokratie nach Belieben schalten und walten. Es degradierte sich zum Zuschauer rechtswidriger Entscheidungen. Statt den Behörden in den Arm zu fallen, waschen die Richter ihre Hände in Unschuld. Pontius Pilatus richtet in Karlsruhe.

Das neue Asylrecht, über das die Richter zu entscheiden hatten, ist ein heuchlerisches Recht: Es verspricht, was es nicht hält. Es gaukelt Schutz vor, den es nicht gibt. Es definiert andere Staaten als sicher, auch wenn sie es nicht sind. Das

Bundesverfassungsgericht heuchelt mit. Es spricht von europäischen Lösungen, die nicht existieren. Es verheißt Schutz, den es nicht gewährt. Und es tut so, als könne man unsichere Staaten wirklich per gesetzlicher Definition zu sicheren Staaten erklären. Das Gericht weigert sich, individuelle Einzelschicksale anzuhören. Es beschränkt sich letztlich darauf, in die Verfassungen und Gesetze dritter Staaten zu schauen, und darauf, ob diese Staaten der Menschenrechts- und der Flüchtlingskonvention beigetreten sind. Wenn dies der Fall ist, dann sei alles in Ordnung. Die Rechtspraxis interessiert nicht. Sancta simplicitas!

Es war den Verfassungsrichtern zu anstrengend, letzte Instanz in Asylsachen zu sein. Sie waren sich zu schade dafür, die Behörden auf dem Flughafen anzurufen, wie sie es seit dem Inkrafttreten des neuen Asylrechts ab und an getan hatten. Weil sich das Gericht überlastet fühlte, überließ es in seinem Asylurteil vom 14. Mai 1996 die Flüchtlinge ihrem Schicksal. Flüchtlinge, die in der Eile zu Unrecht abgeschoben wurden, so sagten die Richter, könnten ja später wieder einreisen. So zynisch war bislang nur eine bestimmte Spezies von Politikern. Was die Verfassungsrichter hier postulierten, erinnert an das mittelalterliche Gottesurteil: Damals wurde der Delinquent gefesselt ins Wasser geworfen; wenn die „reine Flut" ihn aufnahm, dann erwies sich zwar seine Unschuld – aber leider war er dann ertrunken. So ähnlich ergeht es also jetzt dem politisch verfolgten Flüchtling.

Mißbrauch des Asylrechts? Das Bundesverfassungsgericht mißbrauchte es auf seine Weise. Es hat sich herausgeschlichen aus der Garantie eines rechtsstaatlichen Verfahrens. Es läßt das Asylrecht nur noch als Attrappe bestehen. Dies spricht für sich, so schrieben die drei überstimmten Richter in ihrem abweichenden Votum zu Recht. Wer ihre abweichenden Meinungen liest, der ahnt, welches Ringen hinter den Karlsruher Kulissen stattgefunden hat. Die unterlegenen Richter geißeln das Asylurteil in scharfen Worten. Sie werfen ihren Kollegen vor, ein großes Grundrecht auf dem Altar der „Beschleunigungsmaxime" geopfert zu haben. In der Tat – das höchste Gericht hat in Gestalt dieser Maxime einen neuen obersten Verfassungsgrundsatz erfunden. Die schnelle Abschiebung ist dem Verfassungsgericht wichtiger als alle anderen Werte des Grundgesetzes, wichtiger als das Asylrecht, wichtiger als die Menschenwürde, wichtiger als der Grundsatz des fairen Verfahrens. Dienstag, der 14. Mai 1996 war ein schwarzer Dienstag in der Geschichte der Grundrechte der Bundesrepublik.

Wohl nie in der Geschichte des Verfassungsgerichts wäre eine Plenumentscheidung beider Senate des Gerichts so dringlich gewesen wie in diesem Fall: Das Asylurteil stellt nämlich alles auf den Kopf, was über vier Jahrzehnte lang an diesem Gericht judiziert worden ist. Wenn die Standards, die für das sogenannte Asylgrundrecht gelten, künftig auch auf die anderen Grundrechte angewandt werden sollten, dann gibt es zwar weiterhin Grundrechte, aber keinen Grundrechtsschutz mehr. Ein Recht ohne effektiven Rechtsschutz aber ist nicht viel wert. Recht haben in einem Rechtsstaat bedeutet nämlich für den einzelnen, daß er es nicht einfach nur „hat", sondern auch so durchsetzen kann, daß er etwas davon hat.

Wenn künftig auch für die anderen Grundrechte gilt, was am 14. Mai 1996 für das Asyl entschieden wurde, dann wird aus dem Rechtsschutzgebäude, das über vier Jahrzehnte aufgebaut worden ist, eine Ruine werden. Eigentumsgrundrecht: Die Justiz schaut zu, wie aufgrund einer Behördenentscheidung ein Haus abgerissen wird; nach dem Abriß entscheidet sie dann, daß der Abriß gegen das Grundrecht nach Artikel 14 verstoßen hat. Versammlungsfreiheit: Die Justiz schaut zu, wie eine große Friedensdemonstration zum Jahrestag des Kriegsendes verboten wird; nach dem Jahrestag entscheidet sie dann, daß das Verbot gegen das Grundrecht nach Artikel 8 verstoßen hat. Berufsfreiheit: Die Justiz schaut zu, wie ein Student von der Abschlußprüfung ausgeschlossen wird; nach dem Ende der Prüfung entscheidet sie dann, daß der Ausschluß gegen das Grundrecht nach Artikel 12 verstoßen hat ...

Verglichen mit dem verweigerten Rechtsschutz beim Asylgrundrecht sind diese zukünftigen Fälle freilich eher harmlos. Schutz dagegen, daß Behörden vollendete Tatsachen schaffen, gibt es nicht mehr. Das Verfassungsgericht zerstört, was es nach den Vorgaben des Grundgesetzes selbst aufgebaut hat: den effektiven Rechtsschutz. In Artikel 19 Absatz 4 steht ein Kernsatz des Grundgesetzes: „Wird jemand durch die öffentliche Gewalt in seinen Rechten verletzt, so steht ihm der Rechtsweg offen." Dieser Satz bedeutet und verlangt, daß Rechte im Konfliktfall durchgesetzt werden können. Seit dem Asylurteil des Bundesverfassungsgerichts gilt dieser Satz nicht mehr, er gilt ausgerechnet und zuallererst dort nicht mehr, wo es um die physische Existenz eines Menschen geht. Es gibt also nun Grundrechte erster und Grundrechte zweiter Klasse. Das sogenannte Grundrecht auf Asyl ist spätestens seit dem 14. Mai 1996 ein Grundrecht zweiter Klasse. Es steht zwar noch in der Verfassung, aber es ist fast nichts wert. Es wird sich bald zeigen, welche weiteren Grundrechte degradiert werden. Das Verfassungsgericht hat damit begonnen, den Menschen Steine statt Brot zu geben.

Geldentwertung wird in Europa mit Argusaugen beobachtet. Rechtsentwertung wird dagegen kaum registriert. Auf dem Gebiet des Flüchtlingsrechts geht die galoppierende Inflation soeben in Hyperinflation über. Flüchtlinge werden ausgegrenzt, auch von der Geltung der Rechtsnormen. Wer dem neuen deutschen Asylrecht, der stark gesunkenen Asylbewerberzahlen wegen, applaudieren will, der darf nicht die Bescheide lesen, die vom Bundesamt gegen Flüchtlinge erlassen werden. Sie sind so schlampig und gelegentlich auch so rotzig im Ton wie die Entscheidungen keiner anderen Behörde in Deutschland. In einem Bescheid des Bundesamts gegen einen kurdischen Flüchtling steht mehrfach wörtlich zu lesen, daß dessen – sehr plausible – Angaben „erstunken und erlogen" seien. So beginnt der Aufenthalt von Flüchtlingen in Deutschland.

In ihrem Asylurteil vom Mai 1996 hatten die Verfassungsrichter den Bundesinnenminister aufgefordert, für Rechtsberatung der Flüchtlinge im sogenannten Flughafenverfahren zu sorgen. Es war dies das winzige Quantum an Fürsorge, das die Verfassungsrichter für die Flüchtlinge übrig hatten. Doch nicht einmal dieses winzige Quantum will Minister Kanther zur Verfügung stellen. Die „Rechtsberatung", die er sich vorstellt, und die er (eineinhalb Jahre nach dem Asylurteil!) zu organisieren begann, sieht so aus: Zuständig für die Organisation der Beratung ist der Bundesgrenzschutz, also genau die Behörde, die die Abschiebung der Flüchtlinge exekutiert. Das Rechtsberatungsmodell präsentiert sich folgendermaßen: Der Grenzschutz informiert bei Übergabe des Ablehnungsbescheids über die Möglichkeit einer asylrechtlichen Beratung, und er stellt, wenn gewünscht, den Kontakt zu Anwältinnen und Anwälten her. In den Räumen des Grenzschutzes kann dann eine Beratung stattfinden, die aber keine Rechtsvertretung einschließt. Der Anwalt soll den Flüchtling nur darüber beraten, ob er vor Gericht eine Chance hat. Das ist eine Farce. Flüchtlinge brauchen keine Chancenkalkulation, sondern Anwälte, die ihnen zum Recht verhelfen.

Der Aufenthalt der Flüchtlinge, die das Glück hatten, ins Land zu kommen, endet regelmäßig im Abschiebehaftgefängnis. Abschiebegefängnisse gehören zu den dunkelsten Orten in Deutschland. Es sind grundrechtsfreie Räume. Abschiebehäftlinge heißen im Vollzugsjargon „Schüblinge". Ein Schübling in Berlin erzählt: „Ich bin seit sechs Monaten hier drin. Die Verwaltung sagt, alles geht nach Recht und Ordnung. Aber keiner von uns kennt die Regeln, keiner weiß, was hier eigentlich geschieht." Es geschieht der Vollzug des Paragraphen 57 Ausländergesetz: Der Flüchtling, der „Schübling", sitzt im Gefängnis und wartet. Betreuung gibt es nicht, es gibt nur das Warten auf den Abtransport. Abschiebehaft dient der „Sicherung der Abschiebung", sagt das Gesetz.

Die Schüblinge sind keine Straftäter. Sie haben nichts gestohlen, sie haben niemanden verletzt – ihr Verbrechen bestand zumeist einzig und allein darin, daß sie in Deutschland in Sicherheit überleben wollten. Wenn man zählen wollte, wie oft an einem einzigen Tag die Menschenwürde in Deutschland verletzt wird – man müßte in den Abschiebegefängnissen beginnen. Und dies ist nicht ein übertriebenes Urteil von „Moralisten" und „Wohlfahrtsheinis". So urteilte auch der Berliner Polizeipräsident; er bezeichnete die Zustände im Abschiebegewahrsam der Polizei als „unmenschlich" und „verfassungswidrig" – so wie dies Heiko Kauffmann, der Sprecher von „Pro Asyl" tut: Deutsche Abschiebehaftanstalten sind für ihn die „organisierte Unmenschlichkeit". Das psychosoziale Zentrum für ausländische Flüchtlinge konstatiert: „Die Situation in den Abschiebeeinrichtungen erfüllt in vielen Punkten nicht einmal den Minimalstandard deutscher Vollzugsanstalten."

Zumeist ist es so: Die Flüchtlinge sind fast ohne Unterbrechung, Tag und Nacht, in ihren Zellen eingeschlossen, zumeist auf noch viel engerem Raum als Strafgefangene. Eine Stunde am Tag dürfen die Schüblinge auf einen Platz im Freien. Ausgang gibt es nicht, Arbeitsmöglichkeiten auch nicht, dafür aber Übergriffe seitens deutscher Häftlinge und des Personals – so berichtet es die Caritas. Warum beschwert sich keiner? Wenn Schüblinge sich beschweren, es versteht sie kaum jemand. Dolmetscher gibt es für sie nicht. Und wenn sie Englisch oder Deutsch sprechen? Dann sind sie oder ihre Zeugen längst abgeschoben, bis eine Behörde reagiert. In den meisten Bundesländern sitzen die Flüchtlinge zusammen mit Straftätern in Haft; in Nordrhein-Westfalen gibt es eigene Abschiebehafthäuser. Immer aber gilt: Von allen Gefangenen in Deutschland geht es den Abschiebehäftlingen am dreckigsten. Der deutsche Staat kümmert sich nicht um diese Häftlinge, bestenfalls stellt er Wohlfahrtsverbände in Dienst; nur Gefängnispfarrer und engagierte freiwillige Helfer fassen sich ein Herz.

Manchmal werden Ehepaare zusammen verhaftet. Der Mann kommt ins Gefängnis A, die Frau ins Gefängnis B, keine/r weiß, wo der/die andere ist. Irgendwann erfährt der eine durch Zufall, daß der andere schon abgeschoben ist. Es kommt vor, daß alleinerziehende Mütter verhaftet und die Kinder ins Heim gesteckt werden – ohne daß die Mutter weiß, wo. Immer wieder werden Minderjährige in Abschiebehaft genommen, Jugendliche zwischen 16 und 18 Jahren; für sie müßte eigentlich ein Verfahrenspfleger bestellt werden. Doch die Vorschriften des Haager Minderjährigen-Schutzabkommens scheinen vielen Ausländerbehörden nicht geläufig zu sein. Schätzungsweise zwanzig bis dreißig Prozent der Schüblinge dürften auch nach dem scharfen bundesdeutschen Recht zu Unrecht sitzen, weil die Voraussetzungen für Abschiebehaft gar nicht gegeben sind.

Irgendwann laufen die Schüblinge Amok. Dann stürzen sie sich lieber vom Dach, als die Situation weiter zu ertragen. Gelegentlich muß ein Landesjustizminister „mit Betroffenheit zur Kenntnis nehmen", daß sich ein Schübling das Leben genommen hat. Bleibt es beim Versuch, dann spricht der Minister von „Selbstbeschädigungen mit Demonstrationscharakter", so der frühere nordrhein-westfälische Justizminister Rolf Krumsiek.

Vogelfrei – das war im Mittelalter der friedlose Straftäter. Niemand durfte ihn unterstützen, beherbergen, ernähren, jeder durfte ihn straflos töten. Er war aus der Rechts- und Friedensgemeinschaft ausgestoßen und der allgemeinen Verfolgung preisgegeben. Letztmals im Jahr 1698 hat das Reichsgericht zu Wetzlar offiziell die Reichsacht verhängt. Heute ist sie wieder da, in modernisierter Form. Verwaltungsbehörden verhängen sie, und sie heißt heute: Ausweisungsbescheid. Er bedeutet Ausschluß, er bedeutet, der Flüchtling wird „ex lex", rechtlos. Diese Flüchtlinge sind Menschen in Acht und Bann.

Die kurdische Familie Simsek hat das zwölf Monate lang spüren müssen. Der bayerische Innenminister Beckstein (CSU) hat sie verfolgt wie eine Verbrecherbande. Er hat an dieser Flüchtlingsfamilie demonstriert, was ein Rechtsstaat alles kann: Er kann sogar Haftbefehle gegen drei- und vierjährige Kinder beantragen. Von nichts und niemand hat Beckstein sich rühren lassen, nicht von den Bitten der Kirchen, nicht von Amnesty International, die für die Familie Simsek die höchste Alarmstufe ausrief – „urgent action", zum ersten Mal in Deutschland.

Doch in so einem Fall sagt man in Bayern: Und jetzt erst recht. Fariz Simsek, angeblich ein Sympathisant der militärischen Kurdischen Arbeiterpartei PKK war vor seiner Flucht in der Türkei gefoltert worden; nach einer Abschiebung drohte ihm dieses Schicksal erneut. Beckstein kümmerte das nicht. Der Kurde samt Familie sollte weg – koste es, was es wolle. Als die Kirchengemeinde Sankt Raphael in Augsburg die Simseks versteckte, da drohte der christliche Minister – nebenbei Synodale der Evangelischen Kirche – den Christinnen und Christen, und er schickte den Kirchenasyl-Pfarrern den Staatsanwalt. Ein Härtefall? Da könnte ja jeder kommen. Gegen einen Härtefall wird daher in Bayern besonders hart vorgegangen. Liberalitas Bavariae. Das hieß in diesem Fall nur, daß man schließlich zugeschaut hat, wie die Familie Simsek 1997 in die Niederlande floh. Dort hat sie einen festen Aufenthaltstitel erhalten.

Das sogenannte Asylbewerberleistungsgesetz ist ein besonderes Exempel für Ausgrenzung. Es hat einen zungenbrecherischen Namen, doch um der Wahrheit die Ehre zu geben, müßte es noch zungenbrecherischer heißen – nämlich so: Asylbewerberleistungsausschlußgesetz. Sinn dieses Gesetzes ist nämlich, daß Flüchtlinge von staatlichen Sozialleistungen möglichst weitgehend ausgeschlossen, Flüchtlinge also so kurz wie möglich gehalten werden. Sie erhalten nach diesem Gesetz erheblich weniger als das Existenzminimum; das Minimum für Flüchtlinge ist also noch minimaler als das für andere Menschen. Das hat nichts mit dem tatsächlichen Bedarf, sondern nur etwas mit der sogenannten Anreizminderung und der Nationalität der Bedürftigen zu tun. Wie steht es dagegen so schön im Grundgesetz, Artikel 3 Absatz 3: „Niemand darf wegen seines Geschlechtes, seiner Abstammung, seine Rasse, seiner Sprache, seiner Heimat und Herkunft, seines Glaubens, seiner religiösen oder politischen Anschauungen benachteiligt oder bevorzugt werden." Worte sind Schall und Rauch – immer öfter auch die des Grundgesetzes.

Kinder sollen Flüchtlinge möglichst nicht bekommen. Eine Baby-Erstausstattung zum Beispiel erhalten nur deutsche Sozialhilfeempfängerinnen, nicht aber Flüchtlingsfrauen. All das gehört bei ihnen nicht zum Existenzminimum. Auch diese erbärmliche Behandlung bezweckt Einsparung und Abschreckung. Der katholische Caritas-Verband hat dagegen heftigst protestiert. Doch Politik hört nicht auf die Caritas. Im Gegenteil: Soeben sollen Geld- und Sachmittel für die nur „geduldeten" Flüchlinge völlig gestrichen werden. Der Bundesrat, angeregt von SPD-regierten Ländern, hat eine entsprechende Initiative schon verabschiedet.

Die Unerbittlichkeit, die der Staat praktiziert, fordern Bundesinnenminister Manfred Kanther und der bayerische Innenminister Günther Beckstein auch von den Kirchen. Die besagten Politiker warnen die katholischen und die evangelischen Christinnen und Christen davor, Flüchtlingen, die von der Abschiebung bedroht sind, in den Kirchengemeinden Zuflucht zu geben. Und sie verhöhnen diesen Einsatz mit dem Satz, daß „wir" doch das liberalste Asylrecht auf der Welt haben. Wenn Kanther liberal mit gleichgültig übersetzt, dann mag er recht haben: Das neue deutsche Asylrecht schert sich wenig um ein Einzelschicksal.

Von einer „Bewegung" kann vielleicht noch nicht ganz die Rede sein – aber von einer erstaunlichen Entwicklung, die sich den Kriterien üblicher Einordnung entzieht, wonach eine politische Aktion entweder „links" oder „rechts" zu sein hat: An die 2500 Menschen haben in den vergangenen zehn Jahren „Kirchenasyl" erhalten; und die Zahl der Kirchengemeinden, die bereit sind, Flüchtlinge aufzunehmen, wächst. Sie wächst, weil ein immer schärferes staatliches Asylrecht auf das Einzelschicksal keine Rücksicht mehr nimmt. Um solche Einzelschicksale kümmern sich die Gemeinden, die Kirchenasyl gewähren. Diesen Pfarreien, die den Flüchtlingen geben, was der Staat ihnen verweigert, steht kein Rechtssatz zur Seite, im Gegenteil: Christliche Hilfsbereitschaft kann in der Sprache des Gesetzes „Beihilfe zum Verstoß gegen das Ausländergesetz" heißen und strafbar sein. Gleichwohl: Immer mehr Christinnen und Christen berufen sich auf ihr Gewissen und nehmen staatliche Unbill auf sich.

Ihnen steht nicht einmal mehr das Gesetzbuch der katholischen Kirche zur Seite, weil 1983 Schutz in kirchlichen Gebäuden aus dem Codex Juris Canonici gestrichen wurde. Die Kirchenoberen geben widersprüchliche Erklärungen ab: Die einen sehen mit Sympathie, wie ihre Gemeinden lernen, mit Beschimpfungen und rechtsradikalen Drohungen umzugehen. Die anderen erschrecken vor dem zivilen Ungehorsam ihrer Schäfchen. Zur Seite steht den Christen nur ihr Gewissen – das sie ebensowenig verstecken wollen wie den Flüchtling, dem sie Schutz gewähren. Sie sperren ihn nicht in der Sakristei ein, sondern nehmen ihn in aller Öffentlichkeit als Gast auf und stellen sich in der Auseinandersetzung mit den Behörden vor ihren Schützling. Häufig haben sie Erfolg. Er besteht auch darin, daß er zeigt, daß das gegenwärtige Asylrecht legalisiertes Unrecht ist.

# Brief aus Afrika

Monika Reimitz

Lieber Horst, zu Deinem 75. Geburtstag schicke ich Dir herzliche Grüsse aus dem südlichen Afrika. Gießen – Namibia, in meinen Gedanken schließen sich beide Lebenswelten zu einer einzigen.

Vor etwa zwanzig Jahren habe ich meine Arbeit am Zentrum für Psychosomatische Medizin in Gießen begonnen. Eigentlich sollte es nur ein kurzer Aufenthalt sein, der Vertragsbeginn eines Kollegen hatte sich verzögert. Unsere Aufgabe war es, Psychosoziale Arbeitsgemeinschaften zu initiieren und wir lernten, individuelle, psychologische Aspekte mit dem sozialpolitischen Umfeld zu verbinden und somit den speziellen psychosozialen Ansatz zu verstehen.

Diese Arbeit war faszinierend. Eine neue spannende Welt eröffnete sich mir und – ich durfte bleiben.

Später folgten zwei weitere Projekte: über den Jugendprotest der achtziger Jahre und die Diskriminierungs- und Stigmatisierungsproblematik im Zusammenhang mit AIDS.

Wir forschten vor Ort, beispielsweise in Berlin, hielten uns in besetzten Häusern auf, hatten Teil am Geschehen. Ich kann mich noch deutlich an unsere unzähligen Diskussionen erinnern, wir waren aufgeregt, fühlten uns auch in Frage gestellt, auf jeden Fall sehr lebendig. Die anschließende AIDS-Thematik erforderte all unseren Ernst. Unser Einsatz und Engagement war von Traurigkeit geprägt, denn die Menschen, mit denen wir in Berührung kamen, waren von sozialer Isolation und schlimmer noch vom Tod bedroht.

Nach unseren stürmischen „Jugendjahren", geprägt von Aufbruchstimmung und Vitalität, sollte sich nun zeigen, ob wir auch mit den schweren Seiten des Lebens umgehen konnten – wir wurden erwachsen. Wurden wir doch, oder?

Als Du dann nach Frankfurt an das Sigmund-Freud-Institut gingst, mußten wir unseren eigenen Weg suchen. Meiner hat mich in die Entwicklungshilfe nach Benin, Nepal und ins südliche Afrika geführt. Die Arbeit ist oftmals schwierig; täglich werde ich mit kulturellen Unterschieden, mit Fremdheit konfrontiert. Aber was ich in Gießen, in der Zusammenarbeit mit Dir und den Kollegeninnen und Kollegen gelernt habe, erweist sich auch hier als hilfreich und wertvoll. Der Versuch, sich in die einzelnen Menschen einzufühlen und dabei das oftmals fremde soziale Umfeld zu verstehen, dieser psychosoziale Blickwinkel ist so relevant und für die Arbeit fruchtbar, wie in meiner Gießener Zeit.

Lieber Horst, die Jahre der Mitarbeit an der Psychosomatik haben mich entscheidend geprägt und ich werde alles, was ich dort gelernt habe, immer und überallhin mitnehmen – dafür danke ich Dir!

Bergrun und Dir alles Liebe
Monika

# Als Abu Kamir noch weiter wußte

Clemens Richter

Lieber Vater, ich habe mir lange überlegt, was ich Dir zum Anlaß Deines 75. Geburtstages schreibe. Erinnerungen an unsere schönen gemeinsamen Erlebnisse beim Bergsteigen, Tennis spielen oder als Zuschauer von Hertha BSC vor 40 Jahren im alten Stadion am Gesundbrunnen in Berlin? Was Solidarität bedeutet, habe ich durch Dich schon als Kind gelernt, denn obwohl ich in Holland lebe, bin ich bis heute Fan von Hertha geblieben.

So wie Du Dich in Deinem Leben für Solidarität mit den Benachteiligten unserer Leistungsgesellschaft eingesetzt hast, fühlte ich mich immer sehr verbunden mit benachteiligten Völkern, den sogenannten Entwicklungsländern. In meiner siebenjährigen Tätigkeit als Arzt in Burkina Faso und Tanzania habe ich sehr viel von den Afrikanern gelernt, im Umgang miteinander und im Respekt voreinander. Ich habe gleichzeitig erfahren, wie borniert viele Projekte der Entwicklungshilfe sind, die unausgesprochen davon ausgehen, daß wir in unserem Wohlfahrtsstaat besser als die dortigen Menschen wissen, was gut für sie ist. Glücklicherweise sind Politiker aus der Dritten Welt oft viel klüger, als sich unsere Staatsmänner vorstellen, wodurch naive Entwicklungsprojekte zu einem ungewollten Solidaritätsbeitrag für ein Entwicklungsland werden können.

Meine kleine satirische Erzählung ist teils autobiografisch, teils frei erfunden. Übereinstimmung mit Persönlichkeiten aus dem wirklichen Leben sind nicht zufällig.

Dein Clemens

Präsident Hornhaut kommt von einem Staatsbesuch aus mehreren afrikanischen Ländern zurück. Er ist sehr beeindruckt von der wunderschönen Natur, der Vielfalt wilder Tiere und der Freundlichkeit seiner afrikanischen Gastgeber. Ein Land hat ihm besonders gut gefallen: Burkania. Mit dem Präsidenten von Burkania teilt er dieselben Leidenschaften: Freude an der Macht (beide sind immerhin 20 Jahre im Amt), aber auch Freude an den täglichen Lebensgenüssen, was sich auch in ihrem Körperumfang widerspiegelt: Beide bringen fast auf das Gramm genau 120 Kilo auf die Waagschale. Als sich der burkaniasische Präsident nicht nur als Kenner erlesener Weine und Wurstwaren, sondern auch als profunder Bewunderer der Lehre Machiavellis erwies, war die Freundschaft schnell besiegelt. Nie hätte er gedacht, so weit weg im afrikanischen Busch einen Gleichgesinnten zu treffen. Kurzum, es war eine herrliche Woche bei seinem neuen afrikanischen Duzfreund Abu.

Kurz vor der Abreise vertraute Abu dem Präsidenten noch an, daß dieser unbedingt etwas für das Wohlergehen seines Volkes tun müsse, in einigen Monaten gäbe es nämlich Wahlen. Ihm sei zu Ohren gekommen, daß im Norden des Landes eine Hungersnot ausgebrochen sei. Ein frecher junger Oppositionspolitiker schicke sich mit lächerlichen Vorwürfen gegen die Regierung an, ihn herauszufordern. Nach mehreren Flaschen köstlichen Weines versicherte der Präsident Abu, daß er sich keine Sorgen machen müsse, er werde das schon regeln.

Zurück in seinem Vaterland, ruft er seine Berater und Minister zusammen. Man entschließt sich, eine Expertenkommission zu bilden, die in aller Eile einen fundierten Hilfsplan aufstellen soll. Die Rücksprache mit dem Finanzminister ergibt, daß er eine Million Euro ohne weiteres locker machen könne. Der Entwicklungsminister erkennt gleich die politische Dimension eines brillianten Soforthilfeprogramms für eines der ärmsten Länder der Welt. Bei seiner kläglich gescheiterten Entwicklungshilfepolitik könne er so ein Glanzprojekt kurz vor dem Ablauf seiner Amtsperiode hervorragend gebrauchen, auch um jeglicher Opposition den Mund zu schnüren, die endlich Taten anstatt großer Worte erwarte.

In aller Eile wird eine Expertenkommission aufgestellt. Als erstes Mitglied wird der Expräsident Luft ernannt, der in seiner Amtszeit mehrmals mutig den afrikanischen Boden betrat und, obwohl er gerne mal ein „schwarzes“ Land mit dem anderen verwechselte, doch als außerordentlicher Afrikakenner gilt. Als zweiter Kandidat drängt sich Bankpräsident Moneta durch seine geschätzten internationalen Verbindungen zu Bankern aus allen Kontinenten geradezu auf. Seine guten persönlichen Beziehungen zu seinem burkaniasischen Kollegen können die Wahl nur unterstützen. Auch beim dritten Kandidaten fällt die Wahl nicht schwer: General a. D. Schliff. Wer erinnert sich nicht mehr an seine Glanztaten im Afrikafeldzug vor 50 Jahren! Obwohl er damals nicht bis nach Schwarzafrika vordrang, gilt sein unverdrossener Einsatz trotz unerträglicher Hitze und vieler Entbehrungen im Nordafrikanischen Wüstenfeldzug heute noch als Vorbild für die junge Soldatengeneration. Erst kürzlich wurde sein Vortrag über die „besonderen Gefahren kulturfremder Armeen gestern und heute" in der Bundeswehr-Akademie begeistert aufgenommen. Die Aufgabe, eine Hungersnot im Herzen Afrikas zu bekämpfen, wird seine alte Leidenschaft sicher wieder wachrütteln. Sein militärisches Organisationstalent ist geradezu eine Garantie für die erfolgreiche Durchführung des Projektes.

Auch auf den vierten Experten einigt man sich schnell. Es muß eine Person sein, die lange in Afrika gearbeitet hat und mit allen Eigenarten der afrikanischen Kultur vertraut ist. Die Berücksichtigung der Frauenquote wäre gerade im emotionalen Bereich für die Pressearbeit äußerst förderlich. Ein Berater schlägt Ordensschwester Theodora mit 20 Jahren Erfahrung in einer Missionsstation im tiefsten afrikanischen Busch vor. Unbeeindruckt von den primitiven Glaubensrichtungen der schwarzen Eingeborenen, hält sie nämlich den unübertroffenen Rekord, ganz alleine 20.000 Seelen zum „richtigen" Glauben bekehrt zu haben. Ihre Überzeugungskraft im Umgang mit Afrikanern ist in dieser Mission unverzichtbar.

Dem Präsidenten fällt ein großer Stein vom Herzen, als alle vier vorgeschlagenen Kandidaten tatsächlich zusagen. Er teilt seinem afrikanischen Freund mit, daß alles geregelt sei, und widmet sich wieder dem politischen Alltag in seinem Vaterland.

Die Herren Luft, Moneta, Schliff und Schwester Theodora treffen sich zum ersten orientierenden Gespräch.

General a. D. Schliff schlägt nach Abklärung durch M.A.D. unverzügliche Inspektion des Krisengebiets vor. Der Rest der Expertengruppe ist mit diesem Vorschlag sofort einverstanden. Aus praktischen Erwägungen überweist Moneta schon mal eine Million Euro auf ein Sonderkonto der burkaniasischen Zentralbank.

Auf dem Flughafen von Burkania gibt es einen feierlichen Empfang für die Sonderkommission mit anschließendem Essen in der Privatresidenz des Präsidenten Abu Kamir. Schon am nächsten Tag geht es an die Arbeit. Nach zehnstündiger Fahrt über staubige Pisten bringt sie der Chauffeur des Präsidenten in einem schicken Landrover sicher zu den hungerleidenden Menschen im Norden des Landes. Unterwegs wird General a. D. Schliff immer euphorischer. Alte Wüstenerinnerungen werden wach, und er erweist sich als glänzender Alleinunterhalter der Gruppe. Auch Schwester Theodora ist glücklich, wieder mal in Afrika zu sein. Den Herren Luft und Moneta ist dagegen etwas unheimlich zumute; sie machen sich große Sorgen, wo sie denn in diesem primitiven Land um Himmels willen heut' abend schlafen werden, etwa unter freiem Himmel zwischen Schlangen und Skorpionen? Angekommen in Tschikita, einem kleinen Dorf, werden sie vom Dorfchef und farbenprächtig elegant gekleideten Notabeln empfangen. Es entsteht eine peinliche Situation. Da sich die Experten auf abgemergelte, arme Schwarze im Lendenschurz eingestellt hatten, haben sie sich bewußt Freizeitkleidung, bestehend aus Shorts und Sandalen, angezogen. Beschmutzt und schweißgebadet steigen sie aus dem Auto. Verwundert stellen sie fest, daß ihr Chauffeur die Fahrt ohne einen Flecken auf seinem Anzug überstanden hat.

Die anschließende Begrüßungszeremonie mit einheimischer Musik und traditionellen Tänzen dauert bis tief in die Nacht. Das Essen, Huhn mit Reis und als Nachtisch Ananas, schmeckt unseren Experten ausgezeichnet. In einer Hütte hat man Betten aus Bambusmaterial mit richtigen Matratzen und Moskitonetzen bereitgestellt. Tief erschöpft fallen die Experten in Schlaf. Indes werden Herr Luft und Herr Moneta durch lauter fremde, unheimliche Geräusche immer wieder aufgeschreckt.

In den nächsten Tagen kommen die Experten aus dem Staunen nicht mehr heraus. Sie werden mit hervorragendem Essen verwöhnt, ohne allerdings zu wissen, daß man aus Anlaß ihres Kommens die letzten Schafe des Dorfes geschlachtet hat. Bei aller afrikanischer Gastfreundschaft kommen sie gar nicht zu ihrem eigentlichen Auftrag, nämlich das Hungerproblem der Region zu erforschen. Statt dessen werden sie selbst zum Mittelpunkt neugieriger Dorfbewohner, die sie auf Schritt und Tritt überallhin begleiten. Dagegen sind selbst das Organisationstalent von General a. D. Schliff und alle gutgemeinten Bemühungen von Schwester Theodora machtlos. Die Herren Luft und Moneta zweifeln sowieso schon an dem Sinn ihres Auftrages, da die zugegebenermaßen etwas unterernährten Einheimischen doch so einen fröhlichen Eindruck machen. Durch immer heftiger werdende Magen-Darm-Beschwerden ist die Gruppe auch zusehends mit sich selbst beschäftigt.

Nach einer Woche kommt die Einladung des Präsidenten zu einer großen Feier in der Hauptstadt wie eine Erlösung. Der Privatjet des Präsidenten holt unsere Experten ab, die in dem Augenblick noch gar nicht wissen, was der Anlaß des Festes ist. Man verabschiedet sich vom Dorfchef und den Notableln, bedankt sich für die Gastfreundschaft und verspricht, bald wiederzukommen. Auftrag ist Auftrag, sagt General a. D. Schliff, wie auch immer, man werde ihn zu Ende führen.

Im Intercontinental Hotel erwartet sie ein Vertrauter des Präsidenten. Er erklärt, daß morgen ein besonderer Tag sei, sie sollten sich überraschen lassen. Verwundert schauen sich unsere Experten um und stellen fest, daß laufend neue Gäste aus aller Welt eintreffen. Nach den umherschwärmenden Journalisten und surrenden Fernsehkameras zu urteilen, scheint es sich um wichtige Leute zu handeln. Abends beim großen „Buffet dansante" stellt sich im Sprachenwirrwarr heraus, daß sich unter den Hotelgästen eine Reihe afrikanischer Präsidenten und Würdenträger befindet, die unter den Klängen afrikanischer Life-Musik völlig aus dem Häuschen gerät. General a. D. Schliff versucht, mit Schwester Theodora einen flotten Walzer hinzulegen. Leider haben sie den glatten Tanzboden unterschätzt, sausen am Boden liegend fünf Meter über die Tanzfläche und bringen dabei mehrere elegant tanzende afrikanische Paare zu Fall. Es ist ihnen natürlich fürchterlich peinlich, zumal sich Schwester Theodora auch noch ihren Rock zerreißt und General a. D. Schliff seine Perücke verliert. So schnell wie möglich ziehen sich beide zurück.

Am nächsten Tag ist dann das große Fest im Fußballstadion. Zusammen mit den vielen Gästen aus Afrika, aber zur großen Überraschung auch bekannten

Staatsmännern aus allen anderen Erdteilen, sitzen unsere Experten auf der improvisierten Ehrentribüne. Militärparade, anschließend Ringkämpfe, danach traditionelle Tanz- und Musikgruppen – die Stimmung der 80.000 Zuschauer wird angeheizt. Der Höhepunkt kurz darauf: Flugzeuge kreisen über dem Stadion, dutzende Fallschirmspringer schweben in die Tiefe und landen mitten im Zentrum der Anlage. Sie formieren sich und bilden zusammen die Zahl 75, die gleichzeitig auch auf der Leuchttafel des Stadions erscheint mit den Worten: „Es lebe Burkania, 75 Jahre unabhängig und frei.“ Unter den Klängen der Nationalhymne, gespielt von der staatlichen Militärkapelle und begeistert mitgesungen von den 80.000 Anwesenden, zieht Präsident Abu Kamir mit seinen Ministern ins Stadion ein. Champagner, Lachs, Kaviar und viele andere Leckereien werden allen Ehrengästen großzügig serviert, und die Masse der Zuschauer wird mit Freibier verwöhnt.

Unsere Experten begreifen schließlich, daß der 75. Jahrestag der Staatsgründung Burkanias gefeiert wird. Expräsident Luft meint sich sogar zu erinnern, daß sein eigenes Land der letzte Kolonialherrscher dieses Gebietes vor der Unabhängigkeit Burkanias gewesen sei.

Präsident Abu Kamir hält eine Ansprache: „Meine Damen und Herren, liebe Gäste aus aller Welt. Ich freue mich, daß Sie so zahlreich erschienen sind, um diesen großen Tag gemeinsam mit uns zu begehen. Mein großer Dank gilt meinem Freund, Präsident Hornhaut, der durch seine großzügige Spende dieses denkwürdige Fest unterstützt hat. Leider konnte er selbst nicht kommen, aber dafür begrüße ich sehr herzlich seine Delegation.“ Applaus.

Einen Monat später wird Präsident Abu Kamir mit überwältigender Mehrheit wiedergewählt. Präsident Hornhaut und seine Regierungspartei dagegen müssen sich in einer eilends von der Opposition beantragten Sondersitzung des Parlaments verantworten und sehen den nächsten Wahlen mit großer Sorge entgegen.

# Über Penisneid, Todes- und Unsterblichkeitsphantasien

## Wie sich Frauen unbewußt mit der Todesgewißheit auseinandersetzen

Christa Rohde-Dachser

Mit der Erkenntnis des Geschlechts- und des Generationenunterschieds tritt auch der Tod in das Leben des Kindes. In diesem Beitrag soll gezeigt werden, wie die kindlichen Phantasien über die Urszene nicht nur dem elterlichen Paar und der eigenen Herkunft gelten, sondern sich auch mit dem Tod auseinandersetzen. Dargestellt werden vor allem weibliche Todes- und Unsterblichkeitsphantasien, die sich um das Symbol des Phallus zentrieren. Der Penisneid der Frau erhält in diesem Zusammenhang die Funktion, den Wunsch nach Überwindung des Todes und nach Unsterblichkeit zu symbolisieren, aber auch die Sehnsucht zurück in einen Bereich der Ungeschiedenheit mit der Mutter zu überdecken. Anhand eines kasuistischen Beispiels werden diese Thesen weiter ausdifferenziert.

### 1. Über die Bedeutung der Urszene

Unter Urszene versteht man in der psychoanalytischen Theorie die szenisch ausgestalteten Phantasien des Kindes über die sexuelle Beziehung der Eltern (Laplanche u. Pontalis, 1975, S. 578). Das Kind ist aus dieser Beziehung ausgeschlossen. Es ist Beobachter der Urszene, nicht Teil von ihr. Insofern beinhaltet die Urszene immer bereits ein Moment der Trennung. Die Urszene ist an die Erfahrung des Geschlechts- und Generationsunterschieds gebunden. Auch damit wird eine Differenz gesetzt, die weittragende Bedeutung hat (Rohde-Dachser, 1987). Dem steht die Erinnerung an einen ursprünglichen undifferenzierten Zustand gegenüber, in dem es noch keine solchen Grenzen gab (Fast, 1984). Rückschauend wird dieses erste Stadium der Ungeschiedenheit deshalb zu einem Paradies verklärt, dessen Wiederherstellung von da an Ziel allen Wünschens ist. Wünschen ist immer ein Zeichen dafür, daß die Trennung bereits stattgefunden hat (Seidler, 1995). Mit der Erfahrung des Generationsunterschieds wird das Kind umgekehrt in eine Generationenkette eingeordnet, in der Geburt und Tod in stetem Wechsel aufeinander folgen. Der Nabel, den jeder Mensch als Erinnerung an seine Herkunft an seinem Körper trägt, ist dafür ein sichtbares Merkmal (Bronfen, 1998). Phantasien über die Urszene befassen sich von daher nicht nur mit der sexuellen Beziehung zwischen den Eltern, sondern – wenn auch in der Regel sehr viel diskreter – mit Phantasien von Geburt und Tod.

Kinder fragen, sobald sie das Fragen gelernt haben, nicht nur: „Woher kommen die Kinder?" Sie fragen auch: „Warum müssen Menschen sterben? Sterben auch Mutter und Vater? Muß auch ich sterben? Und warum?" (dazu auch Lifton, 1979). Die Antwort der Eltern auf diese Frage ist in der Regel unbefriedigend, nicht zuletzt deshalb, weil sie darauf selber keine befriedigende Antwort haben. Kinder hören auf Grund dieser Erfahrung meistens irgendwann auf zu fragen und entwickeln statt dessen über den Tod und das Sterben eigene Phantasien, die eng mit der Urszene verwoben sind. Bronfen, die diesen Gedanken weitergeführt hat, spricht deshalb nicht nur von einer *„Urszene der Sexualität"*, wie Freud dies getan hat, sondern auch von einer *„Urszene der Sterblichkeit"* (Bronfen, 1998).

Diese Bilder des Todes sind auf die eine oder andere Weise zunächst immer mit der Position des Dritten verbunden (Seidler, 1995). Denn es ist dieser Dritte, andere, der mit seinem Eintritt in das narzißtische Universum der Mutter-Kind-Einheit auch die Realität einführt und damit die Zeit und den Tod. Erst wenn diese Dreierstruktur zumindest in Ansätzen etabliert ist, wird es möglich, das Bild der Trennung und des Todes auf die Mutter-Imago zu verschieben und den Dritten als Garant des Überlebens einzusetzen. Grundsätzlich ist der Dritte, andere aber immer Lebensgarant und Todesbote zugleich (Seidler, 1995). Als „Ritter in schimmernder Rüstung" (Mahler u. a., 1975) führt er das Kind aus der symbiotischen Verschmelzung mit der Mutter heraus und eröffnet ihm eine neue, verlockende, nicht-mütterliche Welt. Als Vertreter der Realität bringt er aber auch die Zeit und damit den Tod in das Leben des Kindes. Bereits Freud hat darauf hingewiesen, wie Menschen dazu neigen, sich dieser Zeitbestimmung zu entziehen (Freud, 1909, S. 449). Dazu gehört – so Freud – auch die Abneigung mancher Menschen gegen Uhren, die die genaue Zeit anzeigen. Statt dessen errichten diese Menschen eine innere Welt des Zweifels, in der alles unsicher ist (auch der Tod) und jedes Instrument, das diesen Zweifel aufheben könnte, unschädlich gemacht wird (Freud, a. a. O.).

In dem narzißtischen Universum, das die Anfänge des kindlichen Lebens kennzeichnet, gibt es diese zeitlichen Begrenzungen nicht. Der ubiquitäre Wunsch, in eine Welt jenseits der Urszene zurückzukehren, kann von daher nicht nur als ein Ausweichen vor der Erkenntnis der Geschlechterbegrenzung verstanden werden. Er dient ebenso dem wohl elementarsten Wunsch jedes Menschen, den Tod zu umgehen. Aber auch dieser regressive Wunsch zurück zum Stadium der Ungeschiedenheit ist letztlich eine Sehnsucht nach dem Auslöschen des Bestehenden, also dem „Nicht-Sein", und damit ein Wunsch zum Tode. Chasseguet-Smirgel hat diesen Wunsch zurück in einen glatten, von allen Unebenheiten gereinigten Mutterleib auch als „archaischen Ödipuskomplex" beschrieben (Chasseguet-Smirgel, 1986, S. 91). Dem steht der bereits von Freud beschriebene, „reife" Ödipuskomplex gegenüber, der in die symbolische Welt des Vaters und damit ins Leben führt (Chasseguet-Smirgel, a.a.O., S. 92). Aber auch dieser Weg endet irgendwann im Tode. Von daher ist auch die Angst vor dem Tode ein ständiger Begleiter des Lebens.

## 2. Erschaffung eines Übergangsraums

Unter dieser Todesbedrohung erschaffen sich Menschen eine innere Welt, die es ermöglicht, sich mit dem Wissen um den Tod, der damit verbundenen Todesangst, der Sehnsucht nach Selbstauflösung und dem parallel dazu bestehenden Wunsch nach Auferstehung oder Wiedergeburt kreativ auseinanderzusetzen. Winnicott (1969) spricht im gleichen Zusammenhang von einem Übergangs- oder intermediären Raum, der sich zwischen dem innerpsychischen Universum und der Realität ausspannt. „Dieser dritte Bereich des menschlichen Lebens, den wir nicht außer acht lassen dürfen, ist ein Zwischenbereich von Erfahrungen, zu denen innere Realität und Außenwelt gleicherweise ihren Beitrag leisten. Es ist dies ein Bereich, der kaum in Frage gestellt wird, weil wir uns zumeist damit begnügen, ihn als eine Sphäre zu betrachten, in welcher das Individuum ausruhen darf von der lebenslänglichen Aufgabe, innere und äußere Realität voneinander getrennt und doch in wechselseitiger Beziehung zu halten" (Winnicott, 1969, S. 668).

In diesem Übergangsraum werden jene narzißtischen Objekte erschaffen, die dazu dienen sollen, Zuflucht vor den Ängsten des Lebens zu gewähren und narzißtische Befriedigungen bereitzustellen, die von der Realität verwehrt werden, ohne daß dabei die Existenz dieser Realität in Frage gestellt würde. Die narzißtischen Objekte, die diesen Übergangsraum bevölkern, sind die Abbildungen unserer ursprünglichen Erfahrungen mit unseren Primärobjekten, allen voran der frühen, allmächtigen Mutter in der Zwei-Einheit mit dem Kind, und einem Vater, dem später jene Macht zufällt, die zunächst dem mütterlichen Primärobjekt gegolten hat. Alles, was mit außeralltäglichen, religiösen oder mystischen Beziehungserfahrungen zu tun hat, gehört in diesen Bereich (Henseler, 1995).

In diesem Übergangsraum sind deshalb auch die Objekte beheimatet, die in den Phantasien um die Urszene ihre symbolische Bedeutung erhalten. Denn das Bewußtsein begnügt sich offenbar nicht damit, äußere Eindrücke zu empfangen.

„Eine Welt selbstgeschaffener Zeichen und Bilder tritt dem, was wir die objektive Wirklichkeit der Dinge nennen, gegenüber und behauptet sich gegen sie in selbständiger Fülle und ursprünglicher Kraft" (Cassirer, 1965, S. 175, zit. nach Henseler, 1998, S. 58). Zu diesen kreativen Erschaffungen gehört auch der Penis als Repräsentant der nicht-mütterlichen Welt, hier allerdings in symbolisch überhöhter, idealisierter Form, die ihm die Aura des Heiligen, Absoluten verleiht. Der Penis wird in dieser Kreation zum Phallus (Laplanche u. Pontalis, 1975, S. 368), der von da an die Allmacht verkörpert, die vorher der Mutter zugeschrieben war. Der Phallus ist dabei nicht nur Ersatz der Mutterbrust, sondern erhält seine Gestalt, indem er sich ihr machtvoll „entgegengesetzt" (Stemann-Acheampong, 1996, S. 132). Im Symbol des Phallus ist der Übergang von der mütterlichen Macht zur Herrschaft des Vaters festgeschrieben. In der kindlichen Phantasie entspricht die Frage „Wer hat den Phallus?" der Frage „Wer ist Gott?" Denn der Phallus als Inbegriff von Macht, Schöpferkraft und Unzerstörbarkeit, ist symbolischer Ausdruck für das Absolute, für das, was bei Bion „letzte Realität" heißt und mit dem Signum „O" bezeichnet wird (Eigen, 1981) und göttliche Qualitäten besitzt. Gott aber ist unsterblich und in seiner Allmacht auch Herr über Leben und Tod. Wer sich im Besitz des Phallus weiß oder selber dieser Phallus ist, partizipiert an dieser Unsterblichkeit; der Tod wird dann umgekehrt dem Nicht-Geistigen, also der Natur, zugeschrieben, die wiederum eine enge Konnotation zu „Frau" besitzt (Rohde-Dachser, 1991, S. 132 ff.).

In den Phantasien über Tod und Unsterblichkeit spielt das, was hier mit dem Symbol des Phallus umschrieben wird, eine zentrale Rolle. Die enge begriffliche Verwandtschaft dieses Symbols mit dem Penis als männlichem Geschlechtsorgan führt allerdings dazu, daß diese Rolle für Männer und Frauen eine unterschiedliche ist.

## 3. Über das Symbol des Penis bzw. Phallus in männlichen und weiblichen Todes- und Unsterblichkeitsphantasien

Jungen identifizieren sich im Lauf ihrer Entwicklung früher oder später mit dem Vater und finden in ihrem eigenen Geschlechtsorgan, dem Penis, einen greifbaren Besitz vor, der ihnen diese Zugehörigkeit zum Vater bestätigt (Stemann-Acheampong, 1996, S. 189). Ebenso ersetzt ihnen der jederzeit greifbare Penis ihre verlorene Teilhabe an der Mutter und ist gleichzeitig der Beweis der Unabhängigkeit von ihr. Der Penis ist für den Jungen auf diese Weise so etwas wie ein *zweites Übergangsobjekt* (Stemann-Acheampong, a.a.O.); mit der symbolischen Überhöhung des Penis zum Phallus wird der Junge gleichzeitig Phallusträger (Stemann-Acheampong, S. 190). Der Phallus ist gleichzeitig Symbol des idealisierten Vaters, mit dem der Junge sich identifiziert. Freud hat beschrieben, wie auch die Überwindung der Todesangst beim (männlichen) Kind auf diese Weise erfolgt. Das Unbewußte, so Freud, kennt den Tod nicht (Freud, 1915, S. 351); es kann deshalb auch auf die Angst vor dem Tod nur reagieren, wenn diese Angst mit einem vorstellbaren Ereignis in Verbindung gebracht wird (Freud, 1926). Dieses vorstellbare Ereignis sieht Freud in der Kastrationsangst. Das bedeutet, daß die für die Kastrationsangst typischen Bewältigungsstrategien von ihm sozusagen per Analogieschluß auf die Bewältigung der Todesangst übertragen werden (Rohde-Dachser, 1991, S. 134). Die Kastrationsangst entsteht aus einem Konflikt zwischen den Triebwünschen des Es und dem Verbot des Über-Ich. Dieses Über-Ich aber ist eine väterliche Instanz. Die Bewältigung der Kastrationsangst geschieht auf dem Wege der Unterwerfung unter diese väterliche Instanz. Überträgt man diesen Konfliktlösungsmodus auf den Umgang mit der Todesangst, dann wird durch die Identifizierung mit dem Gesetz des Vaters (d. h. dem Inzestverbot) auch die Todesangst überwunden. Der Junge steht von da an auf der Seite des Vaters und partizipiert an seiner Macht. Er braucht die Kastration (den Tod) von da an nicht mehr zu fürchten, erleiden, sondern kann beides zufügen (Snodgrass, 1983). Männliche Unsterblichkeitsphantasien sind regelmäßig um eine solche Teilhabe an der Macht einer idealisierten (göttlichen) Vaterrepräsentanz zentriert. Unbewußt kann sich dies sogar in der Phantasie niederschlagen, nicht nur Phallusträger, sondern mit dem Phallus (Gott) identisch zu sein (Rohde-Dachser, 1998).

Mädchen haben im Gegensatz dazu kein Übergangsobjekt, das sich zum Phallus hochstilisieren ließe. Das Mädchen kann sich „den Phallus nicht dadurch zu eigen machen, daß es ihn am eigenen Körper wiederfindet; die handgreifliche materielle Versicherung am eigenen Leib fehlt ihm, weil ihm ein Glied fehlt, das es zum Phallus machen könnte" (Stemann-Acheampong, S. 190). Es wendet sich deshalb dem Vater zu, den es im Besitz des Phallus wähnt, der ihm selber fehlt oder den es in der Phantasie früher zwar einmal hatte, der dann aber auf unklare Weise abhanden kam. Mädchen müssen also das, was ihnen „heilig" ist und im Phallus symbolisch Gestalt annimmt, bei einem anderen suchen. Das bedeutet allerdings nicht, daß ihnen der Zugang dazu gänzlich verwehrt ist. Bereits Lilian Rotter (1934) hat beschrieben, daß Mädchen früh erfahren, daß sie bei dem Penis, der einem anderen gehört, eine Erektion hervorrufen können. Er unterliegt insofern also ihrer Beeinflussung – ganz ähnlich wie dies auch für Übergangsobjekte gilt. Der Penis ist – so gesehen – für das Mädchen ebenfalls ein Übergangsobjekt, das eine Verbindung zum Vater herstellt, eine Brücke hin zum Vater, könnte man auch sagen. Der idealisierte, zum Phallus erhöhte Penis bleibt aber im Besitz des Vaters und wird niemals auf die Tochter übergehen, auch wenn das Mädchen sich dies noch so sehr wünscht. Die Tochter blickt von daher mit Bewunderung und Neid auf das, was den Vater auszeichnet und ihn in der kindlichen Phantasie zu einem Idol erhöht.

Freud sprach im gleichen Zusammenhang vom *Penisneid der Frau*, den er als ein zentrales Konzept der weiblichen Entwicklung sah (Freud, 1937, S. 96 f.). Dabei setzte er selbstverständlich voraus, daß Penis und Phallus gleichbedeutend seien, der Neid der Frau also dem männlichen Geschlechtsorgan gelte, dem sie nichts eigenes entgegenzusetzen habe (Laplanche u. Pontalis, 1975, S. 385 f.). Daß dieser Neid einem idealisierten Penis gilt, der immer bereits illusionäre Züge trägt und wenig mit männlicher Körperlichkeit zu tun hat, wird dabei unterschlagen (Torok, 1964; Stemann-Acheampong, 1996). Seither wurde diese Gleichsetzung immer wieder hinterfragt (Karen Horney, 1923; Ernest Jones, 1935; Melanie Klein, 1960; Janine Chasseguet-Smirgel, 1964; Jessica Benjamin, 1985; Stemann-Acheampong, 1996). Der Penisneid der Frau wurde dabei zunehmend als eine Metapher verstanden, die eine Vielzahl unbewußter Bedeutungen annehmen kann (dazu u.a. Karme, 1981). Der Penis kann die Möglichkeit der Verbindung mit der Mutter symbolisieren, er kann als bessere Brust phantasiert werden oder auch als Blockade gegen eigene sexuelle Wünsche fungieren (dazu auch Grossman u. Stewart, 1977). Immer geht es dabei aber um Symbole und Bedeutungen, die außerhalb des weiblichen Körpers angesiedelt sind und deshalb von vornherein das Signum des Unmöglichen tragen (Torok, 1964).

In diesem Beitrag möchte ich die These vertreten, daß es gerade die Unmöglichkeit der Erfüllung ist, die den weiblichen Penisneid am Leben erhält (dazu auch Torok, 1964). Der Penisneid richtet sich auf ein *drittes Objekt*, das sowohl ein Zeichen der Trennung von der Mutter als auch der Vereinigung mit ihr ist. Neid ist immer bereits ein Zeichen der Getrenntheit und gleichzeitig des Wunsches, diese Trennung rückgängig zu machen. Neid auf etwas, das das weibliche Kind nicht hat und nie bekommen wird, verweist den Blick nach draußen, auf ein außenstehendes Objekt, auf den Vater hin. Dieser Vater aber ist es auch, der dem Wunsch entgegentritt, in eine Welt jenseits der Urszene zurückzukehren oder – um mit Socarides zu sprechen – „auf eine präödipale Fixierung zu regredieren, die das Verlangen und die schreckliche Angst in sich schließt, mit der Mutter zu verschmelzen, um die anfängliche Mutter-Kind-Einheit wieder herzustellen" (Socarides, 1979, S. 165 f., zit. nach Stemann-Acheampong, 1996, S. 121). Es ist dieser Wunsch und gleichzeitig die Angst vor dem Zurückgesogenwerden in eine nunmehr todbringende Einheit mit der Mutter, die im Penisneid von dem Phantasma überdeckt wird, daß es eine Unsterblichkeit gibt, die im Phallus verankert ist, und daß der Besitz dieses Phallus die Unsterblichkeit verspricht. Mit dem illusionären Wunsch nach dem Phallus wird die Todesangst überspielt und damit auch die Gewißheit des Todes verleugnet.

Eine ähnliche Überlegung fand ich bei Conrad Stein (1994), für den das weibliche Verlangen nach einem eigenen Penis den viel grundlegenderen Wunsch überdeckt, in den Schoß der Mutter zurückzukehren. Da für eine Frau der Besitz eines

Penis in Wirklichkeit unmöglich ist, hat die Vorstellung, mit einem eigenen Penis ausgestattet zu sein, nichts Beunruhigendes; in Traumbildern geschieht so etwas sogar häufig (Stein, 1994, S. 322). Die Ökonomie des Peniswunsches liege – so Stein – im Ersparen der Todesangst, die mit der Sehnsucht nach der Einheit mit der Mutter unweigerlich einhergeht (S. 322). Denn die „Sehnsucht nach Einheit mit der Mutter kann nur in der Wiederherstellung eines vorgeburtlichen Zustands als erfüllt betrachtet werden, eines Zustands, der durch keinerlei Wunsch repräsentiert werden könnte, weil es der Wunsch nach Nicht-Sein wäre" (S. 326). Für Stein ist der Penisneid deshalb eine Wandlungsform der Todessehnsucht, in der dieses Sehnen durch den illusorischen Wunsch nach einem Penis ersetzt wird.

Akzeptiert man diese These, dann ist der Penisneid kein Zeichen einer wie auch immer gearteten weiblichen Defizienz. Er ist ein Ausdruck weiblicher Kreativität, mit der im intermediären Raum in der Gestalt des idealisierten Penis ein Symbol geschaffen wird, dem Vollkommenheit und Unsterblichkeit zugeschrieben werden. Der Neid auf den Phallus repräsentiert den eigenen Wunsch nach Unsterblichkeit; er wirkt der Sehnsucht nach Rückkehr in den mütterlichen Schoß entgegen und verheißt ewiges Leben.

Im folgenden möchte ich diese These an Hand einer Kasuistik weiter entfalten. Sie entstammt einem Forschungsprojekt, das unter meiner Leitung seit mehreren Jahren am Institut für Psychoanalyse der Universität Frankfurt durchgeführt wird.

## 4. Vorstellung des Forschungsprojekts[1]

Im Rahmen dieses Forschungsprojekts haben wir in den letzten 5 Jahren über 50 Männer und Frauen interviewt, um herauszufinden, ob sich hinsichtlich der Ausgestaltung ihrer bewußten und unbewußten Wünsche und der Reaktion auf Hindernisse bei der Durchsetzung dieser Wünsche geschlechtsspezifische Unterschiede ergeben.

Das Sample wurde dabei relativ breit gestreut. Dementsprechend sind die untersuchten Männer und Frauen zwischen 20 und 70 Jahre alt, die meisten im Alter von 25 bis 55 Jahren. Beruflich sind Akademiker und Studenten in der Überzahl. Wir haben aber auch einige nichtakademische Probandinnen und Probanden interviewt. Für die Überprüfung geschlechtsspezifischer psychoanalytischer Theorien, die auf einem sehr allgemeinen Niveau formuliert sind, schien uns eine solche breite Selektion angemessen.

[1] Ich bedanke mich an dieser Stelle bei den Mitarbeiterinnen und Mitarbeitern des Instituts für Psychoanalyse, insbesondere der Leiterin des Projekts, Frau Dipl.-Psych. Elke Brech, und Herrn Dipl.-Psych. Johannes Kaufhold sowie Frau Dipl.-Soz. Bettina Wunderlich für die engagierte Mitarbeit an diesem Forschungsprojekt. Das Projekt wurde von der Breuniger-Stiftung finanziell gefördert.

Die Untersuchung begann mit einem jeweils etwa einstündigen psychoanalytischen Interview. Im Anschluß daran wurde der Thematische Apperzeptionstest (TAT) durchgeführt, ein projektiver Test, bei dem die Probanden und Probandinnen gebeten wurden, zu insgesamt 13 Bildvorlagen eine möglichst dramatische Geschichte zu erzählen (dazu Revers, 1958; Rauchfleisch, 1989). Das Interview war demgegenüber kaum strukturiert. Vorgegeben war lediglich der zentrale Inhalt der Eingangsfrage. Er lautete: „Was sind Ihre wichtigsten Wünsche, was tun Sie, um diese Wünsche durchzusetzen, und was tun Sie, wenn sich dem Hindernisse in den Weg stellen?"

Die Texte des Interviews und des TAT wurden sorgfältig transkribiert und anschließend in verschiedenen Gruppen (meist mit Studenten und Mitarbeitern des Instituts), teilweise auch im Gespräch mit Analytikern und Analytikerinnen ausgewertet. Die Auswertungsmethode bestand in der *psychoanalytischen Textinterpretation*, d.h. einer sequentiellen Interpretation des Textes nach tiefenhermeneutischen Gesichtspunkten (dazu Raguse, 1993, 1994). Auch Szenen, die sich dabei in der Gruppe herstellten, wurden in die Auswertung einbezogen. Im folgenden möchte ich Ausschnitte aus einem Interview vorstellen, das mir für das hier referierte Thema besonders typisch erscheint.

## 5. Eine Kasuistik: Susanne

Die Probandin, die hier Susanne genannt werden soll, ist 23 Jahre alt, Medizinstudentin. Das Interview wird von einem männlichen Interviewer durchgeführt, der Arzt ist, wie ihr Vater. Diesen Vater verehrt sie, während sie von ihrer Mutter ausgesprochen abwertend spricht. Die Mutter habe, sagt sie, einen „Zuschnitt", der ihr nicht gefalle.

Die Frage des Interviewers, was ihre wichtigsten Wünsche im Leben sind, was sie tue, um diese Wünsche durchzusetzen, und wie sie reagiere, wenn sich dem Hindernisse in den Weg stellen, beantwortet Susanne zunächst ihrerseits mit der Frage nach weiteren Einzelheiten. *„Ich finde diesen Aufhänger sehr pauschal und allgemein"*, sagt sie mit einer gewissen Überheblichkeit und: *„Ich wär' Ihnen eigentlich um 'n gewissen Aufhänger dankbar."* Dann kommt sie darauf zu sprechen, daß sich bei ihr schon als Kind der Wunsch „herauskristallisiert" habe, Medizin zu studieren, und zwar aus der Vorstellung heraus,[2]

> „daß ich *dieses Wissen haben möchte,*
> um da gegebenenfalls *auch nicht hilflos vor einem Menschen zu stehen,*
> *dem es entsprechend schlecht geht.*

[2] Auszüge aus dem Text, der hier analysiert wird, sind gewöhnlich gedruckt, die Redewendungen, die in die tiefenhermeneutische Interpretation einbezogen werden, sind zusätzlich kursiv gedruckt. I. im Text bedeutet „Interviewer".

Weil es eben die Basis für jedwedes menschliche Sein zunächst mal ist,
daß auch der Körper funktioniert ..."
und hatte durchaus auch die Vorstellung,
daß ich, wenn! ich mir eine entsprechende *Ausbildung*,
ich sag' jetzt mal,
*bewußt angeeignet!* hätte,
*mit diesem Instrument dann auch in meinem Sinne umgehen könnte ...*
Also ich bin da (I: Mhm)
sehr weit *von der Vorstellung abgekommen*,
daß über dies *Instrumentarium in Anführungsstrichen zu verfügen*, ähm,
mir sehr *viele Türen öffnen* wird.
Ich hoffe, daß mir *nicht alle Türen*,
die ich mir wünschen würde,
*verschlossen* wären."

Im folgenden soll zunächst dieser Textanfang daraufhin untersucht werden, inwieweit er latente Strukturen enthält, die sich um Penisneid-, Todes- und Unsterblichkeitsphantasien drehen. Der Text läßt auch andere Interpretationen zu, die sich aber nicht primär mit unserem Thema befassen und deshalb hier nicht berücksichtigt werden. Die tiefenhermeneutische Analyse bleibt insofern unvollständig. Im Zentrum der hier unternommenen psychoanalytischen Textinterpretation stehen die *Übertragungsbotschaften*, die sich an den (männlichen) Interviewer richten.

Betrachtet man den Interviewanfang unter dieser Perspektive, dann irritiert als erstes das gleich zu Beginn zweimal gebrauchte Wort *„Aufhänger"*, so, als ob Susanne dem Interviewer damit unbewußt signalisieren wolle: „Ich hänge meine Wünsche an Dir auf", oder noch konkreter: „Ich will und muß mich an Dir *aufhängen*", aber auch: „Ich hänge mich auf." Damit beginnt das Interview auf der latenten Ebene bereits mit einem Todeswunsch („aufhängen"), während der Interviewer zu einer Art Überlebensgarantie wird: Solange sich Susanne an ihm aufhängen kann, bleibt der Todeswunsch in der Schwebe.

Anschließend spricht Susanne davon, daß sich bei ihr schon früh der Wunsch herauskristallisiert habe, Medizin zu studieren und sich auf diese Weise bewußt das Instrument anzueignen, um *„gegebenenfalls auch nicht hilflos vor einem Menschen zu stehen, dem es entsprechend schlecht geht"*. Darin klingt die Überzeugung an, daß es Situationen gibt, in denen man hilflos ist und in denen es einem schlecht geht, daß es aber auch ein Instrument gibt, das es erlaubt, diese Notlagen zu überwinden. „Ich möchte dem Tod nicht hilflos gegenüberstehen, sondern ihn überwinden können," heißt die in diesem Zusammenhang an den Interviewer gerichtete Botschaft, „so wie Du dies mit dem Instrument bewirken kannst, das Du besitzt" (der Interviewer ist – wie gesagt – Arzt, worüber sich Susanne gleich zu Beginn des Interviews versichert hat). Dem Interviewer wird damit auf der Übertragungsebene eine Rolle angesonnen, die mit der des Phallus identisch ist: Der Interviewer – im Besitz des „Instruments" – ist dem Tod nicht ausgeliefert, sondern im Gegensatz zu Susanne Herr über Leben und Tod. Von daher liegt es nahe, daß Susanne dieses Instrument haben möchte *(„ich möchte das Wissen haben")*; sie will es sich *aneignen,* und zwar *ganz bewußt* (d. h. dem Interviewer rauben), um damit in ihrem Sinne umgehen zu können *(„auch in meinem Sinne umgehen")*. Bereits zu Beginn des Interviews wird auf diese Weise eine Raubphantasie kreiert, nämlich dem Interviewer den Phallus zu rauben, um damit nach eigenem Gutdünken umgehen zu können. Parallel dazu gibt es die Phantasie, daß der Penis sich noch ausbilden oder herauskristallisieren könne *(„Vorstellung, daß er sich noch ausbildet")*. *„Mit diesem Instrument umgehen"* läßt aber auch noch andere Interpretationen zu. Der Satz kann insbesondere auch gelesen werden als: „Ich kann mit diesem Instrument den Tod umgehen. Deshalb möchte ich es haben."

In allen diesen Phantasien geht es darum, den Tod zu überwinden, indem man sich – auf welche Weise auch immer – den Phallus aneignet, den man im Besitz des Interviewers wähnt. Der phantasierte Raub wird aber nicht vollzogen. Die Vorstellung, den Tod dadurch zu umgehen, daß man sich selber an Gottes Stelle setzt, Gott also entthront, ist für Frauen nach meiner Erfahrung eine zwar ungemein verlockende, aber auch viel zu schuldbeladene Phantasie (Chasseguet-Smirgel, 1964a). Susanne jedenfalls ist im weiteren Verlauf des hier referierten Textes von dieser Vorstellung abgekommen *(„von der Vorstellung abgekommen")*. Sie erwähnt das begehrte *„Instrumentarium"* zwar noch ein zweites Mal, diesmal allerdings *„in Anführungsstrichen"*. Nimmt man diese Anführungsstriche wörtlich, dann könnte man diesen Satz auch so lesen, daß ihr das Instrument (der Phallus, Gott) einen Strich durch die Rechnung gemacht hat. „Das Instrument", sagt Susanne, „würde mir viele Türen öffnen" (unter anderem vermutlich auch die Türe zum Leib der Mutter, so wie diese dem Vater offen steht). „Aber ich kann nicht alle Türen öffnen, auch wenn ich mir dies noch so sehr wünsche." Zumindest eine Tür ist es, die verschlossen bleibt. Ob dies die Tür zum Tod oder zum ewigen Leben ist, muß an dieser Stelle zunächst offen bleiben.

Susanne fährt fort:

„Entscheidend wäre für mich –
nach meinem,
ja vor allem *eigenen ethischen Empfinden* dann *handeln zu können,*
und gut,
erlebe jetzt eben sehr oft,
daß man *innerhalb der Hierarchie* da, ja, ganz klar (I. räuspert sich)
*Schwierigkeiten angedeutet bekommt,*

wenn man sich denn *nicht an die* (I: Mhm) *stationsüblichen, wie auch immer, Normen halten* möchte."

Dieser Textabschnitt enthält die vermutlich ganz bewußte Phantasie, im Angesicht des Todes „handeln" zu können, und zwar nach *„eigenem ethischen Empfinden"*. Susanne kündigt dem Interviewer auf der Übertragungsebene damit an, unter bestimmten Umständen (*„dann"*) den Tod in die eigenen Hände zu nehmen und Selbstmord zu begehen. „Ich weiß, daß das nicht erlaubt ist", heißt ihre weitere Botschaft, „daß man Schwierigkeiten mit der Hierarchie („dem Herrn") bekommt, wenn man sich nicht an die üblichen Normen hält. Dort ist der Tod dem Herrn überlassen, und nur er darf darüber verfügen. "

Wie tief auf der anderen Seite aber Susannes Sehnsucht ist, diese verschlossene Tür zum Tod in eigener Regie zu öffnen, zeigt sich am deutlichsten in der Geschichte, die Susanne zur Leertafel des Thematischen Apperzeptionstests erzählt. Diese *Leertafel* ist ein weißes Blatt Papier, zu dem der Proband bzw. die Probandin eine Geschichte ganz nach ihrer eigenen Wahl erzählen kann. Susanne tut dies wie folgt:

*„Dazu fällt mir eine weite Schneedecke ein. Über die noch niemand oder fast noch niemand gelaufen ist. Man sieht vielleicht noch leicht verwehte Spuren, wenn man weiß, wo man da entlang geht, wenn die eigenen Spuren wieder entsprechend verwehen. Freut sich aber doch erstmal, daß man die Spuren noch sieht, die man gegangen ist. – Man merkt, daß es auch sehr entspannend sein kann, nur Weiß zu sehen. Und kommt bei einem seidenen Gefühl an, das sich jenseits des normalen Triebwerks des Lebens in Anführungszeichen, was eben bei uns meistens so als Leben zelebriert wird, bewegt, – und kann so langsamen Schrittes, man hört den Schnee knirschen, man hört den eigenen Atem, einfach ein Stück weit eins sein mit der Luft, die man atmet, mit dem Wald, den man vielleicht sieht, mit der weißen Fläche und dem Schnee, und sich dann freuen, daß es solches gibt, und ein Stück weit die Selbstauflösung auch dankbar annehmen, ohne daß es in irgendeiner Weise Flucht wäre. – Denn für Flucht, denk' ich, wird einem zu wenig geboten, in einem Schneefeld."*

In dieser Geschichte ist alles, was einmal lebendig war, von Schnee bedeckt. Man sieht noch Spuren, die davon zeugen, daß hier einmal Leben stattgefunden hat, aber auch diese Spuren können ganz leicht verwehen. Die Schneedecke ähnelt in ihrer Unberührtheit gleichzeitig jener Quelle, an der Narziß sich ausruhte, bevor er in dem Wasser sein eigenes Bild entdeckte und sich darin verliebte. Von dieser Quelle heißt es bei Ranke-Graves, daß sie klar war „wie Silber. Noch nie war sie von Vieh, Vögeln, wilden Tieren oder selbst von den fallenden Zweigen der Bäume, die sie beschatteten, gestört worden" (Ranke-Graves, 1955, Bd. I, S. 260). Noch ist sichtbar, wo man gegangen ist, und es ist Freude (Lebensfreude), die man („erstmal") darüber empfindet. Aber es gibt auch die Suche nach einer Entspannung „in Weiß". Diese Suche führt an eine Grenze, die eine Grenze zum Tode ist. An dem Ort, der hier beschrieben wird, hängt das Leben, im Text in Anführungszeichen gesetzt, an einem seidenen Faden. Triebe spielen hier keine Rolle mehr. Es ist ein Ort jenseits der Norm *(„des normalen Triebwerks")*. Was dort zelebriert wird, ist nicht das Leben, sondern der Tod, und zwar im Sinne einer Selbstauflösung, die eher an eine mystische Vereinigung erinnert. Die Erzählerin nimmt diese Selbstauflösung dankbar an, so als ob sie ein Geschenk wäre, das ihr von jemandem bereits in die Wiege gelegt worden ist. Der Geber oder die Geberin dieses Geschenks bleibt im Dunkeln. Entwickelt wird statt dessen das Bild eines freundlichen Todes, der im Wege der Selbstauflösung dorthin zurückführt, wo man einmal hergekommen ist, in die Ich-All-Einheit der pränatalen Existenz. Für Susanne als Erzählerin bedeutet diese Selbstauflösung keinesfalls eine Flucht aus dem Leben. „Du bietest mir zu wenig, als daß sich das Leben wirklich lohnen würde", ist ihre latente Botschaft an den Interviewer. Von Todesangst ist in der hier paraphrasierten Geschichte nicht die Rede. Die Todesphantasie, die dort in Szene gesetzt wird, unterliegt – im Gegensatz zum realen Tod – ganz der Kontrolle der Erzählerin; *sie* führt in diesem Szenarium die Regie. Todesphantasien sind offenbar ein Mittel, die Todesangst zu überwinden, indem man den Tod in der Phantasie selber inszeniert.

Wie stark in diese Todesphantasien auch libidinöse Wünsche eingewoben sind, tritt insbesondere am Ende des Interviews hervor. Die Interviews werden in unserem Forschungsprojekt grundsätzlich mit der Frage abgeschlossen, ob es noch etwas gibt, was im Interview nicht angesprochen wurde, aber aus der Sicht des Probanden oder der Probandin von besonderer Bedeutung ist. Der Interviewer stellt diese Frage auch an Susanne. Ihre Antwort lautet:

*„Was ein entscheidender Wunsch für mich wäre, zufrieden, oder im Einklang mit mir, und auch in einem entsprechenden Rahmen sterben zu können."*

Sie schildert dann, wie wütend und enttäuscht sie oft darüber sei, daß man, sobald klar geworden sei, daß „dieser Mensch oder auch dieses Kind" stirbt, sich medizinisch auf den Umgang mit dem Schmerz über den Tod beschränke, aber unfähig sei, eine emotionale Bindung zu diesem Menschen herzustellen. Dies sei insbesondere im Krankenhaus[3] der Fall. Den nachfolgenden Text möchte ich hier in ganzer Länge wiedergeben, um anschließend zu zeigen, welche Todesphantasien darin sichtbar werden, aber auch, an welcher Stelle diese Phantasien nicht mehr ausreichen, die Todesangst zu binden, und wie dies in die Übertragung auf den Interviewer Eingang findet.

„Und, äh, ich hatte jetzt erst kürzlich
in der Kinderklinik ein *todkrankes Kind im Arm,*

---

[3] Tatsächlich findet das Interview in einem Universitätskrankenhaus statt.

von dem ich wußte,
*es sollte demnächst nach Hause gehen,*
*um da in Ruhe* (I: Mhm) *sterben zu können,*
*es lag bei mir,*
*hatte gerade getrunken,*
es ist noch *ein Säugling* gewesen, (holt tief Luft, hustet)
und hatte mir die Erlaubnis von den Schwestern noch eingeholt,
mit *Sonderwache,* (I: Mhm)
bin ich da ja, ja, *weisungsgebunden,*
jetzt *noch sitzen zu bleiben,*
*dieses Kind da einfach liegen zu lassen,*
und es ist da *völlig friedlich eingeschlafen* (I: Mhm).
Es ging ihm einfach gut, (I: Mhm)
und ich für mich dachte,
„*Das ist, das ist so eine Situation,*
in der ich denke,
*für ihn wäre es jetzt sehr schön,*
*so sterben zu können" (I: Ja),*
und es *mir auch zwischen den beiden* Polen,
*allein unter einem Baum,*
oder eben *in jemands Armen,*
der fähig ist, (I: Mhm) *mich loszulassen* (I: Mhm).
Was ich mir schön vorstellen kann (I: Mhm).
Da die *Reaktion der Schwester* aber war,
„Nein, *auf keinen Fall,*
reanimieren, falls da was sein sollte,
das ist *nicht abgesprochen,*
*und Eltern sind auch nicht da.*
Was ich ein Stück weit versteh',
weil ich denke,
*gerade Eltern haben viel mehr das Problem,*
*nicht loslassen zu können,*
daß auch das Kind einfach diesen; (I: Mhm)
unter diesem Anspruch im Grunde leidet,
daß sie es *bitte am Leben halten! möchten."*

In diesem Text lassen sich als erstes verschiedene szenisch ausgestaltete Phantasien über das Sterben herauskristallisieren, die man auch als *idealisierte Sterbeszenen* oder, mit Bronfen (1998), als *Urszenen der Sterblichkeit* beschreiben könnte. Der Text enthält in hochgradiger Verdichtung mindestens acht solcher Urszenen der Sterblichkeit, die im folgenden nacheinander aufgeführt werden sollen.

### *„Als Säugling in den Armen der Mutter sterben"*

Als erstes wird in diesem Text ein Bild entwickelt, in dem ein todkrankes Kind nach Hause gehen möchte, um dort in Ruhe sterben zu können. Es liegt bei der Mutter, hat gerade getrunken. Die Mutter bleibt noch sitzen, sie läßt das Kind nicht allein. Sie wacht über es. Das Kind schläft ganz friedlich ein. Es geht ihm gut. Susanne, die dieses Bild kreiert, nimmt darin sowohl die Rolle des Kindes, das nach Hause gehen möchte, als auch die Rolle der Mutter ein, die dem Kind zu trinken gibt, die bei ihm bleibt und über es wacht. Auf diese Weise kann das Kind friedlich einschlafen. Die Mutter hat die Erlaubnis, noch sitzen zu bleiben (sie wird auch nicht vom Tod weggeholt). Gleichzeitig ist die Mutter weisungsgebunden; jemand hat ihr also dazu die Anweisung gegeben. Dieser „Weisende" bleibt aber im Hintergrund. Das Bild beschreibt eine *idealisierte Sterbeszene*, in der Mutter und Kind völlig symbiotisch aufeinander bezogen sind. Es ist, als seien beide – Mutter und Kind – an dieser Stelle am Ziel ihrer Wünsche. Dem widerspricht allerdings eine zweite Phantasie, der man den Titel geben könnte:

### *„Mit dem eigenen Tod die Urszene zerstören"*

Aus Geschichten, die Susanne an anderer Stelle des Interviews erzählt hat, wissen wir, daß die Phantasie vom Tod des Kindes auch ein Mittel ist, um insbesondere die Mutter dafür zu bestrafen, daß sie das Kind allein gelassen und sich dem Vater zugewendet hat. Die Phantasie, die in der Urszene vereinigten Eltern mit dem (eigenen) Tod zu bestrafen, kehrt im Schlußtext des Interviews wieder, und zwar insbesondere an der Textstelle: *„... dieses Kind da einfach liegen zu lassen, und es ist da völlig friedlich eingeschlafen."* Das Kind da einfach liegen zu lassen, ist aber alles andere als ein freundlicher Akt. Ein Kind, das so behandelt wird, schläft deshalb in der Regel auch nicht friedlich ein. Man darf von daher vermuten, daß mit der Betonung der Harmonie an dieser Stelle eine andere Phantasie abgewehrt wird, die keinesfalls so friedlich ist, wie der manifeste Textinhalt dies suggeriert. In dieser manifest abgewehrten Phantasie stirbt das liegengelassene Kind, und die Eltern sind, wenn sie es bemerken, darüber zu Tode erschrocken. Der phantasierte Tod ist in dieser Phantasie in erster Linie eine Waffe, mit der es möglich wird, die Urszene zu zerstören. Die Botschaft an den Interviewer lautet hier: „Wenn Du mir untreu wirst und mich aus diesem Grund allein läßt, werde ich sterben, und Du wirst entsetzliche Schuldgefühle haben."

### *„Zwischen den beiden liegen"*

Eine andere Todesphantasie ist die, sich zwischen die Eltern zu legen und dort zu sterben, vielleicht sogar gemeinsam mit ihnen. Ich beziehe mich bei dieser Interpretation auf die Textstelle: *„... und es mir auch zwischen den beiden Polen ..."* Hier wird der Tod nicht mehr primär als Waffe eingesetzt, um die Urszene zu zerstören. Das Kind liegt aber auch in dieser Phantasie zwischen den Eltern und verhindert auf diese Weise die sexuelle Vereinigung der beiden. Die Urszene wird dabei zu einer *narzißtischen Triade* (Grunberger) umfunktioniert, in der es scheinbar keine Konflikte und Interessensgegensätze gibt.

*Liebestod oder: „Der Vater stirbt in meinen Armen"*

Wenn man davon ausgeht, daß der hier analysierte Text auf die ausdrückliche Nachfrage des Interviewers hin geschildert und mit dem Wunsch eingeleitet wird, *„im Einklang mit mir oder in einem entsprechenden Rahmen sterben zu können"*, dann läßt sich der nachfolgende Text auch als ein Versuch verstehen, sich diesen Rahmen zu schaffen und den „Einklang" herzustellen, in dem das Sterben stattfinden soll. Die zentrale Phantasie dazu ist der *gemeinsame Liebestod*, hier mit dem Vater (Interviewer). Diese auf den ersten Blick vielleicht überraschende Interpretation stützt sich auf mehrere Beobachtungen. Zum einen entwickelten sich in zwei ganz verschiedenen Gruppendiskussionen, in denen es um die Interpretation dieses Textes ging, unabhängig voneinander Phantasien von einem gemeinsamen, in der Phantasie der Gruppe allerdings auch angstauslösenden Liebestod. Zum anderen antwortet der Interviewer im Text auf Susannes latente Einladung: *„Das ist, das ist so eine Situation, in der ich denke, für ihn wäre es jetzt sehr schön, so sterben zu können"*, ganz unerwartet mit *„Ja."*. Die bewußte heftige Abneigung, die der Interviewer dieser Probandin gegenüber nach dem Interview und in den darauf folgenden Auswertungsgesprächen zum Ausdruck brachte, ohne sie selbst näher begründen zu können, könnte durchaus als Reaktion auf eine solche latente, angstauslösende, aber gleichzeitig auch verlockende Verführung zum gemeinsamen Liebestod verstanden werden. Die Gegenübertragungsphantasie des Interviewers „Diese Frau ist eine Mörderin", für die es im manifesten Interviewtext keinerlei Anhaltspunkte gibt, deutet in die gleiche Richtung. Susanne als Erzählerin gestaltet diese Phantasie so, daß das Gegenüber in ihren Armen stirbt, so wie das Kind, von dem sie vorher sprach, in den Armen der Mutter einschlief. Das anschließende *„mir auch"* kann dann auch als ein „auch für mich wäre dies schön" gelesen werden.

*„Loslassen"*

Eine besondere Bedeutung besitzt in den hier beschriebenen Sterbeszenen das Wort „loslassen". Die Bereitschaft loszulassen, ist dabei durchweg nach draußen projiziert. „Der andere muß mich loslassen, sonst kann ich nicht sterben", lautet diese projizierte Vorstellung von „Loslassen". Real tritt der Tod allerdings ganz unabhängig von der Bereitschaft eines anderen ein, loszulassen. Dieser Zusammenhang wird hier allerdings ausgeblendet. Im Text ist das Wort „loslassen" statt dessen eng mit „Alleinsein" verbunden. Es scheint, als würden auf der latenten

Ebene verschiedene Sterbeszenen daraufhin untersucht, inwieweit Sterben auch „Loslassen" und „Alleinsein" bedeutet. Eine solche Sterbeszene ist *„allein unter einem Baum"*, eine andere: *„in jemanden Armen, der fähig ist, mich loszulassen"*. Noch deutlicher wird diese Verbindung an einer späteren Textstelle, wo es heißt: *„... gerade Eltern haben viel mehr das Problem, nicht loslassen zu können"*. „Loslassen" ist offenbar eine so ängstigende Vorstellung, daß sie nur in dieser projizierten Version gedacht werden kann. Es sind dann die Eltern, die nicht loslassen können und die das Kind festhalten wollen, nicht umgekehrt. Ein Kind, das in dieser Weise festgehalten wird, ist aber auch im Tod nicht allein. Offenbar sind in der Phantasie von Susanne als Erzählerin auf der latenten Ebene Sterben, Tod, Loslassen und Alleinsein eng miteinander verbunden. In dem Augenblick, wo diese Angst bewußt zu werden droht, werden in der Erzählung deshalb „die Schwestern" herbeigerufen, die sich der Sehnsucht nach dem Tod entgegenstellen und die bisher beschriebenen Sterbephantasien radikal durchkreuzen.

*„Ich will auf keinen Fall sterben"*

*„Auf keinen Fall"*, sagen die Schwestern. *„Das ist nicht abgesprochen."* Unklar bleibt, ob die Schwestern dabei eher als Ausdruck des Lebenswillens der Patientin verstanden werden können oder aber als Repräsentanten ihres Über-Ichs. *„Das ist nicht abgesprochen"* kann heißen, daß Susanne den Tod, zu dem sie nie ihr Einverständnis gegeben hat, verweigert. Aus einer Über-Ich-Position heraus verstanden, heißt *„nicht abgesprochen"* aber auch, daß der Tod nicht in der Verfügungsgewalt der Erzählerin liegt. Es ist ein anderer (in der Übertragung der Interviewer), der Herr über Leben und Tod ist, nicht sie. Ihr wird deshalb das Recht abgesprochen, über ihren Tod zu bestimmen, ebenso wie das Recht auf einen gemeinsamen Liebestod, der „Einklang" verheißt. Der Interviewer wird dabei in die Rolle des Phallus eingesetzt, der unzerstörbar ist und den Tod über andere verhängen kann. Auch dies ist eine Vorstellung, die ängstigt.

*„Reanimieren"*

Gott, hier in der Gestalt des Phallus gedacht, kann aber auch *„reanimieren"*. In der Vorstellung des Reanimierens, zu der Susanne als Erzählerin an dieser Stelle Zuflucht sucht, wird der Tod seiner Endgültigkeit beraubt. „Reanimieren" heißt, daß der Tod entweder noch nicht wirklich eingetreten ist oder daß er rückgängig gemacht werden kann. Phantasien von Wiedererweckung oder Auferstehung spielen hier hinein. Dazu gehört auch die Vorstellung von einem *„Reanimator"*, der die Fähigkeit hat, diese Auferstehung zu bewirken. Im Text sind es die Schwestern, die mit dem Verweis auf die Reanimation eine solche Verheißung in den Raum stellen.

Offenbar führt diese Prophezeiung aber nicht zu dem gewünschten Erfolg. Denn im Text läßt Susanne die Schwestern als nächstes sagen: „Die Eltern sind auch nicht da." Bezogen auf die Vorstellung der Auferstehung heißt dies aber, daß auch die Eltern nicht auferstanden sind, so wie man sie möglicherweise auch im Paradies nicht wiedertrifft, weil auch dieses Paradies eine Verheißung ist, die trügt. Susanne legt den Schwestern damit auch die Botschaft in den Mund: „Der Tod ist nicht der, den du dir in deinen Phantasien ausmalst. Er führt auch nicht zu den Eltern zurück. Ein Wiedersehen mit ihnen nach dem Tode gibt es nicht. Du mußt sie loslassen und akzeptieren, daß du getrennt bist und nicht nur das Leben allein bestehen mußt, sondern auch den Tod." Damit ist aber der *Tod in seiner realen Gestalt* in die Erzählung eingebrochen. Die Todesangst, die mit dieser Vorstellung einhergeht, kann auch nicht mehr durch Phantasien konterkariert werden, in denen der Tod als Verlockung erscheint. Susanne wendet sich in dieser Situation mit ihrer Übertragungsbotschaft unmittelbar an den Interviewer. Mit der Beschreibung dieser Botschaft möchte ich auch diese Kasuistik beschließen.

*„Bitte, halte mich am Leben"*

Die letzten Sätze des Interviews lassen sich als eine Botschaft an den Interviewer lesen, die lautet: „Ich habe das Problem, nicht loslassen zu können. Ich leide unter diesem Anspruch. Ich möchte loslassen, aber ich kann es nicht." Und: „Ich kann Dich nicht loslassen. Du bist meine Rettung. Laß mich nicht allein." Im letzten Satz des Interviews steigert sich diese Botschaft zu der inständigen Bitte, leben zu dürfen: Der manifeste Text lautet hier: *„... daß sie es bitte am Leben halten möchten"*. Das Wort „halten" wird darin besonders betont. Auf der Übertragungsebene heißt dies: „Ich möchte leben. Bitte, halte mich. Halte mich am Leben."

Der Interviewer ist darin ganz mit der Rolle des unzerstörbaren guten Objekts (Gottes oder des Phallus) identifiziert. Er ist es, der das Leben garantiert; die Mutter, von der wir wissen, daß Susanne sie „wegen ihres Zuschnitts" bewußt verachtet, steht demgegenüber auf der Seite der Sterblichen; der Penis (Phallus) ist ihr abgeschnitten *(„Zuschnitt")*. Deswegen wendet sich Susanne von ihr ab. Der Interviewer hat in der auf ihn gerichteten idealisierenden Übertragung die Macht, über den Tod zu gebieten, und verkörpert deshalb auch für Susanne die Hoffnung, dem Tod entrissen zu werden. Deshalb wendet sie sich in ihrer Todesangst an ihn.

## 6. Schlußbemerkungen

Ich habe dieses Interview hier ausgewählt, weil es aus meiner Sicht in besonders eindrucksvoller Weise zeigt, wie der männliche Interviewer hier in die Funktion des Phallus eingesetzt wird und in dieser Position als Retter aus der Todesangst angerufen wird. Die idealisierten Sterbeszenen, die Susanne in eigener Regie entwirft, reichen offenbar nicht aus, um die Todesangst zu binden. Das gleiche gilt für den Versuch, sich das Instrument anzueignen, um selbst über Leben und Tod gebieten zu können. Der Wunsch nach Unsterblichkeit wird deshalb am Interviewer aufgehängt, auf den das Symbol des Phallus projiziert wird. Der Neid auf das Instrument und den Interviewer, der es zu besitzen scheint, impliziert gleichzeitig die Unerfüllbarkeit des Wunsches, der manifest dem phallischen Instrumentarium gilt, während der darunter liegende Wunsch sich auf die Selbstauflösung richtet. Das Ausmaß der Todessehnsucht und die Intensität des Wunsches, diesem Tod dadurch zu entgehen, daß man sich am Phallus „aufhängt", scheinen sich dabei gegenseitig zu bedingen. Die an den Interviewer gerichtete Bitte „Halte mich am Leben" ist dafür ein eindrückliches Beispiel.

Auf eine *diagnostische Einordnung* der dargestellten Kasuistik habe ich bewußt verzichtet. Susanne ist keine Patientin, und sie soll auch hier nicht als eine solche behandelt werden. Einige grundsätzliche Bemerkungen zur Frage der Triangulierung scheinen mir aber am Platze. Die Idealisierung des Phallus, von der ich ausgegangen bin, könnte als Ausdruck einer unvollkommenen Triangulierung verstanden werden, in der der zum Phallus erhöhte Penis symbolisch jene dritte Position verkörpert, die real noch nicht wirklich etabliert ist und deshalb im Phallus immer wieder neu erschaffen werden muß, um dem Sog zurück in die Welt der Ungeschiedenheit zu entgehen. Der Phallus könnte dann mit jenem Cherub verglichen werden, der in der biblischen Schöpfungsgeschichte von Gott vor den Eingang zum Paradies gestellt wurde, um den Menschen den Rückweg dorthin zu verwehren. Rupprecht-Schampera (1995) hat für die männliche Entwicklung beschrieben, daß es bei ungenügender Triangulierung zur Entwicklung einer Perversion kommen kann, in deren Mittelpunkt das männliche Genitale steht, das auf diese Weise die dritte Position markiert. Der Penisneid der Frau (also der Neid auf einen Körperteil, den sie nicht hat und nie bekommen wird) könnte eine ähnliche Funktion erfüllen. Für Birksteed-Breen (1996) ist die Vorstellung des Phallus als eines immer erigierten männlichen Genitales darüber hinaus ein Ausdruck manischer Abwehr, die den Bedingungen gilt, die mit der Conditio humana verbunden sind, und zu denen auch die Abhängigkeit vom anderen Geschlecht und die Todesgewißheit gehören. So sehr diese Überlegungen im Einzelfall auch zutreffen mögen, so wenig möchte ich aber die *weibliche Kreation des Phallus*, der unter anderem die sehnlich herbeigewünschte Unsterblichkeit repräsentiert, als Ausdruck weiblichen Mangels (hier einer ungenügenden Triangulierung) abgestempelt wissen.

Die symbolische Kreation des Phallus ist vielmehr ein unverzichtbarer Schritt, um angesichts der lebenslangen Spannung zwischen Todessehnsucht und Unsterblichkeitswunsch ein Objekt aufzurichten, das nicht den Begrenzungen der

Conditio humana unterworfen ist und Hoffnung verkörpert. Was auf den ersten Blick als Neid auf dieses unzerstörbare Objekt anmutet, ist der symbolische Ausdruck des Wissens um die eigene Unvollkommenheit, zu der auch der Tod gehört, der jedem Menschen auferlegt ist.

Im Gegensatz zum narzißtischen Phallus-Symbol ist die Vorstellung vom „Penis-als-Brücke" *(penis-as-link)* (Britton, 1989) eine symbolische Kreation, die die Phantasie von einem fruchtbaren elterlichen Paar einschließt (Birksted-Breen, 1996). In dieser Phantasie ist auch die Möglichkeit des Weiterlebens in den eigenen Kindern (im buchstäblichen oder übertragenen Sinne) abgebildet, als *eine* Form der Todesüberwindung. Unsterblichkeitsphantasien, die sich um die Rettung durch einen zum Phallus erhöhten Penis ranken, und Weitergabe des Lebens an die nächste Generation, wie sie in der Phantasie vom fruchtbaren elterlichen Paar zum Ausdruck kommen, schließen sich gegenseitig aber nicht aus. Sie können nebeneinander bestehen, und sehr oft tun sie dies auch. In diesem symbolischen Sinne fruchtbar werden kann eine Frau dann, wenn sie den eigenen Tod als unvermeidliche Lebenstatsache akzeptiert hat und von daher nicht mehr versuchen muß, ihn durch Rückgängigmachung oder Umschreibung der Urszene zu umgehen. Die symbolischen Kreationen des Phallus und des Penis-als-Brücke können den Weg dorthin ebnen.

## Literatur

Benjamin, J. (1985): Die Fesseln der Liebe: Zur Bedeutung der Unterwerfung in erotischen Beziehungen. Feministische Studien 4, S. 10-33.

Birksted-Breen, D. (1996): Phallus, Penis and Mental Space. Int. J. Psychoanal. 77, (649-657).

Britton, R. (1989). The missing link: parental sexuality in the Oedipuskomplex. In R. Britton, Feldman, M., O'Shaughnessy (Hrsg.), The Oedipus Complex Today.Clinical Implications, S. 83-102. London: Karnac Books.

Bronfen, E. (1998): Sigmund Freuds Hysterie, Karl Jaspers' Nostalgie. Ausdrucksformen des Versehrtseins. In: C. Rohde-Dachser (Hrsg.), Verknüpfungen. Psychoanalyse im interdisziplinären Gespräch. Göttingen: Vandenhoeck u. Ruprecht.

Chasseguet-Smirgel, J. (Hrsg.) (1964): Psychoanalyse der weiblichen Sexualität. Frankfurt a. M.: Suhrkamp. 1974.

Chasseguet-Smirgel, J. (1964): Die weiblichen Schuldgefühle. In dies.: Psychoanalyse der weiblichen Sexualität, S. 134-191. Frankfurt a. M.: Suhrkamp. 1974.

Chasseguet-Smirgel, J. (1986): Die archaische Matrix des Ödipuskomplexes. In dies. (Hrsg.), Zwei Bäume im Garten. Zur psychischen Bedeutung der Vater- und Mutterbilder, S. 88-111. München: Verlag für Internationale Psychoanalyse 1988.

Eigen, M. (1981): The Area of Faith in Winnicott, Lacan and Bion. Int. J. Psycho-Anal. 62, S. 413-433.

Fast, I. (1984): Von der Einheit zur Differenz. Psychoanalyse der Geschlechtsidentität. Berlin: Springer 1991.

Freud, S. (1909): Bemerkungen über einen Fall von Zwangsneurose, Bd. 7, S. 57-99. Frankfurt a. M.: Fischer.

Freud, S. (1915): Das Unbewusste, Bd. 10, S. 263-303. Frankfurt a. M.: Fischer.

Freud, S. (1926): Hemmung, Symptom und Angst, Bd. 14, S. 111-205. Frankfurt a. M.: Fischer.

Freud, S. (1937): Die endliche und die unendliche Analyse, Bd. 16, S. 57-99. Frankfurt a. M.: Fischer.

Grossman, W. I. u. Stewart, W. A. (1976): Penis envy: From childhood wish to developmental metaphor. In: H. P. Blum (Hrsg.): Female psychology. Contemporary psychoanalytic views, S. 193-212. New York: International Universities Press 1977.

Henseler, H. (1995): Religion – Illusion? Eine psychoanalytische Deutung. Göttingen: Steidl.

Henseler, H. (1998): Überlegungen zur psychischen Entwicklung von Religiosität. In C. Rohde-Dachser (Hrsg.): Verknüpfungen. Psychoanalyse im interdisziplinären Gespräch, Göttingen: Vandenhoeck u. Rupprecht.

Horney, K. (1923): Zur Genese des weiblichen Kastrationskomplexes. In dies.: Die Psychologie der Frau, S. 10-25. Frankfurt a. M.: Fischer 1984.

Jones, E. (1935): Über die Frühstadien der weiblichen Sexualentwicklung. Int. Zeitschr. f. Psychoanalyse 21, (S. 331-341).

Karme, L. (1981): A clinical report of penis envy: Its multiple meanings and defensive functions. J. Am. Psychoanal. Association 29, S. 427-446.

Klein, M. (1960): Über das Seelenleben des Kleinkindes. In dies., Das Seelenleben des Kleinkindes und andere Beiträge zur Psychoanalyse, S. 144-173. Reinbek bei Hamburg: Rowohlt 1972.

Laplanche, J., u. Pontalis, J. B. (1967): Das Vokabular der Psychoanalyse. 2. Aufl. Bd. 2. Frankfurt a. M.: Suhrkamp. 1975.

Lifton, R. J. (1979): Der Verlust des Todes. Über die Sterblichkeit des Menschen und die Fortdauer des Lebens. München: Hanser. 1986.

Mahler, M. S., Pine, F., u. Bergman, A. (1975): Die psychische Geburt des Menschen. Symbiose und Individuation. Frankfurt a. M.: Fischer. 1978.

Ranke-Graves, R. v. (1955): Griechische Mythologie. Quellen und Deutung. 2 Bde. Reinbek bei Hamburg: Rowohlt 1960.

Raguse, H. (1993): Psychoanalyse und biblische Interpretation. Eine Auseinandersetzung mit Eugen Drewermanns Auslegung der Johannes-Apokalypse. Stuttgart: Kohlhammer.

Raguse, H. (1994): Der Raum des Textes. Elemente einer transdisziplinären theologischen Hermeneutik. Stuttgart: Kohlhammer.

Rauchfleisch, U. (1989): Der Thematische Apperzeptionstest (TAT) in Diagnostik und Therapie. Eine psychoanalytische Interpretationsmethode. Stuttgart: Enke.

Revers, W. J. (1958): Der Thematische Apperzeptionstest (TAT). Handbuch zur Verwendung des TAT in der psychologischen Persönlichkeitsdiagnostik. 3. Aufl. Bern: Huber. 1973.

Rohde-Dachser, C. (1987): Die ödipale Konstellation bei narzisstischen und bei Borderlinestörungen. Psyche 41, S. 773-799.

Rohde-Dachser, C. (1991): Expedition in den dunklen Kontinent. Weiblichkeit im Diskurs der Psychoanalyse. Heidelberg: Springer.

Rohde-Dachser, Ch. (1998): Forschungsbericht des Instituts für Psychoanalyse der Universität Frankfurt a. M., unveröffentlichtes Manuskript.

Rotter, L. (1934): Zur Psychologie der weiblichen Sexualität. In M. Mitscherlich, Rohde-Dachser, Ch. (Hrsg.), Psychoanalytische Diskurse über die Weiblichkeit von Freud bis heute, S. 48-57. Stuttgart: Verlag Internationale Psychoanalyse 1996.

Rupprecht-Schampera, U. (1995): Das Konzept der „frühen Triangulierung" als Schlüssel zu einem einheitlichen Modell der Hysterie. Psyche 51, S. 637 – 664, 1997.

Seidler, G. H. (1995): Der Blick des Anderen – eine Analyse der Scham. Stuttgart: Verlag Internationale Psychoanalyse.

Snodgrass, J. (1983): Patriarchy and phantasy: A conception of psychoanalytic sociology. American Journal of Psychoanalysis 43, S. 261-775.

Stein, C. (1994): Penisneid und Inzestverbot. Zeitschrift f. pschoanal. Theorie und Praxis IX, S. 320-332.

Stemann-Acheampong, S. (1996): Der phantastische Unterschied. Zur psychoanalytischen Theorie der Geschlechtsidentität. Göttingen: Vandenhoeck u. Rupprecht.

Torok, M. (1964): Die Bedeutung des „Penisneides" bei der Frau. In: J. Chasseguet-Smirgel (Hrsg.), Psychoanalyse der weiblichen Sexualität, S. 192-232. Frankfurt a. M.: Suhrkamp 1974.

Winnicott, D.W. (1969): Übergangsobjekte und Übergangsphänomene. Psyche 23, S. 666-682.

# Ein fiktives Interview mit Horst-Eberhard Richter

Gertraud Schlesinger-Kipp

Zu Deinem 75. Geburtstag habe ich für Dich ein Gespräch erdacht, das diesmal aber nicht im Himmel stattfindet wie Dein „Himmlischer Krisengipfel“, sondern auf der Erde mit zwei durchaus irdischen Gesprächsteilnehmern: Horst-Eberhard Richter und Gertraud Schlesinger-Kipp.

*Horst-Eberhard:* Wir kennen uns jetzt, glaube ich, seit über 20 Jahren. Was gibt es da alles zu erzählen?

*Gertraud:* Ja, es war 1975 gerade noch mitten im Studium, in der politischen Phase der schon marxistisch-leninistisch konsolidierten Studentenbewegung. Ich mußte bei meinen Kommilitonen gute Gründe finden, um meine Fahrten vom roten Marburg ins benachbarte „psychotherapeutische“ Gießen zu rechtfertigen. Alles mußte damals ideologisch begründet werden. Man kann sich das kaum noch vorstellen. Sogar für mein Interesse am israelischen Kibbuz und meinen Aufenthalt dort mußte ich bei Kommilitonen fachliche Gründe – die „Erforschung der Kibbuzerziehung als Alternative zur Kleinfamilie“ – angeben, denn die Israelis unterdrückten ja die Palästinenser! Von Antisemitismus bei den Linken konnte keine Rede sein?!

Für meine Fahrten nach Gießen kamen in diesem Fall nur rein private Gründe in Frage, die Selbsterfahrungsgruppe. Obwohl auch das als spätkapitalistische Unsitte skeptisch beurteilt wurde, denn alles Leiden sollte politisch sein und mit dem Klassenkampf von selbst beseitigt werden.

Dein Eulenkopf-Projekt wurde als karitativ, liberal, gefährlich manipulativ usw. abqualifiziert, denn gerade diejenigen, die immer alles „für die arbeitende Bevölkerung“ zu tun vorgaben, wagten sich wenig an deren innere Verfassung heran.

Dabei hast vor allem Du es wenige Jahre später auf der Höhe des RAF-Terrorismus wie wenig andere verstanden, unsere geistige Nähe und den gleichzeitigen Abscheu vor den Gewalttaten anzusprechen und existieren zu lassen. Soweit ich weiß, hat Dich das Thema RAF-Terroristen bis heute nicht losgelassen. Du besuchst z. B. Birgit Hogefeld und andere. Die meisten meiner Generation sind dazu nicht in der Lage, es gibt eine Unfähigkeit zur Trauer und Auseinandersetzung mit den Verirrungen in dieser Zeit. Fast habe ich das Gefühl, als könnten wir uns unserer Schuld nicht stellen, die wir damals so gern bei unserer Vätergeneration dingfest gemacht haben.

*Horst-Eberhard:* Welche Schuld habt ihr denn auf Euch geladen? Was wäre heute die Gesellschaft ohne die Errungenschaften der 68er, die Bürgerinitiativen, die Kinderladenbewegung, die Frauenbewegung ...?

*Gertraud:* Wenn ich z. B. an Hand des ARD-Films über die RAF von Breloer versuche, unseren Kindern unser damaliges Leben und Denken, dieses ideologische Verhaftetsein zu erklären, sind sie zwar fasziniert, schauen uns aber gleichzeitig auch ganz verständnislos an, so sehr muß sich auch unser Denken verändert haben, das sich in Erziehung niederschlägt.

*Horst-Eberhard:* Dein Sohn war doch schon als kleines Kind damals mit auf einer der großen Friedensdemonstrationen.

*Gertraud:* Ja, das war 1987 auf dem riesigen Hofgartengelände in Bonn. Es war das einzige Mal, daß ich ein Kind mitgenommen habe, auch aus Angst vor der ideologischen Indoktrination. Und „demonstrierende Kinder“ gab es ja vor nicht allzulanger Zeit leider zu Hauf. Aber damals, Mitte der 80er Jahre war uns die große Bedrohung so bewußt – auch die Kinder merkten das – und die Friedensbewegung schien ideolgiefrei zu sein, weite Gruppen erfaßt zu haben. Mein Sohn war als 5jähriger dort eines von vielen Kindern, es glich mehr einem Fest mit vielen hunderttausend Menschen. Du warst der einzige Redner, der sich speziell an die Kinder gewandt und sich für ihr Kommen bedankt hat, denn es waren große Strapazen für die Kleinen. Es hat bei ihm einen großen Eindruck hinterlassen und auch eine Art persönliche Verbundenheit mit Dir und Deinen Ideen bis heute.

Diese persönliche Geste damals von Dir den Kindern gegenüber, das Respektieren ihrer Persönlichkeit ist etwas, was Kinder in unserer Gesellschaft schmerzlich vermissen. Z. B. gibt es in unserem Wohnort kaum jemanden, der grüßende Kinder zurückgrüßt, viele Lehrer empfinden die Schüler von vornherein als Zumutung.

*Horst-Eberhard:* Ich bin ja überhaupt der Meinung, daß die Menschen, vor allem die Männer, mehr ihre weiblichen, freundlichen Qualitäten entwickeln sollten, anstatt sie immer in Mütter und Frauen zu projizieren.

*Gertraud:* Das hat mir auch persönlich immer gutgetan, Deine Anerkennung dieser weiblichen Seiten, obwohl ich manchmal befürchte, daß Du vielleicht die anderen Seiten, die wir Frauen auch haben, übersiehst.

Allerdings sieht es ja im Moment eher so aus, daß die von Euch zwischen ‘68 und ‘75 festgestellte Veränderung im Gießen-Test von großen Gruppen der Bevölkerung in Richtung Offenheit, Bezogenheit auf den Anderen usw. eher wieder rückläufig ist. Leistungsbewußtsein, Härte und wirtschaftlicher Erfolg sind wieder gefragt, wo wir doch versucht haben, unsere Kinder – auch die Söhne – so zu erziehen, daß sie auch ihre gefühlsbetonten, kontaktfreudigen sozialen Seiten in sich fördern. Ob sie in Zukunft damit zurecht kommen? Vielleicht erfinden sie ja ein neue kreative Verknüpfung von beidem, die wir gar nicht erahnen.

Aber jetzt bin ich dabei, ich sehe schon, Du runzelst die Stirn, die Aufgabe an die nächste Generation abzutreten. Aber was soll z. B. aus der Frauenbewegung werden, wenn noch nicht einmal mehr die simpelsten Förderungsprogramme finanzierbar sind oder Frauen wieder als erste ihre Arbeitsplätze verlieren? Manchmal befürchte ich, wir, die Kinder der viel geschmähten 50er Jahre sind die einzigen, die wirklich emanzipatorische Chancen hatten in diesem Jahrhundert, unglaublich privilegiert ohne Krieg aufgewachsen, mit der Chance der Studentenbewegung und in materiellem Wohlstand. Wie Du weißt, habe ich ja viele ältere Frauen in Psychotherapie und Analyse, da fällt mir der Vergleich in unseren Lebensläufen besonders auf.

Eigentlich wollte ich ja etwas über meine Theorien über das Älterwerden von Frauen für Diesen Geburtstagsband schreiben, aber man meinte, das würde nicht so passen. Ich fand auch ein Kapitel in Deinem Buch „Engagierte Analysen" , das heißt „Die Krisen der Erwachsenen sind keine Altersphasen-Krisen", das diese ablehnende Meinung gerechtfertigt erscheinen läßt. Du schreibst dort: „Man kann bestimmte Ausbrüche, Kapriolen, Merkwürdigkeiten leichter entschuldigen, wenn man sie als Ausruck der Trotzphase, der Pubertät, der Wechseljahre und nun modernerweise der Lebensmitte werten kann. Plötzlich sieht dann etwas Heikles ganz normal und natürlich aus. Nicht der Mensch, sondern sein Alter hat schuld." In der Alternsforschung, in der ich früher gearbeitet habe, wird ja etwas ganz anderes behauptet, und auch ich gehe in meinem Konzept über die weibliche Entwicklung im Lebenszyklus von speziellen Krisenphasen aus. Wenn man Dich allerdings so sieht, wie Du mit 75 Jahren Dich nicht nur in die Gesellschaft und in die Psychoanalyse einmischst, sondern auch sportlich tätig bist, beim Skilanglauf-Marathon, beim „Strahlen" in den Bergen, beim Tennis oder Fußball, möchte man Deinen Thesen, daß es keine Altersphasen-Krisen gibt, wohl Glauben schenken.

*Horst-Eberhard:* Danke, aber mir ist es gar nicht so recht, wenn mich z.B. meine Freunde vom Fußballclub im Eulenkopf mit diesem „noch fit" bewundern. Ich denke wirklich, daß vieles aufs Alter geschoben wird, was tatsächlich andere Ursachen hat. Aber erzähle doch, was Du über diese spezielle Altersstufe von Frauen herausgefunden hast. Vielleicht ist ja diese ganze Sichtweise doch immer noch zu sehr am Mann orientiert.

*Gertraud:* In den Behandlungen von Frauen zwischen Ende 40 und 60 Jahren hat sich meine eigene Herangehensweise an dieses Thema natürlich stark geändert, weil ich bei der ersten 60-jährigen Patientin selbst gerade Ende 20 war und heute mich doch dieser Lebensphase nach der Lebensmitte selbst schon nähere.

Ich habe in den Behandlungen jedenfalls festgestellt, daß es eine Umstrukturierungs- und Krisenphase im Leben der Frau ist, die durchaus mit der Adoleszenz verglichen werden kann. Beginnt da die Gebärfähigkeit, so endet sie hier. Mich hat dabei die unbewußte Bedeutung der Gebärfähigkeit und ihrer Beendigung interessiert. Das wichtigste, das die Psychoanalyse bisher dazu beigetragen hat, war, daß die Frau die Kompensationsmöglichkeit für ihren Penisneid verliert, und das fand ich nun wirklich etwas dürftig. Ich bin dann auf viele verschiedene Bedeutungen gekommen, z.B. wie eine Frau ihre von früh an existierende und nie aufgegebene Phantasie, mit der Mutter wie ein Baby zu verschmelzen, mit ihr eins zu sein, indem sie selbst ein Baby bekommt, jetzt in Frage stellen muß; was das für die innere Trennung von der Mutter erneut bedeutet. Oder daß sie ihre Wiedergutmachungswünsche den Eltern gegenüber unbewußt mit einem neuen Kind – oder der Phantasie davon – verbindet und dann von schlechten, depressiv machenden Gedanken verfolgt wird. Oder daß sie sich endlich von der Phantasie, Vaters liebste Tochter zu sein, die immer jung bleibt, lösen muß, aber auch darf, was mit einem großen Befreiungsgefühl einhergehen kann. Tja, mit solchen Fragen habe ich mich in den letzten Jahren eben intensiv beschäftigt.

Allerdings denke ich auch, daß diese Phase wie jede andere Krisenphase eine Chance ist für die Frau, die natürlich wiederum auch von den gesellschaftlichen Verhältnissen abhängt. Zum Beispiel werden Frauen um die 50 unsichtbar; oder wird ihnen noch Weiblichkeit und Sexualität zugestanden? Hält die Gesellschaft neue Rollen und Möglichkeiten für sie bereit, oder muß es sich jede einzeln erkämpfen? Insofern würde ich dem Satz von Dir in diesem Kapitel schon zustimmen, der lautet: „ Die Problemlage einer Altersgruppe wird nie von ihr allein bestimmt, sondern zugleich von den übrigen Altersgruppen der Gesellschaft. Jede Altersgruppe spiegelt das Gesamt der Verfassung der Gesellschaft wider."

*Horst-Eberhard:* Das freut mich ja, daß Du in meinen alten Büchern gelesen hast. Das habe ich 1978 geschrieben, also vor 20 Jahren, damals war ich 55. Ich finde es sehr wichtig, sich auch mit den unbewußten Veränderungen der Körperlichkeit zu beschäftigen. Gerade das war auch mein Anliegen in der Psychosomatik, die Krankheit und auch das Alter und den Tod nicht nur als Feind zu erleben, sondern als Ausdrucksmöglichkeit und auch als Widerstand gegen unerträgliche Umstände.

*Gertraud:* Es ist schwer, wenn man selbst häufiger krank wird, das als etwas Positives zu erleben, weil es nicht zu sein hat. In Deinem Buch „Die Chance des Gewissens" hat mich besonders berührt, wie Du Deine zuerst körperliche und später psychosomatische Erkrankung mit Hilfe von Hollmann als unbewußten Protest gegen den Krieg, gegen den Militarismus verstanden hast. Aus meinem persönlichen Erfahrungsbereich weiß ich, daß aus medizinisch unklaren Gründen nicht heilende Wunden einem Soldaten das Leben retten konnten, weil er nicht mehr an die Front zurückgeschickt werden konnte.

Doch ich wollte noch etwas sagen zu dem eben zitierten Satz von Dir. Du schreibst da ja wie erwähnt: „Jede Altersgruppe spiegelt das Gesamt der Verfassung der Gesellschaft wider." Auf Grund der Erfahrungen in den psychotherapeutischen Behandlungen von Frauen über 50, z. T. über 60 und 70 Jahren, habe ich mir Gedanken gemacht über die verschiedenen Generationen von Frauen in diesem Jahrhundert. Man erfährt ja als Psychotherapeutin so viele Einzelschicksale, die jedoch ohne die Berücksichtigung der „Verfassung der Gesellschaft" nicht verständlich werden.

Ich habe dann als erstes differenziert zwischen den um 1910 bis 1920 Geborenen und den um 1930 Geborenen, die in unserem Jahrhundert je unterschiedliche Lebensverläufe haben, die sich wiederum sehr von denen ihrer im oder nach dem Krieg geborenen Töchtern unterscheiden. In der Frauenforschung der neueren Zeit habe ich auch viele Biographien dieser beiden Generationen gefunden, in denen die Betonung des Opfercharakters so stark ist, daß z. T. zwischen Frauen und Juden als Opfer des Nationalsozialismus nicht unterschieden wird. Margarete Mitscherlich prägte ja die These von der Mittäterschaft aus Anpassung an das männliche Geschlecht aus der spezifisch weiblichen Angst vor Liebesverlust. Das trifft sicher zu, enthält aber auch eine grandiose Entwertung des eigenen Geschlechts.

*Horst-Eberhard:* Willst Du jetzt diesmal nicht auf die „Schuld" Deiner Generation, sondern auf die Mitschuld der Frauen am Nationalsozialismus hinaus?

*Gertraud:* Es war mir nicht klar, aber jetzt wo Du das ansprichst, kommt mir der Gedanke, daß vielleicht sogar beides miteinander zu tun hat, die Beteiligung von deutschen Frauen am Nationalsozialismus und das Nicht-trauern-Können über eine eigene Mitschuld am Zustand der heutigen Gesellschaft. Beides bleibt verschwommen und unausgesprochen und wirkt daher im Unbewußten der verschiedenen Generationen zusammen.

Eigentlich wollte ich darüber sprechen, daß ich in den Behandlungen der älteren Frauen, die im Nationalsozialismus schon erwachsen waren, erfahren konnte, welche Phantasien die Einstellung zur Frau und Mutter bei den Nazis für sie entstanden: Im Fortpflanzungswahn, im Kult um die „arische Mutter" liegen auch matriarchale Machtansprüche auf der Hand. Lediglich die weibliche Seite dieser Verführung und Bemächtigung der Ideologie bis in den intimsten Bereich wird hier deutlich. Mutterschaft bedeutete da nicht nur „zurück an den Herd", sondern die Mutter war die „Wahrerin der Rasse", Männer wurden zu Samenspendern reduziert. Innerlich konnten so die äußerlich noch sehr an ihre Männer angepaßten Frauen von dieser Herrschaft der Frau als „Stammesmutter" profitieren. Natürlich war das eine Illusion, für die sie bitter bezahlen mußten . In der

Realität konnten die Frauen nach Kriegsausbruch oft gar nichts mehr für ihre Kinder tun. Sie wurden zur Rüstungsproduktion gezwungen und mußten sich häufig unfreiwillig von ihren Kindern trennen, die zwangsevakuiert wurden. Die vielgepriesene Selbständigkeit der Frauen in der Kriegs- und Nachkriegszeit war zum großen Teil der Wille zum Überleben. Warum haben die Trümmerfrauen alles so schnell wieder aufgebaut, immer funktioniert, sich in aller Brutalität immer wieder zurecht gefunden. Das z.B. könnten Töchter ihre Mütter fragen.

*Horst-Eberhard:* Wir haben noch bis 1953 in Berlin in der Halbruine meines elterlichen Hauses auf engstem Raum mit drei Kindern gewohnt, gerade um diesen Riß in unserem Leben nicht zu übertünchen. Über Mauerreste konnte man in den dritten Stock in unsere Wohnung klettern. Wir wollten keine Umgebung, der man nichts mehr von gestern ansah.

*Gertraud:* Aber da seid ihr sicher die Ausnahme, das so bewußt ertragen zu haben. Für uns Töchter – und wahrscheinlich auch für die Söhne – ist es ja auch wichtig, sich mit den starken Seiten ihrer Mütter – wie der Trümmerfrauen – identifizieren zu können. Dabei ist dann aber über die Frage der Mitschuld und vor allem über das tatsächlich erlebte Leid der Mütter oft nicht gesprochen worden. Die Rebellion der 68er war eine von Söhnen gegen die Väter.

Es ist auch viel schwieriger über den wirklichen Opfercharakter von Frauen im Krieg zu sprechen. Ich habe gerade auf Anregung einer Krankenschwester, die bei mir in einer Teamsupervison in einer gerontopsychiatrischen Tagesklinik teilnimmt, das Buch von Helke Sander gelesen über die Massenvergewaltigungen an Frauen in den Monaten von April bis Juni '45 durch die Rote Armee. Die geschätzten Zahlen allein für Berlin sind unvorstellbar hoch, doch die Frauen sprechen nicht darüber. In dieser gerontopsychiatrischen Tagesklinik geht es oft um den Krieg, die Männern können ansatzweise über die Traumen reden, die Frauen sprechen höchstens von Hunger und von der Kasseler Bombennacht. Welche psychischen Folgen kann so ein verschwiegenes Trauma haben, eventuell gerade bei psychisch kranken älteren Frauen? Eine einzige über 70jährige Patientin habe ich bisher kennengelernt, die offen über Vergewaltigungen am Kriegsende gesprochen hat, sie hatte danach zeitlebens keine Beziehung zu einem Mann haben können.

*Horst-Eberhard:* Wir konnten nicht „gerecht" leiden, hatten wir doch soviel Schuld auf uns geladen.

*Gertraud:* Aber jetzt nach so vielen Jahren müßte es doch möglich sein, die Dinge auseinanderzuhalten und gerade auch für Deine Generation zu sehen, wie sehr Ihr unter dem Verlust eurer Jugend gelitten habt. Für die Frauen, die um 1930 geboren wurden, jetzt mal als Generation gesehen, bedeutete das nämlich die ganze Schulzeit über Nazi-Indoktrination, die Phantasiewelt eines pubertären

Mädchens angefüllt mit „Liebe zum Führer" – wie Christa Wolff das in ihrem Roman „Kindheitsmuster" beschreibt –, aggressive und sexuelle Phantasien konnten abgespalten werden auf Juden oder Zigeuner, das „arische Mädel" blieb rein. Gleichzeitig wurden sie früh (zu früh?) unabhängig von den Eltern, konfrontiert mit Verlusten, Schrecken, Tod und Vergewaltigung. Was haben sie unbewußt an ihre Töchter weitergegeben?

*Horst-Eberhard:* Wie ich sehe, kommst Du gerade in der psychotherapeutischen Behandlung Älterer auf den Gedanken, wie sehr ein individuelles Schicksal von der sozialen und geschichtlichen Situation abhängt, die derjenige durchlebt hat. Ich bin damals in der Behandlung von Kindern in Berlin-Wedding und durch meine eigene Geschichte auf die Bedeutung der psychosozialen Umstände gekommen. Ich glaube, wichtig dabei ist, daß sich die Psychoanalyse und die Psychoanalytiker nicht in die „Höhle der Innerlichkeit" zurückziehen, ihre Spezialität für die innere Welt nicht als Versteck verstehen, um die politische Welt denen zu überlassen, die darin zu agieren wünschen.

*Gertraud:* Ich danke Dir sehr dafür, und besonders jetzt an Deinem 75. Geburtstag, daß Du diese Botschaft nicht nur immer wiederholst, sondern sie selbst auch vorlebst. Denn nur im Vorbild können Jüngere wie ich dazu kommen, die Botschaft auch für sich anzunehmen und sich zu trauen, immer wieder aus dieser Höhle hervorzukommen, denn auch heute noch ist das für Psychoanalytiker nicht unbedingt selbstverständlich, wie Du ja weißt.

Ich habe selbst vor kurzem erlebt, wie sehr mir als Psychoanalytikerin dieses Heraustreten in die politische Ebene Angst macht. Ich war gebeten worden, an einer Podiumsdiskussion in Kassel am Tag der Menschenrechte mit dem Thema „Frauen und Asyl" teilzunehmen. Es sollte u.a. um die politische Forderung gehen, frauenspezifische Fluchtgründe, wie spezifische Formen der Folter, Vergewaltigung, Verstümmelung, Zwangsverheiratung usw. als Asylgründe anzuerkennen, wie das z.B. in Kanada möglich ist. Ich sollte etwas zu den psychischen Folgen von Traumatisierung und zu Behandlungsmöglichkeiten sagen. So eine Angst wie vor dieser Diskussion habe ich schon lange nicht mehr bei öffentlichen Auftritten ausgestanden. Als ich dann dort auf mein Bitten auch etwas länger im Zusammenhang reden konnte, merkte ich, wie interessiert und begierig das Publikum zuhörte und Fragen stellte. Die Beschäftigung mit den Gefühlen von Gewaltopfern wie Scham und Schuld, Wut und Haß, Furcht und Ohnmacht und dem Bedürfnis, zu schweigen und zu vergessen schien ebenso möglich wie die Frage, wie man einer Frau aktuell helfen kann, die aus Asylgründen einen prügelnden Mann heiratet.

*Horst-Eberhard:* Aber wieso hast Du Angst gehabt vor dieser Diskussion? Es ist doch unsere Aufgabe, zu solchen Themen etwas zu sagen. Wer sollte sonst ein Licht werfen auf diese inneren Zustände?

*Gertraud:* Genau, deshalb habe ich ja auch mitgemacht. Die Angst kam mir im Nachhinein auch konstruiert vor. In psychoanalytischen Kreisen ist ja oft schon das Wort „Opfer" verdächtig, es wird reflektiert, was das Opfer dazu beiträgt. Dabei bin ich überzeugt von den neueren psychoanalytischen Behandlungskonzepten von Extremtraumatisierten, die diese den Täter exkulpierende Haltung endlich beseitigt haben.

Ich glaube nur, daß wir Psychoanalytiker immer wieder durch dieses Nadelöhr müssen und die psychischen Belastungen, die entstehen, wenn man sich viele Stunden des Tages in intensiver Beziehung mit den Patienten, mit deren Innenwelt beschäftigt, uns nicht gerade dazu prädestinieren. Mich würde natürlich interessieren, wie Du diese Balance zwischen den vielen verschiedenen Bereichen, in denen Du tätig bist, immer wieder für Dich herstellst.

*Horst-Eberhard:* Diese Frage könnte meine Frau vermutlich besser beantworten.

*Gertraud:* Womit wir beim Privaten angekommen wären. Wir haben jetzt über so weit auseinander liegende Themen wie die Studentenbewegung, die Friedensbewegung, die Altersphasen-Krisen und die Frage des Älterwerdens von Frauen, den Zusammenhang zwischen Mittäterschaft und Unfähigkeit zu trauern bei Müttern und Töchtern, die politische Einmischung von Psychoanalytikern gesprochen, daß es einerseits das Bedürfnis gäbe, diese noch zu vertiefen, andererseits es sicher noch eine Menge anderer Themen gäbe.[1]

Ich denke, wir könnten das Gespräch noch lange fortführen, aber eigentlich würde ich jetzt gern über Privates, z.B. unsere gemeinsame Leidenschaft, das Bergsteigen, sprechen und da die Öffentlichkeit ausklammern. Öffentlich möchte ich Dir und Deiner Frau jedoch alles erdenklich Gute für die weiteren Lebensjahre wünschen, sowie noch viele schöne Bergtouren.

[1] Daß vor allem Gertraud gesprochen hat, liegt an der Kunstform des Gesprächs. Irdischen Menschen Worte in den Mund zu legen, ist heikler als himmlischen. Die meisten Bemerkungen von Horst-Eberhard sind tatsächlich stattgefunden Gesprächen entlehnt, sowie seinen Büchern und veröffentlichten Interviews.

# Psychoanalyse und Dissidenz oder: Ist Dissidenz eine Krankheit?

## Assoziative Anmerkungen zu einem veraltenden Dilemma

Christian Schneider

### I.

Die Frage, ob Dissidenz eine Krankheit sei, ist möglicherweise leichter zu beantworten als zu stellen. Wer sie in Gesellschaften wie der unseren ernstlich aufwirft, gerät leicht in den Verdacht, sich bloßer rhetorischer Mittelchen zu bedienen, um einen unstrittigen Sachverhalt künstlich interessant zu machen. Aus dieser Sicht ist unsere Ausgangsfrage also eine rhetorische; ja, wer sie stellt, wird sich zweifellos den Vorwurf der Inhumanität einhandeln. Das hat seinen Grund darin, daß wir über den Begriff der Dissidenz in folgenreicher Weise vorverständigt sind; daß er einen Assoziationshof hat, der ihn scheinbar der Notwendigkeit einer genaueren Definition enthebt.

Daß es mit der Klarheit über diesen Begriff nicht so weit her ist, ist freilich keine Frage der Wissenschaft. Nicht zuletzt deshalb möchte ich meine Bemerkungen über das Phänomen der Dissidenz mit einer literarischen Quelle eröffnen: mit einer Passage aus einem Roman, der in der Zeit des Zusammenbruchs der alten politischen Blöcke geschrieben wurde, die unser „Systemdenken" zur Zeit des Kalten Krieges so nachhaltig geprägt haben. Seine Hauptperson ist der niederländische Botschafter in Prag, die Zeit der Handlung das Jahr 1989:

„Hoffman (der Botschafter, Ch. S.) hatte heute einen Bericht über die Menschenrechte in der Tschechoslowakei gelesen, der unter seinem Namen nach Den Haag abgehen würde. Seine Hauptaufgabe in Prag war die Unterstützung von Dissidenten, ein von den Rhetorikern im Außenministerium ausgeklügelter Trick. Niemand in Den Haag scherte sich einen Pfifferling um die Dissidenten hier, er selbst eingeschlossen. Aber der Herr Minister konnte im Parlament Eindruck schinden mit seinen Elogen auf weltverbessernde Humanisten oder enttäuschte Kommunisten. Die westliche Presse war ganz gierig auf Dissidenten, denn Dissidenten waren eine Spielart des Journalismus: am Rande der Politik, alles besser wissend, aber mundtot gemacht von den bösen Politikern. Der Journalist, eine traurige Figur, der seine Verbitterung zum Beruf erhoben hatte, konnte sich daher mühelos mit dem Dissidenten identifizieren.

Auch in Holland gab es Dissidenten, aber dort nannte man sie einfach Querulanten. In Osteuropa lag das anders. Ein paar Ausnahmen, die die Regel bestätigten, gab es hier (wie zum Beispiel Sacharow, die verkörperte Unschuld), aber die meisten Dissidenten waren tiefgläubige Helden, denen man den Kirchenbesuch erschwerte und die sich ein Europa unter der Führung des Papstes erträumten. Er dachte hierbei besonders an die Polen, die nicht mehr arbeiteten, ihr Land an den Rand des wirtschaftlichen Ruins gebracht hatten und daher den ganzen Tag in der Kirche auf den Knien lagen, um mit der Heiligen Jungfrau über bessere Zeiten zu verhandeln.

Ein Querulant, der in einem osteuropäischen Land zur Welt gekommen war, wurde im Westen Dissident genannt. Ein Halbanalphabet, der mit Mühe HAUS BAUM BALL schreiben konnte und das Glück hatte, in einem Arbeitslager des Gulag interniert zu werden, wurde in München oder Paris als bedeutender experimenteller Dissidentenautor' gedruckt."[1]

Besser, jedenfalls polemischer kann man es kaum auf den Begriff bringen. Leon de Winter gibt uns zwar keine Definition von Dissidenz, aber er zeigt den Dissidenten in seiner spezifischen Funktion im alten Ost-West-Konflikt politisch unterschiedlich verfaßter Systeme. Demnach ist der Dissident eine Gestalt, die in *einem* System gar nicht vorkommen kann. Der Dissident ist vielmehr eine Beziehungsgestalt *zweier* Welten. Er erwirbt seinen Status dadurch daß ihm von den Repräsentanten des einen – des für ihn *externen* – Systems Eigenschaften, Verhaltensweisen und Werte zugeschrieben werden, die sie als die eigenen oder ihnen ähnliche wiedererkennen. Weil diese Eigenschaften, Verhaltensweisen und Werte aber in einem anderen System – dem *internen* des Dissidenten nämlich – zur Geltung gebracht werden, das andere, ja konträre Wertvorstellungen favorisiert, erscheint in der Gestalt des Dissidenten das eigene Wertesystem, das er scheinbar verkörpert, als etwas Kämpferisches, um nicht zu sagen Heroisches.

Der Dissident wäre, so gesehen, eine Gestalt der Projektion und der Idealisierung. In ihm verwirklicht sich jene Utopie, die Adorno in seinem bekannten und oft kolportierten Aphorismus unter Verbot stellte: Es gibt doch ein richtiges Leben im falschen – allerdings nur, wenn das falsche Leben das der anderen ist und die eigenen konventionell gewordenen Werte sich auf jene idealisierte Gestalt des Dissidenten projizieren lassen, der vermeintlich für das kämpft, was man selber verwirklicht zu haben glaubt. In dieser Perspektive ist der Dissident eine Gestalt der Wunscherfüllung: Er führt heroisch als aktuelles Drama auf, was im eigenen Lebensbereich längst Konvention geworden ist – und er läßt damit ein Stück weit die heroische Substanz, die heroische Vergangenheit des bürgerlichen Wertekosmos wieder aufleben.

[1] Leon de Winter, Hoffmans Hunger, S. 306-307.

Der Dissident ist also jemand, der gewissermaßen in zwei Realitäten lebt: In einer materiellen, die Gegenstand seiner Kritik wird; und in der Realität eines Gegenentwurfs, die zunächst nichts anderes als eine Utopie, eine psychische Realität ist. Ob dieser psychischen Realität mehr als nur der subjektive Wunsch zukommt, entscheidet letztlich darüber, ob wir es mit einem „Dissidenten" oder einem „Verrückten" zu tun haben. So war es im kalten Krieg für die Ost-Dissidenten die Existenz der westlichen Gesellschaften mit ihren Freiheitsrechten, universalistischen Moralprinzipien und demokratischen Garantien, die ihnen eine Realität sicherte, die ihren Entwurf vom Ruch des bloßen Hirngespinsts befreite. Und das gilt bis zu einem gewissen Grade auch, wenn wir die Blickrichtung umkehren.

Nimmt man den Dissidenten aus diesem Projektionsrahmen konträrer Systeme heraus, dann, so Leon de Winter, bleibt eine traurige Gestalt übrig. Wie der Prophet im eigenen Lande nichts gilt, schrumpft der Dissident im eigenen Land zum Querulanten. Damit sind wir unversehens wieder bei der Ausgangsfrage. Ist Dissidenz eine Krankheit? Für die Systeme, für die wir Westler den Begriff des Dissidenten erfunden und reserviert haben, zweifellos. Es ist nicht nur kein Geheimnis, daß etwa sowjetische Dissidenten als Geisteskranke diagnostiziert und in Psychiatrien gesteckt wurden, sondern eine Tatsache, daß die Behandlung von Dissidenz als Geisteskrankheit mehr als nur eine Verlegenheitslösung war, um unliebsame Kritiker abzuschieben und kaltzustellen. Um es polemisch zuzuspitzen: Es sind weniger die Zyniker der Macht, die Systemkritik mit Krankheit identifizieren, als die Idealisten. Wer von der Richtigkeit und Güte des herrschenden Wertesystems fest überzeugt ist, hat in gewisser Weise gar keine andere Wahl, als denjenigen, der von ihm abweicht, dagegen opponiert und es ersetzen will, entweder als Kriminellen oder als Kranken zu betrachten. Im ersten Fall wird ein böser Wille und bewußte Intention unterstellt, im zweiten dagegen ein Defekt.

Die Auffassung von Dissidenz als Krankheit ist natürlich eine besonders dehumanisierende Stigmatisierung, zugleich allerdings auch ein Entschuldungsversuch; übrigens ein Versuch, der auf eine große philosophische Tradition zurückblicken kann. Wer Lust auf und Sinn für einen philosophischen Krimi hat, dem empfehle ich die Lektüre der Hegelschen Enzyklopädie und der Rechtsphilosophie – und zwar jene Passagen, in denen der Standpunkt der Moralität gegenüber der Sittlichkeit buchstäblich als „Krankheit" diagnostiziert und aus der Dialektik von Wahn und Verrücktheit entfaltet wird. Am systematisch entscheidenden Punkt der Hegelschen Gesellschafts- und Staatskonstruktion, dem Übergang der Moralität zur Sittlichkeit, findet sich das Grundmodell für Dissidenz als Krankheit.

Während die Sittlichkeit für Hegel den konkreten Gehalt des objektiven Geistes ausmacht und damit Synonym des ethisch Guten und, modern gesprochen, des gesellschaftlichen Konsensus wird, bezeichnet die Moralität, als Form der bloßen Subjektivität des Willens, gleichsam ein Manko an Konsensfähigkeit.

Vom Standpunkt der Sittlichkeit aus gesehen ist Moralität als Abstraktion zu verstehen. Deshalb, so Hegel wörtlich, „muß auch das Moralische vor dem Sittlichen betrachtet werden, obwohl jenes gewissermaßen nur als eine Krankheit an diesem sich hervortut." „Aus dem nämlichen Grunde", fährt Hegel fort, „haben wir aber auch in dem anthropologischen Gebiete die Verrücktheit, da dieselbe, wie wir gesehen, in einer gegen das konkrete, objektive Bewußtsein des Verrückten festgehaltenen Abstraktion besteht, vor diesem Bewußtsein zu erörtern gehabt."[2] Dies ist keine beliebige Koinzidenz. Vielmehr hält sich die Konstruktion der „Enzyklopädie", ebenso wie die der Rechtsphilosophie, strikt an die Strukturgleichheit von Moralität, Subjektivität, Krankheit und Verrücktheit auf der einen, Sittlichkeit, Objektivität, Substanz und Gesundheit auf der anderen Seite. Was Hegel der Verrücktheit zurechnet, gilt auch für den Standpunkt der Moralität:

„Zur Verrücktheit wird der Irrtum und die Torheit erst in dem Fall, wo der Mensch seine nur subjektive Vorstellung als objektiv sich gegenwärtig zu haben glaubt und gegen die mit derselben in Widerspruch stehende wirkliche Objektivität festhält. Den Verrückten ist ihr bloß Subjektives ganz ebenso gewiß wie das Objektive; an ihrer nur subjektiven Vorstellung (...) haben sie die Gewißheit ihrer selbst, hängt ihr Sein." (S.167)

Dies bezeichnet eine Grundfigur der Dissidenz. Der moralische Standpunkt, die Krankheit der Sittlichkeit, ist das Modell der *Möglichkeit* einer anderen Ordnung. Eben das erscheint Hegel als Kennzeichen des Verrückten: Man kann, so sagt er, „die verrückte Vorstellung eine vom Verrückten für etwas Konkretes und Wirkliches angesehene leere Abstraktion und bloße Möglichkeit nennen." (S.168) Moralität und Verrücktheit kommen darin überein, daß sie eine eigene Realität behaupten, die in der objektiven nicht aufgeht. Beide bezeichnen die Konfrontation der Wirklichkeit mit einer Möglichkeit: Einer Möglichkeit, die kontrafaktisch als Realität behandelt wird. Eben das tut auch der Dissident. Er ist deshalb, von der Realität aus gesehen, gegen die er sich vergeht, ein Verrückter: Er ist krank. Und nicht nur harmlos. Denn, das wissen wir aus Hegels Geschichtsphilosophie: „Abstraktionen in der Wirklichkeit geltend machen heißt Wirklichkeit zerstören."

Daß im ehemaligen „Ostblock" Dissidenten als Kranke behandelt wurden, entbehrt also keineswegs der Logik – auch wenn es keine angenehme Logik ist; aber die geltende. Ich hoffe, daß aus diesen Passagen ein wenig deutlicher wird, warum es in gewisser Weise leichter ist, die Frage nach dem Krankheitswert von Dissidenz zu beantworten als sie zu stellen. Halten wir vorläufig fest: So entschieden, wie der durchschnittliche Westbürger die Anmutung zurückweisen würde, ein Ost-Dissident sei ein Kranker, so entschieden würde ein Repräsentant der entsprechenden Gesellschaft Dissidenz als Krankheit bezeichnen.

[2] Hegel, Enzyklopädie der philosophischen Wissenschaften III, Werke Bd. 10, S. 171.

Und bei uns? Folgen wir de Winter, so sind unsere Projektionshelden im Osten im eigenen Land Querulanten. Was ist ein Querulant? Der Alltagsverstand gibt uns von ihm das Bild des krankhaften Rechthabers, und in diesem Fall ist es nicht weit von der wissenschaftlichen Auskunft entfernt. Die Fachliteratur teilt uns dazu folgendes mit: „Querulant (queri klagen): Persönlichkeitsvariante, sehr oft von Krankheitswert, bei der die Betroffenen darauf bedacht sind, das eigene – fast immer falsch beurteilte u. empfundene – Recht in übertriebener Weise bzw. ohne Rücksicht auf das Recht anderer durchzusetzen."[3]

In dieser Definition immerhin wird vollends deutlich, warum der Dissident nur in der Überschneidung zweier Perspektiven, zweier Systeme leben kann: Solange wie, so wie es der Pschyrembel unterstellt, ein monolithisches Recht angenommen wird, bleibt das Pochen auf ein eigenes, d.h. die Möglichkeit eines Gegenentwurfs, eine leere Abstraktion, eine Verrücktheit, wie wir es bei Hegel gesehen haben. Nur der Gegenentwurf, der nicht nur eine eigene, persönliche Realität reklamiert, sondern sich auf eine mit anderen geteilte stützen kann, sichert den Dissidenten vor dem Verdacht der Querulanz, der Krankheit, des bloß Subjektiven, sprich: des Nichtigen.

Apropos „des bloß Subjektiven". An der Definition des Pschyrembel sticht eine Besonderheit ins Auge: Als sei das selbstverständlich, subsumiert er das Krankheitsbild, das ja ex objectivo definiert wird, nicht der nosologischen Krankheitseinheit, sondern deren subjektiver Repräsentanz: Es ist wohlgemerkt nicht die Querulanz, die als Stichwort verhandelt wird, sondern ihr Subjekt, der „Querulant".

Erst nach dieser Lektüre-Erfahrung kam ich auf die Idee nachzulesen, was denn das Lexikon wohl unter Dissidenz versteht. Es ist erstaunlich: Dissidenz gibt es nicht. Jedenfalls nicht in der anerkannt besten und modernsten lexikalischen Quelle, nämlich Meyers Großem Universallexikon. Wohl aber, wie bei der Querulanz, ihre Personifikation. Allerdings mit einem bezeichnenden Unterschied: Weicht der Pschyrembel im Falle der Querulanz vom Krankheitsbild auf seine Personifikation aus, so erfährt das im Falle der Dissidenz noch eine Steigerung. Der große Meyer, der mit Dissidenz nichts anfangen kann, erläutert nicht etwa, was ein Dissident sei, sondern kennt die Personifikation von Dissidenz nur im Plural. Das Stichwort ist „Dissidenten". Dissidenten sind „(zu lat. dissidere = uneins sein), Getrennte, Andersdenkende. Diejenigen, die sich außerhalb einer Religionsgemeinschaft stellen, Religionslose. Allg. diejenigen, die von einer offiziellen Meinung abweichen; heute v. a. Bez. für Menschen, die in sozialist. Staaten für die Verwirklichung der Bürger- und Menschenrechte eintreten."[4]

[3] Pschyrembel, 251. Auflage, S. 1016.

[4] Meyers großes Universallexikon, Bd 3, S. 646.

Dissidenten sind offenbar nicht als Exemplar, sondern nur im Plural vorstellbar. Sind Dissidenten etwa so etwas wie ein Patientenkollektiv? Sind sie möglicherweise sogar ansteckend?

All das bringt uns der Frage „Ist Dissidenz eine Krankheit?" nur wenig näher, läßt indes den Begriff der Krankheit in immer problematischerem Licht erscheinen. Fassen wir zusammen, was wir bislang herausgebracht haben: Wenn wir die Perspektive der zwei Systeme, der zwei Realitäten einnehmen, die den Dissidenten eigentlich erst konstituiert, dann hat er keinen Krankheitsstatus. Wenn überhaupt ist nicht er krank, sondern die Gesellschaft, gegen die er opponiert. Wann immer wir dagegen einen innersystemischen Standpunkt einnehmen, der entweder auf dem Gesichtspunkt der Machterhaltung oder der Verwirklichung der Wahrheit basiert, sehen wir uns gezwungen, Dissidenz entweder zu kriminalisieren oder zu pathologisieren. Dissidenz ist dann die Krankheit, die vorgibt, das zu heilen, was ihr als Normalität oder Gesundheit vorgegaukelt wird. Dissidenz ist die Krankheit zum Tode der verordneten Gesundheit.

## II.

Es ist zunächst einmal nicht mehr als ein Apperçu, also eine literarische Form der freien Assoziation, wenn ich aus dieser Ableitung einen bekannten Aphorismus wiedererkenne: „Die Psychoanalyse ist die Krankheit, die sie zu heilen vorgibt", ist vielleicht das bekannteste Wort Karl Kraus' geworden – jedenfalls in psychoanalytischen Kreisen. Selbst wenn Psychoanalytiker sonst nichts vom Herausgeber der „Fackel" kennen – dieses Wort ist ihnen geläufig. Nur verstehen sie es meist nicht. Sie halten es nämlich in der Regel für eine Beleidigung. Schlicht übersetzt heißt das Kraus'sche Wort jedoch nur, daß die Psychoanalyse Teil des gesellschaftlichen und kulturellen Kontinuums ist, das kollektiv die Zustände von Defizienz, Depression und Verzweiflung hervorbringt, an denen die Einzelnen leiden. Die Psychoanalyse ist diese Krankheit, indem sie sie benennt – und partiell, nämlich in der Übertreibung, reproduziert. Kraus' Blick ist, wenn man so will, der eines maliziösen Wissenschaftshistorikers: Er erkennt die Psychoanalyse als *Ausdruck* ihrer Zeit und ihrer Kultur gerade da, wo sie sich als deren Kritik begreift. Er beschreibt damit, zu einem frühen Zeitpunkt, einen typischen Zirkel, in den sich die Psychoanalyse als dissidente Wissenschaft verstrickt. Er sagt damit etwas über das unausweichlich Neurotische, das alle kulturellen Bildungen an sich haben müssen, wenn sie ihren Ursprung nicht verleugnen.

Tatsächlich unterliegt die Psychoanalyse selber einer unausweichlichen Dialektik der Dissidenz: Sie etabliert, als Teil eines Ganzen, dem sie notwendig, wenn auch kritisch verpflichtet bleibt, eine neuartige Sichtweise der Dinge und schafft damit eine neue Realität, die in ihrer internen Struktur die Probleme reproduziert, mit denen sie als Ganzes in der Auseinandersetzung mit der Mehrheitskultur konfrontiert ist. Auch die Psychoanalyse kennt das Problem der zweifachen Realität. Sogar in potenzierter Form. Als kritische, im Wortsinn dissidente Theorie und Praxis war sie wie keine andere Wissenschaft in diesem Jahrhundert stark damit beschäftigt, Dissidenten in ihren eigenen Reihen zu entdecken, zu entfernen oder kaltzustellen. Die Dissidenz Freuds, seine kritisch-utopische Spannung zur bürgerlichen Gesellschaft, sein Aufkündigen des bestehenden Konsensus über die Konstitution der Menschen und der Grundlagen ihres Zusammenlebens, hat in dem Moment eine neue Qualität angenommen, als sich eine organisierte psychoanalytische Bewegung etablierte. Ich möchte kurz an die Definition in Meyers Lexikon erinnern: Hier werden die Dissidenten im Plural vorgestellt, aber sie bleiben, gerade in dieser Bestimmung, im wesentlichen Einzelne, wie es so schön hieß: „Getrennte", die als Individuen, nicht als Gruppe einen herrschenden Konsensus, einen allgemeinen Glauben aufkündigen. Wird dieses Aufkündigen zu einer wirklich kollektiven Tat, nimmt Dissidenz eine neue Gestalt an. Im Rahmen der kirchlichen Bindung des Begriffs wäre die kollektive Organisation von Dissidenz das Entstehen einer Sekte, die sich kritisch gegen die Glaubenslehre der Kirche stellt.

Eben diese Logik kann man an den frühen Organisationsformen der Psychoanalyse studieren. Soziologisch ist der Unterschied von Kirche und Sekte dadurch gekennzeichnet, daß letztere eine „Gemeinschaft der Qualifizierten" darstellt – im Gegensatz zur bloßen Mitgliedergemeinschaft der Amtskirche.[5] Sektenmitglieder haben dementsprechend die fundamentalistische Pflicht, ihre Qualifikation, den Grund ihrer Auserwähltheit, immer wieder unter Beweis zu stellen. Und sie müssen aktiv über die Reinheit der Lehre, die sie vertreten, wachen. Ist der Ursprung einer Sekte Dissidenz, so ihr Gesetz die Aufrichtung einer Orthodoxie. Orthodoxie wiederum schafft gleichsam automatisch dissidente Reaktionen.

Wie das bei der frühen psychoanalytischen Bewegung aussah, ist mittlerweile gut dokumentiert. Was mich interessiert ist, wie die dissidente Wissenschaft Psychoanalyse sich zu anderen dissidenten, etwa politischen Bewegungen gestellt, insbesondere, wie sie sich mit der ersten großen internationalen Welle von zivilem Ungehorsam und Protest in den westlichen Gesellschaften der Nachkriegszeit auseinandergesetzt hat.[6]

Im Jahre 1968 gab es auf dem 26. Kongreß der IPA ein Panel über Protest und Revolution, auf dem über die psychischen Ursachen der weltweiten Protestbewegungen vor allem der akademischen Jugend diskutiert wurde. Implizit wurde

[5] Vgl. Max Weber, Die protestantische Ethik, Tübingen 1973.

[6] Natürlich ist die Rede von „der Psychoanalyse" eine Mystifikation. Die Psychoanalyse ist weder ein grammatikalisches noch ein historisches Subjekt – was allerdings gerade Psychoanalytiker nicht daran hindert, gerne in ihrem Namen zu sprechen.

damit auch die Frage nach einer gesellschaftsdiagnostischen Kompetenz der Psychoanalyse aufgeworfen. Neben Alexander Mitscherlich, der zusammen mit Paul Parin wesentlich für das Zustandekommen dieses Panels gesorgt hatte, stammt der einzige deutsche Beitrag zu dieser Diskussion von Erich Simenauer. Simenauer, das muß ich hinzufügen, hat immer meine besondere Bewunderung dafür genossen, daß er als einer der ersten deutschen Psychoanalytiker nach 1945 die Bedeutung historischer und politischer Einflüsse auf die Psychoanalyse begriffen hat. Sein Beitrag „Die Wiederkehr von Verfolgermentalität in Psychoanalysen", abgedruckt im psychoanalytischen Klassiker „Generations of the Holocaust", ist ein Meilenstein auf dem Weg zu begreifen, was über Jahrzehnte in deutschen Psychoanalysen ausgespart blieb: die Bedeutung des Holocaust.

In seinem Panelbeitrag von 1968 charakterisiert Simenauer die von ihm sogenannten „Proteststudenten" als Typus, dem er folgende Züge und Verhaltensweisen zuweist: „Erhöhte Neigung zum Agieren, während die Fähigkeit zu innerpsychischer Verarbeitung herabgesetzt ist"; Unfähigkeit, „einen physischen oder psychischen Reiz ohne Abwehrreaktion zu ertragen". Insgesamt bescheinigt Simenauer den Proteststudenten eine narzißtische Struktur mit den Begleiterscheinungen von „Stereotypien, Echolalie, zwanghafte Nachahmungstendenz, Koprolalie und obszönen Phantasien". Das wird dann detailliert diskutiert, um daraus das übergreifende Krankheitsbild abzuleiten. Diese Proteststudenten entsprechen, so Simenauer, dem neurotischen „Tiqueur", dem Tic-Kranken, wie ihn Ferenczi beschrieben hat. Ihm zufolge stellen Tics stereotype Äquivalente der Masturbation dar.

Ich habe nicht vor, die offenkundige Problematik dieser Diagnose zu diskutieren. Simenauers Vorgehen ist durchaus nichts besonderes, sondern es entspricht dem Bedarf der Mehrheitsgesellschaft an Pathologisierung ihrer Kritiker. Interessant daran ist etwas anderes: In einer zentralen Passage seines Textes, in der es um die bewußten Intentionen der politischen Tic-Kranken geht, unterläuft Simenauer – „unbewußt"? – eine Art Vergleich der Proteststudenten mit der Psychoanalyse.

„In ihren bewußteren Aktivitäten verkünden diese Studenten als fundamentale Aufgabe, eine Änderung des Bewußtseins herbeizuführen, wiederum in Nachahmung ihrer selbst gewählten Vorbilder. Aber diese Forderung nach einer neuen Bewußtseinslage ist bei ihnen gleichbedeutend mit der Absicht, daß Es an die Stelle des Über-Ich zu setzen. Im Gegensatz zur Zielsetzung der Psychoanalyse bedeutet daher diese Änderung des Bewußtseins eine weitere Schwächung der Ich-Funktionen und -aktivitäten, in dem sie die Schleusen der Verdrängung öffnet, ohne Triebenergie durch wirkliche Assimilation im Ich in neutralisierte zu verwandeln. Dadurch wird die sekundäre Autonomie zwangsläufig geschwächt, intersystemische Konflikte müssen gewaltig zunehmen und weitere Regressionen dem Ich in seiner Abwehr aufgezwungen werden. Gleichzeitig kann auf diesem Wege das Über-Ich nicht gemildert, sondern in seinen Funktionen nur verundeutlicht werden."[7]

Nach dieser Auslassung überrascht es kaum mehr, daß Simenauer bei den Proteststudenten eine „erstaunliche Neigung zu Konformität" ausmacht, die ihm „einen anderen Zug des Tic-Kranken, die Anfälligkeit zur Ambivalenz" offenbart.

Es geht mir nicht darum, zu zeigen, wie zutreffend oder unzutreffend eine solche Kollektivdiagnose ist. Ich will das Augenmerk auch nicht auf die der Psychoanalyse stets inhärente Problematik der Verallgemeinerung lenken, sondern auf etwas anderes, nämlich die seltsame Dimension des Vergleichs, die Simenauers Text zu entnehmen ist. Im eben zitierten Absatz nämlich verläßt der Autor die Position des distanzierten Analytikers einer Gruppe von Kranken: Gerade da, wo er den Tiqueuren doch eine politische, bewußte, sozial-revolutionäre Intention nicht völlig absprechen will, läßt er sich, wenn auch in Form einer Negation, dazu hinreißen, sich mit ihnen auf eine Ebene zu stellen: „Im Gegensatz zur Zielrichtung der Psychoanalyse..." Simenauer nimmt die Proteststudenten, das wird hier deutlich, durchaus nicht so wie die Mehrzahl ihrer erwachsenen Kritiker wahr. Er ist nicht mit der Mehrheitsgesellschaft identifiziert, die gewissermaßen gute Gründe hatte, ihre jugendlichen Dissidenten zu pathologisieren oder zu kriminalisieren. Simenauer nimmt die Proteststudenten nicht so sehr als Gegner wahr, sondern als Konkurrenten. Im Gegensatz zur Zielvorstellung der Psychoanalyse betreiben die Tiqueure doch etwas, was – irgendwie – als ähnlich wahrgenommen wird. Was das ist, kommt im Vorwurf des Konformismus zum Ausdruck: „Obwohl sie in ihrer vorgegebenen Rolle als Oppositionelle zur Tradition, ihren etablierten Ordnungen und Forderungen sich geradezu verzehren, zeigen sie zur gleichen Zeit eine erstaunliche Neigung zur Konformität."

Es geht offenkundig darum, wer die „eigentliche" Opposition zur etablierten Ordnung darstellt. Simenauer bescheinigt den jugendlichen Rebellen eine momentanisierte Haltung, die im Gegensatz zur fundamentalen Opposition der Psychoanalyse stehe. Er macht aus den Aufbegehrenden heimliche Konformisten, den de Winterschen Querulanten nicht unähnlich, die die wirklich gehaltvolle Dissidenz verfehlen.

Geht die zur These zugespitzte Vermutung ganz an der Realität vorbei, daß Simenauer nicht wie seinerzeit die Mehrzahl der Kritiker der Protestbewegung mit der Mehrheitsgesellschaft und ihren Werten identifiziert ist, sondern mit der

[7] Erich Simenauer, Der behandlungsbedürftige Proteststudent als „Tiqueur". In: Psyche 24 (1970), S. 526 ff.

*richtigen* Dissidenz? Die pathologisierende Abfertigung der Proteststudenten erfolgt aus der Perspektive einer Konkurrenz um die Dissidenzpositionen; psychoanalytisch könnte man sagen: aus einem Narzißmus der kleinen Differenzen. Nicht nur aus diesem Grunde ist Simenauers Text ein Zeitdokument. Der Zeitpunkt, an dem Simenauers Text entstand, ist nämlich kein beliebiger. Mit der Protestbewegung von 1968, der ersten öffentlich wahrnehmbaren politischen Dissidenzbewegung in Deutschland nach 1945, geriet auch die Psychoanalyse in eine neue Situation. Sie wurde nicht nur in linken Kreisen salonfähig, sondern in der Folge, auf dem Hintergrund der sozialpolitischen Veränderungen, auch Teil des Establishments. In den 70er Jahren, zur Zeit der sozialliberalen Koalition, wird die Psychoanalyse als Kassenleistung anerkannt. Unverkennbar wächst ihr Einfluß im wissenschaftlichen Bereich; neue Lehrstühle für Psychoanalyse werden eingerichtet. In dieser Zeit wird in Deutschland auch endlich die Lücke zur internationalen psychoanalytischen Entwicklung weitgehend geschlossen, die durch ihre Ausgrenzung und Vertreibung während der Nazizeit entstanden war. Auf dem Hintergrund des beginnenden Psychobooms avanciert die Psychoanalyse vom Alternativangebot zur traditionellen Medizin, das sie einmal war, zur Statthalterin der modernen Wissenschaften vom Menschen. Hinfort bildet sie, wenn auch nicht unumstritten, deren wissenschaftlichen Eckpfeiler gegenüber neuen Therapieformen, die als illegitim abgetan werden. Man sollte es einmal so deutlich sagen: Die Psychoanalyse hat sich in dieser Zeit und seit dieser Zeit in Deutschland etabliert. Nur – und damit kommen wir zum Problem der Dissidenz zurück – sie will es nicht wahrhaben. Gespräche mit Psychoanalytikern über ihren Beruf und ihr Berufsbild hinterlassen nur allzu häufig den Eindruck, man habe es mit Vertretern einer bedrohten Art zu tun. Ich glaube, es ist gar nicht daran zu zweifeln, daß der Zeitgeist der Psychoanalyse in Deutschland heute weit weniger günstig ist als vor zwanzig oder dreißig Jahren. Das Irritierende ist nur, daß sich an diesem Punkt der inneranalytische Selbstdarstellungsdiskurs, d.h. die Klage über die Ungunst der gesellschaftlichen und politischen Umstände kaum verändert hat. Eben diese erstaunliche Kontextfreiheit verweist m. E. auf ein untersuchungswürdiges Problem, nämlich auf die Erschöpfung des Diskurszusammenhangs, der einerseits die Anpassung der Psychoanalyse beklagt und andererseits die ungeheure und unausgeschöpfte Bedeutung der Freudschen Kulturtheorie als dissidentes Potential hervorhebt. Es ist die öffentliche Sebstdarstellung der Psychoanalyse, die derzeit enorm zum Verlust an ihrer Glaubwürdigkeit beiträgt. Das Problem ihrer Selbstdarstellung ist offenbar in einer doppelten Kodierung und Selbstverortung begründet, die bis in die Anfänge der psychoanalytischen Bewegung zurückgeht. Der Gründungsmythos der Psychoanalyse besagt, daß sie aus dem Geist der Opposition und einer gleichsam ontologischen Außenseiterposition geboren wurde. In seiner Selbstdarstellung schreibt Freud von der erstmals auf der Universität erfahrenen „Zumutung, daß ich mich als minderwertig und nicht volkszugehörig fühlen sollte, weil ich Jude war." Und er fährt fort: „Eine für mich später wichtige Folge dieser ersten Eindrücke von der Universität war, daß ich so frühzeitig mit dem Lose vertraut wurde, in der Opposition zu stehen und von der kompakten Majorität in Bann getan zu werden. Eine gewisse Unabhängigkeit des Urteils wurde so vorbereitet".[8]

Nach wie vor gibt es kaum einen Analytiker, der diesen Gründungsmythos nicht in einer persönlichen Anverwandlung in sein berufliches Selbstbild aufgenommen hat. Dieser Gründungsmythos der Psychoanalyse: ihre Geburt aus dem Geist der Dissidenz, des Außenseitertums und des Nonkonformismus, wird jedoch historisch durch eine zweite Tendenz konterkariert. Die ganze Frühphase der psychoanalytischen Bewegung steht unter dem Gebot, um der Selbsterhaltung willen mit allen Mitteln gesellschaftliche und wissenschaftliche Akzeptanz zu erreichen. Nicht zuletzt die Schismata und Abspaltungen innerhalb der psychoanalytischen Gemeinde geben davon Zeugnis. Freuds Bemühungen um eine Reinhaltung der Lehre erzwingen eine bestimmte Form der Orthodoxie (an die er nicht immer auch selber glaubte); was, wie wir wissen, Abspaltungen begünstigt. Man sollte nicht vergessen, daß ein Ziel des Orthodoxiestrebens immer auch die Ausbildung von „Seriosität" war, die für die wissenschaftliche Akzeptanz zweifellos bitter notwendig gewesen ist.

Unübersehbar stehen der Gründungsmythos und der Integrationswunsch der Psychoanalyse in einem widersprüchlichen Verhältnis. Beruht der erste auf einer Außenseiterposition, so ist der zweite auf deren Beseitigung gerichtet. Enthält der erste eine unauflösliche dissidente Spannung zur Mehrheitskultur, so schafft die zur Integration notwendige Orthodoxie eine interne Dissidenzspannung, die dem Wunsch nach Akzeptanz unterstellt ist. Ich vermute, daß sich hinter dem Klageton vieler psychoanalytischer Selbstdarstellungen der Konflikt von Gründungsmythos und Akzeptanzwunsch verbirgt. Gerade wenn die Integration weitgehend gelungen ist, ist es für die widersprüchlich konstituierte Identität des Psychoanalytikers wichtig, sich mit dem oppositionellen Motiv zu verbünden. Es ist daher kein Widerspruch, wenn es mitunter gerade die Konservativsten unter den Analytikern sind, die ganz dezidiert auf dem Außenseiterstatus der Psychoanalyse beharren. Es gibt in der psychoanalytischen Welt den Mechanismus der „Identifikation mit Dissidenz" als Teil einer Gruppenpsychologie. Identifikation mit Dissidenz ist eine Spezialform des Anpassungsmechanismus, den Parin als Identifikation mit der (Berufs-)Rolle schon vor 20 Jahren beschrieben hat. Im Gegensatz zu den Abwehrmechanismen sind Anpassungsmechanismen kultur- und schichtspezifische Modi der Bewältigung von Anforderungen der sozialen

[8] Sigmund Freud, Selbstdarstellung, Frankfurt 1971, S. 41

Umwelt. Sie entlasten das Ich, schränken aber seine Flexibilität ein, wenn es gilt, sich rasch ändernden sozialen Begebenheiten Rechnung zu tragen.

## III.

Das Dissidente des Gesamtunternehmens Psychoanalyse hat zweifellos einen internen Orthodoxiebedarf erzeugt, der traditionsbildend wurde. Man sollte dabei nicht aus den Augen verlieren, daß die Ausdrücke Orthodoxie und Dissidenz letztlich auf Glaubensfragen bezogen sind. Was den Dissidenten vom Oppositionellen oder Kritiker unterscheidet, ist, daß er weniger die Rationalität einer (politischen, wissenschaftlichen) Position in Zweifel zieht, als die Rationalität des Konsensus, die sich um eine solche Position bildet: Sein Zweifel richtet sich vornehmlich auf die Rationalität der gemeinschaftsstiftenden *Glaubensgründe*. Dissidente Strömungen haben als Kritik einer wie auch immer gearteten Orthodoxie in sich immer den Keim einer alternativen Form der Gemeinschaft, einer mit anderen geteilten Realität, die dem Glauben Substanz verleiht.

Betrachtet man nun die psychoanalytische Welt der letzten drei Jahrzehnte – also etwa seit dem Datum der Simenauerschen Einlassung zum Proteststudenten – so fällt etwas Erstaunliches auf: Das Moment einer internen Dissidenz ist seither so gut wie verschwunden. Tatsächlich ist der Kampf um Orthodoxie in den Reihen der International Psychoanalytic Association nur bis zur Schwelle der 70er Jahre ausgetragen worden.[9] Seither gibt es innerhalb der psychoanalytischen Gemeinschaft unterschiedliche Meinungen, aber keine funktionierende Orthodoxie. Kohuts Theorieansatz etwa hätte in der „klassischen Zeit" mit Sicherheit zu einem Ausschlußverfahren geführt. Warum ist das seit dem Ende des letzten praktisch folgenreichen Orthodoxieversuchs, der Ich-Psychologie, nicht mehr der Fall? Ich vermute, weil die psychoanalytische Gemeinschaft einen entscheidenden Formwechsel durchgemacht hat. Tatsächlich hat die Psychoanalyse in den westlichen Industrieländern in den späten 60er oder den frühen 70er Jahren den Status einer wissenschaftlichen „Sekte" verloren und hat sich, hinsichtlich ihres Selbstverständnisses, als „Kirche" konstituiert. Das hatte und hat einschneidende Folgen für ihre interne Struktur. Es hatte u.a. zur Folge, daß sich das Problem der Orthodoxie vom Zentrum der wissenschaftlichen Gemeinschaft an ihre Ränder verschoben hat. Es wird nicht mehr als Kernfrage „der Bewegung" wahrgenommen, sondern ins Vorfeld, in den Bereich von Zulassung und Ausbildung verlagert. Wer die hier erfolgende Initiation überstanden hat, bewegt sich hinfort in einer – theoretisch – „konfliktfreien Zone", d.h. im Bereich der „regionalen

[9] Der letzte spektakuläre Ausschluß eines Mitglieds liegt sogar noch länger, nämlich 45 Jahre zurück; was allerdings nichts daran ändert, daß die Gründe für das Consilium abeundi Jacques Lacans nach wie vor nicht der Öffentlichkeit zugänglich sind.

Orthodoxie" der jeweiligen Ausbildungsinstitution. „Regionale Orthodoxien" haben keinen theoretischen Streit- und Klärungswert. Es handelt sich dabei um Formen eines pragmatischen Gruppenkonsensus, deren Hauptfunktion darin besteht, möglichen Dissens frühzeitig zu unterlaufen.[10]

Abschließend will ich zwei Thesen zur Bedeutung dieser Veränderung wenigstens skizzieren.

Die Aufgabe der Institutionalisierungsform als Sekte, so meine erste These, bedeutet einen erheblichen Zugewinn an Liberalität – quod erat demonstrandum. Diese Liberalität drückt sich als Orthodoxieverlust aus, der allerdings durchaus auch regressive Züge hat. Wenn etwa ein ehemaliger Präsident der IPA in der aktuellen wissenschaftstheoretischen Auseinandersetzung darüber, was Psychoanalyse sei, formuliert: „Psychoanalyse ist das, was der Psychoanalytiker tut", dann mag man das als erfrischenden Beitrag von pragmatischem Geist in einer ausgesprochen zäh gewordenen Debatte begrüßen. Es ist aber auch ein Beleg für die angesprochene Koinzidenz von Liberalität und Regression, die unzweifelhaft Züge einer wissenschaftstheoretischen Selbstimmunisierung trägt.

Zweitens: Die neue kirchliche Liberalität der institutionalisierten Psychoanalyse bedeutet einen erheblichen Verlust an Innenspannung. Die Exmittierung der internen Dissidenz birgt in sich die Gefahr eines Innovationsverlusts. Dissidenz ist nicht zuletzt ja auch ein Modell des Fortschritts, denn der Dissident bewegt ständig Fragen nach der Legitimität des Etablierten, sei es nun im Bereich der Herrschafts- oder der Wissenssysteme. Er ist insofern so etwas wie der alltägliche Statthalter der von Thomas Kuhn als „wissenschaftliche Revolutionen" bezeichneten Prozesse, die für die Weiterentwicklung der Wissenschaften sorgen, indem sie die Routinen der normalwissenschaftlichen Vollzüge durchbrechen. Wissenssysteme, die intern die Möglichkeit der Dissidenz weitgehend ausschalten, verlieren eine ihrer wertvollsten Selbstregulationsinstanzen.

Bei der aktuellen deutschen Psychoanalyse scheint mir diskussionswürdig, ob nicht der Mechanismus der Identifikation mit Dissidenz als gruppentypischer

---

[10] Die Selektionsfunktion der Ausbildungsphase im Hinblick auf „regionale Orthodoxie" hat jüngst Otto Kernberg hervorgehoben, wenn er in seinen Ratschlägen zur „Unterdrückung der Kreativität von Kandidaten der Pychoanalyse" formuliert: „Achten Sie besonders auf Kandidaten, die dazu neigen, die Auffassungen der von Ihrem psychoanalytischen Institut bevorzugten, wichtigen Autoren in Frage zu stellen. Machen Sie klar, daß kritisches Denken begrüßt wird, solange es die maßgeblichen Ansichten Ihres jeweiligen Vordenkers bestätigt. Achten Sie darauf, die Kandidaten zu belohnen, die von den vorgegebenen Texten begeistert sind und voll dahinterstehen (ausgenommen sind natürlich Texte ‚abweichender Schulen', bei denen man angemessene Unglaubwürdigkeit und Indignation erwarten sollte). Wenn Sie taktvoll, aber beharrlich Ihre Wertschätzung solcher Kandidaten deutlich machen, die die offizielle Sichtweise des Institutes teilen, nimmt die Versuchung, neue, differente, kritisch oder divergente Auffassungen zu entwickeln, allmählich ab." O. Kernberg, Zerstörung der Psychoanalyse im Ausbildungssystem, Psyche 52 (1998), S.201.

Anpassungsmechanismus auf dem Hintergrund der fraglosen Etablierung der Psychoanalyse in der Gesellschaft ebenfalls auf eine Selbstimmunisierung hinausläuft, die aus eigenen Kräften kaum mehr aufgebrochen werden kann. Dabei geht es heute weniger um die Frage der theoretischen Abweichung, sondern um die Frage nach der Widmung der Psychoanalyse, d. h. darum, was sie denn nun zu sein beansprucht: eine dissidente Wissenschaftspraxis oder eine etablierte Versorgungsgemeinschaft. Man wird dem entgegenhalten, das sei keine Alternative. Richtig. Aber es ist für die Psychoanalyse auf der Ebene des Selbstbildes, der Selbstrepräsentanz und der Identität eine unausweichliche Entscheidung: You cannot eat the cake and have it, too.

Eines scheint mir klar: Solange der Gruppen-Mechanismus der Identifikation mit Dissidenz nicht bewußt gemacht und analysiert wird, ist das interne Dissidenzpotential der psychoanalytischen Vereinigungen folgenreich blockiert. Diejenigen, die die produktive Rolle des Dissidenten spielen könnten, werden dann in die unproduktive des Ironikers gezwungen, der wohl den Riß wahrnimmt, der zwischen der psychoanalytischen und der sozialen Welt verläuft, ohne jedoch daraus jene zweite Realitätsebene gewinnen zu können, aus der heraus Dissidenz legitimiert wird. Sosehr es in organisationssoziologischer Hinsicht zu begrüßen ist, daß der Vergemeinschaftungsmodus der Psychoanalyse endlich das Niveau des Konstitutionstyps Kirche erreicht hat, so problematisch ist letztlich das Zusammenspiel von organisatorischer Binnenliberalisierung mit dem aufrechterhaltenen Gruppenstereotyp der Dissidenz. Es zeitigt nämlich den paradoxen Effekt, daß die Psychoanalyse in der Öffentlichkeit als Sekte wahrgenommen wird und sich intern auf dem Niveau eines wissenschaftlichen Minimalkonsensus stabilisiert, der sie langfristig dem Diskurs der Nachbardisziplinen entfremden muß. Wenn dem so ist, dann verliert die psychoanalytische Dissidenz sowohl ihren Krankheits- als auch ihren Korrekturwert: Sie wird dann eine pure Meinung, tatsächlich so leer, wie sie uns Hegel vorstellte.

# Flüchten oder Standhalten*

Friedrich Schorlemmer

*Für Horst-Eberhard Richter,*
*dessen durchgeschmuggelte Bücher mich ermutigten*
*und mir halfen, meine Welt*
*besser zu verstehen und zu bestehen.*

Leben und Bleiben in der DDR, ich könnte auch sagen „Flüchten und Standhalten" in der ganzen Vielschichtigkeit der Worte „Flüchten" und „Standhalten". Flüchten vor wem, warum, wohin, mit welchem Ziel? Und Standhalten: Wem standhalten? Wie widerstehen?... Ohne biographische Einfärbung, und damit ohne subjektive Urteilsbildung kann ich dazu nicht reden. In drei ganz einfachen Schritten möchte ich meine Überlegungen gliedern:
1. Hier leben wir – in diesem Lande leben wir wie Fremdlinge.
2. Hier gehen wir – hier haben wir genug.
3. Hier bleiben wir – hier suchen wir unsere Bleibe.

## 1. Hier leben wir

Hier sind wir zu Hause, dies ist unser Land, das Land unserer Väter, der Ort unserer Geschichte, unserer Schuldgeschichte auch. Aber wir hatten und haben es schwer, Identität zu gewinnen, DDR-Identität. Das beginnt schon bei der Selbstbezeichnung „DDR-Bürger". „Kann man eigentlich ein Gefühl entwickeln für ein Land, das so heißt?", fragt Maxi Wander in einem Brief von Wien aus. „Vielleicht muß ein Landesname Jahrhunderte Zeit haben, zu wachsen?", fragt sie

* Ein Vortrag vom September 1984, gehalten in Halle/Saale vor der Gruppe „Ärzte in sozialer Verantwortung", da es untersagt war, IPPNW-Gruppen zu bilden.
1983 hatte eine neue Ausreisewelle eingesetzt. Auch viele Ärzte verließen die DDR. So habe ich den Versuch gemacht, denen den Rücken zu stärken, die „bleiben" wollten, und gleichzeitig Verständnis zu vermitteln für die, die „gehen" wollten. Ich wollte auch zum Bleiben ermuntern. Zugleich durfte ich denen, die mißgünstig mithörten, keinen zusätzlichen Stoff für die Kriminalisierung dieser Selbsthilfegruppe von Ärzten bieten. In dieser Gruppe wurde das Problem „Flüchten oder Standhalten" und das Verarbeiten der Verluste thematisiert und der Widerstand gegen die Militarisierung der Gesellschaft im Innern und gegen die atomare Aufrüstung nach außen organisiert.
Die Dokumentation des Textes möchte gängigen Erinnerungsklitterungen und politischen Instrumentalisierungen entgegenwirken, als ob dem „mutigen Weggehen" ein „feiges Dableiben" gegenübergestanden hätte.

weiter. Damit ist schon eines der großen Probleme ausgesprochen. Gibt es eine Identität, um nicht zu sagen, ein Nationalgefühl oder Nationalbewußtsein „DDR" und worin würde das bestehen oder wodurch wird dies verhindert?

In diesem Lande leben wir
wie Fremdlinge im eigenen Haus
Die eigene Sprache, wie sie uns
entgegenschlägt, verstehn wir nicht
noch verstehen, was wir sagen
die unsere Sprache sprechen
In diesem Lande leben wir
wie Fremdlinge im eigenen Haus
Ausgebrannt sind die Öfen der Revolution
früherer Feuer Asche liegt uns auf den Lippen
kälter, immer kältre Kälten sinken in uns
Über uns ist hereingebrochen
solcher Friede!
solcher Friede
Solcher Friede

*Wolf Biermann „Das Hölderlinlied"*

Und dennoch, hier sind wir zu Hause. Hier kennen wir uns, hier kennen wir uns aus, auch wenn wir nie vor Überraschungen sicher sein können. Umwälzende Praxis – nach Karl Marx – haben wir erlebt, allerdings weithin ohne die Weisheit des Volkes. Ich hörte jemanden sagen: Die Republik ist ein großer Getreidehaufen. Wir müssen ihn umwälzen, ständig umwälzen, sonst wird er schimmelig und heiß und schwelt ... Der Apparat hat gewälzt und gewühlt, bis zur Unkenntlichkeit, bis zur Unansehnlichkeit. Die Infrastruktur unseres Landes ist umgewälzt in moderner Megalomanie. Was ist aus unseren Dörfern geworden, was aus den verbliebenen Häusern in den Städten, links und rechts von den obligaten Boulevards? Im demokratischen Zentralismus hat der Apparat gesagt, was wie wann und wo gebaut wird oder was nützlich und was schädlich ist, von Kampagne zu Kampagne. Wo ist der vergesellschaftete Mensch zu Hause? In der Gesellschaft, bei seiner Arbeit als Ort seiner Selbstverwirklichung? Oder verwirklicht er sich in seiner Nische? Er verläßt allabendlich sein Land – und das schon 35 Jahre. Nur reisen darf er nicht. Und so erträumt sich mancher eine Welt, aus einem Sharp-Fernseher, die er wirklich nur aus der Ferne gesehen hat, und wendet sich praktisch ab von den Aufgaben in seiner eigenen Gesellschaft, weil die ihm ganz nahe ist, und sie wird ihm immer ferner. Er fängt an, in einer zweiten, anderen, unerreichbaren Wirklichkeit zu leben, die eben dennoch Realität ist; für ihn aber nur Fernsehrealität.

Wir haben dieses Land nicht gewählt. Wir sind hineingeboren oder hineingerufen worden. Aber wir haben es auch nie wählen können. „Die historische Notwendigkeit", der „objektive Geschichtsverlauf" hat uns dieses Land mit seiner Staatsform präsentiert. Wir haben wohl „Ja" sagen können, aber nie konstruktiv, also mit Aussicht auf eine Alternative, „Nein", so daß das Ja entwertet wurde. „Das Verbot, ein Land zu verlassen, ist das Verbot, freiwillig in diesem Lande zu leben" (Gabriel Laub). In seinen Grenzen ist es ein Jalta-Gebilde, abgespalten nach Westen, verspielt nach Osten, das halbe Pommern, das halbe Brandenburg, das halbe Schlesien, das ganze Ostpreußen. Nachkriegsvölkerwanderungen führten zu einem weitgehenden Verlust der soziokulturellen Farbigkeit deutscher Landstriche.

Produktionsbedingte Mobilität, gesellschaftsbedingte Uniformität und Kaderexporte von Süden nach Norden kamen hinzu. Dies bestärkte insbesondere im Norden die Vorbehalte gegenüber den Sachsen, die im Norden zu Synonymen für Kommunisten wurden.

Die traditionellen Länder wurden Bezirke, Rayons. Das blieb künstlich. Offenbar hängt Identität, Verwurzelung auch am Flair eines Landstrichs und an einer Geschichte. Die bisherigen Versuche, dies wieder zu beleben, wirken künstlich, wenn man die Länder und ihre Selbständigkeit nicht wieder herstellt.

„Auferstanden aus Ruinen und der Zukunft zugewandt, laß uns dir zum Guten dienen, Deutschland einig Vaterland." Dieses Pathos im besten Sinne hatte die Anfänge der sozialistischen Ordnung in der DDR mitbestimmt und mitten in allen schmerzlichen Brüchen eine soziale, kulturelle Identität wachsen lassen, die besonders in der Kultur der DDR ihr Profil und ihre Identität gewann. Zunächst waren es Namen wie Bertolt Brecht, Arnold Zweig, Heinrich Mann, Wolfgang Staudte, Hans Mayer, Ernst Bloch, Eduard von Winterstein, Peter Huchel, später dann Johannes Bobrowski, Stephan Hermlin, Christa Wolf, Wolfgang Biermann, Manfred Krug, Peter Schreier, Stefan Distelmann.

Hier leben wir mit dem Makel einer unansehnlichen Mauer, an der der Antikommunismus sein tägliches Dankgebet verrichten kann. Aber wer ist wirklich an ihrem Abbau interessiert? Denn von einer europäischen Friedensordnung sind wir wieder weit entfernt und wollen froh sein, wenn wir erhalten können, was seit 1972 durch Entspannungspolitik möglich wurde.

Hier leben wir, auf dem größten Pulverfaß der Welt, auf dem ausgesuchten Schlachtfeld der atomaren Strategien. Davon befreit uns kein Grenzwechsel.

Hier ist der Ort, an dem wir gelernt haben, politisch zu denken, zu differenzieren, uns zwischen falsche Fronten zu stellen. Ein besonderes Bewährungsfeld für Christsein als „Existenz dazwischen", als Pufferexistenz.

Hier leben wir und hier kennen wir uns aus und hier kennt man uns. Es ist der Ort unserer Träume und Enttäuschungen, unserer Freuden und unserer Verwundungen. Hier finden wir Leute, die uns verstehen, weil sie mit uns geteilt haben und teilen. Letztlich kann uns keiner verstehen, der unser Leben hier nicht geteilt hat. „Heimat sind die Menschen, die wir verstehen und die uns verstehen", hat einmal Max Frisch gesagt. In diesem Sinne lebe ich nicht nur zufällig noch hier. In diesem Sinne bin ich hier zu Hause, bei Menschen. In diesem Sinne ist dies Land auch meine Heimat. Können Sie dies auch so ähnlich sagen? Und wenn Sie diese Heimat, dies zu Hause verließen, wäre es eine gute Erinnerung, mit der sie in die weite Welt ziehen?

## 2. Hier gehen wir weg

Ich versuche, ein paar Beobachtungen und Empfindungen nachzuzeichnen, die sich auf den Zeitraum nach 1975, genauer seit dem 1. August '75, dem Abschluß der KSZE-Konferenz in Helsinki beziehen. Der gesellschaftliche Überdruck konnte bis 1961 abgelassen werden und wurde ein für die ökonomische Existenz des Landes nicht mehr verkraftbarer Aderlaß. Insofern hat die Mauer kurzzeitig ökonomische Stabilität für die DDR geschaffen. Seit dem 13. August '61 hatten sich soviele menschliche Probleme zwischen West und Ost angestaut, daß die Menschenrechtsdebatte und die Unterzeichnung der Schlußakte von Helsinki den Weg für die Lösung vieler menschlicher Tragödien freigab, und auch politischen Gefangenen durch das Abschieben eine Zukunft eröffnete, die sie persönlich entlastete. Daß dies auch bezahlt wurde, will ich jetzt nicht bewerten. Aber gleichzeitig setzte nach meinem Eindruck etwas ein, was wir bis heute erleben können: daß einigermaßen angepaßte und eingepaßte Mitbürger und auch Mitchristen sich plötzlich in ihrem Urteil über diese Gesellschaft derart radikalisieren, daß es für sie hier unlebbar wird. Dies ist Teil der Rechtfertigung ihres Weggehens. Und sie werden unerreichbar für ihre Freunde, sie sammeln plötzlich alles auf, was in der DDR an Empörendem geschieht, etwa im Umgang von Polizisten mit Jugendlichen, Lehrern mit Schülern usf. Und sie konzentrieren dann alle Kräfte darauf, dieses Land zu verlassen. Noch hier lebend, sprechen sie schon von „Ihr hier", nach vier Wochen im Westen sowieso – und sagen fast drohend: „Ihr werdet noch sehen, wartet ab!" Sie fixieren sich nur noch darauf, machen sich hart, werden blind für die Umfeldprobleme, für die kranke Mutter gar, und schieben alle Konflikte, die zwischen Menschen natürlich sind, auf die Umstände und die DDR. Auch die Kirche wird von den Ausreisern gescholten wegen ihrer anpasslerischen Haltung, manchmal von denselben, die noch gestern um ihre beruflichen Chancen sehr besorgt waren, wenn sie zur Kirche gingen oder wenn sie die Kirche von politischer Aktivität nach außen freihalten wollten. Es war verständlich, daß sie durch ihre Beteiligung am Leben der Kirche nicht kriminalisiert und in ihrem beruflichen Weiterkommen nicht behindert werden wollten. Nun aber werfen sie dieser Kirche anpasslerische Haltung vor. Die Blickverengung geht teilweise soweit, daß den Kommunisten alles zugetraut wird – daß etwa Popyluschku von Jaruzelski selbst ermordet wurde. Aber der Westen wird mit allem verteidigt. Seine Geheimdienste und sein Militär und seine Aufrüstung werden gutgeheißen, in demselben Maße wie das, was hier passiert, böse ist. Das ergibt Zerreißproben für viele Gruppen, insbesondere für die Friedensgruppen in unserem Lande. Ausreise wirkt wie ein Bazillus, wenn einzelne aus einem Freundeskreis plötzlich ausbrechen und die andern sich fragen, was sie nun noch sollen. Unsere Reaktion, meine Reaktion auf Ausreiser hat mir deutlich gemacht, daß hier eigene Abwehrvorgänge wirken, unterdrückte Wünsche offenbar werden, alte Wunden wieder schmerzen, Ausweglosigkeiten wieder bewußter werden. Die positive Motivation für das Leben in diesem Lande schmilzt immer mehr dahin. Ich erinnere mich an die Situation 1976 und gestehe, daß ich nicht emotionslos darüber sprechen kann. Von mitfühlendem Verständnis wechselte das Empfinden zu Traurigkeit, ja zu Enttäuschung über den Verlust von Weggefährten bis zum Zorn und zur Animosität. Und damit wurde ich auch hart und ungerecht gegenüber einzelnen. Andererseits habe ich Ausreiser so extrem selbstbezogen erlebt, daß sinnvolle Kommunikation unmöglich wurde. 1975 habe ich manche Gespräche mit der Frage begonnen, ob mein Gesprächspartner hierbleiben oder ob er gehen will. Ein Gespräch mit denen, die weggehen wollten, hielt ich nicht mehr für sinnvoll, weil sie die Koordinaten des Lebens hier nicht mehr akzeptieren wollten und konnten. Außerdem war ich immer der Meinung, daß man sich einen Ausreiseantrag „verdienen" muß und nicht einfach von heute auf morgen aus der Anpassungshaltung in die Gegnerhaltung überwechseln kann, um in das andere System überzuwechseln.

Ich möchte nun versuchen, einige Ursachen, Folgen und Reaktionen aufzuzeigen, weil dies für die positive Bestimmung unseres Bleibens nicht unwichtig ist. Ich lasse mal die vielbeschworenen Reisewünsche und die materielle Faszination des Westens beiseite.

2.1. Der Zweifel, ob dies ein verbesserlicher Sozialismus ist, ob der einzelne darin mit aufrechtem Gang leben und nützlich sein kann, und ob er mit dem aufklärerischen Mut sich seines eigenen Verstandes ohne fremde Anleitung zu bedienen vermag (nach Imanuel Kant), nagt seit 1968 an vielen, auch an mir. Aber es sang einer „Das Land ist still ... noch ...", und er sang weiter in diesem Land und für dieses Land. Auf „sensiblen Wegen" bekamen viele Sprache für das, was geschehen war, und gaben nicht auf und wechselten nicht über und blieben aktiv, oder eben reaktiv bis mediativ, aber eben nicht reaktionär. Verzeihen Sie bitte diese Klischees. Geradezu klassisch finde ich das, was Günter Kunert in seinem englischen Tagebuch (1978) schreibt:

„Betrachte ich mein Leben, so scheint es mir (bei allen Widerwärtigkeiten, Komplikationen, Erniedrigungen, die ich erfuhr und vermutlich fernerhin erfahren werde) bisher ganz geschichtssynchron verlaufen zu sein. In meiner Jugend, ein niemals so recht abgeschlossener Zustand, verband sich meine Extroversion mit jener der Gesellschaft. Kriegsende, Trümmer, die selige Anarchie damals, die großen Hoffnungen, Illusionen, die Notwendigkeit sich durchzuschlagen, Aufbau, Konsolidierung des Systems sowie meiner persönlichen Verhältnisse, eine kaum oder erst später merkbare Verfestigung und Erstarrung gesellschaftlicher Formationen, in denen der einzelne sich wie die Fliege im Bernstein vorkommen mußte – nur weniger wertvoll.

Permanente Absicherung bedeutet Ausfüllung noch individual-aktiver Bereiche mit dem Zement der Staatsräson, Passivität verbreitend und nichts fördernd als nörgelndes Räsonnement und Ressentiment auf niedrigem, Mediation und Reflexion auf höherem Niveau. Das Resümee: Distanz und Rückzug ins Private.

Dementsprechend hat sich mein Leben ebenfalls nach Innen gewendet und bis zu einem kontrollierbaren Grade dadurch von der Welt weg. Die Prioritäten haben gewechselt. Ihren Einfluß auf meine Verwandlung kann ich und will ich gar nicht abstreiten, da sich aber gleichlaufend damit mein Altern vollzog, habe ich keine Anpassungsprobleme, worunter weder Konformismus noch Opportunismus zu verstehen sind, wohl aber Identifikation mit dem verborgenen Zeitgeist. Mit der Dauer der Ausübung schob sich auch das ‚Metier' stärker in den Vordergrund, verdrängte andere Interessen und Vorlieben und bot sich an als ein glückverheißendes Tauschobjekt verhinderten Handelns, ein Ersatz, dessen Qualität das Substituierte weit übertrifft."

1978 wurde einer zu acht Jahren verurteilt, der sich nicht auf die Literatur zurückgezogen hatte, der über Alternativen nachgedacht und die „organisierte Verantwortungslosigkeit" aufs Korn genommen und eine „emanzipatorische sozialistische Gesellschaft" vorgedacht hatte. Er wurde bald entlassen, zusammen mit Nico Hübner. Der eine ging gleich zur CSU und der andere ist nun im radikalen Abseits. Dazwischen lag 1976 die „Beleidigung der Bauarbeiter" in einem Konzert in Köln und der nachfolgende Exodus von Künstlern. Gegen das Verdikt Reiner Kunzes nach seinem Weggang zu leben, schien mir eine Aufgabe. Er hatte gesagt: „Auf diesem System liegt keinerlei Hoffnung." Auf die Frage, was er seinen Lesern jetzt zu sagen hätte, antwortet er: „Hören Sie die h-moll-Messe."

Als er und andere später von der CSU ihr Geld bekamen und sich in mühsam geknüpfte Beziehungen über den Graben störend einmischten, war es Brecht, der vor dem eigenen Ungerechtwerden gegenüber denen, die aus Enttäuschung und Verbitterung weggegangen waren, bewahrte:

*Verlust eines wertvollen Menschen*

Du hast einen wertvollen Menschen verloren.
Daß er von dir ging, ist kein Beweis
Daß er nicht wertvoll ist. Gib zu:
Du hast einen wertvollen Menschen verloren.

Du hast einen wertvollen Menschen verloren.
Er ging von dir, weil du einer guten Sache dienst
Und er ging zu einer nichtigen. Und denn dennoch, gib zu:
Du hast einen wertvollen Menschen verloren.

Ich finde dieses Gedicht tief christlich, auch wenn ich nicht so sicher wie Bert Brecht sein kann, welche die gute und welches die nichtige Sache ist.

2.2. Die nachfolgende künstlerische Auszehrung des Landes hat zu einem Verlust künstlerischer Identität geführt und die Abhängigkeits- und Minderwertigkeitsgefühle gefördert. Darunter waren viele Symbolfiguren, fast sämtlich enttäuschte Sozialisten. Nach meinem Eindruck spricht vieles gegen das Urteil einer kulturellen Minderwertigkeit, denn immerhin sind „Kassandra", „Abendlicht", „Vor Feuerschlünden", „Swantow", Maxi Wanders „Tagebücher", „Hinze und Kunze" und anderes hier geschrieben worden und auch erschienen. Schmerzlich ist dennoch, sehr schmerzlich, der Verlust derer, die uns Stimme gegeben haben – unersetzlich. Und Franz Fühmann ist wohl nicht nur an seiner Krankheit, sondern auch an der großen Enttäuschung seines Lebens gestorben. In dem Gespräch mit seinem Cheflektor vom Hinstorff-Verlag sagte er: „Wir erleiden einen Verlust an wertvollen Kräften und die, die von uns weggehen, erleben einen Bruch in ihrer Existenz. Es ist da schwer, zu sagen, was wem mehr schadet. Doch ich halte den Schaden, den unsere Gesellschaft erleidet, für größer."

Es darf unterstellt werden, daß es nicht immer die lautersten Gründe sind, auch bei Künstlern nicht, die rechnen können und die Marktlage kennen. Das Ende der Verluste aber ist nicht absehbar. Selbst solche, die es öffentlich von sich gewiesen hatten zu gehen, wie Joachim Seyppel oder Bettina Wegner, sind gegangen. Und sie hatte doch ein so schönes Lied „Für meine weggegangenen Freunde" gemacht: „Und die hierbleiben, sterben still und leise, an euch, an uns und an sich selber auch ... Schweigend und klein verbucht man die Verluste. Ich weiß nur sicher, daß ich bleiben mußte, daß unsere Ohnmacht nicht noch größer wird."

2.3. Der Mensch als „Ensemble gesellschaftlicher Verhältnisse" wehrt sich gegen seine Vereinnahmung. Hermlin und Fühmann (kein Zufall!) machten gleichzeitig auf die falsche Zitation des Kommunistischen Manifestes aufmerksam. Diese falsche Zitierung hatte aber längst ihre Folgen gehabt. Die Bedingung der Freiheit des einzelnen sei die Freiheit aller hatte ja zur Konsequenz, daß es Freiheit für den einzelnen erst gäbe, wenn alle die Freiheit hätten. Aber Marx hatte geschrieben: ... eine Assoziation „worin die freie Entwicklung eines jeden die Bedingung für die freie Entwicklung aller ist." Was der einzelne aber erlebt, ist die Uniformierung bis hin zum Angebot im Gemüseladen. Der gesellschaftliche Zwang, der dazu auch noch als ein Bedürfnis ausgegeben wird, führte zu einer Überschätzung individueller Freiheitsrechte. Es war nur folgerichtig, daß einzelne Menschenrechte, nämlich die vorenthaltenen, herausgegriffen und zu höchsten wurden, bis dahin, daß der soziale Kontext und die soziale Verantwortung ausgeblendet wurden; ebenso alle politischen Folgen, die dann andere zu tragen haben. Das Recht, sein Land zu verlassen, gem. Artikel 13 und 15 der Allgemeinen Erklärung der Menschenrechte, wurde zum obersten Recht. Die Botschaftsbesetzer gefährdeten aber bei der Wahrnehmung dieses Rechtes die Zugänglichkeit der Botschaften.

2.4. Der Umgang der Staatsmacht mit ihren Bürgern erzeugt Angst, Ablehnung, Verbitterung, statt Vertrauen, Zustimmung, Offenheit. Dies gilt nicht generell, denn es gibt auch bei uns freundliche und zuvorkommende Behördenangestellte, aber das System inspiriert zu einem restriktiven und erniedrigenden Verhalten. Entwürdigt und entmündigt kommen sich Bürger vor, die ein Visum nach Ungarn ohne Begründung abgelehnt bekommen. Wer sich zusammen mit Westgermanen in Prag um ein Hotelzimmer bemüht, weiß, zu welcher Klasse er gehört. Das zehrt an der Substanz. Ich habe das 1981 selbst erleben können, als ich meine Schwester, die 1976 legal ausgereist ist, 1981 das erste Mal in Prag wiedersehen konnte und kein Zimmer bekam – sie aber überall ein Zimmer fand.

2.5. Die Ausreise ist der Schlußpunkt einer stillen Abmelde- und Ausreisementalität. Für manche ist sie der einzige Akt, in der Öffentlichkeit Flagge zu zeigen. Ein befreundeter Arzt sagte mir: „Du hast mal gesagt, man soll auch mal was wagen." Nun hat er sich durchgerungen zum Antrag, aber sein Sohn bereitet sich vorerst noch auf die Jugendweihe vor. Der Widerspruch zwischen privater und öffentlich geäußerter Meinung tritt hier als „Krankheit zum Tode" einer Gesellschaft zutage. Daran wirken mangelnde Zivilcourage, Westmedien, DDR-Presse und Staatsorgane gemeinsam mit. Jeder auf seine Weise.

2.6. Die Tabuisierung wichtiger Probleme wirkt als Druck, z. B. die Tabuisierung des Ausreiseproblems, seiner Ursachen und Folgen. Seit 1977, seit der „Unvollendeten Geschichte" von Volker Braun, ist diese Frage nicht mehr ernsthaft behandelt worden. Auch unsere Umwelt- und Energieprobleme werden tabuisiert. Jeder riecht es, und jeder kann es an dem Dreck sehen, der vor seiner Tür liegt. Aber jeder wird beschwichtigt – wie lange noch? So lösen sich die Probleme nicht, und die Partei ist weder an allem schuld, noch wird sie alles allein lösen. Recht hat sie nicht immer und wir auch nicht.

2.7. Es macht nicht genügend Spaß, hier zu leben. Es ist einfach langweilig. Es regt nicht an. Was wir erleben, ist mehr ein unproduktives Sich-aufregen. Bereits 1965, vor 20 Jahren, sang einer den Buckower Kleinstadtsonntag: „Ist hier was los? Nein, hier ist nichts los ..." Das Grau in Grau unserer Städte wirkt bis in die Tiefenschichten unserer Seele. Die Freizeitangebote sind minimal. Wofür arbeiten wir eigentlich, wenn uns Dallas im Fernsehen und Fleisch auf dem Tisch nicht ausreichen? Maxi Wanders Freund Maurice sagt: „Leute, die nicht mehr aufbegehren, resignieren; alles hinnehmen, das ist unser Untergang." Die Strukturen der Unterwürfigkeit reichen bis in die Gaststätte, in der der Gast nicht Gast, sondern Bittsteller ist.

Die Aufzählung der Gründe ist weder vollständig, noch teile ich die zum Teil überscharfen Urteile über unser Land und seine Gesellschaft. Ich sehe dies alles auch, aber das ist nicht alles, darum:

### 3. Hier bleiben wir

Hier will ich bleiben, ohne gleich einen Vorbehalt einzubauen, wie „solange es noch möglich ist". Noch will ich es trotzig-selbstbewußt sagen. Warum? Weil ich mir weder scheibchenweise meine Gründe für mein Hierbleiben abschneiden möchte, noch Gericht sitzen möchte über andere, die gehen, sondern aus Verständnisbereitschaft heraus möchte ich kritisch sein. Wenn ich ich sage, meine ich mich, aber ich möchte Sie stillschweigend fragen, ob Sie Ihr „Ich" mit hineinsagen können.

3.1. Hier bin ich zu Hause. Hier werde ich verstanden und verstehe. Hier bin ich unvertretbar, unverwechselbar, auch unentschuldbar. Hier bin ich eingebunden in ein Geflecht von Menschen, die ich brauche und die mich brauchen. Ich verlasse nicht nur einen Staat, ich verlasse Menschen. Ich verlasse das ererbte Land und die Schätze meiner Vorfahren. Können wir das denen überlassen, die dazu keine Beziehung haben und es weiter und weiter verkommen lassen?

3.2. Hier bleibe ich. Aber bloßes Ausharren, Überwintern, Durchhalten, reicht nicht. Mein Bleiben braucht einen positiven Sinn. In dieser ziemlich festgelegten Gesellschaft sehe ich Entfaltungsräume offen, sehe unterschiedliche Kräfte am Werke, sehe auch den Sozialismus in der offenen Geschichte Gottes mit seiner Welt. Ich lasse diese offene Geschichte nicht verschließen in den Parteitagsbeschlüssen einer totalitären Ideologie. Ich gebe auch diese Gesellschaft nicht auf, weil ich die Menschen nicht aufgebe, die sie gestalten. Ich kenne auch Menschen in dieser Partei, denen ich eine Wandlung und ehrliche Motive zutraue. Die Gesellschaft ist ein nicht leichter Bewährungsraum für christliche Existenz, die dem Verdacht praktisch widerspricht, an eine bürgerliche Gesellschaft gebunden zu sein.

3.3. Hier bin ich verläßlicher Gefährte im Streit. Gefährte im Streit sein, auf dessen Wort Verlaß ist, das möchte ich. Wie schlimm ist es, wenn ein, in Friedenssachen engagierter Pfarrer ausreist und das Gerücht umgeht, er sei nun Bundeswehrpfarrer. Wie schlimm ist das für unsere Glaubwürdigkeit hier. Hier mische ich mich ein, es ist auch mein Land, ein uns allen anvertrautes Land, das ich den Herrschenden nicht überlassen will.

3.4. Diese Gesellschaft braucht uns, unsere Offenheit, nicht unsere versteckte Gegnerschaft mit ängstlicher Anpassung. Sie braucht die „herrliche Freiheit der Kinder Gottes", sie braucht Leute, die sich aussenden lassen, die sich nicht zuerst fürchten. Ich sehe eine große Gefahr unter der jüngeren Generation und einen Rechtstrend in der Welt. Ich will Stachel im Fleisch einer Gesellschaft sein, die sich in Tabus verstrickt hat. Aber ich möchte dies ohne Besserwisserei sein. Ich möchte hier durchschaubar sein, wie es Bischof Krusche 1979 sagte:

„Wir vertreten die Auffassung, daß es dem Staat nicht gelegen sein kann, daß man sich auf das Wort von Menschen nicht verlassen kann, und wir ermutigen die Christen dazu, deutlich, öffentlich und zu Hause, auszusprechen, was ihre Meinung, was ihres Glauben ist ... Wir meinen, daß das letzten Endes zur Gesundung einer Gesellschaft beiträgt, wenn man weiß, daß die Worte stimmen und daß man sich auf den andern verlassen kann und daß dessen Wort nicht trügt. Ich denke, daß sich diese Einsicht auch durchsetzen wird. Daß Menschen, auf deren Wort man sich verlassen kann, für die Gesellschaft nötiger und wichtiger sind, als solche, die nur das Erwünschte sagen."

So verstehe ich auch das, was Jesus in der Aussendungsrede Matth. 10 gesagt hat, was Walter Jens so übersetzt hat:

„Nein, fürchtet sie nicht!
Entdeckt werden wird:
das Versteck.
Erkannt werden wird:
das Geheimnis.
Was ich in der Dunkelheit sage
zu euch,
sagt es am hellen Tag,
und schreit,
was euch ins Ohr geflüstert wird,
herab von den Dächern!"

3.5. Das Träumen nicht aufgeben, wo der atheistische Staat seine Träume beinahe aufgegeben hat. Diese Gesellschaft braucht Menschen, die nicht aufgeben, die nie aufgeben, weil sie nicht aufgegeben sind. Hier gilt es, eine Hoffnung weiterzusagen, die über den nächsten Fünfjahresplan weit hinausreicht. „Geht und verkündet: Das Reich Gottes ist nahe", so redet Jesus. Das ist mitten in den lebensbedrohenden Weltproblemen des Jahres 1984 zu sagen. Wer soll es denn sonst sagen, wenn nicht die, die eine Hoffnung auch da haben, wo man nichts sieht (Hebr. 11,1)? Menschen, die es nicht aufgeben, daran mitzuwirken, daß das Reich Gottes und das Reich des Menschen keine Gegensätze sind, werden in diesem Lande für die Menschen hier gebraucht.

3.6. Hier sind wir unersetzbar im Prozeß der Entspannung. Drüben gibt es uns schon. Wir hier Lebenden sind lebendiger Beweis dafür, daß man hier auch als Christ leben kann, als Menschen, die sich hier der Militarisierung entgegenstellen und nicht über die Grenzen hinweg feindbildverstärkend wirken. Ausreiser wirken drüben weithin als antikommunistische Verstärker und liefern so ungewollt Argumente für weitere Aufrüstung. Hier können wir auch für ein politisches Denken wirken, wo im Staat durch Indoktrination und Agitation politisches Denken in Mißkredit kommt. „Eine" Welt oder „keine" Welt; vor diese Alternative gestellt sind wir und setzen uns ein für die „eine" Welt und nicht gegen die anderen.

3.7. Hier bleibe ich. Hier erlebe ich christliche Gemeinde, Menschen, mit denen es Spaß macht zu leben, zu sprechen, zu lachen, zu leiden. Freunde Jesu als Freunde miteinander. Menschen, die sich in den wärmenden Raum kleiner Gemeinschaften zurückziehen, um in der Kälte standzuhalten, einer Kälte, an der wir selber mit Schuld sind. Ohne die Kirche könnte ich mir mein Sein und Bleiben in der DDR schwer vorstellen. Wieviele lassen wir draußen stehen, die dann flüchten, wohin, wohin?

Zwei biblische Erinnerungen sind mir abschließend wichtig. Im Psalm 37, 3 heißt es: „Hoffe auf den Herrn. Bleibe im Lande und nähre dich redlich." Ich fand in einem Büro die Variante: „Bleibe im Lande und wehre dich täglich."

Der Text der heutigen Kirchenjahreslese für evangelische Christen steht im 1. Korintherbrief 7,29-31: „Die Zeit ist kurz. Fortan müssen die, die da weinen sein, als weinten sie nicht, und die sich freuen, sein, als freuten sie sich nicht, und die diese Welt gebrauchen, sein, als gebrauchten sie sie nicht." Ich höre da eine Distanz heraus, eine befreiende Distanz: „Wir brauchen nicht aufzugehen in dem, was wir erleben und erleiden."

„Ich möchte aber, daß ihr ohne Sorge seid", schreibt der Apostel. Das höre auch ich auf dem Hintergrund der Frage „Flüchten oder Standhalten".

# Die leise Stimme der Vernunft: Zur Psychoanalyse der Hoffnung[1]

Norbert Spangenberg

*Worte, Worte – Substantive. Sie brauchen*
*nur die Schwingen*
*zu öffnen und Jahrtausende*
*entfallen ihrem Flug.*

*(G. Benn: Epilog und lyrisches Ich)*

## Die klinische und die „frei schwebende Psychoanalyse": experimentelle Gedanken

Sieht man die Psychoanalyse als lehrbuchartig abgelagertes Wissensgebiet über den Umgang mit kranken Menschen an, dann entpuppt sie sich als reine Techniklehre, die sich damit befaßt, wie man am geschicktesten mit welchen Mitteln Patienten zu einem leidlichen Funktionieren, zu einem leidlichen Auskommen mit ihrer Umwelt verhelfen kann usw. Eine solche Auffassung ist eingebettet in eine beschwiegene Hintergrundideologie, deren destruktive Folgen selten je bedacht werden und die zudem das Vermögen der Psychoanalyse zur „Witterung" von aus dem Unbewußten wirkenden Kräften beeinträchtigt, da sie längst kodifiziert und versteinert ist. Sie läuft Gefahr, selbst Opfer dieser aus dem Unbewußten wirkenden Kräfte zu werden, wenn sie die beschwiegene Hintergrundideologie nicht durchschaut: es ist die Utopie einer leidfreien Gesellschaft. Diese hat viele Namen, u.a. einen marxistischen, einen religiösen, einen technokratischen. Aber genauso wie die Eintrittspforte zum Paradies der Schöpfungsgeschichte, Urbild der leidfreien Gesellschaft, von einem wehrhaften Engel verteidigt wird, bedürfen auch die sozialen Räume abgetrotzter relativer Leidfreiheit

[1] Der Text ist eine überarbeitete Version der am 12. 2. 1997 am Institut für Psychoanalyse der Universität Frankfurt gehaltenen Vorlesung.
Jeder Leser, der das Werk von H.-E. Richter kennt, wird spüren, wie sehr die hier geäußerten Gedanken von ihm geprägt sind. Ich habe ihn daher nicht zitiert, sondern möchte hier schlicht sagen, daß ich dankbar bin, in ihm über mehr als zwei Jahrzehnte ein Vorbild gefunden zu haben.

hoher Zäune und Grenzen. Solche sozialen Grenzen haben nicht nur die Funktion, unterschiedliche Schichten, Klassen, Lebensstile, Habitusformationen usw. zu trennen, um die Binnenhomogenität, das Wir-Gefühl der Eingegrenzten zu erhöhen, sondern dienen auch der Unbewußtmachung von Sinnzusammenhängen, die ihre traumatischen Spuren sowohl im Innenleben des Einzelnen als auch in der Abwehrorganisation des betreffenden Kollektivs hinterlassen, das unter solchen Umständen – so die Grundthese dieses Beitrags – langfristig in Hoffnungslosigkeit, Resignation, Zynismus und Destruktivität enden wird.

Grenzen und Differenzen sind notwendig, denn sie bringen die Verschiedenheit zwischen den Menschen hervor, die ein grundlegendes Bedürfnis haben, sich zu unterscheiden, sich als Individuen zu erleben. Sie begründen soziale Ordnung und machen das Verhalten anderer Menschen besser vorhersehbar. Sie stellen eine Art Gehäuse unseres Alltagslebens dar, das uns Sicherheit und Schutz bietet vor zu großer Ängstigung, der Gefährdung unserer Festigkeit, die der Umgang mit dem „Anormalen" in mehr oder minder großem Umfang in sich birgt. Aber Grenzen müssen auch durchlässig, überschreitbar sein; die Lebhaftigkeit solchen Grenzverkehrs bringt Widersprüche, Ambivalenzen, Vieldeutigkeit und damit Entwicklungsanreize mit sich, sie bezeugen die Vitalität einer Gesellschaft. Je undurchlässiger solche Grenzen beschaffen sind, desto eher haben sie rassistischen Charakter und machen den Ausgegrenzten zur Beute projektiv abreagierter Aggressionsüberschüsse.

Eine solche rassistische Grenze, eine Art psychosozialer Eiserner Vorhang, betrifft die Psychoanalyse unmittelbar: Sie verweist die Leidenden und Bedrückten in ein Außenseiterdasein jenseits des kollektiven Vorstellungshorizontes, während diesseits der Grenze eine von Normalitätszwängen zusammengeschweißte Gesellschaft von Gesunden und Erfolgreichen lebt, die Anerkennung, Erfolg wie eine Droge benötigen, um ihre Versagensängste zu narkotisieren. Und diese O.K.-Gesellschaft benötigt ein „schwarzes Loch", in dem sie das alles verschwinden lassen kann, was ihrem Selbstbild widerspricht. Sie benötigt einen Stab von Psycho-Experten, die das, was sich psychisch sperrt gegen den Gruppenzwang, geschickt „entsorgen". Solange diese Dienste verschwiegen sind und den Normalitätszwang nicht als gesundheitsschädigend attackieren, können diese Psycho-Experten mit hoher sozialer Privilegierung rechnen. In diesem Klima phobischer Selbstghettoisierung zugunsten einer rein kontemplativen Betrachtung der Innenwelt, deren Konstituierung in die frühe und früheste Kindheit zurückverlegt wird, besteht die Tendenz, daß sich die Rolle des Psychoanalytikers in die eines Priesters und Heilsbringers verändern kann, der geradebiegt, was in der Kindheit „schiefgelaufen" ist, der richtig macht, was die Eltern des Patienten falsch gemacht haben. Ogden (1992, S. 619) glaubt sogar, daß im analytischen Prozeß der „Analysand erst geschaffen wird durch einen intersubjektiven

Prozeß ... Die Psychoanalyse ist nicht einfach eine Methode zur Aufdeckung von Verborgenem; ihre größere Bedeutung liegt darin, daß sie ein Prozeß ist, der ein Subjekt hervorbringt, das zuvor nicht existiert hat." A heaven in a heartless world, die einzige authentische Beziehung in einer Welt der Entfremdung. Eine solche Haltung verflacht den psychoanalytischen Prozeß zu einer biedermeierlichen Idylle oder liefert die Legitimation zu einem triebeinschüchternden Autoritarismus. Hier wird die Gefahr übersehen, daß die Psychoanalyse dem manipulativen Druck der äußeren Realität nicht widersteht und in der Gegenwehr gegen den gesellschaftlichen Entfremdungsdruck selbst manipulativ wird.

Der erwähnte psychosoziale Eiserne Vorhang maßschneidert für den angepaßten Psychoanalytiker eine Berufsrolle, die zu eng ist: ein „Arbeitsgehäuse", das sich in seiner Funktion als Angstschutz in ein beklemmendes Claustrum verwandeln kann, das den Patienten vorschnell in die Schablonen der Neurosenlehre preßt und die eigene Gedankenfreiheit lähmt. Der dunkle Spiegel meines Gegenüber, das mir widersprüchlich Erscheinende, wird zu grell ausgeleuchtet. Was immer passiert, der geängstigte Psychoanalytiker weiß schon längst Bescheid. Die fragenden Blicke, die zaghafte, in winzigen Gesten spürbare Angst, verschwinden, verstummen. Ein Zustand von gegenseitiger Entfremdung stellt sich ein.

Ein tieferes Verständnis von Psychoanalyse als Methode bzw. als Haltung ist nur möglich, wenn man dem Gefühl des Eingeschlossenseins in einer Berufsrolle als einem Versuch begegnet, im Unwahren und Unwirklichen, im autoritär Verordneten zu beharren und Erkenntnis zu vermeiden. Für den Psychoanalytiker stellt es immer einen gefahrvollen eigentherapeutischen Prozeß dar, das bisherige bergende Gehäuse zu verlassen, um sich auf jene dunklen Spiegel zu bewegen zu können, auf jenes Fremde, der Unbewußtmachung Unterworfene, das uns in Vertretern der „Nicht-O. K.-Gesellschaft" begegnet. Warum er oder sie und nicht ich? Was unterscheidet uns, inwieweit ähneln wir uns? Hätte mir das Gleiche nicht auch zustoßen können? Bin ich nicht doch zum Teil wenigstens auch er oder sie? Was tritt zwischen uns: unterschiedliche Kindheiten, Mütter, Erziehungsstile, Schulen, berufliche Chancen, gesellschaftliche Schichten, historische Konstellationen? Irgendwann setzt der Choc, die Nötigung zur kritischen Selbstreflexion ein. Irgendwann holen einen die dort gestellten Fragen ein, geistern in einem selbst herum und greifen das durch den beruhigenden Gleichtritt des Alltags stabilisierte Selbstbild an.[2]

Wenn man einmal den Sündenfall begeht und dem Nachdenken über sich selbst freie Bahn läßt, dann stellt sich ein beunruhigendes Phänomen ein, das vor allem

[2] Erdheim (1982) hat in idealisierender Zuspitzung den Prozeß der Aufgabe vorgegebener sozialer Rollen, die eine uneingeschüchterte Selbstthematisierung ermöglicht, als sozialen Tod bezeichnet.

Neulinge in der Psychoanalyse lauthals beklagen: In jeder Fallgeschichte, die sie lesen, erkennen sie etwas selbstdiagnostisch Relevantes. Die Fragen „Bin ich normal?", „Gibt es überhaupt normale Menschen?", verhallten ohne klares Echo.

Warum werden solche Fragen regelmäßig voller Empörung gestellt? Die geschilderten sozialen Grenzen konstituieren auch unsere Begriffswelt. Wir ordnen unser alltägliches Handeln, die dabei mitschwingenden Empfindungen und moralischen Erwägungen, häufig nach dichotomen Gegensätzen: Jemand ist attraktiv oder häßlich, ein Kleid ist teuer oder billig, jemand ist normal oder verrückt, gesund oder krank, ehrlich oder verlogen. Die eigene Identität konstituiert sich durch eine Synthese aus dem Arsenal solcher begrifflichen Antithesen (Erikson, 1959).

Die Beunruhigung, daß Begriffe mit einem festen Wirklichkeitsgehalt zu verschwimmen anfangen, sich mit anderen Bedeutungshöfen ausstatten und die Gedanken wegführen in andere grundsätzlichere Fragen, stattet die Psychoanalyse mit einem Nimbus der Unheimlichkeit aus, als sei sie ein chaotisches Kind, das eine wohlgedeckte Tafel in Unordnung bringt. Natürlich gibt es auch einen Korpus leidlich gesicherten psychoanalytischen Wissens, aber die prinzipielle Aufforderung zur Einbeziehung der eigenen Persönlichkeit und dem darin archivierten biographischen, wie zufällig erscheinenden Lebensschicksal führt dazu, daß die Begriffe sich mit Affekten, mit unverarbeiteten Erlebnissen, vollzupumpen scheinen wie kleine Piraten, die den inneren Dialog wegführen von den gewohnten Bahnen der im Alltag geteilten, im Umgang mit den anderen Menschen gefestigten begrifflichen Ordnung.

Gott sei Dank gibt es dann noch eine intellektuelle Notbremse, nämlich den Vorwurf, daß die Psychoanalyse unwissenschaftlich sei und speziell die Freudsche Version aus der verstaubten Requisitenkammer des 19. Jahrhunderts stamme. Es ist für die Psychoanalyse nachgerade unvermeidlich, auf Argwohn und Feindseligkeit zu stoßen. Ihr haftet das Charisma einer mit kriminalistischem Spürsinn ausgestatteten „Überführungshermeneutik" an, die dem Verdrängten, dem in die soziale Verbannung Getriebenen, ihre Stimme leiht.

## Freizügiger Umgang mit Lehrbuchwissen: Phobische Ängste als ein Beispiel

Angst ist eine Reaktion auf eine äußere, vermeintliche oder tatsächliche Gefahr. Ein Auto könnte einen überfahren, der Blitz könnte einen treffen. Diese naive Auffassung verfehlt etwas Wesentliches. Wir ängstigen uns in der Regel nicht primär vor der Es-Welt, den Gefahren, die von Dingen ausgehen, sondern vor der Du-Welt, in erster Linie vor den uns Nahestehenden. Die Angst wird aktiviert, wenn man verlassen wird, wenn man sich nicht geliebt oder geachtet fühlt, wenn man Sorgen hat, wie es weiter geht, usw. Sie kann auf die Es-Welt übergehen, wenn wir uns etwa vor der Dunkelheit fürchten und vor einer Baumsilhouette erschrecken.

Phobische Ängste wirken übertrieben, wie unbegründet, unrealistisch. Eine Frau, die wegen einer Spinne an der Wand laut aufschreit, fühlt sich bedroht und geängstigt und weiß doch zugleich, daß die Angst unangemessen ist. Das Ich weiß selbst nicht mehr, weshalb es sich ängstigt, als ob es unter einer Einbildung leide. Das Lehrbuch gibt folgende Antwort: Das Ich als Organ der Wahrnehmung unterrichtet uns über die Gefahren der Außenwelt; hier wird es aber hinterrücks bedroht von Triebgefahren, die bisher der Unbewußtmachung unterworfen waren. Die Verdrängung, die die Hauptlast der Abwehr zu tragen hat, reicht nicht mehr aus, die drohende Triebgefahr muß in der Phobie behandelt werden wie eine äußere Gefahr, der man sich durch Vermeidung oder Flucht entziehen kann.

Hier ist offensichtlich zu viel Angst im Spiel; wäre es besser, weniger oder überhaupt keine Angst zu haben? Die Abwehr als Schutzfunktion des Ichs hilft, Angst zu vermeiden, wird aber bedient und in Gang gesetzt durch Angst: eben eine andere Angst, die Signalfunktion hat. Wie soll nun das arme Ich etwas Unbewußtes erkennen und sich zugleich durch Abwehr dagegen zur Wehr setzen, damit es eben das Abgewehrte nicht erkennen muß?

Angenommen, ich akzeptiere, daß es so etwas wie eine Abwehr gibt, die einem im Verborgenen operierenden Geheimdienst ähnelt. Ist es dann gut, viel Abwehr zu haben? In dem Falle wäre die bewußt empfundene Angst gering, aber das Ich wäre auch abgeschnitten von den eigentlichen Ursachen der Angst im eigenen Unbewußten. Die Situation des Ichs gleicht dann etwa der Situation eines Eigenheimbesitzers, der sich zu Hause noch ganz wohl fühlt, aber kaum aus dem Haus traut und die Zeitung, die ihn über die Welt unterrichtet, einfach abbestellt hat. Oder doch weniger Abwehr? Kann man sich die Abwehr vorstellen wie einen Kanaldeckel mit einem bestimmten Gewicht, der hochgedrückt wird, wenn die Kanalisation überlastet ist und der „Unrat" in den „zivilisierten Teil" des Ichs eindringt? Sicher sind die hier als Verstehenshilfen gewählten Metaphern ergänzungsbedürftig, aber zumindest für den Lernenden zunächst unverzichtbar.

## Das eigene Unbewußte ist zugleich das des Anderen: Formen der Delegation von Angst

Die Eigenlogik der Metapher vom Deckel, auf dem Druck und Gegendruck lasten, drängt einen weiteren Vergleich auf: Den von artesischen Brunnen, die scheinbar unabhängig voneinander, dennoch untergründig „miteinander kommunizieren". Man stelle sich eine Prüfungssituation vor: Zwei Prüflinge stehen vor dem Zimmer des Professors, der eine hat „totales Lampenfieber" und „quasselt" unentwegt. Der andere ist ruhig, nicht aufgeregt, beschwichtigt, tröstet. Nun geht der eine beruhigt in die Prüfung, kommt raus, sagt, es sei toll gelaufen. In dem Moment tritt der andere in das Zimmer und spürt, wie ihn die Angst überfällt, seine Stimme zittert und eine Gedankenblockade sich breit macht. Es scheint, daß der eine Kandidat an den anderen die Angst erfolgreich „abgetreten" hat. Die Angst gleicht einer Behexung, die von einer Person zur nächsten wandern kann. Das gleiche findet man oft bei Paaren: die scheinbar angstfreien Männer, häufig rhetorisch gewandter, schaffen es oft, ihre Partnerin, die offener ist, eher bereit ist, sich in Frage zu stellen, einzuschüchtern und ihre eigene Angst an ihre Partnerin abzutreten und dort zu bekämpfen. Das ist schon etwas schwerer faßbar. Ein vertrauter, ja, geliebter Mensch trampelt durch das eigene Innenleben hindurch, hinterlegt dort ein Päckchen ohne Absender, verschwindet wieder und besteht mit aller rhetorischen Eloquenz darauf: Das ist dein Päckchen, deine Angst, behellige mich nicht damit.

Damit stellt sich für jeden, der Angst empfindet, die Frage: Ist dies überhaupt meine eigene Angst oder eine fremde, aufgenötigte? Außenstehende würden sich fragen, ob hier nicht eine Art von geschlechtsrollentypischer psychologischer Ausbeutung vorliegt. Hier spielen größere Machtressourcen und gesellschaftliche Privilegierung des Mannes eine große Rolle. Es kommt aber noch hinzu, daß eine eigene Angst nur dann erfolgreich delegiert werden kann, wenn bei dem Partner nachträglich an eine aus dem infantilen Erlebnishintergrund, der kindlichen Du-Welt stammende Angst appelliert wird, die nicht bewußtseinsfähig ist. Ein Paartherapeut würde aus seiner Erfahrung ergänzen: An sich ist hier die Frau – wie so oft – die Symptomträgerin, aber ist sie nicht mit ihrem Vermögen, sich selbst in Frage zu stellen, an sich zu zweifeln, ihre kindliche Angstbereitschaft zu reflektieren, die Wandlungsfähigere und letztlich Stärkere und der scheinbar angstfreie Mann starrer, im Umgang mit anderen Menschen manipulativer, unreflektierter? Eine andere, symmetrischere Verteilung der Merkmale, die zu der krankmachenden Rollenpolarisierung geführt hat, wäre wünschenswerter, für beide Partner zufriedenstellender.

Damit kompliziert sich die Frage, was normal sei, noch einmal: Das Gegenstück einer Phobie könnte eine neurotische Angstlosigkeit sein, eine Art Angst vor der Angst. Wenn mithin jemand sich völlig angstfrei fühlt, ist das nicht verdächtig? Ein Außenstehender könnte einwenden: Angst bekomme man immer vor etwas, das im einzelnen nicht bekannt sein mag wie bei der Phobie, es sei denn, man gestehe dem Menschen existentielle, völlig ungebundene, grundlose Angst zu. Die Frage, vor was wir uns ängstigen, kann sinnvoll nur in Hinblick auf einen gegebenen Bezugsrahmen, ein Rollengefüge beantwortet werden. Hier zeigt sich, daß die durch gesellschaftliche Rollen auferlegten Zwänge, also die korsettartige Unfreiheit, am meisten angstbindend wirken. Die stärksten Kräfte der Angstbindung beruhen auf der gewährten sozialen Sicherheit, des vermittelten Ansehens usw., d. h. auf der „Hörigkeit" gegenüber dem „Autoritarismus der vorgegebenen Rolle". Die hauptsächlich durch ökonomische Mechanismen vermittelte Teilung der Arbeit, der Machtressourcen und der Privilegierung hat somit eine Arbeitsteilung der Angstbereitschaft bzw. der Verdrängungsneigung im Gefolge.

Die ins Visier genommenen Männer könnten daher zu ihrer Rechtfertigung sagen, daß sie es sich in vielen Berufsfeldern gar nicht leisten können, selbstkritisch zu sein, eine mitfühlende Einstellung gegenüber anderen Menschen zu bewahren, weil sie wie auf einer Achterbahn durch Konjunkturtäler und -höhen hindurchrasen, zu gnadenlosem Erfolg verurteilt sind, um nicht hinterrücks von Versagensangst eingeholt zu werden. In einem freien, konkurrenz-kapitalistisch organisierten Land zu leben, bedeutet, die Spielregeln anzuerkennen, daß es immer Gewinner und Verlierer geben muß. Vor allem in der sogenannten Dienstleistungsgesellschaft, in der die Persönlichkeit und Überzeugungskraft des Rolleninhabers die entscheidende „Produktivkraft" ist, erscheint die Verliererrolle nicht als eine Laune des Geschicks, sondern als persönlicher Makel. Der vorgespielte Erfolg, das suggerierte Vertrauen in die Zukunft, soll Investitionsentscheidungen beeinflussen und objektiven Erfolg erzeugen, den Glauben an die eigene Größe in klingende Münze umwandeln.

Bezogen auf diesen Rahmen erscheint das Verhalten sinnvoll und auch die für Angstfreiheit sorgende Abwehrorganisation angemessen. Aber intime Beziehungen regulieren sich nicht nach Art eines Nullsummenspiels, sondern nach dem Prinzip emotionaler Gegenseitigkeit. Dies führt häufig dazu, daß die Position des berufstätigen Mannes im Schnittpunkt zweier Bezugssysteme wie „einzementiert" erscheint und damit der Frau die Rolle zufällt, fehlende emotionale Gegenseitigkeit einzuklagen. Dies führt dazu, daß die damit verbundenen Konflikte scheinbar namenlos in die Intimität unserer Liebesbeziehungen, in unser Inneres eindringen, dort das Kräftespiel der Abwehr beeinflussen, eine gemeinsame Lernblockade errichten und damit die kollusive Asymmetrie in der Verteilung der Angst fixieren. Der Mann: Wie stehe ich denn vor meiner Frau, meinen Eltern, Freunden usw. da, wenn mir beruflich nicht alles gelingt, wenn es nicht so scheint, als ob das Leben mich liebte? Die Frau: Und wie stehe ich da, wenn ich nur der Schatten meines Mannes bleibe, und was wird aus mir, falls wir uns trennen? Viele ihrer neurotischen Beschwerden können aus dieser Perspektive so verstanden werden, daß sie Verletzungen im Bereich emotionaler Gegenseitigkeit Ausdruck und „Nachdruck" verschaffen.

Man kann sich ausmalen, wie schnell sich in solchen Gesellschaften ein Rassismus gegenüber dem Schreckbild der Verliererpersönlichkeit ausbreitet. Die von Headhuntern gejagte Rasse der Erfolgsgewohnten, äußerlich tough, jung, gesund, gut gelaunt, mit perlweißen Schneidezähnen, könnte man als Sozialcharakter steckbrieflich charakterisieren mit der Kernbergschen Beschreibung des pathologischen Narzißmus (Kernberg, 1978). Einmal gepanzert mit der Attitüde der Arroganz der Macht, engt ihn diese Panzerung ein, er fühlt sich rasch bedroht, angegriffen, er muß sich selbst viel abverlangen, um mögliche Bedrohungen rechtzeitig abwehren zu können. Zeitmangel, Schlafmangel, reines Effizienzdenken prägen ihn. Vertrauen, Nähe, Phantasieren, Wachträumen könnten seine Wachsamkeit, sein lauerndes Mißtrauen, seine Stärke als „Kampfmaschine" schwächen. Sein Innenleben, die „Leideform“ vermeidend, verarmt, entleert sich zugunsten des Mach- und Veränderbaren in der Außenwelt.

Das sich in der Diskussion um die Folgen der Globalisierung breitmachende Schlagwort von der 1/5-Gesellschaft macht deutlich, daß die zukünftige Entwicklung eher so einzuschätzen ist, daß die große Mehrzahl der Bevölkerung sich mit dem Makel des Verlierers arrangieren muß, während die „Normalen", denen alles zu gelingen scheint, zu einer kleinen, sich äußerst bedroht fühlenden Elite zusammenschrumpfen. Das ökonomische Machtgefälle konstituiert mithin zugleich eine polarisierende Arbeitsteilung in der Angstabwehr: Die oben fürchten den „Absturz ins Nichts" als Ansehensverlust. Dies zwingt sie zur Selbstghettoisierung, so daß sie die soziale Realität nur noch gefiltert wahrnehmen können, aufgrund ihres durch das Bedrohungsgefühl geprägten Vorurteilsrasters. Die unten fühlen sich chancenlos, der „Verliererrasse" zugehörig, von existentiellen Ängsten gequält. Vom psychohygienischen Gesichtspunkt aus wäre es erstrebenswert, daß, wie bei dem geschilderten Typus eines Paarkonfliktes, diese Form der psychologischen Ausbeutung rückgängig gemacht wird und das deponierte Päckchen Angst zurück an den Absender geht, weil die Asymmetrie des Angsterlebens für beide Lager eine Bindung an unbewußte infantile Konflikte beinhaltet. Der „Autoritarismus der Rollen" bewirkt eine wechselseitige kollektive Infantilisierung.

## Kollektive Illusionsmaschinen und die Gefahr autoritärer Entmündigung

Und doch ist es, als ob die Gesellschaft sich um solche Erfolgspersönlichkeiten ängstigte, damit sie um Gottes willen nicht ihre Angstfreiheit verlieren. Warum? Es ist eine unerschütterliche Einsicht der Psychoanalyse, daß ein rein defensives, ausbeuterisches Verhalten gegenüber anderen Menschen seinen Niederschlag im Umgang mit dem eigenen Selbst findet. Der hohe Abwehraufwand, die damit verbundene Selbstentfremdung, anästhesieren gegen eigenes Leiden, gegen eigene Überforderung, so daß selbst körperliche Signale nicht als Hinweise für eine zu weit getriebene psychische Selbstausbeutung dechiffriert werden können. Eine Betrachtung der Geschlechtsspezifität des Krankheitspektrums zeigt, daß Männer dazu weniger in der Lage sind. Nach wie vor sind die häufigsten Todesursachen vor allem bei Männern Erkankungen der Koronargefäße bzw. der Herzinfarkt. Diese längst bekannte Tatsache könnte doch ein starkes Motiv sein, einer introspektiven, versöhnlicheren Einstellung gegenüber dem eigenen Selbst Raum zu geben. Weit gefehlt. Es wird ein teures Gesundheitssystem aus dem Boden gestampft, eine industrielle Wachstumsbranche, die sich andient, schlappe und verbrauchte Herzen wieder fit zu machen durch Bypässe, mechanische Pumpen oder transplantierte fremde Herzen. Wir müssen zur Kenntnis nehmen, daß auch eine so große Institution wie das Medizinsystem in den Dienst der Angstabwehr gestellt wurde. Es dient sich an, Omnipotenzillusionen um keinen Preis zu enttäuschen und die Kränkung ungeschehen zu machen, von einem winzig kleinen Herzmuskel abhängig zu sein, der aus ihrer Sicht eigentlich nur eine Pumpe ist und Blut umwälzt. Drohende Todesgefahr, drohende Gebrechlichkeit macht aus Erfolgsgewohnten genau jene verhaßten Verliererpersönlichkeiten, die sie bisher zu verachten sich angewöhnt hatten. Ein maschinenhafter, sklavisch einsatzbereiter Körper würde sie gegen solche Unberechenbarkeiten des Schicksals immunisieren. Die Gesellschaft insgesamt muß also große und teure, letztlich lebensfeindliche Maschinerien zur Erzeugung von Omnipotenzillusionen bereitstellen, damit eine Elite von Machern ihre eigene neurotische Angstlosigkeit behaupten kann.

Der Preis, den wir dafür zahlen, ist, daß uns der Sinn des Lebens sowie der Sinn des Leidens verdunkelt wird. „Da die Medizin" schreibt Szasz (1980, S. 22) „in sehr engem Zusammenhang mit Gesundheit und Krankheit, Leben und Tod steht, überrascht es niemand, daß wir heute über den Sinn der Medizin genauso im Unklaren sind wie über den Sinn des Lebens." Dem Leiden haftet das Moment der Sinnlosigkeit an, sei es die Sinnlosigkeit einer Krankheit als Schicksalsschlag oder als Ungerechtigkeit des Schicksals. Es ist ex negativo eine Haltung der Bedürftigkeit nach Überwindung der Sinnlosigkeit. Die militante Ideologie reiner Leidvermeidung trägt das Geburtsmerkmal der Sinnlosigkeit in sich, von dem sie sich nicht befreien kann, sei es aufgrund des Scheiterns, sei es aufgrund des Erfolges solcher Bemühungen. „Zu den wichtigen, wenngleich wenig beachteten Qualitäten unserer Zivilisation gehört die völlige Abkehr vom Glauben an den Wert des Leidens", schreibt der Philosoph Kolakowski (1974, S. 115 ff.) und räumt hier ebenfalls der Medizin eine Schlüsselstellung ein. Symptomatisch hierfür sei, daß die imposanten Erfolge der Medizin ein Phänomen hervorgebracht hätten, über das sie selbst die Kontrolle verloren habe: den phantastische Dimensionen annehmenden Mißbrauch von analgetischen, sedativen und neuroleptischen Mitteln. Es scheint – so fährt er fort –, als ob die Angst vor der Krankheit zuweilen bedrohlicher sei als die Krankheit selbst, die Angst vor dem Schmerz schlimmer als der Schmerz, als ob unsere Zivilisation in der Häufung von Hilfs- und Ersatzeinrichtungen für den Organismus einen ausweglosen Weg beschritten habe. Letztlich bezieht sich die Leidvermeidung in dieser „Kultur der Analgetika" auf den zwischenmenschlichen Bereich. „Die unbewältigten, lediglich narkotisierten Leiden, die verworfenen, weil schmerzankündigenden Werte, das ohne Anstrengung und Konflikte erreichte Zusammenleben, erzeugen eine menschliche Scheingemeinschaft, die an der geringsten Belastung zerbricht ... Die Unfähigkeit, Leiden zu ertragen, ist die Unfähigkeit, an der realen menschlichen Gesellschaft teilzunehmen."

Das Medizinsystem ist nicht die einzige Illusionsmaschinerie, die das Theater, die Inszenierung menschlicher Allmacht, in Gang hält. Hierzu gehören das Militärsystem, das den „Autoritarismus der Rolle" auf die Spitze treibt, und auch große Teile der modernen Wissenschaft, die z. B. gerade in der Idee der gentechnischen Manipulation einen rassistischen „Krieg der Gene" gegen die Evolution, in der Klonierung die Möglichkeit zur „soldatischen Vervielfachung" eines gesunden, richtigen oder nur zweckmäßigen Lebens bereithält und damit das Fremde, das Dunkle im Spiegel des Anderen ausrottet.

Am augenfälligsten entlarvt sich die letztlich autoritäre Ideologie unserer Illusionsmaschinerien in der modernisierten Institution des Zirkus: im modernen Leistungssport. Hier finden regelrechte Schlachten zwischen Technikern (Ingenieuren, Ärzten usw., schließlich dem Sportler selbst als Techniker seines Körpers) statt. Das sportlich siegreiche Individuum ist längst zwangskollektiviert und wird zudem als Idol für ein „anständiges Kollektiv" beansprucht: als Vorbild für Drogenfreiheit oder Repräsentant eines Volkes. Unter dem Titel „Ende vieler Dienstfahrten" wird der 33-jährige Skiläufer Marc Girardelli in der Frankfurter Rundschau (11. 2. 1997) als „größter Skifahrer aller Zeiten gefeiert". Also ein sportlicher Neo-GRÖFAZ. Mit Anfang 20 zerriß er sich bei einem Wettkampf zum ersten Mal sämtliche Bänder der Kniegelenke. Neun Wochen später stand er wieder auf den Skiern nach seinem Motto „Alles, was mich nicht tötet, macht mich noch härter". Mit 25 Jahren wird der „Unzerstörbare" mit inneren Blutungen und gebrochener Hüfte von der Rennbahn getragen. Nun, mit 33 Jahren, muß er auf Anraten der Ärzte mit dem Skisport aufhören, wenn er nicht für den Rest seines Lebens auf Krücken laufen will.

Warum muß sich die Gesellschaft so sehr um die Aufrechterhaltung von pseudogesunder Angstfreiheit sorgen? Solange sich kein Spielverderber einschleicht, der den Sinn der Aufführung angreift, solange alle Menschen gebannt sind von der Faszination der Illusionsmaschinerien, bewahren diese ihre Suggestivkraft. Dieses Phänomen der kollektiv organisierten Angstabwehr kann man sich mit dem Bild des jahrhundertelangen Kampfes der chinesischen Kaiserreiche gegen das Hochwasser des Yangtsekiang veranschaulichen. Hier scheint es auf einmal, als sei die Angst ein rein gesellschaftliches Phänomen: eine Flut, die eingedämmt werden muß. Der Kampf gegen diese Flut muß als verloren gelten, wenn irgendwo der Damm bricht. Wenn die zentrale Verwaltung nicht von Peking bis ins letzte Dorf die Menschen mobilisieren konnte, wenn die Mandarine korrupt, pflichtvergessen usw. wurden, dann wühlte sich das Wasser in die Erdschichten des

Dammes hinein, bis er an seiner schwächsten Stelle brach und das gesamte Land unter Wasser setzte.

Die beschriebene Tendenz zur Leidverleugnung, zur Verweigerung, die Conditio humana anzuerkennen, führt zu offenen oder verdeckten Formen autoritärer Entmündigung. Die nicht mehr mitspielen wollen, auf die Effekte der Illusionsmaschinerien zu verzichten suchen, „clean" zu werden versuchen, werden eingeschüchtert mit der Angst, Außenseiter zu werden und sich selbst zu isolieren (Riesman, 1953). Lenk (1983, S. 239 ff.) sprach von dem Gesetz der Duplizität als einem Grundgesetz der bürgerlichen Gesellschaft. Sie sei an ihrer Oberfläche demokratisch, in ihrer Tiefenstruktur aber autoritär.

„Ihre demokratische Oberfläche zeigt die ständige Diskussionsbereitschaft, Bereitschaft zur Diskussion aller Entscheidungen, die nicht mehr wie vorher von einer Instanz, sondern von vielen getragen werden. Ein reibungsloses Funktionieren ihrer gigantischen Projekte jedoch, sei es nur auf dem Gebiet der Ökonomie, des Militärs oder der Technik, erfordern hingegen eiserne Disziplin und strikten, bedingungslosen Gehorsam."

Dabei haben die einzelnen Menschen nicht das beschämende Gefühl, Personen gehorsam zu sein, wie in klassischen Diktaturen. „Vielmehr leben sie in der Überzeugung, rein technischen Zwängen, eisernen Notwendigkeiten zu gehorchen."

## Militante Kollektive

Schließlich sei noch auf eine letzte Asymmetrie der Angst hingewiesen: Eine kollektiv erzeugte, durch Ideologien und Institutionen abgeschirmte Form der Abwehr bzw. Angstfreiheit, kann von denjenigen, die Teil dieses Gesamt sind, schwer durchschaut werden. Ihr Reflexionsvermögen ist nicht mehr in der Lage, zu erkennen, inwieweit ihr Denken und Trachten unfrei, weil nur auf dem Schein von Angstfreiheit, aufgebaut ist. Schon Freud (1930) hatte mit dem Gedankengang gespielt, Gesellschaften als Großindividuen aufzufassen, um ihnen eine Gemeinschaftsneurose attestieren zu können. Nietzsche (1885/86) schrieb mit unnachahmlichem Spott: „Der Irrsinn ist bei Einzelnen etwas Seltenes – aber bei Gruppen, Parteien, Völkern, Zeiten die Regel" (Aph. 156). Auch solche Großindividuen können, wenn sie über geeignete Machtmittel verfügen, durch das Seelenleben anderer Kulturen hindurchtrampeln und sie kolonisieren. Die Festung Europa z. B. ist nicht nur territorial abgeschirmt, sondern auch von psychologischen Grenzen, die wir militärisch scharf bewachen, damit die eigene Angst nicht in Gestalt von Fremden vor unseren Haustüren um Asyl bittet. Die Sicherheit innerhalb dieser Festung birgt das Risiko, daß wir als gesamte Gesellschaft, als Kultur, von unserem Empfindungsreichtum, den Quellen unserer Vitalität, unserer Menschlichkeit entfremdet werden. Anstatt einer an Humanität und Achtung orientierten Weltzivilisation zuzustreben, können wir eine zunehmende Faszination durch autoritär-fundamentalistische Ideologien mit apokalyptischer Grundstimmung, durch den Glauben an einen Clash of Cultures beobachten, die Ausdruck selbstzerstörerisch wirkender, unbewußter kollektiver Schuldgefühle und Strafängste ist.

## Die Spur des Fremden und das Umgreifende: Metaphysik als Metapsychologie

Warum führt die Sehnsucht nach Leidfreiheit zu einer bloßen Leugnung des eigenen Leids und zu der beschriebenen autoritären Infantilisierung? Schon die frühinfantile Phantasiewelt ist von der vergeblichen Suche nach Leidfreiheit geprägt. Das von Lewin (1982) entwickelte Konzept der leeren Traumleinwand sowie das von Chasseguet-Smirgel (1988) entwickelte Konzept des glatten Uterus, schließlich die Freudsche Todestriebtheorie (Freud, 1920) stellen theoretische Suchbewegungen nach frühinfantilen Äquivalenten der Illusion einer leidfreien Welt dar. Indem wir aber eine Wunschwelt ausbilden und damit unsere Triebimpulse sich Repräsentanten in der Erlebniswelt schaffen, bevölkern wir unser Innenleben mit Fremdem. Jede Verführung, die die eigene Sexualität erweckt, hat zugleich auch traumatische Qualität, die der Unbewußtmachung überantwortet werden muß. Jede Identifizierung des Ichs mit dem Objekt muß das Nichtidentische, den untergründigen Haß, das Ängstigende daran abwehren. Jeder Schritt voran in die Autonomie stellt zugleich ein Trauma dar; unser gesamtes Leben ist von Trennungs- und Schulderlebnissen durchwoben. Die Fremden sind die vertrauten Objekte unserer Zärtlichkeitswünsche und zugleich unserer unerfüllten Wünsche, unserer mißglückten Annährungen. Gegenüber dem reinen, von objektgerichteten Triebimpulsen und -phantasien entleerten Narzißmus erscheinen sie als Störenfriede, als Verunreinigung der Leere und Glätte, des ozeanischen Gefühls. Wer sind die Fremden, die unser Unbewußtes bevölkern? Was ist das dem Ich fremd gebliebene?

Indem das Ich sich als ausführendes Organ des Es konstituiert und von dem Es energetisch ausgestattet wird, ist es zugleich genötigt, dessen Gegenspieler zu werden, und wird damit fremd im eigenen Haus. Daher erscheint das Unbewußte als der dunkle Kontinent im eigenen Inneren. Oder auch als Kessel brodelnder Triebregungen, da es eben nicht nur die Quelle unserer eigenen Vitalität ist, eines „healthy sexual life", sondern auch die Fratze des Häßlichen, Verabscheungswürdigen, des Réfus, des Unheimlichen, des Chaotischen, Perversen, Blutrünstigen, Subversiven (Freud, 1914).

Das Ganze geht schon bei der Geburt in Stücke. Rank (1988) hat bekanntlich das Geburtstrauma für das entscheidende, die Psyche strukturierende Ereignis gehalten. Es schließen sich zahllose Entzweiungen an, wie die Ausstoßung aus der

Mutter-Kind-Symbiose, die einer Vertreibung aus dem Paradies gleicht, und die Auseinandersetzung mit einer zunächst fremden dritten Partei erzwingt.

Das andere Geschlecht, vielleicht der Prototyp des nichtidentischen Objekts, das nicht nur Glück und sexuelle Erfüllung verheißt, sondern eine nie versiegende Quelle von Angst und Bedrohung ist, bleibt letztlich fremd, ebenso der Gegensatz der Generationen, bei dem die Jungen auf den Tod der Alten lauern, sich von der „Rentnerschwemme" bedroht fühlen, und die Alten die Jungen wegen ihrer Gefühlsspontanität und ihrer unverhüllten Triebäußerungen tadeln, kastrieren, sie wegen ihrer Jugendlichkeit beneiden und u. U. sogar bereit sind, sie als Soldaten in den Tod zu schicken. Da ist das Heer der Toten, das unsere Erinnerung bevölkert und möglicherweise der entscheidende Organisator von Verdrängungen ist, die qua Zugehörigkeit zu einem Kollektiv vollzogen werden müssen und somit den „Bildervorrat" eines kollektiven Unbewußten bilden. Da ist schließlich die dunkel geahnte Grenze unseres eigenen Todes, deren Überschreitung ins Unvorstellbare führt, so daß wir uns durch die narkotisierende Wirkung eines durchorganisierten Alltags, dessen „Immer-so-weiter-Trott" uns mit der Illusion ausstattet, es ginge wirklich immer so weiter und nie sei ein Tag der letzte.

Wo liegen dann die heilenden, wiederherstellenden Kräfte? Ist unser Ich als Produkt dieser Trennungs- und Schulderfahrungen überhaupt in der Lage, die ursprüngliche, ungetrennte Welt zu erreichen, sie sich anschaulich oder einfühlbar zu machen?

Philosophen belegen dieses Fremde, Entglittene mit einem Fremdwort, das möglicherweise mehr verhüllt als enträtselt. Sie sagen, daß es eine Welt hinter den konkreten, anschaulichen Dingen, eine Metaphysik gibt, die durch Transzendenz, durch das Manöver des Überschreitens erreichbar oder, je nach philosophischer Orientierung, auch unfaßbar wäre.

Solche Fremdworte erregen den Sinn für Mystisches. Gemeint ist etwas, das der Philosoph Jaspers (1961) ganz schlicht „das Umgreifende" nannte. Die Welt zu beobachten und zu verstehen suchen, setzt voraus, daß es auch eine beobachtende Instanz gibt: das erkenntnissuchende Subjekt. Diese Welt ist dann eine Welt minus Subjekt. Das Sein insgesamt, also das Sein einschließlich der beobachtenden Instanz, die man selbst ist, ist nicht durch Nachdenken oder Vorstellen erfaßbar, denn Begriffe setzen die erwähnte Subjekt-Objekt-Spaltung voraus. „Jedes Gedachtsein bedeutet Herausgefallensein aus dem Umgreifenden" (S. 31). Es ist das – jenseits begrifflich Faßbarem – Umgreifende, das sich in Chiffren kundtut und höchstens in der mystischen Erfahrung – unter Erlöschen des Ichs – erahnbar ist. Eine Spur, ein Zeichen erglimmt, gewinnt an Bedeutung und sinkt wieder in Namenlosigkeit zurück, bevor ein erkennendes Subjekt gegen die Welt antritt und sie durch ordnende Symbole und Begriffe abtötet und eine zweite begrifflich-museale, rein vorgestellte Wirklichkeit schafft.

Der Versuch, das Herausgefallensein aus dem Umgreifenden rückgängig zu machen, hat nicht nur kognitive Implikationen, sondern auch emotionale und verweist auf das Problem der religiösen Transzendenz. Pascal (1962, S. 39) hat dies in seinem Fragment über die Wette anhand eines mathematischen Gedankenexperimentes eindrücklich gezeigt.

„Wir erkennen, daß es ein Unendliches gibt, und wissen nichts von seiner Natur. Da wir wissen, daß es falsch ist, daß die Zahlen endlich sind, muß es wahr sein, daß es eine Unendlichkeit von Zahlen gibt, aber wir wissen nicht, was sie ist. Es ist falsch, daß sie gerade ist, es ist falsch, daß sie ungerade ist; denn durch das Hinzufügen der Eins verändert sie ihre Natur nicht. Und doch handelt es sich um eine Zahl, und jede Zahl ist gerade oder ungerade. Es ist wahr, daß das von jeder endlichen Zahl gilt."

In schroffer Analogie zu diesem Beispiel folgert er: „So kann man sehr wohl erkennen, daß es einen Gott gibt, ohne zu wissen, was er ist."

Durkheim (1984), der prophezeite, daß die modernen Gesellschaften vom Delirium des Heiligen wieder gepackt werden würden, würde das Umgreifende als das Heilige im Gegensatz zur Profanität der Alltagswelt bezeichnen. Er verstand darunter die überwältigende Kraft der Gemeinschaft, den Einzelnen zu beeinflussen, in Verhaltensnormen zu zwängen, mit Glücksversprechungen zu ködern. Diese grundlegende Abhängigkeit von etwas überwältigend Mächtigem sei der Stoff unserer Vorstellung von Göttlichkeit. In diesen Vorstellungen thematisiere die Gesellschaft sich selbst. Denn sie überlebt den Einzelnen, ist im übertragenen Sinn unsterblich und zehrt dennoch von dem Opfer, der Arbeitsleistung, dem Vermehrungswillen des Einzelnen. Und Freud (1927) behauptet, daß „die Kultur dem Einzelnen diese Vorstellungen schenkt, denn er findet sie vor, sie werden ihm fertig entgegengebracht ... es ist die Erbschaft vieler Generationen, in die er eintritt ... (S. 155)." Diese (religiösen) Vorstellungen „werden ... als der kostbarste Besitz der Kultur eingeschätzt, als das Wertvollste, was sie ihren Teilnehmern zu bieten hat" (S. 154). Otto (1979) hat den gefühlsmäßigen Choc des Einbruchs der Transzendenz, das Erlebnis des Umgreifenden, als unterschiedliche Aspekte des Numinosen beschrieben. Das Numinose entspricht am ehesten dem von Schleiermacher beschriebenen Gefühl schlechthiniger Abhängigkeit. Darunter verstand er eine Abhängigkeit, die nicht spezifiziert ist hinsichtlich eines bestimmten Objekts, also der „umgreifenden Gemeinschaft", deren Teil auch das Individuum selbst ist. Otto unterscheidet dabei das Moment des Tremendums, (des Schauervollen), des Faszinosums, des Ungeheuren-Unfaßlichen, des Energetischen bzw. der Erregtheit, des Mysteriums bzw. des Mirums, d. h. des Geheimnisvoll-Wunderbaren, und beschreibt damit Affektzustände von Massen. „Wir würden sagen, der psychische Oberbau, der sich bei den Einzelnen so verschiedenartig entwickelt hat, wird abgetragen, entkräftet, und das bei allen gleichartige unbewußte Fundament wird bloßgelegt (wirksam gemacht)", schreibt Freud (1921, S. 69) und erwähnt die Affektstürme, die Illusionsbereitschaft von Massen.

Die Götter als kulturelle Chiffren der Transzendenz verkörpern im buchstäblichen Sinn die vielfältigen Aspekte des Numinosen. Sie sind die Fremden schlechthin, den Menschen gleich und zugleich radikal anders – wie umgekehrt Fremden die Aura der Heiligkeit zugeschrieben wird (Pitt-Rivers, 1977). „Ich habe mich unterwunden, mit dir zu reden, ich der ich Erde und Asche bin", sagt Mose (1. Mos. 18, 27), als er mit Gott über das Los der Sodomiter zu reden wagt. Den Akt des gastlichen Asyls in unseren Herzen nennen wir bei irdischen Fremden Vertrauen, bei den überirdisch Fremden, den Göttern, Glauben.

Freud (1919) hat erkannt, daß die Verdrängung eine Verfremdung des Vertrauten vor dem eigenen Selbst bewirkt; das Verdrängte gewinnt dadurch die Qualität des Unheimlichen, des Numinosen. Das der bewußten Reflexion entzogene Verdrängte ist den Regeln des Primärprozesses unterworfen, und die auf verschiedenen Abstraktionsstufen angesiedelten Erlebnisse von Fremdheit können in ein Verhältnis wechselseitiger Repräsentation treten. So bekräftigt er in seiner Psychopathologie des Alltagslebens (1904, S. 203), „daß ein großes Stück der mythologischen Weltauffassung, die bis weit in die modernsten Religionen hineinreicht, nichts anderes ist als in die Außenwelt projizierte Psychologie. Die dunkle Erkenntnis ... psychischer Faktoren und Verhältnisse des Unbewußten spiegelt sich – es ist schwer, es anders zu sagen, die Analogie mit der Paranoia muß hier zu Hilfe genommen werden – in der Konstruktion einer übersinnlichen Realität, welche von der Wissenschaft in Psychologie des Unbewußten zurückverwandelt werden soll. Man könnte sich getrauen, die Mythen vom Paradies und Sündenfall, von Gott, vom Guten und Bösen, von der Unsterblichkeit und dgl. in solcher Weise aufzulösen, die Metaphysik in Metapsychologie umzusetzen."

Das Heilige, die Einbettung des Einzelnen in die allmächtig-unsterblich erscheinende Gemeinschaft, bildet sich ab in der besonderen Affektlogik und den Substitutionsregeln von Vorstellungsinhalten des Unbewußten. Die nächtlichen Traumgebilde beziehen ihre verwirrende Vieldeutigkeit daher, daß durch die Mechanismen des Primärprozesses, der Verschiebung und Verdichtung, die durch Identifizierung und Projektion bewirkte Aufspaltung in Subjekt und Objekt rückverflüssigt werden kann. Die in unbewußten Phantasien sich verbildlichenden Dramen der Individuation sind zugleich Chiffren der Transzendenz, des durch Überschreitung, Sinnverschiebung sich enthüllenden Umgreifenden.

Die vielfältigen Deutungsversuche des Begriffs des Heiligen belegen einen intrinsischen Zusammenhang zwischen der Selbstheiligung einer Gemeinschaft und möglicher Gewaltbereitschaft. Wie die von Freud (1912) entworfene soziologische Verallgemeinerung seiner Lehre vom ödipalen Konflikt in Gestalt der Urhordentheorie lehrt, sind es die der Verdrängung unterworfenen Verbrechen der kannibalistischen Einverleibung, des Inzests, des Beseitigungswunsches, die durch ursprüngliche Transzendenz – also durch verbrecherische Überschreitung – die Gemeinschaft und das Regelwerk des Umgangs miteinander durch eine gemeinsam geteilte Schuld überhaupt erst konstituieren. Das Heilige wurzelt im Verbrechen und dient doch beim Einzelnen zugleich der Sinnstiftung, der Hoffnung, Teil einer Gemeinschaft mit unbegrenzter Zukunft zu sein. Diese Hoffnung ist wiederum die stärkste Kraft, den zerstörerischen Neigungen menschlicher Kollektive Einhalt zu gebieten.

## Ist es in Anbetracht der heutigen Situation gerechtfertigt oder vernünftig, auf eine lebenswerte Zukunft zu hoffen?

Haben die jüngeren Menschen heutzutage noch eine lohnenswerte Zukunft vor sich, lohnt es sich für sie, zu hoffen? Die Shell-Jugendstudie 1997 belegt, daß bei über 80 Prozent der Berufsanfänger die Angst vor Arbeitslosigkeit zur prägenden Generationserfahrung geworden ist. Aber es ist auch jedem leidlich sensiblen Zeitgenossen klar, daß wir nicht nur das Problem einer möglichen „Rentnerschwemme", einer Akademikerarbeitslosigkeit usw. haben, sondern eine tiefreichende gesellschaftliche Krise, die mit der oberflächlichen Formel, daß der soziale Konsens zu zerbrechen drohe, kaum angemessen erfaßt ist. Es scheint, als ob unserer Gesellschaft die Fähigkeit, anstehende Probleme und drohende Gefahren konstruktiv anzugehen und zu lösen, mehr und mehr abhanden gekommen ist. Dies ist die Diagnose einer unabhängigen Gruppe von Wissenschaftlern in der Erfurter Erklärung. (Die erwähnte Shell-Studie diagnostiziert eine tiefe Enttäuschung über die Politik und die Politiker, die als „unglaubwürdig, langweilig, korrupt und vom Alltagsleben Lichtjahre entfernt" erlebt werden.)

Man braucht das weitere Umfeld der Krise nur schlagwortartig zu nennen, weil sie gebetsmühlenartig oft in aller Munde sind: Ende der Arbeit, Umwelt, Dritte Welt. Sie sind nicht mehr aufschiebbar, wie Anders (1956) immer wieder betont. Sloterdijk (1983) hat noch zu Zeiten der atomaren Hochrüstung ein Bild geprägt, das die Bedrohlichkeit unserer Situation und auch die Chancen des Auswegs gut ausdrückt. Er verglich die Atombomben – vielleicht weil sie rund sind und metallisch glänzen – mit einer Buddhafigur. „Unendlich ist ihre Ruhe und ihre Ironie. Ihr ist es gleich, wie sie ihre Mission erfüllt, ob im stummen Abwarten oder als Feuerwolke ... alles was zu sagen wäre, (ist) durch ihr bloßes Dasein gesagt" (S. 259). Durch ihr bloßes Vorhandensein wird uns eine einzige Frage gestellt: Seid ihr Menschen reif und zivilisiert genug, um mit uns umzugehen? Wenn ihr es nicht seid, bringt ihr euch mit unserer Hilfe alle um. Die

Bomben sind eben nur dann böse, wenn sie böse gemacht werden. Sie sind sozusagen in Reinkultur das, was als psychoanalytische Abstinenz beschrieben werden kann, wobei der Patient ein potentieller Selbstmordkandidat ist. „Die Bombe fordert von uns weder Kampf noch Resignation, sondern Selbsterfahrung. Wir sind sie ... Der moderne Weltprozeß führte zu einem Punkt, von dem an das Äußerlichste, die Politik, und das Innerlichste, die Meditation, dieselbe Sprache sprechen" (S. 259).

Es gibt heute viele solcher psychoanalytischen Buddhas: der Regenwald, die Gentechnologie, riesige vagabundierende Kapitalvermögen usw., die den Menschen, die mit ihnen Umgang haben, immer wieder die eine Frage stellen: Was denkst du über mich? Was immer du über mich denkst, du wirst dich in mir wiederfinden, deine eigene psychologische Verfassung auf mich übertragen. Wenn du mich böse machst, wenn du deinen Haß, deinen Zynismus, deine Menschenverachtung in mir unterbringst, dann werde ich diesen Gefühlen als dein braver Diener Wirkung verschaffen. Wenn du aber erschrickst über dein Spiegelbild in mir, dann kann ich dir Hoffnung machen auf ein neues Leben.

## Zeichen gesellschaftlicher Krise

Ich glaube, daß gesellschaftliche Krisen sich zunächst in diskreter Bedrücktheit des Einzelnen äußern, ihn aus dem gewohnten Gleichgewicht bringen. Die synergetischen Effekte solcher Verstimmtheiten und Gleichgewichtsverluste führen zu einem Dominoeffekt: Ein psychologisches Reaktionsmuster breitet sich kettenreaktionsartig aus und erzeugt damit erst die eigentliche moralische und ökonomische Krise. Verwirrungen und Angst hinsichtlich wechselseitiger Rollenerwartungen führen zu Entgrenzungen der intrapsychischen Struktur, zum sozialen Argwohn, zu Korruption, Apathie, Bessessenheits- und Hexereiverdacht.

Es entsteht ein Syndrom, dessen Manifestationen sich quer durch die Geschichte ähneln: „Die heutige Welt spricht für sich selbst: ihr offenkundiger Verfall kündigt ihre Auflösung an. Die Bauern verlassen das Land, die Händler die See und die Soldaten das Lager; alle Ehrlichkeit im Gewerbe, alle Gerechtigkeit im Gericht, alle Solidarität in der Freundschaft, alle Geschicklichkeit in den Künsten, alle Normen der Moral – alles ist im Verschwinden begriffen." Ein anderer Zeitgenosse fügte hinzu: „Diese gewaltige und wundervolle Schöpfung der Welt... wird unabwendbar verfallen, ehe sie untergeht. Daher wird die Erde immer öfter von Beben erschüttert werden, die Atmosphäre wird verpestet werden und ansteckenden Haß hervorbringen." (zit. n. Dodds, 1992, S. 26 ff.). Hier wird – einmal von dem Kirchenvater Cyprian und dann von dem Kirchenvater Origines – das Lebensgefühl der Menschen im dritten nachchristlichen Jahrhundert beschrieben, in dem der endgültige Zusammenbruch des römischen

Reiches politisch, ökonomisch und moralisch erfolgte. Die Menschen fühlten sich auf sich selbst, auf ihr Innenleben zurückgeworfen, weil sie die Hoffnung auf eine gemeinsame lebenswerte Zukunft verloren hatten. Die Realität kam ihnen wie eine Bühne vor, auf der sie wie Puppen an Drähten dirigiert wurden, ohne daß sie eine Urheberschaft von „Drahtziehern" begrifflich hätten erfassen können. Die Wirklichkeit bekam eine traum-, ja, alptraumartige Qualität. Sie schien das Werk böser Dämonen zu sein. Es eröffnete sich ihnen, wie Augustin es nannte, ein Abyssos humanae conscientiae, ein Abgrund der Gewissenlosigkeit sowie der Ängste und des Hasses, die aus dem eigenen Unbewußten aufsteigen (Bracher, 1987). Es herrschte ein Zustand kollektiver Hoffnungslosigkeit.

Ähnliche Krisenphänomene, die zu den ersten abendländischen Judenpogromen führten, findet man auch im 12. und 13. Jahrhundert (Nelson, 1977; Le Goff, 1988) oder im 16. und 17. Jahrhundert (Hinrich, 1980; Delumeau, 1985).

„Sobald in einem Königreich oder in einer Republik dieses heftige, alles verzehrende Feuer ausbricht, weiß der Magistrat nicht mehr, was er tun soll, die Bevölkerung ist verschreckt, und die Regierungen sind aufgelöst. Die Gesetze werden gebrochen, niemand geht mehr zur Arbeit, der Zusammenhalt innerhalb der Familien bricht auseinander, und die Straßen sind verlassen. Es herrscht ein furchtbares Durcheinander... Die Menschen verfallen ohne Unterschied des Standes oder Vermögens in tödliche Trostlosigkeit ... Jene, die gestern Totengräber waren, werden heute selbst begraben ... Man versagt sich jegliches Mitleid Freunden gegenüber, da es gefährlich ist, Mitleid zu haben ... Alle Gebote der Nächstenliebe und der Natur sind inmitten des Grauens untergegangen und vergessen, Kinder sind plötzlich von ihren Eltern getrennt, Frauen von ihren Männern, Brüder und Freunde verlieren sich aus den Augen ... die Männer verlieren all ihren Mut und irren wie verzweifelte Blinde umher, die bei jedem Schritt über ihre Angst und ihre Widersprüchlichkeit stolpern."

Dieser Bericht (zit. n. Delumeau, 1985) stammt von einem portugiesischen Mönch aus dem Jahre 1697. Und Burton, der vielgelesene Autor eines Werkes über die Melancholie, schrieb, 1621 kurz nach Ausbruch des 30-jährigen Krieges: „Tagtäglich höre ich neueste Nachrichten und landläufige Gerüchte über Kriege, Seuchen, Feuer, Überschwemmungen, Diebstähle, Morde und Massaker" (S. 20). Die Welt ist völlig aus den Fugen geraten, denn „so viele Wechselfälle des Lebens gibt es, daß zwischen einer Stadt und rauchenden Trümmern ... oft nur ein Tag liegt" (S. 223). Und hier seine Beschreibung einer allgemeinen krisenhaften Verfassung:

„Ein streitsüchtiges, mißmutiges, unordentliches, melancholisches und elendes Leben führen wir, und könnten wir das Kommende vorhersehen, und hätten wir die Wahl, so würden wir diese leidvolle Existenz eher zurückweisen, als sie zu akzeptieren. Kurz und gut, die Welt selbst ist ein Irrgarten, ein Labyrinth der

Irrtümer ... Wer Skylla umschifft, der scheitert an Charybdis, und so geraten wir trotz unserer ständigen Plackerei und Angst von einem Unheil in das andere und kommen aus den Drangsalen und Knechtungen nicht heraus. Eher könnte man das Gewicht vom Blei, die Hitze vom Feuer, die Nässe vom Wasser und die Leuchtkraft von der Sonne trennen als das Elend, den Mißmut, die Sorge, Not und das Gefährdetsein vom Menschen" (S. 221).

Heute können wir beobachten, daß ganze Nationen – wie dies momentan in Albanien, Somalia, Kambodscha, Afghanistan oder Algerien der Fall ist – von diesem Syndrom erfaßt werden und – nach einem neuen Jargonausdruck der UNO-Behörden – als Failures abgeschrieben werden.
Welche Chancen hat eine Gemeinschaft, Auswege aus der Krise zu finden?

## Die Hoffnung und das Ressentiment

Das Ziel der „profanen" Hoffnung, ein gutes, erfülltes Leben, kann kein einsames, monologisches Glück sein, das sich auf die Fläche einer Eigentumswohnung beschränken ließe. Es gehören die Anderen, die Mitmenschen dazu. Meist wird dabei an eine Rückkehr zu einem vergangenen Zustand gedacht, eine Art goldenes Zeitalter, in den Worten von Ovid: „Und es entstand die erste, die goldene Zeit: ohne Rächer, ohne Gesetz. Von selber bewahrte man Treue ... / Kein Text von drohenden Worten / stand an den Wänden auf Tafeln von Erz".

Die damalige kulturell durch die Griechen dominierte heidnische Welt hatte zwar die Vorstellung des goldenen Zeitalters (Hesiod) hervorgebracht, aber die verächtlich als Heiden Bezeichneten waren insgesamt doch eher diesseitig-praktisch orientiert, statt der Hoffnung auf eine ideale Gesellschaft zu trauen. Sie faßten die Hoffnung als eine Illusion auf, die das Leben erträglicher werden läßt. Ihr tiefer Skeptizismus spiegelt sich im Prometheus-Mythos wider. Prometheus war der Voraussehende. Eine seiner ihm von Zeus geschenkten Frauen hieß Pandora, das schöne Übel, und ihre Büchse, die die Welt mit Übeln heimsucht, ist Ausdruck dessen, wie blind und trügerisch die Hoffnungen sein können.

In der neueren Geschichte sind zwei große Gesellschaftsutopien zusammengebrochen, die faschistische bzw. nationalsozialistische und die kommunistische, die beide Motive aus dem Umfeld der jüdisch-christlichen Kultur in säkularisierter Form wieder aufgreifen. Eine der bedeutenden Leistungen der jüdischen Prophetie ist, daß sie den Gedanken der Utopie, dem eine räumliche Vorstellung zugrunde liegt, verzeitlicht hat (Taubes, 1991). Das Eschaton: Dein Reich komme, also das Reich Gottes auf Erden. Hier, in der Welt des Glaubens an ein zukünftiges Glück, ist der hoffende Mensch ein Homo viator, ein Reisender, einer, der auf dem Weg ist, meist auf einem recht beschwerlichen Weg. Die Hoffnung bekommt eine Stimme, eine Sprache, die sie nur in einem solchen eschatologisch erregten

Umfeld entwickeln kann, da der Weg des Einzelnen mit jedem Tag sich ein Stück dem Tod nähert und somit die Hoffnung auf eine wünschenswerte Zukunft eine Gemeinschaft von Gläubigen voraussetzt. So heißt es etwa bei Jesaja: „Die auf den Herrn hoffen, werden gewinnen eine neue Tapferkeit. Es werden ihnen Schwingen wachsen gleich den Adlern. Sie werden laufen unangestrengt. Sie werden wandern: unermüdbar." Wie sehr damit die Menschheit an der Hoffnung zu leiden begann, verrät der Spruch Hiob (13, 15), der, bis zur Paradoxie verdichtet, die Leidensbereitschaft umschreibt: „Wenn er (Gott) mich auch tötet, ich werde auf ihn hoffen."

Geschichte ist damit Zielgeschichte (Bloch), es gibt ein Zeitenende, während die Griechen noch bei Aristoteles sich die Zeit kreisförmig vorstellten und auch das Leiden im Mythos von Sisyphos oder Tantalus als endlose Wiederholung erlebt wurde.

Aber die auf ein Zeitenende hoffende Leidensbereitschaft ist gekoppelt mit der Idee der Auserwähltheit und der Hoffnung auf einen kommenden Messias, der als mächtiger Krieger phantasiert wird und die Feinde Israels besiegt.

Die für unsere Geschichte wirkmächtigste Form des Eschatons ist die haßerfüllte Apokalypse des Johannes, die darauf aufbaut, daß die Guten und Gerechten eines Tages siegen werden und die übrigen getötet und unter Höllenqualen vernichtet werden sollen. Es ist eine paranoid-schizoide Phantasie nach Melanie Klein, die vom Ressentiment geprägt ist. Die Destruktivität des Ressentiments ist in prägnanter Weise von Nietzsche (1887) und später von Scheler (1978) analysiert worden. Ich möchte hier nur kurz meine Schlußfolgerungen daraus darstellen. Es gibt Gesellschaften in der Krise, die aufgrund ihrer mythologischen Vorprägung mit einer „Erhitzung des eschatologischen Eifers" reagieren. Sie geraten in einen regressiven Zustand, in dem sie das Joch des Leides abzuwerfen versuchen und sich, als ob sie träumten und keine Sekunde mehr Zeit zum Zögern hätten, in die Zukunft katapultieren. Das Reich, das gewünscht ist, soll hier und jetzt Wirklichkeit werden. Nun ist aber die Wirklichkeit nicht so. Um in diesem „Trancezustand" verharren zu können, muß der Weckreiz, der einen auf den Boden der Realität zurückführt, eliminiert werden. Dazu benötigt man einen absolut bösen Feind, der den ganzen Abyssos humanae conscientiae darstellt und die Alleinschuld dafür übernehmen kann. Eschatologien, die zur politischen Religion werden, machen aus zivilisierten Menschen Bestien, indem sie sich zu Hetzmeuten zusammenschließen. Die faschistische bzw. nationalsozialistische Bewegung hat solche Heilserwartungen für sich ausgeschlachtet: das Tausendjährige Reich.

Auch die zweite, von Karl Marx begründete bedeutende politische Religion der Neuzeit war eschatologisch inspiriert von der Idee eines Reiches der Freiheit gegenüber einem Reiche der Notwendigkeit. Auf dem Weg dorthin: zahllose Märtyrer, viele Leichenberge, die aufgetürmt wurden, im Namen der Notwendigkeit des geschichtlichen Prozesses, der als Durchgangsstadium zur revolutionären Befreiung des Menschen dienen sollte.

Hat der Untergang der oben genannten politischen Religionen ein Vakuum an Werten und Idealen hinterlassen? Sind wir deswegen allesamt Zyniker geworden, die bei dem Triumph des Bösen heimlich mitzufeiern versuchen und ihren verletzten Idealismus klammheimlich beerdigen? Die vielen Bürgerinitiativen und an konkreten politischen Problemen interessierten Umweltgruppen widerlegen dies.

Joachim Fest (1991) ist uneingeschränkt zuzustimmen, wenn er schreibt, daß „die Kraft der großen Verheißungen ... Morgenröten, Zukunftssonnen erschöpft" sei. Müde der grandiosen Wunschwelten, würden die Menschen heute ganz unspektakulär versuchen, „das Leben in jener unverkürzten, schönen Gewöhnlichkeit zu leben, für die es keinen Ausgleich gibt" (S. 8). Es ist aber längerfristig damit zu rechnen, daß die Faszination durch autoritäre Kulte, die mit Scheinlösungen und Sinnsurrogaten auf die drängenden Zukunftsfragen antworten, wieder zunehmen wird.

Freud scheint am Ende seiner zivilisationskritischen Schrift „Das Unbehagen in der Kultur" (1930), die Bedrohung durch den Nationalsozialismus deutlich vor Augen, das Problem gequält zu haben, welche Hoffnung noch bleibt. Nachdem er festgestellt hat, daß es noch völlig offen ist, ob die Menschheit ihres Aggressions- und Selbstvernichtungstriebs Herr werden kann, benutzt Freud, der doch sonst der Religion eher mißtraute, eine religiöse Metaphorik, wie ich meine, aus einer inneren Verzweiflung heraus. Er sagte sinngemäß: Die Diagnose, daß wir uns wechselseitig umbringen, kennten wir alle und daraus resultiere auch ein allgemein spürbares ängstliches Gestimmtsein. Welche rettenden Kräfte können denn noch ins Feld geführt werden? Hier ruft Freud die andere der beiden „himmlischen Mächte" an: „der ewige Eros ... um sich im Kampf mit seinem ebenso unsterblichen Gegner zu behaupten. Aber wer kann Erfolg und Ausgang voraussehen?"

Ich möchte diese These „säkularisieren": Glaube, Liebe, Hoffnung mögen den Einzelnen täuschen oder enttäuschen und müssen daher als zu idealistische Interpretationen der Realität verworfen werden. Der eigentliche Nährboden begründeter Hoffnung ist das Umgreifende, die Psychologie des das Einzelschicksal transzendierenden Kollektivs: So verblendet, haßerfüllt, zerstörerisch und wahnhaft Kollektive auch sein können, nur aus ihnen heraus können sich begründete Hoffnungen bilden, die den bindenden, versöhnenden Kräften des Eros Sinn und Kraft verleihen. Unter welchen Bedingungen kommen diese Kräfte des Eros zum Tragen?

## Das Spurenparadigma

Versetzen wir uns in die Altsteinzeit; wir seien eine Gruppe von Jägern, ausgehungert, matt, verfroren. Plötzlich entdeckt einer der Jäger Abdrücke im weichen

Untergrund, die von einem Tier stammen. Wir versuchen, aus den Abdrücken durch Schlußfolgerungen Informationen über ein Wesen zu sammeln, das diese Abdrücke verursacht hat. Es leuchtet ein, daß die Gruppe dann am ehesten Erfolg hat und die ersehnte Beute erlegen kann, wenn sie nicht nur grob die Spur deutet: da war ein Tier!, sondern feinste Spuren zu berücksichtigen weiß; also diskretere Zeichen als die grob eindrücklichen wie Größe, Form, Abstand usw. Angenommen, ein einziger Jäger entdeckt seitlich im Gebüsch einen Blutstropfen auf einem Blatt, das Blut ist noch frisch. Er teilt dies den Anderen mit. Jetzt wissen alle, daß das Tier schon verwundet ist, daß es nicht weit gekommen sein kann usw. Noch heute nennt man diese Tätigkeit Spurenlesen, weil diese Spuren Zeichen sind, die einen verborgenen Sinn haben. Sie erfordern den Esprit de finesse, wie Pascal später zu dieser Geisteshaltung sagen wird. Spuren sind im Sinne von Peirce Indices, und die intellektuelle Überlebenstätigkeit der Altsteinzeit ist der Indizienbeweis. Die Entdeckung von Indices setzt den Affekt der Überraschung frei, die Entdeckung und Mitteilung immer neuer Überraschungen als Gruppenleistung, das altsteinzeitliche Präludium des Prinzips der freien Assoziation, läßt ein anderes himmlischeres Bild der Wirklichkeit entstehen, das sowohl Sättigung als auch libidinöse Bindungen innerhalb der Gruppe verspricht. Aus der momentanen Verzweiflung erzeugt die Gruppe eine Summierung von Überraschungen, die dem Einzelnen nur als Angehörigem der Gruppe Sättigung und Glück verheißt. Zeichen, Überraschung, Zukunftssinn, Hoffnung als interpersonelle Phänomene dienen der Überwindung von Hunger, Verzweiflung und Vereinzelung. Die primitive Hoffnung findet ihre Erfüllung im gemeinsamen, später rein rituellen Mahl.

Ein Zeichen ist ein Versprechen, es verweist auf etwas Anderes, Latentes Verborgenes, evtl. sogar Transzendentes. Das Lesen von Zeichen setzt Hoffnung voraus, weil das Verborgene immer auch das Zukünftige ist. Ein schon fertiges, ideales Bild der Zukunft, ein Plan, ein Präconcept „erschlägt" diese Zukunft, die sich allmählich erst enthüllt. Die Hoffnung, so schreibt Pieper (1935, S. 29), ist, wie die Liebe, eine der ganz einfachen Urgebärden des Lebendigen. Dieses damit verbundene stille Wachstum der Persönlichkeit ist die Wirkung der Hoffnung.

Auch die psychoanalytische Therapie verdankt ihre segensreiche Wirkung dem „Wandertrieb" des Primärprozesses, wie er sich im Prinzip der freien Assoziation ausdrückt. Der Analysand gleicht in gewisser Hinsicht einem Jäger, der Verlorengegangenes, Entflohenes wiederzufinden trachtet. Im Primärprozeß kann die Libido eben wie ein Nomade oder ein religiöser Homo viator von einem Vorstellungskomplex zum anderen reisen und diese zu Sinngefügen verbinden. Der Analytiker ist dann stellvertretender Hoffnungsträger für alle die Personen in der Vergangenheit, die Enttäuschung und Zurückweisung bereitet haben. In minimalen Schritten wird etwas Fremdes vertraut, und auf diese Weise wird die himmlische Macht des Eros gestärkt.

Wie ist es nun möglich, daß dieses stille Wachstum der Hoffnung sich auf den größeren Kreis der Gesellschaft überträgt, um damit auch für die Großgruppe die Macht des Eros zu stärken? Auch hier sind wir Menschen Spurenleser, Zeichensucher, Glücksjäger.

## Die Ohnmacht der Zeichen und die Opferkrise

Zeichen bedürfen der wechselseitigen Anerkennung. Ein „gesendetes" Zeichen ist eine Vorleistung, die Bereitschaft zu einem Opfer im voraus. Das Opfer stellt einen gegenwärtigen Verzicht auf eine zukünftige Gegenleistung dar. Ich gebe etwas, treffe eine Vorleistung. Ich lächle jemanden an oder lade jemanden zum Frühstück ein. Hat sich die „Investition" gelohnt? Rein formale spieltheoretische Überlegungen können zeigen, daß es strategisch vorteilhaft ist, ein-, zwei-, dreimal eine Vorleistung zu erbringen, erst danach führen weitere Vorleistungen eher zum eigenen Nachteil. Dann zerreißt der libidinöse Zusammenhang, dann „verhungert" das Zeichen, dann war das Opfer vergeblich. Solche Opferzusammenhänge sind empfindliche Gleichgewichte, und wenn es zu einer großangelegten Entwertung von Opfern kommt, dann zerreißen solche Zusammenhänge kettenreaktionsartig. Mißtrauen, Haß, Egozentrismus, Neid, Uneinfühlsamkeit in das Schicksal des Anderen usw. lassen die Gesellschaft in eine Opferkrise hineingeraten, die nur einen einzigen Ausweg offen läßt, nämlich die Zentrierung des gesamten Ressentimentpotentials auf eine wehrlose Minorität, die im Sinne eines magischen Selbstreinigungsvorgangs vernichtet bzw. stellvertretend für die Gesamheit geopfert wird. Daher konstituieren Gemeinschaften sich nicht nur als Erinnerungsgemeinschaften, sondern auch als verbrecherische Komplizengemeinschaften.

## Der Opfertod Jesu<br>oder die leise Stimme der Vernunft

Girard (1992) hat die Dramaturgie solcher Opferkrisen nachgezeichnet und auf ihre Unausweichlichkeit hingewiesen, als ob sich ein gesellschaftliches Zusammengehörigkeitsgefühl immer wieder nur neu über mörderische Gewalt herstellen könnte. Die große Ausnahme, die in der Geschichte zum ersten Mal diesen Sündenbockmechanismus durchschaut und ihn durch sein Beharren in Ohnmacht und Wehrlosigkeit entlarvt habe, sei Jesus gewesen, wenn er über seine Mörder urteilt: „Herr vergib ihnen, denn sie wissen nicht was sie tun." Eine solche moralische Größe ist bewundernswert, aber auch eine Überforderung für uns Menschen. Deswegen betonen die Christen den Charakter der Stellvertretung bei dem Opfertod Christi.

In den folgenden Überlegungen soll dieses Wort Christi so verwandelt werden, daß es allgemeingültige Bedeutung bekommen kann: Diejenigen, die wissen, was sie tun, die am normativen Ideal praktisch vernünftigen Handelns orientiert sind, müssen zu einem Selbstopfer bereit sein. Dies ist die normative Grundlage einer kommunikativ begründeten Vernunft.

Damit stoßen wir auf eine wichtige Kraft im Dienste des Eros, die Freud nicht unmittelbar damit in Zusammenhang gebracht hat. In seiner kritischen Auseinandersetzung mit der Religion plädiert er gegenüber einem imaginären Gesprächspartner, der die Partei der Religion verteidigt, daß er mehr Zutrauen in den Intellekt hat. „Wir mögen noch so oft betonen, der menschliche Intellekt sei kraftlos im Vergleich zum menschlichen Triebleben", dennoch: „die Stimme des Intellekts ist leise, aber sie ruht nicht, eh' sie sich Gehör verschafft hat". Sein Ziel sei das Gleiche wie das, was man sonst von einem Gott erwarte, „die Menschenliebe und die Einschränkung des Leidens" (Freud 1929, S. 186). Das ist recht viel verlangt von so einer leisen Stimme. Ich frage mich, warum Freud von der Stimme des Intellekts spricht. Der Intellekt spricht doch genaugenommen nicht, wir reden eher von der Stimme des Gewissens, also der Stimme, die zu Reue und Umkehr ermahnt. Ich werde auch nicht ganz den Verdacht los, daß Freud da vor allem an seine eigene Stimme gedacht hat als eine Art „Urhordenvater" psychoanalytischer Aufklärung.

Meine Gegenthese ist: Die Stimme der Vernunft ist vor allem die Stimme des Anderen, des Fremden. Indem wir ihn achten und wertschätzen, stärken wir die Urteilskraft unseres Gewissens. Die Stimme des Anderen verstummt allerdings, wenn die Hoffnung verloren gegangen ist, wenn Zeichen gesendet werden, ohne daß ein Empfänger sie erwidert. Die Zeichen als Grundlage logischer Schlüsse, die uns wiederum ermöglichen, die Wirklichkeit vorausschauend zu erkennen, setzen Hoffnung voraus, wie umgekehrt Hoffnung ohne Logizität nicht sinnvoll denkbar ist. Die Logizität erzieht Menschen zum Selbstopfer und ist die auf die regulative Idee der unbegrenzten Gemeinschaft hinzielende Kraft. Die Liebe zur Logizität ist eine Leidenschaft, die das Selbstopfer nicht als einen asketischen Verzicht erscheinen läßt, sondern als Bedingung der Möglichkeit einer unendlichen Bereicherung.

## Erkenntnis, Sozialität und unendliche Hoffnung

Damit spiele ich auf Gedanken des Philosophen und Logikers Peirce (1991) an. Seine Philosophie ist von großer Systematik, so daß es kaum möglich ist, seine Philosophie der Hoffnung „herauszubrechen" (vgl. Apel, 1967). Soviel sei angemerkt: Was der Einzelne sicher erschließen kann, ist eine Meinung, eine Überzeugung, er kann sich leicht im Irrtum, in der Täuschung verfangen. Nur die potentiell unbegrenzte Kommunikationsgemeinschaft ist langfristig in der Lage, zur Wahrheit und zur Erkenntnis der Wirklichkeit zu gelangen. Die bei Kant sorgfältig getrennt behandelten Fragen „Was kann ich wissen?", „Was soll ich tun?", „Was darf ich hoffen?", verweisen auf eine Gemeinschaft handelnder Individuen, deren Schlüsse von lediglich provisorischem Wahrheitsanspruch sind.

Was veranlaßt jemanden, der sich vor allem mit Problemen der Logik, den Chancen gültigen Schließens beschäftigt, den Sinn von Hoffnung zu ergründen? Ein Gedankenexperiment aus der Wahrscheinlichkeitstheorie soll als rechte Spur dienen. Wenn wir blind in einen Sack Bohnen hineinfassen und immer neue Proben entnehmen, könnte es sein, daß sie bei den ersten Proben purpurn sind. Die Schlußfolgerung, daß eine Wahrscheinlichkeit oder Notwendigkeit bestehe, daß die anderen Bohnen auch purpurn seien, entbehrt jeglicher logischen Grundlage. Daß dennoch induktive Schlüsse empirisch so erfolgreich sind, hängt damit zusammen, daß wir durch „experimentelle Eingriffe" in die Welt unsere Erfahrungen zunehmend bereichern. Hinter dieser Auffassung der Induktion verbirgt sich die Überzeugung, daß die Wahrheit und Wirklichkeit erst „in the long run" erkannt werden kann, die Erkennbarkeit des Realen ist durch das vorlaufende Probehandeln „ad infinitum" erst möglich, das in einer „ultimate opinion" der Community zu ihrem Ende kommt.

Dieses rein logische Problem bekommt aber durch folgende Überlegung eine existentielle Wendung.

„Nun ist aber die Anzahl der Risiken, die Anzahl der Wahrscheinlichkeitsschlüsse, die jemand in seinem ganzen Leben zieht, eine endliche Anzahl, und er kann nicht absolut sicher sein, daß das durchschnittliche Resultat mit den Wahrscheinlichkeiten überhaupt in Übereinstimmung stehen wird ... Es ist ein unbezweifelbares Ergebnis der Wahrscheinlichkeitstheorie, daß jeder Spieler, wenn er lange genug im Spiel fortfährt, sich letztlich ruinieren muß ... ob nun ein Spieler nach diesem System oder einem anderen spielt, es bleibt dasselbe wahr, nämlich, daß er, wenn er lange genug gespielt hat, sicherlich eines Tages eine solche Pechsträhne haben wird, daß sein ganzes Vermögen verloren geht" (S. 216 ff.).

Nun mag der einzelne prinzipiell sein persönliches Risiko ermäßigen, indem er sich einer Solidargruppe anschließt. Aber rein logisch ändert sich dadurch nichts:

„Dasselbe gilt für eine Versicherungsgesellschaft. Wenn auch die Direktoren sich äußerste Mühe geben, von großen Seuchen und Feuersbrünsten unabhängig zu sein, ihre Versicherungsstatistiker können es ihnen sagen, daß nach der Wahrscheinlichkeitsrechnung schließlich die Zeit kommt, wo ihnen ihre Verluste ein Ende setzen." Daraus folgt: „Alle menschlichen Angelegenheiten beruhen auf Wahrscheinlichkeiten ... Wenn der Mensch unsterblich wäre, könnte er völlig sicher sein, daß er den Tag erleben würde, an dem alles, auf das er vertraut hatte, sein Vertrauen enttäuschen würde, daß alles einst in hoffnungslosem Elend enden würde. Er würde schließlich zugrunde gerichtet wie jedes große Vermögen, wie jede Dynastie, jede Zivilisation" (S. 218).

Peirce zieht daraus die einzig mögliche Konsequenz: „Es scheint mir, daß Logizität unerbittlich verlangt, daß unsere Interessen nicht beschränkt werden. Sie dürfen nicht bei unserem eigenen Schicksal haltmachen, sondern müssen die ganze Gemeinschaft mit einbeziehen. Diese Gemeinschaft darf wiederum nicht begrenzt sein, sondern muß sich über alle Gattungen von Lebewesen erstrecken, mit denen wir in unmittelbare oder mittelbare geistige Beziehung treten können. Sie muß sich, so vage es auch sei, über diese geologische Epoche, über alle Grenzen hinaus erstrecken. Wer nicht seine eigene Seele opfern würde, um die ganze Welt zu retten, ist, so erscheint es mir, unlogisch in allen seinen Schlüssen in ihrer Gesamtheit. Die Logik wurzelt im sozialen Prinzip.

Um logisch zu sein, dürfen die Menschen nicht selbstsüchtig sein ... Wir diskutieren mit Besorgnis die mögliche Erschöpfung der Kohlevorräte in einigen hundert Jahren oder das Erkalten der Sonne in einigen Millionen Jahren und zeigen beim populärsten aller religiösen Glaubenssätze, daß wir durchaus verstehen können, daß jemand bereit ist, in die Hölle zu fahren, um seine Mitmenschen zu erlösen" (S. 219). Nun meint Peirce damit nicht ein physisches Opfer wie im Falle der christlichen Religion, sondern ein „geistiges" Opfer gemäß dem „Geist" logischer Schlüsse. „Nun ist es zur Logizität nicht notwendig, daß der einzelne Mensch als solcher den Heroismus des Selbstopfers aufbringt. Es genügt, daß er dessen Möglichkeit erkennt, daß er wahrnimmt, daß allein die Schlüsse des Menschen, der diesen Heroismus besitzt, wirklich logisch sind, und dementsprechend seine eigenen als nur insofern gültig betrachtet, als sie von einem solch großen Menschen akzeptiert würden. Insofern er derart an seine Schlüsse jenen Maßstab anlegt, wird er mit einem solchen Geist identisch."

Im Grunde beschreibt Peirce hier einen Weg der Zivilisierung, der Triebbändigung durch Logizität, der behutsamer, weniger destruktiv als das Selbstopfer Jesu in einer Sündenbockkrise ist. Logizität erfordert nur eine rein gedankliche Identifikation der eigenen Interessen mit denen einer unbegrenzten Gemeinschaft.

Aber ist eine solche Identifikation überhaupt sinnvoll? „Nun gibt es keine rational zwingenden Gründe ... zu glauben, daß die menschliche Gattung oder irgendeine geistbegabte Gattung ewig fortdauern wird. Andererseits kann es auch keine Gründe dagegen geben, und da glücklicherweise nichts weiter als bestimmte Gefühle unsererseits erforderlich sind, verbietet uns nichts an den Fakten, die Hoffnung zu hegen, oder den stillen und frohen Wunsch, daß die Gemeinschaft über jeden zu bezeichnenden Zeitpunkt hinweg fortdauern kann.

Es mag seltsam erscheinen, daß ich drei Gefühle als unerläßliche Forderungen der Logik in den Vordergrund stelle, nämlich das Interesse an einer unbegrenzten Gemeinschaft, die Anerkennung der Möglichkeit, dieses Interesse zum höchsten überhaupt zu machen, und die Hoffnung auf die unbegrenzte Fortdauer geistiger Aktivitäten." Peirce glaubt, daß neben dem sozialen Gefühl noch zwei andere zur Unterstützung und Begleitung des sozialen Gefühls notwendig sind. „Es ist für mich interessant festzustellen, daß diese drei Gefühle wohl fast genau dasselbe zu sein scheinen, wie jenes berühmte Trio von Liebe, Glaube und Hoffnung, welches nach dem Urteil des hl. Paulus die schönsten und größten Gaben des Geistes sind" (S. 220).

Die Logizität bahnt also Eros den Weg. Aber auch das Umgekehrte gilt: daß Eros der Logizität den Weg bahnt, ja sie langfristig erzwingt; Peirce spricht sogar von einem Trieb zur Gemeinschaft. „Jemand ... wird finden, daß andere Menschen anders als er denken, und es wird ihm wahrscheinlich in einem vernünftigen Moment in den Sinn kommen, daß ihre Ansichten genauso gut wie seine eigenen sind, und das wird sein Vertrauen in seine Überzeugungen erschüttern. Diese Vorstellung, daß das Denken oder Fühlen eines anderen Menschen dem eigenen gleichwertig sein kann, ist unverkennbar ein neuer Schritt und ... entsteht durch einen Trieb im Menschen, der zu stark ist, um unterdrückt werden zu können, ohne Gefahr zu laufen, die menschliche Gattung zu zerstören" (S. 161).

Und hier wird auch deutlich, daß die Stimme des Intellekts zugleich auch die Stimme des Gewissens ist. „Ein reines logisches Gewissen kostet schon etwas – genau wie jede andere Tugend auch, genau wie alles andere, was wir lieben, uns teuer zu stehen kommt."

Diese Argumentation mag recht optimistisch erscheinen, aber eine andere Wahl hat die Menschheit nicht mehr.

## Literatur

Anders, G. (1956): Die Antiquiertheit des Menschen. Über die Seele im Zeitalter der zweiten industriellen Revolution, Bd. 1. (Beck) München.

Apel, K.-O. (1967): Der Denkweg von Charles S. Peirce. (Suhrkamp) Frankfurt.

Bracher, K. D. (1987): Verfall und Fortschritt im Denken der frühen römischen Kaiserzeit. (Böhlau) Wien.

Burton, R. (1621): Anatomie der Melancholie. dt. Ausgabe 1988, (Artemis) Zürich und München.

Chasseguet-Smirgel, J. (1988): Zwei Bäume im Garten. Zur Psychischen Bedeutung der Vater- und Mutterbilder. (Verlag Internationale Psychoanalyse) Frankfurt.

Delumeau, J. (1985): Angst im Abendland. (Rowohlt) Reinbek.

Dodds, E. R. (1992): Heiden und Christen in einem Zeitalter der Angst. (Suhrkamp) Frankfurt.

Durkheim, E. (1984): Die elementaren Formen des religiösen Lebens. (Suhrkamp) Frankfurt.

Erdheim, M. (1982): Die gesellschaftliche Produktion von Unbewußtheit. (Suhrkamp) Frankfurt.

Erikson, E. H. (1959): Identität und Lebenszyklus. (Suhrkamp) Frankfurt.

Fest, J. (1991): Der zerstörte Traum. Vom Ende des utopischen Zeitalters.

Freud, S. (1904): Zur Psychopathologie des Alltagslebens. In: Studienausgabe, Bd. 4. (Fischer) Frankfurt.

Freud, S. (1912): Totem und Tabu. In: Studienausgabe Bd. 9 (Fischer) Frankfurt.

Freud, S. (1914): Der Moses des Michelangelo. In: Studienausgabe Bd. 10, S. 195-222 (Fischer) Frankfurt.

Freud, S. (1919): Das Unheimliche. In: Studienausgabe Bd. 4, S. 241-274 (Fischer) Frankfurt.

Freud, S. (1920): Jenseits des Lustprinzips. In: Studienausgabe Bd. 3, S. 213-272 (Fischer) Frankfurt.

Freud, S. (1921): Massenpsychologie und Ich-Analyse. In: Studienausgabe Bd. 9, S. 61-134 (Fischer) Frankfurt.

Freud, S. (1927): Die Zukunft einer Illusion. In: Studienausgabe Bd. 9 (Fischer) Frankfurt.

Freud, S. (1930): Das Unbehagen in der Kultur. In: Studienausgabe Bd. 9 (Fischer) Frankfurt.

Girard, R. (1992): Ausstoßung und Verfolgung. Eine historische Theorie des Sündenbockes. (Fischer) Frankfurt.

Hinrichs, E. (1980): Einführung in die Geschichte der Frühen Neuzeit. (Beck) München.

Jaspers, K. (1961): Einführung in die Philosophie. (Piper) München.

Jugend 97. 12. Shell-Jugendstudie. (Leske und Budrich) Opladen.

Kernberg, O. (1978): Borderline-Störungen und pathologischer Narzismus. (Suhrkamp) Frankfurt.

Kolakowski, L. (1974): Die Gegenwärtigkeit des Mythos. (Piper) München.

Le Goff, J. (1988): Wucherzins und Höllenqualen. Ökonomie und Religion im Mittelalter.

Lenk, E. (1983): Die unbewußte Gesellschaft. (Matthes & Seitz) München.

Lewin, B. (1982): Das Hochgefühl. (Suhrkamp) Frankfurt.

Nelson, B. (1977): Der Ursprung der Moderne. (Suhrkamp) Frankfurt.

Nietzsche, F. (1885/86): Jenseits von Gut und Böse. Bd. 8. (Naumann) Leipzig.

Nietzsche, F. (1887): Zur Genealogie der Moral. Bd. 8. (Naumann) Leipzig.

Otto, R. (1979): Das Heilige. Über das Irrationale in der Idee des Göttlichen und sein Verhältnis zum Rationalen. (Beck) München.

Ogden, T. (1992): The dialectically constituted/decentered subject of psychoanalysis. II. The contribution of Klein and Winnicott. Int. J. Psycho-Anal. 73, S. 613-626.

Pascal, B. (1962): Gedanken. (Sammlung Dieterich) Bremen.

Peirce, C. S. (1991): Schriften zum Pragmatismus und Pragmatizismus. (Suhrkamp) Frankfurt.

Pieper, J. (1935): Über die Hoffnung. (Hegner) Leipzig.

Pitt-Rivers, J. (1977): Das Gastrecht. In: Loycke, A. (Hg.): Der Gast, der bleibt. Dimensionen von Georg Simmels Analyse des Fremdseins. (Campus) Frankfurt 1992.

Rank, O. (1924): Das Trauma der Geburt und seine Bedeutung für die Psychoanalyse. Neuausgabe 1998 mit einem Vorwort von James Lieberman und einer Einleitung von Ludwig Janus. (Psychosozial-Verlag) Gießen.

Riesman, D. (1953): Die einsame Masse. (Rowohlt) Reinbek

Scheler, M. (1979): Das Ressentiment im Aufbau der Moralen. (Klostermann) Frankfurt.

Sloterdijk, P. (1983): Kritik der zynischen Vernunft. Bd. 1. (Suhrkamp) Frankfurt.

Szasz, T. S. (1980): Theologie der Medizin. (Europaverlag) Wien-München-Zürich.

Taubes, J. (1991): Abendländische Eschatologie. (Matthes & Seitz) München.

# Ehrenamtliches Engagement

## Ausdruck einer aktiven Bürgergesellschaft

Rita Süssmuth

Die große Errungenschaft der Neuzeit war die Ausbildung eines neuen menschlichen Selbstbewußtseins. Die Entdeckung des Individuums und seines Eigenwertes führte zur Kodifizierung seiner Rechte und zur Emanzipation gegenüber kollektiven Einbindungen. Mit der Zeit wuchs aber auch die Einsicht, daß die Personhaftigkeit des Menschen nicht in seinem Individualismus aufgeht, sondern seine Sozialbezogenheit wesentlich dazugehört. Es war die „Entdeckung der Mitmenschlichkeit"[1], die nicht nur wieder zur Ausprägung kollektiver Organisationsformen, sondern auch zur erneuten Reflexion des Verhältnisses von Individuum und Gesellschaft führte. Daraus wiederum resultierten kritische Ansätze zu einer neuen politischen, gesellschaftlichen und psychosozialen Praxis. Menschen versuchten neue Formen des Zusammenlebens, alternativer Lebensweisen und gesellschaftlichen Engagements. Das ließ auch die politischen Auseinandersetzungen nicht unberührt, wie die Geschichte der Bundesrepublik Deutschland zeigt. Es war das Buch „Die Gruppe" von Horst-Eberhard Richter, welches als „Werkstattbericht"[2] wegweisend – unbeschadet dessen, daß es auch Ausdruck des politisch-geistigen Klimas Anfang der siebziger Jahre war[3] – auf den „Typus der spontan sich zusammenfindenden, ohne Hierarchie operierenden und mit den Mitteln der Selbstreflexion sich organisierenden Gruppe"[4] als „soziale Neuerfindung", als „gesellschaftliches Novum"[5], hinwies.

[1] E. Biser, Der Mensch im Spannungsfeld von Größe und Ohnmacht, in: E. Stammler (Hrsg.), Wer ist das eigentlich – der Mensch? München 1973, S. 130.

[2] H.-E. Richter, Die Gruppe: Hoffnung auf einen neuen Weg, sich selbst und andere zu befreien. Psychoanalyse in Kooperation mit Gruppeninitiativen, Gießen 1995, S. 7. In diesem Sinn war das Buch Reflexion und Programm zugleich. Der Ansatz wurde weiterverfolgt in: ders., Lernziel: Solidarität, Reinbek bei Hamburg 1974 sowie: ders., Flüchten oder Standhalten, Reinbek bei Hamburg 1976.

[3] Dazu gehört nicht nur der dem Zeitgeist geschuldete kritische Impetus in bezug auf gesellschaftliche Strukturen mitsamt dem Befreiungsgestus, sondern auch die ungleichgewichtige Bevorzugung lebensweltlicher, spontaner Assoziationen bei gleichzeitiger Ablehnung von für Dauer verbürgenden Institutionen.

[4] H.-J. Wirth, Vorwort zur Neuauflage 23 Jahre später, in: H.-E. Richter, a. a. O., S. III sowie ff.

Die „Gruppe", die als lebensweltliche Assoziation insbesondere zwischen dem privaten und dem öffentlichen Bereich zu vermitteln suchte, erscheint in heutiger Perspektive als eine der Formen intermediärer Einrichtungen[6], die zur Erneuerung unserer zivilen Bürgerkultur und damit einer „aktiven Gesellschaft"[7] beitragen kann.[8]

Aus den Bewegungen Ende der sechziger/Anfang der siebziger Jahre sind die vielfältigen Selbsthilfegruppen der achtziger und neunziger Jahre gewachsen. Diese haben zu einem spezifischen Teil nicht nur mit dazu beigetragen, daß man wieder stärker auf Formen politischen, gesellschaftlichen und kulturellen Engagements – ehrenamtliche Tätigkeiten – aufmerksam wurde, sondern auch wesentliche Impulse zur Weiterentwicklung freiwilliger sozialer Hilfe gegeben. Dies soll Anlaß sein, Entwicklung, Formen und Probleme des Ehrenamtes in unserer modernen Gesellschaft darzustellen.

## I. Tradition und Wandel des Ehrenamts

Das Ehrenamt hat eine lange Tradition und ist doch in seiner Bedeutung vielfach öffentlich verkannt und unterbewertet worden. Wenn wir es heute – beginnend vor allem seit Mitte der achtziger Jahre – mit einer ansatzweisen Renaissance

---

[5] H.-J. Wirth, a. a. O. Die „Gruppe" bezieht sich auf den Konnex von Individual- und Kollektivpathologie und sucht einen (therapeutischen) Weg daraus.

[6] Zu den intermediären Einrichtungen im Sinne von über die Organisation hinausgehenden Institutionen siehe P. L. Berger, Allgemeine Betrachtungen über normative Konflikte und ihre Vermittlung, in: ders. (Hrsg.), Die Grenzen der Gemeinschaft. Konflikte und ihre Vermittlung in pluralistischen Gesellschaften, Gütersloh 1997, S. 581 ff.

[7] A. Etzioni, Die aktive Gesellschaft, Opladen 1975.

[8] In diesem Sinne kann der von H.-E. Richter beklagte Verlust des „emanzipatorischen Elans" (S. 345) aufgrund der Verbreitung von Gruppen und Initiativen einerseits, der „Entschärfungsprozesse" der modernen Gesellschaft andererseits als normaler und notwendiger evolutionärer Prozeß der gesellschaftlichen Adaptation von Erneuerungsprozessen gesehen werden. Wichtiger ist deswegen die Erneuerung kritischer Impulse in Reflexion und Bedürfnisartikulation (z. B. nach „Solidarität und partnerschaftlicher Mitbestimmung", S. 345) in den gegenüber früher veränderten und nun neu verfestigten Strukturen der Gegenwartsgesellschaft.
In diesem Sinne wäre es beispielsweise interessant, die Kritik, wie sie in „Die Gruppe" geübt wurde, mit derjenigen des aktuellen Kommunitarismus und seinem Programm einer erneuerten Austarierung von Individuum, Gesellschaft und Politik durch Förderung von Gemeinsinn wie sozialen Netzwerken zu vergleichen; siehe dazu A. Etzioni, Die Entdeckung des Gemeinwesens. Ansprüche, Verantwortlichkeiten und das Programm des Kommunitarismus, Stuttgart 1995.
Die Janusköpfigkeit der modernen Beziehungsentwicklung von Indiviuduum, Gruppe und Organisation unter dem Aspekt der „Risikogesellschaft" (U. Beck) wird kritisch diskutiert bei R. Hitzler/E. J. Koenen, Kehren die Individuen zurück? Zwei divergente Antworten auf eine institutionentheoretische Frage, in: U. Beck/E. Beck-Gernsheim (Hrsg.), Riskante Freiheiten. Individualisierung in modernen Gesellschaften, Frankfurt/M. 1994, S. 447 ff.

ehrenamtlichen Engagements zu tun haben, dann ist dies zu einem guten Teil auch einer veränderten Wahrnehmung geschuldet. Das gilt nicht nur für die traditionellen Formen des Ehrenamtes und des sozialen Engagements. Denn angesichts der jüngsten Entwicklungen in Politik und Gesellschaft hat auch ein Prozeß der Bewußtmachung eingesetzt, der all die Tätigkeiten stärker ins Blickfeld nimmt, die mit bürgergesellschaftlicher Einmischung und Teilhabe einerseits, mit den Aktivierungspotentialen zur Aufrechterhaltung gesellschaftlicher Kohäsion andererseits zu tun haben. Das verweist bereits darauf, daß ehrenamtliche Tätigkeit mit der Entwicklung der neuzeitlichen modernen Demokratien und der Entfaltung von individueller, gesellschaftlicher und politischer Freiheit[9] elementar verbunden ist. Man kann allerdings die Wurzeln des Ehrenamtes auch in den anthropologischen Fundierungen – der Mensch als Sozialwesen mit reziproken wie nichtreziproken Beziehungsmustern – finden.[10] In der europäischen Tradition lassen sich vor allem zwei Entwicklungslinien feststellen:

Der erste Traditionsstrang bezieht sich auf die politische Entwicklung. Ehrenämter waren in der mittelalterlichen Gesellschaft einem differenzierten Vergabesystem unterworfen, das als Privilegiensystem Loyalität und Wohlhabenheit voraussetzte und beides zugleich vermehrte. In der bürgerlichen Gesellschaft erfolgte eine systematische Neuinterpretation, vor allem in Zusammenhang mit den Stein/-Hardenbergischen Reformen[11] und der damit verbundenen Konzeption des Gemeingeistes, der besonders in den Kommunen wirksam werden sollte. Hier wurde an Besitzbürger ein unbezahltes Amt vergeben – kommunale Ämter, Wahlhelfer, Schöffen, Laienrichter, berufsständische Ämter etc. –, dessen Ausübung Wissen, Bildung und Urteilsvermögen voraussetzte und aufgrund der für das Gemeinwohl erbrachten Leistungen mit öffentlicher Ehre „entlohnt" wurde. Diese Tradition freiheitlichen Einsatzes für das Gemeinwohl hat nicht nur später in vielen Landesverfassungen[12] der Bundesrepublik Deutschland ihren Niederschlag gefunden, sondern ihre Geltung in der deutschen Gesell-

---

[9] zur Freiheitsproblematik siehe J. Simon (Hrsg.), Freiheit. Theoretische und praktische Aspekte des Problems, Freiburg u. a. 1982; A. Baruzzi, Die Zukunft der Freiheit, Darmstadt 1993.

[10] siehe dazu grundsätzlich A. Honneth/H. Joas, Soziales Handeln und menschliche Natur. Anthropologische Grundlagen der Sozialwissenschaften, Frankfurt/M 1980; G. Haeffner, Philosophische Anthropologie, Stuttgart 1982. Man könnte auch das Muster des ehrenamtlichen Engagements nicht nur bis zum moralischen Altruismus oder einer soziobiologischen Verankerung verfolgen, sondern auch auf archetypische Grundmuster, siehe M. Mauss, Die Gabe. Form und Funktion des Austausches in archaischen Gesellschaften, Frankfurt/M., 2. Aufl. 1994.

[11] vgl. H. J. von Kondratowitz, Soziales Ehrenamt und gesellschaftliche Rationalisierung, in: R. Schmidt (Hrsg.), Ehrenamtliche Dienste in der Altenhilfe, Berlin 1983, S. 237 ff. sowie H. Korte, Ehrenamt, in: Handwörterbuch der Sozialwissenschaften, Bd. 3, Stuttgart u. a. 1961, S. 27 ff.

[12] vgl. die Hinweise zur Aufnahme in Kommunalverfassungen, Reichsverfassung, Landesverfassungen sowie ihre juristische Abgrenzung zum Beamten bei Korte, a. a. O.

schaft, in der Politik oder der Justiz im Grunde bis heute bewahrt. Vielfach ist allerdings die Übernahme politischer Ehrenämter im Staatswesen, in den Parteien, den Interessenorganisationen oder Bildungseinrichtungen demokratisch gesicherten Verfahrensweisen überantwortet worden. Diese (staats-)traditionelle Form des politischen Ehrenamtes hat den vorherrschenden Begriff geprägt, wobei die Tradition des immateriellen Anreizsystems (Ehre), aber auch des Amtsverständnisses durch die heutige Demokratisierung eine neue, moderne, aktualisierte Begründungsleistung erfordert, die aber bisher leider kaum erbracht wird.[13] Hinzu kommt, daß diese Form des ehrenamtlichen Engagements zumeist vom strukturellen Wandel und einem neuen Verständnis der Freiwilligentätigkeit überlagert wird.

Eine zweite Traditionslinie kommt aus dem – gewissermaßen dem Staatsdenken entgegengesetzten – Bereich der industriellen Gesellschaft. Es ist die Arbeit, die kompensatorisch im sozialen Bereich unentgeltlich geleistet wurde (und wird). „Wohltätige" soziale Hilfen, karitative und diakonische Dienstleistungen, Nachbarschaftshilfen und Betreuungen waren dafür charakteristisch – und auch, daß es vor allem Frauen[14] waren, die diese gesellschaftlich notwendige Arbeit aus christlichen oder humanitären Motiven heraus leisteten.[15] Diese Art sozialer ehrenamtlicher Tätigkeit, die oft mit der Armenpflege begann, hat im verbandlichen wie kirchlichen Wohlfahrtswesen und der öffentlichen Sozialarbeit korrelativ zur Entwicklung des sozialen Wohlfahrtsstaates geführt.[16] Die Bedeutung dieser Leistungen wurde erst nach und nach erkannt und vor allem in den achtziger Jahren unseres Jahrhunderts gewürdigt.[17] Inzwischen wird diskutiert, ob dieser Bereich, der nicht marktförmiger Bezahlung oder Institutionalisierungen unterworfen ist,

---

[13] Das Grundgesetz spricht allein im Art. 48,2 vom „Amt". Der auf freiwillige Pflichtenübernahme zielende Amtsgedanke selbst, der aufgrund der strukturellen, eher auf Erlebnis und Selbstverwirklichung zielenden Aspekte heutigen ehrenamtlichen Engagements zunehmend in den Hintergrund gerückt ist, bedarf eigentlich einer neuen politikwissenschaftlichen Reflexion, was bisher jedoch ein Derivat geblieben ist. Vgl. dazu W. Hennis, Amtsgedanke und Demokratiebegriff, in: ders., Die mißverstandene Demokratie, Freiburg u. a. 1973, S. 9 ff.

[14] vgl. I. Vogt, „Die freiwillige und unbezahlte Arbeit von Frauen. Fakten und Fiktionen, in: dies. (Hrsg.), Erst war ich selbstlos, jetzt geh' ich selbst los. Frauenarbeit in Ehrenamt und Selbsthilfe. Düsseldorf 1986, S. 137 ff.

[15] G. Notz, Arbeit ohne Geld und Ehre. Zur Gestaltung ehrenamtlicher sozialer Arbeit, Opladen 1987, S. 22 ff. sowie M.Otto-Schindler, Berufliche und ehrenamtliche Hilfe: Perspektiven der Zusammenarbeit. Eine empirische Studie zu Bedingungen und Erfahrungen in der Sozialen Arbeit, Osnabrück 1996, S. 29 ff.

[16] K. Gaskin, J. D.Smith, I.Paulwitz u. a., Ein neues bürgerschaftliches Europa. Eine Untersuchung zur Verbreitung und Rolle von Volunteering in zehn Ländern (EuroVol-Studie). Hrsg. v. d. Robert-Bosch-Stiftung, Freiburg 1996, S. 26 ff.; M.Otto-Schindler, a. a. O., S. 29 ff.

[17] Haus- und Erziehungsarbeit bleibt allerdings weiterhin als „natürliche" Verpflichtung ohne Berücksichtigung.

im Sinne einer Dualwirtschaft als informeller „Non-profit-Bereich", als „Dritter Sektor", Lösungen für die Krise der Arbeitsgesellschaft bereitstellen kann.[18]

Im Laufe der letzten Jahre sind weitere Formen des Freiwilligenengagements in kommunalen Einrichtungen, im Sport, im Kulturwesen, in Unternehmen und Verbänden etc. in das Blickfeld geraten. Hinzu kommen die strukturellen Veränderungen, die sich in Politik, Wirtschaft und Kultur vollziehen. Dies hat insgesamt dazu geführt, daß sich Inhalt und Verständnis ehrenamtlicher Tätigkeit stark ausgeweitet haben, ja fast alle Bereiche unserer Gesellschaft umfassen. Verschiedentlich sind deswegen Vorschläge für eine andere Bezeichnung des ehrenamtlichen Engagements gemacht worden, so beispielsweise „freiwillige soziale Arbeit"[19], „Aktivbürger" oder „Freiwilligentätigkeit". Diese begrifflichen Vorschläge erfassen jeweils nicht alle wichtigen Aspekte des Ehrenamtes, wobei allerdings die letzte Bezeichnung noch am ehesten dem umfassenden Engagement im Rahmen einer bürgerlichen Zivilgesellschaft entspricht, zudem auch dem international bekannten „volunteering" Rechnung tragen würde. Andererseits hat sich in Deutschland der Begriff „Ehrenamt" so fest eingebürgert, daß es auch künftig Sinn macht, ihn zu gebrauchen – allerdings in einem erweiterten semantischen Begriffsrahmen. Eine moderne Definition des Ehrenamtes, die mit der industriellen Entwicklung, der Etablierung einer pluralistischen Gesellschaft und eines freiheitlichen, politischen Raumes korrespondiert, lautet deshalb: „Grundsätzlich wird unter ehrenamtlicher Tätigkeit jede freiwillig erbrachte, nicht auf Entgelt ausgerichtete außerberufliche Tätigkeit verstanden, die am Gemeinwohl orientiert ist, auch wenn sie für einen einzelnen erbracht wird".[20] Damit hat sich zugleich der im älteren traditionellen Ehrenamt bestehende Adressatenbezug – das (Besitz-)Bürgertum oder Frauen – gewandelt. Denn in der freiheitlichen Demokratie, die auf der Selbstverantwortung der Bürger für ihr Gemeinwesen beruht und nicht auf einem Staatsverständnis, wo der Staat dem Citoyen als Einrichtung sui generis gegenübertritt, ist prinzipiell jeder – Mann oder Frau, Jugendlicher oder Älterer, Reicher oder Armer, Erwerbstätiger oder Arbeitsloser – in seiner Eigenschaft als Bürger zu ehrenamtlichem Engagement aufgefordert.

---

[18] vgl. J. Rifkin, Das Ende der Arbeit und ihre Zukunft, Frankfurt/M. 1995, v. a. S. 180 ff.

[19] Dieser Begriffsgebrauch findet sich bereits in der Weimarer Republik.

[20] Antwort der Bundesregierung auf eine Große Anfrage der Fraktionen von CDU/CSU und der F.D.P. zur „Bedeutung ehrenamtlicher Tätigkeit für unsere Gesellschaft", 13. Wahlperiode, Drucksache 13/5674 v. 1.10. 1996, S. 2. Dieses ist im Grunde eine definitorische Generalisierung der in der Arbeit sozialer Dienste angewandten Definition „Ehrenamtlich Tätige sind Bürger, die sich, ohne durch verwandschaftliche Beziehungen oder ein Amt dazu verpflichtet zu sein, unentgeltlich oder gegen eine geringfügige Entschädigung, die weit unterhalb der tariflichen Vergütung liegt, für Aufgaben in der sozialen Arbeit zur Verfügung stellen." – T. Bock, Ehrenamtliche Tätigkeit im sozialen Bereich, in: Deutscher Verein für öffentliche und private Fürsorge (Hrsg.), Fachlexikon der sozialen Arbeit, Frankfurt/M., 3.Aufl. 1993, S. 253 ff.

## II. Ehrenamtliches Engagement in der Bundesrepublik – soziologische Hinweise

Individualisierung und Pluralisierung einerseits, Ausdifferenzierungsprozesse der modernen Industrie- und Dienstleistungsgesellschaft andererseits haben dazu geführt, daß wir es heute mit einer komplexen, immer vielfältiger gegliederten Gesellschaft zu tun haben. Deswegen läßt sich ehrenamtliche Tätigkeit inzwischen in fast jedem Teilbereich antreffen. Wir finden sie heute nicht nur im Bereich des Politischen, der Justiz (Richter, Schöffen), der Verbände und wirtschaftlichen Institutionen, der Kirchen oder bei der traditionellen sozialen Arbeit, sondern auch im Bereich der Freizeit, des Sports, der Jugendarbeit, des Umwelt- und Naturschutzes, der Gesundheit, des Katastrophenschutzes, Rettungswesens und der Feuerwehr, der Personalvertretungen und des Arbeitsschutzes, der Museen und Kultureinrichtungen. Behinderten-, Senioren- oder Ausländerarbeit gehört ebenso dazu wie Straffälligenhilfe, Kinderschutz oder schulische Elternarbeit. Diese Vielfalt weist schon darauf hin, daß die Bedeutung des ehrenamtlichen Engagements in einer reinen pluralismustheoretischen Betrachtung nur unzureichend erfaßt werden kann. Vielmehr bedarf sie der Fundierung einer zivilgesellschaftlichen Konzeption.[21] Eine weitere Schwierigkeit besteht darin, daß zwar Einzelstudien zu bestimmten Feldern existieren, jedoch bisher keine umfassende Untersuchung vorliegt, die das moderne Ehrenamt insgesamt, systematisch und flächendeckend erfaßt. Vorausgehen müßte dabei aufgrund der bisherigen diversen Definitionen und begrifflichen Unterscheidungen eine Verständigung über eine tragfähige Definition des Ehrenamtes. Die folgenden Angaben auf der Basis der methodisch different angelegten Studien müssen deswegen mit dieser Einschränkung verstanden werden.[22]

Gegenüber den Anfängen der Bundesrepublik Deutschland ist das ehrenamtliche Engagement deutlich gestiegen. Waren Anfang der sechziger Jahre mit 2,5 Millionen etwa 5 % der Gesamtbevölkerung (ab 12 Jahren) ehrenamtlich tätig, so waren es 1991/92 mit 12,5 Millionen bereits 17 %, zu denen aufgrund der Berechnungserhebung noch die in der sozialen Hilfe ehrenamtlich Tätigen

[21] Diese steht allerdings noch immer aus. Es lassen sich jedoch verschiedene Strömungen benennen, bei denen das Konzept einer „aktiven Gesellschaft" (Etzioni) und kommunitaristische Ansätze ebenso eine Rolle spielen wie die soziologischen Überlegungen bei Beck oder Heitmeyer sowie die kulturtheoretischen Ansätze, wie beispielsweise die von P. L. Berger.

[22] Die letztverfügbaren Angaben stammen aus der großen Umfrage der Bundesregierung bei rund 200 Verbänden, meist Dach- oder Spitzenverbänden zur „Bedeutung ...", a. a. O.; hinzu kommen Untersuchungen des Statistischen Bundesamtes (Zeitbudgetstudie), von Verbänden (Wohlfahrtspflege, Caritas, Diakonie, Sport, Kulturrat), Kirchen oder Stiftungen, wie z. B. die EuroVol-Studie, von einzelnen Bundesländern oder Forschungseinrichtungen (DIW 1994). Die von der Bundesregierung zusammengetragenen Daten werden hier zugrunde gelegt. Bei den Angaben ist – neben den unterschiedlichen Definitionen – nicht immer klar, ob es sich bei den Zahlen um die der ehrenamtlich Tätigen oder der Ehrenämter handelt.

hinzuzurechnen sind. Die EuroVol-Studie geht im Freiwilligenengagement insgesamt von 18 % der erwachsenen Bundesbürger aus.[23] Im internationalen Vergleich – in Westeuropa engagieren sich durchschnittlich 30 % – sind diese Werte allerdings im niedrigen Bereich zu verorten, was möglicherweise mit unterschiedlichen Organisationsstrukturen im sozialen Sektor zu tun hat. Allerdings sind die ehrenamtlich Engagierten dafür in Deutschland im Durchschnitt aktiver als in anderen Ländern. Auch wenn man deswegen Deutschland nicht als „Freiwilligen-Entwicklungsland"[24] bezeichnen kann, scheinen doch erhebliche Aktivierungspotentiale vorhanden zu sein.

Erhebungen in Einzelbereichen weisen darauf hin, daß ehrenamtliches Engagement spezifische sektorale Unterschiede aufweist, aber zugleich durch eine große Bandbreite des Einsatzes gekennzeichnet ist. So sind beispielsweise in der freien Wohlfahrtspflege ca. 1,5 bis 1,7 Millionen Ehrenamtliche tätig, im Sport ca. 2,5 Millionen, im Jugendbereich (alte Bundesländer) ca. 600.000, in der Elternmitwirkung an Schulen rund 1 Million, bei den Seniorenmitgliedsorganisationen rund 154.000, bei den Kirchen (katholisch und evangelisch) etwa 3,2 Millionen, im Schöffenbereich (alte Bundesländer) etwa 46.000, in der Wirtschaft (DIHT, ZDH, Betriebsräte) rund 672.000, im Deutschen Naturschutzring 175.000 und im Bereich Gemeinderäte/Kreistag rund 230.000. Eine Besonderheit stellt auch die Ost-West-Differenz im Engagement dar. Gegenüber den alten Bundesländern ist der Anteil der ehrenamtlich Tätigen in den fünf neuen Bundesländern nur etwa halb so hoch. Hier wirken nicht nur unterschiedliche Traditionsbestände ehrenamtlicher Arbeit nach, sondern auch Behinderungen durch die SED-Diktatur sowie die durch indirekten Zwang sanktionierte „gesellschaftliche Tätigkeit". Deswegen wird nicht nur der Auf- und Ausbau der verbandlichen Infrastruktur, vor allem im sozialen Sektor, mit alten Anbindungen ehrenamtlicher Arbeit seine Zeit brauchen, sondern auch die Etablierung einer politischen und sozialen Kultur der Hilfe.

Im Hinblick auf die altersspezifische Verteilung ehrenamtlicher Arbeit ist die Altersgruppe der 40-50jährigen mit 23 % die größte. Während Männer auch in dieser Altersphase stärker engagiert sind, ist es bei den Frauen eher die Altersphase von 60-70 Jahren. Außerdem stellen alleinlebende Frauen im Rentenalter etwa 20 % aller ehrenamtlich tätigen Frauen. Interessant ist auch der Befund, daß

[23] Nach der EuroVol-Studie ist der Anteil an der Freiwilligentätigkeit bei den Jugendlichen bis 25 Jahre mit 23 % überdurchschnittlich hoch, bei den Senioren über 65 Jahren mit 13 % relativ niedrig. Diese Ergebnisse widersprechen allerdings anderen Studien, vor allem hinsichtlich des Engagements der Älteren.

[24] K. Reichel, Traditionelle ehrenamtliche Arbeit: ein Auslaufmodell?, in: H. Kanitz (Hrsg.), Bürgersinn in Kommunen. Neue Formen bürgerschaftlichen Engagements, 2. erw. Aufl., St. Augustin 1997, S. 18 ff.

im Hinblick auf ehrenamtliches Engagement Familien – Verheiratete mit Kindern – eine überdurchschnittlich hohe Beteiligung aufweisen. Mit 27 % stellen Familien mit Kindern unter 18 Jahren unter allen Ehrenamtlichen die größte Gruppe dar. Das private Zusammenleben von Eltern und Kindern scheint positive Signalwirkungen auf das öffentliche soziale Engagement auszuüben. Nach wie vor existieren geschlechtsspezifische Differenzen im Ehrenamt. So kommen verschiedene Erhebungen zu dem Ergebnis, daß Männer sich eher auf der organisationsstrukturellen Ebene, in Gremien, Verwaltung und leitenden Ehrenämtern engagieren, während Frauen nach wie vor eher im Bereich sozialer, karitativer Hilfe, vor allem im Kinder-, Senioren- und Gesundheitssektor, überrepräsentativ tätig sind. Frauen übernehmen zudem häufiger nicht an ein Amt gebundene, informelle Aufgaben. Traditionelle Rollennormen reproduzieren sich also auch im Ehrenamt.[25] Allerdings weist das ansteigende ehrenamtliche Engagement von Frauen in politischen Parteien, in Verbänden und Fraueninitiativen darauf hin, daß sich die Relationen zu verschieben beginnen. Unterschiedlich fallen auch die Angaben zum ehrenamtlichen Einsatz bei Jugendlichen aus. Während die einen (Zeitbudget-Studie, Trendanalyse des B.A.T.-Freizeit-Forschungsinstituts) darauf hinweisen, daß Jugendliche weitaus weniger ehrenamtlich aktiv sind als Erwachsene, zeigen andere Studien (EuroVol-Studie, Jugendsurvey des Deutschen Jugendinstituts) das Gegenteil davon auf. Danach engagieren sich 23 % der unter 25jährigen oder rund 40 % der 16-29jährigen Jugendlichen im politischen und sozialen Ehrenamt. Hinzu kommen die wachsenden Teilnehmerzahlen am „Freiwilligen sozialen Jahr" respektive „Freiwilligen ökologischen Jahr".

## III. Alte und neue Formen ehrenamtlicher Tätigkeit

Die Klagen über ein abnehmendes Interesse am traditionellen ehrenamtlichen Engagement, das vermehrt als „angestaubt"[26] betrachtet wird, haben nicht zuletzt bei den Verbänden zugenommen. Die Gründe dafür liegen in zwei Bereichen: zum ersten in spezifischen Konflikten, zum zweiten im strukturellen Wandel des Ehrenamtes.

Zum ersten:

Viele Vereine und Verbände warten darauf, daß sich Freiwillige bei ihnen melden, was aber immer weniger geschieht. Es bedarf deshalb einer anderen Form

---

[25] Zur geschlechtsspezifischen Differenzierung in den Verlaufsformen und Sinnorientierungen siehe G. Jakob, Zwischen Dienst und Selbstbezug. Eine biographieanalytische Untersuchung ehrenamtlichen Engagements, Opladen 1993, S. 254 ff.

[26] K. Reichel, a. a. O., S. 16.

der Ansprache. Die Bereitschaft, sich freiwillig zu engagieren, ist bei vielen da, nicht jedoch das Wissen, wann, wie und wo sie sich einbringen können. Es hat sich zudem gezeigt, daß bei der Gewinnung ehrenamtlicher Mitarbeiter die persönliche Ansprache von besonderer Bedeutung ist. Sinnvoll erscheint es deshalb, nicht nur für das Einwerben von Geldern, Spenden etc. Marketingstrategien anzuwenden, sondern auch zur Gewinnung Ehrenamtlicher entsprechende Konzepte zu entwickeln.[27]

Ehrenamtliche Arbeit leistet einen großen Betrag zur gesellschaftlichen Wertschöpfung. Hilfsrechnungen auf der Basis der Zeitbudget-Studie ergaben (ohne soziale Hilfe) einen Beitrag zwischen 75 und 130 Mrd. DM. Der tatsächliche Wert ehrenamtlicher Arbeit geht allerdings weit über monetär quantifizierbare Daten hinaus. Menschliche Zuwendung und Hilfe ist letztlich nicht in Geldgrößen umzurechnen. Unabhängig davon gibt es in letzter Zeit Diskussionen, ob ehrenamtliche Arbeit nicht wenigstens teilweise entlohnt werden soll. Diese Diskussion erfolgt im Rahmen der Neudefinition von Arbeit, der Aufwertung von Familienarbeit und ehrenamtlicher Tätigkeit, der Aufhebung der Segmentierung von Erwerbsarbeit, Familienarbeit und ehrenamtlicher Arbeit im informellen Sektor. Es beginnt bei der Frage der Erstattung der Kosten und geht bis hin zur Diskussion über eine entsprechende Finanzierung der Tätigkeiten im informellen Bereich oder dem „Dritten Sektor". Zwischen 20 % und 80 % der durch die Wahrnehmung des Ehrenamts entstehenden Kosten werden von den Ehrenamtlichen selbst aufgebracht. Hier zeigt sich die Notwendigkeit einer Regelung hinsichtlich der Kostenerstattung, der Aufwandsentschädigung und des Auslagenersatzes.[28] Weitergehend sind Fragen der sozialen Sicherung nichterwerbstätiger Ehrenamtlicher.

Das Ehrenamt war in historischer Perspektive fundamentaler Bestandteil sozialstaatlicher Entwicklung. Im Hinblick auf die gewandelte Struktur ehrenamtlichen Engagements und seine Einbeziehung in einen neu entstehenden „Dritten Sektor" können wichtige Impulse für Innovationen in der Gesellschaft und im Sozialstaat gewonnen werden.

[27] Ein solches „Werbeverhalten" hat allerdings nichts mit marktradikalen Strategien zu tun wie bei D. Meyer, Das teure Wohlfahrtskartell, in: FAZ v. 30. Dezember 1995.

[28] Hinzu kämen andere Unterstützungsleistungen, z.B. im Sozialrecht, siehe dazu: M. Brämer/G. Deter, Die Stellung des Ehrenamtes und seine sozialrechtliche Berücksichtigung in der Bundesrepublik Deutschland, in: Zeitschrift für Sozialhilfe und Sozialgesetzbuch, 2/1994, S. 57 ff.; zur Einbeziehung des Ehrenamtes in einen „Dritten Sektor" im Rahmen eines „postmarktwirtschaftlichen Zeitalters" siehe J. Rifkin, Das Ende der Arbeit und ihre Zukunft, Frankfurt/M 1995, S.163 ff.; inwieweit die Finanzierung gemeinnütziger Tätigkeit auch das Ehrenamt umschließen soll, bedarf noch der kritischen Diskussion. Zur Forderung einer Ordnungspolitik für den „Dritten Sektor" vgl. W. Dettling, Wirtschaftskummerland? Wege aus der Globalisierungsfalle, München 1998, S. 265 ff.

Das Verhältnis von professioneller und ehrenamtlicher Arbeit ist nicht immer reibungslos. Dies liegt zum einen daran, daß im Zuge des Ausbaus des Sozialstaates und der Differenzierung, Spezialisierung und Technisierung in vielen Bereichen sozialer Beratung und sozialer Unterstützung eine Reihe ehrenamtlicher Arbeiten professionalisiert worden sind. Dieser Verdrängungskonkurrenz steht aber zugleich die Einsicht gegenüber, daß eine Reihe von Tätigkeiten ehrenamtlichem Engagement überantwortet bleiben sollte, da sich dieses durch eigene spezifische Motivation und besondere Zugänge zur und Formen von (vor allem sozialer) Arbeit auszeichnet. Deshalb ist das bestehende Spannungsverhältnis zu entschärfen im Sinne einer „kollaborativen Lösung",[29] die Überschneidung in den Tätigkeitsfeldern vermeidet. Ziel muß eine „verknüpfte Partnerschaft von interessiert-engagierten Menschen in eigener Verantwortungsbereitschaft"[30] und den professionellen Helfern und Spezialisten sein. Darüber hinaus muß deutlich werden, daß angesichts der immer engeren finanziellen Spielräume nicht professionelle Arbeitsstellen eingespart werden dürfen, um sie dann mit Ehrenamtlichen besetzen zu können. Ein solches Verhalten baut nicht nur falsche Frontstellungen auf, sondern schadet zugleich der Motivationsbasis ehrenamtlichen Handelns. Die Probleme des Sozialstaates wird man auf diese Weise keinesfalls lösen, denn Freiwilligenarbeit kann keine Erwerbsarbeit und daran gekoppelte Leistungsansprüche und Sozialtransfers ersetzen.

Zum zweiten:

Innerhalb des ehrenamtlichen Engagements haben wir es nicht nur mit einer quantitativen Ausweitung der Bereiche zu tun, sondern auch mit qualitativen Veränderungen. Neben die tradierten – und durchaus auch bewährten – verbandlichen Strukturen im Sozialbereich ist sukzessive eine Vielzahl von Selbsthilfegruppen[31] als „sekundäre" Form der Hilfe[32] getreten. Sie entstanden aufgrund von Defiziten in Therapie, Hilfe und Beratung, von Verlust an ganzheitlicher Hilfe, von zu stark bevormundender Sozialbürokratie und neuen Ansätzen in der Medizin und Naturheilkunde. Inzwischen hat sich die Selbsthilfebewegung, die sich dadurch auszeichnet, daß sie die Problemlösung in die eigenen Hände zu nehmen

---

[29] P. Paulwitz, Freiwillige in sozialen Diensten. Volunteers und Professionelle im Wohlfahrtssektor der USA, Weinheim u. a. 1988, S. 211, wo auch das Kollaborationsmodell erörtert wird. Vgl. auch T. Bock u. a., Kooperation freitätiger und beruflicher Mitarbeiter in sozialen Diensten, Freiburg 1979.

[30] K. Gaskin, J. D. Smith, I. Paulwitz u. a., a. a. O., S. 262.

[31] Der Begriff Selbsthilfe wird ausgeführt bei M. Schofer, Selbsthilfe – Gestaltungsprinzip sozialer Arbeit, in: Jahrbuch der Diakonie 1994, Stuttgart 1994, S. 45 ff.

[32] H. Braun, Standortbestimmung und soziokulturelle Hintergründe ehrenamtlicher Arbeit, in: H. Kanitz (Hrsg.), a. a. O., S. 8. Braun verweist auf die Tendenz, daß auch Selbsthilfegruppen zunehmend öffentliche Mittel in Anspruch nehmen; deswegen differenziert er Selbsthilfegruppen und unentgeltlich arbeitende Ehrenamtliche.

sucht, auch auf andere Initiativgruppen ausgedehnt. Selbsthilfegruppen sollten ebenfalls nicht als Konkurrenz[33], sondern als Ergänzung sozialer Dienste begriffen werden, zumal auch diese Form des freiwilligen Zusammenschlusses der Fremdhilfe bedarf.[34]

Darüber hinaus hat in den letzten Jahrzehnten in Deutschland ein Wertewandel stattgefunden, durch den zu den industriellen die postindustriellen, den Pflicht- die Akzeptanzwerte, den materiellen die postmateriellen Werte hinzugetreten sind.[35] Dieser hat auch zu qualitativen Veränderungen in Motivlagen und Formen ehrenamtlichen Engagements beigetragen. Auch wenn die Ansicht, traditionelle Formen ehrenamtlichen Engagements seien immer häufiger „Auslaufmodelle"[36], die Beständigkeit dieses Typs übersieht, ist es doch notwendig, auf diesen Wandel einzugehen, um den bisherigen Stand ehrenamtlicher Tätigkeit zu erhalten und angesichts der gesellschaftlichen Veränderungen neue Potentiale zu erschließen. Dies erfordert eine Ansprache, die den Wertewandel, die stärkere Individualisierung und das Entstehen neuer sozialer Milieus entsprechend berücksichtigt. Der neu entstehende Typus ehrenamtlicher Arbeit, der eher der Idee des „volunteering" entspricht, ist gekennzeichnet durch Ablehnung der formellen verbandlichen Strukturen, dauerhafter Bindung und des Pflichtmotivs. Er zeichnet sich durch Spontaneität, Kurzzeitigkeit im Engagement, Autonomie, nichtinstitutionalisierte Strukturen von Selbstorganisation, Kleingruppen, Beziehungsnetze und Initiativformen, das Anknüpfen an persönliche Interessen und den Bezug zu konkreten Resultaten aus. Wenn man die Attraktivität des Ehrenamtes steigern will, gilt es, eine Vielfalt an Angeboten mit lebensweltlichen Bezügen zu schaffen, die eher projektorientiert sind und zudem

[33] Oft wird differenziert in ehrenamtliches Engagement, was unentgeltlich im Sinne des Gemeinwohls ausgeübt wird, und die Freiwilligenarbeit in einer Selbsthilfegruppe, die letztlich ein „Engagement um meiner selbst willen" darstellt. Siehe Ch. Dithmar, Zwischen Tradition und Veränderung. Ehrenamt und Selbsthilfegruppen, in: J. Gohde, Diakonie-Jahrbuch 1998, Stuttgart 1998, S. 176 ff. Erstens fließen nicht nur altruistische Motive in die traditionelle ehrenamtliche Arbeit ein, und zweitens ist die Tätigkeit in Selbsthilfegruppen auch Ausdruck der Hilfe für andere. Deshalb ist es durchaus sinnvoll, beides als Varianten des ehrenamtlichen oder Freiwilligenengagements in einer „aktiven Gesellschaft" (Etzioni) aufzufassen.

[34] R. Schmidtchen, Ehrenamtlichkeit und Selbsthilfe – Konkurrenz oder sinnvolle Ergänzung?, in: Nachrichtendienst des Deutschen Vereins für öffentliche und private Fürsorge 11/1982, S. 362 ff.

[35] Vgl. dazu W. Jaide, Wertewandel? Grundfragen zu einer Diskussion, Opladen 1983; H. Klages, Wertedynamik. Über die Wandelbarkeit des Selbstverständlichen, Zürich 1988; K.-H. Hillmann, Wertewandel. Zur Frage soziokultureller Voraussetzungen alternativer Lebensformen, 2. erg. Aufl., Darmstadt 1989 sowie neuerdings H.-J. Veen/J. Graf, Rückkehr zu traditionellen Werten? Zum Zusammenhang von Wertorientierungen, politischen Prioritäten und Wirtschaftsklima 1982-1996, St. Augustin 1997.

[36] K. Reichel, a. a. O. S. 15.

neue Unterstützungs- wie Zuwendungsformen seitens der traditionellen Träger notwendig machen, damit das Freiwilligenengagement als kommunikativ und emotional positiv erlebt werden kann. Hier sind auch neue Begründungsleistungen erforderlich, die die Sinnhaftigkeit des Tuns verdeutlichen. In einer solchen neuen Verbandskultur müßten auch Formen der Partizipation am verbandlichen Geschehen geschaffen werden, da dies eine wichtige motivierende Ressource darstellt. Nicht zuletzt erwarten die „neuen Freiwilligen" auch persönlichen Nutzen, eine irgendwie geartete „Gegenleistung" immaterieller Art wie Anerkennung, Kontakt, Beachtung etc.[37] Ob das neue Ehrenamt tatsächlich die traditionellen Formen ablöst oder sich beide gegenseitig durchdringen, wird erst die zukünftige Entwicklung zeigen.

## IV. Ehrenamt und zivile Bürgergesellschaft

Der Strukturwandel im Ehrenamt[38] trifft auch auf veränderte wirtschaftliche, politische und kulturelle Formationen, die dessen Möglichkeiten und Grenzen bestimmen. Der ökonomische Standortwettkampf im globalen Rahmen, die Internationalisierung neuer Computertechniken und die weltweite Kommunikation führen zu einer Neuformierung der gesellschaftlichen Strukturen und Prozesse im Sinne einer „zweiten Moderne".[39] Diese Entwicklung löst neue Orientierungs- und Sinnanfragen aus und geht einher mit wachsenden Unsicherheiten und Vereinzelungen. Hinzu kommen die neuen Möglichkeiten einer „Freizeitgesellschaft"[40], die durch den Rückgang der Berufsarbeit an der Lebenszeit und flexiblere Arbeitszeitformen auch dann einen größeren Anteil freier Zeitdisposition schafft, wenn man in Rechnung stellt, daß durch neue Freizeitformen[41] ein Teil wieder aufgezehrt wird. Diese Entwicklungen bieten Chancen für ehren-

[37] G. Jakob hat dazu ein Modell von fünf Grundtypen entwickelt, das über die Erkundung von biographischen Motivlagen eine differenzierte Ansprache möglich macht: 1. biographische Kontinuität mit sozialer Ehrenamtlichkeit als Dienst und Pflichterfüllung, 2. ehrenamtliches Engagement mit Karriereerwartungen, 3. soziale Ehrenamtlichkeit als Instrument der Suche nach biographischer Orientierung, 4. die Realisierung eigener biographischer Themen mit ehrenamtlichen Tätigkeiten, 5. soziale Ehrenamtlichkeit als biographisch randständiges Ereignis, siehe dies., a. a. O., S. 51 ff.

[38] Zur Unterscheidung von „altem" und „neuem" Ehrenamt siehe D. Krüger, Struktureller Wandel des sozialen Ehrenamtes, in: Zeitschrift für Frauenforschung, 3/ 1993, S. 82 ff.

[39] U. Beck, Kein Standort. Nirgends. Zweite Moderne – eine Begriffsklärung, in: Süddeutsche Zeitung v. 12. Mai 1997, sowie die Beiträge in: ders. (Hrsg), Kinder der Freiheit, 2. Aufl., Frankfurt/M. 1997.

[40] H. W. Opaschowski, Deutschland 2010. Wie wir morgen leben werden – Voraussagen der Wissenschaft zur Zukunft unserer Gesellschaft, Hamburg 1997, S. 23 ff.

[41] siehe P. Gross, die Multioptionsgesellschaft, Frankfurt/M. 1994. Auch der Medienkonsum ist deutlich gestiegen.

amtliches Engagement.[42] Denn die größere Zeitflexibilität eröffnet für mehr Menschen Zugang zur Freiwilligentätigkeit. Dadurch werden neue Begegnungen geschaffen, die die Erfahrung von Zugehörigkeit und Gemeinschaftlichkeit ermöglichen. In einem solchen freiwilligen Engagement wird isoliertes Einzeldasein durchbrochen, Kommunikation gestiftet, das eigene Handeln als sinnvoll erfahren. Im Gespräch mit anderen können die Auswirkungen des schnellen gesellschaftlichen Wandels – der „zweiten Moderne" – besprochen und neue Möglichkeiten der eigenen Lebensführung wie gesellschaftlicher Veränderungen gesucht werden.

Die Neuinterpretation des Ehrenamtes als Freiwilligenengagement besitzt aber ebenso Anknüpfungspunkte in bezug auf eine zivile Bürgergesellschaft. Ohne Zweifel lebt unser freiheitliches Gemeinwesen vom Partizipations- und Gestaltungswillen der Bürger. Es ist eine alte republikanische Einsicht[43], daß der Bürger über aktives Engagement eine Haltung erwirbt, die dazu führt, entsprechende gemeinschaftliche Angelegenheiten zu seinen eigenen zu machen – „das geht mich etwas an" – und dadurch das Politische, das Gemeinwesen, mitzugestalten. Die Ausprägung einer solchen gemeinwohlorientierten Haltung – Gemeinsinn als demokratischer Ethos[44] – ist neben den demokratischen Institutionen die Gewähr dafür, daß Freiheitlichkeit und Orientierung am Gemeinwohl dauerhafte Geltung erfahren. Selbstbestimmung und Selbstverantwortung der Bürger korrespondieren deshalb mit einer pluralistisch verfaßten, vielfältig gegliederten Gesellschaft, die einerseits den Freiraum selbständiger Lebensführung bietet, andererseits die Leistungserbringung der Bürger als Ausdruck freiheitlichen Handelns eröffnet. Solidarität der Bürger untereinander und der Vorrang der Subsidiarität gegenüber kollektiv organisierter Wohlfahrt zeichnen eine Bürgergesellschaft aus, die den Normen zivilen Zusammenlebens ebenso verpflichtet ist wie der Verantwortung[45] gegenüber den Gemeinwohlbelangen aller. Das Ehrenamt, die Freiwilligentätigkeit, ist aber der adäquate Ausdruck der modernen, freiheitlichen Gesellschaft. Die aus menschlicher Freiheit erwachsene Freiwilligkeit, die demokratische Teilhabe an der politischen und sozialen Entwicklung, die solidarische Mithilfe und die Selbstverantwortung für das Gemeinwohl sind tragende Prinzi-

[42] Unter Steuerungsgesichtspunkten wird dies diskutiert bei I. Dingeldey, Bürgerschaftliches Engagement als „neue" Form der Solidarität?, in: Gegenwartskunde 2/ 1997, S. 175 ff.; vgl. auch die kritische Stellungnahme von Th. Rauschenbach, Gibt es ein „neues Ehrenamt". Zum Stellenwert des Ehrenamtes in einem modernen System sozialer Dienste, in: Sozialpädagogik, 1/1991, S. 2 ff.

[43] vor allem entfaltet bei A. de Tocqueville, Über die Demokratie in Amerika, Stuttgart 1987.

[44] siehe dazu A. Schwan, Ethos der Demokratie. Normative Grundlagen des freiheitlichen Pluralismus, Paderborn u. a. 1992.

[45] siehe dazu A. Etzioni, Die Verantwortungsgesellschaft. Individualismus und Moral in der heutigen Demokratie, Frankfurt/M. 1997.

pien des modernen Verständnisses von Ehrenamt. Es ist deswegen eine besondere Aufgabe der Bürgergesellschaft wie der politischen Führung, den Wert ehrenamtlichen Engagements deutlicher bewußt zu machen sowie in spezieller Weise zu fördern, da dadurch die freiheitlichen Grundlagen selbst immer wieder in ihren Verankerungen gestärkt werden. Somit hängen Stabilität, Dauerhaftigkeit, Dynamik und Qualität der freiheitlichen Demokratie entscheidend davon ab, daß möglichst viele Bürger und Bürgerinnen bereit sind, freiwillige, unbezahlte Tätigkeiten im Sinne der Gemeinwohlbelange zu übernehmen und an der Ausgestaltung der Demokratie mitzuwirken[46]. Daher fördert der Deutsche Bundestag das Ehrenamt durch Auszeichnungen als spezifische Form öffentlicher Ehrung, aber auch durch öffentliche Hinweise zum „Tag des Ehrenamtes" am 5. Dezember, der 1985 als „Welttag" von den Vereinten Nationen zur Unterstützung und Anerkennung der Freiwilligenarbeit ausgerufen wurde. Er hat inzwischen ein Pendant im „European Day on Volunteering" gefunden. Zahlreiche Städte und Kommunen haben mittlerweile ihre Bereitschaft gezeigt, an diesem Tag ehrenamtliches Engagement besonders auszuzeichnen.

Die Förderung der Freiwilligentätigkeit muß auf vielfältige Weise erfolgen. Dazu gehören Einrichtungen des öffentlichen Lebens, Stiftungen, Verbände und Kirchen ebenso wie die Achtung und Anerkennung durch die Bürger und Bürgerinnen in den einzelnen Lebenskreisen selbst. Hinzutreten müssen aber auch organisatorische Förderungsmöglichkeiten. Die Vermittlungstätigkeit der Freiwilligenagenturen beispielsweise in Bremen oder Berlin boten dazu wichtige Hilfestellungen, waren allerdings regional begrenzt. Die Anfang 1998 gegründete Nationale Freiwilligenagentur für Deutschland war deshalb ein wichtiger Schritt nach vorn. Diese kann als bundesweite Ansprechpartnerin dazu beitragen, das Selbstbewußtsein der ehrenamtlich Tätigen zu stärken, deren Bedeutung in das öffentliche Bewußtsein zu heben, an der Bereitstellung fördernder Rahmenbedingungen und unterstützender Infrastruktur mitzuwirken, Beratungsangebote und konkrete Hilfestellungen für das Freiwilligenengagement zu offerieren, für kooperative Vernetzung zu sorgen und Forschungsvorhaben zu initiieren.

Ehrenamtliches Engagement eröffnet diejenigen Ressourcen an Mitmenschlichkeit, auf die eine freiheitliche Gesellschaft fundamental angewiesen ist. Wenn es gelingt, mehr Bürgerinnen und Bürger für die Freiwilligentätigkeit und damit für die politische, soziale und kulturelle Mitgestaltung unseres Gemeinwesens zu interessieren, dann ist das für alle ein großer Gewinn.

---

[46] vgl. Interview mit T. Bock, Ein Volk von Ehrenamtlichen, in: Soziale Ordnung, 1/98.

# Sucht und Umgang mit Sucht

## Ethische Implikationen

Ambros Uchtenhagen

### Einleitung

Der Umgang mit Suchtmitteln ist *weltanschaulich geprägt*, durch Vorstellungen vom Bild des Menschen und der Gesellschaft beeinflußt. In demokratischen Gesellschaften unserer Zeit ist die Koexistenz unterschiedlicher weltanschaulicher Positionen und Werthaltungen eine Realität; es gibt keine verbindliche moralische Instanz und kein Diktat einer bestimmten Lebenshaltung oder eines Lebensstils. Der Umgang mit Suchtmitteln, aber auch mit Sucht wird dementsprechend unterschiedlich gewichtet und beurteilt.

Das Fehlen einer verbindlichen moralischen Instanz bedeutet nicht Beliebigkeit. Auch für das Zusammenleben in pluralistischen Gesellschaften gibt es Grundlagen. Dazu gehören einerseits *gesetzliche Regelungen*, die für alle gelten, aber im Zuge einer lebendigen Entwicklung immer wieder zu überprüfen und veränderten Gegebenheiten anzupassen sind. Eine andere Grundlage ist die *Bereitschaft, sich über ideologische Grenzen hinweg in lebenspraktischen Dingen zu verständigen* und im Falle von Interessenskonflikten eine Lösung zu finden, welche eine Verbesserung der Lage verspricht, für möglichst viele akzeptierbar ist und damit auch Aussicht auf Durchsetzung hat. Dieser Abgrenzungsprozeß gilt für den gesamten politischen Bereich und bildet den Kern des politischen Ethos. Als unethisch gilt der Versuch, die Auseinandersetzung durch einseitiges Diktat auszuschalten.

Davon unabhängig bleibt die individuelle Entscheidung, die Wahl des persönlichen Lebensstils im Umgang mit Suchtmitteln, solange die Interessen der Mitbürger nicht tangiert sind.

Die spezifische *Rationalität pluralistischer Gesellschaften* beinhaltet eher einen ständig zu leistenden Prozeß als einen auf langfristige Dauer angelegten Katalog inhaltlich festgelegter Regeln. In diesem Sinne kann auch der vorliegende Beitrag keine Vorschläge für verbindliche ethische Vorschriften enthalten; er soll vielmehr die wichtigsten Problembereiche sichtbar machen und darlegen, wie damit umgegangen werden kann.

Dabei ist bemerkenswert, wie wenig sich die Psychiatrie mit den ethischen Implikationen der Suchtproblematik auseinandergesetzt hat; auch Standardwerke beschränken sich auf die Problematik der Suchtmittelverschreibung durch den

Arzt (Bloch und Chodoff, 1991) oder auf Fragen im Zusammenhang mit unfreiwilliger Hospitalisierung. Symptomatisch auch, daß ein Lexikon Medizin-Ethik-Recht zwar ausführlich über Sucht berichtet, aber die ethischen Aspekte mit keinem Wort erwähnt (Eser u. a., 1992).

Die zentrale ethische Problematik betrifft die Frage der Verantwortlichkeit des süchtigen Menschen, nicht zuletzt im Hinblick darauf, wie mit diesem Menschen umgegangen wird. Eine Auseinandersetzung mit dieser Problematik setzt voraus, daß man sich darüber verständigt, was es mit der Sucht des Süchtigen auf sich hat.

## Suchtphänomene und ihre Deutung

Von Sucht wird im Alltag dann gesprochen, wenn ein Verhalten als übertrieben, maßlos, riskant erscheint und auch dann fortgesetzt wird, wenn es störend und schädlich geworden ist. Das gilt für „normale" menschliche Verhaltensweisen wie Nahrungsaufnahme, Spiel, Arbeit, Körperpflege, Sport, Sexualität. Es gilt aber auch für Verhaltensweisen außerhalb der Norm, wie etwa Perversionen.

Bei stoffgebundener Sucht kommt ein zusätzlicher Faktor ins Spiel: Als Suchtmittel sind Substanzen definiert, deren Konsum das Risiko einer Gewöhnung mit sich bringt und damit die Neigung zu süchtigem Entgleisen unterstützt, als weiteres Risiko aber auch zu gesundheitlichen Schäden führen kann.

In der geltenden medizinischen Lehrmeinung, wie sie etwa in der International Classification of Diseases der Weltgesundheitsorganisation (World Health Organisation, 1992) zum Ausdruck kommt, wurde der Begriff Sucht durch denjenigen der Abhängigkeit ersetzt. Die Kriterien für die Diagnose einer Abhängkeit sind heterogen, teils medizinisch, teils sozial definiert, so daß man eher von einem *Spektrum möglicher Formen der Abhängigkeit* als von einem einheitlichen Bild sprechen kann. Außerdem bildet Abhängigkeit nur einen von mehreren als krankhaft bewerteten Zuständen im Umgang mit Suchtmitteln: Dazu gehören außerdem akute Vergiftung, riskanter Gebrauch, schädlicher Gebrauch, Entzugssyndrome, psychiatrische Folgekrankheiten sowie chronische Behinderung. Damit wird eine *Mehrfachgefährdung* durch Suchtmittel sichtbar, die über das Abhängigkeitsrisiko hinausgeht und die besonderen Schutz- und Kontrollmaßnahmen im Umgang mit Suchtmitteln verständlich macht.

## Wie ist Sucht zu verstehen ?

Neben diesem medizinisch geprägten Verständnis von Sucht und Folgen der Sucht gibt es auch andere Ansätze. Schon vor Jahrzehnten versuchten über drei Dutzend verschiedene Theorien, auf biologische, psychologische oder soziologische Weise zu erklären, wie Sucht entsteht und wie es zum Suchtrückfall kommt

(Lettieri u. a., 1980). Alle diese Theorien können sich auf ein Erfahrungswissen stützen, aber keine vermag alle Suchtphänomene zu erklären. Im Vordergrund stehen drei Erklärungsansätze :

- Fehlsteuerung im biologischen System, welches für das Zustandekommen von Lustempfindungen und Wohlgefühl zuständig ist; Sucht ist eine biologisch begründete Funktionsstörung.
- Fehlverhalten aufgrund von Störungen im Persönlichkeitsbereich (übermäßige Verstimmbarkeit, Reizbarkeit, Reizhunger, Mühe, bedrohliche Gefühle unter Kontrolle zu halten etc.); Sucht ist die Folge einer Art Selbstmedikation.
- Übernahme eines im beruflichen oder subkulturellen Milieu vorhandenen Suchtmittelkonsums sowie Identifikation mit diesem; Sucht ist milieubedingtes erlerntes Verhalten.

Während die erste und zweite dieser Varianten Suchtphänomene als *pathologische Abweichung*, als Krankheit verstehen, ist Suchtmittelkonsum bei der dritten Variante umgekehrt ein *Anpassungsphänomen*, wobei das Risiko einer Entwicklung zur Sucht auf individuelle oder ebenfalls milieubestimmte Faktoren zurückgehen kann. Erziehungsstil, mangelnde soziale Unterstützung beim Erlernen tauglicher Lebensmuster, berufliche Risikosituationen, aber auch Identifikation mit dem Suchtmittelgebrauch von Eltern oder Kollegen sind Stichworte dazu.

Nicht nur die Suchtphänomene selbst, auch ihr Zustandekommen weist demnach Unterschiede auf. Sie zu kennen, ist für die Beurteilung des Einzelfalles von Bedeutung; für die Beurteilung von Suchtphänomenen generell bedeuten diese Unterschiede jedoch, daß jede einspurige Erklärung, jedes einspurige Verständnis von Sucht wenig hilfreich ist und zu reduktionistisch bedingten Fehlschlüssen führt. Präventive und therapeutische Maßnahmen sind entsprechend im Sinne eines Spektrums von Maßnahmen auszurichten.

Auch die *ethischen Implikationen* sind entsprechend unterschiedlich, insbesondere was die Anteile an Verantwortung und die Rechtfertigung von Maßnahmen betrifft. Wieweit trägt der einzelne eine Verantwortung für seine Sucht? Wieweit sind widrige Umstände (im Sinne von Risikofaktoren) mitbeteiligt, die sich der persönlichen Verantwortung entziehen? Solche Fragen sind höchstens im Einzelfall, nicht aber allgemein zu beantworten. Aus der konkreten Vorgeschichte und aktuellen Situation des einzelnen Suchtkranken ergeben sich die Anhaltspunkte dafür, wieweit er beispielsweise Suchtmittel im Sinne einer Selbstmedikation (um belastende Zustände und Erlebnisse erträglicher werden zu lassen) konsumiert, wieweit er sie als Fluchtmittel benützt, um sich alltäglichen Anforderungen zu entziehen, oder wieweit er milieubedingten Konsumzwängen erlegen ist. Oft genug läßt sich allerdings ein Zusammenspiel mehrerer Faktoren feststellen, und die verfügbaren Informationen sind auch nicht durchwegs verläßlich.

Es ist deshalb von der früheren Praxis mit Recht Abstand genommen worden, wonach sogenanntes Selbstverschulden bei Suchtpatienten zu Leistungskürzungen etwa bei der Finanzierung von Behandlungen oder bei Renten führte. Andererseits sind im Rahmen des amerikanischen „war on drugs" Leistungskürzungen eingeführt worden wie Entzug von Unterstützungsgeldern, verbilligten Mahlzeiten etc. Auch im europäischen Umfeld gibt es Befürworter einer solchen Bestrafungshaltung für Süchtige.

Angesichts solcher Maßnahmen drängt sich die Frage auf, wieweit sie ökonomisch motiviert, aber moralisch begründet sind, vor allem aber, ob sie zur Verbesserung der Situation etwas beitragen. Das Gegenteil scheint der Fall zu sein, insbesondere entfalten sie keine präventive Wirkung. Ihre Rechtfertigung muß sich aber auf ihre Wirksamkeit stützen können, und eine Bilanzierung der positiven und negativen Auswirkungen ist dafür unerläßlich. Nur wenn sie tatsächlich einen Beitrag zur *Schadensbegrenzung* leisten, sind sie gegenüber den Betroffenen und gegenüber der Allgemeinheit zu verantworten.

## Die Sonderstellung illegaler Drogen

Ob Suchtmittel legal erhältlich oder verboten sind, hängt weniger mit ihren pharmakologischen Eigenschaften als mit *sozialen Faktoren* zusammen. Verbindet sich Suchtmittelkonsum mit gesellschaftskritischen Tendenzen, ist er vor allem bei Jugendlichen und in Randgruppen verbreitet (Cannabis), wird er eher als unerwünscht aufgefaßt und entsprechend gesetzlich geahndet, als wenn er in breiten Bevölkerungskreisen Fuß gefaßt hat und auch soziale Funktionen erfüllt (Alkohol, Beruhigungsmittel). Halluzinogene und Ecstasy haben ihren Status als Medikamente verloren, als sie zu beliebten Subkultur-Drogen wurden. Cannabis und Heroin sind zwar durchaus medizinisch sinnvoll einsetzbar, werden aber weithin als Medikamente abgelehnt wegen ihrer Rolle auf dem illegalen Markt.

Im Rahmen des gesellschaftlichen Pluralismus ist eine rationale Begründung der unterschiedlichen gesetzlichen Regelung für Suchtmittel aufgrund solcher sozialer Faktoren zunehmend erschwert. Was erwünscht und unerwünscht ist beim Suchtmittelkonsum, bemißt sich zunehmend nach dem *gesundheitlichen und sozialen Risikopotential*, das mit dem Konsum verbunden ist, für das Individuum und für die Allgemeinheit. Die periodische Überprüfung vorhandener und neu auftauchender Stoffe im Hinblick auf ihre Unterstellung unter eine der internationalen Konventionen geschieht heute vorwiegend nach Erkenntnissen über ein wahrgenommenes Risiko.

Die Illegalität des Konsums bestimmter Stoffe hat *ethische Implikationen.* Nicht nur stößt die Begründung des Konsumverbots auf Probleme der Glaubwürdigkeit; auch für Prävention und Therapie entstehen Probleme. Wo immer präventive und therapeutische Maßnahmen nicht Suchtfreiheit zu erreichen vermögen – und dies ist nur in begrenztem Ausmaß der Fall –, entstehen Konflikte zwischen den Zielen einer Schadensminderung (durch weniger schädliche Konsumformen, durch Reduktion des Konsums) einerseits und dem strafrechtlichen Konsumverbot andererseits. Und schließlich entsteht das Problem der individuellen Verantwortung und Schuldfähigkeit für eine Verletzung des Konsumverbots, die unter den Bedingungen einer Suchtentwicklung zustandekommt.

## Suchtmittelkonsum und individuelle Freiheitsrechte

Kernstück bürgerlicher Freiheitsrechte in Demokratien unserer Tage ist, daß der einzelne sich innerhalb des gesellschaftlichen Pluralismus selber zu orientieren hat und daß er im Rahmen der gegebenen gesetzlichen Normen seinen Lebensstil und seine Lebensziele wählen kann. Dies gilt auch, wenn seine Wahl – scheinbar oder tatsächlich – seinen Interessen wenig förderlich oder sogar schädlich ist. Er selbst bestimmt, was seine Interessen sind, welche seiner Interessen ihm die wichtigsten sind und was seine Lebensqualität ausmacht. Basis dieser Freiheitsrechte ist die *Europäische Menschenrechtskonvention.* Freiheitsrechte werden in zunehmendem Maße auch für Kinder und Entmündigte in Anspruch genommen, soweit nicht Risiken im Spiel sind, welche die Betroffenen nicht abzuschätzen vermögen.

Gelten diese Freiheitsrechte auch für Suchtverhalten? Es gibt keinen rationalen Grund, der es nahelegen würde, ein in seinen Auswirkungen so unterschiedliches Verhalten generell zu sanktionieren. Krankheit, Fehlentwicklung und sozial geprägte Verhaltensmuster sind erst dann nicht akzeptierbar, wenn sie eine Gefahr oder einen Schaden für andere bilden, in einem Ausmaß, das auch unabhängig vom Vorliegen einer Krankheit oder Fehlentwicklung zu Sanktionen führt (Uchtenhagen, 1995).

Wo sind nun die Grenzen der individuellen Freiheitsrechte ?

Suchtverhalten kann, wie anderes Verhalten auch, an Grenzen der Akzeptanz stoßen. Typische Grenzsituationen liegen vor, wenn

- die Interessen anderer tangiert werden (Lästigkeit, Ausbeutung etc.):
- für Dritte unzumutbare Risiken und Gefahren entstehen (Gewalt, Unfallgefährdung etc.);
- erhebliche Selbstgefährdung besteht (Suizidgefahr, Unfallgefährdung etc.).

Die bloße *Befürchtung*, daß eine solche Situation eintreten könnte, reicht im allgemeinen nicht aus, um Maßnahmen zur Einschränkung der individuellen Freiheitsrechte zu treffen.

Nicht für alle derartigen Situationen liegen klare gesetzliche Regelungen vor. Es ist Ansichtssache, wann und unter welchen Umständen Lästigkeit und

Ausbeutung ein Eingreifen rechtfertigen. Auch wo Regelungen vorhanden sind, ist deren Anwendung häufig eine Frage des *Ermessens*. So sind etwa die Kriterien für die Annahme einer Suizidalität oder akuten Gemeingefährlichkeit nicht eindeutig umschreibbar; man muß sich mit Faustregeln und unsicheren Prognosen behelfen. Diese sind allerdings immer wieder auf ihre Tauglichkeit hin zu revidieren.

Eine *Selbstgefährdung* besteht nicht nur bei Suizidalität. Ein chronischer Zustand der Intoxikation mit schweren Ernährungsmängeln, Infektionskrankheiten, Gefahr der Überdosierung, Erfrierung, Verbrennung etc. kann eine Zwangsmaßnahme rechtfertigen, die im Sinne eines Moratoriums die vorhandenen Risiken unterbricht und die Voraussetzungen für eine Situationsklärung und allenfalls Behandlung schafft. Art und Dauer der Zwangsmaßnahme sollten dann dieser Zweckbestimmung angemessen sein. Hingegen kann der mit einer Sucht verbundene Verlust an Autonomie nicht bereits als eine Selbstgefährdung gelten, welche eine Zwangsmaßnahme rechtfertigt.

Ebenfalls schwierig ist die Beurteilung dessen, was als *öffentliches Ärgernis* und als Störung der öffentlichen Ordnung gelten soll. Auffassungen darüber sind nicht nur unterschiedlich; sie unterliegen auch einem geschichtlichen Wandel. In solchen Situationen muß wohl zur sogenannten Verhältnismäßigkeit Zuflucht genommen werden: Die Abwehrmaßnahmen sollen nicht mehr Schaden stiften als die Störung selbst. Außerdem ist die – präventive oder kurative – Tauglichkeit einer Maßnahme zu bewerten. Ein bekanntes Beispiel sind sogenannte Druckräume oder Gassenzimmer, wo Drogenabhängige sich unter hygienischen Bedingungen ihre Spritze setzen können: Die Verringerung von Injektionsrisiken einschließlich der letalen Überdosierung sowie des öffentlichen Drogenkonsums einerseits, eine etwaige Konzentration von Drogenhandel und Kleinkriminalität im Umfeld sind gegeneinander abzuwägen, was im Falle evaluierter Projekte in der Schweiz zum Schluß führte, daß die Vorteile solcher Einrichtungen unter geeigneten Bedingungen überwiegen.

Die *Kosten von Sucht und Suchtfolgen* sind enorm: Arbeitsausfall, Unfall- und Krankheitskosten, Fürsorgekosten, suchtbedingte Delinquenz erreichen mehrstellige Millionenbeträge jedes Jahr (für die Schweiz wurden jährliche Kosten von rund 5,5 Mrd. Franken errechnet (Müller u. a., 1997). Inwieweit rechtfertigt dies Maßnahmen im Sinne einer Einschränkung der individuellen Freiheitsrechte? Inwiefern eher als etwa die wirtschaftlichen Folgen von riskantem Sport und Freizeitverhalten? Maßnahmen wären auch in diesem Bereich nach den Kriterien der Tauglichkeit und Verhältnismäßigkeit zu beurteilen.

Die Praxis wird sich in einem solchen Umfeld am ehesten danach richten müssen, was sie an positiven und nachteiligen Folgen erkennen läßt. Wichtiger als dogmatische Regelungen ist die *Bereitschaft, vorhandene Regelungen und deren*

*Anwendung auf ihre Auswirkungen hin zu überprüfen* und daraus allenfalls Konsequenzen zu ziehen.

**Die Verantwortung der Angebotsseite**

Es ist eine der Paradoxien in diesem Bereich, daß legaler Suchtmittelkonsum einerseits nach Kräften gefördert wird, insbesondere aus wirtschaftlichen Gründen, während anderseits derjenige, der in eine Suchtentwicklung gerät, vielfach diskriminiert wird. Er ist der Spielverderber, der die Grenzen dessen, was ihm bekommt, verkennt oder nicht einzuhalten vermag. Im Prinzip geht es um eine Art Domestizierungsgebot, Lustvolles und Triebhaftes unter Kontrolle zu halten. In der Tat hat Sucht etwas von der Gewalt ungehemmter Leidenschaft. Es darf aber nicht vergessen werden, daß diese Leidenschaft durch ein entsprechendes Angebot und durch die werbemächtige Konsumförderung von Suchtmitteln leicht gemacht wird. Es hat sich aber erst partiell durchgesetzt, eine Mitverantwortung der Anbieter anzunehmen und rechtlich geltend zu machen.

Das Paradebeispiel sind heute Zigarettenhersteller, die in den USA als Mitverursacher massiver volkswirtschaftlicher Schäden zur Kasse gebeten werden. Ethische Überlegungen spielen dabei nur am Rande mit, obwohl das bewußte Inkaufnehmen gesundheitlicher Schäden entsprechende Fragen zuließe. Dies wird besonders deutlich, wenn man beobachtet, wie sich die Werbung für Zigaretten von den Bevölkerungen der Industrieländer, wo sich ein gewisses Risikobewußtsein und dadurch eine Reduktion der Konsumbereitschaft entwickelten, hin bewegte zu Ländern der Dritten Welt, wo der Informationsstand und das Gefahrenbewußtsein noch weniger ausgeprägt sind – zudem mit spezieller Ausrichtung auf Jugendliche, die auf Imagewerbung besonders ansprechen und bei denen die gesundheitlichen Spätfolgen ausgesprochen häufig sind.

Der klar erwiesene Zusammenhang von Konsumhäufigkeit und Suchtrisiko einerseits, von niedrigem Preis und Konsumhäufigkeit andererseits hat gesundheitspolitisch die Schlußfolgerung nahegelegt, durch eine entsprechende Preispolitik den Konsum in Grenzen zu halten. Die gegenwärtig dominierende ökonomische Ideologie sucht im Gegensatz dazu, den Konsum möglichst zu verbilligen, auch oder gerade im Bereich der Europäischen Union. Die frühere präventiv wirksame Alkoholpolitik Schwedens beispielsweise wird dadurch unterlaufen. Von Verantwortung ist nicht die Rede

Eine sehr spezielle Angebotslage wird dort geschaffen, wo Suchtmittel ärztlich verschrieben werden. Einige wenige Ärzte können bereits durch kritiklose und massenhafte Verschreibung eine Epidemie auslösen (ein bekanntes Beispiel war die Verschreibung von Amphetaminen als Appetithemmer und Aufputschmittel in England). Heute sind es eher die Benzodiazepine, die als Beruhigungsmittel und Anxiolytice auf den Markt kamen, aber längst zu Alltagskrücken gegen Stress aller Art wurden und – oft genug auf Kosten der Versicherer – massenhaft verschrieben werden.

Auf der anderen Seite ist die Verschreibung von Betäubungsmitteln im Rahmen eines Therapieprogramms für Betäubungsmittelabhängige zwar seit Jahrzehnten erprobt und wissenschaftlich als hilfreich erwiesen worden, doch hat sie sich in Europa nur langsam und in einigen Ländern wie Deutschland und Frankreich lange nicht oder nur sehr restriktiv als anerkannte Therapieform eingebürgert. Die Begründung lautete, daß nur Abstinenz einem Süchtigen helfen könne, aber die Tatsache, daß diese Einstellung Scharen von Süchtigen ohne Behandlung ließ, wurde dabei geflissentlich übersehen.

## Recht auf Sucht – Recht auf Hilfe?

Im Sinne der Menschenrechte gilt für den Bürger ein Recht auf angemessenen Zugang zu Lebensgütern und gesellschaftlichen Leistungen. Zugang zu Genußmitteln und zu Medikamenten gehört in diesen Rahmen.

Beim Gebrauch solcher Substanzen besteht das Risiko einer Suchtentwicklung. Daraus ergibt sich die Notwendigkeit einer entsprechenden Information für den Konsumenten; bei erhöhtem Risiko sind auch konsumbeschränkende Maßnahmen angezeigt. Ein (moralisches oder einklagbares) *Recht auf Sucht* gibt es ebensowenig wie ein Recht auf andere krankhafte oder sozial unerwünschte *Entwicklungen*.

Hingegen gibt es ein *Recht auf die Behandlung von Krankheiten* nach den jeweiligen Qualitätsstandards. Nichtbehandlung suchtbedingter Leiden etwa wegen fehlendem Willen zur Abstinenz ist nicht vertretbar. Dasselbe gilt für Fürsorgeleistungen. Ein Recht auf Suchtersatzstoffe (v. a. Methadon bei Heroinabhängigkeit) gibt es nicht, wohl aber ein Recht darauf, daß die Indikation für eine solche Behandlung abgeklärt und diese zugänglich gemacht wird, wenn eine Indikation dafür besteht.

Sollte aus wirtschaftlichen Gründen eine *Rationierung* therapeutischer oder fürsorgerischer Leistungen erwogen werden, dann müßten dafür klare und ethisch begründbare Kriterien geschaffen werden. Ein Hinweis auf Selbstverschulden bei Suchterkrankungen reicht nicht aus, um diese Patienten zu benachteiligen.

## Sucht und Suchtmittel im soziokulturellen Kontext

Suchtmittelkonsum erfüllt unter anderem auch soziale Funktionen; was erwünscht, und was unerwünscht ist, wird im soziokulturellen Kontext definiert (Edwards und Arif, 1981).

Bei der Beurteilung des Suchtmittelkonsums und seiner Entgleisung zur Sucht kann im weiteren nicht außer acht gelassen werden, in welchem *Umfeld* sich diese ereignen. In Situationen der militärischen, politischen oder wirtschaftlichen Bedrohung, die nach einer Konzentration aller Kräfte verlangt, wird die Toleranzgrenze anders aussehen als in einer entspannten Situation wirtschaftlicher Blüte und politischer Stabilität.

Anderseits gibt es kulturelle Umbruchphasen, in welchen die Orientierung des Individuums erschwert ist und erfahrungsgemäß in vermehrtem Maße Suchtmittel zur Stabilisierung des inneren Gleichgewichts konsumiert werden. Suchtmittel erfüllen unter anderem die Funktion, Gefühle der sozialen Zugehörigkeit und Identität zu unterstützen.

Gegenwärtig befinden wir uns in einer Zeit des raschen soziokulturellen Wandels, und die damit verbundenen Anpassungsforderungen sind für viele Menschen eine Überforderung. Neue Lebensgewohnheiten, ein Überangebot an Suchtmitteln, wirtschaftliche Unsicherheiten fördern die Bereitschaft zum Suchtmittelkonsum. Für den einen eine Hilfe, wird er für andere zum Risiko und zur Falle.

In dieser Situation kann der Krieg gegen Süchtige unter Verkennung der sozialen Hintergründe keinen Erfolg haben. Reduktionistische Betrachtungsweisen (Suchtmittelkonsum als kriminelles Verhalten, als Krankheit, als Lebensstil etc.) und Maßnahmen sind allein wenig effizient, da sie zu kurz greifen. Ein rationales Vorgehen orientiert sich an der Unterschiedlichkeit der Phänomene, denen es zu begegnen gilt, und an der empirischen Überprüfung der Auswirkungen des gewählten Vorgehens. Es sind die Auswirkungen, welche seine „Sozialverträglichkeit" bestimmen, nicht die Parolen.

## Schlußfolgerungen

Suchtmittelkonsum ist Teil des menschlichen Verhaltensspektrums und entspringt unterschiedlichen Bedürfnissen; er erfüllt auch soziale Funktionen. Gleichzeitig enthält er ein Risikopotential für nachteilige gesundheitliche und soziale Folgen, insbesondere im Falle einer Suchtentwicklung. Die Suchtbereitschaft in der Bevölkerung ist gegenwärtig hoch, und die gesamtgesellschaftlichen und gesamtwirtschaftlichen Folgen (sowohl des Suchtmittelmißbrauchs wie der Abwehrmaßnahmen) sind erheblich.

*Maßnahmen* zur Begrenzung der Suchtphänomene sind durch diese Folgeerscheinungen legitimiert, was den Zugang zu Suchtmitteln wie auch die Verminderung von Folgeschäden betrifft. Kriterien für die Bewertung solcher Maßnahmen sind ihre *Tauglichkeit* und ihre *Verhältnismäßigkeit*. Individuelle Zwangsmaßnahmen unterliegen denselben Kriterien. Welche Maßnahmen tauglich und verhältnismäßig sind, bedarf der laufenden Überprüfung aufgrund dokumentierter Erfahrung.

Eine ethische Haltung im Umgang mit Suchtphänomenen und mit Süchtigen manifestiert sich in erster Linie in der *konsequenten Rationalität* dieses Vorgehens in allen Belangen.

## Literatur


Bloch, S., Chodoff, P. (1991): Psychiatric Ethics. Oxford (University Press).

Edwards, G., Arif, A. (1981): The problems of drug dependence in the socio-cultural context. World Health Organisation. Geneva.

Eser, A., von Lutterotti, M., Sporken, P., Hrsg. (1992): Lexikon Medizin – Ethik – Recht. Freiburg i. Br. (Herder).

Lettieri, D.J., Sayers, M., Pearson, H.W. (1980): Theories on Drug Abuse. NIDA Research Monograph 30, Rockville.

Müller, R., Meyer, M., Gmel, G., Hrsg. (1997): Alkohol, Tabal und illegale Drogen in der Schweiz 1994-1996. SFA, Lausanne.

Uchtenhagen, A. (1995): Drug Dependence and Human Rights. In: Drug Addiction and Aids, Human Rights and Deviancy. Proceedings of the international conference, UNESCO. Paris 11-13 oct. 1994.

World Health Organisation (1992): The ICD-10 Classification of Mental and Behavioural Disorders. WHO. Geneva

# Eine Begegnung mit Horst-Eberhard Richter

Andres Veiel

April 1994, Flughafen Tegel. Ich kannte einige seiner Bücher, den Autor kannte ich nicht. Nicht von Angesicht zu Angesicht. Wir waren verabredet, ich hatte Horst-Eberhard Richter für eine Diskussionsveranstaltung zu meinem Film „Balagan" gewinnen können.

Am Abend zuvor rief mich seine Frau Bergrun an und sagte, ihr Mann würde mit einer Bronchitis und Fieber im Bett liegen – ich sollte mir keine großen Hoffnungen machen. Es lag einige Tage zurück, daß wir telefoniert hatten: Horst-Eberhard Richter hatte den Film auf Video gesehen und ohne viel Worte die Essenz – und Brisanz – erfaßt: Er verstand, daß ich bei dieser Veranstaltung mit dem Rücken zur Wand stehen würde. Um so mehr traf mich die Aussicht, die Veranstaltung ohne ihn bestreiten zu müssen. Vielleicht hat er meine Not gespürt, vielleicht war es seine eherne Disziplin: Jedenfalls kam am Morgen ein Anruf, daß er – immer noch angeschlagen – kommen würde.

Wer da durch die Schleusentür in die Halle trat, war nicht der Mann, den ich erwartet hatte. Nicht daß ich ihn nicht erkannt hätte. Den Mann, der für mich einige wegweisende Bücher geschrieben hat, hatte ich mir gewichtiger, Raum nehmender vorgestellt. Ich spürte vom ersten Moment der Begegnung: Da ist jemand verletzbar, störbar – und gleichzeitig von einer zähen Unbeirrbarkeit –, vielleicht gerade, weil er sich so unbedingt lesbar zeigt.

Ein offener, ruhiger Blick, der entschiedene Händedruck: Vom ersten Moment war er anwesend. Horst-Eberhard Richter sprach wenig, um seine Stimme zu schonen. Wir fuhren durch ein sonniges, frühlingshaftes Berlin. Plötzlich hatte ich die Idee, dem Taxifahrer ein neues Ziel zu geben: Ich hatte Lust, mit Horst-Eberhard Richter an der Havel spazierenzugehen. Ich wollte diesen Mann kennenlernen und die Veranstaltung – ja, diese verdammte Diskussionsveranstaltung –, sollte sie doch ohne uns stattfinden. Ich schwieg, schaute ihn von der Seite an und lächelte. Für einen Moment trafen sich unsere Blicke. Ich zensierte meine Idee, verbog sie zu einer Bemerkung: daß wahrscheinlich niemand kommen würde zu dieser Veranstaltung an diesem Frühlingssonntagmorgen – da gehen doch alle lieber an der Havel spazieren. Horst-Eberhard Richter wußte es besser – und er behielt recht. Der Saal war überfüllt.

Und dann: Mitten im Sperrfeuer der Wortgeschosse lief Horst-Eberhard Richter zu einer Höchstform auf. Klar, mit stoischer Gelassenheit, analytischer Schärfe und seinem (inzwischen für mich) legendären sanften Eigensinn war er der Moderator im eigentlichen Sinne. Er brachte die erbosten Wortführer dazu, in ihren echauffierten Attacken innezuhalten und sich für Augenblicke zuzuhören; im Zeitalter der Talkshow-Duelle eine archaisch-museale Gabe, die ich um so mehr zu schätzen wußte, rettete er doch dadurch die Veranstaltung und lenkte sie in eine konstruktive Richtung.

Das war der Anfang. Inzwischen haben wir uns oft gesehen. Horst hat ein weiteres Projekt von mir begleitet („Die Überlebenden"), und für ein drittes – mit und über Birgit Hogefeld – gab er die Initialzündung. Sein Einmischen, seine Fähigkeit zum Aushalten von Widersprüchen, seine Neugierde jenseits aller Schablonen, sein Wissen – das ist eine Wegbegleitung, wie ich sie mir oft gewünscht habe.

Horst – schön, Dich uns zu wissen.

# Der Heilkundige als Vorbild: Psychotherapie, Politik und Ästhetik

Rolf Verres

Lieber Horst-Eberhard Richter, der folgende Text beruht auf einem Manuskript mit dem Titel „Lebenskunst und psychotherapeutische Medizin", das ich für den Eröffnungsvortrag der ersten Psychotherapietage in Nordrhein-Westfalen 1994 entwarf und im „Psychotherapeut" 1997 veröffentlichte. Für diese Festschrift zu Deinem Geburtstag habe ich das alles noch einmal ganz neu überdacht und bearbeitet mit der Frage: Was haben diese meine Gedanken *mit Dir* zu tun? Dabei wurde mir sofort klar: Seit meiner Jugend habe ich eine starke Bereitschaft, gute Vorbilder zu erkennen. Beim Bund Neudeutschland, einer Pfadfinder-Organisation, nahm ich an Führerschulungen in der Münsterländischen Jugend-Wasserburg Gemen teil. Ich war schon damals sehr interessiert an der Dialektik zwischen Führen und Folgen. Dann kam Alexander Mitscherlich mit seinen Thesen über die vaterlose Gesellschaft. Während der wilden Jahre der Studentenbewegung fühlte ich mich nach einiger Zeit wieder ziemlich orientierungslos, und Du gehörtest zu den ganz wichtigen Leuchttürmen in Zeiten von Sexfront, Tod der Familie und Roten Zellen.

Deine Bücher las ich fast alle. Mir gefiel auch Dein gutes Aussehen und die mich etwas irritierende Mischung aus Stolz und Bescheidenheit. Als ein Vortrag von Dir in der Stadthalle Heidelberg angekündigt war, ging ich, der junge Student, neugierig hin, um Dich, den vielgerühmten Meister, zu erleben. Du sagtest aber nur wenige Worte und fordertest schon nach wenigen Minuten alle Anwesenden auf, in Kleingruppen das Thema der Veranstaltung zu diskutieren. Ich war enttäuscht, wollte ich doch Dich erleben und nicht statt dessen die Zeit mit irgendwelchen Menschen, die zufällig links und rechts neben mir herumsaßen, verplempern. Doch während dieser mir von Dir aufgezwungenen Diskussion mit fremden Leuten erkannte ich: Das Medium ist die Botschaft. Ich spüre Dich auch in dieser fremdartigen Gruppensituation. Ich verstehe Deine Botschaft. Trotzdem finde ich Dich auch eitel, selbst wenn Du so tust, als ob das große Ganze wichtiger sei als Du. Und zugleich nehme ich Dir die Botschaft ab: Das große Ganze ist wirklich wichtiger als Du! Und es ist auch wichtiger, als ich es bin.

15 Jahre später. Du bist in Zeiten der Ängste vor atomarer Rüstung zwischen West und Ost Präsident bei den „Ärzten gegen den Atomkrieg". Wir korrespon-

dieren ausführlich miteinander über die Frage: Was können Ärzte aufgrund ihres Wissens um Prävention und Heilkunst dazu beitragen, daß das Risiko von Gewalt und Eskalation gemindert oder zumindest gelindert wird? Ich schlage vor: Ärzte könnten einen Jugendaustausch in Politikerfamilien zwischen West und Ost organisieren und finanzieren. Würde der US-amerikanische Präsident auch dann noch per Knopfdruck Atomraketen nach Moskau schießen, wenn Kinder von Politikern aus Washington in Moskau bei dortigen Gastfamilien leben würden? Du hast zu all dem noch weit differenziertere Ideen und konferierst sehr erfolgreich auf dem politischen Parkett, ich fühle mich von Dir gut repräsentiert, und dies lindert meine Angst spürbar.

Noch einige Jahre später, wir schreiben 1997. Du hältst in Heidelberg einen Vortrag über den himmlischen Krisengipfel. Zuerst erzählst Du von einem Ruf, den Du nach dem Krieg an die Universität Heidelberg erhalten hattest. Heidelberg war Dir zu intakt, Du entschiedest Dich für das kaputtere Gießen. Am Abend nach Deinem Heidelberger Vortrag laden meine Frau und ich Dich mit Freunden in meine Wohnung ein. Ich will Dir eine Freude machen und auf dem Flügel ein Ständchen zur Begrüßung spielen. Wie wäre es mit dem Fantasie-Impromptu in cis-moll von Chopin? Am Morgen vor Deinem Vortrag übe ich das Stück für die Begegnung mit Dir. Am Abend, während Du über den himmlischen Krisengipfel sprichst und auch Fragen an die Anwesenden richtest, wird mir klar, ein klassisches Präludium auf dem Flügel von mir an Dich wäre nur eine Phrase, wie ein Knicks eines jungen Mädchens gegenüber einer Autoritätsperson. Ich disponiere um und improvisiere auf dem Flügel eine Fantasie für Dich zum Thema „Weltenbrand". Statt Pianoforte- sollen sich Fortissimo-Klänge entwickeln. Bevor ich anfange, sage ich, dies sei für Dich. Du verbesserst mich: Dies sei ja wohl für alle Anwesenden. Wieder einmal spüre ich Dir gegenüber eine Dankbarkeit.

Ja, und dann fällt mir noch meine Begegnung mit Petra Kelly und Gert Bastian ein, auch diese fand in Heidelberg statt. Petra Kelly spricht im Deutschen Krebsforschungszentrum über Krankenhäuser als „kranke Häuser". Ich entwickle in der Zeit Seminare über kreative Krankenhausgestaltung. Mit Petra Kelly und Gert Bastian spreche ich über Lebenskunst und Sinnerfüllung. Petra Kelly ist sehr enttäuscht über das Rotationsprinzip bei den Grünen. Daß Prinzipien wichtiger sein sollen als persönliche Kompetenz, dies leuchtet Petra Kelly nicht ein, und mir tut sie sehr leid, sie wirkt sehr traurig und etwas ziellos. Daß Petra Kelly kurz danach von ihrem Lebensgefährten Gert Bastian mit Kopfschuß getötet wurde, war für mich ein schreckliches Zeichen dafür, daß das Lernziel Solidarität zwar gut klingt, aber zu oft schwer erreichbar ist. Den Grünen als Gruppe war es nicht mehr gelungen, diese begabte Politikerin angemessen zu integrieren, und sie verzweifelte und starb einen grauenhaften Tod. Ich las noch einmal Dein Buch „Die Gruppe" und fand tröstliche Gedanken darin, zugleich bedeutete diese

Tragödie eine neue Herausforderung für mich, ähnlich wie Du die ärztliche Verantwortung noch konsequenter als bisher auch mit politischer Aktivität zu verbinden.

Ich möchte nun, lieber Horst-Eberhard Richter, einige Vignetten meiner eigenen Biographie als Arzt und Psychotherapeut anhand von Gedanken darstellen, die mehr oder weniger direkt mit Dir zu tun haben – auch wenn dies nicht explizit hergeleitet wird.

Als ich von 1969 bis 1972 in Münster und danach in Heidelberg Medizin studierte, wurde mir, außer in der Psychiatrie und Psychosomatik, ein weitgehend materialistisches Menschenbild, ein Bild einer „Ingenieurmedizin für Körper ohne Seelen" (wie von Uexküll und Wesiack es einige Jahre später formulierten) angeboten. Als ich beispielsweise im Geburtshilfe-Kurs fragte, wieso bei der Geburt nicht auch der jeweilige Vater im Kreißsaal anwesend sein dürfe, wies der Dozent diese Frage entrüstet mit einer Attacke zurück: Dies sei nicht das Thema, und im übrigen habe er den Eindruck, daß ich hier sozialistische Ideologien aus der Studentenbewegung einschleusen wolle. Ich absolvierte dann ab der Ärztlichen Vorprüfung auch ein volles Psychologiestudium, da ich die geistig-seelische Dimension des Menschseins so umfassend wie möglich erschließen wollte, und hier lief der anwendungsbezogene Teil dieses Studiums, nämlich in der Klinischen Psychologie, auf das hinaus, was von Uexküll und Wesiak als „Psychotherapie für Seelen ohne Körper" bezeichnet haben. Dies war übrigens nicht nur ein für Deutschland typisches Phänomen, sondern in einem anschließenden Post-doctoral-Aufbaustudium am Psychology Department der Stanford University in Kalifornien bot sich kein anderer Eindruck. Seither gehöre ich zu denen, die versuchen, an einer Medizin für Körper mit Seelen und an einer Psychotherapie für Seelen mit Körpern mitzuarbeiten.

Im vorklinischen Studienabschnitt macht die Medizinische Psychologie allerdings zur Zeit nur 4,5 % des Pflichtunterrichts für die angehenden Ärzte aus: 95,5 % sind den naturwissenschaftlichen Fächern vorbehalten. Dabei stellt sich für mich bereits die Frage, ob Naturwissenschaften und Geisteswissenschaften wirklich als etwas Gegensätzliches verstanden werden müssen. Der Heidelberger Anatomieprofessor Hermann Höpke (1979) beispielsweise machte in seinem besonders bei Studierenden sehr beliebten Buch über das „Muskelspiel des Menschen" mit Fotografien des Körpers in Ruhe und in Bewegung auf die ästhetische, also geistig-seelische Dimension der menschlichen Anatomie aufmerksam. Du, Hans-Eberhard Richter, hast dabei mitgewirkt, daß die Medizinische Psychologie in das Curriculum der angehenden Ärzte eingearbeitet wurde. Von gelungener Integration möchte ich noch nicht sprechen. Dies liegt nach meiner Meinung nicht nur daran, daß die seelenorientierten Ärzte bisher nicht stark genug waren, sondern das Problem liegt auch darin, daß die Naturwissenschaften und die Medizin noch nicht gut genug aufeinander bezogen sind. Das, was derzeit an den meisten Medizinischen Fakultäten den angehenden Ärztinnen und Ärzten als Naturwissenschaft präsentiert wird, fördert eher eine Entfremdung von der Natur als ein Verstehen der Natur. Wenn der Medizinstudent im Physiologiepraktikum an einem noch warmen, mit Scherenschlag enthaupteten Frosch Versuche zur zentralnervösen Reizleitung absolvieren muß, so ist zwischen expliziten und impliziten Lernzielen zu unterscheiden. Neben dem expliziten Lernziel, nämlich dem Verständnis von Gesetzmäßigkeiten des Zentralnervensystems bei Wirbeltieren, wird implizit gelernt, daß Lebewesen als Versuchsobjekte benutzt und dann weggeworfen werden können. Diese Subjekt-Objekt-Spaltung (hier ich, der Erkennende, dort das zur Sache degradierte Objekt meines Tuns) wirkt dem Empfinden des Einsseins mit der beseelten Natur entgegen. Demgegenüber stellt der Zoologe Adolf Portmann (1973) anhand vieler Bildbeispiele sehr eindrucksvoll dar, wie man allein am Blick von Lebewesen Hinweise über das Durchdrungensein von Materie und Geist gewinnen kann.

## Entfremdung von der Natur durch Naturwissenschaften und Psychologie?

Eine Entfremdung von der umgebenden Natur nehme ich auch bei vielen Psychotherapeuten wahr. Die Zentrierung der Aufmerksamkeit auf intrapsychische und zwischenmenschliche Konflikte ist zwar sinnvoll und notwendig, bedeutet aber auch, daß die Beziehung des einzelnen Menschen zur ihn umgebenden Natur, ja, sein Einssein mit der gesamten Natur, fast systematisch in einer Weise ausgeblendet wird, die ich langfristig für gefährlich halte. Im Zeitalter der lebensbedrohlich zunehmenden Umweltvergiftung – ich erwähne nur das Ozonloch mit den weltweit rapide zunehmenden Hautkrebsraten – sind gerade die Professionellen im Gesundheitswesen mitverantwortlich dafür, die Wahrnehmung der Menschen auch auf die Beziehung zur umgebenden Natur zu lenken.

So ist die bewußte Ernährung als ein Sich-Einverleiben der Nahrungsmittel aus der Natur ein genauso wichtiges Thema der Beziehungsgestaltung mit der Umgebung wie die Beziehungsgestaltung mit anderen Menschen. Die Beziehung zu Blüten, Gewürz- und Heilkräutern wie auch zu Tieren gehört zu einer umfassenden Anthropologie nicht nur deshalb, weil Blüten, Gewürz- und Heilkräuter sowie Tiere zum Anschauen und zum Sich-Einverleiben für die Gesundheit wichtig sind, also dem Menschen als Objekte nutzen, sondern weil sie die Aufmerksamkeit darauf lenken können, eine konsequentere Achtsamkeit für den Erhalt der umgebenden Mutter Erde zu entwickeln und in der allgemeinen Lebensführung ein globales Verantwortungsgefühl konsequent in die Tat umzusetzen.

Insofern birgt der Humanismus auch eine schädliche Tendenz in sich. Den Menschen zum höchsten Lebewesen auf der Erde zu erklären, geht – gestaltpsychologisch im Sinne des Figur-Hintergrundprinzips der Wahrnehmung betrachtet – einher mit einer Vernachlässigung der nichtmenschlichen Lebensgemeinschaft auf dieser Erde. Die Nichtbeachtung der Beziehung zur umgebenden Natur kann dann Verachtung bedeuten und unter anderem in Form schadstoffhaltiger Atemluft oder ungenießbarem Wasser auf die Menschen zurückwirken.

Positiv ausgedrückt, ist den angehenden Ärzten also heute ein Menschenbild zu vermitteln, welches den Menschen als Teil einer höheren Ordnung der gesamten Natur wahrnimmt. Wenn wir die Beziehung eines Menschen zur leiblichen Mutter analysieren, sollten wir dies mit einer gewissen Aufmerksamkeit für seine Beziehung zur Mutter Erde im ganz umfassenden Sinne verbinden.

Die *1. These* meines Beitrages lautet also: Naturwissenschaften und Geisteswissenschaften sollten nicht als Gegensätze betrachtet werden.

In der klinischen Medizin lernt der angehende Arzt bzw. die angehende Ärztin im günstigen Fall das Prinzip der Simultandiagnostik zu verwirklichen, also körperliche und seelische Befunde als Kombination von Organdiagnostik und begleitendem Gespräch zusammenzubringen. Im vorklinischen Studienabschnitt, wenn die Ärzte die Grundlagen ihres Menschenbildes erarbeiten, liegt noch die wichtige Aufgabe vor uns, interdisziplinäre Lehrangebote zur Überwindung des Leib-Seele-Dualismus zu entwickeln. Es bieten sich Themen aus der Wahrnehmungspsychologie an (Was ist Sehen? Was ist Hören?), generell Themen der Psychophysiologie; selbst im Anatomieunterricht würden manche Studierende mehr lernen, wenn sie zusätzlich zu der Präparation von Leichenteilen einen Massagekurs mit entsprechender Wahrnehmungsschulung mitmachen könnten, um nicht nur Morphologie zu studieren, sondern zugleich die komplexen Phänomene der Körperwahrnehmung auch am eigenen Leib differenzieren zu lernen.

Als in der Medizinpsychologie spezialisierter Arzt werde ich tagtäglich mit den Folgen des Leib-Seele-Dualismus in der gegenwärtigen Medizin konfrontiert, während ich zusammen mit meinem Team zugleich auch Selbsterfahrungsgruppen zur leib-seelischen Körperwahrnehmung anbiete.

Damit bin ich bereits bei meiner *2. These*: Die Bedeutung der Psychologen und Psychotherapeuten für das Gesundheitssystem besteht nicht primär darin, als Psycho-Experten den Ärzten den Umgang mit der seelischen Dimension von Gesundheit und Krankheit abzunehmen, sondern die Psychologen und Psychotherapeuten haben die Aufgabe, sich im Gesundheitswesen an der Erarbeitung eines ganzheitlichen Menschenbildes zu beteiligen, also der geistig-seelischen Dimension des Menschenbildes im Gesamtgefüge der Medizin die ausreichende Aufmerksamkeit zu garantieren.

Eine besonders vielversprechende integrierende Grundlagenwissenschaft der Zukunft ist die Psychoneuroimmunologie. Hier werden systematisch die Wechselwirkungen zwischen seelischen Phänomenen (zum Beispiel Angst), Funktionen des Nervensystems, Funktionen des endokrinen Systems und Funktionen des Immunsystems wissenschaftlich untersucht. So konnte beispielsweise die Konditionierbarkeit der Produktion von immunkompetenten Zellen in Abhängigkeit von mentalen Phänomenen wie der Erwartungshaltung nachgewiesen werden.

## Integration und Differenzierung

Ich möchte nun vorschlagen, für die anstehenden Diskussionen der Aufgabenbereiche *Integration* und *Differenzierung* einen Begriff zu untersuchen, der meines Erachtens geeignet ist, die Aufmerksamkeit auf die Einheit von Leib und Seele einerseits wie auch auf die Unterschiede zwischen körperbezogenen und seelenbezogenen Aufgaben beim Umgang mit Gesundheit und Krankheit zu lenken: Ich meine den Begriff der Lebenskunst.

Der Begriff *Lebenskunst* ist Ausdruck einer Idee, kaum operationalisierbar, aber dennoch fruchtbar für die Patientenarbeit, die Prävention, die Forschung und die Lehre. Er hat eine größere Weite, eine andere Tiefendimension und mehr Gehalt als die meisten gängigen, scheinbar leichter operationalisierbaren Fachbegriffe wie Coping, Attribution, Einstellung und Abwehr. Der Begriff ist von mehr Menschen erschließbar, wenn es um das Miteinander-Reden geht, um Entscheidungs- und Sinnfindungsprozesse bei existentiell wichtigen Grundsatzfragen. Er soll auf die Gestaltungskraft von Menschen hinweisen, eine Bewegkraft haben. Die Verständigung zwischen Ärzten und Laien über Fragen der Lebenskunst kann die Chance erhöhen, gemeinsame Ansätze zur Verbesserung gesundheitsfördernder Lebensbedingungen zu finden.

Was kann dies nun für die weitere Entwicklung einer psychotherapeutischen Medizin bedeuten? Ich möchte es zunächst in Form der *3. These* meines Beitrages so ausdrücken: Hilfesuchende Menschen sollten nicht primär als Patienten, nämlich als passiv leidende Objekte von Krankheiten und professionellen Behandlungsstrategien angesehen und bezeichnet werden, sondern zugleich als aktiv Forschende in Sachen Lebenskunst. In der Brockhaus-Enzyklopädie wird Forschung definiert als die „planmäßige und zielgerichtete Suche nach neuen Erkenntnissen in einem Wissensgebiet, einschließlich der Suche nach Möglichkeiten zu deren Prüfung". Danach kann jeder Mensch, der nach neuen Erkenntnissen sucht und dabei für sich Erfahrungen auswertet, immer auch als ein forschender Mensch bezeichnet werden.

Unterschiede zwischen professionellen Forschern, Laien, Erkrankten und ihren Helfern können zum einen in der Planmäßigkeit und der Zielgerichtetheit des Suchens nach neuen Erkenntnissen liegen, zum zweiten in der Art der Prüfung dieser Erkenntnisse, zum dritten in der Motivation, überhaupt planmäßig nach neuen Erkenntnissen zu suchen. Die psychotherapeutische Medizin kann dazu beitragen, daß der Unterschied zwischen interessierten Laien und professionell Forschenden hinsichtlich der drei Aspekte geringer wird, wobei die zunehmende Bedeutung engagierter und kompetenter Selbsthilfegruppen viel Aufmerksamkeit verdient. Im Hinblick auf das zugrunde liegende Menschenbild sei an die ursprüngliche Bedeutung des altgriechischen Wortes „therapeuein" erinnert: Diener sein, freundlich behandeln, zu gewinnen suchen, gut sorgen für, pflegen, sorgfältig behandeln, heilen, sorgfältig ausbilden (nach Gemoll: Griechisch-Deutsches Schul- und Handwörterbuch, 8. Aufl.).

## Therapie oder Beratung?

Was die Auseinandersetzung mit Krankheitsrisiken betrifft, geht es also für die potentiellen Patienten beziehungsweise die Laien-Forscher in Sachen Lebenskunst nicht nur darum, Neuigkeiten aus der wissenschaftlichen Medizin abzuwarten, sondern es geht auch darum, Wissen aktiv und vertieft mit Hilfe der Heilkundigen zu vermehren, es auf die eigene Lebensführung zu beziehen und die eigene Lebensführung von Zeit zu Zeit kritisch zu überdenken, insbesondere dann, wenn wichtiges neues Wissen hinzugekommen ist. Meine *4. These* lautet damit: Eine wissenschaftlich fundierte, qualifizierte Lebensberatung ist in diesem Sinne genauso viel wert wie die primär kurativ intendierte Psychotherapie.

Während man in der bisherigen medizinischen wie auch psychologischen Forschung das Krankheitsverhalten von Menschen vorwiegend als ein *Reagieren* auf Belastungen untersucht hat, könnte die gegenwärtige Tendenz, stärker auf das *zielgerichtete und planende Gesundheitshandeln* zu achten, langfristig vielleicht zu einem Paradigmenwechsel führen: das Wissen von Menschen über Gesundheit und Krankheit als Element einer übergreifenden „Lebenskunst" zu verstehen, zu differenzieren und zu vertiefen. Der Therapeut im Sinne des soeben zitierten altgriechischen Begriffs wäre ein sorgfältig ausgebildeter Fachmann, den man von Zeit zu Zeit aufsuchen kann, wenn man Fragen bezüglich der eigenen Lebensführung hat, und ein ratsuchender Mensch sollte nicht Sorge haben müssen, daß ihn der Therapeut gleich für eine mehrjährige Psychotherapie einzufangen versuchen wird. Tatsächlich sind ja einer partnerschaftlichen Beratung kranker Menschen oft Grenzen gesetzt: wenn nämlich beim Kranken wichtige Voraussetzungen partnerschaftlicher Beratung nicht mehr gegeben sind, wie z.B. die Fähigkeit, offen zuzuhören; auch Abhängigkeitsprobleme, Angst vor Autorität, Macht und Herrschaftsdimensionen auf seiten des Arztes wie auch des Patienten können dem Desiderat der partnerschaftlichen Beratung entgegenstehen.

Bisher war die medizinische Forschung einschließlich der Psychotherapieforschung im wesentlichen krankheitsbezogen. Man beachtete hauptsächlich die

Bedingungen der Entstehung von Krankheiten, die *Pathogenese*. Wenn man sich überhaupt um Gesundheit statt um Krankheit kümmerte, ging es darum, Risikofaktoren für bestimmte Krankheiten zu benennen und nach Möglichkeiten zu suchen, diese in der Makroumwelt und/oder in der persönlichen Mikroumwelt zu verringern.

Der israelische Forscher Aaron Antonovsky (1979) prägte den inzwischen international stark in Mode gekommenen Begriff der *Salutogenese*, womit die Entstehung von Gesundheit gemeint ist. Damit wollte er darauf aufmerksam machen, daß man in der Gesundheitsforschung nicht nur danach fragen sollte, warum jemand erkrankt, sondern umgekehrt, warum bestimmte Menschen gesund bleiben beziehungsweise nach einer Erkrankung wieder gesund werden.

## Sinn für Kohärenz

Die meisten gängigen medizinischen Theorien setzen ebenso wie viele Grundlagentheorien der Psychotherapie Gesundheit als einen Normalzustand voraus, der zwar durch krankmachende Einflüsse gestört werden kann, aber ansonsten nicht weiter erklärungsbedürftig zu sein scheint. Demgegenüber spricht Tress (1986) vom „Rätsel der seelischen Gesundheit". Auch Antonovsky betont, daß Gesundheit nicht automatisch als Normalzustand gegeben ist, sondern immer wieder aktiv angestrebt werden muß. Es geht also darum, ein Grundgefühl des Vertrauens in die Beeinflußbarkeit und den sinnvollen Zusammenhang des eigenen Lebens zu entwickeln. Antonovsky nennt dies den Sinn für *Kohärenz*. Damit ist ein Gespür für das gemeint, was den Körper zusammenhält: eine ganzheitliche Erfahrung der eigenen leib-seelischen Identität. In der Sicht von Antonovsky befindet sich jeder Mensch ständig irgendwo zwischen den gedachten Polen einer vollkommenen Gesundheit auf der einen und völligem Kranksein auf der anderen Seite. Meines Erachtens gehören Selbsterfahrungsübungen zur Wahrnehmung von Kohärenz, also zum Erleben der eigenen leib-seelischen Identität, in das Curriculum derjenigen, die professionell psychotherapeutische Medizin betreiben wollen.

Einen Kohärenzsinn für das zu entwickeln, was Leib und Seele zusammenhält, hat viel mit Selbstvertrauen zu tun und nicht nur mit einem fundierten Wissen über Ernährung und das Wesen von Krankheit und Gesundheit. Damit bin ich bei meiner *5. These*, die in einem wissenschaftlichen Kontext auszusprechen, heutzutage ein wenig Mut erfordert: Bei der Neuentwicklung einer psychotherapeutischen Medizin geht es letztlich auch um eine liebevolle Haltung zu sich selbst, zu den anderen und zur Natur.

Dazu auch gleich meine *6. These*: Ich habe den unbescheidenen Wunsch, daß Lebenskunst ein Hauptthema der künftigen medizinischen Forschung werden sollte. Gesundheitsorientiert zu leben, bedeutet in dieser Sicht nicht einfach, bekannte Risikofaktoren für die Entstehung von Krankheiten zu reduzieren, sondern weit darüber hinaus, die eigene Lebensführung aktiv forschend als ein Gesamtkunstwerk zu gestalten.

Damit will ich kein idealistisches Menschenbild propagieren. In der Kunst setzen sich nur selten diejenigen durch, die hauptsächlich etwas Schönes oder Harmonisches zeigen – hier stößt man im Gegenteil nicht selten an die Grenze zum Kitsch. Diejenigen Menschen, die als bildende Künstler, als Musiker oder als Schriftsteller eine überdauernde Resonanz bei anderen Menschen finden, bringen oft gerade das Schöne mit dem Häßlichen, das Gute mit dem Bösen, das Licht mit dem Schatten, das Banale mit dem Bedeutsamen in eine spannungsreiche Verbindung, oder sie lassen diese Gegensätze sogar unverbunden nebeneinander bestehen.

## Heilkunst und Ästhetik

Schon in meiner Jugend habe ich es als Schüler sehr bedauert, daß, wenn wir doch „nicht für die Schule, sondern für das Leben lernen" sollten, ästhetische Bildung lediglich in den „Nebenfächern" Musik und Kunst ihren Raum hatte und somit auch nur sehr rudimentär stattfand. Die funktionale und oft sehr unästhetische, meines Erachtens stellenweise sogar menschen- und naturverachtende, ja geradezu brutale Architektur der Nachkriegszeit konnte wohl nur entstehen, weil sich zu wenige Menschen – einschließlich der für Gesundheit und Wohlbefinden zuständigen professionellen Spezialisten aus dem Gesundheitswesen – an der ästhetischen Umweltgestaltung als gesamtgesellschaftlicher Aufgabe beteiligt haben oder aber zu sehr ein Gefühl des Ausgeliefertseins entwickelt haben. Selbst Alexander Mitscherlich, der 1965 ein vielbeachtetes Buch über die „Unwirtlichkeit unserer Städte" publiziert hatte und im Heidelberger Emmertsgrund an einem Großprojekt zur menschenwürdigen Neugestaltung eines ganzen Stadtteils mitgewirkt hatte, zog sich aus dieser Aufgabe wieder zurück, als er erkennen mußte, daß er nicht genug engagierte Bündnispartner finden konnte.

Wenn wir uns nun dem Grundgedanken der Salutogenese noch etwas genauer zuwenden und uns einige Unterschiede zwischen Ingenieurwissenschaften und Humanmedizin vor Augen führen, uns also an den besonderen selbstreflexiven Fähigkeiten orientieren, mit denen sich Menschen von anderen Lebewesen abheben, so ist es aus meiner Sicht überaus nützlich, sich sehr genau die Unterschiede zwischen *Behandlungstechniken* und *Heilkunst* klarzumachen. Ich sagte bereits, daß das Leben von Menschen nicht nur unter dem engen professionellen medizinischen Gesichtspunkt im Hinblick auf Vermeidung von sogenannten Risikofaktoren zu betrachten ist, sondern als ein jeweils einmaliges Gesamtkunstwerk, und dies bedeutet auch, daß die Antithesen des Lebens, zum Beispiel als Destruktivität in gewissen Erscheinungsformen von Depression, Sucht, Allergien, Autoimmunerkrankungen, bis hin zu Krebserkrankungen, genauso viel aktive Gestaltungskraft erfordern wie die medizinisch allgemein als erwünscht betrachteten Kräfte, die auf ein möglichst langes Leben hinwirken. Auch das Ekelhafte und Scheußliche, sogar das Feindliche und Grausame, auch die Lust an der Sünde, sind in dieser Sicht ganz bewußt mit zu kultivieren, wie es Carl Gustav Jung mit der Metapher des eigenen wie des kollektiven „Schattens", dem man nicht entrinnen kann, so eindrucksvoll veranschaulicht hat.

Wenn ich nun hier sehr persönliche Gedanken über zukünftige Perspektiven der Heilkunst formuliere, finde ich es schön, nicht nur von Visionen zu sprechen, sondern von Zukunftsmusik. Damit kommen für mich die musischen Dimensionen eines vollständigen Menschenbildes und damit der Lebens- und Therapiegestaltung deutlicher zum Ausdruck.

Lebenskunst sollte, wenn wir sie in der Medizin wissenschaftlich betrachten, auch als Ausdruck einer ästhetischen, musischen Entwicklungsfähigkeit von Menschen wahrgenommen werden. Diese ist eine Kraft, das Leben durch verfeinerte Sinneswahrnehmung und ein bewußtes Erleben der eigenen kreativen Energien zu vertiefen und zu intensivieren, allerdings um den Preis, daß bei einer erhöhten Empfindlichkeit natürlich auch die unangenehmen Außenreize wie allgemeiner Verkehrskrach oder die Zwangsberieselung mit Musik tiefer in den Menschen eindringen und ihn noch stärker stören können. Sowohl die Schulen als auch die Krankenhäuser und Arztpraxen der Zukunft könnten zu den Orten gehören, an denen Menschen in diesem Sinne zusammenwirken, auch um gemeinsam die Widerstandskraft gegenüber gesundheitsschädlichen Außenreizen zu erhöhen, ohne in Abstumpfung zu verfallen. Eine verfeinerte Sensibilität gegenüber Umweltreizen zu entwickeln, führt also stellenweise zwar durchaus auch zu unangenehmen Erfahrungen, ist aber dennoch notwendig. Entscheidend ist die Art des Umgangs mit der Sensibilität.

Viele der nun folgenden Ausführungen basieren auf meinen eigenen Forschungserfahrungen, die ich insbesondere im von mir geleiteten Hamburger Projekt über psychosoziale Unterstützung in einer strahlentherapeutischen Klinik gewonnen habe (vgl. Verres und Klusmann, 1997).

## Lebensgestaltung als Inszenierung

Seit diesem Projekt arbeite ich eng mit Musiktherapeuten zusammen, zuerst während meiner Hamburger Zeit von 1987-1991 an der Hochschule für Musik und darstellende Kunst, und seit meinem Wechsel nach Heidelberg im Jahre 1991 baue ich hier einen eigenen musiktherapeutischen Arbeitsbereich auf. Musik wird hier nicht als Mittel zu einem Zweck, einem Medikament vergleichbar oder als eine von vielen Behandlungstechniken, eingesetzt, sondern es geht um die Musikerfahrung als solche, um die Integration der musischen Potentiale in das naturwissenschaftliche Menschenbild.

Während in der Ornithologie, unzweifelhaft einer naturwissenschaftlichen Forschungsdisziplin, den Vogelgesängen viel wissenschaftliche Aufmerksamkeit gewidmet wird und diese als genuiner Bestandteil der Ornithologie ganz selbstverständlich anerkannt sind, nimmt die Humanmedizin die menschlichen Fähigkeiten zum ästhetischen Ausdrucks- und Wahrnehmungsverhalten aufgrund der einseitig pathologieorientierten Sichtweise nur noch dann zur Kenntnis, wenn sie etwas mit Pathologie zu tun haben: wenn also beispielsweise Hörschäden durch den allgemeinen Umweltkrach aufgetreten sind, Violinisten Rückenschmerzen oder Lehrer Stimmbandentzündungen entwickelt haben. Uns aber geht es darum, auch Krach und jegliche Dissonanzen als Lebensäußerungen der uns anvertrauten Menschen anzuerkennen, statt diese zu pathologisieren.

Musik eröffnet einen Zugang zu Dimensionen des emotionalen und ästhetischen Erlebens, die über die gewohnte Vorstellungskraft hinausgehend noch weit mehr bedeuten als eine additive Hinzufügung von „kreativen Medien" in den Katalog professioneller Behandlungsmaßnahmen. Musik hat etwas mit dem Unfaßbaren zu tun. Musik kann körperliche Vorgänge beeinflussen, wie zum Beispiel bei der Schmerzlinderung, doch darüber hinaus liegt eine besondere Kraft der Musik, wenn es darum geht, die Suche nach Sinn zu fördern und zu begleiten. Musik als nichtsprachliches Medium kann Menschen manchmal auch dann noch erreichen, wenn – zum Beispiel bei Schwerstkranken – kein anderer Zugang mehr gefunden wurde. Auch insofern können von der Musiktherapie noch wertvolle Impulse für den Umgang mit Krankheit und für die Entwicklung einer neuen Lebenskunst erwartet werden.

Die künstlerische Dimension der wissenschaftlichen Anthropologie im Blick zu haben, kann auch bedeuten, die eigene Lebensgestaltung und die der anderen als *Inszenierung* aufzufassen. Manches, was in gegenwärtig gültigen internationalen Klassifikationen von Krankheiten als Störung definiert wird, zum Beispiel als Persönlichkeitsstörungen, kann bei etwas wohlwollenderer Betrachtung als Ausdruck selbstdarstellerischer Inszenierkunst gedeutet werden. In meiner eigenen psychotherapeutischen Sprechstunde fühle ich mich immer wieder von der Vielfalt angesprochen, mit der sich Menschen inszenieren.

## Gesamtkunstwerk Staat

Zur weiteren Öffnung unseres Bezugsrahmens ist an dieser Stelle auf die systemische Sichtweise einzugehen. Nicht nur ist jedes einzelne Menschenleben ein potentielles Gesamtkunstwerk, sondern jeder einzelne Mensch hat seinen Stellenwert in einem größeren Ganzen: einer Gruppe, zum Beispiel einer Familie, einer größeren Lebensgemeinschaft, eines Gartens, einer Stadt, eines Staates. Die Stadt, der Staat, die rebellischen Menschen der Hamburger Hafenstraße oder der Großstadt-Bahnhofsszenen auch in der „B-Ebene": Teile von selbstorganisierten Gesamtkunstwerken oder eines Molochs?

Das Schwarze Schaf: eine wichtige Infragestellung der die Dummheit fördernden Denkschablone, alle Schafe seien weiß. Der hysterische Schrei: eine Infragestellung der schweigenden Mehrheit. Der Bilanzselbstmord: eine Infragestellung und Antithese der allgemeinen Todesverdrängung und der Ideologie, der Tod müsse mit allen nur denkbaren Mitteln soweit wie irgend möglich hinausgeschoben und am besten ganz ausgeblendet werden. Der Sündenbock: eine Antithese, aber zugleich auch ein Stabilisator einer zu unrealistisch auf Harmonie eingeschworenen Gruppe. Die Persönlichkeitsstörung als Verrücktheit, die Verrücktheit als Infragestellung alltäglicher Entfremdungsphänomene in größeren Organisationen, die Panikattacke als Zeichen von Lebensintensität, ganz generell also die Andersartigkeit als Möglichkeit, sich einerseits zu einer unverwechselbaren Individualität zu bekennen und zugleich andererseits zur Farbigkeit des menschlichen Zusammenlebens als Gesamtkunstwerk beizutragen.

Wenn die psychotherapeutische Medizin den Stellenwert des einzelnen im „Gesamtkunstwerk Staat" auch systemisch mehr zu würdigen bereit ist, kann sie durchaus in vielen Fällen anstelle der Anpassung von Abweichungen an bestehende Gesundheitsnormen auch zur Abweichung von bestehenden Gesundheitsnormen ermutigen.

Nach meiner Erfahrung kommen Anregungen hierzu seltener aus Kreisen professioneller Therapeuten, sondern eher aus Kreisen von Betroffenen selbst. Hierzu ein Beispiel aus der Onkologie. Während die psychoonkologische Forschung in den letzten zehn Jahren Hunderte von wissenschaftlichen Studien zum immer differenzierteren Klassifizieren sogenannter Coping-Mechanismen bei Brustkrebs erbrachte, was kaum zur Verbreitung seelischer Hilfestellungen für mastektomierte Frauen und deren Sexualpartnern beitrug, erregte kürzlich weltweit ein Fotomodell Aufsehen, welches nach brustkrebsbedingter Mastektomie auf den Titelblättern verschiedener internationaler Journale die Chance erhielt, offensiv mit der eigenen Beschädigung derart für ein Millionenpublikum zu posieren, daß der Körper mit der Beschädigung zu einem Kunstwerk deklariert wurde, an dem sich andere, in ihrem Selbstwertgefühl tief getroffene und verletzt fühlende Frauen vielleicht gänzlich neu orientieren können und insbesondere auch Männer in Richtung auf eine neue Betrachtungsmöglichkeit provoziert werden.

Ich habe solche Bilder bereits mehrfach in diesem Sinne mit brustamputierten Krebspatientinnen gemeinsam angeschaut und unter dem Aspekt einer Neubesinnung ästhetischer Vorstellungen von Intaktheit, Normalität und Unauffälligkeit analysiert.

Wenn ich vorhin die Bedeutung der menschlichen Kreativität für die Lebenskunst vorwiegend an den Beispielen von Musik und bildender Kunst dargestellt habe, so war dies nur exemplarisch zu verstehen. Es ist wichtig, sich die ganze mögliche Spannweite kreativer Zugänge zur Lebensgestaltung immer wieder neu bewußt zu machen: Neben der Musik und dem Malen ist auch an die Poesie, an die Fähigkeit zu träumen und insbesondere auch an die Fähigkeit der kreativen Imagination im Tagträumen zu erinnern.

Auch die Heilkundigen sind in diesem Sinne als Forschende in Sachen Lebenskunst zu betrachten: Je bewußter wir uns selbst fragen, inwieweit wir unsere eigenen kreativen Fähigkeiten auf unsere ureigene Weise uns selbst bewußt machen und kultivieren, entwickeln wir gleichzeitig feinere Antennen für eine subtilere und konsequentere Wahrnehmung der kreativen Fähigkeiten unserer sogenannten Patienten. So hat mich beispielsweise ganz besonders die Idee des inzwischen verstorbenen Medizinjournalisten Dr. med. Georg Schreiber beeindruckt, in der Krebs-Nachsorgeklinik Bad Trißl in Oberaudorf etwa einmal im Monat eine sogenannte Klinik-Talkshow zu veranstalten. Herr Schreiber lud hierzu Prominente aus ganz Deutschland ein, jeweils eine Gruppe von vier bis fünf Gästen, mit denen er vor der gesamten Patientenschaft, die scharenweise herbeiströmte, eine überaus gelungene, witzig-satirische, aber auch sehr tiefgründige Gesprächsführung über Fragen der allgemeinen Lebensgestaltung entfaltete, mit dem Ziel, die Aufmerksamkeit der Patienten einmal weg von der Erkrankung und hin zu kreativen Möglichkeiten der Lebensführung zu lenken. Die eingeladenen prominenten Gäste bekamen übrigens keinerlei Honorar und kamen immer wieder gern dorthin; den Patienten blieb dieses Erlebnis unvergeßlich im Gedächtnis, und es relativierte manche schmerzlichen Erfahrungen der Krankenhauszeit.

## Was ist Lebenskraft ?

Ich möchte nun noch mit einem ganz anderen Gedanken die bereits getroffene Unterscheidung zwischen Ingenieurwissenschaften und Humanmedizin veranschaulichen und hierbei einige persönliche Wünsche bezüglich der Weiterentwicklung der psychotherapeutischen Medizin formulieren.

Da ich viel mit lebensbedrohlich erkrankten Menschen arbeite, insbesondere in der Onkologie, befasse ich mich seit vielen Jahren mit der Frage, was eigentlich Lebenskraft ist und wovon es abhängt, inwieweit ein Mensch aufkommende Infragestellungen seines Lebens bewältigt und trotz manifester Gesundheitsbedrohungen am Leben bleiben will.

Auch hier können wir wieder im Sinne des gängigen Leib-Seele-Dualismus unterscheiden zwischen einer materiell genannten und einer geistig genannten Dimension der Lebenskraft. Erstere wird von den biologischen und molekularbiologischen Wissenschaften untersucht und beschrieben, nämlich als Wissenschaft von der Gestaltungskraft der Desoxyribonukleinsäure, des Immunsystems, der *natural killer cells* im Kampf gegen entstandene Krebszellen (vgl. Dulbecco, 1991).

Die andere Dimension der Lebenskraft fällt in den geistig-seelischen Bereich. Warum entwickeln die einen Menschen Kampfgeist und andere einen stoisch akzeptierenden (oder aber auch reifen) Fatalismus? Es gibt ja empirische Untersuchungen bei Krebspatienten, zum Beispiel von Greer, Morris und Pettingale (1979) oder von Spiegel (1989), nach denen Krebspatienten mit *fighting spirit* bei vergleichbarem Stadium der Krankheit etwas länger überlebten als Patienten, denen man *stoic acceptance* bescheinigt hatte.

## Resonanz

Wenn die psychotherapeutische Medizin im Sinne der Integration zu einem ganzheitlichen Menschenbild und entsprechend zu ganzheitlichen Behandlungskonzepten beitragen will, möchte ich noch einen weiteren Begriff ansprechen, der meines Erachtens als Orientierungshilfe für konkrete weiterführende Planungen und Entscheidungen hilfreich ist, nämlich den Begriff der *Resonanz*.

Entsprechend lautet meine *7. These*: Wenn Resonanz zwischen körperlichen und seelischen Lebensenergien auftritt, ist ein ganzheitliches, kohärentes Krafterleben möglich, welches als *Lebensmut* einen Einfluß auf vitale Lebensentscheidungen hat.

Meine nun folgenden Ausführungen dazu sind im wesentlichen metaphorisch gemeint. Es geht ja erstens um das subjektive Erleben der Menschen, denen die psychotherapeutische Medizin dienen soll, zweitens aber auch um die Frage, ob die gegenwärtige medizinische Wissenschaft von ihrem Menschenbild her überhaupt genug Raum läßt für das beiderseitige Erleben geistig-körperlicher Resonanz bei Therapeuten und sogenannten Patienten, potentiellen Patienten beziehungsweise Lebenskünstlern ganz generell.

Resonanz bedeutet sowohl physikalisch als auch psychologisch: sich aufeinander einschwingen, gemeinsam im Einklang schwingen, aufeinander bezogen sein. Dies ist das Gegenteil von Entropie, der Tendenz zur Unordnung, zur Disharmonie, zu Zerfall und Tod. Die stärkste Erscheinungsform von Resonanz im Hinblick auf die Lebenskräfte finden wir in der spürbaren Liebe, der Fürsorge, dem gegenseitigen Aufeinander-Eingehen, auch in der leib-seelischen Selbstliebe. Resonanz ist also ein Aufrechterhalten von Ordnung durch Teilhabe. Hier, lieber Horst-Eberhard Richter, führe ich einige Deiner grundlegenden Gedanken zur Gruppe und zum Lernziel Solidarität fort.

## Aufgehobensein

Was bedeutet also das Phänomen der Resonanz für die psychotherapeutische Medizin? Wenn wir die lebenserhaltenden Energien als Sinn für Kohärenz fördern wollen, kommen wir nicht daran vorbei, der Bevölkerung eindeutig zu signalisieren, daß sie sich im von uns zu verantwortenden Gesundheitssystem aufgehoben fühlen kann. In meinen empirischen Untersuchungen zur Bedeutung subjektiver Krankheitstheorien für das Gesundheits- und Krankheitsverhalten (Verres, 1986) kam ich immer wieder zu dem Ergebnis, daß in subjektiven Krankheitstheorien von Laien ein starkes Bedürfnis nach einem *Aufgehobensein* in der *Medizin* zum Ausdruck kommt. Davon hängt die Motivation ab, an Früherkennungsuntersuchungen teilzunehmen, Therapieempfehlungen einzuhalten und Nachsorgetermine wahrzunehmen; diese geistig-seelischen Kräfte haben als verhaltenssteuernde Gedanken also einen objektivierbaren Einfluß auf die Länge des Lebens einer Person, beispielsweise wenn ein Cervixkarzinom oder beginnender Hautkrebs oder auch ein Rezidiv aus Angst vor Ärzten nicht rechtzeitig erkannt wird, dann wegen verpaßter Exzision Metastasen setzt und den Gesamtorganismus zerstört. Konzeptuell ähnliches gilt bei selbstdestruktiven seelischen Erkrankungen wie Suizidalität und insbesondere der latenten Suizidalität in Form von autodestruktivem Alkoholismus, Nikotinabusus, unachtsamem Verhalten im Straßenverkehr und so weiter.

Meine *8. These* lautet entsprechend: Von der psychotherapeutischen Medizin sollten vertrauenerweckende Impulse für das atmosphärische Milieu des gesamten Gesundheitswesens ausgehen. Wir müssen der Bevölkerung Orientierungshilfen zur Unterscheidung von Scharlatanerie und wissenschaftlich fundierten Angeboten geben. Krankenanstalten sollten erkennbar zu attraktiven Gesundheitszentren umgestaltet werden, Ärzte und Psychotherapeuten sollten sich auch in die Planung und Gestaltung öffentlicher Räume einmischen. Auch bei der Gestaltung der Arbeitsplätze im Gesundheitswesen sollte die Kompetenz von Psychotherapeuten und Ärzten zur Heilkunst als Lebenskunst sinnlich spürbar und vorbildlich sein. Gerade wenn wir die ästhetischen Reize unserer Umwelt zu würdigen wissen, werden wir diejenige Emotionalität aufbringen, die uns dabei helfen kann, wirksam gegen die allmähliche Demontage unserer liebgewonnenen Lebensräume Stellung zu beziehen. Allerdings: Wie können solche Kollegen ihren Patienten ein „Aufgehobensein in der Medizin" vermitteln, die sich selber nicht mehr als aufgehoben in der Medizin erleben; die also existentiell gefährdet sind, ständig neuen administrativen Regelungen unterworfen sind und sich selbst zunehmend als Schachfiguren von Krankenkassen und kassenärztlichen Vereinigungen erleben?

Krankheiten führen oft, wie der kürzlich verstorbene Psychiater Hubertus Tellenbach (1986) es ausdrückte, zu einer „Atmosphärisierung bei Veränderung des Bewußtseinszustandes". Ein *dreamy state,* ein traumartiges Bewußtsein, kann in einen Zustand führen, in dem die Welt plötzlich in der Anmutung eines von jeher ganz Vertrauten, Bekannten, Anheimelnden oder aber eines ganz Fremden, Unbekannten, Unheimlichen erscheint: als Eintauchen des Daseins in eine atmosphärische Homogenität. Izumi (1976) konnte zeigen, daß psychisch Kranke oft sensibler gegenüber Lärm, Gerüchen, Temperatur, optischen Effekten und anderen Reizen werden. Daher ist bei der Gestaltung der therapeutischen Umgebung alles zu vermeiden, was die Patienten überfordern oder ihre Wahrnehmung verzerren könnte, zum Beispiel illusionäre Effekte durch perspektivische Malerei, Spiegeleffekte, verwirrende Durchblicke oder schwer interpretierbare räumliche Strukturen, Halligkeit von Räumen, unnatürliche Beleuchtung, zu geringe Differenzierung der Räume durch Oberfläche, Farbe oder Licht, weil dadurch auch die Einschätzung von Entfernungen und die perspektivische Orientierung erschwert werden.

## Pforten der Wahrnehmung

In der chirurgischen Abteilung eines Akutkrankenhauses kam Ulrich zu dem Ergebnis, daß bei Patienten mit Fensterblickmöglichkeit auf eine Baumgruppe signifikant weniger Komplikationen auftraten und weniger schmerzstillende Mittel benötigt wurden als bei einer Vergleichsgruppe, die durch das Fenster nur auf eine monotone Ziegelwand blicken konnte (zitiert nach Heeg, 1994).

Es ist bei der architektonischen Milieugestaltung ebenso wie bei jeglicher Entwicklung therapeutischer Strategien zu unterscheiden zwischen *instrumentellem Charakter* und *Bedeutungscharakter*. Die gesamte Klinikumgebung ist als Ort therapeutischer Interventionen zu sehen. Dies beginnt mit der atmosphärischen Ausstrahlung der Pforte. Obwohl in fast allen Kulturen der Menschheit der Gestaltung von Pforten eine gewisse künstlerische Aufmerksamkeit gewidmet wurde und auch in der internationalen belletristischen Literatur weltweit wesentliche Gedanken zur Bedeutung der Pforte Eingang in den gesamtgesellschaftlichen Wissensvorrat gefunden haben, zum Beispiel mit den metaphorischen Visionen in Kafkas Schloß oder mit Huxleys Analysen zur Kunst des Sehens und zu den „Pforten der Wahrnehmung", finden wir im gegenwärtigen Krankenhauswesen häufig schauerliche Gestaltungen von Pförtnerlogen, in die oft auch noch von ihrem ursprünglichen Arbeitsplatz abgeschobene, als eigentlich unbrauchbar stigmatisierte Arbeitskräfte gesetzt werden, die dort, kettenrauchend und nicht selten mürrisch dreinblickend, durch ihre Ausstrahlung als Person eine oft erschreckende Lieblosigkeit oder zumindest Entfremdung verkörpern. Das Selbstwertgefühl von Pförtnern sollte bewußter gefördert werden. Auch finden wir natürlich absolut saubere, perfekte, vollcomputerisierte Anmeldezonen in den Großkliniken, die dem einzelnen Lebenskünstler auf seiner Suche nach Hilfe unzweideutig signalisieren, daß er sich allmählich auch mal wieder klarmachen möge, welch ein unbedeutendes Element er im Großbetrieb des an Reibungslosigkeit interessierten apparatemedizinischen Gesundheitswesens ist.

Wenn ich in meiner Hamburger Zeit morgens durch die Pforte das Universitätskrankenhaus Hamburg-Eppendorf betrat, hatte ich, obwohl ich immerhin als Professor mit allerlei Privilegien dort tätig war, immer wieder ein beklemmendes Gefühl, hier als versklavter Arbeitnehmer ein häßliches, liebloses Werksgelände zu betreten. Hinzu kam noch, daß die Pförtner ähnlich wie in Kafkas Schloß auch noch polizeiartige Funktionen der Regelung des Pfortenverkehrs mit entsprechend barschem Umgangston ausübten. (Inzwischen wurde der Pfostenbereich insbesondere von Gärtnern erheblich verbessert.)

Die symbolische Bedeutung des architektonischen Milieus wird allerdings oft unterhalb der Bewußtseinsschwelle wirksam und signalisiert dem Lebenskünstler, welche Rolle von ihm erwartet wird. Die Bedeutungen von Milieu und Atmosphäre sind keineswegs immer eindeutig: Warme, freundliche Atmosphäre kann auch mit lockerer, unprofessioneller Betreuung verwechselt werden, während Sachlichkeit, Mächtigkeit eines Krankenhausbaus durchaus auch mit Kompetenz und Professionalität in Verbindung gebracht werden kann; beide Dimensionen können Auswirkungen auf die wahrgenommene Autorität der Therapeuten haben. In der Klinik für Tumorbiologie in Freiburg legte deren Gründer, Professor Gerd Nagel, großen Wert darauf, daß in allen Bildern auf den Fluren die Farbe Gold vorkommen möge. Man kann sich vorstellen, in welcher Weise diese Farbe gerade in diesem Kontext aufgrund der Bedeutungsähnlichkeit von Gold, Macht und Geld als Hinweisreiz verstanden oder auch mißverstanden werden kann.

Im Kontext der Psychiatriediskussion wurde schon vor 20 Jahren vom „krankmachenden Krankenhaus" gesprochen (Hartmann, 1977) oder gar von einer „veranstalteten Depressivität" (Rohde, 1974). Demgegenüber hat sich inzwischen ein Machbarkeitsmythos entwickelt, zum Beispiel in Form der Annahme, man könne durch bauliche Gegebenheiten Sozialkontakte „erzeugen", nämlich über den Aufforderungscharakter von Orten oder Objekten therapeutisch erwünschtes Verhalten evozieren. So wird beim Bau neuer Psychosomatischer Kliniken versucht, über die Lage und visuelle Zugänglichkeit bestimmter Funktionsbereiche die Häufigkeit ihrer Inanspruchnahme zu beeinflussen. Die Gestaltungstherapie wird direkt in den Eingangsbereich gelegt und jedem Vorbeigehenden durch eine Glaswand in den Wahrnehmungshorizont gebracht, während die Apotheke und die ärztlichen Untersuchungsräume nur schwer zu finden sind.

## Erotik und Autonomie

Wenn autonomieorientiertes Handeln unterstützt werden soll, sind die Möglichkeiten des Patienten zur Verhaltens- und Entscheidungskontrolle sowie zur Zugangskontrolle wichtig, also die Kontrolle darüber, wen man in sein Zimmer kommen läßt, wieviel andere von einem erfahren können, welche Wahrnehmungsreize im Blickfeld sind und so weiter. In einer neurologischen Intensivstation betreute ich eine tetraplegisch gelähmte Patientin mit Guillain-Barré-Syndrom, die durch wechselnd aggressive und stark depressive Ausdrucksweisen auffällig geworden war. Ich wurde gebeten, als Vertreter der psychotherapeutischen Medizin das aggressive und depressive Verhalten zu reduzieren. Dabei fiel mir auf, daß der gesamte Wahrnehmungshorizont dieser gelähmten Patientin vollgestopft war mit außerordentlich unruhigen und unästhetischen Hinweisreizen: von Kotzschalen, Putzutensilien bis hin zu den ständig blinkenden, pulsierenden Monitoren und, nicht zu vergessen, verschiedenen unangenehmen Geruchsreizen aufgrund des hier unglaublich perfektionierten Hygieneterrors. In Imaginationsübungen versuchte ich, dieser Patientin zu helfen, dieser quälenden Außenwelt eine aktiv imaginierte Innenwelt mit eigenen Lebensthemen entgegenzusetzen, zum Beispiel durch Übungen des katathymen Bilderlebens oder durch Visualisierungsübungen zu erlebten und ersehnten Szenen mit ihren beiden Kindern, ja sogar mit ihrem Liebhaber, den ich ausdrücklich ermutigte, das Personal um die Möglichkeit zum zärtlichen und ungestörten Intimverkehr mit der von ihm weiterhin als sehr erotisch empfundenen Geliebten zu bitten. Diese Patientin konnte, von mir als Forscherin in Sachen Lebenskunst in ängstigender Situation angesprochen, selbst in diesem gelähmten Zustand eigene kreative Gestaltungsmöglichkeiten entdecken und die erotische Schönheit ihres eigenen Körpers bewußt und offensiv zum Ausgangspunkt eines neuen Empfindens von Kohärenz im Sinne von Antonovsky machen.

Ein weiterer wichtiger Aspekt der architektonischen Gestaltung ist die Möglichkeit der Aneignung, also das Sich-nutzbar-Machen, das perzeptive und emotionale Besetzen der Klinikumgebung als Lebensraum auf Zeit. So kann die Einrichtung eines kleinen Patientencafés in einem Krankenhaus mit regelmäßiger Plauderstunde des Stationspsychologen eine genauso wichtige psychotherapeutische Maßnahme sein wie das konfliktzentrierte oder tröstende Gespräch. All diese Ausführungen verweisen auf die Notwendigkeit einer systemischen Denkweise. Die intrapsychischen Repräsentationen von Objekten werden ergänzt durch die bisher viel zu wenig beachteten Repräsentationen von Strukturen,

Zusammenhangsannahmen, Werthierarchien, die eine eigene Ästhetik zu haben scheinen und vom Therapeuten nur erkannt und gewürdigt werden können, wenn er in der Lage ist, eigene ideolgische Voreingenommenheit zu erkennen und Zusammenhänge auch in systemischen Kategorien zu erfassen.

Ich nähere mich nun mit meiner *9. These*, die ich als Frage verkleiden möchte, dem Schluß meiner Ausführungen: Gibt es konsensfähige Kriterien zur Persönlichkeitsbildung der Heilkundigen? Im Zusammenhang meiner Ausführungen wird vielleicht deutlich, daß mir die Förderung ästhetischer Wahrnehmungsfähigkeit von Therapeuten besonders am Herzen liegt. Schon Michael Balint sprach davon, daß es notwendig sei, dem Patienten wie einem neuen Kunstwerk gegenüberzutreten. Das Universitätsstudium der Medizin bildet im Gegensatz dazu – ebenso wie meines Erachtens auch das Studium der Psychologie – den Studenten eher zu einem Homo Faber aus, den Max Frisch sich selbst wie folgt beschreiben läßt: „Ich habe mich schon oft gefragt, was die Leute eigentlich meinen, wenn sie von Erlebnis reden. Ich bin Techniker und gewohnt, Dinge zu sehen wie sie sind." Noch drastischer drückt dies ein unter Studenten sehr beliebter Witz aus: Ein Psychologiestudent und ein Medizinstudent werden vom Professor aufgefordert, ein Telefonbuch auswendig zu lernen. Der Psychologiestudent fragt: „Warum?" Der Medizinstudent fragt: „Bis wann?"

Das Medizinstudium zieht ebenso wie das Psychologiestudium besonders Abiturienten mit Einsernoten an, eine selektierende Wirkung des Numerus clausus. Im Hochschulunterricht erlebe ich viele dieser Studenten aufmerksam, mit gespitztem Bleistift horchend auf das, was ich ihnen zum Auswendiglernen für die akademischen Prüfungen darzubieten gedenke. Die Aufnahmerituale für psychotherapeutische Weiterbildungen sowie für die Einstellung in einer Psychosomatisch-Psychotherapeutische Klinik sind regional und je nach therapeutischer Schulenausrichtung sehr unterschiedlich. Bei Stellenangeboten aus Psychosomatischen Kliniken, zum Beispiel im Deutschen Ärzteblatt, fällt mir immer wieder auf, daß selbst bei gehobeneren Positionen wie zum Beispiel Oberarztfunktionen dort lediglich eine laufende Weiterbildung und nicht eine bereits abgeschlossene Weiterbildung in einem psychotherapeutischen Verfahren gefordert wird. Liegt dies daran, daß diese Kliniken nicht in der Lage sind, auch gut ausgebildeten, lebenserfahrenen und qualifizierten Therapeuten angemessene Arbeitsbedingungen anzubieten und damit auch im Gesamtbild nach außen Kompetenz und Vertrauenswürdigkeit auszustrahlen?

So wichtig eine gründliche Selbsterfahrung insbesondere als mehrjährige Lehranalyse und Balintgruppe ist, und ich selbst möchte meine eigene Lehranalyse unter keinen Umständen missen, so wichtig finde ich es aber auch, bei der zur Zeit neu anstehenden Definition von Qualifikationskriterien im Bereich der psychotherapeutischen Medizin die bestehenden Modelle sehr kritisch zu betrachten. Wenn beispielsweise vom Weiterbildungskandidaten gefordert wird, daß er eine Anzahl von Patienten über Hunderte von Stunden bei der Stange halten muß, um seine dokumentierten Supervisionsfälle zusammenzubekommen, so wird hier zugleich implizit trainiert, wie man hilfsbedürftige Menschen über lange Zeiträume von sich abhängig machen kann – ein Lerneffekt, der bei der anschließenden privatwirtschaftlichen Gründung einer psychotherapeutischen Praxis für den Therapeuten gewinnbringend weiter genutzt werden kann; hier sind interdisziplinäre Diskussionen zu Nutzen und Risiken der Weiterbildungsmodelle unerläßlich. Um es im Klartext zu formulieren: Auch die psychotherapeutische Medizin birgt das Risiko der Vereinnahmung und Ausbeutung ratsuchender Menschen in sich.

## Unerträgliches Gutachterwesen

Ein weiteres sehr kritisch zu betrachtendes Selektionsinstrument zum Therapeutenverhalten ist das Gutachterwesen im Bereich der psychotherapeutischen Medizin. Ich finde die gegenwärtige Situation des Gutachterwesens im Psychotherapiebereich unerträglich, insbesondere wenn es um die psychotherapeutische Begleitung von Menschen mit körperlichen Erkrankungen geht, also im Bereich der somatopsychischen Störungen. Hier ist das neurosenpsychologische Krankheits- und Therapiemodell nur begrenzt anwendbar, ja manchmal völlig unsinnig, und es ist für mich als ärztlichem Psychotherapeuten unannehmbar, wenn ich beispielsweise einen Krebspatienten mit starken Ängsten, Schuldgefühlen und Partnerschaftskonflikten für einen anonymen Krankenkassengutachter im ärztlichen Bericht nach einem neurosenpsychologischen Denkmodell „aufbereiten" soll, obwohl hier – zum Beispiel für eine aus ca. 11 Stunden bestehende psychotherapeutische Begleitung in mehrwöchigen Abständen – nicht einmal ein klassisches, am psychoanalytischen Neurosenmodell orientiertes Erstinterview sinnvoll ist; all das wird aber für die Kostenerstattung manchmal gefordert. Auch für diesen Aufgabenbereich der Qualitätssicherung der psychotherapeutischen Medizin durch das Krankenkassen-Gutachterwesen sind interdisziplinäre Arbeitsgruppen zur bundesweiten Neufassung von Richtlinien für den Begutachtungsbereich unerläßlich.

## Spielerische Annäherungen

Jenseits dieser eher in den Bereich von Vorschriften und Kontrollen fallenden Aspekte möchte ich mir zum Schluß noch eine Abrundung meiner Gedanken zur Lebenskunst in ihrer Bedeutung für die Persönlichkeitsbildung der Professionellen im Gesundheitswesen selbst erlauben: gemeint sind die Ärzte, Psychotherapeuten, Pflegenden, Sozialarbeiter und medizinisch-technischen Assistenten.

Zur umfassenden ästhetischen Wahrnehmungsweise gehört, gewissermaßen als Resonanzkörper, auch das mitzuspüren, was sich in der Therapeut-Patient-Interaktion nicht unbedingt auf einen sprachlich orientierten Wissenschaftsbegriff bringen läßt. Nach außen gerichtete Sinneswahrnehmung wird durch eine introspektive Teilhabe an den Phantasien und Gefühlen ergänzt. Wenn ich als Therapeut in der Lage bin, neben der objektivierenden Befunderhebung eine feinsinnige ästhetische Haltung zu bewahren, und dabei auch dem Patienten meine eigenen Resonanzempfindungen so ausdrücke, daß dabei für ihn deutlich wird, was mich an ihm freut, trage ich dazu bei, daß auch der Patient sich nicht mehr nur als bloß erleidendes Objekt von Symptomen und ihrer Behandlung empfinden muß, sondern sich unmittelbar in der Therapeut-Patient-Begegnung seiner gesundheitsfördernden Fähigkeiten bewußter werden kann. In diesen Resonanzphänomenen zeigt sich der materielle Körper auch als ein beseelter Leib, der anspricht.

Die Arbeitsteilung zwischen apparateorientierter Medizin (zum Beispiel als hochspezialisierte mammographische Brustsprechstunde) und psychotherapeutischer Medizin (zum Beispiel als psychoonkologisch-psychotherapeutische Unterstützung bei Ängsten vor der Mammographie oder der Chemotherapie) birgt das Risiko in sich, daß diejenigen Ärzte, die mehr zur technikorientierten Medizin neigen, der Beseeltheit des menschlichen Organismus *nun erst recht* nur mehr einen kurzen Blick widmen, um sich nach dem Ausstellen eines Überweisungsscheins an den psychotherapeutischen Kollegen um so ausschließlicher der finanziell lukrativeren reinen Ingenieurmedizin widmen zu können.

Ich möchte hierzu vorschlagen, im Umgang zwischen Ingenieurmedizinern für Körper ohne Seelen und psychologischen Therapeuten für Seelen ohne Körper die Möglichkeiten der *spielerischen Annäherung* mehr als bisher in Betracht zu ziehen. Wir alle haben in unserer eigenen Kindheit die Fähigkeit, aus uns selbst herauszutreten, um an der Lebenswelt der anderen zu partizipieren, wie auch dann wieder zur eigenen Identität zurückzuschwingen, in erster Linie spielerisch entwickelt. Winnicott, der sich ja intensiv mit der Bedeutung des Spielens für die Unterscheidung zwischen Selbst- und Gesamtwahrnehmung befaßte, behauptete, ein Therapeut, der nicht spielen könne, sei für die Therapie ungeeignet. Auch insofern sind für mich die kreativen Therapiemethoden wie zum Beispiel die Gestaltungs- oder die Musiktherapie nicht nur ergänzende, sondern Hauptbestandteile eines Gesamtkonzepts der psychotherapeutischen Medizin. Wenn wir Produktionen aus der Gestaltungstherapie miteinander ansehen und dabei auch unsere eigenen inneren Bilder im Sinne von Resonanzphänomenen mit der äußeren Wahrnehmung in Verbindung bringen, stimmen wir uns auf das metaphorische Denken ein und üben in diesem Augenblick auch selbst ein bißchen Lebens-Kunst im wörtlichen Sinne.

Das ist meine *10. und letzte These*: Wir brauchen in den Krankenhäusern, Gesundheitszentren und Therapiepraxen mehr Platz für die spielerische Lebenslust der Therapeuten und aller Beteiligten.

Ich vergesse nie die Schneeballschlacht „Patienten gegen Therapeuten" im Psychiatrischen Landeskrankenhaus Weinsberg anläßlich meines letzten Arbeitstages dort als Abteilungsleiter, im Dezember 1980. Alles, was ich über Resonanz gesagt habe, sollte deutlich machen, daß es sich hierbei nicht um statische Phänomene handelt, sondern um ein stets dynamisches Geschehen mit einem sehr starken Potential zur Transformation.

Lieber Horst-Eberhard Richter, früher bestimmten die Älteren, welche Jüngeren ihre Erben zu sein hatten. Es ist demgegenüber gut zu wissen, daß das *geistige Erbe* nicht wie ein Besitz gehandelt und aufgeteilt werden kann, sondern jeder hat die Möglichkeit, daran teilzuhaben und sich vom geistigen Erbe, vom gesellschaftlichen Wissensvorrat das zu nehmen, was für die eigene Horizonterweiterung bedeutsam ist. Du hast jahrzehntelang wichtige Impulse in unser Gemeinwesen eingebracht. Du hast viele Menschen dabei angeregt, ihre Energien bewußter zu spüren: in der Solidarität.
Danke.

## Literatur


Antonovsky, A.: Health, stress and coping. San Francisco: Jossey-Bass 1979.

Dulbecco, R.: Der Bauplan des Lebens. München: Piper 1991.

Greer, S., Morris, T. u. Pettingale, K. : Psychological response to breast cancer: Effect on outcome. Lancet 2 (1979), 785-787.

Hartmann: Hospitalismus – Macht das Krankenhaus uns krank? Bild der Wissenschaft 4 (1977), 96-111.

S. Heeg: Die Bedeutung des architektonischen Milieus in der stationären Psychotherapie und Rehabilitation. In: Zielke, M. u. Sturm, J. (Hrsg.): Handbuch stationäre Verhaltenstherapie. Weinheim: Psychotherapie Verlags-Union (1994), 85-106.

Höpke, H.: Das Muskelspiel des Menschen. Stuttgart, New York: Fischer 1979 (7.Auflage).

Izumi, K.: Perceptual factors in the design of environments for the mentally ill. Hospital and Community Psychiatry, 27 (1976), 802-806.

Mitscherlich, A.: Die Unwirtlichkeit unserer Städte. Anstiftung zum Unfrieden. Frankfurt: Suhrkamp 1965.

Portmann, A.: Biologie und Geist. Frankfurt: Suhrkamp 1973.

Rohde, J.: Veranstaltete Depressivität. Internist (1974), 277-282.

Spiegel, D., Bloom, J., Kraemer, H., Gottheil, E.: Effect of psychological treatment on survival of patients with metastatic breast cancer. Lancet (1989), 888-891.

Tellenbach, H.: Geschmack und Atmosphäre. Salzburg: O. Müller 1968.

Tress, W.: Das Rätsel der seelischen Gesundheit. Göttingen-Zürich: Vandenhoeck & Rupprecht 1986.

Verres, R.: Krebs und Angst. Subjektive Theorien von Laien über Entstehung, Vorsorge, Früherkennung, Behandlung und die psychosozialen Folgen von Krebserkrankungen. Berlin, Heidelberg, NewYork: Springer 1986.

Verres, R.: Die Kunst zu leben. Krebsrisiko und Psyche. München: Piper 1997 (4. Auflage).

Verres, R.: Lebenskunst und psychotherapeutische Medizin. Psychotherapeut 42 (1997), 17-27.

Verres, R. & Klusmann, D. : Strahlentherapie im Erleben von Patienten. Heidelberg/Leipzig: Barth/Hüthig 1997.

Verres, R., Leuner, H., Dittrich, A. (Hrsg.): Welten des Bewußtseins. Band 7: Multidisziplinäre Entwürfe. Berlin: Verlag für Wissenschaft und Bildung 1998.

Verres, R.: Paradies. Heidelberg: Braus 1998 (im Druck).

Uexküll, Th. von, Wesiack, W. : Theorie der Humanmedizin. München: Urban und Schwarzenberg 1988.

# Psychoanalyse, Politik und soziales Engagement

## Erinnerungen und Assoziationen aus gemeinsamen Jahren mit Horst-Eberhard Richter

Hans-Jürgen Wirth

### Hoffnung, mich selbst und andere zu befreien

Es war Ende 1970, als ich Horst-Eberhard Richter das erste Mal begegnete. Im Winter-Semester 1969/70 hatte ich mit dem Studium begonnen und war von der antiautoritären Studentenbewegung aufgewühlt worden. Die Aufbruchstimmung, in der sich die gesamte Studentenschaft damals befand, entsprach ganz meiner inneren Verfassung: einerseits meiner Sehnsucht nach neuen Erfahrungen, nach Überwindung von Ängsten und Hemmungen und andererseits meinem Bedürfnis, die Welt zu verändern, mich für eine Sache zu engagieren, für meine Ideen aktiv einzutreten. Vom Studium der Psychologie erhoffte ich mir Anregungen, wie ich mit meinen persönlichen Problemen besser zurechtkommen könnte. Doch wie herb war die Enttäuschung, als ich mich mit Statistik und der „Ratten-Psychologie" – wie ich die akademische Psychologie damals nannte – herumplagen mußte. Wie die „eigentliche" Psychologie hieß, die ich suchte, fand ich schnell heraus: Psychoanalyse. Doch die war am Fachbereich Psychologie nicht zu haben.

Was meinen Wunsch nach weltveränderndem Engagement anbelangte, traf ich zwar auf eine hoch politisierte Studentenschaft, die jedoch gerade am Fachbereich Psychologie von den autoritär-hierarchischen Organisationsformen der kommunistischen Splittergruppen dominiert wurde. Das stieß mich ab.

Also sah ich mich nach anderen Möglichkeiten um und entdeckte dabei die „Initiativgruppe Eulenkopf", eine Studentengruppe, die im Gießener Obdachlosengebiet „Eulenkopf" sozialpolitisch tätig war. Der Psychoanalytiker Horst-Eberhard Richter war ein halbes Jahr zuvor von der Initiativgruppe eingeladen worden und hatte sich inzwischen als Mitglied angeschlossen. Diese Gruppe zog mich in zweifacher Hinsicht an: Ich fand dort Gleichgesinnte, mit denen ich mich praktisch sozialpolitisch engagieren konnte, und ich knüpfte den ersten Kontakt zur Psychoanalyse – in Gestalt von Horst-Eberhard Richter.

Die innere Zerreißprobe, an der viele Gruppierungen der Studentenbewegung scheiterten – und die ich auch selbst intensiv erlebte –, bestand in dem Gegensatz zwischen Selbstveränderung und Gesellschaftsveränderung. Sollte man zuerst die gesellschaftlichen, speziell die ökonomischen Verhältnisse ändern, in der Hoffnung, die Individuen würden sich dann automatisch emanzipieren? Oder sollte man zuerst das Bewußtsein der Subjekte verändern, damit diese dann das gesellschaftliche Sein revolutionierten? Oder war es möglich, beide Pole miteinander zu verbinden?

Diese Fragen trieben auch die Mitglieder der Initiativgruppe um, und es entwickelte sich eine Tendenz zur Spaltung in zwei Fraktionen: einen „politischen Flügel" und einen „therapeutisch-pädagogischen Flügel" (Richter, 1972, S. 229 ff). Ich selbst fühlte mich beiden Fraktionen verbunden und häufig hin und her gerissen. Mein Herz schlug eigentlich revolutionärer, als es die sozialpädagogische, sozialtherapeutische und sozialpolitische Arbeit der Initiativgruppe zuließ. Innerlich sympathisierte ich mit der Ausgeflipptheit der „Spontis" und mit der politischen Radikalität des „Sozialistischen Büros", doch ließen sich deren Ideen in der praktischen Arbeit mit den Bewohnern der Siedlung „Eulenkopf" kaum praktizieren. Trotzdem versuchte ich immer, die Spannung zwischen dem therapeutischen und dem politischen Flügel auszuhalten.

Von Richter erwartete ich, daß er sich als Psychotherapeut und Psychoanalytiker eher dem therapeutisch-pädagogischen Flügel zugehörig fühlen würde. Zu meinem Erstaunen nahm ich jedoch wahr, daß er es vermied, Partei zu ergreifen, sondern versuchte, zwischen den Fraktionen zu vermitteln, auch wenn ihm von den Vertretern des politischen Flügels vorgeworfen wurde, er psychologisiere politische Interessensgegensätze.

Mir war Richters Position sympathisch, entsprach sie doch meinem ursprünglichen Motiv, politische Veränderungen im Großen mit Selbstveränderung zu kombinieren. Auch lernte ich von ihm, meinen revolutionären Überschwang zu bremsen und kritisch zu hinterfragen, ohne jedoch meinen politischen Veränderungswillen aufgeben und als illusionär abwerten zu müssen. Richter vermittelte mir die wichtige Orientierung, daß Beharrungsvermögen, Ernst-Nehmen von Gefühlen und Ernst-Nehmen der sozialen Realität gleichermaßen notwendig sind, um die Spannung zwischen den hochgesteckten politischen Veränderungswünschen und -zielen und der mühevollen täglichen Kleinarbeit an sich selbst und in der politischen Praxis auszuhalten.

Später konnte ich in *Die Gruppe* nachlesen, wie Richter seine Position in der Initiativgruppe und seine Möglichkeiten einschätzte, als Psychoanalytiker etwas zur Aufklärung der unbewußten Konfliktdynamik der Gruppenspaltungstendenzen beizutragen: „Gelegentlich kann da dem Psychoanalytiker die Chance zufallen, das irrationale Moment des Konflikts zu fassen und der Gruppe so weit deutlich zu machen, daß man den Boden für eine fruchtbare sachliche Kooperation zurückzugewinnen vermag" (Richter, 1972, S. 229). Das klingt zurückhaltend und wenig ansprüchlich, und tatsächlich waren Richters Deutungen der Gruppensituation immer „wohldosiert" und wurden auch von der Gruppe nicht als „einschneidende" psychoanalytische Interventionen erlebt. Seine Unaufdringlichkeit als Psychoanalytiker mag maßgeblich dazu beigetragen haben, daß er in dieser und anderen Initiativgruppen so gut akzeptiert wurde.

Die Bücher, die Richter in den siebziger Jahren publizierte, *Die Gruppe* (1972), *Lernziel Solidarität* (1974), *Flüchten oder Standhalten* (1976) und *Engagierte Analysen* (1978), begleiteten mich in diesen Jahren und beeinflußten mich wie viele meiner sich im Aufbruch befindenden Generation. Richter war zwar mit seinen Büchern *Eltern, Kind und Neurose. Zur Psychoanalyse der kindlichen Rolle in der Familie* (1963) und *Patient Familie. Entstehung, Struktur und Therapie von Konflikten in Ehe und Familie* (1970) bereits ein bekannter und höchst erfolgreicher Fachbuch-Autor. Doch erst mit *Die Gruppe* wurde er zum Sachbuch-Autor, der eine breite Wirksamkeit in der Öffentlichkeit erlangte und ein junges Massenpublikum erreichte. Ich will im folgenden die Rezeptionsgeschichte dieses Buches und wie es mich beeinflußt hat, genauer betrachten, spiegelt sich darin doch etwas von den charakteristischen Konflikten der siebziger Jahre.

Die erste Auflage von *Die Gruppe* wurde im Februar 1972 publiziert. Innerhalb der folgenden 10 Monate erlebte das Buch drei weitere Auflagen mit insgesamt 100.000 Exemplaren. *Die Gruppe* wurde in allen großen Zeitungen und Publikumszeitschriften rezensiert und führte wochenlang die Bestseller-Listen an. Auch auf der Bestseller-Liste des Spiegels stand das Buch wochenlang auf Platz eins. Wie ist dieser für ein psychoanalytisches Buch außerordentliche publizistische Erfolg zu erklären?

Offenbar ging es mir wie vielen Lesern, die sich in ihren Gedanken und Gefühlen, die sie damals bewegten, von Richters Ausführungen angesprochen fühlten. *Die Gruppe* war Ausdruck des geistig-kulturellen Klimas der frühen siebziger Jahre, und sie bot zugleich Interpretationen und Reflexionen an, um die mit dem Jahr 1968 angebrochene Zeitenwende und die damit einhergehende psychosoziale Neuorientierung besser verstehen und für die Gestaltung des eigenen Lebens nutzen zu können. Die Studentenbewegung war zwar inzwischen weitgehend abgeflaut bzw. hatte sich in einzelne Gruppen und Grüppchen mit teilweise dogmatischer Orientierung zersplittert, doch war die Stimmung besonders innerhalb der akademischen Jugend noch ganz von dem antiautoritären Klima und der Suche nach neuen Formen des Zusammenlebens und des sozialen und gesellschaftlichen Engagements geprägt. Man experimentierte mit Wohngemeinschaften und Eltern-Kind-Gruppen als Alternativen zur traditionellen Kleinfamilie, gründete Initiativgruppen, die sich der sozialen Probleme der Gesellschaft annahmen, und organisierte sich in Arbeitskollektiven, die es sich zur Aufgabe machten, neue Formen der hierarchiefreien, selbstbestimmten und gleichberechtigten Arbeitsorganisation zu entwickeln.

Richter griff die Aufbruchstimmung der siebziger Jahre auf, reflektierte aber auch die inneren Brüche, die überzogenen Ansprüche, die wir an uns selbst und an andere hatten und half auf diese Weise mit, daß wir zu realistischeren politischen Konzepten kamen. Dies machte sein Buch so wichtig für meine persönliche und berufliche Entwicklung. Sowohl für meine Erfahrungen, die ich in Wohngemeinschften, als auch für diejenigen, die ich in und mit verschiedenen politischen Basis-Gruppen machte, waren Richters psychoanalytische Reflexionen eine wichtige Korrektur, insbesondere was meine überhöhten Erwartungen und Ansprüche anging. Als ich 1975 ein Thema für meine Diplomarbeit in Psychologie suchte, war mir bald klar, daß ich über das Phänomen der Gruppe und über mein eigenes Engagement in der Obdachlosenarbeit schreiben würde. Die Arbeit hieß: *Die Initiativgruppe Eulenkopf. Eine Studie über Motive, Persönlichkeit, Einstellung und Arbeitsweise der Mitglieder einer sozial-politisch engagierten Gruppe.* Sie wurde später mit einem Vorwort von Richter publiziert (vgl. Wirth 1979).

Bei all diesen emanzipatorischen, auf Gesellschaftsveränderung und zugleich auf Selbstveränderung zielenden Ansätzen spielte die Gruppe, die man als soziale Konfiguration neu entdeckte – in gewisser Weise sogar neu erfand – eine zentrale Rolle. Die Gruppe wurde als Alternative sowohl zur traditionellen Kleinfamilie als auch zu den etablierten gesellschaftlichen Institutionen und Organisationen verstanden. Die besondere Leistung der Gruppe ist in ihrer Vermittlungsfunktion begründet: Einerseits ist sie eine familienähnliche soziale Einrichtung, andererseits trägt sie auch Züge der öffentlichen, gesellschaftlichen Institutionen. Von der traditionellen Kleinfamilie unterscheidet sich die Gruppe vor allem durch ihre Öffnung zur Gesellschaft, durch den Versuch, die soziale Isolation zu überwinden und die wechselseitige neurotische Verklammerung ihrer Mitglieder aufzubrechen. Von den etablierten gesellschaftlichen Institutionen – seien es nun politische Parteien, Gewerkschaften, Verbände oder Vereine – hebt sich die Gruppe vor allem dadurch ab, daß sie den Versuch unternimmt, auf Formalisierung, Ritualisierung und Hierarchisierung weitestgehend zu verzichten und statt dessen darauf vertraut, daß sich Konflikte und Probleme durch Diskussion und offene Auseinandersetzungen zwischen den Gruppenmitgliedern lösen lassen. In der Gruppe soll zwischen dem intimen und dem öffentlichen Bereich vermittelt werden. Die Gruppe schafft aber nicht nur einen Übergang zwischen der Familie und den gesellschaftlichen Institutionen, sondern bietet auch eine organisatorische Alternative zu beidem an.

Richter hat – anders als die meisten Autoren der damaligen Zeit, die sich mit dem Phänomen der Gruppe beschäftigten – sowohl die politische als auch die psychologische und psychotherapeutische Bedeutung der Gruppe erkannt. Er hat deutlich gemacht, daß es sich bei diesen Spontan-Gruppen tatsächlich um eine soziale Neuerfindung handelte: Der Typus der spontanen, hierarchiefreien und mit den Mitteln der Selbstreflexion sich organisierenden Gruppe stellte in der Tat ein gesellschaftliches Novum dar, das von der emanzipatorischen Jugend- und Studentenbewegung kreiert worden war. Auch die revolutionäre Linke experimentierte kurze Zeit mit dem emanzipatorischen Potential der Gruppe, beispielsweise in Basis-Gruppen, Kinderläden, Wohngemeinschaften und Kommunen, wandte sich dann aber schnell wieder davon ab, um pauschal alle psychologischen Ansätze – und so auch das sozialpsychologische Konzept der Gruppen-Bewegung – als „systemstabilisierend" zu „entlarven".

Zwar fühlte ich mich vom revolutionären Elan der studentischen Linken angezogen, doch ärgerte ich mich auch häufig über die politisierende und theoretisierende Alles-Besserwisserei, die ein typisches Merkmal der damaligen Zeit war und die sich immer gegen praktisches Engagement (Vorwurf des Reformismus) und gegen Psychologie (Vorwurf des Individualismus) richtete. Bei Richter gefiel mir, daß er die Idee der Gruppe gegen ihre linken dogmatischen Kritiker verteidigte. Er konzentrierte sich auf die emanzipatorischen Möglichkeiten des neu entdeckten Mediums der Gruppe, auch wenn er nicht verkannte, daß es „mit der Gruppendynamik ähnlich wie mit der Psychoanalyse [gehen kann]: Der Geschulte kann mit ihren Methoden andere Menschen sowohl in der Erweiterung von kritischem Bewußtsein und Selbständigkeit wie umgekehrt in der Entwicklung von unkritischer Anpassung fördern" (Richter, 1972, S. 307).

Richters soziales und moralisches Engagement forderte die kritischen Theoretiker, die Alles-Besserwisser, die Spötter und Zyniker geradezu heraus: Den Theoretikern war er zu praxisbezogen und darum zu wenig abgehoben-gesellschaftstheoretisch, den revolutionär Gesinnten galt er als reformistisch, und die Zyniker verspotteten seine Moralität („der gute Mensch von Gießen"). Insgesamt blieb die revolutionär gestimmte Linke der siebziger Jahre Richter gegenüber herablassend bis ablehnend eingestellt. Gab ich damals in bestimmten Kreisen zu erkennen, daß ich mit Richter zu tun hatte und mich für Gruppenprozesse und für Psychoanalyse interessierte, mußte ich mich ständig rechtfertigen. Wenn Richter heutzutage von den Zynikern im Kulturbetrieb als „Gutmensch" gebrandmarkt wird, so ist dies zwar eine Begriffsbildung der neunziger Jahre, die zugrunde liegende Konfliktdynamik ist jedoch eine ältere. Die linken Theoretiker, die Richter damals wegen seiner angeblich mangelnden politischen Radikalität angriffen, sind heute die entpolitisierten Zyniker, die darüber höhnen, daß er immer noch so naiv sei, an die Veränderbarkeit der Welt zum „Guten" zu glauben. Die

Beständigkeit des politischen Engagements, die sicherlich das „Prinzip Hoffnung" einschließt, erscheint mir wertvoller zu sein als das revolutionäre Pathos oder der Gestus des Alles-Durchblickens.

Wenn ich mich aus der heutigen Distanz frage, was übrig geblieben ist von der *Hoffnung auf einen neuen Weg, sich selbst und andere zu befreien* – so der erste Untertitel von *Die Gruppe* –, so fällt die Antwort zwiespältig aus: Einerseits ist die Gruppe für sehr viele Menschen ein selbstverständliches Medium geworden, um zu lernen, mit den eigenen psychosozialen Konflikten und denen anderer Menschen besser umzugehen. Andererseits geht mir die Vokabel „befreien" heute nicht mehr so leicht über die Lippen wie zur damaligen Zeit. Wir sind wohl alle etwas skeptischer und zurückhaltender geworden, wenn es um die Beurteilung der Chancen geht, die Welt und uns selbst zu „befreien". Der fast ungebrochene Optimismus, die Hoffnung auf Befreiung, erscheinen mir beinahe wie aus einer fernen Zeit. Die allgemeine Stimmung ist heute sehr viel skeptischer, abgeklärter, ja auch pessimistischer und depressiver, als sie es am Anfang der siebziger Jahre war. Insbesondere die scheinbar unaufhaltsam fortschreitende Umweltzerstörung war damals noch kein Thema, das breite Kreise beunruhigte und eine solche depressiv getönte Stimmung hätte bewirken können. Auch in dieser Hinsicht ist *Die Gruppe* also ein typisches Produkt der siebziger Jahre: Die Rede von der Hoffnung auf Befreiung enthält einen Überschuß an revolutionärem Elan, der charakteristisch ist für den Zeitgeist der späten sechziger und frühen siebziger Jahre, die ganz im Zeichen der antiautoritären Bewegung und ihrer hoch gesteckten Hoffnungen und Utopien standen.

Auch Richters Buchtitel, die auf *Die Gruppe* folgten, reflektieren den Zeitgeist und seine Veränderung: *Lernziel Solidarität* (1974) gehört noch in die hoffnungsschwangeren frühen siebziger Jahre, während bei *Flüchten oder Standhalten* (1976) bereits die Veränderungshoffnungen stark zurückgenommen sind: Bloßes Standhalten schien in der zweiten Hälfte der siebziger Jahre schon eine ganze Menge zu sein – von Befreiung ganz zu schweigen. Und der Untertitel von *Engagierte Analysen. Über den Umgang des Menschen mit dem Menschen* (1978) klingt auch sehr viel zurückhaltender als der Untertitel von *Die Gruppe*.

Angesichts solcher Überlegungen ist eine Frage interessant, die Richter damals selbst gestellt hat, ob nämlich die Experimente, die er als teilnehmender Beobachter und beobachtender Aktivist beschrieb, sich in der Zukunft als „Einzelerscheinungen" oder als „Vorläufer einer Bewußtseinsänderung breiterer gesellschaftlicher Gruppen" erweisen würden (Richter, 1972, S. 7). Heute wissen wir die Antwort: Diese Experimente sind keine Einzelerscheinungen geblieben. Von den neuen Arbeitsansätzen der Initiativ-, Spontan- und Selbsthilfegruppen sind weitreichende Innovationen im Bereich psychosozialer Beratung und Therapie ausgegangen. Die Besinnung auf die psychischen und sozialen Voraussetzungen von Krankheit und Therapie und die Entwicklung eines psychosozial bezogenen Gesundheits- und Krankheitsbegriffs sind ohne die kritischen Impulse aus der Initiativgruppen-Bewegung kaum vorstellbar. Es waren Anfang der siebziger Jahre fast ausschließlich kritische Studenten, die sich den benachteiligten Gruppen der Gesellschaft, den Heimzöglingen, Obdachlosen, Psychiatrie-Patienten usw. zuwandten, das Gewissen der Gesellschaft weckten und die Öffentlichkeit zwangen, sich mit diesen verdrängten Problembereichen auseinanderzusetzen. Die in der Psychiatrie-Enquête als Modell der regionalen Selbstorganisation der psychosozialen Versorgungsdienste empfohlene „Psychosoziale Arbeitsgemeinschaft" wurde auf Richters Vorschlag dort aufgenommen und ganz nach dem Modell der Initiativgruppe konzipiert. Richters Fähigkeit, jeweils von allen seinen Partnern etwas lernen zu wollen und in einem Feld gewonnene Erkenntnisse auf andere Zusammenhänge zu übertragen, habe ich als eine seiner großen Stärken erlebt und mich oft daran orientiert. So wie Richter in der Initiativgruppe einiges über die Kreativität von hierarchiearmen Spontangruppen erfahren hatte und sofort versuchte, etwas von dem freien Geist, der die Initiativgruppe prägte, in die institutionelle Struktur seines Psychosomatischen Zentrums und auch der „Psychosozialen Arbeitsgemeinschaft" zu integrieren, griff ich in meinem späteren beruflichen Leben immer wieder auf die Erfahrungen, die ich in der Gruppenarbeit am Eulenkopf gemacht hatte, zurück.

Durch seine publizistischen Aktivitäten hat Richter maßgeblich dazu beigetragen, daß diese zukunftsweisenden Experimente keine Einzelerscheinungen blieben, sondern, auch dank seiner Funktion als Vermittler, Botschafter, Interpret und kritischer Begleiter der „Neuen Sozialen Bewegungen" – zu denen später die Ökologie- und Friedensbewegung hinzukamen –, zu Vorläufern einer Bewußtseinsveränderung wurden, die unsere Gesellschaft erheblich geprägt haben.

Nach nochmaliger Lektüre von *Die Gruppe* fand ich, daß dieses Buch trotz seiner Zeitgebundenheit erstaunlich lebendig und aktuell auf mich wirkt. Man muß als Leser nur die Parallelen zu den aktuellen Problemstellungen und Konfliktkonstellationen ziehen. Eine Vielzahl davon existiert auch heute noch in psychosozialen Projekten und selbstorganisierten Gruppen. Die Konfliktdynamik bei den „Grünen" zwischen Realos und Fundamentalisten, die in den achtziger Jahren akut wurde, findet sich bei Richter bereits beispielhaft an dem Polarisierungsprozeß zwischen „pädagogischen Praktikern" und „politischen Theoretikern" beschrieben und analysiert. Manches, was sich damals noch revolutionär ausnahm, ist heute zur Selbstverständlichkeit geworden: Gruppenarbeit, Supervision, Selbsthilfegruppen, therapeutische Gemeinschaften, Infragestellung von Hierarchie, sozialpsychologisch und psychoanalytisch angeleitete Selbstreflexion als Mittel, um mit Gruppenkonflikten besser umgehen zu können, und vieles andere mehr. Nicht, daß alle diese Arbeitsansätze heute schon selbstverständlich wären und es darum keine Konflikte mehr gäbe. Aber diejenigen, die sich für solche Modelle engagieren, müssen nicht mehr alle Gedanken und Konzepte neu erfinden, sondern können auf die Erfahrungen, die Richter in seinen Büchern niedergelegt hat, zurückgreifen.

Richter hat in den späten achtziger Jahren ein Wort von Max Horkheimer (1970) aufgegriffen, nämlich die Notwendigkeit, „theoretischen Pessimismus" zu entwickeln, um entgegen dem gesellschaftlichen Verblendungszusammenhang weitsichtig und sensibel für untergründige Bedrohungen zu bleiben und gleichzeitig „praktischen Optimismus" zu entfalten, um nicht die Hoffnung zu verlieren und zynisch zu werden. Richters Begeisterungsfähigkeit – sein „praktischer Optimismus" – wirkte auf mich so überzeugend und ansteckend, weil sein begeistertes Engagement nie in Fanatismus umschlug und immer durch einen Schuß Skepsis und durch eine kritische und selbstkritische Grundhaltung – seinen „theoretischen Pessimismus" – ausbalanciert wurde. Ich glaube, in dem Begriffspaar „theoretischer Pessimismus" und „praktischer Optimismus" hat Richter den Gegensatz zwischen „politischen Theoretikern" und „therapeutisch-pädagogischen Praktikern" aufgehoben.

## Hat die Psychoanalyse im sozialen Feld eine Chance?

Wie reagierten nun Richters psychoanalytische Kollegen auf *Die Gruppe*? Der zweite Untertitel des Buches stellt einen direkten Bezug zur Psychoanalyse her: *Psychoanalyse in Kooperation mit Gruppeninitiativen*. Und 1977 publizierte Richter seinen Artikel: *Hat die Psychoanalyse in der Randgruppenarbeit eine Chance?* (Richter, 1977).

Ich erinnere mich noch, daß Alexander Mitscherlich einen persönlichen Brief an Horst-Eberhard Richter und die „Initiativgruppe Eulenkopf" schrieb, in dem er uns zu dem Fernsehfilm *Siedlung Eulenkopf* (Richter, Lisson, 1972) und unserer sozialpolitischen Arbeit in der Gießener Obdachlosen-Siedlung gratulierte. Auf persönlicher Ebene gab es also die Anerkennung durch einen namhaften Vertreter der Psychoanalyse. Doch trotz Alexander Mitscherlichs aufmunternden Worten zum Eulenkopf-Film zeichnete sich die Reaktion der offiziellen Psychoanalyse auf Richters Buch durch äußerste Skepsis und weitgehende Ignoranz aus. In den psychoanalytischen Fachzeitschriften fanden auch die weiteren Bücher Richters nur relativ geringe Beachtung. Die etablierten Vertreter der Psychoanalyse weigerten sich schlicht, Richters neuen Ansatz überhaupt als ernstzunehmendes psychoanalytisches Konzept zu diskutieren. Sie hielten es gar nicht für nötig, sich kritisch mit Richter auseinanderzusetzen, sondern bestritten einfach, daß es sich dabei um (angewandte) Psychoanalyse handelt. Man warf Richter vor, daß er die psychoanalytische Abstinenz verletze, indem er die Position hinter der

Couch verlassen habe, um sich direkt im sozialen Feld einzumischen.

Für mich war die Außenseiterstellung Richters innerhalb der Psychoanalyse insofern schwierig, als ich mich in meiner schon bald nach Studienbeginn getroffenen Entscheidung, Psychoanalytiker werden zu wollen, nicht beirren ließ – auch nicht durch Richters heftige Kritik des psychoanalytischen Ausbildungssystems und der apolitischen Haltung vieler Psychoanalytiker.

Rückblickend bin ich froh, daß ich diese Spannung ausgehalten habe, hat doch die Psychoanalyse inzwischen eine Entwicklung durchgemacht, die Richter in gewisser Weise vorweggenommen und vorformuliert hat. Wie die „Praxis-Studie" (vgl. Nedelmann, Reiche, 1990), eine empirische Untersuchung über das, was die heutigen Psychoanalytiker tatsächlich tun, zeigt, machen klassische, hochfrequente Analysen – entgegen dem proklamierten Selbstverständnis vieler Psychoanalytiker – nur noch einen relativ geringen Anteil am gesamten Tätigkeitsspektrum des durchschnittlichen Analytikers aus. In dem Buch *Psychoanalyse im sozialen Feld* (Eckes-Lapp, Körner, 1998) wird eindrucksvoll deutlich, daß die meisten Psychoanalytiker heutzutage in großem Umfang auch außerhalb des klassischen Settings arbeiten: als tiefenpsychologisch orientierte Psychotherapeuten, als Gruppenpsychotherapeuten, als Paar- und Familientherapeuten, in psychotherapeutischen, psychosomatischen und psychiatrischen Kliniken, als Supervisoren von Lehrern, Sozialarbeitern, psychosozialen Beratungsteams, Institutionen und Organisationen, als Universitätsdozenten, als Autoren populärwissenschaftlicher Artikel und Bücher. Insofern hat die Psychoanalyse in den letzten zwanzig Jahren faktisch einen Weg beschritten, den Richter als einer der ersten gegangen ist.

Eine Vorreiterrolle hatte Richter auch in bezug auf die Kooperation zwischen Psychoanalyse und empirischer Psychologie, insofern er zusammen mit Dieter Beckmann schon Anfang der siebziger Jahre einen Persönlichkeitstest, den *Gießen-Test* (Beckmann, Richter, 1972), entwickelte, bei dessen Konzeption psychoanalytisch relevante Kategorien ein besonderes Gewicht haben. Der *Gießen-Test* ist in der Bundesrepublik nach dem MMPI und dem Freiburger Persönlichkeitsinventar der am häufigsten verwandte Fragebogen zur Psychodiagnostik. Inzwischen liegt eine große Anzahl von Untersuchungen mit dem *Gießen-Test* vor. 1991 waren über 1.000 Publikationen bekannt, in denen darüber berichtet wurde (vgl. Brähler, 1991). Die Anwendungsgebiete liegen beispielsweise bei psychosomatischen und psychoneurotischen Erkrankungen, in der Familientherapie und der Sozialtherapie, in der forensischen Psychiatrie, bei Suchterkrankungen, bei neurologischen Störungen, in der Psychoonkologie, in der Sozialpsychologie, in der Soziologie und in der differentiellen Psychologie. Der *Gießen-Test* ist inzwischen in mehr als ein Dutzend Sprachen übersetzt und wird international vielfältig genutzt.

Die Existenz eines psychoanalytisch fundierten Tests, der auch bei den Methodikern der empirischen Psychologie Anerkennung fand, erlaubte nicht nur mir, sondern ganzen Generationen von Forscherinnen und Forschern, sich in der empirischen Psychologie wissenschaftlich zu qualifizieren, ohne ihre psychoanalytische Orientierung aufgeben zu müssen. Etliche wissenschaftliche Karrieren (vgl. Beckmann in diesem Band) verdanken sich nicht zuletzt dem *Gießen-Test* und damit Richters frühzeitiger Öffnung der Psychoanalyse und der Psychosomatik für die empirische Forschung. Auch in der Psychotherapie-Forschung wird dieses Instrument häufig angewandt. Richter war auch in dieser Hinsicht seiner Zeit voraus: Unter seiner Leitung betrieben wir schon in den siebziger Jahren Psychotherapie-Verlaufsforschungen und katamnestische Studien, in denen wir die Wirksamkeit von Psychotherapie, in diesem Fall die der Paar-Kurztherapie (vgl. Richter, Wirth, 1978), untersuchten. Inzwischen ist die Psychotherapie-Forschung (vgl. Leuzinger-Bohleber, Stuhr, 1997) unter dem Druck der Gesundheitsreform auf breiterer Ebene ins Blickfeld der Psychoanalyse geraten.

## Horst-Eberhard Richter als Kliniksleiter

Es ist sicher nicht unwesentlich für den Charakter meiner Beziehung zu Horst-Eberhard Richter, daß wir uns außerhalb der Universität im Rahmen einer im Prinzip hierarchiefreien Initiativgruppe kennenlernten. Richter hatte dort zwar fachliche und persönliche Autorität und eine besondere Position, aber keinerlei formale Macht. In der Initiativgruppe war er durchaus nicht mein Chef, sondern gleichberechtigtes Gruppenmitglied. Dies gab mir auch in den späteren Jahren unserer Zusammenarbeit immer das Gefühl einer gewissen Unabhängigkeit und Gleichberechtigung. Die gemeinsame Arbeit in der „Initiativgruppe Eulenkopf" gab meinem Verhältnis zu Richter eine stabile Grundlage, geprägt durch wechselseitige Anerkennung, um auch die Konflikte, die im Laufe der Jahre zwischen uns auftraten, austragen zu können.

Als ich Anfang 1975 als studentische Hilfskraft an das Zentrum für Psychosomatische Medizin am Klinikum der Justus-Liebig-Universität kam, wo ich 1976 wissenschaftlicher Mitarbeiter wurde, fand ich dort ein sehr offenes Klima vor. So war das Verhältnis zwischen den Professoren und den wissenschaftlichen Mitarbeitern – gemessen an den meisten anderen Institutsverhältnissen – ein sehr ungewöhnliches. Trotz unterschiedlicher fachlicher Kompetenzen und der auch bei uns existierenden Hierarchie bestand eine Art partnerschaftlicher Gemeinschaft. Ich erlebte Richter nicht als autoritäre Führungsfigur oder als allwissenden Professor, sondern eher als analytische Vaterfigur in einer familienähnlichen Gruppenstruktur. Ähnliches galt – mehr oder weniger – auch für die anderen Professoren der

Klinik, auf die Richters Führungsstil abfärbte. Der Umgang in den wissenschaftlichen Konferenzen, Seminaren, Besprechungen und Arbeitsgruppen war persönlich und locker. Teilweise konnte der legere Umgangsstil die Orientierung erschweren, und so kam es gelegentlich zu merkwürdigen Situationen.

Dazu folgende Episode: Kurz nachdem ich als studentische Hilfskraft am Psychosomatischen Zentrum angefangen und mich gerade mit der Psychoanalyse soweit vertraut gemacht hatte, daß ich bei allen passenden und unpassenden Gelegenheiten meine psychoanalytische Deutungskunst übte, sagte ich zu Richter, der gerade von einer Grippe genesen war, mir sei aufgefallen, daß er immer in den Ferien krank werde. Vielleicht könne er ohne Arbeit gar nicht existieren. Richter entgegnete, es treffe gar nicht zu, daß er häufig im Urlaub krank sei. Da ich überzeugt war, doch Recht zu haben, versuchte ich, ihm seine Erkrankungen in Erinnerung zu rufen. Das ging ein paar Mal hin und her, bis es Richter zu bunt wurde und er mit deutlichem Unwillen, aber auch mit ironischer Bissigkeit sagte: Wir seien hier zwar nicht zusammengekommen, um über seine Krankheiten zu diskutieren, sondern über unser Forschungsprojekt, wenn ich jedoch Wert darauf legte, weiter meine Bilka-Deutungen an den Mann zu bringen, stünde er mir gerne zur Verfügung. Das hatte gesessen! Der von Richter kreierte Begriff der „Bilka-Deutung" als Synonym für eine oberflächliche psychoanalytische Deutung, die sozusagen im Gießener Billigwaren-Kaufhaus „Bilka" als Ramsch zu haben war, wurde seitdem für mich zur stehenden Redewendung.

Nach meinem Eindruck war Richter bei solchen Begebenheiten nie ernstlich sauer. Er konterte schlagfertig und schien dann eher belustigt zu sein oder den Vorfall zu vergessen. Ganz anders hingegen, wenn er Unzuverlässigkeit und Ambivalenz witterte. Insbesondere wenn er sich von uns im Stich gelassen fühlte und sich gleichzeitig verpflichtet sah, nach außen für Mängel in unserer gemeinsamen Arbeit geradezustehen, bekamen wir seinen Ärger, seine autoritären Züge und seine massiven Vorwürfe zu spüren. Er konnte seine Mitarbeiter moralisch mächtig unter Druck setzen und war nur zu besänftigen, wenn man sich in solchen Situationen nicht stur stellte, sondern zu erkennen gab, daß man bereit war, in einer gemeinsamen Anstrengung die Probleme anzugehen.

In den achtziger Jahren fuhr unsere von Richter geleitete Forschungsgruppe regelmäßig zu Besprechungen ins Bundesministerium für Jugend, Familie und Gesundheit nach Bonn. Wir mußten Bericht erstatten über die geleistete Arbeit oder Verhandlungen über die Fortsetzung unserer Projekte – Psychosoziale Beratung auf dem Land, Jugendprotest, Vorurteile gegenüber AIDS-Kranken – führen. Wenn wir das Zimmer des Gesprächspartners betraten, fand Richter immer irgend etwas, das sein Interesse erregte, beispielsweise ein Bild an der Wand, zu dem er einen Kommentar abgab oder ein paar Worte mit seinem Gegenüber wechselte. Er zeigte damit sein Interesse und bewies seine Fähigkeit, auf kleine Dinge zu achten. Oft machte er auch witzige oder sogar leicht ironische Bemerkungen, in denen er die Situation, als Bittsteller zu kommen, thematisierte, zum Beispiel wenn er von den „heiligen Hallen" sprach, in denen man sich jetzt befände. Wenn es für uns günstig lief, drehte sich das Verhältnis geradezu um: Er war nicht länger der Bittsteller, der um Fördermittel anfragen mußte, sondern sein Gegenüber fühlte sich geehrt, von Professor Dr. Dr. Horst-Eberhard Richter besucht zu werden. Richters unglaubliches Verhandlungsgeschick, das auch Beckmann in seinem Beitrag zu diesem Buch hervorhebt, lag darin, daß er es verstand, seine Gesprächspartner emotional für sich einzunehmen. Er schaffte dies zuallererst durch seinen Charme und dann durch einen seiner wichtigsten Tricks, der darin bestand, seine eigenen Ideen so ins Gespräch einfließen zu lassen, daß der andere diese aufgreifen und so behandeln konnte, als wären es seine eigenen. Aus Bonn fuhren wir immer mit einem Gefühl des Triumphes zurück nach Gießen.

Es gab aber auch Situationen, bei denen wir einer harten Prüfung unterzogen wurden – so beispielsweise bei einem mehrtägigen Begutachtungsverfahren über millionenschwere Forschungsprojekte am Klinikum der Justus-Liebig-Universität Gießen, das von renommierten Gutachtern der Deutschen Forschungsgemeinschaft (DFG) vorgenommen wurde. Richters Forschungsprojekt über die Paar-Kurztherapie (vgl. Richter, 1973), an dem ich damals als studentische Hilfskraft beteiligt war, war nur eines von vielen. Bei der ersten Vorstellungsrunde erläuterte Richter als Projektleiter das Konzept der Paar-Kurztherapie. Im Verlauf der nächsten Gesprächsrunden wurde zunehmend deutlicher, daß die Gutachter der DFG äußerst kritisch gestimmt waren und die einzelnen Forschungsprojekte sehr genau unter die Lupe nahmen. Am Tag, bevor unser Projekt an die Reihe kam, teilte mir Richter mit, er habe einen wichtigen anderen Termin, und ich müsse die Präsentation der Ergebnisse alleine vornehmen. Ich sei ja gut präpariert, er habe vollstes Vertrauen zu mir, und ich werde die Sache schon meistern. Innerlich schalt ich Richter einen Drückeberger. Doch meine Reaktion war zwiespältig: Auf der einen Seite fühlte ich mich restlos überfordert. Bei allen anderen Projekten stellten die Projektleiter, also die Professoren, die Ergebnisse dar. Ich hingegen hatte noch nicht einmal mein Studium der Psychologie abgeschlossen. Andererseits fühlte ich mich durch sein Vertrauen geehrt und stellte mich mit dem Mut desjenigen, der nichts oder nur wenig zu verlieren hat, der Begutachtungssituation. Natürlich bekam ich auch den Ärger der Gutachter zu spüren, die durchaus registrierten, daß Projektleiter Richter wichtigere Verpflichtungen wahrnahm, als den Gutachtern der DFG Rede und Antwort zu stehen. Später ging aus unserem Projekt eine gemeinsame Publikation mit Richter über *Sieben Jahre Erfahrung mit der analytischen Zwei-Wochen-Paartherapie* (Richter, Wirth, 1978) hervor, auf die ich mächtig stolz war.

Als Vorgesetzter ließ Richter all seinen Mitarbeitern sehr viel Freiraum, eigene Forschungsinteressen zu entwickeln und diesen nachzugehen. Gleichwohl hatte er nicht geringe Leistungserwartungen an seine Mitarbeiter – speziell wenn man eng mit ihm zusammenarbeitete. Aber er spornte uns nicht durch Anweisungen, Befehle, Kontrolle und autoritäre Vorgaben zu höheren Leistungen an, sondern indem er uns für seine Ideen und Projekte begeisterte. Ich selbst ließ mich durch Richter oft faszinieren und mitreißen und kam so in den Genuß, an zahlreichen interessanten Projekten beteiligt gewesen zu sein.

Auch ging uns Richter mit seinem enormen Arbeitspensum – fast könnte man von Arbeitswut sprechen – als Beispiel voran. Indem wir uns mit ihm identifizierten, entwickelten auch wir Ehrgeiz, ohne von außen durch Leistungsanforderungen unter Druck gesetzt zu werden. Wie Richter seine vielfältigen Aufgaben (das Zentrum für Psychosomatische Medizin leiten, mehrere Forschungsprojekte leiten, wissenschaftliche Tagungen besuchen, Vorträge halten, Bücher schreiben, Interviews geben, Patienten behandeln, Vorlesungen halten usw.) bewältigte, löste zwar Bewunderung bei mir aus, war mir aber auch etwas unheimlich. Auch fiel mir der (scheinbare) Widerspruch zwischen Richters Arbeitswut und seinen eigenen Theorien zur Herzinfarkt-Risiko-Persönlichkeit auf.

Zu den wichtigsten Risikofaktoren bei Herzinfarkt gehören bestimmte seelische Merkmale, die Richter (1974, S. 40) wie folgt zusammenfaßt: „Sie zeigen ein besonders intensives und andauerndes Erfolgsstreben. Sie halten hartnäckig an selbstgewählten Zielen fest, sind besonders ehrgeizig, hungrig nach Erfolg und sozialer Bestätigung. Sie stehen unter fortgesetztem Aktivitätsdruck, sind daher ungeduldig und immer bemüht, in der Zeiteinheit ein großes Pensum zu schaffen." Ich fragte mich, ob nicht alle diese Merkmale auch auf Richter selbst zuträfen. War er nicht selbst „ein solcher Ausbund an Tatkraft und Ehrgeiz" (ebd.)? Mir blieb das zunächst ein Rätsel, das mich beschäftigte, wahrscheinlich auch deshalb, weil ich unter meiner eigenen Ehrgeiz-Problematik litt und bei Richter nach einem Modell suchte, um damit fertig zu werden.

Offenbar – so war mein Eindruck – schaffte es Richter, im Unterschied zu mir, mit seinem Ehrgeiz gekonnt umzugehen. So wie er intensiv und strukturiert arbeiten konnte, so gestattete er sich auch konzentrierte Phasen der Ruhe, der Entspannung, der Ablenkung, des Vergnügens: Fußball spielen, Tennis spielen, Bergsteigen, Skilanglauf oder auch ein Abendessen in seinem Gießener Stammlokal „Pizza Pie". Richters Vorbildfunktion in dieser Hinsicht führte u. a. dazu, daß der Mittwochstermin der Psychosomatik-Fußballer, bei denen Richter auch viele Jahre lang mitspielte, für mich ein „heiliger" Termin wurde.

Mir fiel allerdings noch etwas auf: Obwohl Richter ein schier unglaubliches Arbeitspensum bewältigte, war es doch vergleichsweise einfach, mit ihm in ein

Gespräch zu kommen. Wenn ich ihn sprechen wollte, ließ ich mir nie einen offiziellen Termin geben, sondern ich schaute in seinem Sekretariat vorbei und hoffte darauf, daß er zufällig aus seinem Arbeitszimmer kam und sich ein Gespräch zwischen uns entwickelte. Meistens klappte es so. Eigentlich ergab sich fast immer ein Gespräch, wenn ich ihn traf, selbst wenn er noch so beschäftigt war.

Richter ist ein geduldiger Zuhörer, aber er ist auch ein begeisterter und mitreißender Redner und Erzähler. Ich gewann den Eindruck, daß er Zuhörer benötigt, damit er seine eigenen Ideen im Reden entwickeln und formulieren kann. Es war mir eine große Bestätigung zu spüren, für ihn ein wichtiger Gesprächspartner zu sein. Ich fühlte mich von ihm akzeptiert und anerkannt und hatte auch nicht den Eindruck, daß er mir nur aus quasi-therapeutischen Gründen Aufmerksamkeit schenkte. Trotz des großen Abstands an fachlicher Kompetenz und Lebenserfahrung war er wirklich an mir und an uns Jüngeren interessiert. Insbesondere für seine Ideen, die auf soziales und politisches Engagement zielten, waren wir Jüngeren in gewisser Weise tatsächlich kompetentere und vor allem engagiertere Gesprächspartner als die Kollegen seiner Generation, die seinen außerklinischen Aktivitäten oft skeptisch gegenüberstanden.

Richter sprach fortgesetzt über die Themen und Probleme, die ihn gerade beschäftigten. Mir ging ein Licht auf: Das ist der entscheidende Unterschied zur Herzinfarkt-Risiko-Persönlichkeit: Richter redet sich – ähnlich wie in der psychoanalytischen „talking-cure" – alle Anspannungen von der Seele. Und neben dem Reden hat er auch noch das Schreiben als Möglichkeit, sich mitzuteilen, sich auszudrücken und sich über etwas klar zu werden. Weil Richter sich so intensiv mitteilt und so seinen Ängsten, Sorgen, Problemen, Hoffnungen und Gefühlen Ausdruck verleiht, muß er diese nicht verdrängen. Seine emotionale Offenheit und Durchlässigkeit erlauben ihm, sein enormes Arbeitspensum zu absolvieren, ohne innerlich zu verkrampfen – im Unterschied zum Arbeitssüchtigen, der seine Gefühle verdrängt und vor seinen Problemen in die Arbeit flüchtet. Zumindest in der Theorie gab mir diese Erkenntnis eine hilfreiche Richtschnur.

## Horst-Eberhard Richter als Psychoanalytiker

Bei der Entwicklung der neuen Wissenschaft der Psychoanalyse spielte die Selbstanalyse ihres Begründers Sigmund Freud eine wichtige – ja sogar die entscheidende Rolle. In ähnlicher Weise kommt bei Richter der selbstanalytischen Auseinandersetzung mit seiner eigenen Familie, den Rollenerwartungen, die seine Eltern an ihn richteten, und den psychischen Schwierigkeiten, die für ihn daraus erwuchsen, eine entscheidende Bedeutung bei der Entwicklung seines familiendynamischen Konzepts zu. Richter hat in seiner Autobiographie *Die Chance des Gewis-*

*sens. Erinnerungen und Assoziationen* (1986) beschrieben, daß seine Herkunftsfamilie ganz dem Typus der angstneurotischen Familie (dem „Modell Sanatorium") entspreche, den er in seinem Buch *Patient Familie* (1972) beschrieben hat. Mich beeindruckte die Offenheit, mit der Richter über die problematischen Seiten seiner Familie und über seine eigenen Schwächen sprach, ohne dabei wehleidig, larmoyant oder exibitionistisch zu wirken. Auch war ich erstaunt, als er von sich schrieb, er sei als junger Mann „überaus kontaktunsicher" und „ungelenk" (Richter, 1986, S. 16) gewesen und habe „vor einem größeren Kreis fremder Menschen (...) mitunter kein Wort heraus(gebracht)" (ebd.). Ich hatte ihn im Gegenteil immer als sehr kontaktfreudig und wenig ängstlich erlebt und sein selbstsicheres Auftreten bei Diskussionen, seinen Vorträgen, seinen Fernsehauftritten, aber auch im Umgang mit Patienten und im Kreis von Kollegen bewundert. Das machte mir Mut: Veränderungen sind offenbar möglich.

Gleichwohl fiel mir auf, daß sich das Thema Angst wie ein roter Faden durch Richters wissenschaftliche Publikationen zieht. In zahlreichen Artikeln und in zwei umfangreichen Monographien (vgl. Richter, Beckmann 1969; Richter 1994) hat er sich dem Thema Angst gewidmet. Wie Richter schreibt, haben „alle Forschungsinteressen, denen ein Wissenschaftler nachgeht, eng mit seiner Person und speziell mit seinen Konflikten zu tun" (Richter, 1986, S. 57). Wenn man diesen Satz wörtlich nimmt, muß das Thema Angst in seinem persönlichen Leben tatsächlich eine enorme Rolle spielen, da es auch in seinem wissenschaftlichen Werk eine so herausragende Bedeutung hat. Ich machte mir klar, daß Richter seine Probleme wahrscheinlich auch in diesem Fall zum Thema seiner wissenschaftlichen und seiner politischen Arbeit macht und es so schafft, im gleichen Zug zu wissenschaftlichen Einsichten, zu politischen Handlungen und zu einer wirksamen Eigentherapie zu gelangen.

Die unablässige Selbstanalyse und Selbstreflexion ist ein Charakteristikum von Richter. Die Selbstanalyse hat ihn jedoch nicht zur ausschließlichen Beschäftigung mit sich selbst, zur Selbstbespiegelung und Selbstgenügsamkeit geführt, vielmehr nimmt er seine eigenen Gefühle zwar ernst, betrachtet sie jedoch als Reaktion auf die ihn umgebende soziale Gemeinschaft, d. h. er wendet sein Interesse wieder von seinem Selbst ab und der Umgebung zu. In dieser Pendelbewegung zwischen außen und innen bewegt sich Richter, speziell als Forscher und Psychotherapeut. In der Psychoanalyse ist dieser Prozeß unter dem Begriff der „Gegenübertragung" bekannt. Richter hat diese Erkenntnismethode, die sich ursprünglich allein auf die Zwei-Personen-Beziehung der Psychoanalyse bezog, auf soziale Situationen erweitert und mit seinem „introspektiven Konzept" (Richter, 1974) systematisiert. Damit hat er ganz neue Perspektiven für die psychoanalytische Erforschung größerer sozialer, politischer und gesellschaftlicher Verhältnisse entwickelt.

Richter hat nicht nur seine theoretischen Interessen, sondern auch seine praktischen Forschungsstrategien und schließlich auch seine Versuche der praktisch-therapeutisch-politischen Beeinflussung vom Individuum auf die Zweierbeziehung, von dort auf die Familie, von der Familie auf die Gruppe, von der Gruppe auf den Stadtteil und die regionalen psychosozialen Versorgungssysteme ausgeweitet, um bei sozialen Bewegungen, politischen Entscheidungsträgern, der Interaktion zwischen Staaten und schließlich bei philosophischen Betrachtungen anzukommen.

Die Erweiterung seines Blickwinkels auf immer größere soziale Einheiten erscheint rückblickend so konsequent, geradezu zwangsläufig und damit so einfach, aber das war sie keineswegs. Ich glaube, daß Richter um jeden einzelnen Schritt der Erweiterung seiner Perspektive mühsam ringen mußte. Ich kann mich deutlich an die Situation erinnern, als Richter das erste Mal auf einer Konferenz unserer Klinik Einblicke in seine Gedanken zur Nachrüstungsdebatte gab. Instinktiv spürte ich, daß er damit neue Horizonte eröffnete und ein ganz großes Thema ansprach, das uns noch lange Jahre beschäftigen könnte – was auch tatsächlich geschah. Ich war wie elektrisiert durch Richters Ausführungen. Gleichzeitig spürte ich die Angst, daß Richter zu weit gehen könnte, daß er sich und seine Kräfte überschätzen könnte, daß er am Hohn und Spott der Kollegen aber auch an der Größe des Themas scheitern könnte. Rückblickend vermute ich, daß sich in meiner Sorge um Richter meine eigenen Ängste und Selbstzweifel ausdrückten.

Nach meinem Gefühl bedarf es eines großen Mutes und eines starken Selbstvertrauens, um mit der sozialen Isolationsdrohung und Ächtung fertig zu werden, die Richter aus der Professoren-Kollegenschaft der Ärzte, teilweise aber auch von seinen Psychoanalytiker-Kollegen entgegenschlägt. Indem Richter sich beharrlich der Auseinandersetzung mit dieser Kollegenschaft stellt, gewinnt er die Kraft, sich von den Zwängen und Denkverboten, die die verschiedenen Rollen mit sich bringen, zu distanzieren. Ich schätze bei Richter besonders, daß er ein Neuerer des psychoanalytischen Denkens ist, der den Kontakt zur Psychoanalyse nicht abgebrochen hat, der keine eigene mehr oder weniger sektiererische Schule gegründet hat, wie es in der Geschichte der Psychoanalyse so oft geschehen ist. Vielmehr läßt er seine Gedanken in den Strom der psychoanalytischen Diskussion einfließen. Es ist auch kein Zufall, daß er es ist, der nunmehr seit seiner Emeritierung in Gießen die Leitung des unmittelbar von der Schließung bedrohten Sigmund-Freud-Instituts in Frankfurt zu übernommen hat und dieses in eine gesicherte Zukunft führt.

Richter ist ein höchst überzeugender Botschafter der Psychoanalyse, der neben Alexander Mitscherlich wie kein anderer dazu beigetragen hat, daß psychoanalytische Argumente in der Öffentlichkeit Gehör finden. Mit seinen Publikationen, die sich an eine breite Leserschaft richten, betreibt er eine Art „psychoanalytischer Volksaufklärung", wie sie in den Anfängen der psychoanalytischen Bewegung zum Selbstverständnis vieler Psychoanalytiker gehörte. So hat einerseits die Psychoanalyse in Deutschland dem „psychoanalytischen Publizisten" Richter viel zu verdanken: Unzählige Menschen sind durch ihn darauf aufmerksam gemacht worden, daß es so etwas wie Psychoanalyse und psychotherapeutische Hilfe für ihre seelischen Probleme überhaupt gibt. Und auf der anderen Seite wäre das politische und intellektuelle Leben ohne den „politischen Psychoanalytiker" Richter ärmer: Seine Bücher haben unsere Sensibilität für die Bedeutung seelischer Faktoren bei der Bewältigung sozialer und politischer Probleme geschärft. Und zugleich ermutigt und motiviert sein konstruktives politisches Engagement viele Menschen dazu, eigene Initiativen zu ergreifen, um sich in die gesellschaftlichen Konflikte einzumischen.

Richters beharrliche Präsenz in der Öffentlichkeit und sein Mut, sich damit immer wieder der Kritik auszusetzen, haben wahrscheinlich auch eine motivierende Rolle gespielt, als ich mich entschloß, die Zeitschrift *psychosozial*, die Richter 1978 gegründet hatte und in deren Herausgeberkreis er mich 1981 holte, verlegerisch zu betreuen, als sie 1993 vom Beltz-Verlag nicht fortgeführt werden sollte. Die programmatische Ausrichtung des Verlages, der inzwischen daraus entstanden ist, ist wesentlich durch Richters Gedanken mitgeprägt. Insofern freue ich mich, daß die Festschrift zu seinem 75. Geburtstag im Psychosozial-Verlag erscheint und ich ihm auf diese Weise meine Dankbarkeit ausdrücken kann für alles, was ich von ihm bekommen habe.

## Literatur


Beckmann, D., Richter, H.-E. (1972): Der Gießen-Test (GT). Ein Test für Individual- und Gruppendiagnostik. Handbuch. Bern (Huber).

Brähler, E. (1991): Bibliographie zum Gießen-Test. Bibliographien zur Psychologie. IZPID, Trier.

Eckes-Lapp, R., Körner, J. (1998): Psychoanalyse im sozialen Feld. Prävention – Supervision. Gießen (Psychosozial-Verlag).

Horkheimer, M. (1970): Kritische Theorie gestern und heute. In: Horkheimer, M. (1972): Gesellschaft im Übergang. Frankfurt (Athenäum Fischer), S. 162-175.

Leuzinger-Bohleber, M., Stuhr, U. (1997): Psychoanalysen im Rückblick. Methoden, Ergebnisse und Perspektiven der neueren Katamneseforschung. Gießen (Psychosozial-Verlag).

Nedelmann, C., Reiche, R. (1990): Analyse und Analysieren im Spiegel einer empirischen Studie. In: Psyche 44, S. 202 – 217.

Richter, H.-E. (1963): Eltern, Kind und Neurose. Zur Psychoanalyse der kindlichen Rolle in der Familie. Reinbek (Rowohlt).

Richter, H.-E. (1970): Patient Familie. Entstehung, Struktur und Therapie von Konflikten in Ehe und Familie. Reinbek (Rowohlt).

Richter, H.-E. (1972): *Die Gruppe*. Hoffnung auf einen neuen Weg, sich selbst und andere zu befreien. Psychoanalyse in Kooperation mit Gruppeninitiativen. Mit einem Nachwort des Autors 7 Jahre später und einem Vorwort von Hans-Jürgen Wirth zur Neuausgabe 23 Jahre später. Gießen 1998 (Psychosozial-Verlag).

Richter, H.-E. (1973): Zwei-Wochen-Paartherapie. In: Psyche 10, S. 889 ff.

Richter, H.-E. (1974): Lernziel Solidarität. Mit einem Vorwort des Autors zur Neuausgabe 1998. Gießen 1998 (Psychosozial-Verlag).

Richter, H.-E. (1976): Flüchten oder Standhalten. Neuausgabe Gießen 1996 (Psychosozial-Verlag).

Richter, H.-E. (1977a): Hat die Psychoanalyse in der Randgruppenarbeit eine Chance? In: Kutter, P. (Hg.), (1977): Psychoanalyse im Wandel. Frankfurt/M. (Suhrkamp), S. 122-147.

Richter, H.-E. (1978): Engagierte Analysen. Über den Umgang des Menschen mit dem Menschen. Neuausgabe Gießen 1995 (Psychosozial-Verlag).

Richter, H.-E. (1986): Die Chance des Gewissens. Erinnerungen und Assoziationen. Hamburg (Hoffmann & Campe).

Richter, H.-E. (1994): Umgang mit Angst. Hamburg (Hoffmann und Campe).

Richter, H.-E., Beckmann, D. (1969): Herzneurose. Stuttgart (Thieme).

Richter, H.-E., Lisson, M. (1972): Siedlung Eulenkopf – Gruppenarbeit mit Obdachlosen. Film Sender Freies Berlin.

Richter, H.-E., Wirth, H.-J. (1978): Sieben Jahre Erfahrung mit der analytischen Zwei-Wochen-Paartherapie. In: Familiendynamik 3, S. 20 – 46.

Wirth, H.-J. (1979): Motive sozialen Engagements. Über Selbstbild, Einstellung und Arbeitsweise sozialpolitisch handelnder Gruppen am Beispiel der Initiativgruppe „Eulenkopf". Mit einem Vorwort von H.-E. Richter. Lollar (Achenbach).

# Kinder mit besonderen Entwicklungsbedürfnissen

## Kindesvernachlässigung und die fachlichen Aufgaben der Jugendhilfe

Reinhart Wolff

### 1. Wie verstehen wir Kinder – welche Fragen stellen wir?

Es gibt ein leider zu wenig bekanntes Buch von Mia Kellmer-Pringl (1979), der Begründerin des National Children's Bureau in London, einer engagierten pädagogischen Praxisforschungseinrichtung, mit dem Titel: „Was brauchen Kinder?" Nicht alle fragen so.

Wenn man die heutigen öffentlichen Auseinandersetzungen über die Situation von Kindern in unserer Gesellschaft verfolgt, dann bekommt man eher den Eindruck, daß es nicht so sehr um die Bedürfnisse der Kinder geht, um das, was Kinder brauchen, sondern darum, daß sie arm dran sind. Manche meinen sogar, in wachsendem Maße.

Wenn Fachleute sprechen, die freilich in besonderer Weise an der Not von Kindern interessiert zu sein scheinen, ja geradezu, daß sie auf sie angewiesen sind und von ihr profitieren, entsteht der Eindruck, daß den Kindern etwas fehlt, vor allem freilich in dem Sinne, wie ein Arzt oder eine Ärztin das Kind fragt: „Na, was fehlt Dir denn?" Und dies heißt dann nun wieder: Das Kind hat etwas. Es ist krank. Es hat ein Symptom, es ist gestört, weist Defizite auf, die Sorgen machen, die jedenfalls professionell bearbeitet, diagnostiziert und behandelt werden müssen.

Es ist dieses Bild des Defizit-Kindes, des Patienten- oder Problemkindes, des Kindes als Opfer und Objekt, wie es das heutige Reden über Kinder beherrscht, was mir Sorgen macht. Es führt nämlich zu einer schiefen Sicht der Dinge, ebenso wie, beispielsweise vor einigen Jahren, die heuchlerischen Werbekampagnen der deutschen Bundesregierung „Kinder machen Freude und bereichern das Leben", eine Kampagne, die von bloßen Kosten-Nutzen-Kalkülen getragenen war und die vordergründige Absicht verfolgte, junge Leute zum Kinderkriegen zu animieren, weil angeblich der Generationenvertrag nicht mehr funktioniert und die Renten nicht mehr stimmen und deswegen ein Jammern über Kinderfeindlichkeit, Mißhandlung und Vernachlässigung, über Kinder als Kostenfaktor anhebt, bei Professionellen zumal, die Dienstleistungen für Kinder am Markt feilhalten wollen.

Da sieht die kritische Publizistin Katharina Rutschky schon klarer, wenn sie schreibt:

„*Kinderfeindlich ist der Versuch, an dem Parteien und gesellschaftliche Gruppierungen mitarbeiten, ein unendliches Kosten-Nutzen-Kalkül unaufhörlich mit der Kinderfrage zu verbinden: ob rechts oder links macht da gar keinen Unterschied." Und sie führt weiter aus: „Jedes Kind hat heute einen Anspruch darauf, als Wunschkind erwartet und entsprechend behandelt zu werden. Kinder, die als individuelle Last im öffentlichen Interesse existieren, sollte es immer weniger geben. Statt bei Leuten um Kinder zu werben, und sie endlos zu subventionieren, die gar keine haben wollen und eine Reise nach den Seychellen allemal dem Gekrabbel unter dem Weihnachtsbaum vorziehen, sollte man vorübergehend niedrigste Geburtenquoten in Kauf nehmen und in Sexualerziehung und geplante Elternschaft investieren. Ich bin überzeugt davon, daß der einzige heute pädagogisch und psychologisch vertretbare Weg zum Kinderwunsch über glückliche Kinder führt. Wenn ich morgens und abends Mütter und Väter ihre Kinder aus der Kindertagesstätte abholen oder abliefern sehe, die sich in meiner Straße befindet, habe ich große Zweifel am Glück der Beteiligten*" (Rutschky, 1990, S. 25 u. 27).

Kinder – und die ganze faktenlose Hysterie über die Kindermörder oder Kinderschänder zeigt es in jüngster Zeit in erschreckender Weise – sind Gegenstand einer irritierten Diskussion, die am Kind festgemacht ist und symbolisch inszeniert, was im heutigen Leben offenbar unbewältigt ist und Angst macht. Das Kind wird instrumentalisiert für ein Agieren des gesellschaftlichen Unbewußten.

Über unserer Zukunftsunsicherheit haben wir augenscheinlich unsere Gegenwart und die unserer Kinder aus den Augen verloren. Das hat erhebliche Konsequenzen, vor allem in unserem Verhältnis zu Kindern. Horst-Eberhard Richter hat dazu nüchtern festgestellt: „Der effektivste Erziehungseinfluß ist die Wirklichkeit selbst, welche die Kinder vorfinden" (Richter, 1981, S. 9). Wir haben aber Probleme damit, die Kinder wirklich in ihrer Realität anzunehmen und zu achten. Wir nehmen sie oft nicht so, wie sie wirklich sind: ein Wunder, unbeschreiblich lebendig, voller Kraft und Überraschungen, anders und einzigartig, ein Selbst, das niemandes Eigentum ist, niemandem „gehört" (wie man in meiner Kindheit auf dem Dorf im hessischen Hinterland früher z. B. fragte: „Na, wem gehörst'e denn?", um sich danach zu erkundigen, wie man denn heiße und wer die Eltern seien).

Wie weit wir uns inzwischen von den Anfängen der modernen Aufklärung entfernt haben, wird deutlich, wenn wir uns vergegenwärtigen, wie Johann Wolfgang Goethe, der große Menschenkenner und humanistische Realist, noch über Kinder sprechen konnte. Ich will die berühmte Passage aus Dichtung und Wahrheit zitieren (sie läßt mich, seit ich anläßlich einer Rede zur Eröffnung des Jahres des Kindes 1979 wieder auf sie stieß, nicht mehr los). Sie entwirft ein anderes Bild vom Kind als das moderne professionelle und kulturindustrielle Sorgenbild, das in unserer Kultur so vorherrschend geworden ist. Goethe sagt:

*„... denn wer wäre imstande, von der Fülle der Kindheit würdig zu sprechen! Wir können die kleinen Geschöpfe, die vor uns herum wandeln, nicht anders als mit Vergnügen, ja mit Bewunderung ansehen: denn meist versprechen sie mehr als sie halten, und es scheint als wenn die Natur unter andern schelmischen Streichen, die sie uns spielt, auch hier sich ganz besonders vorgesetzt, uns zum besten zu haben. Die ersten Organe, die sie Kindern mit auf die Welt gibt, sind dem nächsten unmittelbaren Zustand des Geschöpfs gemäß; es bedient sich derselben kunst- und anspruchslos, auf die geschickteste Weise zu den nächsten Zwecken. Das Kind, an und für sich betrachtet, mit seinesgleichen und in Beziehungen die seinen Kräften angemessen sind, scheint so verständig, so vernünftig, daß nichts drüber geht, und zugleich so bequem, heiter und gewandt, daß man keine weitre Bildung für dasselbe wünschen möchte. Wüchsen die Kinder in der Art fort, wie sie sich andeuten, so hätten wir lauter Genies; aber das Wachstum, ist nicht bloß Entwickelung; die verschiednen organischen Systeme, die den einen Menschen ausmachen, entspringen auseinander, folgen einander, verwandeln sich ineinander, verdrängen einander, ja zehren einander auf, so daß von manchen Fähigkeiten, von manchen Kraftäußerungen, nach einer gewissen Zeit, kaum eine Spur mehr zu finden ist. Wenn die menschlichen Anlagen im ganzen eine entschiedene Richtung haben, so wird es doch dem größten und erfahrensten Kenner schwer sein, sie mit Zuverlässigkeit vorauszuverkünden; doch kann man hinterdrein wohl bemerken, was auf ein Künftiges hingedeutet hat"* (Goethe, 1962, S. 64-65).

Hier ist beides vorhanden: die bewundernde Anerkennung des Kindes als außerordentlich begabtes Wesen, das schon alles ist und alles hat und das zugleich diese Voraussetzungen allererst entwickeln muß, das – in einem verwickelten Prozeß – werden muß, was es ist: ein besonderer Charakter mit unverwechselbarer Identität, eine Persönlichkeit, die unter bestimmten Bedingungen, positiven wie negativen, so geworden ist, wie sie nun einmal ist, und die sich aus sich heraus und unter den Bedingungen äußerer Veränderung weiter verändert.

Was brauchen Menschenkinder, die so umfassend verstanden werden und Grundrechts- und Menschenrechtsträger von Anfang an sind und die zugleich als psychosoziale Frühgeburten, wie die Anthropologen sagen, als Nesthocker, eine besondere Umgebung, einen besonderen Raum zur „zweiten, soziokulturellen Geburt" brauchen – wie der unvergessene Berliner Soziologe und Anthropologe Dieter Claessens (1972) prägnant formuliert hat –, zumal wenn dieser schützende Raum nur zum Teil oder gar nicht vorhanden ist? Das ist meine Frage, die ich in diesem Beitrag behandeln will, in aller Nüchternheit und mit allem Interesse am Wohlergehen unserer Kinder, vor allem der vernachlässigten Kinder.

## 2. Was brauchen Kinder – eine Zusammenfassung unseres Wissens

Wenn man die Frage stellt: Was brauchen Kinder?, macht man sich in der Regel nicht klar, daß allein darüber nachzudenken eine moderne Herausforderung darstellt. Moderne Gesellschaften stellen nämlich alles Selbstverständliche in Frage, fordern von ihren Mitgliedern grundsätzlich Dauerreflexion und entdecken das Kind als ein besonderes Wesen, das „anders" ist, wie der Titel des berühmten Buches der pädagogischen Reformerin Maria Montessori (1997) lautet.

Alle Reflexion über Kinder muß von diesen beiden grundlegenden Voraussetzungen ausgehen:

- Kulturen denken auf unterschiedliche Weise über Kinder nach (wobei ins Auge fällt, daß sie dies früher überhaupt viel weniger taten, in der Moderne es allerdings immer häufiger tun). D. h. alles Reden über das, was Kinder brauchen, ist relativ.
- Kinder sind anders als Erwachsene, die sie zu ihrer Entwicklung brauchen, grundsätzlich und überhaupt. Das heißt, alles Reden über das, was Kinder brauchen, ist relational, ist bezogen auf Beziehungswelten, auf Felder arrangierter Interaktion, auf „relational ecologies".[1]

Wir könnten auch auf die Frage „Was brauchen Kinder?" sagen: Es kommt darauf an, auf die Zeit nämlich, in der diese Frage gestellt wird (und man erinnere sich nur einmal an unsere deutsche Nazivergangenheit, als es nach dem Motto „Gelobt sei, was hart macht!" selbstverständlich dazu hieß: „Eine Tracht Prügel!"). Und es kommt auf den Ort, die soziokulturellen Verhältnisse an, die unsere Auffassungen beeinflussen. Die Antworten fallen unterschiedlich aus, je nachdem, in welchem Team und in welcher Einrichtung wir arbeiten, ob wir im Osten der Türkei leben oder in Berlin oder, was uns in meiner Kindheit eher beschäftigte, in Süditalien, ob wir in der Oberstadt oder in der Unterstadt zu Hause sind, in Österreich oder in Malaysia, wo ich dennoch vor einigen Jahren als Europäer gefragt wurde, ob ich etwas sagen könnte über die „needs of children" – was Kinder

[1] Vgl. in diesem Zusammenhang die beiden wichtigsten Texte von Horst-Eberhard Richter: Das Kind spiegelt die unbewältigten Konflikte der Familie wider. In: H.-E. Richter: Engagierte Analysen. Über den Umgang des Menschen mit dem Menschen. Reinbek bei Hamburg: Rowohlt Verlag, 1978; auch in: Familiendynamik 1, 1976; und natürlich: H.-E. Richter: Eltern, Kind und Neurose. Die Rolle des Kindes in der Familie. Stuttgart: Klett, 1963; und dann viele Auflagen, die in die Hunderttausende gehen, in der Taschenbuchausgabe bei Rowohlt – ein Jahrhundertbuch, das trotz der vielen anderen Bücher, die dann noch kamen, immer noch mein Lieblingsbuch von Horst-Eberhard Richter ist.

brauchen. Und ich muß zugeben, daß mir das zuerst einmal erhebliches Kopfzerbrechen bereitete, nämlich dazu in einer Gesellschaft etwas zu sagen, in der ganz unterschiedliche Traditionen und kulturelle Muster (malaiische, chinesische, indische vor allem) eine Rolle spielen und in der nun der sog. „asiatische Tigergeist", ein autoritärer Progressismus, umgeht.

Für Wissenschaftler gibt es in solchen Zwickmühlen immer einen Ausweg: Sie retten sich auf den sicheren Boden der wissenschaftlichen Forschung, die bekanntermaßen strukturell unsicher, interkulturell und international ist, frei von jeglichen Zwängen und Festlegungen. Also, wie kann man die anthropologische, psychologische, soziologische und pädagogische Forschung über das, was Kinder brauchen, zusammenfassen? Den unübertroffenen Beiträgen von Joseph und Sonja Goldstein, Anna Freud und Albert Solnit (1974; 1982; 1988) folgend, formuliere ich meine Version thesenhaft:

(1) *Kinder brauchen einen postnatalen Schutzraum, der als biosoziale Wiege das Überleben des allein noch nicht überlebensfähigen Säuglings garantiert.*

Die Bedürfnisse, die hier befriedigt werden müssen, nennen wir die primären oder basalen; sie sind vor allem körperlicher Art:
- die Befriedigung des Hungers,
- die Befriedigung der Pflegebedürfnisse zur Herstellung des körperlichen Wohlbefindens (Wärme, Ruhe, Sauberkeit, Schutz),
- die Befriedigung des Schlafbedürfnisses,
- die Befriedigung der emotionalen Grundbedürfnisse nach Kontakt, emotionalem Austausch, nach einer die Wahrnehmung und das Verständnis fördernden Kommunikation (Spitz, 1985).

(2) *Kinder brauchen Eltern.*

Kinder brauchen verantwortliche und verläßliche erwachsene Personen, möglichst unterschiedlichen Geschlechts, d. h. Eltern, die selbstverständlich für die Kinder da sind, die sie annehmen und lieben. Das aber, wie wir von Bruno Bettelheim (1970) wissen, genügt nicht. Kinder brauchen Eltern, weil sie ständig erreichbare Objekte ihrer Liebe wie ihres Hasses brauchen, mit denen sie sich auseinandersetzen und identifizieren, an denen sie sich abarbeiten und formen können. In der tripolaren Konstruktion des Eltern-Kind-Verhältnisses (Freud hat dies triebtheoretisch die ödipale Konstellation genannt) entwickeln Kinder optimal ihr eigenes Selbst.

Dabei ist evident, daß leibliche Elternschaft nur schwer zu übertreffende Vorteile mit sich bringt: Die Objektbeziehungen sind irreversibel materiell (biologisch-körperlich) verankert und in der Regel von den eigenen, nicht versiegenden emotionalen Wünschen der Eltern (der Objektliebe wie der Selbstliebe) getragen, die darüber hinaus (und nicht von ungefähr) von kulturellen Symbolisierungen und sozialen Rollenmustern (des Mütterlichen wie des Väterlichen) erheblich gestützt werden.

Eltern wird daher auch in allen Gesellschaften das natürliche Recht zugestanden, für ein Kind zu sorgen und es zu erziehen; Eltern erwerben mit der Geburt des Kindes automatisch das Sorgerecht für ein Kind, das in der Regel verfassungsmäßig gesichert ist. Sein Prinzip ist Gegenseitigkeit auf Dauer, mit im wesentlichen intrinsischer (im Selbst gründender) Motivation und zuallerletzt aus rationalem Kalkül. Und überall haben Staaten nur das Recht, das Elternrecht in Frage zu stellen, wenn das Kindeswohl verletzt wird, wenn die Eltern die Chance und Möglichkeit primärer Beziehungsgestaltung nicht nutzen können oder wollen, die in jedem Eltern-Kind-Verhältnis grundsätzlich angelegt ist.

(3) *Kinder brauchen Familien und Kontinuität*

Kinder brauchen einen überschaubaren Nahraum, in dem sie ihre sozialen Beziehungen erfinden können, sich selbst und andere verstehen lernen, aus ihren Erfahrungen Sinn machen können, aus dem heraus sie aufbrechen, um die äußere Realität zu erkunden, und in den sie immer wieder, ohne Vorbedingungen, selbstverständlich, zurückkehren können. Damit sie tragfähige Beziehungen entwickeln können, bedürfen sie einer sicheren Kontinuität im offenen Beziehungsraum. Ohne Kontinuität bildet sich kein klares Selbst heraus.

Beziehungsmäßig sind Familien zwar kompliziert – und es wächst ihre Komplexität mit der Anzahl ihrer Mitglieder –, aber es sind geradezu ihre diffuse Verläßlichkeit, ihre Kontinuität, ihre offene Geschlossenheit, ihre strukturelle Eigenart als „vibrierende Einheit" (Claessens, 1972, S. 65) die ihre Stärken als Sozialisationsfeld ausmachen, die institutionelle, professionalisierte Sozialisationsagenturen ihr nicht so ohne weiteres nachmachen können. Familien sind vor allem deswegen relativ ideale Sozialisationsagenturen, weil sie das, was sie leisten, gewissermaßen absichtslos und nebenbei, ohne Programm und Methode besorgen, selbst wenn es Muster gibt, Routinen, Orientierungen, Strukturen, Wertsysteme. Im Kern sind sie offene, sich verändernde Systeme, die Bedürfnisse und Erwartungen, Macht und Konkurrenz, Nähe und Distanz, Abgrenzung und Kontakt, Übereinstimmung und Konflikt erfinderisch und flexibel balancieren.

Familie stellt aber nicht zuletzt einen Raum dar, in dem in geschützter Privatsphäre am Modell der selbstverantwortlichen Eltern und der berechtigten Minderjährigen, denen weder der Staat noch andere Bürger etwas zu sagen haben, Selbständigkeit, d. h. Souveränität und Verantwortung, gelernt werden kann.

Familien verfehlen ihre Chancen immer dann, werden krank oder scheitern, wenn sie sich festlegen, fixieren, vereinseitigen, entdialektisieren, auseinanderfallen oder erstarren. Und dann haben alternative Orte, zu leben und Leben zu lernen, eine Chance, wobei sie es mit der Familie gerade als Nicht- oder Ersatz-Familien natürlich nicht leicht haben; sie werden mit der Familie eigentlich nie fertig, mit diesem merkwürdigen und außerordentlichen Gebilde, das alle Voraussagen seines anstehenden Todes mit erstaunlichem Beharrungsvermögen überstanden hat. Familie ist für außerfamiliale Sozialisationsagenturen und deren Fachkräfte ganz grundsätzlich ein unbewältigtes Kapitel und ein weites Feld.

(4) *Kinder brauchen außerfamiliale Orte zum Leben und Lernen.*

So wichtig Familie mit ihrer Dynamik und Offenheit als emergente, sich permanent verändernde Institution auch immer ist, die Entwicklung und Förderung von Kindern kann sie in modernen Gesellschaft allein nicht bewerkstelligen. Um nämlich Kindern die Kenntnisse und Fähigkeiten zu vermitteln, die man heute fürs Leben und Arbeiten braucht, bedarf es besonderer Berufssysteme, die über eine fachliche Qualifikation verfügen, die als sekundäre und tertiäre Erziehungs-und Bildungsinstitutionen die Arbeit der primären Sozialisationsfelder kompensatorisch stützen und systematisch fortführen, erweitern und vertiefen. Sie binden immer mehr Kinder, Jugendliche und junge Erwachsene für eine immer längere Zeit (bis weit über die Pubertät hinaus) in institutionenelle Zusammenhänge, in Sonderbereiche der Erziehung und Bildung ein, die vom Kindergarten über die Grundschulen und weiterführenden Schulen bis zur Berufsschule, Fachschule und Hochschule reichen. Sie werden flankiert von ambulanten, teilstationären und stationären Einrichtungen des sozialen wie des gesundheitlichen Hilfesystems, die sich mit der Errichtung des modernen Wohlfahrtsstaates flächendeckend ausgebreitet haben.

Hier erfahren Kinder und Jugendliche Hilfe und Heilung in Notlagen und Gefährdungen sowie die notwendige Förderung ihrer Entwicklung, damit sie wachsen und lernen können, was wir in moderner wissenschaftlich-technischer Zivilisation wissen und praktisch beherrschen müssen, günstigenfalls werden sie angeleitet und ermutigt, das Lernen zu lernen, Erfinder und Forscher zu werden.

Das Dilemma dieser modernen sozialen, gesundheitlichen und pädagogischen Berufssysteme ist freilich, daß sie sich trotz bester Absichten immer wieder vom übrigen Leben verselbständigen und die Prozesse im Innenverhältnis verwaltungsmäßig „ver-regeln", humane Dienstleistungen zu instrumentellen Verfahren verdinglichen, nicht zuletzt: daß sie, anstatt sich für Veränderungen offenzuhalten, also zu lernenden Organisation zu werden, zu Bollwerken institutioneller Integration und Abwehr werden, in die zu geraten alles andere als hilfreich ist.

Kinder brauchen solche Einrichtungen, und zugleich müssen wir sie dabei unterstützen, daß sie in ihnen nicht untergehen, kaserniert und bearbeitet, im schlimmsten Fall zermahlen und zugrunde gerichtet werden. Hier setzen im übrigen alle Bemühungen um produktive Reformen und Qualitätsentwicklungen ein, um die es uns inzwischen auch im Gesundheits- und Sozialsystem verstärkt geht.

### 3. Was brauchen vernachlässigte Kinder?

Natürlich könnte ich mir es nun einfach machen und antworten: Was alle anderen Kinder eben auch brauchen. Allerdings. Eine zureichende Antwort ist dies jedoch nicht. Sie wäre viel zu allgemein. Vernachlässigte Kinder sind wegen ihrer körperlich-seelischen und beziehungsmäßigen Voraussetzungen, ihrer Erfahrungen, ihrer Vorgeschichten, ihrer Lebensumstände besondere Kinder. Kein Zweifel: Es handelt sich um Kinder mit besonderen Entwicklungsvoraussetzungen und Entwicklungsbedürfnissen, und es sind Kinder in besonderen Gefährdungssituationen. Was ich aber gleich an dieser Stelle betonen möchte: Es sind öfter, als wir uns klarmachen, Kinder mit erstaunlichen Überlebensfähigkeiten und bewundernswerten Widerstandskräften – an die wir als soziale und pädagogische Fachkräfte natürlich anschließen können.

Lassen Sie mich anhand eines Fallberichtes meines Freundes und Kollegen Hans-Ullrich Krause, des Leiters eines großen Verbundes verschiedenartiger stationärer Erziehungshilfen in Ost-Berlin, verdeutlichen, was ich meine. Im Fallbericht heißt es:

*„Es ist an einem Nachmittag, als vor der Tür meiner Stellvertreterin, Petra Kaufmann, ein etwa 9jähriges, bislang unbekanntes Mädchen auftaucht, um mit dem Hund meiner Kollegin zu spielen. Der Umstand ist zunächst nichts Besonderes. Kinder und Jugendliche aus dem Wohnumfeld des Kinderhauses besuchen mehr oder weniger regelmäßig den Freizeit- und Jugendclub auf gleicher Etage.*

*Als der Club an diesem Tag gegen 19 Uhr schließt und alle Kinder und Jugendlichen in ihre Gruppen verschwinden, bleibt das Mädchen im Vorraum und spielt weiter mit dem kleinen Hund.*

*Petra Kaufmann fragt das Mädchen schließlich, ob sie nicht langsam auch nach Hause müsse. Das Mädchen verneint diese Frage zunächst selbstsicher. Es wird halb acht und acht. Inzwischen ist es lange nach Dienstschluß (Frau Kaufmann hatte noch über den Dienstplänen gesessen), da fragt sie noch einmal, wann denn das Mädchen nach Hause gehen wolle. Das Mädchen geht. Frau Kaufmann schließt die Türen ab und macht sich auch auf den Weg. Da sieht sie das Kind vor der Haustür sitzen.*

*Frau Kaufmann überlegt und bietet kurzentschlossen an, das Mädchen nach Hause zu begleiten. Nach kurzem Zögern nimmt das Kind die junge Frau an die Hand. Gemeinsam gehen sie durch mehrere nahe Straßen. Schließlich erklärt das Mädchen, daß sie das Haus erreicht hätten, in welchem sie wohne.*

*Die Mitarbeiterin ist inzwischen etwas unsicher geworden. Sie bleibt darum bei dem Mädchen und bittet sie, doch mit ihr ins Haus zu gehen. Das Kind steigt bis in die oberste Etage. Dort klingelt sie. Eine alte Frau öffnet und schaut verwundert das Mädchen und die Kollegin aus dem Kinderhaus an. Sie kenne das Mädchen nicht, erklärt sie.*

*Eine halbe Stunde später ist das Mädchen, inzwischen hat sie dann doch gesagt, daß sie Susanne heißt [der Name ist verändert], mit der Mitarbeiterin wieder im Kinderhaus. Frau Kaufmann versucht, das Jugendamt zu erreichen, was um diese Zeit praktisch unmöglich ist. Bei der örtlichen Polizei ist keine Vermißtenanzeige eingegangen. Es bleibt nichts anderes übrig, als Susanne erstmal in einer Gruppe zu versorgen.*

*In der Wohngruppe angekommen, bekommt Susanne erst einmal Essen. Sie ißt viel und mit unbändigem Appetit. Schließlich verschwindet sie „auf Toilette", wie sie sagt. Dort riegelt sie von innen zu. Nach zehn Minuten stellt die erstaunte Gruppenerzieherin fest, daß drinnen Badewasser eingelassen wird. Susanne erklärt durch die Tür, daß sie erst mal baden wolle. Kaum sitzt sie in der Wanne, beugt sie sich zur Tür und öffnet die Verriegelung.*

*Man hat inzwischen Bademantel und Schlafanzug besorgt. Susanne erklärt, daß sie bleiben wolle. Sie hat sich sogar schon ein Bett gesucht.*

*Am nächsten Morgen frühstückt sie mit den anderen Kindern. Man fragt sie nach der Adresse ihrer Eltern. Susanne überlegt kurz, dann nennt sie Straße und Hausnummer.*

*Wir fragen im Jugendamt nach. Es wird bestätigt, daß es da einen etwas unklaren Vorgang gebe. Es wird mit der Sozialarbeiterin verabredet, daß man sich vor der Wohnung Susannes treffen wolle, um mit den Eltern zu reden.*

*Uns öffnet eine Frau. Sie hat ein etwas vergrämtes Gesicht. Sie wirkt in sich gekehrt und wütend. Sie läßt uns aber ohne weiteres in die Wohnung.*

*Wir betreten einen mit Kartons vollgestellten Flur und von da aus ein größeres Zimmer. In dem Zimmer stehen ein großer Lehnstuhl, ein Tisch, kleinere Schrankteile und mehrere Kisten und Kartons. Ein Mann, ihr Mann (aber nicht Susannes Vater) sitzt im Lehnstuhl und sieht fern. Als er uns wahrnimmt, steht er wortlos auf und schaut uns stumm entgegen.*

*Es stellt sich heraus, daß Susanne schon öfters weggelaufen ist. Die Mutter habe sie wohl auch gesucht. Wo sie schlafe, wenn sie weglaufe, sei ihr aber nicht bekannt.*

*Beide Eltern sind arbeitslos und Sozialhilfeempfänger. Sie beschreiben sich selbst (eigentlich spricht nur die Frau) als Ausgestoßene, die niemand versteht und die von allen nur schlecht behandelt würden. Man bemühe sich um Arbeit, aber irgendwie klappe es nicht damit. Man vertreibe sich die Zeit mit Fernsehen und Einkaufen.*

*Über Susanne wird gesagt, daß sie ein sehr freches und unmögliches Kind sei, was ihnen das Leben schwer mache. Daß sie nun in dem Heim sei, von dem sie schon gehört hätten, wäre vielleicht das Richtige für sie.*

*Nach etwa einer Stunde stellt sich, mehr zufällig, heraus, daß in dem Nachbarzimmer noch ein weiteres Kind ist. Es handelt sich um den vier Jahre alten Sven. Der, so sagt die Mutter, sei taubstumm. Er höre nichts und könne nichts sprechen.*

*Der Junge sitzt in einem Gitterbettchen und schaut uns mit großen Augen an. Das Zimmer ist in einem stark verschmutzten Zustand.*

*Es stellt sich heraus, daß der Jugendhilfevorgang, der einige Zeit zurück liegt, sich auf den Jungen bezogen hatte. Die Mutter sei bei einer Untersuchung des Kindes wegen seiner Behinderung unterstützt worden. Ob es sich wirklich um eine Taubheit handelt, sei aber nicht vollständig abgeklärt worden.(In einer späteren Untersuchung wird eine erhebliche Schwerhörigkeit festgestellt).*

*Sven wirkt vernachlässigt und stark retardiert. Er läßt sich problemlos aus dem Bettchen nehmen.*

*Die Mitarbeiterin des Jugendamtes fragt die Mutter, ob es ihrer Meinung nach Sinn mache, wenn die beiden Kinder für einige Zeit im nahen Kinderhaus untergebracht und versorgt werden sollten. Die Mutter willigt ein, fordert aber, die Kinder sehen zu können.*

*Sven wird gemeinsam mit seiner Schwester untergebracht. Es gibt in der ersten Woche trotz mehrfacher Nachfragen bei den Eltern keinen Besuch von deren Seite.*

*Etwa zehn Tage später findet eine Helferkonferenz zur weiteren Klärung der Perspektive der Kinder und der Familie statt. Zu dieser Beratung erscheint nur die Mutter.*

*An diesem Tag sitze ich in meinem Büro. Ich weiß, daß diese Helferberatung, an der die zuständige Sozialpädagogin teilnimmt, um 18.30 Uhr beginnt. Gegen 19.30 Uhr kommt eine Mitarbeiterin zu mir ins Büro und teilt mir aufgeregt mit, daß sich ein Kind in den Räumen des inzwischen geschlossenen Jugendclubs befinde. Man habe es durch die Fenster beobachtet. Ich gehe, um den Club aufzuschließen. Zunächst kann ich niemanden finden. Schließlich aber entdecke ich hinter einem Sofa Susanne. Sie behauptet, man habe sie hier einfach eingeschlossen. Wir gehen gemeinsam hinaus, und ich begleite sie in ihre Wohngruppe. Unterwegs kommt mir eine Idee. Ich frage Susanne, ob sie weiß, daß heute eine Beratung mit den Eltern stattfindet, in der geklärt werden soll, ob sie nach Hause gehen solle oder nicht. Susanne nickt."*

*Einige typische Merkmale von Vernachlässigung* fallen ins Auge, wenn man diesen Fallbericht genauer ansieht:

1. Der Anfang dieser Geschichte ist ganz alltäglich, und es bedarf keiner komplizierten Wege, um in sie einbezogen zu werden. In den allermeisten Fällen (zumal in der heutigen hoch vernetzten Gesellschaft) kommen die Fälle zu uns, man muß sie nur an sich herankommen lassen, sie als besondere Situationen wahrnehmen (ein Kind geht nicht nach Hause, obwohl es bereits spät am Abend ist/ein Kind sitzt allein vorm Haus).

2. Wir können uns vom Kind an die Hand nehmen lassen und dabei die schnelle körperliche Kontaktaufnahme bemerken. Vor allem aber können wir das szenische Geschehen miterleben, wie in einem Film, in den wir zufällig geraten sind.

Der Film beginnt mit einer Schlüsselszene. Sie heißt: „Ich führe Dich in eine mir fremde Wohnung, in der mich niemand kennt."

3. Die behördliche Jugendhilfe ist außerhalb der üblichen Dienstzeit nicht zu erreichen. Bei der Polizei, die neben der Feuerwehr immer zu erreichen ist, ist nichts bekannt. Petra, unsere Kollegin, ist ganz auf sich gestellt, muß auf ihre eigene Urteils- und Handlungsfähigkeit vertrauen. Sie entscheidet sich dafür, unmittelbar und unverzüglich zu helfen. Sie nimmt Susanne in Obhut, was nicht schwer ist.

4. Susanne, das Kind, zeigt ein typisches Verhalten: Es hat große körperliche Bedürfnisse (es ist offenbar ziemlich hungrig/es will baden/es will schlafen). Es faßt schnell Vertrauen und öffnet den Weg zur Herkunftsfamilie. Das heißt, vernachlässigte Kinder zeigen uns, was sie brauchen, und sie öffnen uns den Zugang zu ihren Familien; sie holen, auch wenn sie manchmal zögern und uns als Helfer erst einmal testen, die Hilfe ins Haus, manchmal indem sie dramatische Geschichten inszenieren.

5. In einem einzigen Hausbesuch werden wir mit der ganzen Breite der familiären Nöte und Konflikte konfrontiert, können wir das Milieu, die Lebensumstände und Beziehungsverhältnisse erfassen, zeigt sich bereits im Erstkontakt, worum es geht: eine Familie, die nicht von sich aus Hilfe sucht, sondern auf die Fachleute (hier gemeinsam, was selten ist) zugehen. Die Familie ist eine arme Sozialhilfefamilie, mit einer in sich gekehrten, aber wütenden Mutter und einem wortlosen, stummen Stiefvater. Die Eltern erleben sich als Ausgestoßene und fühlen sich von allen schlecht behandelt, sie sind arbeitslos; sie haben den Eindruck, daß ihnen alles mißlingt, auch die Erziehung der 9jährigen Susanne, mit der es Autoritätskonflikte gibt und die sie ablehnen („ein freches und unmögliches Kind") und das immer wieder weglaufe (impulsives Verhalten, Beziehungsstörung). Der jüngere Bruder Jens, der in erbärmlichen Verhältnissen zufällig aufgefunden wird, ist ein chronisch vernachlässigtes, behindertes (hörgeschädigtes und sekundär sprachbehindertes), aber als taubstumm fehldiagnostiziertes Kind, das erhebliche Retardierungen (körperliche, emotionale und intellektuelle Entwicklungsverzögerungen) und schwere Pflegeschäden aufweist. Mit weit aufgerissenen Augen („frozen watchfulness") starrt er die Helfer an; die Kontaktaufnahme ist problemlos (kein Fremdeln, keine Distanz).

6. Die Mutter stimmt der außerfamilialen Unterbringung beider Kinder zu; der vereinbarte Kontakt mit den Kindern im Heim wird nicht eingehalten. Die Beziehungsstörung innerhalb der Familie wird auf die Beziehungen zu den Fachkräften im Hilfesystem übertragen; es gibt keinen verläßlichen Kontakt.

7. Susanne läßt nichts anbrennen. Sicher ist sicher. Sie handelt und vertritt ihre Interessen und will erst einmal sehen, ob ihr das, was die Erwachsenen beschließen, paßt. Ein starkes Kind, das weiß, was es will, das in der Lage ist, hilfreiche Perso-

nen ausfindig zu machen und sich ihnen anzuschließen, die es versorgen und annehmen können, auf die es sich verlassen kann, die es ernst nehmen, an denen es sich abarbeiten und von denen es etwas lernen kann, die ihm einen Ort zum Leben bieten, die seine besonderen Entwicklungsbedürfnisse sehen und befriedigen.

*Wir können diagnostisch zusammenfassen:* Es handelt sich um eine chronische Beziehungsstörung im Mutter-Kind- und Stiefvater-Kind-Verhältnis (Grundstörung) aufgrund tiefer emotionaler Ablehnungen beider Kinder bei gleichzeitig seit Jahren bestehenden elterlichen Versorgungs- und Pflegedefiziten und Erziehungsschwächen mit der Folge erheblicher Entwicklungsgefährdung bei auffälliger Symptomstruktur beider Kinder (bei Susanne: Unterversorgung und chronisches Weglaufen mit Verwahrlosungstendenzen/bei Jens: erhebliche Retardierung – mehr als die Hälfte der Lebenszeit zurück –, Nichtbehandlung einer schweren Behinderung, Pflegeschäden durch Unterversorgung).

*Indikation:* Bei erheblicher Gefährdung beider Kinder (nicht ausreichender Gewährleistung des Kindeswohls durch chronische Vernachlässigung) in isoliertem und deklassiertem Armutsmilieu, nur teilweise bestehender Problemakzeptanz (Kind als Problemträger) und geringer Hilfeakzeptanz (mit gescheiterten Helferkontakten in der Vorgeschichte) ist eine gemeinsame außerfamiliale Unterbringung beider Kinder mit langfristiger Perspektive indiziert. Der weitere Kontakt zum Herkunftmilieu soll ermöglicht und mit langem Atem immer wieder herzustellen versucht werden.

## Hintergründe/Ursachen

(1) Wie wir in der Arbeit mit Vernachlässigungsfamilien immer wieder feststellen – und der berichtete Fall zeigt es in aller Deutlichkeit –, geht es hierbei in der Regel nicht so sehr um *„ungeeignete Beziehungen"* (d.h. um neurotische oder sogar psychotische Beziehungskonflikte), wie René Spitz (1985, S. 219 ff.) unterschieden hat, sondern vor allem um *„unzureichende Beziehungen" zwischen Eltern und Kindern.* Zuwendungen, ja auch Liebesbedürfnisse spielen eine Rolle, aber die verantwortliche Versorgung und Erziehung der Kinder gelingt nicht in ausreichendem Maße. Was die Eltern im Umgang mit den Kindern tun und können, ist nicht ausreichend. Eigentlich sind sie noch nicht erwachsen und keine richtigen Eltern. *Die Familie steht auf dem Kopf:* Die Eltern verhalten sich eher wie Kinder, in ihrem Wünschen und Handeln sind sie regressiv. Ihre Beziehungen sind gekennzeichnet von *Beziehungsabwehr und Bindungsangst,* oder sie stellen *Angstbindungen* dar, aus denen sich im Konflikt gelegentlich frustrierte aggressive Aktionen lösen.

Wenn man ihnen früh begegnet und sie gewissermaßen „an die Hand nimmt", kann man ihnen helfen, ihre Ich-Kräfte und ihren Realitätssinn zu stärken und zu lernen, eine Elternrolle auszufüllen. Hilfe gelingt bei verläßlicher und kontinuierlicher Zuwendung mit Schwerpunkt auf der Entwicklung elterlicher Alltagskompetenzen (Elternschule/oder Elterntraining im Alltag).

(2) *Strukturell sind diese Familien Notlösungen*, bleiben sie ein Provisorium, sind sie ein Flickwerk, kommt eine Familiengründung trotz aller Hoffnung nicht richtig in Gang. Vernachlässigungsfamilien (obwohl sie manchmal nach außen, vor allem wenn sie sich verfolgt glauben, wie Bollwerke aussehen) sind nach innen Kartenhäuser, *unterinstitutionalisierte Familien mit ambivalenten bis widersprüchlichen Wertsystemen* (mal so, mal so) regelrechte Notunterkünfte, in denen sie auch oft tatsächlich wohnen. Ohne Hoffnung und realistische Zukunftserwartungen (es sei denn mit projektiven Phantasmen, im Lotto zu gewinnen, ein Haus zu finden, das endliche Glück durch ein weiteres Kind zu erhaschen) hat sich ein Klima der Aussichtslosigkeit und apathischen Resignation ausgebreitet, dem man dann häufig mit Drogen zu entkommen sucht. (Polansky et al., 1981; Iwaniec, 1995; Kürner, Navroth, 1994; Wolff 1994; Neraal 1996; Lunden 1996).

Wenn allerdings zur strukturellen Problematik eine *chronische Drogenabhängigkeit* hinzukommt, sinken die Chancen einer ambulanten Hilfe, es sei denn, man kann die drogenabhängigen Familienmitglieder mit großer Geduld und nicht nachlassender Bemühung dazu bringen, einer Entzugsbehandlung zuzustimmen und sie auch dann durchzuführen.

Handelt es sich um eine junge Familie, dann lohnt *eine großzügige Investition in eine intensive ambulante Hilfe (kompetente ständige Haushaltskraft, Aufstockung des Haushaltsbudgets bei gleichzeitigem Elterntraining* – d.h. die vernachlässigenden Eltern werden für ihre Ausbildung als Eltern bezahlt! – und *gute Kindertageserziehung*). Auf diese Weise kann man bei mehreren Kindern Tausende von Mark sparen. Eine unabdingbare Voraussetzung dafür ist allerdings die Entwicklung eines besonderen Programms zur Stützung von Kindern und Eltern mit besonderen Entwicklungsbedürfnissen: „*Gemeinsam leben lernen*" und eine Gruppe erfahrener Sozialarbeiter und Sozialarbeiterinnen, die es mit guter Ergebnisdokumentation durchführen. Jedenfalls gilt: Gespräche oder Hilfepläne allein reichen für Vernachlässigungsfamilien nicht aus.

(3) *Häufig besteht die Vernachlässigung auch darin, daß die sozialen, pädagogischen und gesundheitlichen Fachkräfte ebenfalls die Familie in ihren Hilfe-, Unterstützungs- und Behandlungsbedürfnissen vernachlässigen, daß es zu einer institutionellen Vernachlässigung kommt.* Kontakte brechen ab, Diagnosen bleiben unvollständig, eine wirkliche Partnerschaft mit diesen „Versuchs- oder Nicht-Familien"entwickelt sich nicht. Manchmal ist die Entfernung zum sozialen Ort der Deklassierung auch einfach zu groß, können Ekelgefühle gegenüber den „Schmuddelkindern"nicht überwunden werden, oder die Helfer lassen sich von der Apathie und Hoffnungslosigkeit der Familie anstecken.

Diese Reaktionen sind verständlich; sie können aber nicht hingenommen werden, denn in Wahrheit läuft ein solches Verhalten doch darauf hinaus, als würde die Feuerwehr nur deswegen nicht ausrücken, weil ihr der Brand zu groß erscheint und das Feuer zu heiß. Von selbst erledigen sich die Dinge nicht. Zeit heilt keine Wunden. Läßt man die Dinge laufen, dann bleibt schließlich nur noch die dramatische Intervention, oft hinter dem Rücken der Familie, wird überstürzt eine „Maßnahme" in Gang gesetzt, geht „volle Erziehung"[2] leicht voll daneben. Dann löffeln alle die üble Suppe aus, die sie angerichtet haben.

## 4. Wie kann man besser helfen?

Einige Gesichtspunkte, wie wir bei Vernachlässigung helfen können, habe ich bereits angedeutet (vgl. Blum-Maurice, 1997). Ich will aber einige Überlegungen programmatisch zuspitzen:

1. *Vernachlässigungsfamilien unterstützen durch sozialpolitisches Engagement!*

Jeder, der sich auch nur flüchtig mit der Forschungslage vertraut gemacht hat, muß zur Kenntnis nehmen, daß Vernachlässigung im Kern eine Frage doppelter Armut ist: Die Familien leben unter der Armutsgrenze, vorhandene Hilfen kommen bei ihnen nicht an.

Bei sinkenden Sozialhilfeleistungen braucht daher jede Stadt, die etwas auf sich hält, zusätzliche Initiativen, um den Ärmsten der Armen, zumal wenn sie Kinder haben, unbürokratisch unter die Arme zu greifen.

(1) Wie wäre es mit einer Stiftung (mit breiter Unterstützung der Bürgerinnen und Bürger) „Berlin hilft Berlin " oder „Herzschlag für Gießen – die Bürgerinitiative gegen die Armut"? Wenn 100.000 Bürgerinnen und Bürger 100 Mark geben würden, hätte man schon einmal 10.000.000 DM auf dem Tisch. Wenn die gut verdienende Oberschicht dasselbe noch einmal drauflegen würde, wäre man schon richtig handlungsfähig.

(2) Man könnte darüber hinaus verstärkt öffentliche Sozialhilfemittel in gemeinnützige Arbeitsinitiativen investieren. Hier könnten sich alle Sozialpolitiker die Hände reichen und gleich noch einen ganzen Trupp von Gewerkschaftern mitreißen. Stichwort „Der unternehmerische Sozialstaat". Voraussetzung: Familien- und Sozialpolitiker, Unternehmer und Hilfesystemfachleute gut vorbereitet für zwei Tage an einem Tisch zusammenbringen, und dann wird man eine konkrete Projektplanung beginnen können.

2. *Vernachlässigungsfamilien helfen durch gezielte langfristige Hilfsprogramme und mit einer neuen Leitidee!*

Kinder werden nicht mit Absicht vernachlässigt. Die Eltern würden es schon gerne

[2] In Österreich wird eine außerfamiliale Hilfe zur Erziehung „volle Erziehung" genannt.

schaffen, aber sie packen es (noch) nicht. Es fehlt einiges in materieller, aber auch in beziehungsmäßiger Hinsicht. Vor allem hatten sie oft keine Chance zu lernen, was eine Mutter und was ein Vater zu tun hat, gibt es kein Modell für die Elternrolle. Hinzu kommt, daß sie in der Regel nicht nur selbst keine Kräfte mehr haben, sie haben auch keine Hilfskräfte.

- *Es müßte daher ein konkretes Programm entwickelt werden mit der besonderen Zielsetzung, jungen Vernachlässigungsfamilien mit materieller Hilfe, mit Hilfskräften und mit Lern- und Trainingshilfen für Eltern unter die Arme zu greifen.* Ich hatte ein solches Programm bereits angedeutet. Es könnte *„Gemeinsam Leben lernen – ein Programm für junge Familien"* heißen und alle notwendigen Dienste in einem Verbund besonders erfahrener Fachkräfte beteiligen, insbesondere die Mitarbeiterinnen und Mitarbeiter des Allgemeinen Sozialdienstes im Jugendamt, die Erziehungsberatungsstellen, die Hebammen- und Säuglingsdienste und die Kindertageseinrichtungen.

Es könnte sich gezielt an die bekannte Gruppe der bereits auffälligen Multiproblem-Familien, die ihre Kinder vernachlässigen, richten und die oberflächliche Betreuung und Verwaltung dieser Familien mit kostenträchtiger Unterbringung der Kinder mit Verstand und Hartnäckigkeit überwinden. Es könnte aber auch eine deutliche präventive Orientierung gewinnen. Ich habe bereits in diesem Zusammenhang vor einigen Jahren das Konzept „START" skizziert, das man u. U. nutzen könnte.

- Man könnte ganz konkret im Einzelfall, wo Fachkräfte den Eindruck haben, daß ein Kind vernachlässigt wird, *die Zusammenarbeit mit allen Betroffenen stärken.* In England gibt es dazu eine Arbeitsanweisung. Sie heißt „Working Together". So etwas könnte man natürlich nachmachen.

Mir geht es aber um mehr: um eine viel grundsätzlichere methodische Strategie, die ich *„Partnerschaftlich helfen!"* nenne. Warum beginnen wir nicht im sozialen Hilfesystem, Berufsanfänger und bereits im Beruf tätige Praktikerinnen und Praktiker methodisch gezielt auszubilden und fortzubilden, damit sie in der Lage sind, partnerschaftlich zu arbeiten? Die Kolleginnen des Jerusalemer Projektes „Kesher" könnten es uns beibringen.

Partnerschaft im Hilfesystem realisieren, ist eine Leitidee, eine unverwechselbare Philosophie, ein Kennzeichen von Qualität.

Wir können lernen, mit Kindern und Eltern, mit der weiteren Familie, den Nachbarn, aber auch mit unseren Kolleginnen und Kollegen partnerschaftlich umzugehen. Wir können auf sie zugehen, sie gleichberechtigt annehmen, in ihren Stärken und Schwächen, in ihren Eigenheiten. Wir können ihren Kummer, ihre Not, ihre Konflikte mit ihnen teilen, aber auch ihr Glück und ihre Freude, nicht zuletzt ihren Humor und ihren Einfallsreichtum.

Wir können lernen, unsere Isolation, die ja ein Ausdruck struktureller Vernachlässigung ist, zu überwinden und uns mit anderen zusammenzuschließen.

(vgl. Schone et al., 1997) Wir können mit dem Gegeneinander einfach aufhören. Vernachlässigte Kinder brauchen verläßliche Beziehungen, solidarische Zuwendung, Menschen mit Herz und Verstand. Wir auch.

## Literatur

Bettelheim, B. (1970): Liebe allein genügt nicht. Die Erziehung emotional gestörter Kinder. Stuttgart (Klett-Cotta).

Blum-Maurice, R. (1997): Kindesvernachlässigung als Herausforderung für die moderne Jugendhilfe. In: Mörsberger, Th., Restemeier, J. (Hg.): Helfen mit Risiko. Zur Pflichtenstellung des Jugendamtes bei Kindesvernachlässigung. Dokumentation eines Strafverfahrens gegen eine Sozialarbeiterin in Osnabrück. Neuwied u. a. (Luchterhand), S. 191- 209.

Claessens, D. (1972): Familie und Wertsystem. Eine Studie zur „zweiten, sozio-kulturellen Geburt" des Menschen und der Belastbarkeit der „Kernfamilie". Berlin (Duncker & Humblot).

Goethe, J. W.: Aus meinem Leben. Dichtung und Wahrheit. Erster Teil. München (dtv) 1962 [dtv Gesamtausgabe 22].

Goldstein, J., Freud, A., Solnit, A. J. (1974): Jenseits des Kindeswohl. Frankfurt a.M. (Suhrkamp).

Goldstein, J., Freud, A., Solnit, A. J. (1982): Diesseits des Kindeswohls. Frankfurt a.M. (Suhrkamp).

Goldstein, J., Freud, A., Solnit, A. J., Goldstein S. (1988): Das Wohl des Kindes. Grenzen professionellen Handelns. Frankfurt a. M. (Suhrkamp).

Iwaniec, D. (1995): The Emotionally Abused and Neglected Child. Identification, Assessment and Intervention. Chichester (John Wiley & Sons).

Kellmer-Pringle, M. (1979): Was Kinder brauchen. Stuttgart (Klett-Cotta).

Kürner, P., Navroth, R. (Hg.), (1994): Die vergessenen Kinder. Vernachlässigung und Armut in Deutschland. Köln (PapyRossa).

Lunden, K. (1996): Diagnostische Aspekte bei Kindern in Vernachlässigungsfamilien. In: Die Kinderschutz-Zentren (Hg.): Armut und Benachteiligung von Kindern. Köln: BAG der Kinderschutz-Zentren (Eigenverlag), S. 147-164.

Montessori, M. (1997): Kinder sind anders. München (dtv).

Neraal, T. (1996): Familiendynamische Ursachen und kindliches Erleben von Vernachlässigung. In: Die Kinderschutz-Zentren (Hg.): Armut und Benachteiligung von Kindern. Köln: BAG der Kinderschutz-Zentren (Eigenverlag), S. 71-90.

Polansky, N. et. al. (1981): An Anatomy of Child Neglect. Chicago (Chicago Univ. Press).

Richter, H.-E. (1981): Was sollen unsere Kinder lernen? Das Dilemma der Pädagogik. In: Richter, H.-E.: Sich der Krise stellen. Reinbek b. Hamburg (Rowohlt), S. 7-22.

Rutschky, K. (1991): Kinder in Deutschland – Perspektiven. In: Krause, H.-U., Müller, M., Timm, K., Till, H. (Hg.): Deutsch-Deutsche Positionen. Heimerziehung und Jugendhilfe nach der Vereinigung. Mit den Beiträgen zum Ost-West-Begegnungskongreß in Berlin 1990. Frankfurt a. M.: IGfH, 1991, S. 15-28.

Schone, R., Gintzel, U., Jordan, Kalscheuer, E., M., Münder, J. (1997): Kinder in Not. Vernachlässigung im frühen Kindesalter und Perspektiven sozialer Arbeit. Münster (Votum).

Spitz, R. (1985 ): Vom Säugling zum Kleinkind. Naturgeschichte der Mutter-Kind-Beziehungen im ersten Lebenjahr. Stuttgart (Klett-Cotta).

Wolff, R. (1994): Warum Kinder vernachlässigt werden. Zu Situation, Struktur und Dynamik von Vernachlässigungsfamilien. In: Kürner, P., Navroth, R. (Hg.): Die vergessenen Kinder. Vernachlässigung und Armut in Deutschland. Köln (PapyRossa), S. 81-93.

# An dieser Festschrift haben mitgewirkt:

Prof. Dr. EGON BAHR, Politiker und Journalist

PD Dr. THEA BAURIEDL, Psychoanalytikerin und Leiterin der Akademie für Psychoanalyse und Psychotherapie e.V. München

Prof. Dr. DIETER BECKMANN, Leiter der Abteilung für Med. Psychologie und Med. Soziologie und stellv. Geschäftsführer des Zentrums für Psychosomatische Medizin an der Justus-Liebig-Universität Gießen

Dr. WERNER BOHLEBER, Psychoanalytiker, Vorsitzender des Frankfurter Psychoanalytischen Instituts und stellvertretender Vorsitzender der Deutschen Psychoanalytischen Vereinigung

MONIKA BREUER-ZIMMER, Dipl.-Pädagogin, psychoanalytische Paar- und Familientherapeutin

Dr. BURKHARD BROSIG, Psychoanalytiker und Hochschulassistent am Zentrum für Psychosomatische Medizin an der Justus-Liebig-Universität Gießen

Prof. Dr. ANDREAS BURO, Politologe und Friedenspolitischer Sprecher des Komitees für Grundrechte und Demokratie

Dr. HANS-JOACHIM BUSCH, Soziologe und wissenschaftlicher Mitarbeiter am Sigmund-Freud-Institut Frankfurt

WOLFGANG DIERKING, Familientherapeut, Supervisor und Organisationsberater

Dr. Dr. h. c. MARION GRÄFIN DÖNHOFF, Journalistin und Herausgeberin der Wochenzeitung Die Zeit

FRANK EGGEBRECHT, Dipl. Soz. Arb., psychoanalytischer Sucht- u. Sozialtherapeut

Dr. Dr. h. c. HEINO FALCKE, Probst im Ruhestand

Prof. Dr. IRING FETSCHER, Politologe

JUTTA FORCHMANN, Sozialarbeiterin und Leiterin im Sozialen Dienst der Stadt Düsseldorf

Prof. Dr. PETER FÜRSTENAU, Psychoanalytiker und Leiter des Instituts für angewandte Psychoanalyse Düsseldorf

MARINA GAMBAROFF, Psychoanalytikerin

Dr. HANNA GEKLE, Psychoanalytikerin und wissenschaftliche Mitarbeiterin am Sigmund-Freud-Institut Frankfurt

Prof. Dr. ULRICH GOTTSTEIN, Internist, IPPNW-Vorstandsehrenmitglied

KURT GRÜNBERG, Psychoanalytiker und Mitarbeiter am Sigmund-Freud-Institut Frankfurt.

TRIN HALAND-WIRTH, psychoanalytische Paar- und Familientherapeutin, Supervisorin

INGO HASSELBACH, Buchautor, Journalist, ehemaliges Mitglied der rechtsextremistischen Nationalen Alternative (NA)

Prof. Dr. GERD HEISING, Psychoanalytiker

STEFAN HEYM, Autor

Prof. Dr. h. c. HILMAR HOFFMANN, Präsident des Goethe-Instituts

GUNTER HOFMANN, Journalist

BIRGIT HOGEFELD, ehemaliges Mitglied der RAF

ULRIKE HOLLER, Journalistin

Dr. ELLIS HUBER, Arzt, Präsident der Ärztekammer Berlin und Vorstandsmitglied der IPPNW

Dr. RAINER ISAK, Studienleiter der Katholischen Akademie der Erzdiözese Freiburg

ALBRECHT KÖHL, Psychoanalytiker und Internist

HANNELORE KORN, Grafik-Designerin und Gestaltungstherapeutin am Zentrum für Psychosomatische Medizin an der Justus-Liebig-Universität Gießen

OSKAR LAFONTAINE, Ministerpräsident des Saarlandes und Vorsitzender der SPD

Prof. Dr. MARIANNE LEUZINGER-BOHLEBER, Psychoanalytikerin und Hochschullehrerin an der Gesamthochschule Kassel

Dr. HANS-JOACHIM MAAZ, Psychoanalytiker und Chefarzt am Diakonie-Krankenhaus Halle

Prof. Dr. EUGEN MAHLER, Psychoanalytiker und Künstler

JÜRGEN MATZAT, Leiter der Kontaktstelle für Selbsthilfegruppen in der Klinik für Psychosomatik und Psychotherapie der Justus-Liebig-Universität Gießen

BASCHA MIKA, Journalistin

Dr. MARGARETE MITSCHERLICH-NIELSEN, Psychoanalytikerin

Prof. Dr. MICHAEL LUKAS MOELLER, Psychoanalytiker und Direktor des Instituts für Medizinische Psychologie am Zentrum der Psychosozialen Grundlagen der Medizin am Klinikum der Johann-Wolfgang-Goethe-Universität Frankfurt

PD Dr. PETER MÖHRING, Psychoanalytiker

Prof. Dr. HANS MÜLLER-BRAUNSCHWEIG, Psychoanalytiker

GERDA NIENHAUS, M.A., Analytische Kinder- und Jugendlichen Psychotherapeutin

Dr. PAUL PARIN, Psychoanalytiker und Ethnopsychoanalytiker

THOMAS PEHL, M.A., psychoanalytischer Sucht- u. Sozialtherapeut

Prof. Dr. HORST PETRI, Psychoanalytiker

Dr. HERIBERT PRANTL, Journalist

MONIKA REIMITZ, Soziologin, Entwicklungshelferin

Dr. CLEMENS RICHTER, Internist

SUSAN RICHTER, Künstlerin

Prof. Dr. CHRISTA ROHDE-DACHSER, Psychoanalytikerin, Hochschullehrerin für Psychoanalyse an der Johann-Wolfgang-Goethe-Universität Frankfurt

GERTRAUD SCHLESINGER-KIPP, Psychoanalytikerin und Vorsitzende des Kasseler Psychoanalytischen Instituts

PD Dr. CHRISTIAN SCHNEIDER, Psychoanalytiker und Mitarbeiter am Sigmund-Freud-Institut Frankfurt

FRIEDRICH SCHORLEMMER, Pfarrer, Träger des Friedenspreises des Deutschen Buchhandels 1993

ROLAND SCHÜRHOFF, Soziologe und Medienforscher

Prof. Dr. EMIL SCHUMACHER, Künstler

PD Dr. NORBERT SPANGENBERG, Psychoanalytiker

ELENA STRAHLENDORF, Künstlerin

MAJA STRAHLENDORF, Studentin für das Lehramt (Kunst und Englisch)

SONJA STRAHLENDORF, Studentin für das Lehramt (Kunst und Englisch)

Prof. Dr. RITA SÜSSMUTH, Präsidentin des Deutschen Bundestages und Lehrbeauftragte am Seminar für Politikwissenschaft, Georg-August-Universität Göttingen

PAUL SWIRIDOFF, Fotograf, Journalist

Prof. Dr. AMBROS UCHTENHAGEN, Sozialpsychiater, a. Direktor an der Psychiatrischen Universitätsklinik in Zürich

ANDRES VEIEL, Filmemacher

Prof. Dr. ROLF VERRES, Leiter der Abteilung für Medizinische Psychologie der Psychosomatischen Klinik an der Ruprecht-Carls-Universität Heidelberg

PD Dr. HANS-JÜRGEN WIRTH, Psychoanalytiker und Verleger

Prof. Dr. REINHART WOLFF, Pädagoge und Soziologie an der Alice-Salomon-Fachhochschule Berlin

# Versuche, die Geschichte der RAF zu verstehen

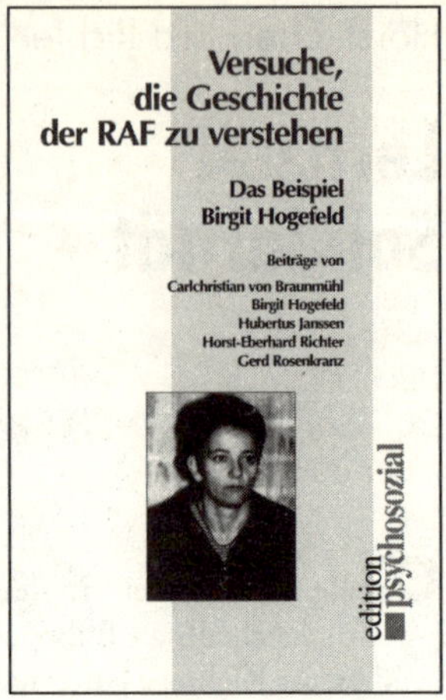


## Das Beispiel Birgit Hogefeld

Beiträge von:

Carlchristian von Braunmühl
Birgit Hogefeld
Hubertus Janssen
Horst-Eberhard Richter
Gerd Rosenkranz

*157 Seiten*
*24,80 DM, SFr 23,–, öS 181,–*
*ISBN 3-930096-87-0*

Zwei Jahre lief der Prozeß gegen das ehemalige RAF-Mitglied Birgit Hogefeld. Die vergiftete Atmosphäre vor dem Oberlandesgericht Frankfurt blockierte eine angemessene Würdigung der Prozeßerklärung Birgit Hogefelds, in der sie sich selbstkritisch und nachdenklich mit der Geschichte der RAF und ihrer eigenen Lebensgeschichte auseinandersetzt.

Dieses Buch dokumentiert die bemerkenswerte Selbstreflexion des ehemaligen RAF-Mitglieds. Es enthält außerdem Texte von Carlchristian von Braunmühl, dem Bruder des von der RAF getöteten Gerold von Braunmühl, von Pfarrer Hubertus Janssen, der seit Eröffnung der Hauptverhandlung als Beobachter an dem Prozeß teilnimmt, dem Psychoanalytiker Horst-Eberhard Richter und dem taz-Redakteur Gerd Rosenkranz. Entgegen dem herrschenden Berührungstabu, das ein bloßes Verstehen-Wollen mit einem geheimen Einverständnis mit den Morden der RAF-Täter gleichsetzt, versuchen die Autoren, zum »Phänomen RAF« einen verstehenden Zugang zu gewinnen.

Die erweiterte 3. Auflage enthält zusätzlich Birgit Hogefelds Prozeßabschlußerklärung vom November 1996.

---

PSV

Psychosozial-Verlag · Friedrichstraße 35 · 35392 Gießen
Telefon: 06 41/7 78 19 · Telefax: 06 41/7 77 42